Franz W. Seidler

# Fritz Todt

# Franz W. Seidler

# Fritz Todt

## Baumeister
## des
## Dritten Reiches

Herbig

© 1986 by F. A. Herbig Verlagsbuchhandlung, München · Berlin
Alle Rechte vorbehalten
Umschlaggestaltung: Christel Aumann, München
Verlagsredaktion: H. R. v. Zabuesnig
Reproduktion des Bildteils: Graph. Atelier Krah, München
Satz: Filmsatz Schröter GmbH, München
gesetzt aus 10/11.5 Times auf Linotron 202
Druck und Binden: Mohndruck,
Graphische Betriebe GmbH, Gütersloh
Printed in Germany 1986
ISBN: 3-7766-1446-3

# Inhalt

## 1
## Der Werdegang

## 2
## Leiter des Hauptamtes für Technik der NSDAP

## 3
## Generalinspektor für das deutsche Straßenwesen

# 4
# Erbauer des Westwalls

# 5
# Generalbevollmächtigter für die Regelung der Bauwirtschaft und Generalinspektor für die Sonderaufgaben im Vierjahresplan

# 6
# Chef der Organisation Todt

# 7
## Reichsminister für Bewaffnung und Munition

# 8
## Generalinspektor für Wasser und Energie

# 9
## Im Dienst von Partei und Staat

# 10
## Rivalitäten und Auseinandersetzungen

# 11
## Das Ende

# 12
## Der Nachfolger

## Vorwort

1941, im dritten Kriegsjahr, gab es im Dritten Reich mit Ausnahme des
Reichsmarschalls Hermann Göring keinen Mann, der so viele Staats-
und Parteiämter auf sich vereinigte wie Dr. Ing. Fritz Todt. Er war
Leiter des Hauptamtes für Technik der NSDAP, Reichswalter des
Nationalsozialistischen Bundes Deutscher Technik, Generalinspektor
für das deutsche Straßenwesen, Chef der Organisation Todt, General-
bevollmächtigter für die Regelung der Bauwirtschaft, Generalinspektor für die Sonderaufgaben im Vierjahresplan, Reichsminister für
Bewaffnung und Munition und Generalinspektor für Wasser und
Energie. Wie Hermann Göring war auch er ein Nationalsozialist der
ersten Stunde. 1922 stellte er einen Antrag auf Aufnahme in die
NSDAP, dem im Januar 1923 entsprochen wurde. Im Unterschied zu
Hermann Göring blieb Todt jedoch ein Außenseiter im nationalsozialistischen Führungskreis. In seinem Lebensstil, in seinem Führungsverhalten und in seinem Machtgebrauch unterschied er sich wesentlich
von der übrigen nationalsozialistischen Prominenz.

Ähnlich seinem Nachfolger Albert Speer pflegte Todt eine persönliche
Beziehung zu Hitler. Die Hochschätzung war gegenseitig. Häufige
Telefonate und Besuche traten an die Stelle schriftlicher Vorlagen, wie
sie bei anderen Ministern die Regel waren. Hitler wußte an Todt zu
würdigen, daß er im Unterschied zu anderen Figuren des Hofstaates
die übernommenen Aufgaben korrekt ausführte und nie mehr versprach, als er halten konnte. Deshalb übertrug ihm Hitler ein Amt
nach dem anderen. Vermutlich gab es außer Hitler niemanden in der
nationalsozialistischen Führung, der mit so hohem Kraftaufwand und
Zeiteinsatz arbeitete wie Todt. Er nahm seine Pflichten ernst. Daß er
einer falschen Sache diente, wurde ihm erst später klar.

Es ist schwer, die Persönlichkeit Todts historisch zu würdigen. Daran
ist nicht so sehr der Mangel an Quellen schuld, sondern die Interpreta-
tionsbedürftigkeit vieler seiner Aussagen. Was er äußerte, erlaubt, ihn
sowohl als einen fanatischen Protagonisten des Nationalsozialismus
einzustufen, als auch als einen unpolitischen Techniker zu charakterisieren. Einerseits erscheint er als ein überzeugter Nationalsozialist und
ein gläubiger Gefolgsmann Hitlers bis weit in den Krieg hinein, andererseits als ein eigentlich unpolitischer Kopf, als ein Idealist und ein

fachorientierter Ingenieur und Naturwissenschaftler. Viele seiner
Aussagen widersprechen einander. Und manches von dem, was er
sagte, stimmt nicht überein mit dem, was er tat. Das kam daher, daß
der Ingenieur Todt und der Politiker Todt nicht immer miteinander im
Einklang standen. Aber sie gehörten ein und demselben Wirkungszu-
sammenhang an. Ohne politischen Einsatz waren keine technischen
Leistungen zu erzielen und ohne technische Leistungen gab es keine
politische Motivation für neue technische Problemlösungen. Die Politik vereinnahmte den Techniker und der Techniker brauchte den politischen Auftrag.
Selbstverständlich konnte im Umkreis Hitlers niemand leben, ohne
schuldig zu werden. Entweder war er Mitwisser oder Ausführungsge-
hilfe. Trotzdem gab es Unterschiede in der Gesinnung der einzelnen
Mitglieder des nationalsozialistischen Führungskreises. Die Mitarbeiter Hitlers hatten vielfältige Motive für ihr Engagement und verfolgten
unterschiedliche Zielsetzungen. Dem einen genügten Lebensgenuß
und Machtgefühl. Ein zweiter brauchte Kommandogewalt. Der dritte
suchte eine Bühne für bombastische Selbstdarstellungen. Ein vierter
war zufrieden, Lakai Hitlers zu sein. Da gab es Nationalisten, Imperia-
listen und Rassisten. Steife Bürokraten standen neben agilen Fanati-
kern. Todt paßte in keine dieser Schablonen. Er gehörte zu der kleinen
Gruppe von Fachleuten, die ihr Wissen und Können bereitwillig der
NSDAP zur Verfügung stellte, als diese 1933 die Regierung übernahm, obwohl ihm die Ziele und Methoden der Nationalsozialisten
bekannt waren. Zusammen mit Schacht, Neurath und Papen gab er
der Mittelmäßigkeit der Männer um Hitler durch seine Fachkompe-
tenz Gewicht. Für die Durchsetzung des NS-Regimes und seine Popu-
larisierung waren Männer wie Todt unabdingbar.
Hätte Todt den Krieg überlebt, wäre er vor dem Nürnberger Siegertri-
bunal gegen die Hauptkriegsverbrecher wahrscheinlich der »Ver-
schwörung gegen den Frieden« angeklagt worden. Man hätte ihn der
massiven Unterstützung Hitlers bei der Vorbereitung des Zweiten
Weltkriegs beschuldigt. Bei den Alliierten galt Todt immerhin als der
große Baumeister des Dritten Reiches, der die Autobahnen als Militärstraßen gebaut, der den Westwall zur militärischen Absicherung des
Reiches gegen den Westen erstellt und der die logistischen Voraussetzungen für den reibungslosen Nachschub der Truppe geschaffen hatte.
Den Plädoyers der Verteidiger wäre es überlassen worden, zu zeigen,
daß der Krieg sein eigentliches Lebenswerk zerstörte, weil der Autobahnbau zum Erliegen kam und der Wasser- und Kraftwerkbau erst
gar nicht richtig beginnen konnte. Sie hätten beweisen müssen, daß

auch Todt der Friedenspropaganda der dreißiger Jahre erlegen war und daß er den Westwall für ein Unternehmen zur Friedenssicherung und nicht zur Kriegsvorbereitung hielt. Mit einem Krieg scheint Todt auch 1939 nicht gerechnet zu haben. Als es jedoch soweit war, engagierte er sich für den deutschen Sieg mit allen Kräften, erst als Chef der »Organisation Todt« und als »Generalinspektor für die Sonderaufgaben im Vierjahresplan«, dann als »Reichsminister für Bewaffnung und Munition«. In dieser Funktion geriet er vollends in den Kreis derer, die den totalen Krieg betrieben. Bald war er der Gefangene seines Amtes, seiner militärischen Auftraggeber und seiner industriellen Erfüllungsgehilfen.

Es ist unklar, wann Todts Gesinnungswandel einsetzte, der ihn möglicherweise dazu führte, sich aus Hitlers Führungsmannschaft zurückziehen zu wollen. Skeptiker war er schon auf dem Höhepunkt des deutschen Siegeszuges. Zur Einsicht in die Aussichtslosigkeit des Krieges trat in der zweiten Hälfte des Jahres 1941 die Verantwortung für die zerstörerischen Wirkungen des Krieges. Dem Reichsminister für Bewaffnung und Munition wurde irgendwann klar, daß er mit jeder Granate, die er an die Truppe lieferte, Menschenleben vernichtete. Irgendwann wurde er nachdenklich. Im Unterschied zu tausend anderen gab er seinen Bedenken nach und schenkte Hitler reinen Wein ein. Die Bitte um die Entlassung aus seinem Ministerium war nur konsequent. Das war aber eine Forderung, die Hitler weder erfüllen konnte, noch erfüllen wollte.

Noch lange nach seinem Tod blieb Todt eine Symbolfigur des Dritten Reiches. Als mit anderen nationalsozialistischen Führern wie Goebbels und Göring kein Staat mehr zu machen war, wie die Witze beweisen, die über sie kursierten, konnte dem Volk mit Todt ein integrer Mitarbeiter vorgestellt werden, von dem nichts Abträgliches bekannt war. Mit einer solchen Person, die obendrein Leistung über Leistung erbracht hatte, ließ sich Propaganda machen. Mehr als ein Jahr benutzte auch Speer die Reputation seines Vorgängers, um seinem Amt Ansehen zu verleihen. In der »Organisation Todt« – außer der »Hitlerjugend« der einzige nach einer Person benannte Verband des Dritten Reiches – lebte der Verstorbene bis ans Kriegsende als nationalsozialistischer Held fort.

Den Menschen und Vorgesetzten Todt zu beurteilen fällt leichter, als Aussagen über den »Politiker« zu machen. Alle, die ihn persönlich kannten, berichten übereinstimmend von seiner Sachkenntnis, von seiner Ausstrahlung als Führerpersönlichkeit, von seinem Engagement für das Wohlergehen der Mitarbeiter und von seiner unbestechli-

chen Lauterkeit. Er praktizierte viele Formen modernen Manage-
ments: Arbeitsteilung, Delegation von Verantwortung, kooperativen
Führungsstil usw. Dem Zauber seiner Persönlichkeit unterliegen
selbst heute noch jene Damen und Herren, die mir nach mehr als 40
Jahren von ihm berichteten. Allen, die mit ihren Auskünften geholfen
haben, ein Bild des Mannes zu entwerfen, möchte ich an dieser Stelle
herzlich danken. Leider versiegte die Auskunftbereitschaft der Tochter Todts, Ilsebill.

Bruchstücke schriftlichen Quellenmaterials zur Biographie Todts finden sich in fast allen deutschen Archiven, vorzugsweise im Bundesarchiv, im Bayerischen Hauptstaatsarchiv, im Institut für Zeitgeschichte
und im Archiv des Deutschen Museums München. Die Masse der
Akten hat den Krieg nicht überstanden. Ein wesentlicher Teil ver-
brannte in den Bombennächten Berlins. Einen anderen Teil, insbesondere Akten über den Westwall- und Atlantikwallbau, überließ Speer
angeblich im Januar 1944 der Witwe Todts zur Einsichtnahme. Mitarbeiter Bormanns und Speers sollten mit ihr das Material daraufhin
prüfen,»welche Unterlagen als Privatakten des verstorbenen Pg. Dr.
Todt ohne weiteres seiner Gattin überlassen werden können und
welche Vorgänge als Dienstakten anzusehen sind«. Frau Todt, die im
Januar 1986 im 103. Lebensjahr starb, beteuerte, davon nichts gesehen
zu haben. Ein drittes Paket von Akten,»insbesondere diejenigen, die
über die persönliche Einflußnahme Dr.Todts auf die Gestaltung der
Bauten und die Umgestaltung des ganzen Straßenwesens Auskunft
geben«, wurde im Mai 1944 auf Weisung Speers nach Schloß Steinach
bei Straubing gebracht. Dieses Gebäude war von der Oberbaudirektion München als Rasthaus an der geplanten Autobahn Regensburg –
Passau angekauft worden. Der Leiter der seinerzeitigen Obersten
Bauleitung München, Präsident Hafen, erhielt den Auftrag, für das
Reichsarchiv»die wichtigsten Akten, die für das Lebensbild Dr.Todts
oder für die Herausgabe seiner Briefe einmal unentbehrlich sein
können«, sicherzustellen. Frau Todt wurde von Speer mit einem
Schreiben vom 15. 9. 1944 darüber in Kenntnis gesetzt. Kurz vor
Kriegsende wurde Schloß Steinach von den Alliierten bombardiert
und brannte aus. Die dort lagernden Akten gingen verloren.
Von den Nachkriegsakten waren besonders die Spruchkammerunter-
lagen des Amtsgerichts München von Interesse. Wer die bei dem
Verfahren abgegebenen eidesstattlichen Erklärungen als unglaubwür-
dige Persilscheinliteratur abtut, verkennt den Rechtscharakter der
Dokumente. Wegen ihrer detaillierten Angaben, Zitate und Hinweise
war auf sie nicht zu verzichten.

Die Suche nach dem restlichen Material über Todt war zum Teil ein Spiel mit dem Zufall. Für ihr fachliches Engagement dabei und für ihre Sorgfalt bei der Redaktion der Texte gebührt Frau Renate Taube besonderer Dank.

Frühjahr 1986                                        Franz W. Seidler

# 1
## Der Werdegang

## Schule und Beruf

Fritz Todt wurde am 4.9. 1891 als einziges Kind eines Schmuckfabrikanten in Pforzheim geboren. Am Humanistischen Gymnasium der Stadt legte er das Abitur mit der Note »sehr gut« ab. Besonders hingezogen fühlte er sich zu den Fächern Musik und Kunst. Dennoch entschied er sich für den Beruf des Ingenieurs. Aus dieser Antithese bezog Todt viele Anregungen. Zeitlebens beschäftigte er sich mit der Frage, wie Kunst und Technik miteinander in Verbindung zu bringen seien.

Die Tagebuchaufzeichnungen des Schülers Todt sprechen von einer tiefen Naturverbundenheit, die während der vielen Wanderungen mit seinem Vater im Schwarzwald, auf der Schwäbischen Alb und im Neckargebiet gewachsen war. Sein Vater lehrte ihn auch das Skilaufen am Feldberg, die einzige Sportart, der Todt bis zum Schluß treu blieb. [1] Als Student trat er dem »Akademischen Skiklub« bei. Beim Skifahren lernte er seine Frau kennen. Noch während des Krieges ging er mit Vorliebe mit seinen Kindern ins Gebirge zum Skifahren, wenn er an den Winterwochenenden von Berlin nach München zu seiner Familie flog. Seine Erfahrungen als guter Skiläufer nutzte Todt im September 1941 sogar dienstlich aus, als er hörte, daß das Heereswaffenamt für den Rußlandfeldzug 200000 Paar Skier aus Eschenholz mit Stahlkanten in Auftrag gegeben hatte. Er mußte die Auftraggeber belehren, daß Stahlkanten nur für Abfahrtsskier Bedeutung haben und nur auf hartem Hickoryholz halten. Im weichen Eschenholz reißen die Schrauben der Stahlkanten aus. Todt monierte: »Es wird also hier für ein an sich wichtiges Heeresgerät Eisen in erheblicher Menge (Stahl) und ein hoher Arbeitsaufwand für das Anbringen der Kanten verbraucht, ohne daß damit militärisch auch nur irgendein Zweck erreicht wird.« Gleichzeitig wies er darauf hin, daß die Abfahrtbindungen und die Skibreite für den Tourenski falsch gewählt seien. [2]

Die Liebe zur Natur und sein einfühlendes Verständnis für die Charakteristika einer Landschaft waren das Ergebnis seiner zahlreichen Naturaufenthalte, seiner Skitouren und seiner Neigung zur Fotografie. [3] Todt fotografierte viel und stellte hohe Ansprüche an die

Qualität der Bilder. Später warb er mit den Mitteln der Fototechnik für seine Ideen.

Auch die Liebe zur Musik behielt Todt bis zum Schluß bei. Er spielte selber Klavier und meinte hin und wieder, daß er Kapellmeister hätte werden können, wenn er in seiner Jugend zu fleißigerem Üben angehalten worden wäre. Von den klassischen Komponisten hörte er am liebsten Bach, Bruckner und Strauß. An seiner späteren Frau faszinierte ihn unter anderem, daß sie sehr gut Klavier spielte. Ein Freund Todts, der Landschaftsarchitekt Seifert, schrieb später über den Musikliebhaber folgende Zeilen:

»Ich war ziemlich verblüfft, als er mir einmal auf einer Skihütte die Blockflöte aus der Hand nahm und sie viel besser blies als ich, sich dann gleich eine Ziehharmonika griff und ausgerechnet ›Die Himmel rühmen des Ewigen Ehre‹ spielte. Erschüttert aber waren die wenigen ihm noch verbliebenen Mitarbeiter, die stumme Zeugen waren, als er, aus Berlin bereits ausgebombt, sich eines Abends im Ingenieurheim am Wannsee an den Flügel setzte und auswendig Bach spielte.« [4]

Aus seiner Schulzeit hatte Todt auch den sorgfältigen Umgang mit der deutschen Sprache übernommen. Von Fremdwörtern hielt er nichts, wenn es dafür verständliche deutsche Ausdrücke gab. Als Techniker pflegte er später einen nüchternen, einfachen und einprägsamen Stil ohne Phrasen, Leerformeln und Stilblüten. In seinen späteren Funktionen verlangte er von seinen Mitarbeitern, daß sie das, was sie sagen wollten, so knapp wie möglich formulierten. [5]

Nach dem Abitur kam Todt 1910–1911 seiner Wehrpflicht als Einjährig-Freiwilliger beim Feldartillerie-Regiment 14 in Karlsruhe nach. Das Studium des Bauingenieurwesens an der Technischen Hochschule München ab dem Wintersemester 1911/1912 wurde durch den Ersten Weltkrieg unterbrochen. Die Diplom-Vorprüfung hatte er am 30. 7. 1913 noch ablegen können, im August 1914 wurde er eingezogen. Im Oktober 1914 ging er als Leutnant der Reserve vom Feldartillerie-Regiment 14 zum Badischen Grenadier-Regiment 110 an die Westfront. Im Januar 1916 trat er zur Luftwaffe über. Nach einer längeren Tätigkeit als Fliegerbeobachter bei der Feldfliegerabteilung 70 wurde er im Juni 1917 Führer einer selbständigen Fliegerformation an der Westfront, nämlich des Reihenbildtrupps der Armeeabteilung C in Mars-la-Tour. In dieser Funktion wurde er zweimal verwundet. Zu seinen Kriegsauszeichnungen gehörten das Eiserne Kreuz 1. und 2. Klasse, der Hohenzollern-Hausorden, der Bayerische Militär-Verdienst-Orden und der Badische Zähringer-Löwen-Orden. [6]

Nach dem Krieg beendete Todt das Studium an der Technischen Hochschule Karlsruhe und legte im Wintersemester 1919/1920 die

Diplomprüfung ab. Sein Praktikum absolvierte er bei der Bauunternehmung Grün & Bilfinger A. G., Mannheim. Über seinen Einsatz beim Stauwehr Jettenbach am Inn berichtete der dortige Bauleiter, Josef Koder:

»Ich habe Herrn Todt, der damals noch Student gewesen ist, als Arbeiter und Praktikanten für zweieinhalb Monate lang beschäftigt. Seine Tätigkeit behielt ich in guter Erinnerung, weil der 28jährige Mann und durch Kriegsauszeichnungen geehrte Offizier ohne Widerrede geradezu freudig und wie selbstverständlich jede Arbeit eines Hilfsarbeiters ausgeführt hat, das Schaufeln so gut wie das Rollwagenfahren, das Bodenverkippen, das Gleislegen, das Tragen von Lasten; er konnte dadurch auf die Mitarbeitenden als Vorbild wirken. Er verstand sich vortrefflich auf die Psyche der Arbeiter, verkehrte mit ihnen in kameradschaftlicher Weise, was damals unter den Nachwirkungen der Revolution und der bayerischen Räterepublik nicht ganz einfach war. Besonders blieb mir in Erinnerung, wie er unachtsamen Verlusten und Vergeudungen von Materialien, Holz, Nägeln, Schrauben entgegenwirkte.« [7]

Wegen der guten Zeugnisse, die er in seinem Praktikum erhielt, wurde Todt nach der Diplomierung in der gleichen Firma als Ingenieur beschäftigt. Nach einer zweimonatigen konstruktiven Tätigkeit im Stammhaus kam er erneut zur Baustelle Jettenbach am Inn, diesmal als junger Ingenieur. Der Bauleiter Josef Koder berichtete erneut:

»Bei meinen Kontrollbesuchen der Baustelle kam ich mehrfach in Berührung mit ihm und lernte ihn als rührigen, praktischen und theoretisch gut vorgebildeten und in hohem Grade interessierten Ingenieur kennen, der das Wesen aller Vorgänge zu erfassen und mit eigenem Geist zu durchdringen suchte. Er war ein Mann voll von Tatendrang und Energie, rasch von Entschluß, sportbegeistert, unerschrocken und offen, machte, wo ein Fehler geschah, nicht den Versuch, irgend etwas zu beschönigen. Das damals noch neue Gebiet der wirtschaftlichen Betriebsführung schien ihm besonders am Herzen zu liegen. Er hatte die einschlägige, meist von den Vereinigten Staaten aus befruchtete Literatur in sich aufgenommen.«

In dieser Zeit trug sich Todt mit dem Gedanken, in die USA auszuwandern. Ihn lockten die Möglichkeiten eines Ingenieurs in einer vom Baufieber getriebenen Gesellschaft im Unterschied zur Aufbaumühsal im Deutschen Reich nach dem verlorenen Krieg. Zu seinen Vorbildern, deren Schriften er mit Begeisterung las, gehörten der Ingenieur und Betriebsorganisator Fredrick Winslow Taylor, der Begründer des scientific management, und der Industrielle Henry Ford, der 1903 die Ford Motor Company gegründet hatte und dessen sozialpolitische Ideen damals revolutionär waren. [8] Einer der Gründe, warum er von seinen Plänen abließ, war seine Neigung zu Elsbeth Kramer, die er im »Akademischen Skiklub« in München kennengelernt hatte. Sie war am 7. 9. 1883 als Tochter des Arztes Dr. Müller in Coburg geboren worden. Obwohl ihr Vater ein halbes Jahr nach ihrer Geburt starb, hatte sie die Möglichkeit, am Konservatorium in München Musik zu studieren und in der Schweiz Sprachen zu lernen. In erster Ehe war sie mit dem Augenarzt Dr. Kramer aus Mannheim verheiratet, der im August 1914, wenige Wochen nach Ausbruch des Ersten Weltkriegs, fiel. Seit 1916 bewohnte die Witwe mit ihrer Mutter und ihrer Schwester ein eigenes Haus in der Franz-Joseph-Straße in München-Schwabing. Zu Weihnachten 1920 schenkte ihr Todt einen 30-seitigen bebilderten Bericht »Aus meiner Tätigkeit«, worin er über seine Arbeiten als Praktikant und junger Diplomingenieur erzählte. [9] Im Juni 1921 heiratete Todt Frau Kramer und bezog die Wohnung seiner Frau. Für die Mutter und Schwester von Frau Todt wurde das Nachbaranwesen erstanden. Die beiden Damen nahmen am Haushalt der Eheleute Todt teil.

Im August 1921 verließ Todt die Firma Grün & Bilfinger A. G. Er wollte im Flußbaufach bei Geheimrat Prof. Rehbock an der Technischen Hochschule Karlsruhe als Assistent arbeiten, um den Grad eines Dr. Ing. zu erreichen und eine akademische Laufbahn einzuschlagen. Als jedoch etwa gleichzeitig seine Bewerbung bei der Bauunternehmung Sager & Woerner in München Erfolg hatte, die damals gerade die Wasserkraftwerke an der mittleren Isar baute, zog er diese Tätigkeit vor. Er blieb bei dieser Firma von November 1921 bis zu seiner Berufung zum Generalinspektor für das deutsche Straßenwesen im Juli 1933. Auf diese Zeit bezieht sich eine Geschichte, die Todt häufig erzählte und die von einem Zuhörer so wiedergegeben wurde:

»Er ging für seine kleine Firma Aufträge fechten. Es handelte sich um Aufträge von Straßenausbesserungen, wenn es das Glück wollte: um zwei bis drei Kilometer Straßenneubau.

Das Glück wollte es, und die Gemeinde Hintertupferhausen fraß einen Narren an seinem Voranschlag. Schäbige Konkurrenz saß ihm auf dem Nacken, aber unser guter Todt pokulierte mit dem Bürgermeister und den Männern des Ausschusses, daß seine ganze Provision schon vertan war, bis der Auftrag protokolliert wurde.

»Die Konkurrenz hatte uns im Preis so gedrückt«, blinzelte Fritz Todt über das Weinglas, »daß die Straße wirklich und wahrhaftig keine Meisterleistung werden konnte. Die Gemeinde bestand darauf, den fertigen Straßenneubau sozusagen aus meiner Hand persönlich zu übernehmen.

Ich zwänge mich in meinen Hanomag und pendele hin. Ein einziges Stoßgebet auf den Lippen: Herr Gott, bloß kein Gewitter! Denn einem Wolkenbruch war diese Straße nicht gewachsen. Sie ging dann bestimmt ein wie ein billiges Hemd bei der ersten Wäsche. Ich komme an und der Bürgermeister...? Er führt mich zu meiner Straße!

Ich traue meinen Augen kaum, auf unzählig vielen Pfützen schwimmen kleine, gelbe Entchen aus Zelluloid. Die Nacht über war das gefürchtete Gewitter natürlich doch niedergeprasselt, und der Humor der Stadtväter hatte die Mängel meines Straßenbaues dottergelb illustriert…

Als mich der Führer zum Generalinspektor aller deutschen Straßen ernannte, bekam ich ein Telegramm aus Hintertupferhausen, in dem mir diese hinterhältigen Burschen bestätigten, daß ich bestimmt der rechte Mann am rechten Fleck wäre und daß es meine Straßen so an sich hätten…

Ich bin hingefahren und habe diesen Brüdern eine Staatsstraße hingesetzt, auf der sie nie wieder ihre verteufelten Zelluloid-Entchen unterbringen können und wenn die Sintflut kommt!« [10]

Eine andere Anekdote, die Todt als erfolgreicher Straßenbauer gerne erzählte, bezog sich auf seine Pforzheimer Schulzeit. Sein Mathematiklehrer habe ihm einmal voller Verärgerung prophezeit, er werde »auf der Landstraße landen«, wenn seine Leistungen nicht besser würden. Der Mann hatte recht. [11]

Ab 1927 leitete Todt als Oberingenieur die Abteilung Straßenbau der Firma Sager & Woerner. 1928 wurde er Geschäftsführer und Technischer Leiter. Unter seiner Aufsicht erstellte 1929–1930 eine Arbeitsgemeinschaft von Straßenbaufirmen unter der Federführung von Sager & Woerner umfangreiche Straßenbauten in der Tschechoslowakei. 1930–1931 führten ihn ähnliche Arbeiten nach Jugoslawien. In dieser Zeit schrieb er eine 86-seitige Doktorarbeit mit dem Thema »Die Fehlerquellen beim Bau von Landstraßendecken aus Teer und Asphalt. Ein Beitrag zur Vermeidung von Fehlerquellen«, mit der er am 16. 10. 1931 an der Technischen Hochschule München zum Dr. Ing. promovierte.

Ausgehend von der »hemmungslosen Entwicklung des Automobilverkehrs« in Deutschland seit dem Ersten Weltkrieg zeigte Todt in seiner Promotionsschrift auf, daß die mit dem Straßenbau Befaßten dem »Überfall des Automobils auf die Landstraßen« nicht gewachsen waren. Ihre Arbeit erschöpfte sich in Reparaturen, sie besaßen aber keine neuen konstruktiven Ideen. Am ehesten konnten die Teer- und Asphaltstraßen den Ansturm aushalten. Aufgrund dieser Erkenntnis teilte Todt der neuzeitlichen Straßenkonstruktion folgende drei Aufgaben zu: den durch den schweren Lastenverkehr hervorgerufenen Erschütterungen Herr zu werden, die Sogwirkung der Reifen schnell fahrender Fahrzeuge zu verringern und die Witterungsabhängigkeit der Fahrbahnen zu reduzieren. Todt demonstrierte die bisherigen Fehler von Forschung und Praxis und machte Vorschläge für die Zukunft: Veredelung der Tragkonstruktion durch mörtelbildende Zusätze, Bevorzugung bituminöser Fahrbahndecken vor Sanddecken, Wahl geeigneter Bindemittel im richtigen Mengenverhältnis zum

Gestein, Berücksichtigung von Temperaturschwankungen, neue Methoden der Oberflächenbehandlung und -tränkung usw. Todt schloß seine Dissertation mit dem Hinweis, daß noch viele Erfahrungen gesammelt werden müßten, bis die ideale Straßendecke für den schweren und schnellen Autoverkehr gefunden sei. Wenn sein Beitrag zu einer nur zehnprozentigen Verbesserung im Straßenbau führe, habe sich die Arbeit gelohnt.

Auf die Frage, warum Todt noch als leitender Angestellter und in fortgeschrittenem Alter eine Doktorarbeit schrieb, gibt es mindestens drei Antworten. Zum einen wurde im Winter nirgendwo gebaut, so daß Todt 1930/31 Zeit für eine Promotionsarbeit fand. Zum anderen wollte Todt die praktischen Erfahrungen, die er als Straßenbauer gemacht hatte, der Fachwelt mitteilen. Zum dritten reizte ihn die wissenschaftliche Qualifikation, die er mit der Promotion erwarb.

## Politisches Engagement

Nach der Entlassung aus dem Heer am Ende des Ersten Weltkriegs gehörte Todt zu den Tausenden ehemaliger Offiziere, die der neuen Ordnung kritisch gegenüberstanden. Die »Schande von Versailles« beschäftigte ihn sehr. Aber im Unterschied zu anderen gehörte er weder einem Freikorps noch einer völkischen Kampforganisation an, sondern widmete sich seinem Studium statt zu politisieren. Es war Frau Kramer, die die Aufmerksamkeit ihres Verlobten auf die Kreise um Friedrich Naumann lenkte. Sie bewunderte den Gründer des Nationalsozialen Vereins, weil er sich um die Versöhnung der Arbeiterschaft mit dem deutschen Nationalstaat bemühte. Seine Vision einer europäischen Wirtschaftsgemeinschaft unter deutscher Führung beeindruckte sie. Als Naumann nach dem Krieg die »Deutsche Demokratische Partei« gründete und als Wortführer der Fraktion in die Weimarer Nationalversammlung einzog, wurde Elsbeth Kramer eine überzeugte Wählerin der DDP. Sooft Naumann nach München kam, besuchte Frau Kramer – später mit ihrem Verlobten – seine Vorträge. Bald merkten Fritz Todt und seine spätere Frau jedoch, daß Naumanns Stern im Sinken war und daß seinen Bestrebungen die Durchschlagskraft fehlte. Seine Ideen waren zu theoretisch. Er hatte keine Massenbasis. In der Tat schmolz die Deutsche Demokratische Partei von Wahl zu Wahl. In der Weimarer Nationalversammlung stellte sie 75 Abgeordnete (18,5% der Stimmen), bei den Reichstagswahlen 1920 erhielt sie nur noch 8,4% der Stimmen mit 39 Mandaten. Das lag in München u. a. daran, daß hier ein anderer die Verschmelzung sozialreformerischer Ideen mit nationalem Glauben viel wirkungsvoller vertrat als Naumann: Adolf Hitler. Er predigte diese Synthese in vielen Varianten, immer begleitet von Ausfällen gegen das Judentum. Auf einer Versammlung am 28. 7. 1922, die unter dem Thema »Freistaat oder Sklaventum« angekündigt war, führte er z. B. aus:

»Ein Staatswesen kann nur aufgebaut sein auf einer sozialen Grundlage, und zweitens· Todfeind jedes wahren sozialen Gedankens ist der internationale Jude (Beifall). Jeder wahrhaft nationale Gedanke ist letzten Endes sozial, d. h.: Wer bereit ist, für sein Volk so vollständig einzutreten, daß er wirklich kein höheres Ideal kennt als nur das Wohlergehen dieses seines Volkes, wer unser großes Lied »Deutschland, Deutschland über alles« so erfaßt hat, daß nichts auf dieser Welt

ihm höher steht als dieses Deutschland, Volk und Land, Land und Volk, der ist ein
Sozialist.«[12]

Das Protokoll verzeichnet lang anhaltenden Beifall. Vieles an Hitlers
Reden könnte Todt abgestoßen haben, z. B. seine Ausfälle gegen die
Juden und die vielen Schimpfworte, die er für sie verwendete. Andererseits gehörte der Kampf gegen die »jüdische Weltdiktatur«, gegen
die »jüdische Plutokratie«, gegen die »jüdische Demokratie« und den
»jüdischen Bolschewismus« zu den Grundpfeilern des Programms der
NSDAP.

Ende 1922 stellten Fritz Todt und seine Frau Aufnahmeanträge für die
NSDAP, weil sie von der Persönlichkeit Adolf Hitlers, von der Ein-
fachheit seiner Argumente und von seinem Programm einer nationalen Arbeiterpartei fasziniert waren. Todt geriet also nicht als royalisti-
scher oder imperialistischer Reaktionär in den Kreis Hitlers, sondern
wegen seiner sozialen und nationalen Einstellung. Anders ausge-
drückt, er stieß von links und nicht von rechts zur NSDAP. [13] Diesen
Einstieg in die Partei wählten damals viele Techniker. [14]

In Eitting bei Erding, wo er den Bau eines Isarkraftwerks leitete, gründete Todt sofort eine Ortsgruppe der NSDAP. Am 5. 1. 1923 wurde er
offiziell in die Partei aufgenommen und erhielt seinen Mitgliedsaus-
weis mit der Nr. 2465. [15]

Todt war von Hitlers Rhetorik, seiner Überzeugungskraft und seinen
politischen Visionen begeistert. Nach dem Besuch der NSDAP-Ver-
sammlung am 17. 4. 1923 im Zirkus Krone unter dem Motto »Der
Friedensverrat von Versailles als ewiger Fluch der November-Repu-
blik« drängte er einen Offizierskameraden aus dem Krieg, sich Hitlers
Bewegung anzuschließen. Er schrieb ihm [16]:

»Lieber B.,
Ich mußte heute dienstlich in München sein, konnte die Gelegenheit benutzen, am
Abend zu Hitler zu gehen. Ich habe Ihnen schon am Sonntag geraten, nicht gaffig
beiseite zu bleiben, sondern ihn einmal anzuhören.
Heute Abend, nach dem Vortrag schreibe ich es Ihnen nochmals. Dort wird die
deutsche Freiheitsbewegung herkommen. Sie dürfen als ehemaliger Offizier heute
nicht sagen »ich kümmere mich nicht um die vaterländischen Verbände«. Wer jetzt
nicht *für* diese Bewegung ist und sie mit seinen Kräften fördert – der ist *gegen* sie.
Gehen Sie einmal hin zum Zirkus Krone und hören Sie, wie die 4–5000 Leute
atemlos den Worten des Hitler lauschen und ihm eine jubelnde, aber treue
Begeisterung Aller, die dort sind, entgegenschlägt. – Und dann helfen Sie mit, daß
wir wieder hoch kommen.
Gehen Sie am Freitag Abend hin. Der Freitag ist nebenbei der 35. Geburtstag
Hitlers, Sie werden es miterleben, wie das Volk tatsächlich diesen Führer liebt und
an ihm hängt und voller Hoffnung und Zutrauen auf ihn sieht.

Sie sind ein vielbelesener Mann und kennen sicher Fichtes Reden an die deutsche Nation. – Was Sie im Zirkus Krone hören, steht würdig neben diesen. Nicht bequem sein! Es ist Ihre Pflicht nicht gaffig beiseite zu bleiben. Mit bestem Gruß

Ihr Todt«

In dieser Zeit übernahm Todt viele von Hitlers Schlagworten in den eigenen Wortschatz. Er gebrauchte sie noch Jahre später:»Feiger Verrat beendigte den Krieg, eine Zeit des Niedergangs brach an.« Oder:».. .selbst niedrigste Bosheit eines siegestrunkenen Feindes konnte den aufrechten, geraden Charakter eines deutschen Mannes in schwerster Stunde nicht beugen...«. [17] Am Marsch zur Feldherrnhalle im November 1923 nahm Todt nicht teil. Er war zu dieser Zeit auf einer Baustelle am Inn. Als die Partei nach dem Putsch verboten wurde, setzte sich Todt weiter für ihre Ziele ein. Das brachte ihm eine Anklage wegen verbotener Parteiarbeit ein. Das Verfahren wurde jedoch niedergeschlagen. [18] Strafbar machte sich 1924 bereits, wer das Abzeichen der aufgelösten NSDAP trug. [19] Weshalb sich Todt nach der Neugründung der NSDAP 1925 nicht mehr so aktiv für die Partei einsetzte, ist nicht bekannt. Seine wachsende Arbeitslast verhinderte das möglicherweise ebenso wie die Pflichten des Familienoberhaupts. Zu ihrer Tochter aus erster Ehe hatte Elsbeth Todt 1922 die Tochter Ilsebill und im Jahre 1924 den Sohn Fritz geboren. Imogen kam 1929 als letzte hinzu. Alle Kinder wurden kirchlich getauft und im evangelisch-lutherischen Glauben erzogen.

Noch im Sommer 1931 ließ Todt den Gründungsaufruf des»Kampfbundes Deutscher Architekten und Ingenieure« (KDAI) zur»geistigen Mobilmachung« unberücksichtigt. Im»Völkischen Beobachter« vom 26. 8. 1931 war ein Appell Gottfried Feders erschienen, in dem er die Technik als eines»der wesentlichsten Mittel zur Rettung aus wirtschaftlichem Chaos und politischem Elend« bezeichnete, zur geistigen Mobilmachung aufrief und Anmeldungen an die Geschäftsstelle München, Talstraße 40, erbat.

Erst im Herbst 1931, als das schlechte Wetter die Bauarbeiten größtenteils unterbrach und Todt bei Sager & Woerner weniger ausgelastet war, setzte sein Engagement für die NSDAP schlagartig wieder ein. Aus dem passiven Mitglied wurde der Aktivist Todt. Am 31. 10. 1931 trat er in die SA-Reservestandarte R 16 (List), Sturm 4 (München) ein. 1932 erhielt er den Rang eines Truppführers. [20] Er beobachtete die unterschiedlichen Strömungen in der SA sehr genau. Zum Beispiel

# Bauunternehmung SAGER & WOERNER G. m. b. H.

An _____ am 17. IV. 1923

Von _____

Betrifft: _____ Zum Schreiben vom: _____

Lieber B.

wandte er sich »gegen eine allzu starke zwangsweise Auflösung der SA in Sonderformationen« und bedauerte um des einheitlichen Aufbaus willen, wenn die Spezialisten aus den Einheiten entfernt wurden. Am 8. 11. 1932 schickte er seine Gedankengänge an den zuständigen SA-Führer in München. [21] Aus seiner SA-Mitgliedschaft macht Todt kein Hehl. Er war bei vielen Propagandamärschen dabei. Bei den Reichspräsidentenwahlen im März 1932 setzte er sich mit Elan für den Präsidentschaftskandidaten Adolf Hitler gegen den Präsidentschaftskandidaten Hindenburg ein. Seine »bescheidene Werbetätigkeit« entfaltete er vor allem in bürgerlichen Kreisen, die der NSDAP nicht nahe standen. Um diese Wähler von den bisherigen Bindungen loszureißen, empfahl er, Flugzettel mit Namen bekannter Männer und Frauen, die sich für den Nationalsozialismus einsetzten, herauszugeben.

»Nichts wirkt auf einen Bürgerlichen mehr als einige bekannte Namen. Dem einen Namen »Hindenburg« müssen Tausende einzelner Namen gegenübergestellt werden.« [22]

Im Oktober 1931 stand im »Völkischen Beobachter« die Aufforderung an alle Fachleute in der NSDAP, sich zur Mitarbeit auf wirtschaftspolitischem Gebiet zu melden. Todt schrieb am 26. 10. 1931, daß er, soweit es seine berufliche Tätigkeit als Geschäftsführer einer in München ansässigen Straßenbau GmbH gestatte, bereit sei, auf folgenden Gebieten mitzuarbeiten bzw. Auskunft zu erteilen: Straßenbau in Deutschland, heimische und ausländische Baustoffe, Arbeitsbeschaffung durch Straßenbau, Kritik am Regiebausystem und an den dadurch entstehenden hohen Verwaltungskosten, Verwaltungsbehörden des deutschen Straßenwesens, Einsparungsmöglichkeiten, Finanzierungsprobleme, Verkehrsprobleme, Verkehrsentwicklung, Straßenzerstörung durch den Verkehr, Fehlschläge im deutschen Straßenwesen, Korruptionserscheinungen. Das Schreiben endete: »Ich glaube, daß ich in technischer Beziehung das ganze Gebiet des neuzeitlichen Straßenwesens beherrsche und mich auch in den damit zusammenhängenden industriellen Beziehungen auskenne.« [23] Sein Angebot wurde in der Parteizentrale begrüßt. Todt erhielt die Aufforderung, dem in diesem Jahr neugegründeten »Kampfbund Deutscher Architekten und Ingenieure« (KDAI) beizutreten und das Amt des Leiters der Fachgruppe Bauingenieure zu übernehmen. [24] In dieser Funktion hielt er bereits ein Jahr später bei der Reichstagung des Kampfbundes vom 11.–13. 11. 1932 einen Vortrag mit dem Thema »Zeitgemäße Fragen auf dem Gebiet des Straßenbaus«. [25]

Für das von Gottfried Feder geleitete »Amt für Wirtschaftstechnik und Arbeitsbeschaffung der NSDAP« arbeitete Todt als Berater und Gutachter. Während der KDAI die Zusammenfassung der nationalsozialistischen deutschen Architekten und Ingenieure auf vereinsmäßiger Grundlage »zum Zwecke der Erziehung und Schulung sowie der Führerauslese für die kommenden großen Staatsaufgaben« anstrebte, war Feders Amt eine Abteilung der Reichsorganisationsleitung, die im September 1932 aus der Hauptabteilung III ausgegliedert und der Hauptabteilung IV A angegliedert wurde. [26] Dem Ausschuß »Mensch und Maschine«, der sich mit den Auswirkungen des Maschineneinsatzes auf die Arbeitsplätze beschäftigte, unterbreitete Todt ein Gutachten, in dem er sich dagegen wehrte, daß die Maschine als Hauptursache der Arbeitslosigkeit in Deutschland hingestellt wurde. Schuld an den gegenwärtigen Zuständen seien fehlerhafte Wirtschaftsprinzipien und nicht der Einsatz der Maschinentechnik. [27] Als Todt aufgefordert wurde, speziell über den Maschineneinsatz im Baugewerbe zu berichten, verfaßte er die Denkschrift »Maschine kontra Mensch. Die Maschinen des Baugewerbes«. Er differenzierte zwischen Maschinen wie Bagger, Betonmischer, Lokomotiven und Rollen zur Verdichtung der Dämme, ohne die der Erdbau keiner Baustelle durchgeführt werden könne, und entbehrlichen oder zu verbietenden Maschinen wie Straßenreinigungsgeräte, die Arbeitsplätze kosteten. Im Baugewerbe hielt Todt das Schlagwort »Fort mit den Maschinen! Schafft Arbeit für die Arbeitslosen!« für eine verderbliche Forderung, die, würde ihr entsprochen, zur Einstellung aller großen Bauvorhaben führen müsse. Die deutsche Baumaschinenindustrie würde bei einem Maschinenverbot im Inland sehr schnell auf den internationalen Märkten ins Hintertreffen geraten. Todt sprach sich jedoch dafür aus,

»für eine vorübergehende Zeit, ausdrücklich befristet, die Maschinenbenützung zu kontrollieren, bestimmte Maschinen ganz zu verbieten und andere beschränkt oder bedingt zuzulassen, auf möglichst hohe Arbeiterzahlen durch entsprechende Ausschreibungsbedingungen zu drängen und daneben, abgetrennt von normalen Bauausführungen, zusätzliche Bauvorhaben auszusuchen und zu projektieren, bei denen der Masseneinsatz von Menschen schon bei der Projekterstellung berücksichtigt ist«.

Arbeiten, bei denen möglichst viele Arbeiter untergebracht werden könnten, wie Straßenbauten mit Schotterbeschaffung, Meliorationen und Moorkultivierungen sollten staatlich gefördert werden. Da sich unter den Arbeitslosen 800 000 bis 1,3 Millionen Bauarbeiter befänden, sei das entsprechende Fachpersonal vorhanden, um im Baugewerbe etwa 2 Millionen Arbeiter und Angestellte zu beschäftigen. Die Lösung des Arbeitslosenproblems sei keine technische Frage, sondern eine fiskalische. [28]

Ende Mai 1932 besuchte Todt den bayerischen NSDAP-Landtagsabgeordneten Dr. Schmidt, um ihm Unterlagen für seine Oppositionsarbeit im Maximilianeum zu geben. Schmidt sollte zur Unterstützung der freien Wirtschaft dagegen vorgehen, daß die bayerischen Staatsbauverwaltungen sich »in ganz erschreckender Weise dem Regiebetrieb« zuwandten, d. h. immer mehr Arbeiten selbst durchführten, statt sie als Aufträge an die Wirtschaft zu geben. Zum Beispiel habe das Straßen- und Flußbauamt München Lastwagen von einer Schweizer Firma gekauft, obwohl die Lastwagenbesitzer in München 600 Lastwagen wegen fehlender Auslastung stillgelegt hätten. Für eine Interpellation an die Staatsregierung händigte er dem Abgeordneten Papiere der Firma Sager & Woerner aus, bat jedoch, auch die maschinenschriftlichen Texte umzuschreiben, »da man natürlich unsere Schreibmaschine und das Papier beim Ministerium auch kennen könnte. Sie werden Verständnis haben, wenn ich in dieser Weise dafür sorgen möchte, daß nicht meine politische Tätigkeit, für die ich persönlich einstehe, für meine Firma in irgendeiner Weise zum Nachteil wird.« [29]

Neben seinen beruflichen Verpflichtungen, seiner Gutachtertätigkeit und seinem Dienst in der SA und für den KDAI machte sich Todt in dieser Zeit viele Gedanken über die Beseitigung der Arbeitslosigkeit. Einen 12 Seiten langen Vorschlag mit dem Titel »Deutsche Arbeitsdienstbelehnung« schickte er im April 1932 an den Gauwirtschaftsberater Dr. Pfaff in München. Im Gegensatz zu den Partei-Ideologen gab Todt zu, daß die Regierungen der Weimarer Republik die technische Vorbereitung größerer Arbeitsbeschaffungsprogramme gemeistert hätten. Lediglich die Finanzierung sei gescheitert. Dazu machte Todt einige kuriose Vorschläge: Eine nationalsozialistische Regierung müßte die Arbeiter veranlassen, einen Teil ihres Lohnes dem Staat gegen die Aushändigung von Sparscheinen mit halbjähriger Laufzeit und zweiprozentiger Verzinsung zu überlassen. Wer das Geld noch länger zur Verfügung stelle, sollte »Arbeitslehensscheine« mit vierprozentiger Verzinsung erhalten, die zum bevorrechtigten Erwerb einer Siedlungsstelle und anderen Grundbesitzes berechtigten. Todt glaubte, daß besonders Saisonarbeiter an solchen Rücklagen für die arbeitsfreie Zeit des Jahres interessiert wären. Mit dem Ausdruck »Lehensschein« wollte Todt »den alten Gedanken der Landbelehnung für geleistete Dienste« in Erinnerung rufen.

»Der Arbeiter, der durch Arbeit seinem Vaterland direkt oder indirekt in der Industrie gedient hat, wird, wie früher der Ritter, mit Landzuweisung belohnt. Es entsteht hier der Ritter der Arbeit, der sich seinen Teil deutschen Bodens durch Arbeit verdient hat.«

Bei öffentlichen Ausschreibungen sollten Arbeitgeber bevorzugt werden, die bei gleichem Preisangebot einen größeren Teil der Lohngelder – auf Wunsch ihrer Arbeiter – als Arbeitslehensscheine auszahlten. Während die demokratischen Systeme ihre Anleihen beim internationalen Kapital machten, bekomme der nationalsozialistische Staat sein Geld vom deutschen Arbeiter. [30]

Seine Gedanken zur Abschaffung der Arbeitslosigkeit ergänzte Todt im Dezember 1932 im sogenannten »Braunen Bericht«, der seinen Namen nach dem braunen Umschlag bekam, in den er eingebunden war. Der wirkliche Titel hieß »Straßenbau und Straßenverwaltung«. Auf 49 Seiten wurden in dieser Vorlage für die Leitung der NSDAP die bisherigen Mängel im Straßenbau offengelegt und Vorschläge für den zukünftigen Straßenbau gemacht. Im ersten Teil beschreibt Todt unter der Überschrift »Überblick über die straßenbauliche Entwicklung bis zur heutigen Zeit« das Versagen der für den Wegebau zuständigen Instanzen in der Weimarer Republik. Die fünffache Vermehrung des Kraftwagenbestands seit 1914 auf 1,5 Millionen Motorfahrzeuge nannte er einen »Überfall des Automobils auf die Landstraße«. Das Auto wurde »ohne jegliche Einschränkung auf ein unbefestigtes Straßennetz losgelassen, dessen Fahrbahn diesem veränderten Verkehr gar nicht gewachsen sein konnte«. Die Folge war die »restlose Zerstörung der vorhandenen Fahrbahn-Deckensubstanz«. Schuld an der Entwicklung seien eine schwache technische Führung gewesen, eine rücksichtslose, kapitalistisch eingestellte Industrie, eine in technischen Dingen unerfahrene Staatsleitung und ein Finanzsystem, das die Mittel für dringende Staatsaufgaben nicht aufbringen konnte. Zwischen 1920 und 1926 sei Straßensubstanz im Werte von 1,5 Milliarden Mark zerstört worden. Für Todt war dies ein Beispiel, »wie katastrophal sich das Fehlen technischer Köpfe in den maßgebenden staatsleitenden Stellen im jetzigen technischen Zeitalter für eine Nation auswirken kann«. Zwischen 1927 und 1930 seien zwar im Straßenbau für laufende Unterhaltung, Instandsetzung, Um- und Neubau arbeiten sowie Materialbeschaffung zwischen 600 000 und 800 000 Arbeiter beschäftigt gewesen, hiervon zwei Drittel für neun Monate und ein Drittel ganzjährig, es seien auch die technischen Möglichkeiten des Straßenbaus fortentwickelt worden, aber die verwaltungsmäßige Zersplitterung der Zuständigkeiten in der Bauverwaltung habe die Effizienz des Straßenbaus erheblich gemindert. Wenn 3000 Behördenstellen auf dem gleichen technischen Gebiet tätig seien, könne nichts Brauchbares herauskommen.

Im zweiten Teil des Gutachtens unter der Überschrift »Richtlinien und Aufgaben der künftigen Entwicklung des Straßenbaues und der damit zusammenhängenden Fragen« ordnete Todt den Straßenbau in die »große Gesamtaufgabe des Wiederaufbaus des Reiches« ein. Er nannte die Straßen eines Landes »die Lebensadern der Nation«. Das Gesamtstraßennetz aus Autobahnen, allgemeinen Verkehrsstraßen und Erschließungsstraßen ordnete er ein in den Dienst a) der Landesverteidigung, b) des Personen- und Güterverkehrs und c) der Erschließung und Kulturförderung des Landes. Bei den Autobahnen stellte er den strategischen Zweck in den Vordergrund. Er glaubte, daß auf den Autobahnen »eine Armee von 300000 Mann mit dem dringendst benötigten Sturmgepäck in 100000 requirierten Automobilen in zwei Nächten von der Ostgrenze des Reiches an die Westgrenze befördert werden kann«. Politisch sei ein vorhandenes Autobahnnetz mehr wert »als die Rede eines sich verbeugenden Botschafters«.

Die technische Verantwortung für den Straßenbau in Deutschland wollte Todt einer übergeordneten Stelle zuweisen und nicht wie bisher einer zersplitterten Verwaltung überlassen. Alle Länderbehörden müßten einer überwachenden Zentrale untergeordnet werden, »die allgemeine Richtlinien gibt, den Ländern aber die Freiheit der örtlichen Anpassung läßt«. Todt machte den Vorschlag, nicht eine neue Behörde zu erstellen, sondern einen einzelnen Mann mit den Aufgaben des Straßenbaus zu beauftragen.

»Eine Behördeninstanz wird auch in gewohnter Weise ihre Tätigkeit schwerfällig beginnen, während meines Erachtens einzelne Persönlichkeiten energischer, rascher und reibungsloser den Bürokratismus überwinden und ihre Pläne durchsetzen können.«

Er glaubte, daß ein fähiger Fachmann mit zwei bis drei Mitarbeitern genügen würde. »Nicht auf eine Organisation kommt es an, sondern auf die Persönlichkeit und Leistung.« Die Kosten für das auszubauende Straßennetz schätzte Todt auf 5 Milliarden Reichsmark. Bei einem jährlichen Aufwand von 1 Milliarde Reichsmark und bei Einschränkung des Maschinenbetriebs glaubte er im Jahr rund 600000 Arbeiter beschäftigen zu können. Die Herstellung von Schotter- und Pflastersteinen im Handschlag biete auch Möglichkeiten für eine Beschäftigung im Winter. Den staatlichen Regiebetrieb lehnte Todt ab, sprach sich jedoch befürwortend für einen Arbeitsdienst aus. [31]

In seiner Funktion als Fachberater für Straßenbau im »Amt für
Wirtschaftstechnik und Arbeitsbeschaffung der NSDAP« unterbreitete Todt die Anregungen im Dezember 1932 dem Leiter der Politischen Kommission des Braunen Hauses, Rudolf Heß. Dieser legte sie
Hitler vor. Hitler soll – falls dies keine Legende ist – sehr erfreut
darüber gewesen sein, »daß die Vorschläge des Mannes mit seinen
eigenen Gedanken zusammentrafen«. [32]
Todts »Brauner Bericht« war nicht die einzige Denkschrift, die damals
zur Abschaffung der Arbeitslosigkeit geschrieben wurde. Das Braune
Haus in München wurde mit Vorschlägen von kompetenten und
inkompetenten Leuten, von Parteigenossen und Nichtparteigenossen
geradezu überschwemmt. Jeder hatte andere Vorschläge zur Beseitigung der Arbeitslosigkeit und zur Ankurbelung der Wirtschaft. Soweit
sie den Straßenbau als Investitionsfeld des Staates vorsahen, wurden
sie dem Fachberater für Straßenbau Dr. Ing. Fritz Todt in München
zur Stellungnahme zugewiesen. Seine Ausführungen waren oft sehr
umfangreich. Über die Denkschrift von K. Prost, Bad Homburg, mit
dem Titel »Hitler schafft Arbeit« schrieb Todt z. B. eine zwölfseitige
Antwort. Lange Passagen in Prosts Papier deckten sich mit dem, was
Todt im Braunen Bericht vorgeschlagen hatte. Todt freute sich, daß
Prost wie er den Bau von 5000 bis 6000 km Autobahnen als Reichsstraßen vorschlug, daß Prost ebenfalls militärische Gesichtspunkte in den
Vordergrund stellte, daß Prost wie er die Einschaltung von Privatge-
sellschaften ablehnte und daß auch Prost die Beschäftigung von etwa
700 000 Männern an den Autobahnen für möglich hielt. Todt befürwortete wie Prost den Einsatz von Arbeitsdienstpflichtigen an den
Autobahnbaustellen und teilte Prosts Meinung, daß sich erst auf den
Autobahnen der Frachtverkehr voll entwickeln werde. Eine Zentralstelle für das gesamte Straßenwesen müsse die 3000 regionalen Verwaltungsstellen zusammenfassen. »Unbedingt zu vermeiden ist jede
Überorganisation.« Den Einsatz der Arbeitsdienstpflichtigen im Straßenbau beschränkte Todt jedoch auf Arbeiten bis zur Straßenober-
kante, weil die Straßendecke durch qualifizierte Unternehmer erstellt
werden müsse. Auch die zahlreichen Kunstbauten wie Tunnels, Brük-
ken und dergleichen gehörten seiner Meinung nach in die Hand von
Fachleuten. Die Arbeitszeit an den Straßenbaustellen sollte nur sechs
Stunden pro Tag betragen, damit der Einsatz von den Arbeitsdienstmännern nicht als Sklaven- oder Fronarbeit angesehen werde. Nach
der Beendigung des Autobahnbaus könnte der Arbeitsdienst bei der
Flußregulierung beschäftigt werden. Dem Finanzierungsmodell Prosts
zur »Brechung der Zinsknechtschaft der Großbanken« stimmte Todt

1 Leutnant Fritz Todt, 1917

2 Todt als Praktikant bei der Bauunternehmung Grün &
Bilfinger A.G. Mannheim nach dem Ersten Weltkrieg

3 Todt in der Uniform eines Reichsleiters der NSDAP

4 Großkundgebung des NSBDT am 23. 4. 1937 im Berliner Sportpalast; von rechts nach links: Reichsorganisationsleiter der NSDAP
und Chef der DAF Dr. Ley, Reichspostminister Dr. Ohnesorge,
Reichsverkehrsminister Dr. Dorpmüller, Dr. Todt

5 Rede Todts am 23. 4. 1937 vor 1200 Ingenieuren im Berliner
Sportpalast

6 Eröffnung der Straßenbau- und Keramik-
maschinenausstellung in München 1938

7 Die Plassenburg bei Kulmbach, die Reichs-
schule der deutschen Technik

8 Symphoniekonzert im Schönen Hof der Plassenburg bei der Kundgebung der Fachgruppe
Bauwesen des NSBDT im Juni 1939

9 Darstellung des Straßendeckenbaus am Beispiel der Deutschen Alpenstraße in der »Leistungsschau der deutschen Bautechnik«, die Todt am 8. 9. 1941 eröffnete

10 Ehrenhalle der »Leistungsschau der deutschen Bautechnik«, die Todt am 8. 9. 1941 eröffnete

voll zu. Die hypothekarische Belastung aller deutschen Grundstücke, Fabriken, Häuser usw., die Prost vorschlug, werde mindestens 70 Milliarden RM einbringen, ausreichend Geld für den Straßenbau. Das Zinsniveau sollte auf 3% limitiert werden. Daß der Autor von »Hitler schafft Arbeit« in den Autobahnen ein Mittel zur Stärkung der Wehrfähigkeit sah, freute Todt, weil er in seiner Denkschrift ähnliche Argumente vorgebracht hatte. In Spannungszentren wie Deutschland sei ein gutes Straßennetz vonnöten. Die motorisierten Truppen verlangten Straßen ohne Kurven und Ortsdurchfahrten. Todt ergänzte: Schon bei der Trassierung müßten Generalstabsoffiziere mitarbeiten, denn »bei richtiger Lage ist ja jeder Bahndamm und jede etwas überhöhte Straße eine Verteidigungsstellung, und deshalb soll auch die neue Reichsstraße bewußt so gebaut werden, daß sie zur Not als Verteidigungsstellung benutzt werden kann«. Tankstellen, Reparaturwerkstätten, Unfallstationen, Gasthäuser usw. »können so placiert werden, daß sie in wenigen Stunden für Fliegerabwehrgeschütze etc. benutzbar« seien. Die Reichswehr sollte eine Straße bekommen, die es ihr ermögliche, »in einer Nacht von Ost nach West oder von Nord nach Süd alle verfügbaren Kräfte zu werfen«. [33]
Die Ideen Todts im »Braunen Bericht« waren also nicht einzigartig. Viele Fachleute dachten in ähnlichen Kategorien. Allerdings hatten Todts Vorschläge ein größeres Gewicht als viele andere ähnlich lautende Gutachten, weil er zu dieser Zeit in der Partei bereits als Straßenbaufachmann anerkannt war. Das war auch der Grund, warum Heß ausgerechnet Todts Bericht dem Führer vorlegte, als dieser im April 1933 Maßnahmen zur Beseitigung der Arbeitslosigkeit durch staatliche Investitionen erwog.

Belegstellen

1 Vgl. Badische Biographien, hrsg. von Bernd Ottnad, Neue Folge, Band 1, Stuttgart 1982, S. 254 f.

2 Schreiben Todt an den Chef des Heereswaffenamtes, Nr. M. 5428/41 vom 13. 9. 1941, Bundesarchiv NS 26/1188

3 Vgl. Günther Schulze-Fielitz: Das Werk Dr. Todts, in: Die Baukunst, März 1942, S. 44

4 Alwin Seifert: Ein Leben für die Landschaft, Düsseldorf und Köln 1962, S. 48

5 Vgl. Eduard Schönleben: Fritz Todt. Der Mensch. Der Ingenieur. Der Nationalsozialist, Oldenburg 1943, S. 20; Der krampfhaften Eindeutschung technischer Ausdrücke stemmte er sich allerdings entgegen. Als Leiter des Hauptamtes für Technik

verbot er mit Rundschreiben 5/37 am 18. 2. 1937 den Gebrauch von Wörtern wie »Zieh« für Lokomotive oder »Bern« für Elektrizität. Seine Begründung lautete: »Die Bedeutung der deutschen Technik wird nicht dadurch gehoben, daß ein paar Menschen nichts Besseres zu tun haben, als in Form einer neuen Art von Rätselspiel sich darin zu üben, für althergebrachte, in der ganzen Welt verstandene Ausdrücke deutsche Neuworte zu erfinden, die zur Folge haben, daß kein Deutscher ohne erklärendes Wörterbuch die deutschen Techniker in ihrer Sprache versteht, vor allem aber, daß das gesamte Ausland mit der deutschen technischen Literatur nichts mehr anzufangen weiß.« Zitiert nach: Die Straße, 1. Märzheft 1937

6 Vgl. Berlin Document Center, SA-Akte Todt

7 Aussage Josef Koder vom 27. 11. 1948, Spruchkammerverfahren Todt, Amtsgericht München, Nr. 501

8 Zur Rezeption des Taylorsystems in Europa vgl. Charles S. Maier: Between Taylorism and Technocracy. European ideologies and the vision of industrial productivity in the 1920s, in: Journal of contemporary history 2/1970, S. 27 ff.; Peter Hinrichs: Um die Seele des Arbeiters. Arbeitspsychologie, Industrie- und Betriebssoziologie in Deutschland 1871–1945, Köln 1981

9 Vgl. Hans Biberger: Dem Lebenden zu Ehr' und Freude – Dem Toten zum Gedächtnis und Ruhm, in: Der Deutsche Baumeister 2/1943, S. 4

10 Hanns Johst: Fritz Todt. Requiem, München 1943, S. 40 f.

11 Vgl. Unsere Wehrmacht im Protektorat vom 24. 2. 1942

12 Hitler. Sämtliche Aufzeichnungen 1905–1924, hrsg. von Eberhard Jäckel und Axel Kuhn, Stuttgart 1980, S. 665

13 Vgl. Verteidigungsschrift Ebermayer vom 2. 9. 1946, Spruchkammerverfahren Todt, Amtsgericht München

14 Karl-Otto Saur (1902–1966), ab 1939 Todts Vertreter in dessen parteipolitischen Funktionen, schrieb in seinen unveröffentlichten biographischen Notizen, daß er, als er 1935 aus Rußland zurückkehrte, den Vorsatz faßte, sich »für die Verwirklichung der sozialen Zielsetzung der NSDAP einzusetzen, denn es war mir dank meiner Fühlung mit Arbeiterkreisen von Jugend an klar gewesen, daß nur in Gemeinschaft mit dem Arbeiter für den Arbeiter etwas erreicht werden kann«. Vgl. Karl-O. Saur: Abriß meines Werdegangs, Manuskript bei Grete Gringmuth, Bad Wörishofen

15 Vgl. Berlin Document Center, NSDAP-Akte Todt

16 Eduard Schönleben: a. a. O., S. 32 f.; Vgl. Faksimile auf S. 26 dieses Buches

17 Zum 70. Geburtstag Gustav Krupps von Bohlen und Halbach, IfZ D 74 (2)

18 Vgl. Berlin Document Center, SA-Akte Todt; Völkischer Beobachter vom 9. 2. 1942. Auch Hitler erwähnte den Einsatz Todts 1942 in seiner Traueransprache beim Staatsakt für Todt. Vgl. u. a. Die Straße, Februarheft 1942; Der Frontarbeiter vom 14. 2. 1942

19 Vgl. Strafbefehl gegen den Studenten Rückl vom 6. 5. 1924, Bundesarchiv NS 26/590

20 Vgl. Berlin Document Center, SA-Akte Todt

21 Vgl. Bundesarchiv NS 26/1188

22 Schreiben Todt an die Wahlpropagandaleitung der NSDAP vom 24. 3. 1932, Bundesarchiv NS 26/1188

23 Bundesarchiv NS 26/1188

24 Am 20. 2. 1932 erklärte sich Todt auch bereit, als Nichtlandwirt im Siedlungsausschuß der NSDAP mitzuarbeiten, in der Hoffnung, »durch allmähliche Einarbeit brauchbare Mitarbeit leisten zu können«. Bundesarchiv NS 26/1188

25 Vgl. Tagungsprogramm, Bundesarchiv, Sammlung Schumacher 280

26 Vgl. Anordnung Nr. 4 der Reichsorganisationsleitung, Hauptabteilung IVA vom 22. 10. 1932, Bundesarchiv, Sammlung Schumacher 280

27 Vgl.Schreiben Todt an Dr. Pfaff vom 20. 2. 1932, Bundesarchiv NS 26/1188

28 Vgl. Bundesarchiv NS 26/1188

29 Vgl. Schreiben Todt an Dr. Schmidt vom 27. 5., 4. 6. und 29. 6. 1932, Bundesarchiv NS 26/1188

30 Bundesarchiv NS 26/1188

31 Denkschrift Todts »Straßenbau und Straßenverwaltung« vom Dezember 1932, Bundesarchiv R 65 I/1 a

32 Julius Streicher, in: Die Straße, 2. Aprilheft 1939, S. 242

33 Fritz Todt: Vorschläge und Finanzierungsplan, nach denen 1 Million Arbeiter beschäftigt werden können, Bundesarchiv NS 26/1188

# 2
# Leiter des Hauptamtes für Technik der NSDAP

## Die technisch-wissenschaftlichen Verbände

Rudolf Heß, Stellvertreter Hitlers und Leiter der Politischen Organisation der NSDAP, beauftragte unmittelbar nach der Machtergreifung den »Senior der nationalsozialistischen Technik«, Gottfried Feder, der sich nach seinem Ingenieur-Examen im Jahre 1905 zuerst mit der Konstruktion von Flugzeughallen beschäftigt hatte und später zur politischen Ökonomie übergewechselt war, eine »Kammer der Technik« vorzubereiten, um die zahlreichen Vereine und Organisationen der in technischen Berufen Arbeitenden gleichzuschalten. Es geschah jedoch nichts. Einer der Gründe lag in den wachsenden Spannungen zwischen dem Reichsorganisationsleiter Dr. Ley und dem Stellvertreter des Führers, Rudolf Heß. Um Leys Macht über den Parteiapparat einzudämmen, berief Heß einen Stab persönlicher Berater als Betreuer der einzelnen Sachgebiete und zur Lenkung der Fachorganisationen.

Im Zuge dieser Berufungen wurde Todt Anfang 1933 der »Persönliche Beauftragte des Stellvertreters des Führers für alle Fragen der Technik und deren Organisationen«. Damit geriet der neue Mann sofort in Konkurrenz zu Gottfried Feder, der als Leiter des »Kampfbundes Deutscher Architekten und Ingenieure« und als Walter des »Amtes für Wirtschaftstechnik und Arbeitsbeschaffung« den Weisungen Leys unterworfen war. Große praktische Bedeutung hatte Todts Amt jedoch nicht. Auch der Zeitaufwand hielt sich in Grenzen, so daß Todt in seinen Funktionen bei Sager & Woerner nicht beeinträchtigt war. Seine Einflußnahme auf Entscheidungen der Partei in technischen Fragen wurde auch von dem aus Juristen bestehenden engeren Mitarbeiterstab des Führerstellvertreters abgeblockt. Todts Anregungen fanden bei der Parteileitung kaum Berücksichtigung. [1] Sein einziger größerer Erfolg war, daß die technisch-wissenschaftlichen Fachvereine nicht aufgelöst wurden, sondern ihre Arbeit fortsetzen konnten, ganz gleich, wie ihre Haltung zur NSDAP in der Kampfzeit gewesen war. Eine gemeinsame Grundlage für sie wurde sowohl auf der Arbeitstagung Technik im Rahmen des Parteitags 1933 wie auf dem Tag der deutschen Technik im März 1934 in Leipzig zu finden versucht. Feder und Todt verfochten unterschiedliche Ziele. Feder, der in Leipzig als »Führer der deutschen Technik« auftrat, plante die organi-

satorische Zusammenfassung aller in technischen Berufen Tätigen in
einer »Kammer der Technik«. Fritz Todt bremste: Zunächst müsse
»der gesunde Aussonderungsvorgang ungestört zu Ende gehen, der
alle Gebilde, die nicht lebensfähig sind, abstößt«. Auch warnte er vor
einer Überorganisation bei der Zusammenfassung der Techniker.
Todt hatte eher eine Art »SA der Technik« vor Augen, die Garant
dafür sein sollte, »daß im nationalsozialistischen Sinne gedacht und
gehandelt wird«. Über die Form der Technikerorganisation war er sich
selbst nicht im klaren, aber am Ergebnis ließ er keinen Zweifel: »Wir
haben in unserem Beruf konstruieren gelernt, wir werden auch den
Zusammenschluß der Technik zu konstruieren wissen.« [2]
Die Versuche Rosenbergs, den »Kampfbund Deutscher Architekten
und Ingenieure« im Rahmen des »Kampfbundes für Deutsche Kultur«
zu belassen, bis die Frage »des Zusammenhangs zwischen Kultur und
Weltanschauung geklärt« sei, wurden von Ley hintertrieben, der »die
ohnehin sehr losen organisatorischen Beziehungen zwischen beiden
Vereinen« löste. [3]
Die meisten Angehörigen der technischen Berufe gingen davon aus,
daß Todt eine umfassende Monopolorganisation für alle Techniker
errichten würde. Todt schlug jedoch einen anderen Weg ein. Sein Ziel
war, »das Brauchbare an den technisch-wissenschaftlichen Fachvereinen, die auf ihrem jeweiligen Fachgebiet im Laufe der Jahrzehnte
Vorbildliches geleistet hatten, zu erhalten, sie aber nationalsozialistisch auszurichten«. An die Stelle des von Feder in bewußter Opposition zur großen Anzahl der Fachvereine gegründeten KDAI als Auf-
fangbecken aller technischen Gruppierungen setzte Heß am 17. 8.
1934 auf Anraten Todts den »Nationalsozialistischen Bund Deutscher
Technik« (NSBDT), der lediglich als Dachverband für die Vielfalt im
technischen Vereinsleben dienen sollte. Der KDAI verschwand.
Feder übernahm den Vorsitz im NSBDT. Ordentliches Mitglied
konnte nur sein, wer die Abschlußprüfung einer Hochschule oder
einer Höheren Technischen Lehranstalt abgelegt hatte oder eine
achtjährige ingenieurberufliche Praxis nachweisen konnte und außerdem Parteigenosse war. [4] Eine »Reichsgemeinschaft der technisch-
wissenschaftlichen Arbeit« (RTA) sollte die Weiterführung der fachlichen Arbeit der Verbände absichern. Dort war auch für Leute Platz,
die nicht der Partei angehörten. Die Leitung übernahm Todt, der
gleichzeitig zum Stab des Führerstellvertreters trat. [5] Unabhängig
von den Gauamtsleitern der Technik als Organe des NSBDT arbeiteten auf der regionalen Ebene auch Gauobmänner der RTA. Ihre
Aufgabe war die örtliche Betreuung der technischen Vereine.

Über die Organisationsform der technisch-wissenschaftlichen Vereine wurde erneut auf dem Parteitag der NSDAP im September 1934 beraten. Feder scheiterte endgültig. Todt wurde am 26. 11. 1934 sein Nachfolger in allen Ämtern. Innerhalb der Reichsorganisationsleitung übernahm er das »Amt für Technik«, das am 31. 5. 1934 im Braunen Haus eingerichtet worden war. Es hatte auch Aufgaben der seit November 1932 bestehenden »Unterkommission für Wirtschaftstechnik der politischen Zentralkommission« übernommen. Als Leiter des NSBDT erhielt Todt den Titel »Reichswalter«. Der NSBDT unterstand wie das Amt für Technik der Stabsleitung der Politischen Organisation bei der Reichsleitung. [6]

1936 bekam Todt ein weiteres Parteiamt dazu. Um Ley zufriedenzustellen, schloß er mit der Deutschen Arbeitsfront (DAF) am 10. 8. 1936 ein Abkommen über die Bearbeitung von Erfindungen und über die Beitragsregelung von Doppelmitgliedschaften. Zur Erfinderbetreuung wurde ein »Amt für technische Wissenschaften« in der DAF gegründet. Es wurde in Personalunion vom Leiter des Amtes für Technik geführt. Es entwickelte sich jedoch nicht wie geplant zur führenden zentralen Bearbeitungsstelle für alle Erfindungen, weil ein großer Teil der Neuerungen nach wie vor andere Stellen anlief, z. B. Ministerien, die sich mit den entsprechenden Fachfragen beschäftigten. Mit der Einrichtung des »Amtes für technische Wissenschaften« waren aber auch die Bestrebungen Leys, das Amt für Technik aufzulösen und den gesamten Bereich in die DAF einzugliedern, gescheitert. Er erreichte lediglich eine Kooperationszusage Todts auf dem schmalen Gebiet der Erfinderbetreuung. [7]

Im Frühjahr 1937 wurde die »Reichsgemeinschaft der technisch-wissenschaftlichen Arbeit« aufgelöst. Der NSBDT trat an die Spitze aller technischen Vereinigungen. Die fachlich zusammengehörenden Fachverbände und Arbeitskreise wurden jedoch in getrennte Fachgruppen eingeteilt: die Fachgruppe Mechanische Technik und allgemeine Ingenieurwissenschaft unter Führung des Vereins Deutscher Ingenieure, die Fachgruppe Elektrotechnik, Gas und Wasser unter Führung des Vereins deutscher Elektrotechniker, die Fachgruppe Chemie unter Leitung des Vereins deutscher Chemiker, die Fachgruppe Hüttenwesen und Bergbau unter Leitung des Vereins deutscher Eisenhüttenleute und die Fachgruppe Bauwesen unter Führung der Deutschen Gesellschaft für Bauwesen. Auf diese Weise verklammerte Todt die einzelnen Vereine mit dem NSBDT und köderte durch die Zuweisung der Federführung jeweils die mächtigste Gruppierung in den einzelnen Sparten. [8]

Beispielhaft hierfür ist die Politik des »Vereins Deutscher Ingenieure« (VDI). Er war eine der 16 technisch-wissenschaftlichen Organisationen, die von den 84 Fachvereinen der Weimarer Republik bis
zum Ende des Dritten Reiches erhalten bleiben sollten. Am 9. 5. 1933
hatte der VDI die Wahl Gottfried Feders in den Vorstand des Vereins hintertrieben. Feder war damals empört über das »illoyale Vorgehen«. Er vermutete, daß im VDI verschiedene Dinge »einer gründ-
lichen Nachprüfung bedürfen«. Insbesondere sei mit den Geldern
»zum Teil sehr übel gehaust worden«. [9] Diese Fehlkandidatur hat
viel zum Machtniedergang Feders beigetragen. Auf der 76. Hauptversammlung des Vereins Deutscher Ingenieure im Mai 1938 wählte der
Vorstandsrat in Stuttgart Fritz Todt zum Vorsitzenden. [10] Todt
setzte sich für diesen Verein ein, weil er eine eigenständige Organisation der Ingenieure brauchte, um sein Ziel, den gesellschaftlichen
Status des Technikers und sein Ansehen in der Öffentlichkeit zu
heben, zu erreichen. In Abwägung der ingenieurwissenschaftlichen
und berufsständischen Bedeutung von NSBDT und VDI soll Todt
einmal gesagt haben: »Der NSBDT hat noch keine Schraube besser
gemacht, aber der VDI.« [11]
Auf der 77. Hauptversammlung des Vereins Deutscher Ingenieure in
Dresden hielt Todt im darauffolgenden Jahr am 21. 5. 1939 die
Hauptrede. Er forderte für die Ingenieure eine breite Allgemeinbil-
dung, damit sie mit den Verwaltungsbeamten gleichziehen könnten
und beschwor die Kräfte für »den Aufbau technischen Schaffens« im
Reich. Dazu zählte er »die schöpferische Gestaltungskraft einzelner
Persönlichkeiten«, »die verbindende Gemeinschaftsleistung größerer
Arbeitsgruppen« und »das Bekenntnis zur nationalsozialistischen
Grundeinstellung«. [12] Todt hatte am VDI auch noch aus einem
anderen Grund sein Gefallen: Die Fachgruppe Mechanische Technik
und allgemeine Ingenieurwissenschaft hatte die erstrebenswerteste
Organisationsform. Als Todt am 1. 1. 1939 den Vorsitz im VDI
übernahm, verzichteten alle neben dem VDI in der Fachgruppe bestehenden Vereine »freiwillig« auf ihre Selbständigkeit und glieder-
ten sich als »Fachausschüsse« in den VDI ein. Todt wußte zu würdigen, daß »der Verein auch durch die Tat bewiesen hat, daß es ihm mit
dem Willen zur Einheit der deutschen Technik wirklich ernst ist«.
[13] Es blieb jedoch bei diesem späten Einzelfall.
Insgesamt gesehen war die Organisationsform der Techniker eine
Ausnahme im Gleichschaltungsprozeß des Dritten Reiches. Während
die anderen akademischen Berufe ihre traditionellen Organisationen
völlig auflösten und an ihre Stelle einen einzigen NS-Bund setzten,

blieben die technischen Vereine der Weimarer Republik in Anerkennung ihrer fachlichen Leistungen bestehen, wenn man von der VDI-
Regelung absieht.

Es wurde lediglich ein neuer Dachverband – zuerst die RTA, später
der NSBDT – für sie geschaffen. [14] Damit schien für die meisten
Nichteingeweihten die nationalsozialistische Formung gewährleistet
zu sein. In Anerkennung dessen wurde das Amt für Technik in der
Reichsleitung in ein »Hauptamt« umgewandelt. Dadurch sollte auch
die große Bedeutung der Technik für die Zielsetzungen des Staates
deutlich gemacht werden. Todt wurde jetzt Hauptamtsleiter. Sein
Vertreter war Dipl.-Ing. Karl-Otto Saur.

Die Aufgabenverteilung ab 1934 der drei nebeneinander bestehenden
technischen Organisationen war folgendermaßen geregelt:

Das *Hauptamt für Technik* trug die »Verantwortung für den richtigen
Einsatz der deutschen Technik« und bestimmte die übergeordneten
Ziele. Bei allen Gesetzen und Verordnungen über technische Fragen
mußte es beteiligt werden. Der Verkehr der technischen Organisationen mit zentralen Parteistellen, -gliederungen und -behörden erfolgte
über das Hauptamt für Technik. Die Gauämter des Hauptamtes für
Technik stellten die Technischen Berater der Gauleiter. [15] Reichsleiter Bormann sah ihre Funktion im Gau folgendermaßen:

»Die Ämter für Technik befassen sich mit allen Fragen der technisch-wissenschaftlichen Forschung, der Entwicklung und der technischen Verwirklichung. Sie
überprüfen laufend alle Möglichkeiten des technischen Einsatzes, der rationellen
Ausnutzung und der Vervollkommnung in technischer Beziehung. Darüber hinaus
führen sie über den NSBDT und die Fachverbände eine weltanschauliche Schulung
und fachliche Unterrichtung der Techniker durch.« [16]

Um die leitenden Funktionen des Hauptamtes für Technik im Rahmen
der Richtlinienkompetenz des Braunen Hauses zu verdeutlichen und
zu erleichtern, plante Todt 1939 die Einrichtung eines Verbindungs-
amtes zum Stab des Stellvertreters des Führers. Es wurde wegen des
Kriegsausbruchs nicht mehr genehmigt. Die im Kriege wachsende
Anerkennung der technischen Arbeitsbereiche für die Front und für
die Heimat sicherte den Referenten des Hauptamtes für Technik zwar
mehr Einfluß bei der fachlichen Entscheidungsfindung, änderte
jedoch nichts daran, daß Initiativen erst über die Politische Leitung
liefen, bevor sie in den Verbänden wirksam wurden. [17] Um sich
davon freizumachen, sorgte Todt dafür, daß während des Krieges die
technischen Impulse vom Reichsministerium für Bewaffnung und
Munition ausgingen, dessen Leiter er im März 1940 wurde. Das
Hauptamt für Technik spielte eine von Jahr zu Jahr unwichtigere

Rolle. Todts Nachfolger im Amt, Albert Speer, identifizierte sich mit
diesem Amt sehr wenig.

Als einzigen Machtzuwachs erhielt das Hauptamt für Technik die
zusätzliche Aufgabe, in engster Zusammenarbeit mit dem Reichsministerium für Bewaffnung und Munition wehrtechnische Erfindungen zu
prüfen [18] und in engerer Zusammenarbeit mit dem Reichsamt für
Wirtschaftsaufbau, den Wirtschaftsgruppen und den Reichsinnungs-
verbänden für die Auswertung ziviler Patente auf dem technischen
Sektor zu sorgen. [19]

Die Gauämter für Technik und die Technikführer bei den Kreisleitun-
gen verfolgten die gleichen Aufgaben auf regionaler Ebene. Die
Männer der Technik sollten »mit in vorderster Front stehen« bei der
Erfüllung der Kriegsaufgaben. Die »Wehrkreisbeauftragten des
Reichsministeriums für Bewaffnung und Munition« waren in vielen
Fällen mit den Gauobmännern (Gauamtswaltern) für Technik personengleich. [20] Im Februar 1941 setzte Todt darüber hinaus drei
»Bezirksbeauftragte des Reichsministers für Bewaffnung und Munition« ein, die gleichzeitig »Beauftragte der Reichsleitung des Hauptamtes für Technik« waren und die übergeordnete Technikerbetreuung
der Gaue ihres Bezirks übernahmen. Initiativen sollten mit Kontrolle
gekoppelt sein. [21]

Der *NS-Bund Deutscher Technik (NSBDT)* war dem Hauptamt für
Technik angeschlossen, wie der NS-Ärztebund oder der NS-Rechts-
wahrerbund die angeschlossenen Verbände des Hauptamtes für
Volksgesundheit bzw. des Reichsrechtsamtes waren. Er erarbeitete
Gutachten für das Hauptamt für Technik und löste fachliche Fragen.
Im einzelnen hatte der NSBDT folgende Aufgaben:

»1. Förderung der technisch-wissenschaftlichen Arbeit;
  2. Erziehung und Ausrichtung seiner Einzelmitglieder im Interesse des Einsatzes
     der deutschen Technik gemäß den Anforderungen von Volk und Staat;
  3. Förderung höchster Berufsleistung, Herausstellung und Wahrung der Berufs-
     pflichten und der Berufsehre.«

Er sollte die Mitglieder »zur Gewährleistung des Einsatzes der deutschen Technik gemäß den Anforderungen von Volk und Staat« anhal-
ten. Er war der »Träger nationalsozialistischer Gesinnung in der
deutschen Arbeit« und »die freiwillige Leistungsgemeinschaft der
deutschen Ingenieure«. [22]

Zwischen den Vertretungen des Hauptamtes für Technik und des NS-
Bundes Deutscher Technik bestand auf allen Ebenen – Gau, Kreis,
Ort – Personalunion. Der Leiter des Gauamtes für Technik war
zugleich Gauwalter (Gauamtswalter, Gauobmann) des NSBDT. Der

Technikführer bei der Kreisleitung (Leiter des Kreisamtes) war gleichzeitig Kreiswalter (Kreisobmann) des NSBDT. [23]

Zur Beratung grundsätzlicher Fragen wurde die Bildung eines »Reichsrates der Technik« vorgesehen, in den führende Männer aus Partei, Technik und Wirtschaft vom Reichswalter berufen werden sollten.

Das *Amt für technische Wissenschaften in der Deutschen Arbeitsfront* sollte ab 1936 die technischen Organisationen mit der Berufswelt verbinden. Mit diesem Amt sicherte sich Ley ein Mitspracherecht in technischen Fragen, nachdem es ihm nicht gelungen war, die Organisation der Techniker nach seinen Vorstellungen zu gestalten. Im Braunen Haus war der Amtsleiter (Hauptamtsleiter) im Amt (Hauptamt) für Technik in Personalunion gleichzeitig Reichswalter des NSBDT und Leiter des Amtes für technische Wissenschaften in der DAF. Als Chef des Amtes für Technische Wissenschaften war Todt weisungsabhängig von Ley. Im Amt für Technische Wissenschaften standen Fragen der Menschenführung im Mittelpunkt. Ihm oblag auch die Erfinderbetreuung und -förderung. Erst 1941 konnte sich Todt von Ley lösen. Das Amt für technische Wissenschaften wurde mit Wirkung vom 1. 10. 1941 mit allen Zuständigkeiten ins Hauptamt für Technik überführt. [24] Von da an mußten alle bei den Parteidienststellen eingehenden Erfindungsvorschläge unverzüglich an das Hauptamt für Technik weitergeleitet werden. Das betraf Erfindungsvorschläge wehrtechnischer Art ebenso wie solche allgemeiner Art. [25] Wegen des Personalmangels des neuen »Amtes für technische Wissenschaften im Hauptamt für Technik der NSDAP« sollten jedoch solche Vorschläge vorrangig bearbeitet werden, »die sich unmittelbar in der Rüstung anwenden lassen und deren Einsatz zur Erringung des Sieges dringend erforderlich erscheint«. [26]

Für die Mitgliedschaft im NSBDT galten eigentlich die rassischen Bestimmungen der NSDAP, da es sich um eine nationalsozialistische Organisation handelte. In den Fachvereinen der »Reichsgemeinschaft der technisch-wissenschaftlichen Arbeit« war nur der Besitz des Reichsbürgerrechts Voraussetzung. Als vorläufige Reichsbürger galten alle, die am 30. 9. 1935 das Reichstagswahlrecht besaßen. Deutschjüdische ›Mischlinge‹ gehörten ebenso dazu wie deutschblütige Ausländer. [27] Diese Kriterien wollte Todt jedoch nicht veröffentlicht sehen. Es sollte stillschweigend danach gehandelt werden. [28]

Die Frage der Parteizugehörigkeit wurde in den technischen Verbänden locker gehandhabt. Grundsätzlich sollten alle Mitglieder des NSBDT Parteigenossen sein. Dem Papier nach durften nur »bewährte

Ingenieure« ohne Parteibuch aufgenommen werden, wenn sie wenigstens bei der SA oder SA-Reserve waren. Alle anderen gehörten nach
den Bestimmungen grundsätzlich in die Fachvereine, wo die Füh-
rungsfunktionen jedoch auch in der Hand von Parteigenossen sein
sollten. Die Wirklichkeit sah ganz anders aus. 1937 hatten von den
81 000 Mitgliedern des NSBDT 74% kein Parteibuch und nur 9%
waren Altparteigenossen aus der Zeit vor 1933. [29] Wenn es schon im
NSBDT so schlecht aussah, wie muß es dann erst im RTA mit der
Parteimitgliedschaft bestellt gewesen sein? Todt störte das alles recht
wenig, wenn die Außenvertretung durch die Funktionäre in Ordnung
und die Effzienz im Innern gewährleistet war. Er hielt es für wichtiger,
daß die Ingenieure und Techniker überhaupt organisiert waren, als
daß sie Parteigenossen waren. Alle Werbemaßnahmen liefen in diese
Richtung. Da andererseits jedes ordentliche Mitglied des RTA auto-
matisch, ohne besondere Anmeldung und ohne besondere Beitrags-
zahlung, Mitglied im NSBDT war, war das Ganze recht undurchsich-
tig. So sollte es nach Todts Wunsch wohl auch sein.

Die Mitgliedsbeiträge für RTA und NSBDT wurden einheitlich festgelegt. Sie lagen zwischen 12 RM und 48 RM jährlich und schlossen den
Bezug der Zeitschrift des jeweiligen Fachverbandes und der »Rundschau Deutscher Technik« ein, die vom NSBDT als offizielles
wöchentliches Nachrichtenblatt herausgegeben wurde. Wirtschaftlich
blieben die technischen Vereine also selbständig. Selbst das Amt
(Hauptamt) für Technik wurde nicht aus Parteimitteln finanziert,
sondern vorwiegend über eine nach den Mitgliedszahlen umgelegte
Pauschalabgabe der Fachverbände. Die Zahl der hauptberuflichen
Funktionäre war klein. Todt wollte möglichst viele ehrenamtliche
Kräfte auch in führende Positionen einsetzen.

Die einzelnen Verbände in den Fachgruppen des NSBDT gehörten
wie bisher den internationalen Zusammenschlüssen an, denen sie
fachlich zugeordnet waren, und beteiligten sich an den internationalen
Kongressen. Die wissenschaftliche Kooperation über die Grenzen
hinweg blieb bei den Naturwissenschaftlern und Technikern fast ohne
Einschränkungen bestehen. Unter den Mitarbeitern deutscher wissenschaftlicher Zeitschriften – besonders auf dem Gebiet der Chemie –
waren noch Anfang 1939 viele nichtarische Ausländer. Einige fungierten sogar als Herausgeber. Außerhalb Deutschlands führte das zu der
Annahme, die deutschen Techniker seien weniger radikal als die
Regierung oder die Partei. Todt geriet unter politischen Druck. Selbst
auf die Gefahr hin, daß deutsche Mitarbeiter aus der Liste ausländischer Zeitschriften gestrichen werden könnten, erließ er 1939 »eine

vertrauliche Anweisung . . ., daß in aller Stille, d. h. ohne Benachrichtigung der Betroffenen, die nichtarischen Mitarbeiter aus der Liste im Kopf aller technisch-wissenschaftlichen Zeitschriften, die zu einer Fachgruppe des NSBDT gehören, zu streichen« seien. Das gleiche Verfahren sollte der Reichsschrifttumskammer und der Reichspressekammer vorgeschlagen werden [30], obwohl im November 1938 von den 32 Zeitschriften der NSBDT-Fachgruppen nur die »Automobiltechnische Zeitschrift« bei der Reichsschrifttumskammer geführt wurde. Um den Pflichtbezug zweier Zeitschriften für die Mitglieder des NSBDT aufrechterhalten zu können, wünschte Todt, daß die Edition aller Blätter des RTA der Reichsschrifttumskammer übertragen würde. Der Pflichtbezug sollte auf die überregionalen Zeitschriften beschränkt werden. Bei den 22 nicht zum Pflichtbezug in Frage kommenden Zeitschriften hoffte man auf die Dezimierung nach Marktgesetzen. [31]

Nach dem Abschluß der Neuordnung der Organisation der Technik trat Todt in einer großen Kundgebung im Sportpalast in Berlin im April 1937 an die Öffentlichkeit. Vor mehr als 10 000 Ingenieuren führte er aus, daß auf der Basis der größtmöglichen Selbständigkeit der einzelnen Verbände die fruchtbarste Arbeit zu erreichen sei. Um seinen Willen zur Erhaltung ihrer Selbständigkeit auch nach außen hin zu dokumentieren, übernahm Dr. Todt in Stuttgart im Mai 1938 den Vorsitz des größten technisch-wissenschaftlichen Verbandes, nämlich des VDI. Mit dieser Demonstration wurde ein Schlußstrich unter die jahrelangen Auseinandersetzungen um die beste Form der Organisation der Technik gezogen. Der NSBDT war der Zentralverband. Er war der Motor für die Arbeit im Dienste des Nationalsozialismus. Todt formulierte das so:

»Der NSBDT ist die unentbehrliche Organisation, in der wir unsere Männer sammeln. Genau wie die Juristen im Rechtswahrerbund, die Ärzte im Ärztebund, so sammeln wir die Ingenieure, die Techniker im NSBDT. Wir wollen damit aber nicht einen Standeskreis abschließen, sondern wir wollen diese Organisation des NSBDT benutzen, um dem Ingenieur zu sagen: Du bist nicht Ingenieur an sich, deine Arbeit ist nicht die rein materielle technische Arbeit, du bist Ingenieur im nationalsozialistischen Reich, deine Arbeit ist ein Bestandteil des Gesamtwerkes, des Gesamtwirkens, des Gesamtschaffens dieser Nation. Stelle deine Arbeit in den Dienst des großen Ganzen, arbeite nicht als technischer Egoist, auch deine Werke müssen sich dem großen Gesamtgeschehen einordnen.« [32]

Jedes Jahr sollte nach Todts Wunsch ein »Tag der Technik« in einer deutschen Universitätsstadt durchgeführt werden. Nach den Erfahrungen des Treffens in Breslau 1935 schlug Todt vor, den Tag der

Technik mit der Hauptversammlung eines größeren technischen Vereins zusammenzulegen, um fachliche Arbeit und nationalsozialistische Propaganda zu kombinieren. [33]

Mit der neuen Organisationsform hoffte Todt den fachlichen Standard der technisch-wissenschaftlichen Vereine zu erhalten und gleichzeitig eine gewisse Zentralisierung im Sinne der nationalsozialistischen Revolution zu erreichen. Durch die Personalunionen sollten Rivalitäten zwischen den Organisationen und Dienststellen vermieden werden. Die materiellen Werte der angeschlossenen Vereine blieben erhalten. Ihr Vermögen belief sich bei der Summierung des Bargelds, des Hausbesitzes, der Bibliotheken, der Zeitschriftenverlage und der wissenschaftlichen Forschungseinrichtungen auf über 50 Millionen Mark. Die Deviseneinnahmen der Fachvereine über ihren Zeitschriftenvertrieb betrugen jährlich mehr als 1 Million Mark. [34]

Dem NSBDT gehörten im Herbst 1937 bei einer Gesamtzahl von 220000 Ingenieuren 81000 Mitglieder an. Todt führte auf der Sondertagung des Hauptamtes für Technik beim Reichsparteitag der Arbeit 1937 aus, daß ihm 37% aktive organisierte Mitarbeiter lieber seien, als wenn sämtliche Techniker und Ingenieure dem NSBDT bloß als passive Mitglieder angehörten. Todt beruhigte alle, die über solche Zahlen den Kopf schüttelten:

»Wir legen keinen Wert auf Mitläufer, wohl aber auf diejenigen, die der deutschen Technik fachlich und gesinnungsmäßig zu helfen befähigt und bereit sind.« [35]

Den höchsten Organisationsgrad unter den technischen Berufen hatten die Maschinenbauingenieure mit 48%, gefolgt von den Bauingenieuren mit 47%, Elektroingenieuren mit 30% und Chemikern mit 17%. Die Berg- und Hütteningenieure waren nur zu 8% im NSBDT organisiert. Die Untersuchung, die Todt auf dem Reichsparteitag der Arbeit in Nürnberg 1937 vortrug, beschäftigte sich auch mit der Altersstruktur der Angehörigen des NSBDT: Die 35- bis 45jährigen waren mit insgesamt 24000 Ingenieuren am stärksten vertreten. [36]

Um die Werbung für den NSBDT zu aktivieren, sollten die Fachverbände an die Werksleitungen herantreten »mit dem Ziel, die gesamten Ingenieure eines Werkes dem NSBDT zuzuführen«. Die Überprüfung der Karteikarten in einem Gau hatte ergeben, daß in zwei führenden Werken des Maschinenbaus, in dem jeweils 200–300 Ingenieure arbeiteten, in dem einen Fall nur fünf und in dem anderen nur acht organisiert waren. [37]

Um die Lehrkräfte an den Technischen Hochschulen, Technischen Fachschulen, Berufsfachschulen und Berufsschulen, die dort als Ingenieure, Architekten, Chemiker und technische Physiker tätig waren, in den NSBDT einzubeziehen, wurde ein Beitragsabkommen mit dem NS-Lehrerbund geschlossen. Sie sollten ihre Beiträge an den NSBDT zahlen und ihre Mitgliedschaft im NS-Lehrerbund durch eine jährliche Verwaltungsgebühr von 6 RM aufrecht erhalten. Die Gauberufswalter wurden beauftragt, dafür zu sorgen, daß alle technischen Lehrkräfte dem NSBDT beitraten, damit sie in fachlicher und technopolitischer Hinsicht geschult werden konnten und das fachwissenschaftliche Schrifttum des NSBDT bekämen. [38]

Über das Hauptamt für Technik wurde die Schulungsarbeit im NSBDT einheitlich ausgerichtet und sein politisch-ideologischer Führungsanspruch gewahrt. Todt warnte jedoch öffentlich vor einem Übergewicht der parteipolitischen Schulung. Im Reichsschulungslager des NSBDT vom 28. 4. bis 4. 5. 1935 auf der Reichsführerschule am Werlsee führte er wörtlich aus, daß der politische Führungsanspruch der nationalsozialistischen Organisationen in der Technik gewahrt bleiben müsse, daß aber auf der anderen Seite die fachliche Arbeit der technisch-wissenschaftlichen Vereine im Interesse des nationalsozialistischen Aufbaues auf gar keinen Fall behindert werden dürfe. [39]

Auch auf der Sondertagung des Amtes für Technik während des Reichsparteitags 1936 unterstrich Todt sein Anliegen, daß die organisatorische Gleichschaltung der Technik nicht zu Lasten ihrer Leistungsfähigkeit gehen dürfe.

»Eine Organisation hat die Aufgabe, den einzelnen auf ein gemeinsames Ziel auszurichten, die Gesamtheit zu ordnen, aus einem Haufen Unordnung ein geordnetes Ganzes zu machen, so daß durch diese Ordnung sowohl das Ganze wie jeder einzelne leistungsfähiger und erfolgreicher wird.« [40]

Weder der Nur-Fachmann noch der Nur-Nationalsozialist schien ihm brauchbar.

»Ebensowenig wie technische Fachkenntnisse allein für den Ingenieur des Dritten Reiches ausreichen, genügt auch nicht ehrgeiziger Führerwille eines nur politisch Eingestellten. Diese Einseitigkeit nach der anderen Seite gibt allenfalls einen brauchbaren Redner oder politischen Amtswalter, aber noch keinen nationalsozialistischen Ingenieur.« [41]

Um die Balance zwischen fachlicher Leistung und nationalsozialistischem Engagement auch an den deutschen Hochschulen zu erhalten, trat Todt 1935 der »Hochschulkommission der NSDAP« bei, in der die Berufungsvorschläge der Hochschulen mit den zuständigen Kultusverwaltungen beraten wurden. Außer Todt gehörten ihr Dr. Wagner vom Amt für Volksgesundheit, Dr. Frank vom Juristenbund, Hans Schemm vom NS-Lehrerbund (bis 1935), Rosenberg als Beauftragter des Führers, der Historiker Frank und einige andere an. Während die Länderkultusminister für die parteipolitischen Stellungnahmen ein offenes Ohr hatten, wandte sich der Reichs- und Preußische Minister für Wissenschaft, Erziehung und Volksbildung Rust ab 1936 gegen Bevorzugungen fachlich weniger qualifizierter Hochschullehrer durch das Braune Haus. Es ist unbekannt, in welchen Fällen Todt sich auf die Seite des Reichsministers oder auf die Seite der Partei schlug. [42]

## Nationalsozialistische Agitation

Da Todt gleichzeitig Leiter des Hauptamts für Technik und Reichswalter des NSBDT war, blieb die Funktionsabgrenzung völlig ungeklärt. Man erhielt den Eindruck, daß Todt nach Belieben den Briefkopf des Hauptamts für Technik oder des NSBDT verwendete. Es lassen sich nur wenige Differenzierungen herausarbeiten:
Die politische Ausrichtung der deutschen Ingenieure und Techniker gehörte zu den Hauptaufgaben des Leiters des Hauptamts für Technik. Im Hintergrund der meisten Vorhaben stand Saur. Ein typisches Beispiel für Saurs Handschrift ist der Aufruf Todts zu den Wahlen am 10. 4. 1938, bei denen über die Eingliederung Österreichs in das Deutsche Reich abgestimmt werden sollte:

»Die Arbeit des deutschen Technikers ist erst im Dritten Reich als tragender Grundpfeiler für die Sicherung sowohl der Wehrfreiheit als auch der Wirtschaftsfreiheit erkannt und anerkannt worden. Mit dem Einsatz für die größeren Ziele wurde die Technik auch von allen Fesseln kapitalistischen Mißbrauchs befreit. Großzügiger und weitschauender als ehemals kann heute jeder in der Technik Schaffende seine Aufgaben anpacken.« [43]

Die Reichswaltung des NSBDT versandte in den folgenden Wochen an Firmen und Privatleute Ausgaben der »Rundschau Deutscher Technik«. Sie enthielten Beispiele über »den gewaltigen wirtschaftlichen Aufschwung, der sich seit der Machtergreifung auf allen Gebieten vollzogen hat«. [44] Das Maiheft der Zeitschrift »Deutsche Technik« wurde auf Todts Anregung als Sonderheft »Deutsch-Österreich« gestaltet. Sein Geleitwort enthielt »die nachfolgenden richtungweisenden Sätze«:

»Die Verbindung Österreichs mit dem Deutschen Reich bringt der Technik auf allen Gebieten gewaltige Aufgaben. Die besondere Schwierigkeit der Durchführung liegt dabei darin, daß Tempo, Umfang und Ausmaß der einzelnen Maßnahmen nach dem Stand der deutschen Entwicklung nunmehr auf Österreich übertragen werden. Dabei stand im alten Reich eine längere Entwicklungszeit zur Verfügung, die in verschiedenen Etappen vorwärtsschritt... Gleichzeitig setzten nach einer Reihe von Jahren des Abstiegs, der Untätigkeit, der Arbeitslosigkeit und des wirtschaftlichen Niedergangs nun die Arbeiten auf allen Gebieten in einem Tempo ein, das im alten Reich sich erst im Laufe von fünf Jahren entwickelt hat...
Bei dem Zusammenprallen so vieler Maßnahmen besteht aber die größere übergeordnete Aufgabe des Ingenieurs nicht in der rein materiellen Zweckerfüllung

seiner speziellen Aufgabe, sondern im Einfügen seines Arbeitsteiles in das große Gesamtgeschehen.«

Unmittelbar nach der Besetzung Österreichs hatte das Hauptamt für Technik der NSDAP eine zehntägige »Österreichfahrt der deutschen Technik« durchgeführt, »die als Wahlpropaganda das zeigte, was in Deutschland seit der Machtergreifung durch den Willen des Führers und die Technik als eines der Werkzeuge dieses Willens geschaffen worden ist«. Nach dem Münchner Abkommen wurde die »Sudetenfahrt der deutschen Technik« mit gleichem Erfolg durchgeführt: 312000 Besucher, 34 Tonnen Propagandamaterial, 10 Reisetage an 27 Ausstellungsorten. [45]

Die Neujahrsappelle, die Todt jedes Jahr herausgab, spiegeln sein Bemühen, die Ingenieure zum Einsatz für Führer, Volk und Vaterland zu motivieren. Je angespannter die Situation auf dem Arbeits- und Rohstoffmarkt wurde, desto eindringlicher forderte Todt sie auf, die Methoden der Menschenführung zu verbessern, den Maschinenpark rationell einzusetzen, Rohstoffe zu sparen und alle betriebswirtschaftlichen Möglichkeiten auszunutzen, um den Aufschwung abzusichern. Am 1. Januar 1939 appellierte Todt an die Techniker:

»Das Aufbauwerk des Führers läßt sich nur dann auf die Dauer sichern, wenn jeder von uns die äußerste Anstrengung macht. Im kommenden Jahr wird die Rationalisierung immer stärker in den Vordergrund treten. Es muß uns gelingen, daß auf allen Gebieten der Technik jeglicher Leerlauf und jeglicher Reibungsverlust ausgeschaltet wird, und daß durch gesteigerten Einsatz von Maschinen immer neue Kräfte für weitere Aufgaben freigemacht werden. Auch Arbeitsteilung und Arbeitseinsatz müssen vernünftiger als bisher geordnet werden. Deutsche Architekten, Ingenieure, Chemiker, deutsche Arbeiter! Es gibt für uns kein Rasten. Noch sind die letzten Leistungsreserven der Technik nicht eingesetzt. Setzt ihr nun eure Ehre, euren Stolz, aber auch eure Opferwilligkeit voll ein, um das gesteckte Ziel zu erreichen.« [46]

Ein neuer Funktionärstyp, »Beratende Ingenieure im NSBDT« genannt, sollten Vorbilder sein. Ihre Aufgabe war, die Erfahrungen der Vergangenheit mit den Erfordernissen der Gegenwart zu verbinden. Außerdem sollten sie »Träger des Ansehens und der besonderen Stellung der deutschen Ingenieure im Rahmen der gesamten Volksgemeinschaft« sein. [47] Bereits im Jahre 1939 wurde die Arbeit des Technikers als eine militärpolitische Tat interpretiert. Der Ausdruck »technischer Offizier« verbreitete sich. Die Verantwortung des Ingenieurs gegenüber Volk und Staat sollte vergleichbar sein mit der des Offiziers, der »mit der Waffe in der Hand dem Volke dient«. [48] Normung, Typisierung, Konzentration auf das Wesentliche waren die

Schlagworte des Jahres. Im Mai 1939 erschien ein Appell Dr. Todts an Deutschlands Ingenieure in der »Rundschau Deutscher Technik« unter dem Titel »Menschenführung und politisches Soldatentum«. Weitere Fortschritte in Industrie und Technik stellte sich Todt durch die Kooperation der Einzelpersönlichkeit mit der Gemeinschaft vor. Der einzelne und die Gemeinschaft hätten die Aufgabe, sich voll für die von der Staatsführung zum Wohl des Volkes gestellten wichtigen Aufgaben einzusetzen und nicht mehr wie früher dem Profit und der Dividende des einzelnen zu dienen. Ohne das Bekenntnis der Techniker zum Nationalsozialismus könnten die Techniker und Ingenieure nicht im Sinne des deutschen Volkes arbeiten. [49] Nur Nationalsozialisten seien in der Lage zu erkennen, daß die Technik »das Werkzeug für Freiheit, Unabhängigkeit und Wohlstand« sei und nicht ein schweres Schicksal, das der einzelne zu tragen habe. [50]
Im Neujahrsappell 1940 an die deutsche Technik stellte Todt den doppelten Dienst heraus, den die Technik mit ihrer Arbeit für die Wehrmacht und die Wirtschaft in der Heimat leistete. »Für den deutschen Ingenieur gibt es für diese Zeiten keine andere Verpflichtung als die Parole: Sei Soldat bei Deiner Arbeit!« [51] Als »Kriegsgeburtstagsgeschenk« für Hitler zum 20. 4. 1940 forderte Todt die deutsche Technik auf, kriegswichtige wertvolle Metalle durch neue Werkstoffe zu ersetzen und in den Betrieben freigemachte Metalle zur Verfügung zu stellen. [52] Todt formulierte: »Du, deutscher Ingenieur, bist in erster Linie Träger dieser bedeutsamen Aktion!« [53]
Propagandistische Appelle an die Techniker und Ingenieure gehörten während des Zweiten Weltkriegs zum Vokabular der nationalsozialistischen Führung. Man nannte sie »Gestalter der Kriegswirtschaft«, »Offiziere der inneren Front« usw. [54] Ihr Aufgabenbereich wuchs von Monat zu Monat. In ihrer Hand lagen die Aufstellung des Werkluftschutzes, die Verdunkelungsmaßnahmen der Betriebe, die technische Durchführung des Werksschutzes, die Unterbringung der Arbeiter, die Gesundheitsfürsorge usw. Die »Rundschau Deutscher Technik« schrieb im Juli 1940:

»Der Ingenieur soll durch sein Auftreten, durch sein Eintreten, durch sein ›ingenium‹ der Kriegswirtschaft Leben und Kraft verleihen, auf daß er wie der Führer an der äußersten Front als solcher an der inneren Front voll seinen Mann stehe und sich verantwortlich für das unbedingte Stehen dieser Front fühlt.« [55]

So aufdringlich die ideologischen Argumentationen Todts auch schienen, wichtiger als propagandistische Appelle war ihm die fachliche Information der Techniker. Als z. B. während des Krieges über den Editionsstop für Zeitschriften verhandelt wurde, setzte Todt die Weiterführung derjenigen Blätter durch, die fachwissenschaftliche Aussagen machten. Mit den Papierkürzungen für die Zeitschriften »Rundschau Deutscher Technik« und »Der Deutsche Baumeister«, die Anfang 1940 wie für alle amtlichen Organe der Partei verfügt wurden, erklärte sich Todt überhaupt nicht einverstanden. Den Papierverbrauch für den Deutschen Baumeister erklärte er zu einer kriegswichtigen Maßnahme, weil darin seine Anordnungen als Generalbevollmächtigter zur Regelung der Bauwirtschaft abgedruckt würden. Erst als der Herausgeber von Reichspressechef Dietrich darauf aufmerksam gemacht wurde, daß die Bestimmungen der Reichspressekammer Gesetzeskraft hätten und er die Folgen der Nichtbeachtung zu tragen hätte, wurde die Kürzung des Papierverbrauchs von 4150 kg auf 1000 kg akzeptiert. [56]

Im Frühling 1941 erklärte sich die Papierwirtschaftsstelle außerstande, den Zeitschriften des NSBDT mehr als 50% des bisherigen Papierkontingents zuzubilligen. Außerdem lehnte es die Reichspressekammer ab, für die technische Fachpresse ganzseitige Anzeigen zuzulassen und beschränkte die Annoncengröße auf eine halbe Seite. Um die Fachpresse erhalten zu können, erklärte sich Todt bereit, das Erscheinen der »Rundschau Deutscher Technik« während des Krieges einzustellen. Einen Teil der Auflage übernahm die parteiamtliche Monatsschrift »Deutsche Technik«. Das freiwerdende Papierkontingent wurde auf die übrigen Zeitschriften des NSBDT aufgeteilt. [57] Der Vorgang beweist, daß Todt um der fachlichen Information und Weiterbildung der Ingenieure willen bereit war, die politische Information und Propaganda in den Hintergrund zu stellen.

Die Erwartungen Todts an die nationalsozialistische Ausrichtung der Ingenieure und Naturwissenschaftler erfüllten sich sowieso nicht im gewünschten Umfang. Da half auch nicht die Einführung einer eigenen »Ehrengerichtsordnung des NSBDT«, die im September 1940 vom Obersten Parteigericht genehmigt wurde und für alle im NSBDT vereinigten Fachgruppen, Fachvereine und Arbeitskreise rechtsgültig war. Die sachliche Zuständigkeit erstreckte sich lediglich auf solche Fälle, welche die Berufsehre betrafen. Die Schlichtung überwiegend persönlicher Ehrenhändel war nicht Sache des Ehrengerichts, auch nicht die Entscheidung über wirtschaftliche Forderungen. Das Ehrengericht des NSBDT bestand aus dem Ehrengerichtsvorsitzenden und 4 Beisitzern, die alle des 25. Lebensjahr vollendet haben mußten«. Das Ehrengericht sollte versuchen, den Ehrenfall durch einen Ausgleich zu schlichten. Kam ein Ausgleich nicht zustande, mußte das Ehrengericht eine Entscheidung fällen, wie der Verstoß zu ahnden war: durch

Verweis, Androhung des Ausschlusses aus dem NSBDT, Aberken-
nung der NSBDT-Würdigkeit. [58] Die bisher gültigen Ehrenordnun-
gen der Verbände wurden außer Kraft gesetzt. Eine von Todt ange-
regte Herausgabe einer »Schiedsordnung des NSBDT« verzögerte sich
bis nach seinem Tod. Er befürwortete diese Schiedsordnung, obwohl
einer seiner markanten Aussprüche lautete: »Für Stunk in der Heimat
ist im Krieg keine Zeit!« [59]
In einigen Gauen benutzte man die Ehrengerichtsordnung, um gegen
politisch unzuverlässige Mitglieder vorgehen zu können. Auch Altmit-
glieder der Fachverbände, die den Aufnahmebedingungen des
NSBDT nicht entsprachen, weil ihre Ehefrauen nicht deutsche Reichsbürger oder nichtarischer Abstammung waren, wurden mit Hilfe der
Ehrengerichtsordnung eliminiert. [60]
Todt verschloß die Augen vor solchen Manipulationen. Er hatte genug
Ärger mit den Ingenieuren und deren Uneinsichtigkeit gegenüber
politischen Erfordernissen. Am 28. 10. 1941 mußte er sich über das
mangelnde Verständnis der Techniker für seine Leistung beklagen,
nämlich die technisch-wissenschaftlichen Fachverbände erhalten zu
haben und durch eine allmähliche Überleitung in den NSBDT einen
anderen Weg gegangen zu sein als die Ärzte, Juristen und Lehrer, bei
denen die früher bestehenden Verbände insgesamt aufgelöst wurden
und an ihrer Stelle ein einziger nationalsozialistisch aufgezogener
Verband entstanden war. Er wandte sich auch gegen »die immer
stärker werdende Tendenz nichttechnischer Organisationen, in diese
Fachgebiete einzudringen, die die Arbeit der Fachverbände erschwe-
ren«. Oft werde die Zugehörigkeit zum NSBDT geleugnet. In zahlreichen Fachbüchern gehe weder aus der Autorenangabe noch aus dem
Geleitwort hervor, daß es sich um einen Verfasser handle, der dem
NSBDT angehöre. Mit sofortiger Wirkung sperrte Todt den Vertrieb
solcher Bücher. Er erteilte Weisung, daß »künftig in allen Fällen der
Vertrieb solcher Werke untersagt wird, wenn das Bekenntnis zum
NSBDT so systematisch sabotiert wird«.
Diese Warnung ging an alle Gauwalter des NSBDT, an die Vorsitzenden der technisch-wissenschaftlichen Fachverbände und Arbeitskreise
und an die Geschäftsführer der technisch-wissenschaftlichen Verlage.
[61] Bei einer Tagung des »Reichskuratoriums für das Deutsche
Fachschrifttum« am 2. 4. 1941 in Berlin wurde festgestellt, daß es noch
156 jüdische Autoren in der deutschen Fachliteratur gab, vornehmlich
auf dem technisch-naturwissenschaftlichen Sektor. Überwiegend handelte es sich um Autoren von Beiträgen für Sammelwerke und Enzy-
klopädien. Einige Fachbücher von jüdischen Autoren waren jedoch

bis zum Kriegsende nicht zu ersetzen, weil es im Reich keine entsprechenden Spezialisten gab. [62]

Am 28. 10. 1941 tadelte Todt das Weg-Engagieren guter Ingenieure innerhalb der deutschen Industrie, insbesondere des leitenden Personals. Er belehrte die Ingenieure:

»Der deutsche Soldat erobert im Kampf für Führer und Volk das halbe Rußland. Er erhält seine Verpflegung und einen geringen Wehrsold. Der deutsche Ingenieur schmiedet diesen Soldaten die Waffen um die Ehre, Helfer des Soldaten zu sein. Er wird dabei einen angemessenen Lebensunterhalt verdienen. Die Mehrzahl der deutschen Ingenieure wird es aber ablehnen, die Konjunktur auszunutzen. Der letzte Krieg und die damalige Regierung hat Erscheinungen zugelassen, für die die Bezeichnung Kriegsgewinnler üblich war. Es ist unsere Pflicht, mit allen Mitteln zu verhindern, daß in dem Krieg, den das nationalsozialistische Großdeutschland führt, ähnliche Erscheinungen auftreten.« [63]

Aus solchen Ausführungen ist das Eingeständnis Todts herauszulesen, daß es mit dem nationalsozialistischen Gedankengut besonders bei den höheren Technikern nicht allzu weit her war. Von nationalsozialistischem Engagement konnte bei den meisten überhaupt keine Rede sein. Eine vertrauliche Statistik, die Karl-Otto Saur im Frühjahr 1941, also auf dem Höhepunkt der deutschen Siege und in der Hochphase der nationalsozialistischen Propaganda seinem Chef vorlegte, offenbart die Kluft zwischen NSDAP und Technik. Die Rüstungsfunktionäre kümmerten sich wenig um Politik. Der Zugehörigkeitsgrad der Techniker zur NSDAP glich einem Offenbarungseid:

Von den Gauamtsleitern gehörten 43 der NSDAP an. Von den Rüstungsausschußvorsitzenden hatte nur einer eine Parteinummer unter 1500000, bei den Wehrkreisbeauftragten waren es sechs. Von den Gründungs-, Ehren- und Präsidiumsmitgliedern des Hauses der Deutschen Technik gehörten 114 der Partei an, aber nur 7 hatten eine Mitgliedsnummer unter 1500000. Von den 22 NSBDT-Fachverbandsvorsitzenden und NSBDT-Fachgruppengeschäftsführern waren nur 3 Altparteigenossen. Selbst unter den 137 Mitarbeitern im Hauptamt für Technik, beim Generalinspektor für das deutsche Straßenwesen, einschließlich der literarischen Mitarbeiter und Schriftleiter befanden sich nur 34 mit einer NSDAP-Mitgliedsnummer unter 1500000. [64]

## Die Reichsschule der deutschen Technik

Während die kulturelle und künstlerische Betreuung der technischen Verbände in den Händen der »NS-Kulturgemeinde« lag, stand dem NSBDT ab März 1936 für die fachliche und politische Mitgliederschulung die Plassenburg bei Kulmbach zur Verfügung. [65] Eine Vereinbarung mit dem Reichsschulungsamt der DAF hatte den Erwerb ermöglicht. Das ehemalige Zuchthaus wurde für 80 000 RM umgebaut. Aufgrund eines Rundschreibens der Wirtschaftsgruppe Bauindustrie gaben zahlreiche Firmen größere Spenden. Todt dankte ihnen »für die außerordentliche Unterstützung«. [66]

Zuerst wurden die Tiefbauingenieure des Generalinspektors für das deutsche Straßenwesen eingeladen. Todt setzte sich leidenschaftlich für die Hebung ihrer fachlichen und gesellschaftlichen Reputation ein, weil sie bis zum Beginn des Autobahnbaus als niedrigste Ingenieurkaste galten. Die Schulungskurse waren »in erster Linie dazu bestimmt, den Ingenieur zu gewöhnen, seine Arbeit im politischen Zusammenhang, d. h. in Verbindung mit den großen Lebensaufgaben der Nation zu sehen, und ihn außerdem durch Vorträge und Führungen in den Grenzgebieten des Straßenbaus zu schulen, die Ausführung von Straßenbauarbeiten als schöpferische und künstlerische Gestaltungsaufgabe zu sehen und als solche auch zu beherrschen«. [67] Den Straßenbauern folgten auf der Plassenburg die anderen Fachgruppen des NSBDT. Schließlich gab es zusammenfassende Tagungen für alle Ingenieurgruppen.

Hausherr, Lehrgangsplaner und Hauptredner auf der Plassenburg war Emil Maier-Dorn mit dem Titel »Reichsschulungsleiter«. [68] Er versuchte, den Technikern und Naturwissenschaftlern die politischen Implikationen ihres Berufes klarzumachen. Er verlangte von ihnen, nicht nur fachlich, sondern auch politisch zu denken. In seinen beschwörenden Reden hob er immer wieder die Bedeutung der Technik für Deutschlands Schicksal hervor. Führerkult, Nationalismus und Technikleistung waren die Grundelemente seiner Ideologie, die er auch in zahlreichen Artikeln, vor allem für die »Rundschau Deutscher Technik«, variierte. »Heil dem Führer!« betitelte er eine Darlegung über die Verdienste Hitlers um die deutsche Technik. Die Plassenburg apostrophierte er als »Stätte der Sammlung und inneren Festigung«.

Nationalsozialistischer Geist sollte die Gemeinschaft der Techniker und Ingenieure verbinden. [69]
Sooft es ihm möglich war, besuchte Todt die Ingenieurtagungen auf der Plassenburg. Oft hielt er den Einführungsvortrag, die Begrüßungsrede oder die Festansprache. Markante Sätze und griffige Formulierungen, die er dabei fand, wurden von seinen Anhängern als »Plassenburg-Worte« gesammelt. [70] Hier seien einige Beispiele angeführt:

▷ »Als Treuhänder der Technik haben wir im nationalsozialistischen Staat in Erkenntnis des Wesens der Technik und in Erkenntnis des Ziels ihrer geistigen Erneuerung dafür zu sorgen, daß die Technik ihrem Wesen treu bleibt, den Menschen zu dienen, daß sie nicht wieder wie in der vergangenen Zeit auf materielle Abwege gerät. Wir haben darüber zu wachen, daß die Führung der Technik in immer stärkerem Maße auf diejenigen übergeht, die im Sinne der früheren Technik Meister sind, im Sinne der nationalsozialistischen Bewegung Führer sind.«

▷ »Technische Werke sollen Ausdruck angewandter Naturgesetze sein, darüber hinaus aber auch vom pflicht- und verantwortungsbewußten Lebens- und Kulturwillen ihrer Schöpfer künden.«

▷ »Wir wollen als Idealisten und durch Mobilisierung des nationalsozialistischen Kampfgeistes und Willens mit der toten Materie fertig werden. Und wenn Nationalsozialisten diese Aufgabe anpacken, wird früher oder später der Erfolg sicher sein.«

▷ »Für den deutschen Ingenieur gibt es in diesen Zeiten keine andere Verpflichtung als die Parole: Sei Soldat bei deiner Arbeit! Dies gilt für den Betriebsingenieur genau so wie für den technischen Wissenschaftler, der mit seinem Studium der Weiterentwicklung des technischen Fortschrittes dient.«

▷ »Du bist nicht Ingenieur an sich, deine Arbeit ist nicht die rein materielle technische Arbeit, du bist Ingenieur im nationalsozialistischen Reich, deine Arbeit ist ein Bestandteil des Gesamtwerkes, des Gesamtwirkens, des Gesamtschaffens dieser Nation. Stelle deine Arbeit in den Dienst des großen Ganzen, arbeite nicht als technischer Egoist, auch deine Werke müssen sich dem großen Gesamtgeschehen einordnen.«

Der politische Charakter der sogenannten Plassenburg-Sprüche Todts, die nach propagandistischen Gesichtspunkten zusammengestellt waren, sollte nicht darüber hinwegtäuschen, daß Todts Hauptanliegen nicht in der politischen Infiltration der Zuhörer lag, sondern in ihrer »beruflichen Aufrüstung«. Er wollte ihnen in der Gemeinschaft Gleicher Selbstbewußtsein vermitteln für ihre Tätigkeit in den Betrieben. Dort galten sie praktisch immer noch als Handlanger der Betriebswirtschaftler, die die Geschäfte nach kommerziellen Gesichtspunkten bestimmten. Besser als markige politische Sprüche taten ihnen Sätze aus Todts Mund wie:

»Es ist eine bedauerliche Erscheinung, daß bei immer mehr Baufirmen der

Kaufmann die erste Flöte spielt. Diesen Firmen möchte ich folgendes sagen: sie werden bald merken, daß ihre Leistungsfähigkeit stark absinkt und daß sie im Wettbewerb mit anderen Firmen, bei denen der Techniker die ausschlaggebende Rolle spielt, bestimmt den kürzeren ziehen.«[71]

Die Plassenburg sollte nach Todts Vorstellungen zur hohen Schule der Ingenieurkunst in Deutschland werden, zu einem festen Begriff für die nationalsozialistische Technikkonzeption:

»Ideen waren stets an Orte und Namen von Orten geknüpft, mit denen sie dann einen bleibenden Begriff bilden. So wird man sich immer etwas vorstellen können unter ›Weimarer Verfassung‹, die Verfassung des alten Reiches, die dort entstanden ist. So ist für uns ›Nürnberg‹ der Begriff des Parteitages, ein Begriff sind die ›Nürnberger Gesetze‹. Man braucht nicht zu sagen, worum es sich handelt – ein Name ist mit einer Idee identisch geworden, ist ein Begriff. So ist für uns Ingenieure die Plassenburg zu einem ideenmäßigen Begriff geworden und zwar zur Idee der höheren kulturellen Auffassung der Technik.«[72]

Bei vielen Veranstaltungen spielte die Kunst in Form von Musik eine Rolle. Es traten Kammer- oder Symphonieorchester im Schönen Hof der Plassenburg oder im Rittersaal auf, z. B. bei der Jahrestagung der Fachgruppe Bauwesen 1939 das Partei-Orchester abends vor der beleuchteten Fassade der Burg. Todt sah in der klassischen Musik – nicht in der Marschmusik – ein Gestaltungselement seiner Tagungen und wollte damit die nüchternen Techniker für die künstlerische Seite ihres Berufes öffnen.

Zu Beginn des Krieges war geplant, die Plassenburg entweder als Reservelazarett oder als Kriegsgefangenenlager zu verwenden. Todt setzte durch, daß in ihren Räumen ein Genesungsheim »für Arbeitskameraden vom Westwall, die erholungsbedürftig sind oder nach einer Verwundung noch eine abschließende Nachbehandlung brauchen«, eingerichtet wurde. Er freute sich, daß die Plassenburg so wenigstens »sinngemäß mit dem deutschen Bauschaffen an der Front verbunden« blieb. [73] Die medizinische Leitung der Krankenanstalt hatte der SS-Arzt Prof. Karl Gebhardt vom SS-Lazarett Hohenlychen, der als Ordinarius für orthopädische Chirurgie an der Universität Berlin und Leiter der Medizinischen Abteilung der Reichsakademie für Leibesübungen Rang und Ansehen hatte und für die bewegungstherapeutische Behandlung der Patienten sorgte.

Für die dezentrale Schulung der Techniker entstanden schon vor dem Krieg in vielen Gauen der NSDAP »Gauhäuser der Technik« bei den einzelnen Gaufachgruppen. [74] Ihre Leitung oblag dem Gauobmann für Technik. Nach dem Wegfall der Plassenburg als Lehrzentrum waren sie allein für die Fortbildung der Techniker und Naturwissenschaftler zuständig. Auf diese Weise wollte Todt verhindern, daß die DAF auf dem Weg über Kurse für Techniker Einfluß auf die Arbeit des NSBDT bekam. Ab 1940 wurden deshalb die Vortragsprogramme nicht örtlich oder fachlich getrennt bekanntgegeben, sondern in einem gemeinsamen Veranstaltungsverzeichnis des NSBDT veröffentlicht. Es kam in die Hände aller einschlägigen Dienststellen des Reiches, der Partei, der Wehrmacht und ging an die Leitstellen von Industrie und Wirtschaft, damit möglichst viele Interessierte erfaßt werden konnten. Den Aufruf zur Teilnahme an diesen Fortbildungsveranstaltungen schloß Todt mit den Worten:

»Wir brauchen für die siegreiche Beendigung des Krieges ebenso wie für den kommenden Frieden Ingenieure mit reichem Wissen und Können.« [75]

In den Richtlinien präzisierte er die Vorstellungen:

»Diese Tatsache, daß Technik Kulturleistung ist und daß damit die Ingenieure Kulturträger sind, verpflichtet uns, einigemale im Jahr mit Gauveranstaltungen hervorzutreten, in denen das Gauamt für Technik nicht nur als Träger der technischen Aufgaben, sondern auch als wichtiger politischer und kultureller Faktor im Gau in Erscheinung tritt.«

Todt wünschte jedoch nicht, daß aus der neuen Aufgabenstellung der Gauobmänner Dienststellen organisiert würden, sondern daß gehandelt werde, »so wie ich mich auch selbst um diese Dinge kümmere«. [76] Die Leistungsberichte der 14 Gauhäuser für Technik im Reich wurden in der Regel in den »Mitteilungsblättern des Hauptamts für Technik und NSBDT« veröffentlicht. Das Haus der Technik Westmark in Saarbrücken führte z. B. zwischen dem 1.1. und 1.8. 1942 243 Vorträge mit 18000 Besuchern und 58 Kurse mit 1000 Teilnehmern durch. [77] Auch die Ausstellungen, die 1941 in Paris und Brüssel stattfanden, um die Kooperation von deutschen und ausländischen Firmen zu fördern, wurden von einem regionalen Gauhaus, in diesem Fall vom Haus der deutschen Technik in Essen, veranstaltet. Das Beiblatt der Zeitschrift »Deutsche Technik« vom 6. 6. 1941 mit dem Namen »Betrieb und Wehr« würdigte ihren Nutzen für die Auftragsverlagerung in die besetzten Westgebiete in hohen Tönen.

## Das Deutsche Museum in München

Die Gleichschaltung der Technik ging nicht immer nach Wunsch. Die größten Schwierigkeiten hatte Todt wahrscheinlich mit dem »Deutschen Museum« in München. 1903 von Oskar von Miller gegründet und seit 1925 in einem Neubau auf der Museumsinsel in München beheimatet, gab es den Werdegang der Technik und der Industrie anhand von Originalmaschinen, Modellen, Bildern und Zeichnungen wieder. 1933 hatte es in Europa bereits den Ruf, das beste und größte technische Museum zu sein.

Die ersten Kontakte knüpfte Todt, als er im November 1933 die Geschäftsleitung bat, ihm für die von der Reichsregierung für den Sommer 1934 geplante Ausstellung »Die Straße« Exponate zu überlassen. [78] Im April 1934 wurde ihm das Amt eines Schriftführers im 119köpfigen Vorstandsrat angeboten. Er erklärte sich »sofort« und »gern« dazu bereit und gab zu erkennen, daß er »als Münchner« ein großes Interesse am Deutschen Museum habe. Er bot seine »ausgezeichnetsten Beziehungen« zu Goebbels an, um das Reichspropagandaministerium für den Besuch des Deutschen Museums werben zu lassen. [79] Todt erkannte, welche Möglichkeiten der Technikerwerbung sich für den NSBDT eröffneten, wenn er auf die Führung des Deutschen Museums Einfluß bekommen würde. Wie wichtig ihm der Vorstandsitz war, zeigte sich auch darin, daß er wenige Tage später bei der Eröffnung der Ausstellung »Deutsches Volk – Deutsche Arbeit« Dr. Köttgen von den Siemens-Schuckert-Werken, der zum engeren Vorstand des Deutschen Museums gehörte, ansprach und ihm mitteilte, daß er bereits mit dem Propagandaministerium Fühlung aufgenommen habe und dort auf Bereitwilligkeit bei den Herren gestoßen sei, »bei ihrer allgemeinen Werbetätigkeit auch im Rundfunk für das Deutsche Museum etwas zu tun«. [80] Ende April schickte Todt den Geschäftsleiter der Ausstellung »Die Straße« ins Deutsche Museum, um dort wegen der Eröffnung des VII. Internationalen Straßenkongresses vorzusprechen und zugleich sein Interesse an den Bestrebungen des Deutschen Museums kundzutun. [81]

Im Mai 1934 fanden die Wahlen neuer Vorstandsratsmitglieder durch den Verwaltungsausschuß statt. Er umfaßte rund 500 Personen, die ihm damals noch auf Lebenszeit angehörten. Wie vom Vorstand

vorgeschlagen, wurde Todt dritter Schriftführer im Vorstandsrat. Todt
bedankte sich:

»Ich nehme Ihre Wahl um so freudiger an, als ich überzeugt bin, daß das Deutsche
Museum wie keine zweite Stätte daran mitwirken kann, die Pläne des Kanzlers
weiten Kreisen zu vermitteln und verständlicher zu machen.«

Eigentlich war es ein Widerspruch in sich, daß sich ein nationalsozialistischer Funktionär demokratischen Wahlen stellte und noch dazu in
einem Gremium, dem zahlreiche Gegner des Nationalsozialismus angehörten. Todt schluckte diese Prozedur, um ein neues Propaganda-
forum für die nationalsozialistische Technik zu bekommen. Diese
Absicht wurde aus seinen Dankesworten nur allzu deutlich. Um so
verschnupfter waren die Herren des Vorstandes und des Vorstandsrats, als sie merkten, was der Sinn der Sache war. Man beschloß, es bei
der Wahl Todts bewenden zu lassen. In der folgenden Zeit entzog sich
die Leitung des Deutschen Museums unter dem Vorstandsvorsitzen-
den Geh. Reg.-Rat Prof. Dr. Zenneck und den beiden anderen
Vorstandsmitgliedern, Verlagsbuchhändler Hugo Bruckmann und
Prof. Dr. Ing. Conrad Matschoß, von dem Todt meinte, daß gegen ihn
»auf Grund seiner Tägtigkeit vor 1933 immer wieder schwere Bedenken geäußert werden«, allen weiteren Umarmungsversuchen des
NSBDT. [82] Man machte nur die allernötigsten Konzessionen, z. B.
daß man für die Verkehrsübergabe der Ludwigsbrücke über die Isar
den Festsaal zur Verfügung stellte [83] oder die Einlagerung von
Ausstellungsgut aus der Schau »Die Straße« in den Lagern des Deutschen Museums gestattete [84].
Alle Briefe Todts an Zenneck und Pietzsch, in denen eine »Änderung
der Verfassung des Deutschen Museums« im nationalsozialistischen
Sinne angemahnt wurde, blieben ergebnislos. Insbesondere störte sich
Todt an der Beibehaltung von Wahlen zur Bestellung der Leitungsgre-
mien und am Mehrheitsprinzip des Hauses bei Entscheidungen, was
während des Dritten Reiches wie ein »Relikt aus der Systemzeit«
anmutete. Den formalen und komplizierten Geschäftsgang wollte er
durch die Einführung des Führerprinzips gestrafft sehen. [85]
Auch die Vernachlässigung des Straßenbaus in der Präsentation des
Museums mißfiel ihm. Am 12. 2. 1937 schrieb Todt einen ungehalte-
nen Brief, weil die Abteilung Straßenbau nicht bis in die Gegenwart
fortgeführt werde und »immer noch jede Beziehung zu den Straßen
Adolf Hitlers« fehle. Er bat, »dieses große Geschehen in der Verkehrswirtschaft des Dritten Reiches« entsprechend zu würdigen und
bis zum 1. 5. 1937, wenn der Fremdenverkehr einsetzen würde, das

Versäumte nachzuholen. Ausstellungsstücke seien noch aus dem Jahr 1934 vorhanden.

»Auf diese Weise würde die Abteilung um einen bedeutenden Anziehungspunkt bereichert werden und vor allem der nach meiner Meinung unhaltbare Zustand beseitigt, daß das bedeutendste technische Museum des Reiches im fünften Jahre nationalsozialistischer Regierung noch in keiner Weise von dem großen ureigenen Werk des Führers Notiz genommen hat.«[86]

Der geschäftsführende Direktor des Deutschen Museums, Prof. Zenneck, antwortete postwendend und argumentierte, daß für die Erweiterung der Straßenbauausstellung weder Platz noch Mittel zur Verfügung stünden. Aber wenn Todt die Einrichtung der Ausstellung bezahlen wolle, werde man seinen Vorschlag aufgreifen.[87] Nun wurde Todt ganz deutlich. Pietzsch bekam einen Brief zu lesen, in dem Todt es als Aufgabe des Hauptamtes für Technik und des NSBDT deklarierte, sich »aktiver als bisher für das Schicksal des Deutschen Museums zu interessieren«. Da Todt bezweifelte, »daß der derzeitige Vorstand des Deutschen Museums diesen Weg aktiv genug mitgeht«, wünschte er, daß »die Führung des Deutschen Museums allmählich den heutigen Verhältnissen entsprechend umgestellt wird«. Er schlug vor, den derzeitigen Vorstand um zwei Stellen für Parteimitglieder zu vermehren oder den Vorstand anderweitig umzubauen.[88] Unter solchem Druck der Partei, aber auch in der Erwartung finanzieller Unterstützung gab man Todt 1937 in seiner Funktion als Generalinspektor für das deutsche Straßenwesen einen Sitz im engeren Vorstand. Aber seine Hoffnung, mehr Einfluß auf das Deutsche Museum ausüben zu können, erfüllte sich nicht. Für das Deutsche Museum brachte die Wahl Todts den Vorteil, daß die geplanten Erweiterungsbauten genehmigt und daß die Abteilungen »Straßenbau« und »Automobilwesen« großzügig umgestaltet und ausgebaut wurden. Der Autobahnbau fand endlich Berücksichtigung. Um die Größe dieses Projekts hervorzuheben, mußte auf besonderen Wunsch Todts die »Darstellung der Straßenzüge des römischen Imperiums« in der bisherigen Schau reduziert werden.[89]

Todt wollte, wie er erläuterte, dem Vorstand des Deutschen Museums eigentlich nicht als Generalinspektor für das deutsche Straßenwesen angehören, sondern als Leiter des NSBDT, der dem Deutschen Museum die Unterstützung von fast 100000 deutschen Ingenieuren einbringe, eine vergleichsweise große Zahl gegenüber den 6000 Mitgliedern des Vereins des Deutschen Museums. Aber der Wahlvorgang war bereits gelaufen. Es war der Generalinspektor für das deutsche Straßenwesen, der im Vorstand Sitz und Stimme hatte.[90]

Den Einfluß, den sich Todt durch seine Mitgliedschaft im Vorstand erworben hatte, übte er bereits bei der Vorbereitung der nächsten Vorstandssitzung ganz massiv aus. In getrennten Schreiben an seine Vorstandskollegen monierte er die Zusammensetzung des Ausschusses. Es seien »ganz unglaubliche Adressen darunter«: Damit meinte er z. B. den früheren Mitarbeiter der »Münchner Post« Dr. Hörburger, den beurlaubten Direktor der Städtischen Elektrizitätswerke München Dr. Zell, den aus der Deutschen Versuchsanstalt für Luftfahrt ausgeschiedenen »jüdisch versippten« Prof. Dr. Hoff, den aus dem Heinrich-Herz-Institut ausgeschiedenen Dr. K. W. Wagner, den ehemaligen bayerischen Landwirtschaftsminister Dr. Fehr, »der sich seinerzeit für das Abtreibungsgesetz eingesetzt hat und auch sonst in Bayern rühmlich bekannt ist« oder Dr. Aumund, »im Ausland als Gegner des heutigen Staates bestens bekannt«. Weiter tadelte Todt:

»Eine Reihe weiterer Ausschuß-Mitglieder sind als maßgebende Anhänger der ehemaligen Bayerischen Volkspartei bekannt, andere haben ihren wissenschaftlichen Ruf in erster Linie durch ihr Bekenntnis zu Einstein, zu seinen Theorien und seiner Person bekräftigt.«

Weitere Namen von Ausschußmitgliedern, die er nicht mehr sehen wollte, versprach er nachzureichen. Er hielt die ganze Liste der Ausschußkandidaten für »sehr korrekturbedürftig«, weil die Männer fehlten, die sich seit 1933 auf dem Gebiet der Technik, der Betriebsführung und der Wissenschaft »im veränderten Geist unserer Zeit aktiv und mit Erfolg betätigt« hätten. Er sagte zu, »in Zusammenarbeit mit dem Hauptamt für Technik dem Vorstand einen Plan für die personelle Erneuerung des Vorstandsrats und des Vorstands-Ausschusses« auszuarbeiten. [91] Todt forderte, daß in den Vorstandsrat alle fünf Fachgruppenleiter des NSBDT aufgenommen werden und außerdem zwei seiner Mitarbeiter im Hauptamt für Technik, nämlich Dipl.-Ing. Saur und Dipl.-Ing. Köhns. [92] Zenneck erklärte sich grundsätzlich bereit, »den Ausschuß möglichst von solchen Herren zu befreien, die vielleicht nicht ganz erwünscht sind«. Allerdings kenne er keinen Physiker, der seine wissenschaftliche Reputation durch Bekenntnisse zu Einsteins Theorien erworben habe. Heftig wandte er sich gegen die Aufnahme Saurs in den Vorstand, weil dieser »kein wirkliches Interesse« an der Arbeit des Deutschen Museums habe. [93] Außer der Säuberung von Vorstand und Vorstandsrat von zwölf unerwünschten Männern erreichte Todt auf der Vorstandssitzung vom 6. 5. 1938 einen kleinen Sieg über das demokratische Wahlprinzip, weil der Vorstand berechtigt wurde, diejenigen Mitglieder des Verwaltungsausschusses zu bestimmen, die verbleiben oder ausscheiden soll-

ten. [94] Todt beteiligte sich an der Auswahl nach politischen Gesichtspunkten. [95]
In der Folgezeit bedauerte Todt mehrmals, daß eine engere Zusammenarbeit zwischen dem Deutschen Museum und der NSDAP nicht aufkomme. Seine Bestrebungen, »das Deutsche Museum mit der Bewegung in Verbindung zu bringen«, hätten vielleicht deshalb keinen Erfolg, weil die Kreise des Deutschen Museums dächten, »wir sind das berühmte Deutsche Museum ohne die NSDAP geworden – wir kommen auch ohne die NSDAP weiter«. Auch für die Ablehnung Saurs fand Todt kein Verständnis. [96]
Die Beziehungen zwischen dem Hauptamt für Technik und dem Leiter des Deutschen Museums verschlechterten sich schließlich so sehr, daß Todt die Pläne eines großzügigen Umbaus des Gebäudes aufgab. Bei den Vorstandswahlen 1937 hatte er noch angedeutet, daß sich der NSBDT bemühen werde, »das Deutsche Museum in München in die Lage zu versetzen, daß die Nachwelt in München nicht nur die Organisationsgebäude sieht, sondern in der Hauptstadt der Bewegung auch das gezeigt wird, was die Technik in der Zeit Adolf Hitlers geschaffen hat«.
Hitler hatte am 30. 1. 1937 im Zuge der Plangenehmigung für den Ausbau Münchens den deutschen Ingenieuren das Angebot gemacht, »daß sie sich in der Hauptstadt der Bewegung durch ein Gebäude repräsentieren können«, ähnlich wie die anderen Gliederungen der Partei. [97]
Aber wegen der intransigenten Haltung der alten Herren im Vorstand des Deutschen Museums, denen diese Idee gar nicht gefiel, entschloß sich Todt, auf der anderen Seite der Isar – dort, wo heute das Deutsche und Europäische Patentamt steht – eine Konkurrenzinstitution zu errichten: Am 1. 5. 1938 gab Hitler im Rahmen seiner Ausbauprogramme für München bekannt, daß dort ein »Bau für die Technik der Neuzeit« entstehen werde. Er sollte durch eine technisch-wissenschaftliche Dokumentationsstelle ergänzt werden, für die der Name »Fritz-Todt-Institut« feststand. Der Trägerverein »Haus der deutschen Technik« wurde auf dem Reichsparteitag 1938 gegründet. Aber aus dem Bau wurde nichts. Todt mußte sich weiter mit dem Vorstand des Deutschen Museums herumstreiten, wenn er Ausstellungen durchführen wollte.
Im Mai 1940 wurde endlich Todts Lieblingsabteilung »Straßenbau« auf der Museumsinsel eröffnet. Zu seinem 50. Geburtstag am 4. 9. 1941 ehrte man ihn mit der »Leistungsschau der deutschen Bautechnik« im 3. Stock des Bibliotheksgebäudes. Zenneck hatte vergebens versucht, sie mit Hinweisen auf die Feuergefahr zu verhindern. [98] Zwei

Mitarbeiter Todts, Prof. Dittrich und Oberbaurat Haasemann, hatten
die Schau eingerichtet. Sie war für die Öffentlichkeit nicht zugänglich,
weil sie die Kluft zwischen den Plänen zum Bauen und den Möglichkeiten zum Bauen im Dritten Reich offenlegte. Das Potential an Material
und Fachkräften stand in keiner Relation zu den Vorstellungen der
Machthaber des Dritten Reiches über die architektonische Gestaltung
des neuen Deutschland. [99] Die Ehrenhalle der Ausstellung in den
Farben Weiß und Gold war den Verdiensten Dr. Todts gewidmet. Sie
zeigte Dokumente und Fotos über seinen beruflichen Werdegang. Die
anderen Ausstellungsräume führten Spitzenleistungen der deutschen
Bautechnik vor, unterteilt in die Sachgebiete Tiefbau (Erdbau,
Grundbau, Straßenbau, Tunnelbau, Stollenbau, Hafenbau, Unter-
grundbau und städtischer Tiefbau), Brückenbau und Hochbau. Eine
weitere Abteilung beschäftigte sich mit den »Bauaufgaben nach dem
Krieg und deren Bewältigung«. [100] Beim Luftangriff auf München
am 24./25. April 1944 brannte das Obergeschoß des Bibliotheksgebäudes mit der »Leistungsschau der deutschen Bautechnik« bis auf den
nordwestlichen Trakt vollkommen aus. Nur die Bibliothek blieb
unversehrt. [101] Selbst im Glückwunschschreiben zum 70. Geburtstag Zennecks vom 8. 4. 1941 bezog sich Todt auf die »innere Meinungs-
verschiedenheit« zwischen ihm und dem Jubilar und erklärte die
Zurückhaltung der NSDAP gegenüber der Leitung des Deutschen
Museums damit, daß der Vorstand immer noch die kosmopolitische
Einstellung Oskar von Millers weiterführe. [102]
Nach Todts Tod führte Saur die Verhandlungen mit dem Deutschen
Museum. Für die Vorstandswahlen 1942 schlug er kurzerhand eine
Reihe von Leitern der Kommissionen, Hauptausschüsse und Haupt-
ringe in der Rüstungsindustrie als Mitglieder vor, was die Abneigung
Zennecks gegen Parteikandidaten erneut anstacheln mußte. [103]

# Das Haus der Deutschen Technik

Das Haus der Deutschen Technik in München gehörte zu den favorisierten Plänen Todts. Er brachte Hitler den Gedanken nahe, neben den im Entstehen begriffenen Gebäuden der Ärzte, Juristen usw. die deutsche Technik durch einen eigenen Baukomplex zu repräsentieren. Als Hitler am 30. 1. 1937 die bauliche Neugestaltung Münchens prinzipiell umriß, hatte er den Platz der alten Schwere-Reiter-Kaserne gegenüber dem Deutschen Museum noch als künftigen Erweiterungsbau dieses Hauses vorgesehen. Die Widerstände der Leitung des Deutschen Museums gegen die Zentralisierung der Technik unter dem Hauptamt für Technik der NSDAP veranlaßten Todt, Hitler statt dessen um die Genehmigung eines eigenen Hauses der Technik zu bitten. Die Erstplanungen fanden noch 1937 mit Mitteln des NSBDT statt. Als Todt dem Führer am 6. Mai 1938 die Pläne vorlegte, fanden sie dessen Zustimmung. In Ergänzung des Deutschen Museums sollte es die Entwicklung der deutschen Technik im »Tausendjährigen Reich« zeigen, beginnend mit den »Straßen des Führers«. Außerdem sollte es technisch-wissenschaftliche Sonderschauen beherbergen und der Ehrung und Würdigung technischer Verdienste in Vergangenheit und Gegenwart dienen. Zwei Hauptziele standen Todt vor Augen:

»1. Dem deutschen Volke an würdiger Stätte die leistungsmäßige und kulturelle Bedeutung technischen Schaffens in der Zeit Adolf Hitlers vor Augen zu führen; 2. auf dem Wege der Berufung des Ausstellungsgutes den schöpferischen Höchstleistungen der Technik Anerkennung und Auszeichnung zu verschaffen und damit dem Leistungskampf der deutschen Ingenieure und der deutschen Betriebe Ausdruck zu verleihen.«

Besondere Berufungsausschüsse sollten über das Ausstellungsgut entscheiden. Der Präsident des Hauses sollte mit dem vom Führer und Reichskanzler ernannten Leiter des Hauptamtes für Technik personengleich sein, ebenso wie der Senat mit dem Reichsrat der Deutschen Technik. Für das Präsidium waren bis zu 20 führende Männer der Technik vorgesehen. Neben den fünf Fachgruppenleitern des NSBDT, dem Präsidenten der Reichswirtschaftskammer, dem Präsidenten des Deutschen Forschungsrates, einem Vertreter der Deutschen Arbeitsfront, drei Vertretern der Wehrmachtteile, dem Vertreter des Beauftragten für den Vierjahresplan sollten auch der Vorsitzende des Vorstands und der Vorsitzende des Vorstandsrates des Deutschen Museums Mitglieder des Präsidiums sein, wodurch die »lebendige Zusammenarbeit mit dem dort in langer Aufbauarbeit Geschaffenen zum Ausdruck kommen« sollte. [104]

Als Grundstock zur Finanzierung brachte der NSBDT 800000 Mark ein. Für die fünf Baujahre sollten jährlich etwa 500000 Mark gesammelt werden. Den Gründungsmitgliedern sollte die Priorität zur Zeichnung eingeräumt werden. Die Gründung des Vereins »Haus der Deutschen Technik« am 12. 9. 1938 fand während der Sitzung des Hauptamtes für Technik im Nürnberger Rathaussaal statt. Die Öffentlichkeit erfuhr, daß

»die deutsche Technik und ihre Männer unbeirrt dem Führer Gefolgschaft leisten und ihren Weg am Aufbau weitergehen wollen und daß kein noch so lautes Kriegsgeschrei der anderen sie davon abhalten kann, für das kulturelle Schaffen des deutschen Volkes Zeugnis abzulegen und damit zu zeigen, daß wir nur gezwungenermaßen uns mit Abwehrfragen beschäftigen, unser Wollen und Schaffen aber höheren und schöneren Zielen gilt«. [105]

Am gleichen Tag wurden 110 Beitrittsurkunden für den neuen Verein »Haus der Deutschen Technik« hinterlegt.

Die Geschäftsführung des »Hauses der Deutschen Technik« war zusammen mit der Leitung des NSBDT und dem »Verlag der Deutschen Technik« im Hauptamt für Technik in München, Erhardtstraße 36, untergebracht.

Der Museumsbau zwischen der Cornelius- und Zweibrückenstraße auf einem Grundstück im Umfang von 90000 qm sollte so geplant werden, daß er »Ausdruck einer höheren kulturellen Auffassung der Technik« war. Dem Beauftragten für den Ausbau Münchens, Prof. Giesler, versuchte Todt »diese Idee, die wirklich das Große einer Idee in sich trägt«, nahezubringen. Architektonisch werde »es eine wunderbare Aufgabe sein, nun einmal nicht erst die äußere Form und dann den Inhalt zu schaffen, sondern einen ganz großen Inhalt zu besitzen und darauf die äußere Form abstellen zu können«. [106]

Auch die Propaganda bemächtigte sich dieses Projekts:

»Aus alledem spüren wir den höheren Geist der Zeit und den politischen Marsch- und Gleichschritt der deutschen Technik und ihrer Männer. In vorbildlicher Weise hat die Partei durch das Hauptamt für Technik den Grundsatz verwirklicht, daß nicht der sichtbare oder unmittelbare Teil einer einmal beschlossenen Aufgabe von ihrem Träger veranlaßt und durchgeführt wird, sondern auch die an sich nicht immer dankbare oder leichte Erfüllung zwangsläufig sich ergebender Nebenaufgaben. Wir meinen hier den Ersatz des durch den Monumentalbau verlorengehenden Wohnraums.« [107]

Stellvertretender Vorsitzender des Vereins »Haus der Deutschen

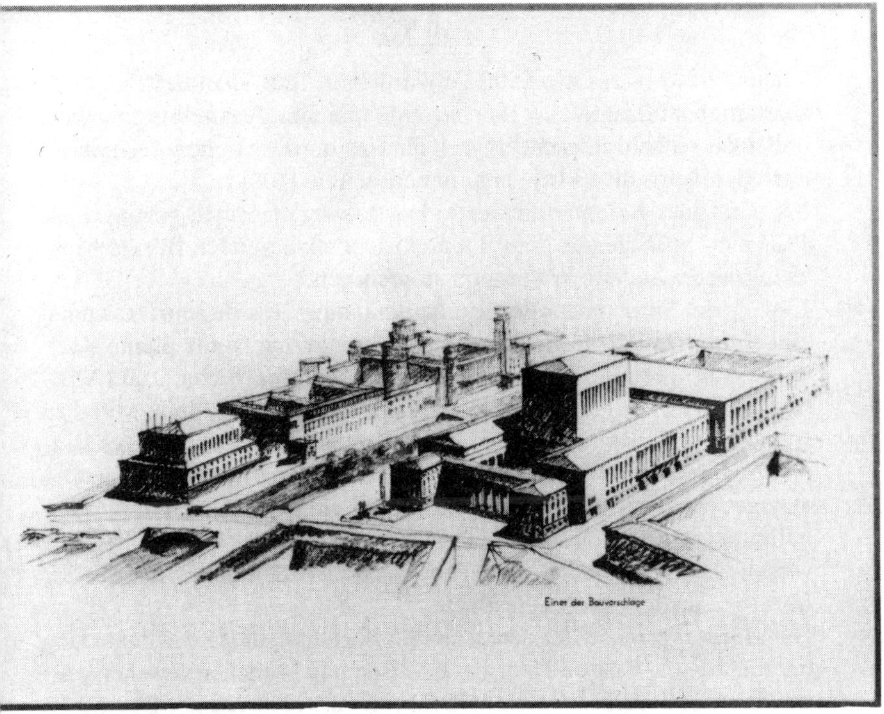

Modellentwurf des Hauses der Deutschen Technik (rechts) im Vergleich
zum Deutschen Museum (links)

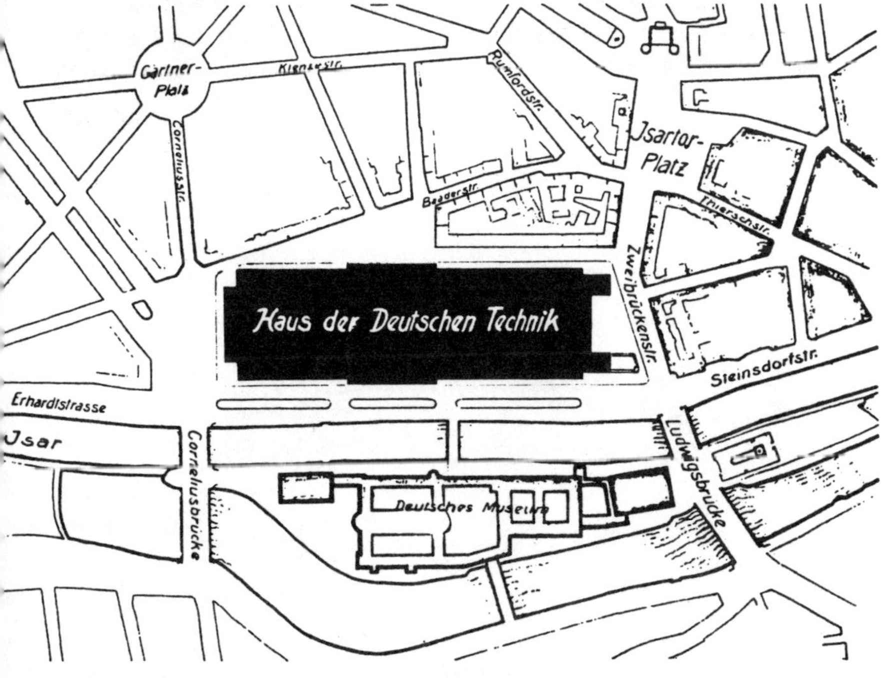

Lageplan des Baugeländes für das »Haus der Deutschen Technik« in München

Technik« war Karl-Otto Saur. Er wurde von Todt, dem Ersten Vorsitzenden, beauftragt, alle Angelegenheiten des Ausstellungswesens,
und zwar sowohl hinsichtlich des Hauses der Deutschen Technik als
auch des Deutschen Museums, zu bearbeiten. [108]

Nicht nur der Krieg verhinderte den Baubeginn. Auch gelang es bis
1939 nicht, für die aus dem Bauareal zu evakuierenden Bürger Münchens ausreichenden Wohnraum zu besorgen.

1941, in der Siegesphase des Rußlandfeldzuges, wurde zum letztenmal
eine Initiative ergriffen. Zum 50. Geburtstag Dr. Todts plante Karl-
Otto Saur einen Aufruf an die gesamte deutsche Technik und Wirtschaft, für die Aufgaben des Hauses der Deutschen Technik Mittel zu
spenden. Unter dem Vorwand des Sammelverbotes verstand es Bormann, diese Aktion ohne Befragung Adolf Hitlers zu verhindern. Das
einzige, was Todt tun konnte, war, Hitler am 4. 9. 1941 ein mit Origi-
nalunterschriften von führenden Männern aus Technik und Wirtschaft
versehenes Dokument vorzulegen, das den Willen dieses Kreises zur
Mitarbeit an dem Projekt festlegte.

Die »Leistungsschau der deutschen Bautechnik«, die vier Monate lang
bis zum 31. 12. 1941 im Deutschen Museum in München zu sehen war,
wurde als ein Werk der Geschäftsführung des »Hauses der Deutschen
Technik« dargestellt, als eine Vorwegnahme der Präsentationsweise
dieses geplanten Museums. Während diese Ausstellung nur einem
begrenzten Personenkreis zugänglich war, wurde ein Teil davon als
bautechnische Spitzenleistungsschau ab 7. 5. 1942 an den Rundgang
durch den Sammlungsbau des Deutschen Museums angeschlossen.
[109]

## Die neue Technik-Konzeption

Fritz Todt war bestrebt, der Technik einen neuen Inhalt und dem deutschen Techniker ein neues Selbstbewußtsein zu verschaffen. Er distanzierte sich von der Technik-Konzeption der Weimarer Republik, weil dort die Technik zur Dienerin des Profits geworden sei.

»Unter dem stark jüdischen Einfluß auf allen Gebieten des wirtschaftlichen und geistigen Lebens trat im Laufe von Geschlechtern an die Stelle naturverbundener Entwicklung die Zahl und die Rechnung, an die Stelle des Gemeinwohls der Zins und die Rente für den einzelnen, an die Stelle der Zusammenschau die Zersplitterung und das Spezialistentum.« [110]

Die Technik der letzten 15 Jahre war für ihn materiell, speziell, egoistisch und kurzsichtig. Todt erwartete von den Technikern ab 1933, daß sie die traditionelle Denkweise fallenließen und ihre Aufgaben nicht routinemäßig, sondern schöpferisch erfüllten. Er machte die Ingenieure darauf aufmerksam, daß das Wort Ingenieur von ›ingenium‹ komme und »daß vom Ingenieur für die Art und Weise, wie er eine Aufgabe anpackt, Geist verlangt wird«. [111] Er bezog sich auf Housten Stewart Chamberlain, der den Ingenieurbau für germanotypisch hielt: »Das hervorragende Betätigungsfeld der germanischen Rasse ist das Gebiet des Ingenieurwesens, hier sind wir eigenschöpferisch.« [112]

Da noch kein deutscher Reichskanzler die Technik freudiger bejaht und mehr unterstützt habe als Hitler [113], habe er auch das Recht, Unerhörtes zu fordern. Rudolf Heß führte auf dem Tag der Deutschen Technik in Breslau vom 4.–8. Juni 1935 aus, daß bereits in den ersten beiden Jahren des Dritten Reiches die Technik für den Lebensstandard der Arbeiter mehr getan habe als alle sozialen Vereine und marxistischen Parteien vorher. [114] Wegen des Wohlwollens und der tatsächlichen Förderung, die Hitler den Technikern zuteil werden lasse, gebührten ihm Treue und Gefolgschaft. Bei dieser Veranstaltung gab Todt ein Telegramm an Hitler mit folgendem Treuebekenntnis auf:

»In ernster Pflichterfüllung sind die deutschen Ingenieure bereit, die großen der Technik gestellten Aufgaben selbstlos und fachlich zu lösen. Wir geloben treue Gefolgschaft. Heil mein Führer!«

Auf dieser Tagung 1935 prägte Todt das Wort: »Technik ist Tat.« Zwar

löse, so führte Todt aus, die Technik materielle Aufgaben; Sinn und
Ziel seien aber nicht materiell.»Im nationalsozialistischen Reich ist
auch der Technik letztes Ziel ein ideelles und kulturelles.« [115] Das
war durchaus politisch zu verstehen:

»Im nationalsozialistischen Reich genügt für die Aufgaben der Technik der Fachmann allein nicht, er muß auch ein gesinnungsstarker Nationalsozialist sein.« [116]

Todt unterstrich bei jeder Gelegenheit die besondere Rolle der Technik bei der Lösung der sozialen Frage. Der Schlüssel liege in der
Produktionserweiterung. Da dies das Feld des Technikers sei, schaffe
er die Voraussetzungen für das Wohlergehen aller Volksgenossen.
Ohne technische Innovationen sei soziale Zufriedenheit unerreichbar.
Frei von übertriebener Spezialisierung habe der Ingenieur die Pflicht,
»das Leben, den Menschen selbst wieder zum Maß aller Dinge« zu
machen. [117]
Die Leistungen der Technik sollten zwar wirtschaftlich rentabel sein,
aber vor allem kulturell hochwertig. Der Straßenbau könne das Vorbild für diese neue Haltung sein, meinte Todt. Dieses Werk zeige, daß
die Ergebnisse technischen Schaffens nicht im Gegensatz zur Natur
und Landschaft stehen müssen, sondern in voller Harmonie. [118] Wer
dem Wesen der Technik treu bleibe, diene dem Menschen und der
Natur und nicht wie in der vergangenen Zeit ausschließlich materiellen
Zielen. Die nationalsozialistische Idee verlange die Abkehr vom kurz-
fristigen Nutzen und vom Profitdenken. [119] Todt sagte:

»Was in der Zeit des nationalsozialistischen Reiches an Werken der Technik
entsteht, muß in der äußeren Form der Gesinnung unserer Zeit entsprechen.
Fabriken sind Arbeitsplätze nationalsozialistischer Volksgenossen. Straßen und
Autobahnen tragen den Namen des Führers. Siedlungen sind keine Einzelmaßnah-
men, sondern Bestandteile größerer städtebaulicher Planungen. Jedes Werk steht
in Nachbarschaft und Umgebung und muß entsprechend gestaltet werden.« [120]

Der Techniker habe sich auf die größeren Zusammenhänge einzustellen und Werke der Zukunft zu schaffen. An die Stelle der Zersplitterung und des Spezialistentums müsse die Zusammenschau treten und
an die Stelle von Eigennutz das Gemeinwohl. In den Schulungskursen
auf der Plassenburg wurde das Thema in immer neuen Variationen
vorgebracht. Jede technische Leistung sollte gleichzeitig eine Kultur-
tat sein. [121]
Bei der Eröffnung des ersten Reichsautobahnabschnitts am 19. Mai
1935 führte Todt in Frankfurt am Main aus:

»Jahrzehntelang mußte sich die Technik den Vorwurf gefallen lassen, daß sie in
ihrer materiellen Gebundenheit keine kulturellen Werte schaffe. Wir haben versucht, die Technik von diesem Vorwurf zu befreien. Als Nationalsozialisten sind

wir mit kühner Energie, aber auch mit Liebe zu Volk und Landschaft an die Arbeit gegangen. Diese Straßen dienen nicht nur dem Verkehr, sie dienen auch der Erschließung unseres Vaterlandes. Mit den Reichsautobahnen sollte auch die Technik einen Ausdruck finden, der dem Geist und der nationalsozialistischen Bewegung entspricht.« [122]

Immer wieder sprach Todt von der »Schönheit der Technik«. Nur der Meister sei in der Lage, »neben dem engen materiellen Zweck die kulturelle Seite einer technischen Aufgabe zu sehen«. Er appellierte an die Straßen- und Wasserbauer, für die er sich zuständig fühlte, die Meisterschaft ihres Berufes anzustreben und aus Werken der Technik Kunstwerke zu machen. Schönheit werde erreicht durch »Harmonie mit der Natur«. Wer Meister ist, sucht diesen Maßstab in allen technischen Aufgaben. [123] Todt ging sogar so weit, die Technik als einen Wertmaßstab für die rassischen Werte eines Volkes zu deklarieren:

»Die Technik treibt alle Völker auf eine gemeinsame Kampfbahn: Hinkende, Gesunde, Plattfüßer und Athleten. Jubel und Gelächter verteilt gerecht dann die Geschichte.« [124]

Im Gegensatz zur Weimarer Zeit, wo die Technik in Literatur und Kunst vielfach als etwas Ungeistiges und Seelenloses dargestellt und besonders von Expressionisten zum Sündenbock für gesellschaftliche Mißstände erklärt worden war, wollte Todt die Leistungen der Technik und die Schönheit der Technik als Ausflüsse des Nationalsozialismus propagieren, obwohl die Anfänge dieses neuen Kunstverständnisses in die zwanziger Jahre zurückreichten. Der Zeitschrift »Deutsche Technik«, die ab 1939 im parteiamtlichen Technik-Verlag in München herausgegeben wurde, gliederte er eine Bildbeilage unter dem Titel »Leistung und Schönheit der Technik im Dritten Reich« an, um zu zeigen,

»daß die Werke der Technik immer dort, wo sie eine vollendete Leistung erreichen, auch schön sind, daß sie keineswegs nur tote Materie sind, sondern von schöpferischem Menschengeist geschaffenes beseeltes Kulturwerk«. [125]

In Zusammenarbeit mit der Reichskammer der bildenden Künste veranstaltete der Verein Deutscher Ingenieure aus Anlaß seiner Hauptversammlung in Dresden 1939 eine Sonderausstellung »Kunst und Technik«, in der 220 Werke von Künstlern zu sehen waren, die ihre Anregungen aus der Welt der Technik bekamen. Zehn von den Bildern kaufte Todt für die Ausstattung der Plassenburg. [126] Über den Reichssender Köln gab Todt ein Preisausschreiben für Hörspiele

aus dem Arbeitsgebiet der Technik bekannt mit dem Ziel, ein »tieferes
Verständnis für das technische Schaffen zu erzielen« und »die Lebens-
welt der Technik im Bewußtsein unserer Nation an den Platz zu
rücken, der ihr . . . zukommt«. [127]

## Ingenieure in der Verwaltung

Der Kampf des »Vereins Deutscher Ingenieure« gegen das Juristenmonopol im öffentlichen Dienst reicht in die kaiserliche Zeit zurück.
In der Weimarer Republik wollte der Verband die Bedeutung des
Ingenieurs vor allem in der Wirtschaft gewürdigt wissen. Ohne technisches know-how kein Wirtschaftsaufstieg! Die Kulturkritik dieser
Jahre – Kultur gegen Zivilisation, Natur gegen Technik, Organisches
gegen Mechanisches, schöpferisches Individuum gegen Vermassung –
ging jedoch an die Wurzeln des Sozialverständnisses der Techniker
und Ingenieure. Der Vorrang der humanistischen Bildung war der
Technikorientierung der Gesellschaft abträglich. In der Weltwirt-
schaftskrise kam zu diesen Zurücksetzungen eine unverhältnismäßig
hohe Arbeitslosigkeit bei den Ingenieuren. Die Lage war desolat.
[128]
Rettung aus dieser gesellschaftspolitischen und sozialen Misere versprach der Nationalsozialismus. Seine Versprechungen stillten die
Sehnsucht nach Anerkennung in einer Volksgemeinschaft, in der
jeder seinen gleichwertigen Platz habe. Während Techniker und
Ingenieure im öffentlichen Dienst bisher eigentlich nur in untergeordneten Funktionen tätig waren – stets war ein Jurist ihr Vorgesetzter –,
versprach das technische Entwicklungsprogramm der NSDAP einen
Einbruch in die höheren Ämter der Verwaltung. Der Generalinspektor für das deutsche Straßenwesen schuf 1933 erstmals den neuen
Typus einer Ingenieurverwaltung. Straßenbau-Fachleute gaben den
Ausschlag, nicht Verwaltungsjuristen. Das gab den Ingenieuren Auftrieb. Ihr Selbstbewußtsein stieg. Auch in anderen Verwaltungen
meldeten sie ihren Anspruch auf höhere Dienstposten an. [129]
In der Aversion gegen die Juristen trafen sich Ingenieure und NS-
Funktionäre. Beiden mißfiel die Vorschriftsgläubigkeit und das Kom-
petenzdenken der Juristen. Im Sinne des Führerprinzips waren solche
rechtsstaatlichen Überreste der »Systemzeit« auf die Dauer untrag-
bar. Während das Ansehen der Juristen sank, stieg das der Ingenieure. Als das Dritte Reich den »Kampf um die Rohstofffreiheit«
verkündete und gleichzeitig die Aufrüstung in Gang kam, erhielten
die Ingenieure und Techniker Aufgaben, von denen die Politik der
Reichsführung abhängig war. Entsprechend der neuen Aufgabenstel-

lung wünschten und erhielten sie eine höhere Beteiligung an der Verwaltung. [130]

Hilfe bei ihrem Streben nach Anerkennung fand die technische Intelligenz auch bei den nationalsozialistischen Staatsrechtslehrern, die die Technik als neuen politischen Gestaltungsfaktor der Gesellschaft interpretierten. Die Erschließung, Ordnung und Ausgestaltung des deutschen Lebensraums wurde als techno-politische Aufgabe des nationalsozialistischen Deutschland aufgefaßt.

Die Interessenkonkordanz von Politikern und Ingenieuren bewirkte sehr bald die ideologische Anpassung der Technik an das Dritte Reich. Viele Ingenieure glaubten, ihrer Berufsgruppe und dem Staat zu dienen, wenn sie sich der Partei gefällig zeigten.

An den politischen Entscheidungsprozessen wurde die Berufsgruppe der Ingenieure jedoch vor 1940 nicht beteiligt. Die Kriegsplanung erfolgte ohne sie. Ihre Einbindung als Motor des Vierjahresplans machte sie glauben, daß die Vorherrschaft der Technik über die Wirtschaft endlich einkehren werde. Trotz der Bestrebungen vieler »politischer« Ingenieure, neben dem Wirtschaftsministerium ein Technikministerium einzurichten, blieb es jedoch beim Hauptamt für Technik als Zentralinstanz. Nur in der Partei, nicht in der Exekutive fand die Hochschätzung der Ingenieurgruppe ihren Ausdruck. Die Geschäftsstelle des NSBDT wurde aus dem Berliner Ingenieurhaus des VDI in das Münchner Hauptamt für Technik übergeführt. Die Vertretung der Interessen übernahm dort Karl-Otto Saur, der bis Ende 1936 Gauamtswalter für Technik in Essen gewesen war.

Die einzigen Technikbereiche, in denen die Ingenieure bei geringerer Einmischung der allgemeinen Verwaltung in eigener Kompetenz Entscheidungen fällen konnten, blieben Straßenbau und Energiepolitik. Die Zuständigkeit für den Straßenbau hatte Hitler 1933 in einer Radikalkur dem Wirtschaftsminister und den örtlichen Landschaftsverbänden entzogen. Bei der Energiewirtschaft ging es langsamer. Erst 1941 wurde sie in einem Fachministerium zusammengefaßt, in dem ingenieurtechnische Maßnahmen den Ausschlag gaben, soweit es die Kriegserfordernisse zuließen. [131]

Todt ärgerte sich bereits als leitender Mitarbeiter bei der Tiefbaufirma Sager & Woerner über die Machtlosigkeit der Ingenieure in den Behörden gegenüber den Finanz- und Verwaltungsfachleuten. Als sie in den zwanziger Jahren angesichts des sprunghaft wachsenden Kraftverkehrs in fachlicher Verantwortung Mittel für den Straßenbau forderten, wurden sie so lange abgewiesen, bis Straßensubstanz in Milliardenhöhe vernichtet war. Für Todt war dies ein Lehrbeispiel dafür, wie sich »das Fehlen technischer Köpfe in den maßgebenden staatsleitenden Stellen im jetzigen technischen Zeitalter auswirken kann«. [132]

In allen seinen Ämtern war Todt bestrebt, dem Techniker die ihm zustehende entscheidende Stellung zukommen zu lassen. Aber erst im Krieg bekam er den ersehnten politischen Einfluß, nämlich im Bereich der Rüstung, als es um die Existenz des nationalsozialistischen Deutschlands ging.

In der Septemberkrise 1938, unmittelbar vor dem Münchner Abkommen, legte Todt fest, daß im Falle eines Krieges alle technisch-wissenschaftlichen Fachverbände ihre Tätigkeit ausschließlich auf kriegswichtige Aufgaben auszurichten hätten. Alle kriegstauglichen Männer des Hauptamtes für Technik und der Reichswaltung des NSBDT wurden für die Wehrmacht freigegeben. Es gab keine uk-Stellungen. Bei Beginn des Krieges im September 1939 kam gemäß dieser Festlegung die Tätigkeit der Parteidienststellen »Hauptamt für Technik« und »Reichswaltung des NSBDT« fast völlig zum Erliegen. Auch die zentrale Schulungstätigkeit des NSBDT wurde eingestellt. Alle Aufgaben wurden auf die Gaue dezentralisiert. Die Gauamtsleiter erhielten für Todt ein zusätzliches Interesse, als er nach der Übernahme weiterer Ämter auf der regionalen Ebene verläßliche Vertreter benötigte. Auf der ersten Kriegsarbeitstagung am 4. 12. 1939 übertrug er ihnen die Aufgabe, in einer Sonderaktion für die Umstellung der Fabrikbetriebe auf die Kriegsfertigung geeignete Arbeitsräume zu ermitteln. Bis zum 1. 1. 1940 wurden dem OKW mehrere Millionen Quadratmeter geeigneter Räume mit Orts- und Zustandsangaben übergaben, so daß Neubauten in beachtlichem Umfang eingespart werden konnten.

Im Februar 1940 beauftragte Todt die Gauamtsleiter für Technik, die ihnen über die technisch-wissenschaftlichen Verbände bekannten Ingenieure für die Aktivierung der Rüstung zu mobilisieren. Es hatte sich nämlich inzwischen als kurzsichtig erwiesen, daß Techniker und Ingenieure bei der Kriegsvorbereitung nicht eingeschaltet worden waren. Militärs und Verwaltungsbeamte hatten alles ohne Hinzuziehung von technischen Fachleuten selbst gemacht. Die Aufdeckung zahlreicher Unterlassungen und dadurch hervorgerufener Mängel führte in der 2. Arbeitstagung am 16. 3. 1940 zu der Entscheidung Todts, jedem Rüstungsinspekteur in den Wehrkreisen einen technischen Berater zur Seite zu stellen. Hierfür wurden auch geeignete Männer aus dem Kreise der Gauamtsleiter namhaft gemacht. Ihre offizielle Benennung hieß Wehrkreisbeauftragte.

Todts Bemühungen um die neue Plazierung der Ingenieure im Kriegs-
geschehen fand vor allem Unterstützung bei den Firmen, die von jeher
dem Ingenieur eine leitende Rolle zugedacht hatten. Das stellvertre-
tende Vorstandsmitglied bei Siemens-Schuckert, Benkert, führte
Todts Kreuzzug für mehr Vollmachten für den Ingenieur auch nach
dessen Tod weiter. Seine Broschüre »Die Führungsaufgaben des
Ingenieurs im Krieg« erschien 1944. Die Konkordanz der Interessen
hatte beide auch zu persönlichen Freunden gemacht. [133]
Hauptkontrahent Todts bei der Verwirklichung seiner fachministeriel-
len Konzeption war der Reichsinnenminister Frick. Als Chef der
inneren Verwaltung wünschte er keine Neben- und Sonderverwaltun-
gen. Er ging davon aus, daß Behörden nur reibungslos funktionieren,
wenn sie im Rahmen ihrer festgelegten traditionellen Kompetenzen
tätig werden. Zwischen ihm und Todt kam es zu zahlreichen Auseinandersetzungen. Mit der Rückendeckung des Reichsfinanzministers boy-
kottierte Frick z. B. zahlreiche Beförderungsvorschläge von Ingenieuren im Rahmen der inneren Verwaltung des Reiches, der Länder und
der Kommunen. [134] Der Argumentation Todts, daß ohne entsprechende Vorrückungsmöglichkeiten keine qualifizierten Kräfte für die
staatlichen Verwaltungen gefunden werden könnten, hielten die klassischen Ressorts entgegen, daß die Beförderungsbestimmungen für
alle Beamten gleicherweise zu gelten hätten. Die Prüfung der Ge-
schäftsverteilungspläne ergab in den meisten Fällen, daß der Aufgabenbereich der Ingenieure nach juristischen Kategorien nicht zu
Beförderungssprüngen ausreichte.
Wegen der Verwaltungsstruktur in den Landkreisen führte Todt 1941
eine Kontroverse mit dem Generalbevollmächtigten für die Reichsverwaltung, als dieser in einem Erlaß an die Reichsverteidigungskommis-
sare die Dienstaufsicht des Landrats über die technischen Verwaltungen, d. h. über die Kreisbauämter, festlegte. Todt argumentierte
politisch:
»Die Eigenart der technischen Aufgaben gibt den Bauämtern eine naturgemäße
Selbständigkeit ... Politisch gesehen ist die Behauptung vom Primat des Landrats
jedenfalls in der nationalsozialistischen Verwaltung weniger denn je begründet.«
[135]
Todt wandte sich auch dagegen, daß die Baubeamten von den Landräten und Bürgermeistern dienstlich beurteilt wurden, obwohl diesen die
Fachkenntnis fehlte. Er schlug vor, daß zu desem Zweck im Falle von
Straßenbaubeamten in Gemeinden bis 200000 Einwohnern mit dem
Landesbaurat oder dem Leiter der Straßenbauverwaltung der Provin-
zialverwaltung Verbindung aufgenommen wird und daß er in Groß-

städten wegen der Wichtigkeit der Straßenbauaufgaben bei der Beurteilung der Leiter selbst mitwirken wolle. [136] Todt war zornig darüber, daß der Reichsminister des Innern den von ihm und dem Reichsminister für Ernährung und Landwirtschaft gemeinsam gemachten Vorschlag, bei den Reichsstatthaltern Stellen für technische Präsidenten zu schaffen, ignorierte. [137] Den Bestrebungen des Reichsinnenministers, die juristischen Beamten in den Fachministerien und Fachverwaltungen in der Zuständigkeit und Beurteilungskompetenz des Reichsinnenministers zu behalten, stemmte sich Todt ebenso entgegen wie der Ausbringung der sachlichen Verwaltungsausgaben des Generalinspektors für das deutsche Straßenwesen im Haushalt des Reichsinnenministers. Das eine hätte bedeutet, daß kein Verwaltungsbeamter einem Ingenieur unterstellt sein könnte, und das andere hätte die Ausgabenkontrolle einer technischen Fachbehörde durch inkompetente Juristen bewirkt. In der Behördenpraxis hätte bei einer solchen Regelung jeder Baudirektor zur Inanspruchnahme eines Dienst-PKW einen Antrag an einen Bürobeamten der inneren Verwaltung stellen müssen. Todt war wütend über die Zumutungen des Innenministers und machte seiner Seele in einem umfassenden Rechtfertigungsplädoyer für die Eigenart technischer Verwaltungen Luft:

»Die Auffassung des Innenministers von der Einheit der Verwaltung ist nachgerade zu einem Schlagwort geworden, das offenbar die Alleinherrschaft des Reichsministers des Innern in der Verwaltung im Sinne einer Beaufsichtigung der Fachverwaltung begründen soll und mit der wahren Einheit der Verwaltung nichts mehr zu tun hat... Die ganze Haltung der Herren des Innenministers zeigt, daß man dort keinerlei Verständnis dafür hat, daß für eine technische Verwaltung die Arbeit die Hauptsache ist und daß die Form der Verwaltung so ganz offen werden muß, daß sie die Durchführung der technischen Arbeit in jeder Weise erleichtert. Was uns immer wieder an verwaltungsmäßigen Vorschriften zugemutet wird, geht von dem Standpunkt aus, die Formen der Verwaltung seien das Primäre und die Arbeit müsse sich danach richten. Wir müssen Straßen bauen, Straßen unterhalten, Kanäle bauen, den Gesamthaushalt des Wassers überwachen und die ganzen Arbeiten des Wasserbaus aufeinander abstimmen. Die Verwaltung muß die Möglichkeit der sinnvollen Durchführung dieser Arbeiten bieten. Jetzt ist es so, daß die Verwaltung aus ihrem nur verwaltungsmäßigen Denken zuerst einen Rahmen schaffen möchte, in den die zu leistende Arbeit nicht hineinpaßt. Für eine technische Verwaltung muß die Kenntnis der zu leistenden Arbeit das Primäre sein.« [138]

Auch auf der kommunalen Ebene scheiterte Todt am »Juristenmonopol«. Die meisten technischen Dezernate blieben in der Hand von Juristen. War das nicht der Fall, mußte auf jeden Fall ein Jurist

Vorgesetzter der leitenden Ingenieure sein. [139] Todt wetterte zwar gegen die »technikerfeindlichen Stadtverwaltungen« und gegen die »Vernachlässigung gehobener technischer Dienststellen bei den städtischen Verwaltungen«, konnte aber nicht verhindern, daß in einzelnen Großstädten von drei Stadtbauräten nur noch einer übrigblieb und daß gegebenenfalls diese eine Stelle mit einem Nicht-Fachmann besetzt wurde. In Frankfurt a. M., Mannheim, Heidelberg und Freiburg wurden alle technischen Verwaltungszweige von Juristen geleitet. In Berlin waren die beiden Stadtbauratsstellen 1939 unbesetzt. In Karlsruhe wurde der technische Bürgermeister abgeschafft. Im Deutschen Gemeindetag gab es überhaupt keine technische Beigeordnetenstelle. Todt warnte vor den negativen Auswirkungen für den Nachwuchs und vor einem Absinken der Arbeitsfreudigkeit des technischen Personals, aber alle Appelle verhallten ungehört. [140]

Das Gerangel mit den klassischen Ministerien, besonders mit Frick, ließen es Todt immer notwendiger erscheinen, seine Bestrebungen nach einem zentralen Reichsministerium der Technik voranzutreiben, in dem sämtliche technischen Kompetenzen unter seiner Leitung zusammengefaßt würden. Er wurde jedoch besonders vom Reichsinnenminister gebremst. Als einziger und erstmals war der Reichsminister für die besetzten Ostgebiete, Alfred Rosenberg, bereit, in seinem Ostministerium eine eigene »Hauptabteilung Technik« einzurichten, in der alle technischen und ingenieurmäßigen Fragen zentralisiert werden sollten. In dieser Hauptabteilung waren alle einschlägigen Arbeitsgebiete eingebunden, die im Altreich auf verschiedene Ministerien verstreut waren. Rosenberg war deshalb außerordentlich befremdet, als Speer unmittelbar nach Todts Tod die Zuständigkeit in Fragen des Rüstungsbaus, des Hochbaus, der Energiewirtschaft, des Straßenbaus, des Hafen- und Wasserstraßenbaus und der Wasserwirtschaft in den besetzten Ostgebieten aus dem Kompetenzbereich des Reichsministers für die besetzten Ostgebiete wieder herausnahm. Er war verärgert darüber, daß Speer ihn durch ein persönliches Gespräch mit Hitler überspielt hatte. Er wehrte sich gegen Speer, indem er auf die konträren Ansichten des verstorbenen Dr. Todt hinwies:

»Es ist zu bemerken, daß dieser Entwurf von Reichsminister Speer sämtliche Abmachungen, die mit dem verstorbenen Reichsminister Dr. Todt getroffen wurden, ins Gegenteil kehrt. Mit Dr. Todt ist auf dessen besonderen Wunsch angesichts der Bedeutung der technischen Aufgaben abgesprochen worden, daß eine Hauptabteilung Technik im Reichsministerium Ost und bei den Reichs- und Generalkommissaren eingerichtet wird. Dr. Todt hat betont, er wolle für diese Aufgabe beste Kräfte zur Verfügung stellen. Er versprach sich auch für sich selbst davon Vorteile, da viele von den Ingenieuren im Osten große Erfahrungen sammeln könnten, die ihm dann beim späteren Austausch in Deutschland selber wieder eine beachtliche Hilfe bedeuten würden.«[141]

Speer aber wollte noch mehr als Todt. Er wünschte die uneingeschränkte Zugriffsmöglichkeit auf die Technik im Osten, ohne Rosenberg fragen zu müssen.

Der Reichsfinanzminister Schwerin von Krosigk berichtete in seinen Lebenserinnerungen nach dem Krieg, daß Todt in »ungewöhnliche Erregung geriet«, wenn er auf das Juristenmonopol im Staatsdienst zu sprechen kam. Er habe gefordert, daß in der Länder- und Provinzialverwaltung die technischen Aufgaben (Hochbau, Kanalbau, Straßenbau) in einer Abteilung zusammengefaßt und einem Techniker unterstellt werden müßten. »Wenn er gegen die Benachteiligung seines Berufs im Staatsdienst und die Bevorzugung der Juristen zu Felde zog, redete er sich heiß.«[142]

Auch mit dem Reichsfinanzminister focht Todt manchen Strauß aus. Dr. Todt mußte stets gebremst werden, den technischen Beamten und Angestellten seines Bereiches eine höhere Dotierung zuzugestehen, als rechtlich möglich war. Er war bestrebt, ihre Gleichrangigkeit mit den Verwaltungsbeamten auch besoldungsmäßig herzustellen. Über den Haushaltsentwurf der Straßenverwaltungen in den neuen Reichsgauen fand im Juni 1941 eine Chefbesprechung zwischen dem Reichsfinanzminister Graf Schwerin von Krosigk und Dr. Todt statt. Der Reichsfinanzminister störte sich an den zahlreichen hochdotierten Dienstposten, die Todt beantragt hatte. [143] Allein im Haushaltsplan des Generalinspektors für das deutsche Straßenwesen waren zwei neue Stellen für Ministerialdirektoren und acht neue Stellen für Ministerialräte vorgesehen. Außerdem waren für die Reichsautobahnen 1556 planmäßige und außerplanmäßige Beamte ausgebracht. [144] Wegen der kriegsbedingten Einschränkungen im Autobahnbau wollte der Reichsfinanzminister im Höchstfall 1488 Planstellen bewilligen. Eine Einigung war nicht möglich. Also mußten die Begründungen nachgeliefert werden. Todt verwies in einem Schreiben am 2. 8. 1941 auf die im russischen Raum zu erwartenden zusätzlichen Aufgaben. Im übrigen seien zahlreiche Kriegsaufgaben im Rüstungsausbau und in der Kontingentverwaltung von Reichsautobahnbeamten übernommen worden. [145]

Noch unangenehmer fiel im Finanzministerium auf, daß Todt Ernennungen und Beförderungen von Beamten durchführen wollte, die keine entsprechenden Planstellen besaßen. Die Abteilung I des Finanzministeriums fertigte am 25. 5. 1941 einen Vermerk für den

Minister an, in dem folgender ungewöhnliche Satz steht: Todts Briefwechsel »zeigt eine so geringe Kenntnis der grundsätzlichen Fragen auf
dem Gebiet des Reichshaushaltes und Reichsbesoldungsrechts, daß es
erforderlich erscheint, den Generalinspektor über die tatsächliche
Rechtslage aufzuklären«. [146]
Wenn Todt in Verhandlungen nicht mehr weiterkam, neigte er dazu,
mit Führerentscheidungen zu drohen. Dieses Druckmittel setzte er
auch bei Haushaltsverhandlungen ein. [147] Ohne daß der Finanzminister überhaupt gehört wurde, erwirkte er z. B. am 14. 11. 1940 einen
Führererlaß, der ihn ermächtigte, dem Personal der Reichsautobahnen gleich hohe Leistungszulagen zu gewähren, wie sie dem Personal
der Deutschen Reichsbahn zustanden, und ihm außerdem einen entsprechenden Ersatz für zwei Familienfreifahrten und vier persönliche
Freifahrten zu genehmigen. Die bei der Direktion beschäftigten
Beamten sollten die Leistungszulagen sogar neben der Ministerialzu-
lage erhalten. Der Reichsfinanzminister ahnte, daß eine Welle schwer
widerlegbarer Berufungen von Post, Wasserstraßen-, Hoch- und Tief-
bauverwaltungen zu erwarten war. [148]

## Förderung des Ingenieurnachwuchses

Mit der Einführung des Hochschulvermerks, den 1934 von 40 215
Abiturienten nur 16 489 erhielten, verstärkte das Reichsministerium
des Innern im nationalsozialistischen Deutschland die restriktiven
Maßnahmen für den Zugang zu den Hochschulen, nachdem zuvor
schon politisch Andersdenkende, Pazifisten und weibliche Studenten
von Zulassungsbeschränkungen betroffen waren. Als aber 1935 der
Reichsarbeitsdienst gegründet und mit der Einführung der Wehrpflicht die Offizierslaufbahn für Abiturienten attraktiv wurde, sank
der Anteil der Hochschüler derartig ab, daß eine Kurskorrektur
erforderlich war. Auch politisch und rassisch motivierte Auswande-
rungen erhöhten den Fehlbestand im akademischen Nachwuchs. Er
war besonders groß im Bereich der technischen Wissenschaften. Im
Wintersemester 1935/1936 betrug die Zahl der Abiturienten, die ein
Ingenieurstudium aufnahmen, nur ein Drittel der Quote des Winterse-
mesters 1928/1929. Bis zum Wintersemester 1937/1938 sank die Zahl
der Studierenden an den Technischen Hochschulen um mehr als die
Hälfte. Im Wintersemester 1932/1933 hatten an den zehn Technischen
Hochschulen 20 431 Studenten ihr Studium begonnen, im Wintersem-
ster 1937/1938 waren es nur noch 9466. Auch an den Ingenieurschulen
sank die Zahl der Schüler zwischen 1932 und 1936 um rund 10 000. Erst
im September 1936 entschloß sich das Reichsministerium für Wissenschaft, Erziehung und Volksbildung zu einschneidenden Maßnahmen.
Ab 1937 fiel das 9. Oberschuljahr weg. Der Hochschulreifevermerk
war nach acht Oberschulklassen erreichbar. Man hoffte, daß die
Studenten ihr Studium jetzt um mindestens ein Jahr früher abschließen
würden. Die vorgeschriebenen Praktika, die Arbeitsdienstpflicht und
der zweijährige Militärdienst machten die Verkürzung der Schulzeit
bis zum Abitur jedoch hochschulpolitisch mit einer Ausnahme wir-
kungslos: Im Unterschied zu den Universitäten erhöhte sich nämlich
an den Technischen Hochschulen zwischen 1937 und 1939 die Zahl der
immatrikulierten Studenten um 24%.
Die Nachwuchswerbung für den Ingenieurberuf begann zu wirken. Sie
kam aus verschiedenen Richtungen. Todt schlug sie im April 1937 vor,
als er in seiner Funktion als Leiter des Hauptamtes für Technik der
NSDAP für die Zukunft der deutschen Technik »katastrophale Aus-

sichten« prophezeite, wenn nicht folgende Maßnahmen umgehend
eingeleitet würden: Vorträge in der Hitlerjugend und in den höheren
Schulen über die Bedeutung der technischen Berufe, eine Überprüfung der Ausbildungsvorschriften, eine Verbesserung der Verdienst-
möglichkeiten, vor allem in der Staatsverwaltung, Werbemaßnahmen
in Facharbeiterkreisen für die Ingenieurausbildung ihrer Kinder. Der
VDI prognostizierte, wenn keine Förderungsmaßnahmen eingeleitet
würden, einen Fehlbestand von etwa 30000 Ingenieuren für das Jahr
1942, jenem Jahr, in dem Hitler den Weltkrieg nach den Festlegungen
des Hoßbach-Protokolls eröffnen wollte. Bei seinem Rechenschaftsbericht auf dem Nürnberger Parteitag 1937 befürchtete Todt sogar,
daß 70000 Ingenieure in Deutschland fehlen könnten. Deshalb initi-
ierte Todt Werbeveranstaltungen des Hauptamtes für Technik, des
NSBDT und des Amtes für technische Wissenschaften bei der DAF.
Er selbst griff in die Kampagne ein. Am 5. 7. 1937 hielt er einen
Vortrag im Kongreßsaal des Deutschen Museums in München. Die
Veranstaltung stand unter dem Motto »Jugend, die Technik ruft
euch!« 2500 Jugendliche hörten ihm zu, als er sagte:

»Wer Mut zum Leben hat, Willen zum Schaffen und die Energie, sich durch
fleißiges Lernen höchstes Können zu verschaffen, den ruft die Technik.« [149]

Ausdrücklich ausgenommen von der Werbung wurden bis Kriegsbeginn Frauen. Todt ließ mitteilen, daß weibliche Ingenieure weder »der
Auffassung des Leiters des Hauptamtes für Technik«, d. h. seiner
selbst, noch der der Reichsfrauenführerin Scholtz-Klinck entsprächen.
[150] In der Tat sank der Anteil der weiblichen Studentinnen an den
Technischen Hochschulen von 922 im Wintersemester 1932/1933 auf
197 im Sommersemester 1938 ab.
Um mehr Ingenieure zu bekommen, griff man auch zu einer kurzsichti-
gen Maßnahme. Göring ordnete Anfang 1939 eine Herabsetzung der
Ausbildungszeit für Studenten der Technischen Hochschulen von 4 auf
3 Jahre an und von Schülern an den Ingenieurschulen von 3 auf 2 Jahre.
Die Professoren folgten dieser Anordnung nur halbherzig durch eine
Veränderung der Prüfungsbestimmungen für ein 7-semestriges Studium an den Technischen Hochschulen. Um der Solidität des technischen Studiums willen lehnte auch Todt diese radikale Verkürzung des
Ingenieurstudiums ab. Im Vordergrund seiner Überlegungen standen
berufsständische Fragen: Der Ingenieur sollte in der Akademierhie-
rarchie nicht weiter nach unten rutschen, weil man das Ingenieurdi-
plom leichter erreichen konnte als andere akademische Grade. Auf
der 77. Hauptversammlung des Vereins Deutscher Ingenieure führte

er in einer Rede am 21. 5. 1939 aus, daß es zwar verständlich sei, »daß diese Zeit rücksichtslos in die Substanz des Nachwuchses eingreift, wenn sie diesen dringend braucht« – was die Billigung der staatlichen Ausbildungslenkung bedeutet –, daß er sich aber dagegen wehre, »daß die Ausbildung des Ingenieurs, also des Führers in der Technik, weniger sorgfältig, flüchtiger und oberflächlicher erfolgen könne als z. B. die Ausbildung eines Arztes, eines Juristen oder eines anderen akademischen Berufes«. Ein Ingenieur brauche im Gegenteil mehr wissenschaftliche Grundlagen und Fertigkeiten als ein Verwaltungsbeamter: »Denn was ein Ingenieur schafft, steht im Maßstab 1:1 in der Wirklichkeit und beruht nicht nur auf einer Formulierung in den Akten.« [151] In seinem Auftrag gab der NSBDT den Sonderdruck »Techniker in Stadtverwaltungen« heraus, in dem er auf die hohe Verantwortung der Behördenleiter für einen leistungsbereiten technischen Nachwuchs hinwies und vor Fehlentwicklungen warnte. Besonders wichtig sei, daß man den Ingenieuren in den Stadtverwaltungen Aufstiegsmöglichkeiten anbieten müsse. [152]

Selbst im Krieg ließ Todt in seinen Bemühungen um den Ingenieurnachwuchs nicht nach. Er schaltete auch den Rundfunk in die Werbung ein. Im Januar 1940 veranlaßte er im Deutschlandsender eine Sendereihe mit dem Thema »Welche Wege führen zur Ingenieurausbildung?«, aus der Teile vom Völkischen Beobachter und von der Reichsjugendführung in der Druckschrift »Was soll ich werden?« abgedruckt wurden. [153]

Die letzte Maßnahme zur Nachwuchsförderung ergriff Todt an seinem 50. Geburtstag am 4. 9. 1941. Er gründete die »Dr. Fritz Todt-Stiftung zur Sicherung und Förderung des Nachwuchses wissenschaftlich und technisch Begabter«. Der Stiftungszweck wurde in der Satzung folgendermaßen formuliert:

»Die Stiftung hat den Zweck, Männern der Technik bei der Gründung kinderreicher Familien den Rückhalt zu geben und dazu beizutragen, daß das im deutschen Volk vorhandene Gut der entsprechenden speziellen Begabung erhalten wird. Um dieses Ziel zu erreichen, sollen aus den Mitteln der Stiftung die Kinder solcher kinderreicher Männer der Technik, die infolge Tod oder Erwerbsbeschränkung aus dem Daseinskampf ausscheiden, Ausbildungsbeihilfe bis zur vollendeten Ausbildung erhalten.« [154]

Todt beauftragte seinen langjährigen Mitarbeiter Prof. Richard Grün, diese »richtunggebende Pionierarbeit in der Gesamtheit des deutschen Volkes« voranzutreiben und sicherzustellen, daß alle technisch begabten Kinder eine entsprechende Erziehung bekämen und daß Technikerfamilien unbeschwert von Sorgen um die Zukunft ihrer Kinder und um das Lebensniveau der Familie soviele Kinder wie möglich haben könnten.

Trotz der Bedeutung, die den Ingenieurberufen für die nationalsozialistische Wirtschaft zugesprochen wurde, wurden Techniker und Ingenieure im Zweiten Weltkrieg nicht als Sonderpersonal behandelt. Es gab keine Verzeichnisse für Spezialisten, die wegen ihrer technischen Bedeutung vom Wehrdienst befreit sein sollten. Es bedurfte des vollen Einsatzes von Todt als Reichsminister für Bewaffnung und Munition, vom Allgemeinen Heeresamt zu erreichen, daß Arbeiter, Techniker und Ingenieure in wichtigen Rüstungsprogrammen von Einberufungen ausgenommen sein sollten. Erst kurz vor seinem Tod erreichte er, daß Hitler in einem Befehl vom Februar 1942 die Ingenieure in den Kreis der »Schlüsselkräfte« einbezog. Im Einvernehmen mit dem OKW durfte er Freistellungen vornehmen. [155] Zu diesem Zeitpunkt diente die Mehrzahl der Studenten der Technischen Hochschulen jedoch bereits seit zwei und mehr Jahren als Soldaten bei den Wehrmachtteilen. Innerhalb eines Jahres sank die Zahl der männlichen Studierenden an den Technischen Hochschulen um 51%. Zwangsläufig, wenn auch ganz im Gegensatz zur nationalsozialistischen Politik der Vorkriegszeit, erhöhte sich während des Krieges (1939–1944) die Zahl der weiblichen Studierenden auf das Siebenfache.

Als der Chef der Reichskanzlei, Heinrich Lammers, aufgrund von Beschwerden aus Hochschulkreisen die Situation der Ingenieurstudenten untersuchte und alle möglichen Behörden zu Stellungnahmen aufforderte, hielt sich Todt zurück. Er war erbost darüber, daß bei fachlich inkompetenten Stellen Auskünfte über die technische Berufsausbildung eingeholt wurden, während er die entscheidenden Daten zur Hand hatte. Als Leiter des Hauptamtes für Technik und Parteisachverständiger fühlte er sich durch Lammers' Vorgehen desavouiert.

Die Ergebnisse führten erwartungsgemäß zu keinen Eingriffen in das Bildungssystem. Zu Lebzeiten Todts wurden keine Reformen der Ingenieurausbildung in Angriff genommen. Der Wegfall der seit Kriegsbeginn geltenden Trimestereinteilung des Studienjahrs erbrachte keine wesentliche Korrektur des Leistungsverfalls, weil die Gründe hierfür anderswo lagen: in der Belastung der Studenten durch Sondereinsätze, der Politisierung des Wissenschaftsbetriebs und der unzureichenden Interessenvertretung durch den NS-Studentenbund. [156]

## Belegstellen

1 Vgl. Karl-Otto Saur: Abriß meines Werdegangs, Manuskript bei Grete Gringmuth, Bad Wörishofen, S. 103

2 Vgl. Mitteilungen des KDAI, Beiblatt zur Zeitschrift Deutsche Technik, April 1934, S. 428

3 Vgl. Schreiben Bormann an Rosenberg vom 16. 4. 1934, IfZ, Akten der Parteikanzlei 1260092

4 Vgl. Merkblatt NSBDT, Bundesarchiv NS 14/10

5 Vgl. Mitteilungen des NSBDT, Beiblatt zur Zeitschrift Deutsche Technik, September 1934, S. 691 und Januar 1935, S. 49

6 Vgl. Mitteilungen des Amts für Technik der NSDAP, Beiblatt zur Zeitschrift Deutsche Technik, Januar 1935, S. 49

7 Vgl. dazu Karl-Heinz Ludwig: Technik und Ingenieure im Dritten Reich, Düsseldorf 1974, S. 131 ff.; Wilhelm Anselm: Dr. Todt, in: Der Deutsche Baumeister 9/1941, S. 3

8 Vgl. Deutsche Technik, Mai 1937, S. 210; Schreiben Todt an Ritter von Epp vom 18. 3. 1937, BayHStA München, Reichsstatthalter 654; Anordnung Nr. 144/36 des Stellvertreters des Führers

9 Aktennotiz Feder vom 9. 5. 1933, Bundesarchiv, Sammlung Schumacher 280

10 Vgl. Völkischer Beobachter vom 31. 5. 1938

11 Richard Reinhard: Fritz Todt, Sonderdruck von 23 Exemplaren für die Familie Todt und ihre Freunde, IfZ ED 85

12 Vgl. Deutsche Technik, Mai 1939

13 Rundschau Deutscher Technik 1/1939, S. 2

14 Vgl. Hans Führer: Die Aufgaben der Gauämter für Technik, in: Rundschau Deutscher Technik 1/1941

15 Vgl. Deutsche Technik, Mai 1937, S. 211

16 Rundschreiben 86/42 der Parteikanzlei vom 25. 6. 1942, Bundesarchiv NS 14/10

17 Vgl. IfZ, Akten der Parteikanzlei 14300021 f.

18 Vgl. Reichsverfügungsblatt B vom 29. 11. 1941, IfZ, Akten der Parteikanzlei 10103367 f. und 10103353

19 Vgl. Erlaß Reichswirtschaftsministerium vom 30. 5. 1942, IfZ, Akten der Parteikanzlei 10103369 f.

20 Vgl. S. 254 dieses Buches

21 Vgl. NSDAP Reichsleitung, Hauptamt für Technik vom 26. 2. 1941, Bundesarchiv NS 14/10

22 Rundschau Deutscher Technik 14/1939

23 Vgl. Anordnung 1/1937 des Reichsorganisationsleiters, BayHStA München, Reichsstatthalter 654

24 Vgl. Schreiben des Reichswirtschaftsministers vom 30. 5. 1942, IfZ, Akten der Parteikanzlei 10103369 f.

25 Vgl. Anordnung A 49/41 vom 22. 11. 1941, Reichsverfügungsblatt D 55/41, S. 133

26 Merkblatt P »Prüfung von Erfindungsvorschlägen«, Bundesarchiv R 43 II/431, Blatt 9

27 Vgl. Walter Scheerbarth: Staatsrecht, Berlin und Wien 1943, S. 39

28 Vgl. RTA vom 16. 12. 1935 , IfZ, Akten der Parteikanzlei 10128517

29 Vgl. Rundschreiben 10/1935 der NSDAP vom 4. 3. 1935, IfZ, Akten der Parteikanzlei 117035151 f.; vgl. Deutsche Technik, Oktober 1937, S. 470

30 Vgl. Aktennotiz vom 9. 2.1939, Bundesarchiv NS 14/6, Heft 2
31 Vgl. Aktennotiz vom 10. 11. 1938, Bundesarchiv NS 14/6, Heft 2
32 Todt: Plassenburg-Worte, Bundesarchiv NS 14/78
33 Vgl. Schreiben Todt an Epp vom 17. 7. 1935, BayHStA München, Reichsstatthalter 654
34 Vgl. Deutsche Technik, Oktober 1937, S. 470
35 ebenda
36 Vgl. ebenda
37 Vgl. Karl-Otto Saur, Aufsatzmanuskript, Bundesarchiv NS 14/2
38 Vgl. NSBDT-Mitteilung 13/41 vom 24. 10. 1941, Bundesarchiv NS 14/8
39 Monatsberichte des NSBDT, Beiblatt zur Zeitschrift Deutsche Technik, Juni 1935, S. 317
40 Vgl. Deutsche Technik, Oktober 1936, S. 478
41 ebenda
42 Vgl. Vorlage Heß für Hitler vom 16. 1. 1936, IfZ, Akten der Parteikanzlei 12 400 260 ff.
43 Wahlaufruf Todts, Bundesarchiv NS 14/III
44 Vgl. Rundschreiben NSBDT vom 31. 3. 1938 und 5. 4. 1938, Bundesarchiv NS 14/78
45 Vgl. Bundesarchiv NS 14/78
46 Rundschau Deutscher Technik 1/1939
47 Rundschau Deutscher Technik 14/1939
48 Georg Seebauer: Ingenieure, arbeitet mit!, in: Rundschau Deutscher Technik 16/1939
49 Vgl. Rundschau Deutscher Technik 21/1939
50 Rundschau Deutscher Technik 51/1939
51 Rundschau Deutscher Technik 1/1940
52 Vgl. Rundschau Deutscher Technik 12/1940
53 Rundschau Deutscher Technik 14/1940
54 Rundschau Deutscher Technik 28/1940
55 ebenda
56 Vgl. Aktennotiz für Saur vom 12. 3. 1940, Bundesarchiv NS 14/6, Heft 2
57 Vgl. NSBDT vom 19. 5. 1941,Bundesarchiv NS 14/10
58 Vgl. Ehrengerichtsordnung des NSBDT vom 20. 8. 1940, Bundesarchiv NS 14/7
59 Schreiben an die Gauwaltung Magdeburg-Anhalt vom 24. 4. 1942, Bundesarchiv NS 14/7
60 Vgl. Schreiben NSBDT-Gauwaltung vom 20. 2.1940, Bundesarchiv NS 14/7
61 Vgl. Bundesarchiv NS 14/10
62 Vgl. Tagungsbericht, Bundesarchiv NS 14/6
63 Bundesarchiv NS 14/10
64 Vgl. Aktennotiz vom 26. 4. 1941, Bundesarchiv NS 14/6, Heft 2
65 Vgl. Monatsberichte des NSBDT, Beiblatt zur Zeitschrift Deutsche Technik, Januar 1935, S. 51; Rundschau Deutscher Technik 11/1939
66 Bundesarchiv NS 14/3
67 Der Generalinspektor für das deutsche Straßenwesen vom 9. 12. 1936, in: Die Straße, 1. Januarheft 1937, S. 28
68 Zu Maier-Dorn vgl. John Charles Guse: The Spirit of the Plassenburg: Technology and Ideology in the Third Reich, Dissertation Nebraska University 1981, S. 176 ff.

69  Rundschau Deutscher Technik 16/1939
70  Vgl. Bundesarchiv NS 14/78 und NS 28/1188
71  Bundesarchiv R 50 I/28, Blatt 20
72  Bundesarchiv NS 14/78
73  Brief Todt an Maier-Dorn vom 14. 11. 1939, Bundesarchiv NS 26/1190
74  Vgl. Mitteilungen des Hauptamts für Technik und NSBDT, Beiblatt zur Zeitschrift Deutsche Technik, Januar 1939, S. 33
75  NSBDT, Der Reichswalter, vom 21. 10. 1941, Archiv des Deutschen Museums München, Rundschreiben, Aktennotizen 1934–1950
76  NSBDT-Anordnung 4/40 vom 8. 10. 1940, Bundesarchiv NS 14/10
77  Vgl. Mitteilungen des Hauptamts für Technik und NSBDT, Beiblatt zur Zeitschrift Deutsche Technik, Oktober 1942; zu den Veranstaltungen in den Gauen vgl. auch Guse: a. a. O., S. 269 ff.
78  Vgl. Schreiben des Generalinspektors für das deutsche Straßenwesen an das Deutsche Museum vom 11. 11. 1933, Archiv des Deutschen Museums München K 5, Ausstellungen 1932–1937
79  Vgl. Schreiben Köttgen an Deutsches Museum vom 18. 4. 1934, Archiv des Deutschen Museums München K 1, Saalbau Allgemein
80  Vgl. Schreiben Köttgen an Zenneck vom 23. 4. 1934, Archiv des Deutschen Museums München K 1, Saalbau Allgemein
81  Vgl. Schreiben Köttgen an Deutsches Museum vom 24. 4.1934 und Schreiben Todt an Köttgen vom 23. 4. 1934, Archiv des Deutschen Museums München K 1, Saalbau Allgemein
82  Vgl. Bericht über die 23. Ausschuß-Sitzung des Deutschen Museums, in: Verwaltungsbericht Mai 1933 bis Mai 1934, Archiv des Deutschen Museums; Schreiben Todt an Pietzsch vom 17. 4. 1937, BayHStA München MA 107442.

Jonathan Zenneck (1871–1959) aus Ruppertshofen/Württemberg studierte im »Tübinger Stift« (1889–1894) nach dem Besuch der evangelisch-theologischen Seminare Maulbronn und Blaubeuren die Fächer Mathematik und Zoologie. Nach der Prüfung für das höhere Lehramt und nach dem Militärdienst als Einjährig-Freiwilliger bei der Kaiserlichen Marine war er von 1895–1905 Assistent am Physikalischen Institut der Universität Straßburg. 1905 wurde er a. o. Professor an der Technischen Hochschule Danzig, ein Jahr später o. Professor an der Technischen Hochschule Braunschweig. 1911 kehrte er an die Technische Hochschule Danzig zurück, wo er bis 1913 blieb, als er an die Technische Hochschule München berufen wurde. Mit der Unterbrechung des Ersten Weltkriegs konzentrierte er sich dort auf Forschungen auf dem Gebiet der Hochfrequenztechnik, der Raumakustik und der Ionosphäre. 1933 wurde er Nachfolger Oskar von Millers als Vorstand des Deutschen Museums in München.

Dr. Ing. e. h. Albert Pietzsch, geb. 1874 in Zwickau, war 1933–1934 Wirtschaftsberater des Stellvertreters des Führers der NSDAP und nahm im Dritten Reich folgende Ämter wahr: Präsident der Industrie- und Handelskammer München, Vorstand und Betriebsführer der Elektrotechnischen Werke München A. G., stellvertretender Vorstand der Deutschen Bank und Disconto-Gesellschaft, Leiter der Wirtschaftskammer Bayern, Präsident der Reichswirtschaftskammer.

Conrad Matschoß (1871–1942), nach dem Maschinenbaustudium an der TH Hannover Lehrer an Gewerbe- und Ingenieurschulen, ab 1909 Herausgeber der »Beiträge zur Geschichte der Technik und Industrie«, seit 1915 Professor an der TH Berlin, 1916–1937 Direktor des Vereins Deutscher Ingenieure, ab 1917 Mitglied des Vorstands des Deutschen Museums München, Veröffentlichungen: »Die Entwicklung der Dampfmaschine«, »Große Ingenieure«, »Werner von Siemens. Lebensbilder und Briefe«.

83 Vgl. Schreiben des Generalinspektors für das deutsche Straßenwesen an die Direktion des Deutschen Museums vom 19.5. 1935, Archiv des Deutschen Museums München K 5, Ausstellungen 1932–1937

84 Vgl. Schreiben des Generalinspektors für das deutsche Straßenwesen an das Deutsche Museum vom 25.7. 1935, Archiv des Deutschen Museums München K 5, Ausstellungen 1932–1937

85 Vgl. BayHStA München MA 107442

86 Bundesarchiv NS 26/1188; Archiv des Deutschen Museums München K 6, Ingenieurbauten 1934–1945

87 Vgl. Schreiben Zenneck an Todt vom 17.2. 1937, Archiv des Deutschen Museums München K 6, Ingenieurbauten 1934–1945

88 Schreiben Todt an Pietzsch vom 17.4. 1937, BayHStA München MA 107442

89 Vgl. Schreiben Dittrich an Direktor Bäsler vom 4.7. 1939, Archiv des Deutschen Museums München K 6, Ingenieurbauten 1934–1945

90 Vgl. Protokoll der 26. Sitzung des Ausschusses des Deutschen Museums am 7.5. 1937, in: Verwaltungsbericht über das 33. Geschäftsjahr, hrsg. vom Deutschen Museum München, S. 22

91 Vgl. Schreiben NSDAP, Stab des Stellvertreters des Führers, Hauptamtsleiter Dr. Todt an den Vorstand des Deutschen Museums vom 4.3. 1938, Archiv des Deutschen Museums München K 4, Mitgliedwesen: Vorstandsrat und Ausschuß 1935 bis 1945 T – Z. 1936 hatte das Bayerische Staatsministerium für Unterricht und Kultus dem Deutschen Museum noch erlaubt, die Nichtarier weiterhin als Mitglieder zu führen. Vgl. Schreiben vom 4.4. 1936, Archiv des Deutschen Museums München, ebenda

92 Vgl. Schreiben Todt an den Vorstand des Deutschen Museums vom 5.3. 1938, ebenda

93 Vgl. Schreiben Zenneck an Todt vom 7.3. 1938, ebenda

94 Vgl. Schreiben Zenneck an Todt vom 10.1. 1939, ebenda

95 Vgl. Schreiben Todt an Zenneck vom 6.3. 1939, ebenda

96 Vgl. Schreiben Todt an Zenneck vom 23.1. 1939 und 13.2. 1939, BayHStA München MA 107442

97 Ansprache Todts am 7.5. 1937, BayHStA München MA 107442

98 Vgl. Zdenka Hlava: 1925–1945. Kleine Zeitgeschichte, gesehen von der Museumsinsel in der Isar, in: Kultur & Technik 1–2/1984, S. 72ff.

99 Vgl. Paul Bonatz: Leben und Bauen, Stuttgart 1950, S. 178

100 Vgl. Rundgang durch die erste Abteilung der Leistungsschau der Deutschen Technik, Katalog, Archiv des Deutschen Museums; Deutsche Technik, Februar 1943; Mitteilungen des Hauses der Deutschen Technik, Folge 2, S. 57ff.

101 Vgl. Verwaltungsberichte über das Geschäftsjahr 1943/44, hrsg. vom Deutschen Museum München. Zenneck legte einen besserwisserischen Aktenvermerk an: »Wir hatten auf ihre Entfernung schon seit langer Zeit gedrängt, da wir sie wegen ihrer Holzmodelle und Einbauten aus Holz für besonders feuergefährlich hielten. Infolge der ungeheuren Hitze, die sich dabei entwickelte, sind die Steinpfeiler des obersten Stockwerks der Bibliothek z. T. gesprungen, die eisernen Fensterrahmen haben sich verbogen, und es war unmöglich, beizeiten an das Dach heranzukommen, das infolge davon erhebliche Beschädigungen erlitten hat ...« In den anderen

Abteilungen des Deutschen Museums konnten »alle Brandbomben und alle durch sie entstandenen Brände gelöscht werden, ehe größerer Schaden entstand«. Archiv des Deutschen Museums München, Luftschutz-Verwaltung, Bericht 1942–45. Die gespannten Beziehungen zwischen der Leitung des Deutschen Museums und dem NSBDT bzw. der Organisation Todt (OT) hielten bis zum Ende des Krieges an. Gegen den Widerstand des Vorstands nahm die OT Ende Juni 1944 die Lesesäle im 1. Obergeschoß, den Saalbau, den Erfrischungsraum und zahlreiche Nebenräume des Deutschen Museums für sich in Anspruch. Sie dienten der Unterbringung der Dienststelle des Generalbaurats Giesler. Mitte April 1945 wurde in den Bibliotheksräumen des 2. Obergeschosses eine holländische Arbeiterkompanie untergebracht. Zenneck agitierte erfolglos beim Bayerischen Staatsministerium für Unterricht und Kultus gegen die Schließung der letzten größeren von Fliegerangriffen verschonten technisch-wissenschaftlichen Bibliothek in Deutschland und argumentierte, »daß es von weiten Kreisen geradezu als eine Sabotage der Forschung während des Krieges angesehen würde, wenn die Schließung der Bibliothek des Deutschen Museums erzwungen würde«. Bei den Luftangriffen am 17. 12. 1944 und 7. 1. 1945 wurde das Deutsche Museum schwer beschädigt. Die Ausbesserungsarbeiten übernahm die »Arbeitsgemeinschaft Sachsen« aus Landsberg/Lech. Nach dem Krieg weigerte sich die Verwaltung des Deutschen Museums, die Kosten zu übernehmen, da die Instandsetzung für die im Deutschen Museum untergebrachte OT erfolgt sei und nicht für die Sammlungen des Museums. Um die 23 388,25 RM entstand ein heftiger Rechtsstreit. Vgl. Archiv des Deutschen Museums, Registratur, Ordner K 11.

102  Vgl. BayHStA München MA 107 442
103  Vgl. Schreiben Saur an Pietzsch vom 2. 5. 1942, BayHStA München MA 107 442
104  Mitteilungen aus dem Haus der Deutschen Technik, hrsg. vom Haus der Deutschen Technik e. V. München, Beiblatt zur Zeitschrift Deutsche Technik, Oktober 1938, S. 495 ff.
105  Aktennotiz Todts vom August 1938, Archiv des Deutschen Museums München, Haus der Deutschen Technik; vgl. Deutsche Wasserwirtschaft 11/1938, S. 354
106  Schreiben Todt an Giesler vom 4. 7. 1939, BayHStA München MA 107 442
107  J. Greiner: Haus der Deutschen Technik. Der Führer selbst gab die Anregung, Manuskript, Bundesarchiv NS 14/78
108  Vgl. NSBDT vom 19. 11. 1938, Rundschau 14/38, Bundesarchiv NS 14/2
109  Vgl. Deutsche Technik, März 1942, S. 121 ff.
110  Deutsche Technik, Februar 1938, S. 37
111  Deutsche Technik, Oktober 1933, S, 53
112  Wilhelm Anselm: Dr. Todt, in: Der Deutsche Baumeister 9/1941, S. 4
113  Vgl. Deutsche Technik, Oktober 1938, S. 485
114  Vgl. Monatsberichte des NSBDT, Beiblatt zur Zeitschrift Deutsche Technik, Juli 1935, S. 368
115  Monatsberichte des NSBDT, Beiblatt zur Zeitschrift Deutsche Technik, Juli 1935, S. 367
116  ebenda
117  Vgl. Wahlaufruf Todts vom 6. 4. 1938, Bundesarchiv NS 14/3
118  Vgl. Deutsche Technik, Mai 1937, S. 213
119  Vgl. Deutsche Technik, Oktober 1935, S. 481
120  Vgl. Deutsche Technik, Mai 1938, S. 209
121  Vgl. Deutsche Technik, Juni 1935, S. 269

122 Deutsche Technik, Juni 1935, S. 270

123 Vgl. Schönheit der Technik als Aufgabe des deutschen Wasserbauers, in: Deutsche Wasserwirtschaft 8/1938, S. 197

124 Deutsche Technik, Oktober 1938, S. 385

125 Leistung und Schönheit der Technik im Dritten Reich, Folge 1, Bildbeilage zur Zeitschrift Deutsche Technik, Januar 1939, S. 2

126 Vgl. Leistung und Schönheit der Technik im Dritten Reich, Folge 7, Bildbeilage zur Zeitschrift Deutsche Technik, Juli 1939, S. 314

127 Deutsche Technik, Januar 1940, S. 40

128 Vgl. Gert Hortleder: Das Gesellschaftsbild des Ingenieurs. Zum politischen Verhalten der technischen Intelligenz in Deutschland, Frankfurt 1974[3]

129 Vgl. Waldemar Hellmich: Neuland für Ingenieure, in: Die Sendung des Ingenieurs im neuen Staat, hrsg. von Rudolf Heiss, Berlin 1984, S. 117 ff.

130 Vgl. Karl-Heinz Ludwig: a. a. O., S. 154 ff.

131 Vgl. S. 270 ff dieses Buches; Deutschland im Kampf, hrsg. von Alfred I. Berndt und Hasso v. Wedel, Berlin, August 1941, S. 78

132 Fritz Todt: Straßenbau und Straßenverwaltung, Bundesarchiv R 65 I/1 a, S. 5

133 Vgl. Siemens – Rüstung – Krieg – Profite, hrsg. von einem Autorenkollektiv unter Hans Radandt, Berlin (Ost), 1960, S. 53 ff.

134 Vgl. Fall Schmid, Verbindungsstab der NSDAP vom 23. 11. 1939, IfZ, Akten der Parteikanzlei 10 124 858 ff.

135 Schreiben des Generalinspektors für das deutsche Straßenwesen vom 17. 10. 1941, IfZ, Akten der Parteikanzlei 10 301 290 ff.

136 Vgl. Der Generalinspektor für das deutsche Straßenwesen an den Reichsinnenminister vom 8. 8. 1935, IfZ, Akten der Parteikanzlei 10 323 518

137 Vgl. Schreiben Todt an den Reichsminister des Innern vom 18. 1. 1940, Bundesarchiv NS 26/1188

138 Der Generalinspektor für das deutsche Straßenwesen vom 16. 8. 1941 an den Reichsminister des Innern, IfZ, Akten der Parteikanzlei 10 305 131 ff.

139 Vgl. NSBDT-Mitteilung 6/39 vom 18. 3. 1939, Bundesarchiv NS 14/8

140 Vgl. Deutsche Technik, März 1939, S. 115

141 Schreiben Rosenberg an Lammers vom 23. 4. 1942, IfZ, Akten der Parteikanzlei 10 112 008 ff.

142 Lutz Schwerin von Krosigk: Es geschah in Deutschland. Menschenbilder unseres Jahrhunderts, Tübingen und Stuttgart 1952, S. 297

143 Vgl. Der Generalinspektor für das deutsche Straßenwesen vom 6. 6. 1941, Bundesarchiv R 2/4581

144 Vgl. Besondere Begründung zum Haushalt 1941, ohne Datum, Bundesarchiv R 2/4581

145 Vgl. Bundesarchiv R 2/4581

146 ebenda

147 Vgl. Der Generalinspektor für das deutsche Straßenwesen vom 16. 8. 1941 an den Reichsminister des Innern, Bundesarchiv R 2/4580

148 Vgl. Vermerk für die Chefbesprechung, Bundesarchiv R 2/4579

149 Vgl. Die Straße, 2. Juliheft 1937, S. 407

150 Rundschau Deutscher Technik 1/1939, S. 2

151 Deutsche Technik, Mai 1939

152 Vgl. NSBDT-Mitteilung 6/1939 vom 18. 3. 1939, Bundesarchiv NS 14/8

153 Vgl. NSBDT-Mitteilung 3/1940 vom 30. 3. 1940, Bundesarchiv NS 14/8

154 Der Deutsche Baumeister 9/1942, S. 2; Deutsche Technik, September 1940, S. 363 ff.
155 Vgl. Karl-Heinz Ludwig: a. a. O., S. 271 ff.
156 Vgl. Konrad H. Jarausch: Deutsche Studenten 1800–1970, Neue Historische Bibliothek NF Band 258, Frankfurt a. M. 1984, S. 196 f.

# 3
# Generalinspektor für das deutsche Straßenwesen

11 Alwin Seifert, Reichslandschaftsanwalt des Generalinspektors für das deutsche Straßenwesen

12 Paul Bonatz, Brückenbauarchitekt des Generalinspektors für das deutsche Straßenwesen

13 Triebtal-Autobahnbrücke als Beispiel der von Todt geförderten »Naturstein-Bauweise«

14 Beginn des Autobahnbaus mit dem ersten Spatenstich durch Hitler am 23. 9. 1933 bei Frankfurt am Main (Todt unmittelbar hinter Hitler)

15 Todt und Hitler bei der Verkehrsübergabe des 1000. Kilometers der Reichsautobahn am 27. 9. 1936

16 Hitler und Todt bei den Bauarbeiten an der Innbrücke der Reichsautobahn München–Salzburg, 1934

17 Todt im Gespräch mit Bernd Rosemeyer auf der Autobahn bei Frankfurt am Main

18 Besichtigung der Bauarbeiten an der Deutschen Alpenstraße, 1935

19 Weihnachtsansprache 1936 im Autobahnlager Neudorf

20 Aushändigung von Werkzeug an die ersten österreichischen Autobahnbauarbeiter auf dem Salzburger Residenzplatz im April 1938

21 Ansprache Todts vor der Verteilung von Arbeitsgeräten an sudetendeutsche Autobahnarbeiter auf dem Marktplatz in Eger im November 1938

22 Vorbereitungen für den ersten Spatenstich der Autobahn in Österreich am 7. 4. 1938

## Der Auftrag zum Autobahnbau

Hitler war noch keine zwei Wochen Reichskanzler, als er im Kabinett den Bau von kreuzungsfreien Autofahrbahnen zur Diskussion stellte. Er klagte über Mängel des deutschen Straßenwesens, die er bei seinen Fahrten während der »Kampfzeit«, als er Tausende von Kilometern mit dem Auto zurücklegte, kennengelernt hatte. Widerspruch kam vom Generaldirektor der Deutschen Reichsbahn, dem späteren Reichsverkehrsminister Dr. Dorpmüller, der eine Einschränkung seines Wirkungsbereichs befürchtete, und vom Reichsfinanzminister Graf Schwerin von Krosigk, der Ausgaben in unbekannter Höhe auf sich zukommen sah.

Am 18. 5. 1933 konferierte Hitler mit Verkehrsexperten über Fragen des Autobahnbaus. Dabei wies er die Einwände des Ministerialdirektors Brandenburg aus dem Reichsverkehrsministerium zurück, der den wirtschaftlichen Nutzen der neuen Verkehrsstraßen bezweifelte und befürchtete, daß durch die Verkehrsverlegung von den bisherigen Straßen das Geschäftsleben beeinträchtigt würde. Unter Hinweis auf den mangelhaften Unterbau der Landstraßen, die bei der Inanspruchnahme durch schwere Lastkraftwagen ständige Reparaturen erforderten, bestand Hitler darauf, daß der Kraftwagenverkehr ebenso seine eigenen Verkehrswege haben müsse wie die Eisenbahn. Der Kraftwagenbestand würde eines Tages drei bis fünf Millionen Fahrzeuge umfassen, wenn immer neue Bevölkerungskreise ein Auto besitzen würden.

Für den 29. 5. 1933 lud Hitler zu einer Besprechung mit führenden Industriellen ein, um deren Ansichten kennenzulernen. Es kamen unter anderem Krupp von Bohlen und Halbach, Thyssen, Vögler und Stinnes. Auch Todt war anwesend. In seinen einleitenden Worten bemängelte Hitler den Zustand der deutschen Straßen. Sie seien ursprünglich für Pferdefuhrwerke gebaut worden und deshalb für Kraftwagen ungeeignet. Jedes Verkehrsmittel brauche seine eigenen Wege. Der schlechte Unterbau der Straßen, die mangelhafte Decke und die zahlreichen Krümmungen führten zu hohem Benzinverbrauch, großem Reifenverschleiß und unverantwortbaren Zeitverlusten. Bei einem Kostenaufwand von 900 Millionen RM könnten 5000 km Autobahnen geschaffen werden. Mit besonderer Befriedigung vernahmen die Zuhörer, daß der Kraftverkehr »vollständig der Privatinitiative überlassen« bleiben sollte. Die Eisenbahn müsse sich auf Aufgaben konzentrieren, die von den Autos nicht übernommen werden könnten. [1]

Am 1. 7. 1933 waren in Deutschland 789000 Kraftfahrzeuge zugelassen. Hitler hoffte auf eine hohe Steigerungsrate, wenn die Automobilindustrie sich stärker den Einkommensverhältnissen der Bevölkerung anpaßte und statt der schweren PKW einen Wagentyp in der Preisklasse von 1000 bis 1200 RM produzieren würde.

Trotz des anhaltenden Widerstands der Reichsbahnvertreter verkündete die Reichsregierung am 27. 6. 1933 das »Gesetz über die Errichtung eines Unternehmens ›Reichsautobahnen‹«. Darin bekam die Deutsche Reichsbahn-Gesellschaft den Auftrag, zur Erstellung eines leistungsfähigen Netzes von Kraftfahrbahnen unter der Hoheit des Reiches ein Zweigunternehmen mit dem Namen »Reichsautobahnen« zu gründen. Diese sollte das »ausschließliche Recht zum Bau und Betreiben von Kraftfahrbahnen« haben. Für die Linienführung und Ausgestaltung der Kraftfahrbahnen war ein »Generalinspektor« vorgesehen, der nach Anhörung der Landesbehörden in eigener Verantwortung entscheiden durfte. Alle Bauten, die das Unternehmen ›Reichsautobahnen‹ beeinträchtigten, konnte er stoppen. [2]

In der Begründung des Gesetzes war die Zielsetzung der Baumaßnahmen festgelegt: Das Programm sollte in gleicher Weise der Belebung der in Deutschland noch rückständigen Kraftverkehrswirtschaft wie der Arbeitsbeschaffung dienen. Das deutsche Straßennetz im Umfang von 300000 km, von denen 100000 km Durchgangsstraßen und 25000 km wichtige Fernverkehrsstraßen waren, sei für den Kraftwagenverkehr »durchwegs wenig geeignet«. Da eine vollständige Anpassung der alten Straßen an die Bedingungen des Kraftwagens nicht erreichbar sei, müßten spezielle Kraftfahrbahnen gebaut werden. Über die ablehnende Haltung der Deutschen Reichsbahn-Gesellschaft heißt es:

»Die Führung des Unternehmens ›Reichsautobahnen‹ ist der Deutschen Reichsbahn-Gesellschaft zugedacht worden, weil der Streit zwischen Schiene und Kraftwagen letzten Endes nur dadurch beizulegen ist, daß der gesamte gewerbliche Güterfernverkehr einheitlicher Leitung unterstellt wird.«

Am 17. 8. 1933 wurde die Erste Verordnung zur Durchführung dieses Gesetzes erlassen. Sie legte die Organe des Unternehmens fest, sprach dem Generalinspektor für das deutsche Straßenwesen die Richtlinienkompetenz zu, äußerte sich zum Bau- und Betriebsrecht und gab der Gesellschaft »zur Erfüllung ihrer Aufgaben« das Enteignungsrecht.

Am 18. 12. 1933 folgte eine neue Novelle, in der eine angemessene Entschädigung für enteignete Flächen zugesagt wurde. Sobald die Zulässigkeit der Enteignung feststand, durften die für den Beginn der Arbeiten benötigten Grundstücke sofort in Besitz genommen werden. Erst sechs Monate danach mußte das förmliche Enteignungsverfahren beantragt sein. [3]

Wer »Generalinspektor« werden würde, war bis Juni 1933 offen. Für das Amt boten sich mehrere Personen an, in der Endauswahl schließlich nur noch Gottfried Feder und Fritz Todt. Wie Todt hatte auch Feder eine zentrale Leitstelle für das gesamte deutsche Wegenetz gefordert:

»Ohne Zentralstelle, die mit diktatorischen Vollmachten ausgestattet ist, kann keine großzügige Planung, keine wirtschaftliche Durchführung, kein Austausch der Bauerfahrungen und keine rasche Arbeit geleistet werden.« [4]

Hjalmar Schacht nahm für sich in Anspruch, die Entscheidung Hitlers zugunsten Todts herbeigeführt zu haben:

»Als ich von Hitler über die Vergabe des Postens des Generalinspektors befragt wurde, schlug ich Todt vor, da mir Feder trotz seines bekannten linientreuen Nationalsozialismus für diesen Posten nicht geeignet erschien. Hitler hat sich meinem Vorschlag angeschlossen, und so wurde Todt zur Vorstellung bei Hitler befohlen . . .« [5]

Irgendwann im Juni 1933 wurde Todt telegraphisch nach Berlin gerufen und sofort von Hitler empfangen. Es war die erste Begegnung unter vier Augen zwischen den beiden. Hitler erklärte dem Besucher, er habe dessen Denkschrift »Straßenbau und Straßenverwaltung«, Brauner Bericht genannt, mit Interesse gelesen und beabsichtige, die Vorschläge zu realisieren. In dieser Vorlage hatte Todt einen Mann seiner Art als Leiter des Reichsstraßenbaus empfohlen. Feder entsprach der Schilderung ebensowenig wie Beamte des Reichsverkehrsministeriums. Todt hatte geschrieben: Der Beauftragte

»muß ein überragender Fachmann sein, energisch, gesund und über den Durchschnitt leistungsfähig. Neben der Erledigung im Büro hat er große Teile des Jahres draußen bei den Ländern zu verbringen. Im persönlichen Zusammenwirken mit den einzelnen Landesbauräten werden alle Hemmungen und Schwierigkeiten leichter behoben als durch Papierkrieg. Wünschenswert ist Erfahrung in der Industrie und in den industriellen Zusammenhängen.« [6]

Vielleicht hatte Hitler diese Charakterisierung vor Augen, als er mit Todt redete. Das Ergebnis der Aussprache war jedenfalls, daß der bisher nur in Fachkreisen bekannte Technische Geschäftsführer von Sager & Woerner zum »Generalinspektor für das deutsche Straßenwesen« ernannt wurde. Die Urkunde trägt das Datum vom 28. Juni 1933.

Am 5. Juli 1933 wurde Todt erneut zu Hitler gerufen. Gegen 21.00 Uhr ließ man ihn vor. Hitler machte mit ihm einen eineinhalbstündigen Spaziergang im Garten der Reichskanzlei und erläuterte seine Vorstellungen über Streckenführungen, Fahrbahnbreite, Kreuzungsfreiheit und andere Fragen der zu bauenden Autobahnen. [7] Da die Autobahnen eines der Lieblingsprojekte Hitlers waren – in der Propaganda hießen sie bald »Straßen des Führers« – hatte Todt in Zukunft Zugang zu Hitler, sooft er wollte. Hitler sah in den Autobahnen ein Monument des Tausendjährigen Reiches und ein Zeugnis seiner Unsterblichkeit, und verglich sie mit den Pyramiden der Pharaonen. Sein Baumeister war ihm sowohl mit Plänen wie auch mit Sachstandsberichten immer willkommen.

Todt selbst erklärte Hitlers Interesse am Straßenbau etymologisch mit dessen Namen: Hitler sei ein Nachkomme der »Hüttler« des Salzburger Landes, die früher, als der Winter den Salztransport unterbrach, das Salz in Hütten stapelten und »hüteten«. Viele von ihnen seien auf diese Weise reiche Leute geworden und hätten den Salztransport einschließlich des Straßenbaus in ihre Hände genommen. [8] Todt genoß das Interesse Hitlers an seinem Werk. Er unterrichtete ihn über viele bautechnische Details, nahm seine Abänderungsvorschläge entgegen und erläuterte den Baufortschritt, sooft er konnte. Am 30. 9. 1933 schrieb er:

»Das Schönste an meiner Tätigkeit ist die enge Verbundenheit mit dem Führer. Ich habe die Überzeugung, daß jeder Mensch, der jede Woche einmal zehn Minuten mit dem Führer zusammen ist, ein Vielfaches seiner normalen Leistungsfähigkeit erreicht.« [9]

Es ist eine müßige Frage, ob Todt von Hitler berufen wurde, weil er ein guter Ingenieur oder ein bewährter Nationalsozialist war, denn er war beides. Diese Kombination war selten in der Partei. Todt nahm den Auftrag an, weil er ihm die Gelegenheit bot, seine Ideen zu realisieren. Niemand konnte von einem ehrgeizigen Straßenbauingenieur verlangen, daß er eine solche berufliche Chance ausschlug. Noch nie in der Geschichte des deutschen Straßenbaus hatte ein einzelner Mann die Möglichkeit gehabt, über alle Verordnungen und Hemmungen hinweg Straßen so zu bauen, wie er sie aufgrund seiner wissenschaftlichen und technischen Überzeugung und seiner künstlerischen Intuition für zukunftsträchtig hielt. Todt schwärmte später von seinem Auftrag:

»Der Auftrag, ein Netz zusammenhängender Autobahnen zu bauen, bot Aufgaben, die sich die Baumeister vieler Jahrhunderte umsonst ersehnten. Ein Verkehrsnetz aus einem einheitlichen Plan und noch dazu in kürzester Frist zu gestalten, Straßenzüge von vielen Hunderten Kilometer Länge durch die bunte Folge wechselnder Landschaftsbilder aus einem Geist zu formen, den Gesamtcharakter der Straße aus Anmut, Härte und Zielstrebigkeit zu prägen, ist eine künstlerische Aufgabe, die Begeisterung bei denen auslösen mußte, denen sie gestellt wurde.« [10]

Den politischen Bezug seiner Aufgabe stellte Todt folgendermaßen dar:

»Der Plan, ein großzügiges Netz von neuen Straßen zu bauen, ist wie jede andere Aufgabe des nationalsozialistischen Aufbauprogramms niemals Selbstzweck, er ist eine Teilaufgabe im Rahmen des Wiederaufbaus der Nation, und doch eine Teilaufgabe von weittragender Bedeutung. Die Auswirkungen des Straßenbaus sind vielgestaltig und nachhaltig, sie liegen auf allen Gebieten des öffentlichen und privaten Lebens. Die Straße ist nun einmal mehr als nur Träger irgendeines Verkehrs. Sie ist ein Stück des Grund und Bodens, ein Stück der Landschaft, ein Stück Heimat der Bewohner, sie trägt Menschen von Land zu Land, trägt somit Kultur und damit auch Verantwortung für die Lebenshöhe eines Volkes. Der Straßenbau des Dritten Reichs trägt dazu bei, die seelischen, geistigen und materiellen Kräfte des Volkes neu zu fassen und auszurichten. Neben dem zunächst naheliegenden Zweck einer reinen Arbeitsbeschaffung, neben den verkehrswirtschaftlichen und wirtschaftspolitischen Aufgaben sind es kulturpolitische und sozialpolitische, die dem Straßenbau des nationalsozialistischen Staates gestellt sind, die der Straßenbauer heute zu erfüllen hat.« [11]

Der »Erlaß über den Generalinspektor für das deutsche Straßenwesen« vom 30. 11. 1933 bestätigte Todt als Leiter einer »Obersten Reichsbehörde«. Da er unmittelbar dem Reichskanzler unterstand, hatte Hitler die ministerielle Verantwortung für seine Tätigkeit. Sein Geschäftsbereich umfaßte neben dem Unternehmen ›Reichsautobahnen‹ den Bau und die Unterhaltung der Landstraßen, soweit sie bisher zur Zuständigkeit des Reichsverkehrsministers gehört hatten. Auf einer Chefbesprechung am 24. 11. 1933 hatten sich dieser und der Reichsminister des Innern entschieden gegen die Einrichtung einer »Obersten Reichsbehörde« für Todt gewandt, aber nichts erwidert, als Hitler ausführte: Eine derartige neue Aufgabe, wie sie die Schaffung der Reichsautobahnen vorsehe, verlange eine neue Institution. Die zu errichtende Behörde müsse den Charakter einen Ministeriums tragen, aber möglichst klein gehalten werden. Sie hätte sich von jeder Detailarbeit fernzuhalten, damit sie die lebendige Kraft bleibe und die ihr zugewiesenen Arbeiten forttreibe. Mit der reinen Verwaltung solle diese Behörde nichts zu tun haben. Der Aufbau einer großen Verwaltungsmaschinerie käme nicht in Frage. Der Generalinspektor solle nur der Organisator sein, der über der gesamten Apparatur stehe. Seine Stellung müsse möglichst unabhängig sein und sein Büro im bescheidensten Rahmen gehalten werden. Todt, der persönlich bei der Chef-

besprechung anwesend war, gab sich laut Protokoll mit drei Referenten und einigen angestellten Ingenieuren zufrieden. [12] 1935 übertrug ihm Hitler alle Aufsichtsrechte der Reichsregierung über das Unternehmen ›Reichsautobahnen‹ mit Ausnahme der Festlegung der Benutzergebühren, die damals noch zur Diskussion standen. [13]
Mit der Planung der Linienführung der Reichsautobahnen wurde die GEZUVOR (Gesellschaft zur Vorbereitung der Reichsautobahnen e. V.) beauftragt, die am 18. 8. 1933 aus der HAFRABA (Verein zur Vorbereitung der Autostraße Hansestädte – Frankfurt – Basel) entstanden war. Ihr publizistisches Organ war seit 1. 4. 1932 die Zeitschrift »Die Autobahn«. Es wurde am 1. 2. 1935 mit dem amtlichen Blatt des Generalinspektors für das deutsche Straßenwesen »Die Straße« vereinigt. Bei der Trassierung der Autobahnen sollten die örtlichen Vertreter der GEZUVOR, die in den meisten Fällen personengleich waren mit dem Vorstand der Straßenbauverwaltung, »mit allen Persönlichkeiten, deren Kenntnisse und Erfahrung wertvoll sind, sowie mit den behördlichen Dienststellen« Verbindung aufnehmen und »unbefangen, neutral und sachlich« die Linien entwerfen. Todt war sehr ungehalten darüber, daß häufig Interessenverbände mit Unterschriftslisten darauf Einfluß nehmen wollten. Er sah dies als einen Vorgang an, »der wohl in der früheren Zeit üblich war, der aber in keiner Weise zum nationalsozialistischen Staat paßt«. [14]
Mit der Beendigung ihrer Arbeiten wurde die GEZUVOR 1936 in die »Gesellschaft zur Vorbereitung der Reichsplanung und Raumordnung e. V.« umgewandelt. [15]
Bis Mitte 1934 richtete Todt 15 »Oberste Bauleitungen« ein, die alle Geschäfte zu erledigen hatten, die sich aus der Baudurchführung ergaben. Ihre Befugnisse entsprachen denen der Reichsbahndirektionen. Die Richtlinien der Deutschen Reichsbahn-Gesellschaft über das Planfeststellungsverfahren bei Reichsbahnanlagen wurden sinngemäß bei den Kraftfahrbahnen angewandt, bis Todt mit einem Erlaß vom 2. 9. 1935 ein eigenes Planfeststellungsverfahren für Autobahnen einführte. Es kam ihm darauf an, alle an der Linienführung Interessierten zu einem möglichst frühen Zeitpunkt ins Gespräch zu ziehen. [16]

## Die Durchführung

Todt ging mit unerhörter Tatkraft ans Werk. Er war besessen von der Idee, seine Autobahnen so schnell, so schön und so gut wie möglich zu bauen. Er war davon überzeugt, daß es sich um ein Werk handle, »das dem neuen Jahrhundert sein Gesicht geben wird«. [17] Bereits am 23. 9. 1933 wurde die Strecke Frankfurt-Darmstadt-Heidelberg in Angriff genommen. Hitler selbst machte den »ersten Spatenstich« an der Spitze von 700 Arbeitern in der Nähe von Frankfurt. Er füllte schwitzend die ganze Kipplore mit Erdreich. In seiner Rede interpretierte er den »Bau dieses größten Straßennetzes der Welt« als einen »Markstein . . . für den Bau der deutschen Volksgemeinschaft«. [18] Todts volle Arbeitskraft war nun gefordert, weil in vielen Teilen Deutschlands mehr oder weniger gleichzeitig mit dem Bau der Autobahnen begonnen wurde, um die Arbeitslosigkeit in den betreffenden Gebieten zu senken.

Am 19. 12. 1933 eröffnete Todt selbst den Autobahnbau nach Königsberg an der Baustelle Elbing. In der Uniform eines SA-Standartenführes erklärte er den Anwesenden, warum die Arbeit mitten im Winter angefangen werde, obwohl sonst überall die Bauten stillgelegt seien. [19] In Süddeutschland begann der Autobahnbau am 23. 3. 1934 in München-Ramersdorf für die Strecke zur Reichsgrenze und nach Salzburg. Innerhalb weniger Wochen waren folgende Strecken im Bau: Frankfurt-Heidelberg, Duisburg-Dortmund, Duisburg-Köln, München-Salzburg, Dresden-Zwickau, Hamburg-Lübeck, Berlin-Stettin und Elbing-Königsberg. Zum Bau freigegeben waren die Abschnitte Stuttgart-Ulm und Breslau-Liegnitz. [20] Bis Ende 1933 waren 4000 Arbeiter an den Autobahnen beschäftigt, ein Jahr später 85 000. Zu diesem Zeitpunkt war die Organisation des Unternehmens ›Reichsautobahnen‹ ausgebaut, der Mitarbeiterstab Todts betrug 3000 Ingenieure und Verwaltungsbeamte. Im Oktober 1934 waren 1500 km Autobahnen im Bau und 1200 km für den Bau freigegeben. [21] Im Juni 1935 stieg die Zahl der an den Autobahnen Beschäftigten auf 100 000 und ein Jahr später erreichte sie mit 125 000 ihren Höhepunkt. Saisonbedingte Entlassungen wünschte Hitler zu vermeiden. Auch im Winter sollte der Straßenbau weitergeführt werden. Dies gelang Todt, indem er sich von den Reichsstatthaltern Projekte nennen ließ, an

denen man auch in der kalten Jahreszeit arbeiten konnte, z. B. an
Ortsdurchfahrten. [22] Am 19. 5. 1935 wurde die erste Reichsauto-
bahn-Teilstrecke von Frankfurt nach Darmstadt dem Verkehr überge-
ben, nachdem ein paar Tage vorher die »Vorläufige Autobahn-
Betriebs- und Verkehrsordnung« erlassen worden war, die von den
Fahrern »besondere Disziplin zur reibungslosen Abwicklung des Ver-
kehrs« forderte. [23] Eineinhalb Jahre später, am 1. 1. 1937, waren
1086 km in Betrieb und 1590 km im Bau. [24]
Unmittelbar nach der Eingliederung Österreichs in das Deutsche
Reich im Frühling 1938 wurden die neuen Gebiete in das Autobahnsy-
stem des Reichs einbezogen. Die »Verordnung zur wirtschaftlichen
Wiederbelebung Österreichs« vom 23. 3. 1938 ermächtigte den
Reichsfinanzminister, Reichsmittel »zur Förderung der nationalen
Arbeit im Land Österreich« in Form von Darlehen oder Zuschüssen
zur Verfügung zu stellen. An erster Stelle der förderungswürdigen
Vorhaben stand der Bau von Reichsautobahnen. [25] Wien sollte über
eine Trasse von Salzburg und über eine Trasse von Breslau angeschlossen werden. Der »katastrophale Zustand der österreichischen Straßen« veranlaßte Todt, am gleichen Tag die Anweisung zu geben, alle
Straßen, »die etwa vom Führer benutzt werden«, durch Chlor-Kal-
zium staubfrei zu machen. Er selbst führte in dieser Zeit Streckener-
kundungen in Österreich durch, um einen Überblick über die erforderlichen Baumaßnahmen zu bekommen. [26]
Wegen des Westwallbaus verlangsamte sich ab Mai 1938 der Autobahnbau. Der 3000. Autobahnkilometer wurde im Dezember 1938
dem Verkehr übergeben. Zum 1. 3. 1939 veröffentlichte Todt folgende
Leistungsbilanz: 3065 km fertige Autobahnen und 1689 km im Bau,
5212 fertige Brücken und Durchlässe und 952 im Bau, 88 Tankstellen
in Betrieb und 10 im Bau, 60 Millionen Quadratmeter verlegte Fahrbahndecken, 280 Millionen Kubikmeter bewegte Erd- und Felsmas-
sen, 152 Millionen Kubikmeter abgetragener Mutterboden. [27] Am
1. 9. 1939, zu Beginn des Zweiten Weltkriegs, waren rund 3300 km
Autobahnen befahrbar. An 888 km wurde weitergebaut. Die Beleg-
schaften beliefen sich im Oktober 1939 noch auf etwa 80 000 Mann. Die
Zahl der eigenen Autobahnkräfte (Beamte, Angestellte, Arbeiter)
war durch Einberufungen, Rückgabe von Personal an die Deutsche
Reichsbahn und Übernahme anderer Baufunktionen, z. B. im
Rüstungsbau, von 13 000 auf 2500 Kopf zusammengeschmolzen. [28]
Erst nach dem Frankreichfeldzug im Sommer 1940 erhielt der Auto-
bahnbau wieder Auftrieb. Todt erreichte beim Reichsarbeitsministerium, daß ihm Kriegsgefangene zugewiesen wurden. [29] Das Auswär-

tige Amt stimmte »der einmaligen Hereinnahme von 10 000 Kriegsgefangenen, die bei den Ost-West-Straßen eingesetzt werden« sollten,
zu. [30] Außer Kriegsgefangenen wurden auch Juden in großer Zahl
von den Arbeitsämtern an die Reichsautobahnbaustellen geschickt.
[31] Ein Arbeitsplan des Generalinspektors für das deutsche Straßenwesen vom 25. 6. 1940 regelte den Weiterbau mit Hilfe der neuen Arbeitskräfte. [32] Die verstärkte Bautätigkeit dauerte jedoch nur etwa
ein Jahr. Die Situation änderte sich schlagartig mit dem Beginn des
Rußlandkriegs. Wegen der zahlreichen Einberufungen für die OT-
Formationen im Osten ordnete Todt zur Jahreswende 1941/42 an, alle

*Autobahnen 1940*

Baumaßnahmen an den Reichsautobahnen stillzulegen. [33] Am 9. 1. 1942 wurde der Abzug aller Kriegsgefangenen, die nun bei Rüstungs- bauvorhaben eingesetzt wurden, von den Reichsautobahnen angeord- net. Todt ging davon aus, »daß im Jahre 1942 die Arbeiten an den Reichsautobahnen einschließlich der Oststrecke zum Erliegen kom- men« würden. [34] Wie Speer nach Todts Tod in seiner Ansprache auf der Gauleitertagung am 24. 2. 1942 in München bekanntgab, war er froh, daß Todt persönlich die restlose Stillegung seiner Autobahnen verfügt, alle Techniker und deutschen Arbeiter für den Straßen- und Eisenbahnbau im Osten freigegeben und die Kriegsgefangenen in der Rüstungsindustrie eingesetzt hatte. [35] Der restliche Straßen- und Wegebau im Reich wurde schließlich mit Erlaß vom 18. 4. 1943 eingestellt. [36]

## Autobahnpolitik

Bis zum Beginn der Aufrüstung waren Autobahnbau, Straßenbau und
Straßenunterhaltung die entscheidenden Motoren der Konjunkturan-
kurbelung. Nachdem die Reichsregierung am 26. 3. 1934 das »Gesetz
über die einstweilige Neuregelung des Straßenwesens und der Straßenverwaltung« [37] erlassen hatte, erforderte die Wegeunterhaltspflicht
des Reiches für fast 40 000 km Reichsstraßen zusätzliche Arbeitsplätze
für 155 000 Arbeiter. Neben den 125 000 Mann an den Autobahnen
und weitere 120 000 in Steinbrüchen, Lieferwerken und Nebenbetrie-
ben waren im Tiefbau also etwa 400 000 Personen beschäftigt. Unberücksichtigt blieben bei dieser Summierung die Arbeitsplätze, die
aufgrund der expansiven Bautätigkeit in der Baumaschinenindustrie
neu entstanden. Während zu Beginn der Autobahnarbeiten der Einsatz von Maschinen unerwünscht war, führte der wachsende Arbeits-
kräftemangel ab 1935 dazu, daß immer mehr Geräte eingesetzt wurden. 1936 waren 2300 Baulokomotiven, 50 000 Rollwagen, 800 Beton-
maschinen und 500 Bagger im Einsatz. Die Zementindustrie produ-
zierte 1936 1 000 000 Tonnen für den Autobahnbau, das war etwa 10%
der gesamten Zementerzeugung. [38]
Für den Betrieb der Autobahn-Tankstellen wurde eine private Gesellschaft unter führender Beteiligung des Reiches gegründet, an die die
Gesellschaft ›Reichsautobahnen‹ die Tankanlagen verpachtete. In
einem Streifen von 10 km Breite auf beiden Seiten der Autobahnen
verbot Todt den Bau von privaten Tankstellen, um die Rentabilität der
an der Autobahn erstellten nicht zu gefährden. [39]
Das Auto war in den dreißiger Jahren in Deutschland sicherlich noch
kein Massenverkehrsmittel. Aber die Zahl der PKW vervierfachte sich
von 342 784 im Jahre 1929 auf 1 271 983 im Jahre 1938. Der sogenannte
KDF-Wagen war der Traum vieler Deutscher. Er sollte in Raten von
5 RM pro Woche zum Gesamtbetrag von 980 RM erworben werden
können. Der Kriegsausbruch verhinderte jedoch die Auslieferung.
Die Abwanderung des Verkehrs von der Landstraße auf die Autobahn
gab bereits 1936 den Autobahnplanern recht. Im Schnitt lief nun 60%
des (Gesamt-)Verkehrs über die Autobahnen, ein prozentualer
Anteil, der sich im Rhein-Neckar-Gebiet sogar noch auf 73% erhöhte.
Die dritte allgemeine Verkehrszählung, die Todt von Oktober 1936 bis

September 1937 durchführen ließ, bestätigte die Ergebnisse ebenso wie zahlreiche Zusatzzählungen. [40] Nach der Einverleibung Österreichs in das Deutsche Reich wurde die Ostmark sowie später das Sudetenland in die Autobahnplanungen einbezogen. Am 28. 3. 1938 versammelte Todt die Landesbauräte Österreichs im Marmorsaal des Wiener Heeresministeriums, um ihnen die Richtlinien des deutschen Straßenbaus zu erklären. Er interpretierte vor ihnen den Straßenbau »in erster Linie« als eine Kulturaufgabe im großen und im kleinen mit generellem Einfluß auf die Baugesinnung eines Landes. Österreichs Straßen müßten mit einem sehr hohen Motorisierungsgrad rechnen, weil der Fremdenverkehr viele Kraftfahrzeuge ins Land ziehen werde. Die Frage nach der Finanzierung des Straßenbaus beantwortete er phraseologisch:

»Sie werden vielleicht die Frage aufwerfen: woher kommen die Mittel für diese Aufgaben? Dem muß ich entgegnen: ›Wir glauben an die Zukunft des Reiches!‹ Haushaltsmäßige Überlegungen sind berechtigt, aber unsere Grundeinstellung darf nicht in haushaltsrechtlichem Denken befangen sein. Ein aufbauendes Volk, das auf Jahrhunderte seine Zukunft vorausdenken muß, kann sich mehr leisten als ein verfallendes. Die Natursteinbrücken der Reichsautobahnen kosten vielleicht 300 Millionen Reichsmark mehr, als wenn die Brücken in Eisen ausgeführt worden wären. Das heißt aber nichts anderes, als daß das deutsche Volk eben um ein halbes Jahr länger an den Reichsautobahnen arbeitet als sonst.« [41]

Bei der Tagung der »Forschungsgesellschaft für das Straßenwesen« im April 1938 in Salzburg setzte Todt in seinem Vortrag Österreich das Ziel, das schönste Reiseland Europas zu werden. [42] Am 7. 4. 1938 vollzog Hitler am Walserbergabhang den ersten Spatenstich für die geplante Autobahn von der Landesgrenze nach Salzburg und Wien. Auf die Linienführung nahm Todt persönlich erheblichen Einfluß. Er setzte durch, daß die Trasse durch das Salzkammergut geführt wurde, damit der Fahrer »diese herrliche Landschaft selbst kennenlernen« könnte. Auf dem rund 300 km langen Weg zwischen Salzburg und Wien sollte ihm »die volle landschaftliche Schönheit der deutschen Ostmark« vermittelt werden. [43]

## Sozialfragen

Die Baulose der einzelnen Autobahnabschnitte wurden von den Obersten Bauleitungen an größere Tiefbaufirmen vergeben, die Subunternehmer heranziehen durften. Schließlich arbeiteten rund 1000 Firmen an den Autobahnen. Diese rückten mit ihrem Maschinenpark und mit ihrem Personal an die Baustellen. Da das Stammpersonal nicht ausreichte, vermittelten die Arbeitsämter zusätzliche – meist ungelernte – Arbeiter, deren körperliche Leistungsfähigkeit durch eine ärztliche Untersuchung nachgewiesen sein mußte. Angehörige der SA, SS und des Stahlhelm, die schon vor der »Machtergreifung« die Nationalsozialisten unterstützt hatten, ebenso wie Parteimitglieder mit einer Mitgliedsnummer unter 500000 und Amtswalter, die mindestens ein Jahr diese Funktion ausfüllten, wurden bevorzugt. Verboten war dagegen die Einstellung landwirtschaftlicher Arbeiter. [44] Die Vertragszeit dauerte ein Jahr.

Die tägliche Arbeitszeit betrug in der Regel acht Stunden. In zwei Wochen durfte niemand mehr als 96 Stunden arbeiten. Überstunden waren verboten. Der Tariflohn für die Hilfsarbeiter war außerordentlich gering. Wegegeld und Trennungsentschädigung konnten nicht verhindern, daß die Löhne als zu niedrig angesehen wurden. Sogar der bayerische Ministerpräsident intervenierte bei Todt:

»Es wird mir mitgeteilt, daß die Entlohnungsverhältnisse der Arbeiter an der Arbeitsstelle der Reichsbahn-Autostraße in Unterhaching außerordentlich gedrückt seien. Die Leute bekämen durchschnittlich netto RM 17,– in der Woche auf die Hand. Ich möchte mir doch einmal das Bild ansehen, wenn Zahltag ist, wo die Frauen und Kinder der Arbeiter mit durchsichtigen Gesichtern den Mann und Vater erwarten, um den Lohn in Empfang zu nehmen, die Miete und die Lebensmittelschulden zu bezahlen. Bei der großen Hitze der letzten Wochen wäre es doch sehr betrüblich gewesen, daß die Arbeiter sich nicht ein Glas Bier leisten konnten, sondern in ihren Flaschen einen dünnen Kaffee oder Wasser hatten. Die Bekleidungs- und Schuhverhältnisse seien bei manchen Arbeitern trostlos; Ingenieure hätten schon aus ihren Mitteln für manche Arbeiter Schuhe beschafft... Mit RM 17,– Nettolohn in München eine Familie zu ernähren und Miete zu bezahlen ist einfach ein Ding der Unmöglichkeit. Darunter muß die Gesundheit der Familie, aber auch die psychische Verfassung doch außerordentlich leiden.« [45]

Unmut riefen auch die verschieden hohen Lohnstufen in den einzelnen Baulosen hervor. Um die unterschiedlichen regionalen Lohntarife

auszugleichen, führte Todt einen sog. Streckentarif ein, so daß bei
zusammenhängenden Baustrecken mit gleichen Arbeitsbedingungen
der gleiche Grundlohn galt: 52 Pfennige je Stunde für den ungelernten
Arbeiter. Verheiratete erhielten 3 Pfennige pro Stunde mehr für die
Frau und für jedes Kind. Nach der Festsetzung der Streckentarife 1934
sah die Lohnskala der Arbeiter im Verleich zu vorher und im Vergleich
zu den Sozialhilfesätzen im Monat folgendermaßen aus:

| Familienstand | Unter-stützungssatz RM | Netto-verdienst v. d. Neuordnung[1] RM | Netto-verdienst n. d. Neuordnung[2] RM |
|---|---|---|---|
| ledig | 36,– | 78,17 | 101,32 |
| verh. ohne Kind | 52,– | 78,17 | 107,56 |
| verh. mit 1 Kind | 64,– | 78,17 | 113,80 |
| verh. mit 2 Kindern | 76,– | 78,17 | 120,04 |
| verh. mit 3 Kindern | 88,– | 78,17 | 126,28 |
| verh. mit 4 Kindern | 100,– | 78,17 | 132,52 |
| verh. mit 5 Kindern | 112,– | 78,17 | 138,76 |

[1] Zugrunde gelegt ist ein Stundenlohn von 0,48 RM, abzüglich Soziallasten und Fahrkosten.
[2] Zugrunde gelegt ist ein Stundenlohn von 0,50 RM abzüglich Soziallasten, zuzüglich Kosten
für ein tägliches Mittagessen und der Sozialzulage für Familienangehörige. [46]

In den Wintermonaten, wenn die Arbeit wegen Schnee, Regen und
Frost ruhte, erhielten die Arbeiter eine »Ausfallunterstützung«. Sie
betrug für Verheiratete die Hälfte, für Ledige ein Viertel des zustehen-
den Stundenlohns. Bezahlt wurde sie aus Mitteln der Reichsanstalt für
Arbeitsvermittlung und Arbeitslosenversicherung. [47] Für die Beförderung zur Arbeitsstelle und von der Arbeitsstelle entstanden dem
Arbeiter keine zusätzlichen Kosten. Er erhielt eine Mahlzeit pro Tag
unentgeltlich. Sie wurde von Zentralküchen an die Baustellen transportiert. Die Preisüberwachung in den Kantinen war ebenso geregelt
wie die Frage der Familienheimfahrten. Arbeiter, die fern von ihren
Familien an den Autobahnbaustellen untergebracht waren, erhielten
alle 6 Wochen eine freie Heim- und Rückreise. [48]
Abseits der Städte war die Möglichkeit, an Ort und Stelle Arbeiter zu
bekommen, bald ausgeschöpft. Deshalb wurden aus den Großstädten,
den Zentren der Arbeitslosigkeit, Arbeiter für weit entfernte Baustellen angeworben. Die auf dem Land vorhandenen Privatunterkünfte
reichten für sie nicht aus. Deshalb mußten Arbeitslager eingerichtet
werden. Das »Gesetz über die Unterkunft bei Bauten« vom 13. 12.
1934 regelte die Unterkunftsbedingungen. Es erlegte den Unterneh-

mern die Verpflichtung auf, »Schlaf- und Aufenthaltsräume bereitzustellen, die die Arbeiter gegen Gefahren für die Gesundheit, insbesondere gegen Unbill der Witterung, schützen, eine angemessene Unterkunft ermöglichen und die Arbeitsfreude erhalten«. Die Gewerbeämter überprüften die Wohnstätten von Amts wegen. [49] 1936 waren von den etwa 120 000 Autobahnarbeitern 20 000 in rund 100 Lagern untergebracht. Ein Lager umfaßte 200–250 Arbeiter, die auf Schlafstuben für je 18 Mann aufgeteilt waren. Neben den Schlafräumen waren Gemeinschaftsräume, eine Küche, ein Vorratsraum, und ein Waschraum mit fließendem warmen und kalten Wasser vorgeschrieben. Das Brausebad hatte 10 Duschen. Zu jedem Lager gehörte auch ein Trockenraum, in dem naßgewordene Arbeitskleider getrocknet werden konnten. Ein Fahrradschuppen, ein Sanitätsraum und die entsprechenden Aborte ergänzten die Anlage. Die einzelnen Gebäude waren nach den Plänen des Generalinspektors um einen Lagerhof von etwa 35 mal 100 Meter Freifläche gruppiert. Für das Musterlager am Werbellinsee hatte Hitler selbst die ersten Entwürfe skizziert. Am 7. 12. 1934 richtete Todt eine »Zentrale für Unterkunft« bei der Direktion der Gesellschaft ›Reichsautobahnen‹ ein, die für alle Unterkunftsfragen an den Autobahnbaustellen zuständig war.

Als 1940 Kriegsgefangene zum Autobahnbau herangezogen wurden, mußten in den Lagern an den Baracken bauliche Veränderungen vorgenommen werden, damit in den Stuben statt 18 Mann 36 Gefangene untergebracht werden konnten: Herausnahme von Betten und Schränken, Einbau von übereinanderliegenden Pritschen mit Bordbrettern zum Abstellen von Eßgeräten und dergleichen, Anbringen von Haken für Kleidungsstücke, Vergitterung der Stubenfenster, Umwehrung der Baracken mit Stacheldraht. Als Führer des Arbeitskommandos war der militärische Vorgesetzte der Wachmannschaften und Kriegsgefangenen allein befugt, Befehle zu erteilen und Disziplinarmaßnahmen zu verhängen. Der zivile Lagerführer galt als Vertreter des Unternehmers und war für die Einhaltung der Lagerordnung, für Sauberkeit und Verpflegung verantwortlich. [50]

## Gestaltung der Fahrbahnen

Todt hatte den Ehrgeiz, die Autobahnen nicht nur technisch vollkommen, sondern auch künstlerisch ästhetisch zu gestalten. Sie sollten sich in die Natur einfügen, die sie durchschnitten. In den einzelnen Regionen wurden die Straßen jeweils dem Stil der Landschaft angepaßt.

»Nicht öde Rennstrecken werden wir bauen, sondern Straßen mit einem der deutschen Landschaft entsprechenden Charakter«,

proklamierte er 1934. [51] Die Verkehrswege sollten nicht dazu dienen, die Reisenden möglichst schnell von einem Ort zum anderen gelangen zu lassen, sondern dazu, ihnen die Schönheiten Deutschlands zu zeigen. Nach nationalsozialistischer Technikauffassung waren Straßen »Kulturgüter« und »Kunstwerke«, die vor allem der schöpferischen Kraft des Ingenieurs entstammen:

»Darum müssen Ingenieur und Technik im Straßenbau über eine rein materielle Einstellung hinausgeführt werden. In schöpferischer Kraft muß der Ingenieur seine Kunst meistern.« [52]

Dieses Thema variierte Todt in seinen Reden, Interviews, Gesprächen und Vorträgen, wo immer er auftrat. Ihm ging es dabei zum einen um die Anerkennung des Ingenieurs als eines Trägers der nationalsozialistischen Bauauffassung und zum anderen um die Schönheit der Bauwerke, wie er sie sah:

»a) Die Straße muß sich dem Bild der Landschaft mit ihren Höhen und Tälern, Wäldern und Feldern einfügen, ohne es zu stören; sie soll es in seiner Wirkung möglichst noch steigern.

b) Die Straße selbst soll, auch vom Reisenden aus gesehen, schön sein in der gleichen Art wie die Landschaft, die sie umgibt.

c) Bei der Formgebung der Erdarbeiten muß der Zusammenhang mit dem umgebenden Gelände erhalten bleiben oder wieder hergestellt werden.« [53]

Diese Bauweise, die in der neueren Literatur als »Heimatschutzstil« abgewertet wird [54], verteidigte Todt mit vorausschauenden Worten damals so:

»Wo immer der Ingenieur baut, greift er ein in die Gegebenheiten der Natur, in die Landschaft und in den Boden, in entwicklungsmäßig bedingte Zusammenhänge, auf denen Leben und Kultur eines Volkes sich aufbauen. Die Erkenntnis, daß Landschaft und Boden Grundlagen des menschlichen Lebens und Ausdruck der Kultur eines Volkes sind, daß sie die Menschen prägen und formen, ihm Heimat sind und damit Träger des völkischen Lebens, verpflichtet den Ingenieur, sein Schaffen ganz in den Dienst der Kultur seines Volkes zu stellen, seine Bauten aber auch so zu formen und zu gestalten, daß darüber hinaus neue Kulturwerte entstehen... Diese Verpflichtung zwingt den Ingenieur, bei aller Erfüllung der technischen Aufgaben sich mit den Gegebenheiten der Natur, mit Landschaft und Boden auseinanderzusetzen, ihre inneren Zusammenhänge und Gesetze kennenzulernen und sein Planen und Bauen diesen unterzuordnen, zwingt ihn aber auch, sich zu neuer geistiger Grundhaltung und damit zu neuem Baustil durchzusetzen. Technische Bauwerke sollen Ausdruck angewandter Naturgesetze sein, darüber hinaus aber auch vom pflicht- und verantwortungsbewußten Lebens- und Kulturwillen ihrer Schöpfer künden.« [55]

Auf der Plassenburg bei Kulmbach, wo seit 1936 Fortbildungskurse für Straßenbauingenieure durchgeführt wurden, sollten die Techniker davon überzeugt werden, daß die Landschaft die Maßstäbe für jedes Ingenieurbüro setzt und nicht der Techniker am Reißbrett. Ende 1935 schrieb Todt in einem privaten Brief an einen Tiefbauunternehmer:

»Die deutsche Landschaft ist etwas Einmaliges, das wir zu stören oder gar zu zerstören kein Recht haben. Je enger unser Lebensraum mit zunehmender Siedlungsdichte wird, desto größer wird der Hunger nach unverbildeter Natur. Die unablässig zunehmenden seelischen Rückwirkungen des Großstadtlebens machen diesen Hunger fast unstillbar... Wäre es nicht allein schon die Ehrfurcht vor den Schönheiten unserer Heimat, so müßte es mindestens das Wissen um den unentbehrlichen und unersetzlichen Erholungswert unserer Landschaft sein, wonach wir uns bei jedem baulichen Eingriff in die Natur zu richten haben... Wenn wir in dieser unserer Heimatlandschaft bauen, so müssen wir uns klar darüber sein, daß und wie wir ihre Schönheit erhalten wollen und wir sie dort, wo sie bereits gelitten hat, in einer neuen Form wieder schaffen.« [56]

Wenn Bürgermeister und Landräte Briefe an Todt schrieben, daß sie die Autobahnführung anders wünschten als vorgesehen oder daß sie Zubringerstraßen brauchten, antwortete Todt in vielen Fällen: Es »müssen die örtlichen Wünsche des Anschlusses zurücktreten gegenüber den Vorschriften, die uns die Landschaft selbst macht«. [57]

Der Brückenbaufachmann Paul Bonatz, der mit Begeisterung als »Architekt-Erzieher« für Todt arbeitete, drückte Todts Bestrebungen folgendermaßen aus:

»Die Reichsautobahn folgt nicht dem alten Siedlungszug der Täler, die überansprucht sind. Sie sucht bei der Verbindung großer Städte den freien Raum, führt über Hochflächen und Bergrücken, überspringt Taleinschnitte, sie hat ein neues rhythmisches Gesetz der Bewegung erfunden, einer schwingenden Bewegung, die dem Fliegen am nächsten kommt.« [58]

Die landschaftsgestalterischen Ideen Todts verbanden sich in einer seltsamen Weise mit Momenten des Führerkults und der nationalsozialistischen Theorie vom deutschen Blut. Zum 50. Geburtstag Hitlers

machte Todt in einem Artikel über die Autobahnen folgende schwül-
stigen Ausführungen:

»Der Führer hat uns ein neues Lebensgefühl gegeben, das durch den Rhythmus des
deutschen Bodens und des deutschen Blutes bestimmt wird. Dieser Rhythmus
schwingt auch in den Bauten des Dritten Reiches, die von Menschen deutschen
Blutes so geschaffen wurden, wie es die landschaftsgebundenen Gegebenheiten des
deutschen Bodens verlangen. Wenn wir uns bemüht haben, die Reichsautobahnen
und ihre Bauten in die Landschaft einzugliedern und so Straßen aus landschaftsver-
unstaltenden Faktoren zu solchen der Landschaftsgestaltung gemacht haben, so
war auch dies ein Imperativ des neuen Lebensgefühls unserer nationalsozialistischen Weltanschauung.« [59]

In der Praxis kontrollierte Todt persönlich die vorgeschlagenen
Linienführungen der einzelnen Autobahntrassen. Am Wochenende
fuhr er häufig mit seinem Wagen die geplanten Strecken ab, auf
Ackerwegen, durch Sümpfe, über Waldpfade, um die schönste Trasse
zu finden. Er überflog die vorgeschlagenen Strecken mit dem Flugzeug
und studierte die Luftaufnahmen sorgfältig. Seine Praxis als Fliegerbeobachter und Lichtbildauswerter im Ersten Weltkrieg kam ihm dabei
sehr zustatten. [60] Er las die Straßenbauliteratur des Auslandes und
übernahm von den US Highways ebenso viele Anregungen wie von
den Inkastraßen oder den autostrade Italiens. [61] Mit Pietro Puricelli
(1883–1951), dem Erbauer der ersten Teilstrecke der italienischen
Autobahn Mailand-Como, die 1924 für den Verkehr freigegeben
worden war, verband Todt eine persönliche Freundschaft.
Unter Todt erhielt der Straßenbau auch neue technische Impulse.
Frühere Fehlschläge waren oft darauf zurückzuführen, daß der Stra-
ßenuntergrund trotz der steigenden Gewichte des sich entfaltenden
Lastkraftwagenverkehrs vernachlässigt worden war. Todt sorgte für
die richtige Bodenmechanik. Die Forschung wurde intensiviert.
Unmittelbar nach seinem Dienstantritt forderte er die Bauverwaltungen der Länder und der preußischen Provinzen auf, der »Deutschen
Forschungsgesellschaft für Bodenmechanik« Bodenproben zu Ver-
suchszwecken zur Verfügung zu stellen. Beim Bau der Reichsautobahnen war neben den üblichen geologischen Untersuchungen die physi-
kalische Prüfung von Bodenproben vorgeschrieben. 1934 erhielt jede
Oberste Bauleitung eine eigene Bodenprüfstelle. Im Ergebnis sollte
das gesamte Straßennetz nach gleichartigen bodenkundlichen Maßstäben gebaut werden. Die Auswertung schwedischer, amerikanischer
und deutscher Untersuchungen über Frostschäden gab Anregungen
für die Bearbeitung der Straßendecken. In der Bodenverdichtung
entwickelte man neue Techniken. Weiche Bodenmassen wie Moor

oder Schlamm wurden mit Hilfe von Sprengungen so verdrängt, daß die Sandschüttung auf die darunterliegenden tragfähigen Bodenschichten absackte.

Am 10. 7. 1934 wurden auf der Autobahnstrecke Frankfurt-Darmstadt die ersten Betonplatten als Straßenbelag eingesetzt. Ihre Stärke betrug 20 cm. Die Autobahnen bestanden damals aus zwei durch einen 3,50 bis 5 Meter breiten Mittelstreifen getrennten Fahrbahnen von je 7,50 m Breite. Seitwärts waren je 1,50 m breite Bankette angeordnet. Der Mittelstreifen wurde mit Hecken bepflanzt, um bei Dunkelheit die Blendung des Fahrers durch entgegenkommende Fahrzeuge zu verringern und den Vögeln Nistgelegenheiten zu geben. Bei den armierten Fahrdecken war jede Fahrbahn in der Mitte durch eine Längsfuge und in wechselnden Abständen bis zu 17,5 m durch Querfugen, die gegeneinander versetzt waren und mit Bitumen vergossen wurden, unterbrochen, damit die Temperaturdehnungen unschädlich aufgenommen werden konnten. [62] Bituminöse Decken nahmen damals nur einen geringen Teil der Fahrbahnbefestigung ein.

Mehr noch als der Tiefbau wurde der Brückenbau bei den Reichsautobahnen zur Schule für werkgerechte Konstruktion und Gestaltung. Natursteine wurden bevorzugt. Auch diese Anregung soll, so gab Todt vor, von Hitler persönlich ausgegangen sein. [63] Natursteine entsprachen in ihrer monumentalen Form eher der Forderung, daß alle Bauten Sinnbilder der Ewigkeit und Denkmäler des Führerglaubens zu sein hätten. Sie sollten auch dann noch ihren symbolischen Wert für das Dritte Reich besitzen, wenn der praktische nach Jahrhunderten verlorengegangen sein würde. Hitlers Motto, das er auf der Kulturtagung in Nürnberg am 11. 9. 1935 ausgegeben hatte, mußte auch für den Brückenbau gelten:

»Wir sind uns bewußt, daß die Kulturschöpfungen der Gegenwart besonders auf dem Gebiete der Baukunst, ebenso ewig sein sollen in der empfundenen Schönheit ihrer Proportionen und Verhältnisse wie zeitnah in Zweckerfüllung und materieller Berücksichtigung.« [64]

Viele Handwerker mußten für diese Brücken die alten Techniken des Steinhauens und Steinbauens erst wieder erlernen. Die Natursteinbetriebe hatten Hochkonjunktur. Ihre Zahl stieg zwischen 1932 und 1934 von 7748 auf 8451 bei einer Verdoppelung der Belegschaft auf 63724. Von Dr. Todt stammt die Unterscheidung in Brücken, »die dienen, und Brücken, die herrschen«. Die einen sollte der Autofahrer überhaupt nicht wahrnehmen, auf die anderen sollte er »vorbereitet« werden wie auf ein Kunstwerk. Todt machte den Ingenieuren klar, daß Brücken nicht beim Auflagepunkt oder beim Niederlager enden, sondern daß sie in den davor liegenden Gefällen oder Kurven anfangen und nach ihrer Überquerung weitergeführt werden müssen. [65]

Auf die »5% für Kunst«, die ihm der Reichssparkommissar zur Verschönerung der Autobahnbauten anbot, verzichtete Todt mit dem Hinweis, daß er den Ingenieurbau von vornherein so anlegen und ausbilden wolle, »daß man nichts weiter brauche«. Schönheit und Kunst waren für Todt nicht das Hinzugefügte wie die »additive Architektur« bei den Rheinbrücken um die Jahrhundertwende. Der bloße Ingenieurbau sollte schön sein – ohne Beiwerk und ohne Zierat. Deshalb gab es für Todt keine zu vernachlässigenden Nebensächlichkeiten. Über einen mangelhaften Wassereinlauf oder einen zementierten Vorkopf eines Bachdurchlasses konnte er sehr ungehalten werden:

»Und wenn wir den steingemauerten Vorkopf nur für die paar Bauern machen, die hier ihr Feld pflügen, diese werden daraus lernen, auch ihre kleinen Aufgaben anständig zu machen, und wenn es nur die Mauer um den Misthaufen ist; wir wollen die Menschen wieder zur Baukultur erziehen.« [66]

Todt forderte überall handwerklich und kunsthandwerklich gediegene Arbeit:

»Einzelheiten des Mauerwerks, wie die Stein- und Fugenbehandlung oder der Steinschnitt im Bogen und an den Pfeilerecken, die Geländerausbildung und die Gestaltung der Rastplätze verlangen eine ins Kleine gehende Sorgfalt und die Zuziehung hierfür befähigter Kräfte, wenn die Lösung auch im ganzen den Anspruch auf landwirtschaftliche Gebundenheit und handwerkliche Vollkommenheit erheben will.« [67]

Hitler war begeistert über das, was Todt zuwege brachte. Bei der Besichtigung der großen Bauwerke der Autobahnstrecke Dresden–Chemnitz–Meerane, die er am 25. 6. 1937 dem Verkehr übergab, sagte er:

»Das neue deutsche Reichsautobahnnetz ist nicht nur in der Anlage das Gewaltigste, was es in dieser Art auf der Erde gibt, sondern es ist zugleich das Vorbildlichste. Es wird mehr als alles Übrige mithelfen, die deutschen Gaue und Lande miteinander zu verbinden und in eine Einheit zu zwingen.

Diese Straßen werden niemals vergehen! Es ist etwas Großartiges und Wunderbares, in einer solchen Zeit leben und an einem solchen Werk mitarbeiten zu können!

Dieses Werk wird einmal jedem einzelnen Deutschen zugute kommen, ebenso wie dies bei der Eisenbahn der Fall war. Auf diesen Straßen wird sich in wenigen Jahrzehnten ein gewaltiger Verkehr abspielen, an dem das ganze Volk teilhaben wird.« [68]

Was Bonatz an der Seite Todts für den Brückenbau leistete, tat Seifert für die Landschaftsgestaltung. [69] Die glückliche Zusammenarbeit von Todt und Alwin Seifert, Dozent für Gartengestaltung an der Technischen Hochschule München, begann mit einem Brief Seiferts

vom 30. 11. 1933 an Todt, in dem er den Generalinspektor für das deutsche Straßenwesen vor den ingenieurtechnischen Unarten des Straßenbaus der vergangenen Jahre warnte. Todts Anwort vom 8. 12. 1933 enthielt den Satz:»Es freut mich, daß Sie die gleiche gesunde und natürliche Auffassung für die landschaftliche Gestaltung haben wie ich.« In den darauffolgenden Wochen besuchte Todt einige Vorlesungen Seiferts, bevor er zum erstenmal ein persönliches Gespräch mit ihm führte. Sie trafen sich in der Wohnung des Dozenten.
Todt hatte Kummer mit der Autobahntrasse München–Holzkirchen. Die Entwürfe hierzu stammten von Reichsbahnbeamten, von denen keiner je am Steuer eines Autos gesessen hatte, da ihnen Freifahrtscheine für die 1. Klasse aller Bahnen zustanden. Keiner von ihnen hatte je eine Straße gebaut. In ihren Kolleghelften von früher fanden sie, daß zu einer Straße ein Straßengraben gehörte: Also sahen sie Straßengräben für die Autobahnen vor. Todt wollte statt dessen Böschungen. Er wünschte »keine Gräben, wo sie entbehrt werden können. Gräben schneiden die Straße aus der Landschaft heraus. Es ist nicht wahr, daß Gräben ein unvermeidlicher Bestandteil der Straßen wären.« [70]
Bei Seifert fand Todt Unterstützung in seinen Bemühungen. Gemeinsam kämpften Todt und Seifert fortan gegen die Reichsbahningenieure um Schwingungen in der Kurvenführung, um eine richtige Mutterbodenbewirtschaftung, um die Wiederherstellung aufgerissener Waldränder und um geeignete Blendschutzpflanzungen. Am 17. 1. 1934 begründete Seifert in einem Vortrag vor den Leitern der Obersten Bauleitungen seine – und Todts – Ansichten. Er sprach von der landschaftlichen Eingliederung der Autobahnen, von ihrem Einschmiegen in die Landschaft durch entsprechende Linienführung und Bauausführung. Seifert erreichte, daß jede Oberste Bauleitung einen Landschaftsarchitekten als Berater bekam, der schon bei der Trassierung mitarbeiten sollte. Diese Männer wurden »Landschaftsanwälte« genannt.
Zu seinem 50. Geburtstag erhielt Seifert von Todt später die Dienstbezeichnung »Reichslandschaftsanwalt des Generalinspektors für das deutsche Straßenwesen«. [71] Seine Arbeit wußte Seifert durchaus in die nationalsozialistische Ideologie einzuordnen, wenn es argumentativ nützlich war: Da das Ganze über dem Teil steht, rangiert die Landschaft vor der Technik; da das Volk über dem einzelnen steht und Gemeinsinn vor Eigennutz geht, darf die Landschaft als Besitz aller nicht von Verkehrswegen geschädigt werden. In den Autobahnen wurde seiner Ansicht nach bewiesen,

»daß das technische Bauwerk auch rein technisch erst vollkommen sein kann, wenn es einem Übergeordneten sich einfügt, wenn es in allem und jedem ein harmonischer Teil in der Landschaft wird, in die es hineingestellt wird.« [72]

Todt erwartete viel von Seifert und dessen Mitarbeitern. Gute Landschaftsanwälte, so meinte er, müßten in der Lage sein, durch den Straßenbau das Bild der Landschaft nicht nur zu erhalten, sondern es in seiner Wirkung noch zu steigern:

»Die Straße selbst soll schön sein in der gleichen Art wie die Landschaft, die sie umgibt. Aus diesen beiden Grundsätzen ergeben sich die Forderungen, die hinsichtlich der technischen Gestaltung sowie der Bepflanzung der Reichsautobahnen zu stellen und zu erfüllen sind.
Dämme und Einschnitte sind mit weichen Ausrundungen in das Gelände überzuführen. Straßengräben sind möglichst zu vermeiden. Zur Bepflanzung sind nur bodenständige Pflanzarten zu verwenden, d. h. Pflanzen, die ohne Zutun des Menschen von selbst wachsen und gedeihen. Die verschiedenen Gehölze, Gräser und Kräuter sind nach den Grundsätzen der pflanzensoziologischen Zusammengehörigkeit auszuwählen. Vorhandene größere Bäume und Sträucher sind möglichst zu erhalten. Mit Mutterboden und Rasen ist sorgfältig und haushälterisch umzugehen.
Zu beachten ist bei der Linienführung und Ausgestaltung der Straßen, daß stets die Räume der Landschaft zur Wirkung kommen und daß auch die Aufeinanderfolge der Landschaftsräume harmonisch und voller Rhythmus ist.
Besondere Sorgfalt erfordert die Ausgestaltung von Rast- und Parkplätzen an Straßen und Autobahnen. Rastplatz mit Ausblick und Abstellplatz für Wagen sind dabei möglichst zu trennen.« [73]

Bei allen diesen Maßnahmen hatte Todt eine Fülle von Widerständen zu überwinden. Vieles gelang ihm durch Überzeugung. Anderes mußte durch Weisungen erreicht werden. In ganz krassen Fällen griff Todt sogar zur Gesetzesinitiative. 1936 setzte er z. B. Schutzwaldungen in einer Breite von 40 m beiderseits der befestigten Fahrbahn mit Gesetzeskraft durch. [74] Selbst in den eigenen Reihen hatte Todt nicht nur Anhänger. Viele Autobahningenieure konnten die kostspieligen landschaftstechnischen Neuerungen nicht begreifen. Sie hielten sie für übertrieben, wenn nicht für überflüssig. So wie die Ingenieure sich über den Landschaftsgestalter Seifert gelegentlich ärgerten, so ließ auch Seifert hin und wieder seinem Unmut über die Ingenieure freien Lauf. Als er bei einem Vortrag in Karlsruhe im Januar 1936 die Technik als solche beschimpfte und daraufhin Juristen und Verwaltungsbeamte seine Argumente als Munition für ihren Kampf gegen die Techniker benutzten, wies Todt seinen Mitarbeiter deutlich zurecht. Am 31. 1. 1936 schrieb er an Seifert, daß er sich in keinem der Vorträge mehr gegen den Ingenieur als solchen wenden dürfe. Seifert solle nicht über seinen »Waffenbruder« lästern. Wenn das noch einmal vorkomme, dann müsse er sich selbst angegriffen fühlen und Seifert undankbar heißen. »Denn nicht Sie sind zu mir gekommen, um mich auf Fehler der Technik aufmerksam zu machen, sondern ich habe mir einen Helfer gesucht, der mich in meinen Gedanken unterstützt und habe den Weg zu Ihnen gefunden.« [75]

Die Beziehungen zwischen den Oberbauleitern und den Landschaftsanwälten waren 1936 auf einem Tiefpunkt. Es gab Rivalitäten. Die Ingenieure wehrten sich, den Waldrand bis an die Straße heranzuziehen und die Bepflanzung der Mittelstreifen so eng durchzuführen, wie es die Landschaftsschützer wollten. Todt beklagte sich bei Seifert, »daß ein Teil der Landschaftsanwälte leider aber Dogmatiker einer starren Lehre geworden sind, denen das Pflanzen an sich wichtiger ist als das Pflanzen an der Autobahn«.

Er befahl, die Bepflanzungen »auf ein Drittel bis ein halb« des Bisherigen einzuschränken. Um die große Linie der Reichsautobahnen herauszustellen, forderte er an einigen Strecken sogar Entpflanzungen. Drei Millionen Pflanzen auf 1000 km Autobahn mußten genügen. [76] Von Seifert verlangte Todt am 9. 6. 1937, eine Reihe von Landschaftsanwälten zu entlassen. Die Erziehung der Ingenieure »zum landschaftsverbundenen Bauen« sei gelungen. Deshalb müßten diese jetzt bestimmen können, wie die Landschaftsgestaltung an den Autobahnen auszusehen habe.

Seifert antwortete am 19. 6. 1937 mit einem empörten Aufschrei. Er verteidigte vehement die Arbeit seiner Kollegen und lieferte Todt Beispiele von Entscheidungen, für die er beschimpft worden sei, in denen er aber schließlich recht behalten habe. Er verwies darauf, daß die Führungsrolle der Deutschen beim ›Internationalen Kongreß der Gartenarchitektur‹ in Paris anerkannt worden sei. An den Schluß stellte er zwei warnende Sätze: »Es war für mich immer selbstverständlich, zu Ihnen und Ihrem Werk zu halten. Aber über allem steht mir die Treue zur Heimat.« [77] Trotz solcher Meinungsverschiedenheiten dauerte die Zusammenarbeit Todts mit Seifert bis zur Einstellung des Autobahnbaus im Krieg.

Einen unerwarteten Förderer seiner landschaftsgestalterischen Vorstellungen fand Todt im Reichsbauernführer und Reichsminister für Ernährung und Landwirtschaft Walter Darré. Als Todt mit ihm am 24. 10. 1935 über die Bepflanzungsgrundlagen an den Reichsautobahnen sprach, stimmte dieser uneingeschränkt zu. Darré sagte, »daß er seit Jahren den Bauern klarzumachen versuche, daß der Baum – selbst wenn er den Acker beschattet – nicht der Feind des Bauern sei und daß

120     *Fritz Todt*

nicht nur der Obstbaum dem Bauern Nutzen bringe, sondern auch der Baum, in dem die Vögel nisten, und der, wie die Linde, den Bienen Honig gibt. [78]

Auch der Reichskommissar für den Arbeitsdienst, Staatssekretär Konstantin Hierl, war nicht abgeneigt, sich Todts Prinzipien für die Arbeit des Freiwilligen Arbeitsdienstes zu eigen zu machen. Er akzeptierte Todts Vorschlag vom 23. 6. 1934, den Landschaftsgestaltern der Reichsautobahn die Möglichkeit zu geben, bei Führerschulungen des Arbeitsdienstes, »auf die Gesichtspunkte aufmerksam zu machen, die bei Bauwerken aller Art, die in die Natur einschneiden, zu berücksichtigen sind«. Als Seifert am 6. 11. 1935 einen Aufsatz mit dem Titel »Gefährdung der Lebensgrundlagen des Dritten Reiches« an Todt schickte und auf die landschaftszerstörenden Eingriffe des gegenwärtigen Wasserbaus hinwies, erklärte sich Todt bereit, die Ausführungen mit einem Begleitschreiben an alle zuständigen Stellen, auch an den RAD, zu schicken. [79]

## Finanzierung

Die Finanzierung des Reichsautobahnbaus erfolgte aus öffentlichen Mitteln. Es handelte sich um ein riesiges staatliches Investitionsprogramm zur Ankurbelung der Wirtschaft und zur Beseitigung der Arbeitslosigkeit, das auf Erfolg ausgelegt war und das beim Scheitern nicht nur die staatlichen Finanzen ruinieren konnte, sondern auch die verantwortliche Regierung stürzen mußte. Das Programm war zwar devisenunabhängig – alle benötigten Rohstoffe und Werkzeuge waren vorhanden –, aber ohne die propagandistische Mobilisierung der Bevölkerung nicht durchführbar.

Die Finanzierungspläne wurden zwischen Todt und dem Reichsminister der Finanzen Schwerin von Krosigk ausgehandelt. Dabei konnte auf Planungen aus der Weimarer Republik zurückgegriffen werden. Das Grundkapital der ›Gesellschaft Reichsautobahnen‹ bestand in einer Einlage der Deutschen Reichsbahn-Gesellschaft in Höhe von 50 Millionen RM. Der Bilanzteil dieser Summe betrug am Schluß des Autobahnbaus nur knapp 1% des investierten Kapitals. Den Hauptbeitrag leistete die Reichsanstalt für Arbeitsvermittlung und Arbeitslosenversicherung aus den infolge der Konjunkturbelebung nicht benötigten Arbeitslosenversicherungsbeiträgen, der am 31. 3. 1945 rund 73,5% der gesamten Kreditverpflichtungen ausmachte. 19,3% der Baukosten wurden in der Hauptsache durch eine Sonderrückstellung abgedeckt, die am 31. 3. 1944 1,019 Milliarden RM betrug. Die Saldenbilanz des Unternehmens ›Reichsautobahnen‹ vom 31. 3. 1945 wies als letzten Schuldenstand 4,564 Milliarden RM aus. Als 1936 feststand, daß Gebühren für die Benutzung der Reichsautobahn nicht erhoben würden, wurde die Finanzierung auch durch eine Erhöhung der Benzin-, Benzol- und Gasölzölle gefordert. [80]

Vom Baubeginn 1933 bis zum Beginn des Zweiten Weltkriegs wurden insgesamt 4,19 Milliarden RM ausgegeben. Als der Bau der Autobahnen 1942 eingestellt wurde, betrugen die Zahlungen 5,24 Milliarden RM. [81]

Das deutsche Bankenwesen unterstützte die Autobahnfinanzierung. Die Vorfinanzierungs- und Entschädigungsgeschäfte ermöglichten gewaltige Zinsprofite. [82]

Der Haushalt des Generalinspektors für das deutsche Straßenwesen war ein Teil des Haushalts der Reichskanzlei. Die Erweiterung der Zuständigkeit Todts für alle Straßen des Deutschen Reiches einschließlich der Straßen in den 1938 und 1939 dazugekommenen Reichsgebieten, führte zu einer dauernden Steigerung der jährlichen Haushaltsforderungen. Für das Haushaltsjahr 1939/40 beantragte Todt wie im Vorjahr 192,835 Millionen RM. Für die Ostmark forderte er eine nachträgliche Bewilligung von 70 Millionen RM. 30 Millionen RM sollten hinzukommen, um das stark vernachlässigte Straßennetz der sudetendeutschen Gebiete instand zu setzen. Der Titel 32 für die Reichsautobahnen sollte von 8 Millionen auf 16 Millionen RM aufgestockt werden, damit die Autobahnzubringer gebaut und das Sudetenland und die Ostmark in den Autobahnbau einbezogen werden könnten. Zum Ausbau von Landstraßen wurden statt 20 Millionen 30 Millionen RM beantragt, damit der unter dem Durchschnitt liegende Zustand der Landstraßen in Österreich und im Sudetenland den deutschen Verhältnissen angeglichen werden könnte. [83]

Zum Haushalt 1941 des Generalinspektors für das deutsche Straßenwesen verlangte der Reichsfinanzminister eine Sonderbegründung wegen der rapide steigenden Ausgaben. Sie wurden im wesentlichen mit der Eingliederung neuer Gebiete in Todts Zuständigkeitsbereich gerechtfertigt. Auch die Besetzung Frankreichs und die »noch bevorstehende Auseinandersetzung mit England« habe eine Unmenge neuer Aufgaben gebracht. Dazu gehörte der Einbau von Fernkampfbatterien an der Kanalküste, der Ausbau von Häfen an der Westküste, der Bau von Treibstoffbehältern usw. In Dänemark und Norwegen mußten Befestigungen zur Abwehr englischer Angriffe erbaut werden. Aufgrund des deutsch-rumänischen Abkommens vom 27. 11. 1940 wurde das rumänische Straßennetz zur Vorbereitung des deutschen Aufmarsches im Südosten ausgebaut. Mit den gleichen Ingenieuren waren im Auftrag des Reichsmarschalls zwei große Ölleitungen zu bauen. Dazu kam der Ausbau von Marinestützpunkten am Schwarzen Meer. Schließlich habe er »schon jetzt den Ingenieureinsatz in den Kolonien vorbereitet«.

Für das Rechnungsjahr 1941 wurden erstmalig die Haushalte des Reichsministers für Bewaffnung und Munition (Einzelplan XXVI), des Generalinspektors für das deutsche Straßenwesen (Einzelplan I) und des Generalbevollmächtigten für die Regelung der Bauwirtschaft (Einzelplan XXIII) zu einem Gesamthaushaltsplan (Einzelplan XXVI) vereinigt, um »eine zeitraubende und schwierige Verteilung der anfallenden Einnahmen und Ausgaben nach der früheren Trennung zu vermeiden«.

Der ordentliche Haushalt 1941 hatte ein Volumen von 191,4 Millionen Reichsmark und der außerordentliche Haushalt betrug 446 Millionen Reichsmark. [84]

## Wirkung im Ausland

In den dreißiger Jahren gehörte die Besichtigung der Autobahnen zum touristischen Programm aller ausländischen Besucher in Deutschland. Ihnen auf dem Fuße folgten die Journalisten von Tageszeitungen und Magazinen. Alle Berichte waren voll des Lobes [85], so daß auch die Fachleute sich veranlaßt sahen, die Autobahnen in Augenschein zu nehmen.

Erstmals erläuterte Todt vor ausländischen und inländischen Fachleuten auf der Bautagung der Leipziger Messe am 28. 8. 1933 den Autobahngedanken. Den Zweiflern unter den deutschen Bauunternehmern sprach er Mut zu. Er bat sie,»ihre Zweifel und Bedenken fallenzulassen und mit Glauben und Zuversicht ihre Unternehmungen für die kommenden Aufgaben zu rüsten«. [86]

Während des VII. Internationalen Straßenkongresses in München und Berlin vom 3.–19. 9. 1934 wurden für die Teilnehmer fünf große Besichtigungsreisen durch Deutschland organisiert. 2300 Gäste, darunter 1200 Ausländer aus ingesamt 54 Staaten, folgten der Einladung. Als Präsident des Kongresses stellte Todt in seiner Rede über die »Geschichtliche Bedeutung des Straßenbaus« seine Vorstellungen vom Autobahnbau ebenso zur Diskussion wie in der gleichzeitig durchgeführten Internationalen Straßenbauausstellung. [87] 550 ausländische Kongreßteilnehmer nahmen am 7. 9. 1934 am »Amtswalterappell des Reichsparteitages« in Nürnberg teil. Am 14. 9. 1934 veranstaltete Todt für ausländische Regierungsvertreter einen Zeppelinflug über die Autobahnbaustellen.

Das im Rahmen der »Internationalen Automobil- und Motorradausstellung Berlin 1935« am 18. und 19. Februar veranstaltete Treffen der Straßenbauer und Straßenbenutzer wurde von Todt eröffnet. In seiner Rede interpretierte er den Straßenbau als »Bestandteil des großen Motorisierungsprogramms des Führers«. [88]

An der Ausstellung über den Straßenbau, die am 7. 9. 1935 in Warschau eröffnet wurde, beteiligte sich der Generalinspektor mit einer Sonderschau über das deutsche Straßenbauprogramm und die deutsche Baumaschinenindustrie.

Als im Januar 1936 die Reichsstraße München-Garmisch zu den Olympischen Winterspielen eröffnet wurde, lobten die ausländischen

Gäste die Straße als Vorbild einer Verkehrsführung ohne Bahnübergänge und Ortsdurchfahrten.

Im Herbst 1935 wurde die Reichsautobahnstrecke Frankfurt–Heidelberg für den Motorsport freigegeben. Am 23. und 24. 3. 1936 stellte Hans Stuck sechs neue Autoweltrekorde auf, die die Aufmerksamkeit der internationalen Automobilindustrie auf den deutschen Straßenbau zog. Auf der gleichen Strecke erreichte im darauffolgenden Jahr Bernd Rosemeyer mit einem Auto-Union-Fahrzeug fünf internationale Klassenrekorde und einen Weltrekord. Er fuhr Geschwindigkeiten bis fast 400 Stundenkilometer. [89] Auch britische Motorsportler benutzten die Autobahnstrecke für ihre Rekordversuche, z. B. Fernihough und Gardner. Bis Mitte 1937 wurden hier 27 Weltrekorde und 35 internationale Klassenrekorde aufgestellt. Damit »auch der letzte Schnelligkeitsrekord einmal in Deutschland gefeiert werden« könne, gab Todt den Auftrag, auf der Strecke Berlin-Danzig einen weiteren Abschnitt vorzusehen, der dafür geeignet war. [90]

Die Straßentagung vom 16.–27. 9. 1936 in München war mit zahlreichen Besichtigungsprogrammen, einer Baumaschinenschau und einer Kunstausstellung gekoppelt, auf der etwa 300 Maler Szenen aus dem Straßenbau zur Würdigung des Bauarbeiters, des Ingenieurs und der nationalsozialistischen Technik ausstellten. [91]

Den II. Internationalen Kongreß für Brücken- und Hochbau vom 1. bis 11. 10. 1936 mit 1400 Teilnehmern benutzte Todt als Präsident der Veranstaltung zu einer Leistungsschau des Autobahnbrückenbaus. Zwischen dem ersten Teil in Berlin vom 1.–7. 10. 1936 und dem zweiten Teil in München vom 11. 10. 1936 führte er die Gäste über Dresden und Bayreuth von Bauwerk zu Bauwerk, um ihnen die neue Kunstauffassung des deutschen Brückenbaus nahezubringen. In den Schluß- und Dankesansprachen der ausländischen Teilnehmer kam immer wieder zum Ausdruck, »daß sie weit über das wissenschaftliche Ergebnis der Tagung hinaus ein starkes Erleben vom neuen Deutschland und seiner zielbewußten Arbeit gewonnen hatten«. [92]

Die Teilnehmer des vom 31. 5. bis 7. 6. 1937 in Deutschland stattfindenden Kongresses der Union Internationale des Organs Officiels de Propagande Touristique wurden über die Reichsautobahn München-Salzburg und über die Deutsche Alpenstraße geführt, damit sie den »Verkehrscharakter der neuen deutschen Straßen« kennenlernen konnten. [93]

Besonders eng entwickelten sich die Beziehungen Todts zu den Briten. Im Sommer 1937 besichtigten 224 Fachleute, Parlamentsabgeordnete und Journalisten aus England unter Todts Führung die Autobahnen und ihre Baustellen. Der Dolmetscher Paul Schmidt, der ihnen zuge-ordnet wurde, beschreibt in seinem Buch »Statist auf diplomatischer Bühne« die Besichtigung mit dem Zeppelin als eine atmosphärisch wohltuende Abwechslung. [94] Die jubelnde Resonanz der Delega-tionsberichte in der britischen Presse veranlaßten den englischen Verkehrsminister Leslie Burgin, im Januar 1938 nach Deutschland zu kommen. Ihm folgten im Juni 1938 der Staatssekretär Leonhard Browett und der Unterstaatssekretär Austin Hudson. Im August 1938 wurden die britischen Autokorrespondenten über die Reichsautobah-nen geführt. Im Oktober 1938 kam erneut eine britische Delegation von 80 Ingenieuren zum Studium der Autobahnen nach Deutschland. [95]

Seit 1934 stand Todt mit schwedischen Straßenbauern in Verbindung. Besonders interessierten ihn die dortigen Betonstraßen, »die mit langsam absetzenden Zementen gebaut wurden und bei denen die Querfugen nicht wie bei uns in Abständen von 10 m, sondern nur in Abständen von 30–50 m nötig werden«. [96]

Der Chef des amerikanischen Straßenwesens MacDonald war 1936 zu einem Besuch in Deutschland und bekam die Autobahnbaustellen gezeigt. Im Anschluß an den Internationalen Straßenkongreß in Den Haag 1938 lud Todt ihn wiederum zur Besichtigung der Autobahnen ein. Der Gast besuchte Baustellen in Süddeutschland und der ange-gliederten Ostmark und nahm am »Fest der Deutschen Kunst« anläß-lich der Einweihung des Münchner »Hauses der Deutschen Kunst« teil. [97]

Bei der Straßenbautagung, die von Todt am 15. 9. 1938 in der Kon-greßhalle des Ausstellungsparks in München eröffnet wurde, waren unter den 2000 Anwesenden auch 200 ausländische Besucher. [98]

In der Zeit vom 15.–26. Oktober 1938 bereiste eine Delegation polni-scher Planungsingenieure und Fremdenverkehrsfachleute auf Einla-dung Todts Deutschland. Sie lernten die Großglocknerstraße, die Deutsche Alpenstraße und die Reichsautobahnen ebenso kennen wie allgemeine Verkehrseinrichtungen im Alpenland. [99]

Alle die genannten fachlichen Kontakte zum Ausland kamen ohne Mitwirkung des Reichsministeriums für Propaganda und Volksaufklä-rung zustande. Ihr Ergebnis war jedoch ganz im Sinne von Goebbels, weil mit vorzeigbaren technischen Leistungen die Schwachpunkte der deutschen Politik verdeckt werden konnten. Das Ausland ließ sich über den Charakter des Nationalsozialismus täuschen.

## Autobahnpropaganda

Unmittelbar nach der Machtübernahme Hitlers begonnen, waren die Autobahnen bald so etwas wie das Symbol für den Aufstieg des neuen Reiches. Mit ihnen glaubte man, den Gegensatz zur Weimarer Republik deutlich machen zu können. Zahlenspiele halfen dabei. Die 3,5 Milliarden RM, die für den Bau vorgesehen waren, waren angeblich genau die Summe, die zwischen 1926 und 1933 für den Bau von Staats- und Bezirksstraßen ausgegeben worden war. Sie entsprachen auch der Höhe der Arbeitslosenunterstützung, die bis 1939 fällig gewesen wäre, wenn die Arbeitslosigkeit nicht durch dieses Projekt und andere Vorhaben abgebaut worden wäre. [100]

Die Reichsautobahnen wurden in der nationalsozialistischen Propaganda »Straßen des Führers« genannt. Die Legende, daß Hitler autogerechte Verkehrswege schon in der Kampfzeit skizziert habe, stammt von Julius Streicher. Dieser erzählte:

»Es war nach seiner Entlassung aus der Festungshaft in Landsberg. Wir saßen irgendwo in der Hauptstadt der Bewegung mit dem Führer beisammen und hörten ihn von Dingen sprechen, die uns die Zukunft bringen würde. Da sprach er auch von seinen Straßen, die er einmal in Deutschland bauen wolle.« [101]

Für Goebbels war diese Episode ein weiterer Beweis für die zukunftsweisenden Visionen Hitlers. In folgender Ausschmückung kam sie in die Propaganda:

»Während der Zeit seiner Haft, als seine Bewegung zerschlagen war, als seine Gegner ihn selbst für vernichtet hielten, als er das Buch der Deutschen schrieb, schlug er auch die Karte unseres Vaterlandes auf seinen Knien auseinander und zeichnete in sie hinein seine Reichsautobahnen: So werden sie laufen! Da kaum noch einer an ihn glaubte, glaubte er so fest an sich und seine Aufgaben und bereitete alles vor. Und mit nur kleinen Abweichungen, sagte der Generalinspektor, bauen wir sie nun so.« [102]

Todt deckte diese Führerlegende mit der Kraft seiner Person in der Öffentlichkeit. Im kleinen Kreis soll er jedoch zugegeben haben:

»Nicht auf meinem Mist gewachsen – dieses Märchen, daß der Führer auf den Gedanken gekommen sei, die Autobahn zu bauen. Zerstören wir nicht die Legende des Reichspropagandaministers . . . Es darf heute und in Zukunft keineswegs der Eindruck entstehen, daß ich die Autobahnen gebaut habe. Sie haben einzig und allein als die Straßen des Führers zu gelten . . . .« [103]

In allen Veröffentlichungen zum Autobahnbau, auch in offiziösen

Schriften, verfolgte Todt die Linie, daß die Autobahnen »der persönlichen Anregung des Reichskanzlers zu verdanken« seien. [104] Ebenso taktierte er in seinen Reden, wenn er auf den Ursprung des Autobahnbaus zu sprechen kam. Vor der Hauptversammlung der Deutschen Gesellschaft für Mineralölforschung verpflichtete er die Anwesenden auf das Programm der Reichsautobahnen,

»das als ureigenste Idee des Kanzlers im Laufe vieler Jahre entstanden war, auf den vielen langen Fahrten, die der Kanzler während der Parteizeit auf den deutschen Landstraßen zurückgelegt hatte.« [105]

In seinem Bericht über den »Bau und Verkehr auf den Straßen Adolf Hitlers« beim Nürnberger Parteitag 1937 nannte er die Autobahnen »ein Denkmal des Glaubens« an Adolf Hitler und »Wirklichkeit gewordene Gedanken unseres Führers«. [106] Todt wehrte sich dagegen, wenn er als der Ingenieur der Autobahnen gefeiert wurde. Sie waren stets »das große Werk des Führers« und nicht seines. [107] Wider besseres Wissen behauptete er steif und fest:

». . . der Führer selbst war es auch, der schon zu einer Zeit, da er als Festungshäftling in Landsberg saß, dieses kühne Konzept entwickelt hatte.« [108]

In der »Rundschau Deutscher Technik«, der Wochenzeitung des NSBDT, konnte man 1939 lesen:

»Es ist eine historische Tatsache, daß dem Führer bereits vor der Machtergreifung als unbedingtes Leitziel für seine Idee eines deutschen Autobahnnetzes die bestmögliche Einigung der deutschen Stämme und Landschaften vorschwebte, die auch nicht annähernd so gut durch die Eisenbahn wie durch den in höchstem Maße volkstümlich werdenden Kraftwagen zu erreichen sein würde.« [109]

Diese propagandistischen Irreführungen dienten nicht nur dazu, den Ruf des »Führers« zu heben, sondern auch dazu, die Leistungen der HAFRABA, einer Organisation der Weimarer Republik, vergessen zu machen.

Hitler selbst beanspruchte nie, der Schöpfer der modernen Autobahnen zu sein. Als er das Buch »Mein Kampf« schrieb, erkannte er nur die Möglichkeit, durch Verkehrsverbindungen den Zentralismus zu fördern und den Föderalismus ad absurdum zu führen: »Der moderne Verkehr, die moderne Technik läßt Entfernung und Raum immer mehr zusammenschrumpfen.« Es sei heute, so meinte er 1924, nicht schwieriger, einen Staat wie Deutschland zu verwalten als eine Provinz wie Preußen vor 120 Jahren zu leiten. Er machte sich über die Parteien der Weimarer Republik lustig, die mit Phrasen für den deutschen Föderalismus und gegen den »Raub von Hoheitsrechten« kämpften, obwohl jeder erkennen müßte, daß »ein kraftvolles nationales Reich, das die Interessen seiner Bürger nach außen in höchstem Umfang wahrnimmt und beschirmt«, nur ein zentralistisches Reich sein könnte. [110]

Der Gedanke des Autobahnbaus wurde in den letzten Jahren der Weimarer Republik an Hitler herangetragen. Auch in der Presse wurde der Straßenbau als eine Maßnahme zum Abbau der Arbeitslosigkeit immer wieder erwogen. Es war deshalb nichts Besonderes, daß Hitler dem Vernehmen nach bereits in der ersten Kabinettssitzung Anfang Februar 1933 von einem Netzwerk von Autobahnen in Deutschland geredet haben soll. [111] Er habe unter anderem geschwärmt, wie schön es wäre, wenn die Arbeiter ihren Sonntagsausflug im Auto machen könnten und nicht in überfüllten Zügen nach Hause zurückkehren müßten. [112] Bei der Eröffnung der Internationalen Automobil- und Motorrad-Ausstellung am Kaiserdamm in Berlin am 11. 2. 1933 – es war das erste Mal, daß ein Reichskanzler anwesend war – erklärte Hitler, daß er das Auto aus der Bindung an die Eisenbahn herausnehmen und es parallel zum Flugzeug entwickeln wolle und daß er im Rahmen des Aufbauprogramms der deutschen Wirtschaft die »Inangriffnahme und Durchführung eines großzügigen Straßenbauplanes« beabsichtige. [113] Am 1. Mai 1933, am »Tag der deutschen Arbeit«, griff Hitler während seiner Rede auf dem Tempelhofer Feld den Gedanken eines neuen Straßenverkehrsnetzes wieder auf:

»Wir werden große öffentliche Programme noch in diesem Jahr zu verwirklichen uns bestreben, in erster Linie ein Riesenprogramm, das wir nicht der Nachwelt überlassen wollen, sondern das wir verwirklichen müssen, ein Programm, das wohl Milliarden erfordert: das Programm unseres Straßenneubaus, eine gigantische Aufgabe.« [114]

Als Hitler am 23. 9. 1933 mit dem ersten Spatenstich bei Frankfurt den Autobahnbau eröffnete, prophezeite er:

»Wir stehen heute am Beginn einer gewaltigen Arbeit. Sie wird in ihrer Bedeutung nicht nur für das deutsche Straßenwesen, sondern in weitestem Sinne für die deutsche Wirtschaft erst in späteren Jahrzehnten vollständig gewürdigt werden . . . Gehen Sie jetzt zur Arbeit! Der Bau muß heute beginnen. Das Werk nehme seinen Anfang! Und ehe wieder Jahre vergehen, soll ein Riesenwerk zeugen von unserem Dienst, unserem Fleiß, unserer Fähigkeit und unserer Entschlußkraft. Deutsche Arbeiter, ans Werk!« [115]

Bei der Eröffnung des Autobahnabschnittes München-Salzburg sprach Hitler am 23. 3. 1934 vom Beginn der zweiten Arbeitsschlacht. Die Rede endete mit dem Aufruf »Deutsche Arbeiter, fanget an!« Wie der Beginn der Arbeiten an den einzelnen Autobahnabschnitten wurde auch das Ende der Arbeiten jeweils mit propagandistischem Aufwand begangen. Wenn Hitler nicht anwesend war, kam zumindest Todt. Oft hielten die Gauleiter die Festreden. [116] Todt legte Wert darauf, daß bei allen Festlichkeiten die Bauarbeiter selbst in großer Zahl vertreten waren. Er wünschte, daß »die Träger der Bauleistungen« im Mittelpunkt stehen und an der nationalen Ehrung teilhaben sollten. Als der 1000. Kilometer der Reichsautobahn am 27. 9. 1936 für den Verkehr geöffnet wurde, fand am Anfang der Strecke Berlin-Breslau 4 km außerhalb von Breslau eine »Reichsveranstaltung« mit den Bauarbeitern statt. Am Vorabend der Feier in Breslau wurden in allen Baubetrieben der Reichsbahn – also auch an allen Autobahnbaustellen – Betriebsappelle durchgeführt, in denen die Arbeiter zur Erinnerung an das Ereignis eine Ansteckerkadel ausgehändigt bekamen. [117] Ein Kameradschaftsabend mit 2000 Betriebsführern und Gefolgschaftsmitgliedern im Berliner Theater des Deutschen Volkes in Anwesenheit der Reichsregierung war der Rahmen für die Feier des 2000. fertiggestellten Autobahnkilometers am 17. 12. 1937. [118] Am 16. 12. 1938, nach der Vollendung von 3000 Autobahnkilometern, lud Hitler auf Todts Empfehlung 3000 Arbeiter von allen Autobahnbaustellen zu einem Kameradschaftsabend nach Berlin ein, um sich bei ihnen stellvertretend für alle anderen zu bedanken für die »treue Einfügung in unsere große Volksgemeinschaft«. [119]

Wenn Todt bei solchen Festen das Wort ergriff, glitt seine sonst so nüchterne Sprache in das propagandistische Pathos jener Zeit ab. Sobald er den Boden der Tatsachen verließ, kam er ins Phrasendreschen. Im September 1933 skizzierte Todt bei der Eröffnung der Umgehungsstrecke um Opladen die »ideelle Bedeutung der Straßen für Volk und Heimat« mit folgenden Formulierungen aus dem Vokabular der Nationalsozialisten:

»Unserem nationalsozialistischen Wesen entspricht die neue Straße Adolf Hitlers: die Autobahn.
Wir wollen unser Ziel weit vor uns sehen! Wir wollen gerade und zügig dem Ziele zustreben! Durchkreuzungen überwinden wir, unnötige Windungen sind uns fremd! Ausweichen wollen wir nicht! Wir schaffen uns genügend Raum zum Vorwärtskommen, und wir brauchen eine Bahn, die uns gestattet, ein zu uns passendes Tempo genügend lange einzuhalten.
So bauen wir im Dritten Reich die Straßen, so erziehen wir die Menschen, so errichten wir das ganze nationalsozialistische Reich nach dem Willen und unter Führung Adolf Hitlers.« [120]

Am 5. 4. 1936, am ersten Sonntag nach der Reichstagswahl zur Bestätigung der Rheinlandbesetzung, als auf der Autobahn Berlin–Hannover das Teilstück zwischen Braunschweig und Lehrte dem Verkehr übergeben wurde, nannte Todt diese Freigabe die »erste Dankesleistung des deutschen Arbeiters an den Führer für seine Tat vom 7. März, durch die der Führer dem deutschen Volk die Ehre wiedergegeben hat«. [121] Als Hitler am Vorabend seines 50. Geburtstags die Ost-West-Achse vom Brandenburger Tor bis zum Adolf-Hitler-Platz in Berlin dem Verkehr übergab, formulierte Todt:

»Wenn wir auf den Reichsautobahnen, die sich heute schon durch alle deutschen Gaue ziehen, dahinfahren, wenn diese Straßen des Führers uns die Möglichkeit geben, die deutsche Landschaft zu sehen und in ihrem Rhythmus mitschwingend gleichsam über sie zu gleiten, dann verdanken wir das dadurch ausgelöste Gefühl der Lebensfreude der Leistung des Reichsautobahnarbeiters. Wir dürfen diese Leistung nie vergessen und müssen sie mit dem Danke froher Menschen lohnen.« [122]

Selbst auf der Mitgliederversammlung der Forschungsgesellschaft für das Straßenwesen am 28. 4. 1939 in Karlsbad kam er ins Schwadronieren:

»Wenn unsere Nachbarn und die Weltmächte sehen, daß Deutschland trotz seiner ungeheuren Leistungen auf rein rüstungsmäßigem Gebiete immer noch die Zeit und die Kräfte hat, kulturelle Baumaßnahmen durchzuführen, Autobahnen zu bauen, was sich kein anderes Land leisten kann, Kongreßhallen, Aufmarschplätze, Theater und vieles andere, und zwar in einer Intensität, mit einem Tempo und mit einer Entschlossenheit, als ob dieses die einzigen Aufgaben wären, so sieht die ganze Welt, daß die Arbeitskraft des deutschen Volkes noch ungeheure Reserven hat, die gegebenenfalls einmal vorübergehend ausschließlich für einen Zweck eingesetzt werden können.« [123]

Mitte der dreißiger Jahre kam für die Autobahnen der Name »Straßen des Friedens« auf. Der Ausdruck paßte nicht nur in die Friedenspropaganda Hitlers, sondern auch in die Propaganda gegen die Behauptung, die Autobahnen seien Aufmarschstraßen der neuen Wehrmacht. Todt selbst gab dem Ausdruck drei Nuancen: 1. Der Autobahnbau trägt zur Erhaltung des Friedens bei; 2. Die Autobahnen sind Verbindungslinien zu den Nachbarvölkern; 3. Autobahnen verhindern die Isolierung eines Staates. In seiner Ansprache zur Eröffnung des VII. Internationalen Straßenbaukongresses in München am 3. 9. 1934 erläuterte er die friedenserhaltende Funktion des Straßenbaus:

»Straßen sind ein Werk des Friedens, selbst wenn sie ursprünglich zu anderen Zwecken gebaut wurden. Die Friedensaufgabe einer Straße setzt sich über allen anderen Verwendungsmöglichkeiten immer wieder durch. Je mehr Länder Europas ihre haushaltsmäßig verfügbaren Mittel intensiv für den Bau von Straßen verwenden, je mehr die Industrie und die Arbeitskräfte in ganz großem Maß für eine derart friedliche Arbeit eingesetzt werden, je mehr Teile der Wirtschaft von einer derart friedlichen Arbeit leben, desto stärker wird im eigenen Land die Abneigung, diese friedliche Tätigkeit zu stören oder zu unterbrechen, desto stärker wächst im eigenen Land der Wille, die begonnenen Arbeiten bei einem langanhaltenden Bestand des Friedens weiterzuführen und zu vollenden.«[124]

Als er am 19. 12. 1933 bei klirrendem Frost in der Nähe von Elbing eine neue Autobahnstrecke zum Bau freigab, war die nationalsozialistische Prominenz zu Hause geblieben. Todt mußte also die Ansprache selbst halten. Dabei führte er erstmals in der Öffentlichkeit aus, daß die Autobahn den Sinn habe,»im Wirtschaftsverkehr mit den Nachbarn eine gemeinsame friedliche Zusammenarbeit zu fördern«. [125]

Todt war einer der wenigen führenden Männer des Dritten Reiches, der die völkerverbindende Kraft von Autostraßen erkannte und bejahte. Zur Eröffnung einer Straßenbauausstellung in Warschau schrieb er in seinem Grußwort:

»Wenn wir heute im Reiche nach einem großzügigen Plan Autobahnen bauen, so wissen wir, daß diese ihre Aufgabe erst dann voll erfüllen, wenn in den angrenzenden Ländern die Anschlüsse geschaffen worden sind und ein Netz von Autostraßen das europäische Festland überzieht.«[126]

Aus den Reihen der nationalsozialistischen Prominenz stieß Rudolf Heß in das gleiche Horn. Bei der Eröffnung des VII. Internationalen Straßenbaukongresses in München im September 1934 setzte er dieselben Akzente wie Todt, der ihm das Manuskript geschrieben hatte:

»Je mehr die großen Durchgangsstraßen der Nachbarländer zueinander in Einklang gebracht werden, um so mehr wird sich über die großen Straßen der Nationen im Reiseverkehr des Alltags bei wachsendem internationalen Verkehr auch eine wachsende Anerkennung der Völker untereinander ergeben.«

Die Bedeutung des deutschen Autobahnbaus »für das gegenseitige Kennenlernen und die gegenseitige Verständigung der Völker« stellte er in den Vordergrund seiner Ausführungen. [127]

Für Todt boten die Autobahnen außerdem die Möglichkeit, der wachsenden Isolierung des Reiches wenigstens äußerlich zu begegnen. Deshalb bemühte er sich immer wieder um die Propagierung des Autobahngedankens im Ausland. Er hielt viele Vorträge, in denen er für einen zeitgemäßen Straßenbau warb und die Vorteile der Weiterführung der deutschen Autobahnen über Anschlußstellen an den Grenzen darstellte. 1935 sprach er z. B. im Koloniaal Instituut in Amsterdam, im Dezember 1936 in Dänemark, im April 1937 in mehreren Städten Österreichs. Mit dem italienischen Straßenbauindustriellen Pietro Puricelli besprach er bei dessen Besuch in Berlin im Dezember 1936 den Plan einer durchgehenden Autobahnverbindung zwischen Berlin und Rom. [128] Nach der Besetzung Österreichs war der jugoslawische Minister für öffentliche Bauten Stochowitsch Gast des Generalinspektors. Im Mittelpunkt der Gespräche standen die Straßenanschlüsse an der neuen deutsch-jugoslawischen Grenze. [129] Zwischen dem 25. 7. 1933, als sich Todt erstmals der Presse stellte, und dem 14. 9. 1941, dem ersten Spatenstich für die Autobahn Deutschland-Dänemark in Fehmarn, hielt Todt insgesamt 287 Vorträge über Fragen seines Geschäftsbereichs. [130] An manchen Stellen wird deutlich, daß Todt den Krieg fürchtete, weil er alles zunichte machen würde, wofür er sich einsetzte. Am deutlichsten sprach er seine Ängste auf der 4. Reichstagung der Nordischen Gesellschaft am 21. 6. 1937 in Lübeck aus, als er die Pläne für einen die skandinavischen Länder und das Festland verbindenden geschlossenen Straßenzug davon abhängig machte,

»wie stark das Vertrauen der beteiligten Völker auf einen dauernden Frieden ist; denn solche über die Grenzen gehenden Kulturschöpfungen verlieren ihre Bedeutung, sobald der friedliche Kulturaustausch, dem sie dienen wollen, nicht mehr möglich ist«. [131]

Eine weitere propagandistische Bedeutung des Autobahnbaus lag in der vorgeblich idealen Bewältigung der sozialen Frage. Die Betreuung der Autobahnarbeiter galt als Beweis für die soziale Einstellung der Nationalsozialisten, insbesondere gegenüber den in den Autobahnlagern Untergebrachten. In allen Tageszeitungen und Zeitschriften erschienen Bildberichte [132] und Reportagen folgender Art, deren Text von Todt selbst stammt:

»Kehrt der Arbeiter nach hartem Tagewerk in das Lager zurück, hat er sich gewaschen und erfrischt und dann sein Abendbrot zu sich genommen, so stehen ihm im Gemeinschaftsraum Zeitungen und Zeitschriften, Bücher – ein jedes Lager hat seine eigene Bücherei –, Rundfunkgerät, Schach- und Brettspiele zur Verfügung. In den meisten Lagern sind auch Fußball, Boxhandschuhe und sonstiges Gerät für die Sportlustigen vorhanden.
Die NS-Gemeinschaft »Kraft durch Freude« in der Deutschen Arbeitsfront widmet sich mit besonderer Liebe den Reichsautobahnern. Tonfilmwagen und eine »Reichsautobahnbühne« mit guten Künstlern sind immer herzlich willkommen und gestalten einen wahren Feierabend. Das Amt für Reisen, Wandern und Urlaub zieht die Reichsautobahner bevorzugt zu verbilligten Urlaubsfahrten heran. Bei großen politischen Veranstaltungen stehen Abordnungen der Reichsautobahner mit an erster Stelle.« [133]

Die beabsichtigte Wirkung solcher propagandistischer Darstellungen bestand nicht darin, daß der Zulauf zu den Autobahnbaustellen zugenommen hätte, sondern darin, daß die Bürger des Dritten Reiches mit Stolz zur Kenntnis nehmen konnten, welche Leistungen das national-

sozialistische Deutschland im Gegensatz zur Weimarer Republik vor-
zuweisen hatte.
Das war nur möglich, weil Rentabilitätsgesichtspunkte in den Hintergrund traten. Für Todt waren die Autobahnen keine Wirtschaftspro-
dukte, sondern nationale Kunstdenkmäler. Sie durften nicht nach den
Gesichtspunkten des Rechnungshofs beurteilt werden. Zwar sei die
neue Bauweise kostspieliger, aber dafür bekomme »die Nation
Werke, die in Jahrhunderten, ja in Jahrtausenden noch ihren Zweck
erfüllen werden«. Todt fügte noch eine andere Erklärung hinzu,
nämlich,

»daß es auch in der Vergangenheit Zeiten gab, da mehr geschaffen wurde, als es der
rein materielle Zweck erforderte. Die Kulturdenkmäler, die uns vergangene
Jahrhunderte überlassen haben: Hellas, Rom, die Gotik, das Mittelalter usw., sie
sind, als sie entstanden, auch nicht dem reinen Rentabilitätsgedanken entsprun-
gen; und der Haushalt der damaligen Bauherren wäre wahrscheinlich auch ausge-
glichener gewesen, wenn diese Bauten nicht gebaut worden wären. Aber das
deutsche Volk, ja die ganze Menschheit, wäre heute ärmer um diese unvergängli-
chen Kunstwerke. Das Volk wird reicher um die kulturellen Werke, die geschaffen
werden und nicht ärmer durch ihren Bau. Auch in der Vergangenheit sind Werke
geschaffen worden, die in ihrer Größe durchaus gleich sind unseren heutigen
Werken. Ich verweise nur auf die großen Kirchenbauten, den Kölner Dom, das
Ulmer Münster. Das Ulmer Münster wurde in einer Zeit gebaut, da Ulm etwa 8000
Einwohner hatte. Es war also in der damaligen Zeit in seiner ganzen Anlage, in
seiner Planung viel zu groß. Der damaligen Zeit schienen diese Bauten mindestens
ebenso gewaltig wie in unserer Zeit die großen Planungen Adolf Hitlers. Schließlich kann ein Volk nicht nur nach Rentabilitätsgrundsätzen etwas unternehmen; es
muß auch auf andere Überlegungen Bedacht genommen werden.« [134]

Auch die bildende Kunst wurde in die Autobahnpropaganda einge-
spannt. Es erhielt der sachliche Realismus der Jahrhundertwende
neuen Auftrieb, wenn nun anstelle von Fabriken Autobahnbaustellen
gemalt wurden. Jetzt wurde nicht mehr der Fluch der Arbeit in öden
Fabrikhallen zum Ausdruck gebracht, sondern der »Adel der Arbeit«,
die Verherrlichung des nationalen Werkes: strahlende Gesichter von
Autobahnarbeitern mit Pike oder Schaufel, ein Wirrwarr von Kränen,
Baggern, Verschalungen, Pfeilern unter der Hakenkreuzfahne. Die
Politisierung der Kunst zeigt sich besonders deutlich in einer Darstel-
lung von Carl Theodor Protzen mit dem Titel »Baustelle Brücke in der
Holledau«. Die Inschrift des Bildrahmens lautet: »Rodet den Forst,
sprengt den Fels, überwindet das Tal, bezwinget die Ferne, ziehet die
Bahn durch deutsches Land.«
Die Tätigkeit der Arbeiter wurde als Erfüllung einer deutschen Sen-
dung interpretiert. [135] Ernst Vollbehr erhielt 1933 von Hitler den

Auftrag, unter der Betreuung von Todt »die friedliche Arbeitsschlacht im neuen Reich« in Bilddokumenten festzuhalten. Er schuf 200 Aquarelle von den Autobahnbaustellen und veröffentlichte sie unter dem Titel »Arbeitsschlacht – 5 Jahre Malfahrt auf den Bauplätzen der Straßen Adolf Hitlers«. Zu seinem 65. Geburtstag überreichte ihm Todt im Auftrag Hitlers das Kriegsverdienstkreuz mit Schwertern. [136] Todt war stolz, daß er dazu beigetragen hatte, daß die bildende Kunst sich des Themas Technik in so wohlwollender Weise annahm.

»Ich freue mich, daß die deutschen Künstler ein immer lebhafteres Interesse an der deutschen Technik nehmen. Die Zeit, da man in der Technik eine seelenlose Sache sah, ist ja Gottseidank vorüber, und ich bin fest davon überzeugt, daß Kunst und Technik in immer stärkerem Maße miteinander verschmelzen werden.« [137]

Über die Autobahnbauten erschienen in den dreißiger Jahren Hunderte von Publikationen. Nach der Fachzeitschrift »Die Straße« gab es Veröffentlichungen essayistischen Charakters, offiziöse Broschüren und Darstellungen Beteiligter. Fotobildbände gaben den Eindruck der neuen Straßen in der Landschaft wieder und vermittelten das Erleben der freien Natur vom Auto aus. Andere Aufnahmen stellten das Werk dar als sichtbaren Ausdruck »einer neuen Verbundenheit aller Gaue, einer neuen Gemeinschaft aller Deutschen« oder als »ein bleibendes Denkmal für die geschichtliche Größe der von Adolf Hitler vollbrachten Einigung«, wie Todt schrieb. [138]

## Autobahnen als Militärstraßen

Nach dem Zweiten Weltkrieg wurde der Bau der Autobahnen mit Vorliebe als Vorbereitungsmaßnahme für den Angriffskrieg interpretiert. [139] Zwar spielten bei allen Empfehlungen zum Bau von Autostraßen Anfang der dreißiger Jahre militärische Argumente eine Rolle, aber es handelte sich immer um die Vorteile für das im Versailler Vertrag genehmigte 100000-Mann-Heer. Eine Aufrüstung oder die Einführung der Wehrpflicht stand damals in weiter Ferne.

Auch Todt hatte in seinen Gutachten, die er als »Fachberater für Straßenbau« der NSDAP vorlegte, militärische Argumente einbezogen. Kurz zusammengefaßt lauteten sie: Die wachsende Motorisierung der Reichswehr sei ohne ein gutes Straßennetz sinnlos. Zur Grenzverteidigung müsse die Reichswehrführung in der Lage sein, Truppenteile schnell von Ost nach West und von Süd nach Nord (bzw. umgekehrt) zu verlegen. [140] Militärexperten waren jedoch bereits damals der Ansicht, daß solche Straßen vom kriegstechnischen Standpunkt aus wenig Vorteile brächten. Sie böten Fliegern die denkbar beste Orientierung, könnten feindlichen Armeen als Einmarschschneisen dienen und seien für Truppentransporte weit weniger geeignet als die Eisenbahnen. [141]

Auch nach der Machtübernahme durch Hitler vertrat das Heer die Auffassung, daß sich große Truppenverbände »erheblich schneller« durch Bahntransporte in die Aufmarschräume bringen lassen. General von Fritsch äußerte, nachdem er Oberbefehlshaber des Heeres geworden war:

»Je schneller eine motorisierte Division auf der Autobahn führe, desto größer müßten die Zwischenräume zwischen den Fahrzeugen sein, desto mehr Platz brauche sie auf der Straße. Eine schnell fahrende Division brauche eine Strecke von Berlin bis Halle für sich.« [142]

Bei der Chefbesprechung am 15. 6. 1933 erklärte der Reichswehrminister von Blomberg expressis verbis, daß er an der in Aussicht genommenen ersten Ausbaustrecke keinerlei militärisches Interesse habe. Er legte nur Wert auf den Einbau von Zerstörungseinrichtungen. Außerdem erbat er sich »einen Einfluß auf die Reihenfolge der Inangriffnahme des Baus der einzelnen Strecken«. [143] Die Befürchtungen der Streitkräfte gegenüber den Autobahnen waren größer als die Nutzungserwägungen.

Todt führte in den dreißiger Jahren mit den militärischen Stellen einen dauernden Kampf um die Linienführung der Autobahn, weil seine Trassen den Generalstäblern überhaupt nicht ins Konzept paßten. Zu den Planungen des Generalinspektors für das deutsche Straßenwesen gehörten z. B. die Autobahnstrecken von Köln nach Aachen, von Frankfurt über Mainz nach Saarbrücken und von Ludwigshafen über Kaiserslautern nach Saarbrücken. Die beiden letzteren waren im Hinblick auf die Abstimmung im Saargebiet vorgesehen, um die Rückgliederung und wirtschaftliche Umstellung des Landes zu erleichtern. Aus Gründen der Landesverteidigung wehrte sich das Reichswehrministerium »gegen jede Reichsautostraße westlich des Rheins«. Es wurde geltend gemacht,

»daß aller Voraussicht nach der Gegner ohne Kriegserklärung und ohne Mobilmachung mit seinen jederzeit bereiten Kraftfahrformationen in das Land östlich des Rheins einbrechen und versuchen würde, sich raschestens in den Besitz der Rheinbrücken zu setzen. Autobahnen in dem Einbruchsgebiet würden die Durchführung dieser Absicht ganz wesentlich erleichtern.« [144]

Erst als Todt die Militärs darüber informierte, daß beim Autobahnbau in der Pfalz mit größeren Kunstbauten zu rechnen sei, hatte das Reichswehrministerium ein Einsehen mit den Plänen, weil man glaubte, in einem Kriegsfall die Autobahnen durch rechtzeitige Zerstörung blockieren zu können. Als das gleiche Ministerium zwei Jahre später gegen die Führung der Schwarzwald-Hochstraße protestierte, weil der Verkehr auf den Schwarzwaldhöhen von den Franzosen eingesehen werden könnte, rechtfertigte sich Todt in einem Brief vom 21. 8. 1935 an den Reichskriegsminister von Blomberg:

»Die Straße wird als Straße des Friedens und für den Zustand des Friedens gebaut.«

Er bestand auf einer Trasse, »die dem späteren Benutzer eine schönere Aussicht bietet«. [145]
Wenn die Autobahnen der Vorbereitung eines Angriffskriegs nach Westen oder Osten dienen sollten, hätten nicht vorwiegend Nord-Süd-Bahnen gebaut werden dürfen wie die Strecken Ruhrgebiet-Köln-Frankfurt-Stuttgart-München-Salzburg oder Berlin-Leipzig-Nürnberg-München. Die einzige West-Ost-Linie vom Ruhrgebiet nach Berlin und weiter nach Stettin entstand mit zeitlicher Verzögerung. Als der Zweite Weltkrieg begann, waren nur die beiden Nord-Süd-Linien befahrbar. In den Ost-West-Verbindungen klafften Lükken. Außerdem endeten sie in Stettin, Frankfurt an der Oder und Breslau. Im Sinne einer militärischen Aufmarschstraße hätten jedoch

gerade diese unfertigen Strecken bevorzugt gebaut und bis zur polnischen Grenze durchgezogen werden müssen.

Auch im Ausland waren die Straßenbauexperten der Überzeugung, daß die strategische Bedeutung der Autobahnen hinter der ökonomischen rangierte. Während man wirtschaftsimperialistische Zielsetzungen nicht ausschloß, schätzte man den logistischen Nutzen für die Streitkräfte gering ein. [146]

Das Argument, »daß diese Straßen nach militärischen Gesichtspunkten angelegt werden«, wurde von den Beamten des Generalinspektors für das deutsche Straßenwesen hin und wieder gebraucht, um regionale Interessen an der Trassenführung zurückzuweisen. Auf der Reichsstatthalterkonferenz in Berlin am 28. 9. 1933 beschwerten sich die Gauleiter und Ministerpräsidenten, daß sie von Todt vor vollendete Tatsachen gestellt wurden und keinen Einfluß auf die Streckenauswahl hätten. In der Tat überspielte die GEZUVOR die Petenten im Einverständnis Todts in vielen Fällen mit dem Hinweis, daß »militärische Gründe Vorrang hätten«. [147] Wenn Hitler dem Reichskommissar für Arbeitsbeschaffung Günther Gereke im Februar 1933 wirklich erzählte, er werde »Straßen und Autobahnen unter strategischen Gesichtspunkten bauen«, [148] änderte dies an der Grundkonzeption des Autobahnbaus ebensowenig wie die Tatsache, daß gelegentlich bauliche Wünsche der Militärs berücksichtigt wurden, z. B. »daß bei Kreuzungen der Reichsautobahn mit Reichsstraßen und Landstraßen erster Ordnung, wenn beiderseitige Hochborde vorhanden sind, der Mindestabstand zwischen diesen auf 7,0 Meter bemessen wird«, oder daß das OKH an der Entscheidung beteiligt wurde, ob die in der Ostmark vorgesehene Trasse über den Paß Lueg-Werfen führen sollte oder über Abtenau, ob die wintersicherere Linie von Radstadt nach Klagenfurt über das Zederhaustal vorzuziehen sei oder ob das OKH besondere Wünsche habe, was die Strecke Radstadt-Liezen angehe usw. [149] Selbst noch nach dem Beginn des Zweiten Weltkriegs, als die militärische Argumentation zum guten Ton gehörte, konstatierte Todt, daß der Straßenbau erst »nach und nach... militärisch ausgerichtet wurde«.

Auch den Straßenbau im eingegliederten Österreich hielt er für unpolitisch und unmilitärisch. Er gehörte zu den »Maßnahmen friedlichen Aufbaus«. Als Beispiel erwähnte er die umfangreichen Entstaubungsmaßnahmen zur Hebung des Fremdenverkehrs. [150]

Etwas ganz anderes, was mit »friedlicher« Autobahnplanung nichts zu tun hatte, war der Auftrag Hitlers vom 12. 8. 1938 an Todt, die Straßen zur Tschechoslowakei in einen Zustand zu versetzen, der einen schnellen militärischen Aufmarsch ermöglichte. Für diese »neue zusätzliche Arbeit« benötigte er einige tausend Mann und Aufsichtskräfte, die er von den Autobahnbaustellen auf der Strecke Dresden-Görlitz-Breslau und vom Jura-Abstieg nördlich von Nürnberg abzog. [151] Im Dezemberheft 1938 der Zeitschrift »Die Straße« schrieb Waldemar Wucher einen Artikel mit dem Titel »Die Straßen Adolf Hitlers im 6. Jahr«, in dem er die Benutzung der Straßen durch die Wehrmacht bei der »Befreiung der Sudetendeutschen« rechtfertigte:

»Die Straßen Adolf Hitlers sind Straßen des Friedens. Aber selbstverständlich rollen auf ihnen auch die motorisierten Einheiten der neuen starken deutschen Wehrmacht, wenn es gilt, den Bestand und das Lebensrecht der Deutschen zu sichern.«

Auch Todt machte nach dem Ende des Polenfeldzuges im September 1939 kein Hehl daraus, daß die Autobahnen bei der Mobilisierung gegen Polen Vorteile boten:

»Für den raschen und reibungslosen Aufmarsch unserer Wehrmacht hat die kreuzungsfreie, zügige Linienführung den starken motorisierten Truppen viele Vorteile geboten, und besonders der Unterschied zwischen dem vorbildlichen deutschen Straßennetz und dem polnischen Straßennetz hat bewiesen, daß der deutsche Straßenbauer einen nicht unwesentlichen Beitrag zur Wehrhaftmachung des deutschen Volkes geleistet hat.« [152]

Mit Stolz gab er auf der Straßenbautagung Ende 1939 in München zu, daß die Straßen, die am Westwall und im Sudetenland gebaut worden waren, auch eine militärische Funktion hatten. Bei der Vorbereitung des Polenfeldzugs sei der gute Zustand der Aufmarschstraßen von großer Bedeutung gewesen. [153]
Da die Masse der Truppen im Zweiten Weltkrieg einschließlich der gepanzerten Verbände mit Eisenbahnzügen transportiert wurde, können Äußerungen von Militärs über den logistischen Wert der Reichsautobahnen höchstens für die erste Kriegsphase ernst genommen werden. Generaloberst Guderian schrieb z. B., daß er »die Segnungen der Reichsautobahn« bei der Einverleibung Österreichs, beim Einmarsch in das Sudetenland, bei der Besetzung der Tschechoslowakei, beim Beginn des Polenkrieges und beim Aufmarsch gegen Frankreich und Belgien genossen habe. »Welch eine Freude, innerhalb des Reichsgebiets zu marschieren!«, fügte er emphatisch hinzu. [154]
Es ist ein Unterschied, ob Straßen mit politischer Intention nach militärstrategischen Gesichtspunkten gebaut werden oder ob diese Straßen im Krieg von Militärkolonnen benutzt werden. Todts Autobahnen waren weder nach der Planung noch nach der Ausführung primär Militärstraßen. Todt konnte und wollte jedoch nicht verhin-

dern, daß sich die deutschen Militärformationen ihrer bedienten. Er war sogar stolz über jede Anerkennung seines Werkes von militärischer Seite. Am Beginn des Autobahnbaus standen solche Absichten nicht. Wer behauptet, die Autobahnen sollten nach der Planung »gegebenenfalls als Abschußrampen für schwere Artillerie und als Feldflughäfen für leichte Jagdverbände herhalten«, [155] begibt sich endgültig ins Reich der Phantasie.

Die militärstrategische Bedeutung der Autobahnen wurde von Todt erst in den Vordergrund gestellt, als nach dem Frankreichfeldzug im Sommer 1940 an den Autobahnen wieder verstärkt weitergebaut wurde. Bei der Architektentagung des Generalinspektors für das deutsche Straßenwesen auf der Plassenburg am 31. 8. 1940 gab Todt seinen Mitarbeitern bekannt, daß der Streckenbau wieder weitergehen würde. Im Krieg seien die Autobahnen nicht mehr in erster Linie »kulturell hochwertige Friedensstraßen«, sondern sie hätten nun der Rüstungsindustrie zum schnellen Gütertransport und der Wehrmacht zum Truppentransport zu dienen. Todt forderte in seiner Rede,

»daß nicht nur nach der materiellen Seite des Kraftwagens und Panzerwagens gerüstet wird, sondern daß auch durch die entsprechenden Verkehrswege die Voraussetzungen geschaffen werden, daß diese Armeen schnellstens von der einen Grenze des Reichs an die andere Grenze gelangen können«.

Das Oberkommando des Heeres plane, im Laufe der nächsten Jahre die Friedensgarnisonen der Panzerverbände so zu legen, daß sie in wenigen Nächten an den Grenzen aufmarschieren könnten. Nach dem Kriege werde man »einer Regierung, die sich zum Gegner entwickeln möchte«, gar nicht erst die Zeit geben, stark zu werden, sondern »mit einer Panzerarmee frühzeitig die Keime des vorbereiteten Angriffs« ersticken. Deshalb hätten die Autobahnen sowohl für die Rüstung im Krieg als auch für die Strategie nach dem Krieg »ihre große militärische Bedeutung erhalten«. Aber auch wenn die Autobahnen Straßen der Rüstung und der Wehrmacht würden, sollten sich die Autobahnbauer bemühen, in Harmonie mit der Natur zu arbeiten. Dies gelte auch für den Straßenbau in den besetzten Gebieten.

»Die Großzügigkeit und das Monumentale unserer Straßen liegt nicht in der Aufdringlichkeit eines Teilstücks, sondern sie wird in der Tatsache liegen, wonach man auf einem gleich gestalteten, harmonisch in der Natur liegenden, sich den einzelnen Landschaftsräumen anpassenden Straßenzug von Calais nach Warschau von Drontheim bis Klagenfurt fahren kann, wobei man die Vielgestaltigkeit dieses großdeutschen Raumes auf dieser Straße erleben und erkennen wird.«

Da die Dimensionen des Großdeutschen Reiches dreimal so groß geworden seien wie 1937, könne der Autobahnbau nunmehr großzügiger gestaltet werden. In den besetzten Gebieten solle »der militärische Charakter dieser Straße« etwas stärker betont werden als im Reich. Bis zu 20 Kilometer gerade Straßenverläufe seien möglich. Auch die Brückenbauten der Autobahnen sollten sich den nationalen Zielsetzungen unterordnen. Naturstein sei auf repräsentative und monumentale Strecken im Reichsgebiet zu beschränken. Sobald Eisenbeton in größerer Menge zur Verfügung stehe, könnten verstärkt Stahlkonstruktionen gebaut werden. An allen Brücken sollte die Jahreszahl der Erbauung angebracht sein, damit die Kraftfahrer sehen könnten, wann die einzelnen Abschnitte entstanden. »Insbesondere wird es wertvoll sein, jeweils die Daten der Fertigstellung vergleichen zu können mit den betreffenden politischen Geschehnissen.«

Die künftigen Straßenmeistereien sollten dort gebaut werden, wo bereits menschliche Siedlungen seien, schon deshalb, damit die Autobahnbauer und Straßenmeister in die Dorfbevölkerung integriert würden. In den besetzten Gebieten würden die Straßenmeistereien Stützpunkte, Nachrichtenzentralen und im Kriegsfall Stabsquartiere sein. Für Flieger sollten sie nicht unmittelbar als Straßenmeisterbetriebsgebäude erkennbar sein, für die Bevölkerung jedoch so gestaltet werden, daß sie »nach Obrigkeit riechen«. Es sei ein gemeinsamer »Reichsstil« anzustreben. [156]

Der Verbindung des neuen größeren Europa, vor allem der Länder des geplanten Großgermanischen Reiches, diente auch die Fehmarn-Vogelfluglinie, deren Bau im September 1941 in Angriff genommen wurde. Die geplante Hochbrücke über den Fehmarnsund sollte Skandinavien enger mit Deutschland verbinden. Beim ersten Spatenstich auf der Insel Fehmarn führte Todt aus:

»Ein großes Werk technischen Schaffens nimmt mit dem Baubeginn dieser neuen Verkehrsverbindung seinen Anfang. Das Interesse daran geht weit über die beiden beteiligten Länder hinaus. Mit Interesse verfolgen vor allem die skandinavischen Länder, was hier im Entstehen begriffen ist. Ziemlich genau vor acht Jahren waren wir in Frankfurt/M. zum ersten Spatenstich für die Reichsautobahnen überhaupt angetreten. Von damals bis heute war ein weiter Weg. Heute durchziehen vom Westen bis zum Osten, vom Süden bis zum Norden die Straßen des Führers die Gaue unseres Vaterlandes. Wie vor acht Jahren die deutsche Regierung, haben jetzt die deutsche und die dänische Regierung zusammen mutig und gläubig und im gegenseitigen Vertrauen den Entschluß gefaßt, an Stelle der verlorenen alten wirtschaftlichen Beziehungen neue aufzubauen und als wichtigste Voraussetzung die Verkehrsverbindung dafür zu schaffen. Damit wird eine Arbeit begonnen, die als erstes ein ganz großes Beispiel der Zusammenarbeit zwischen den beiden Ländern ist. Die neue Verkehrsverbindung ist ein Symbol der Neuordnung der europäischen Beziehungen.« [157]

Nach dem Krieg wollte Todt die eroberten Ostgebiete mit einem riesigen Straßennetz erschließen. In Krakau richtete er eine Planungsgruppe zur Erstellung von Autobahnentwürfen ein, die nach dem Beginn des Rußlandfeldzugs den gesamten Ostraum einbezog. Aus dem Jahre 1939 ist folgender Ausspruch Todts überliefert:

»Ich habe zwei Lebenswünsche für die Autobahnen. Der eine war: die Autobahn nach Wien; daran wird jetzt gearbeitet. Der andere Wunsch ist, daß einmal eine Autobahn zum Kaukasus führt.« [158]

1941 schien die Chance greifbar, Todts zweiten Traum zu verwirklichen. Bei der Chefbesprechung im Reichsministerium für die besetzten Ostgebiete am 30. 10. 1941 schlug er den Bau von fünf Autobahnen vor, die in den nächsten 30–40 Jahren gebaut werden müßten: Königsberg - Kowno - Wilna - Minsk (zum Anschluß an die Autostraße Minsk-Moskau); Königsberg - Riga - Reval; Posen - Warschau - Brest - Minsk (zum Anschluß an die Autostraße Minsk-Moskau); Breslau - Krakau - Lemberg - Kiew - Poltawa (zur Erschließung des geplanten germanischen Siedlungsgebietes). [159]

Zur verkehrspolitischen Anbindung des Balkans sollten im Sinne des gesamteuropäischen Straßennetzes in der östlichen Steiermark die Reichsautobahnen von der Ostsee über Oberschlesien und Wien nach Kroatien bzw. an die östliche Adriaküste nach Triest zusammentreffen mit den Anschlüssen aus Westeuropa und Süddeutschland über München, Salzburg und Linz. Damit würde einer der wichtigsten Verkehrsschnittpunkte im Raum von Graz liegen. Diese Entscheidung Todts erfolgte in dem »Glauben an die deutsche Zukunft und die künftige europäische Einheit«, wie man sie auf dem Höhepunkt des deutschen Siegeszuges im Zweiten Weltkrieg verstand. Schon vor dem Anschluß Österreichs an Deutschland 1938 hatte man sich in der Behörde des Generalinspektors für das deutsche Straßenwesen mit dem Projekt einer »Autobahn Adria« befaßt. Todts Mitarbeiter Carl-Maria Schnell nahm Verbindung zu jugoslawischen Fachleuten auf. Die Verhandlungen fanden ein Ende, als der erfolgreiche Balkankrieg dem Reich die Möglichkeit einer autonomen Gestaltung der Straßenverbindungen im Adriaraum ermöglichte. [160]

Auch in die Planungen für die Erschließung der deutschen Kolonien nach dem Krieg, die 1940 nach der Niederlage Frankreichs intensiviert wurden [161], schaltete sich Todt ein. Ende 1940 führte er mit Reichsleiter Ritter von Epp, dem designierten Kolonialminister des Reiches, eine Besprechung über die Erfassung von Ingenieuren mit Kolonialerfahrung durch. [162] Im Auftrag Todts forderte Schönleben, der Leiter der Fachgruppe Bauwesen im NSBDT, die Mitglieder auf, sich freiwil-

lig für den kolonialen Einsatz in Afrika zu melden. Voraussetzung sei
»eine gefestigte nationalsozialistische Haltung« und die entsprechende
körperliche Tauglichkeit. Er gab bekannt, daß er beabsichtige, kolo-
nialtechnische Schulungstagungen durchzuführen, »auf denen erfah-
rene Kenner des modernen Koloniallebens und der Kolonialtechnik«
sprechen sollten. Diese Lehrgänge stellte er sich als »eine Sammel-
stelle auserlesener, zum Kolonialeinsatz entschlossener und politisch
einheitlich ausgerichtete Bauleute« vor. [163]

Die »Forschungsgesellschaft für das Straßenwesen im Nationalsozi-
stischen Bund deutscher Technik«, die etwa 800 Mitglieder umfaßte,
die Hälfte davon Firmen und Gesellschaften, gründete auf Weisung
Todts eine Arbeitsgruppe für den Kolonialstraßenbau. Die erste Sitzung fand am 3. 10. 1940 in Stuttgart im Rahmen der tropen- und
kolonialtechnischen Arbeitstagung des Verbands Deutscher Ingenieure (VDI) statt, auf der Todt als Vorsitzender der Forschungsgesellschaft für das Straßenwesen im NSBDT forderte, »daß bereits jetzt
die notwendigen Vorarbeiten geleistet werden müssen, damit man
rechtzeitig einsatzbereit ist«. Er regte an, geeignete Ingenieure für den
kolonialen Straßenbau auf der Plassenburg zusammenkommen zu
lassen und vierteljährlich zwei- bis dreitägige Vorbereitungskurse für
den Kolonialeinsatz durchzuführen. Ein Abkommen mit der italienischen Kolonialbehörde könnte ihnen die Möglichkeit schaffen, durch
einen zeitweisen Einsatz in Nordafrika den italienischen Straßenbau
kennenzulernen. Der Forschungsgesellschaft gab er den Auftrag,
Straßenbefestigungen für die jährlich überschwemmten Gebiete in
den afrikanischen Kolonien zu erforschen. Die Arbeitsgruppe Kolonialstraßenbau stellte sich am Ende der Tagung ein umfangreiches
Arbeitsprogramm auf, das von der Trassierung unter Berücksichtigung tropischer Verhältnisse bis zu Untersuchungen über die Einwirkung der tropischen Klimaverhältnisse auf Baustoffe reichte. [164]

## Konkurrenz von Straße und Schiene

In der Weimarer Republik hatten die Eisenbahnbehörden dem Aufkommen des Kraftwagentransportwesens dadurch entgegengewirkt,
daß sie die Reichsregierung dazu veranlaßten, Lastkraftwagen mit
erheblichen Steuern zu belegen. Diese steuerliche Benachteiligung
und der mangelhafte Zustand des Straßennetzes in Deutschland verhinderten, daß sich das Auto zu einer Konkurrenz des Schienen-
transportwesens entwickeln konnte. Die Hilferufe der Industrie- und
Handelskammern um Unterstützung gegen das Eisenbahnmonopol
blieben bei allen Behörden ungehört. [165]
1931 schloß die Deutsche Reichsbahn-Gesellschaft mit der Firma
Deutsche Bahnspedition Schenker & Co GmbH einen Monopolver-
trag, der diesem Unternehmen den gesamten Rollfuhrdienst und die
Haus-zu-Haus-Beförderung zusprach. Die Erregung im Speditions-
gewerbe über die Bevorzugung einer einzelnen Firma war erheblich.
[166]
Mit der Machtergreifung Hitlers war die Schonzeit für die Eisenbahn zu Ende. Der Reichskanzler verfolgte »das Ziel, das für die
Weiterentwicklung des Verkehrswesens entscheidende Problem des
Wettbewerbs zwischen Kraftwagen und Schiene einer endgültigen
Lösung zuzuführen«. [167] Sein Vorschlag war, den gesamten ge-
werblichen Güterfernverkehr auf Straße und Schiene einer einheitlichen Leitung zu unterstellen. Das war einer der Gründe, weshalb
die Führung der Reichsautobahnen an die Deutsche Reichsbahn-
Gesellschaft gegeben wurde. Außerdem gab es keine zentrale
Behörde außer dem Reichsbahnbauamt, die in der Lage gewesen
wäre, die Autobahnen zu bauen. Um ihren Widerstand gegen den
Straßenbau zu dämpfen, stellte Hitler der Reichsbahn in Aussicht,
daß sie später den Betrieb der Autobahnen übernehmen könne.
Dadurch würde »eine der größten einheitlichen Verkehrsunterneh-
mungen der Welt geschaffen, welche in vorbildlicher Weise die gün-
stigste Verbindung zwischen Auto und Eisenbahn gewährleistet«.
Für die Herren der Obersten Bauleitungen, die diese Worte am
17. 1. 1934 aus Hitlers Mund hörten, war das eine neue Vision. Da
fast alle von ihnen aus den Reichsbahnbauämtern kamen, konnten
sie solche Sphärenmusik kaum glauben. [168] Zwei Jahre später

verlor die Reichsbahn in der Tat wieder ihre Kompetenzen für die Autobahnen.

Mit dem Erlaß vom 23. 1. 1935 wurden die Aufsichtsrechte der Reichsregierung über das Unternehmen ›Reichsautobahnen‹ auf den Generalinspektor für das deutsche Straßenwesen übertragen. Eine Ausnahme bildeten nur die Befugnisse zur Festsetzung der Gebühren, die der Reichsbahn verblieben.

Nachdem durch eine Erklärung des Reichskanzlers am 30. 1. 1937 das Deutsche Reich die uneingeschränkte Hoheit über die Deutsche Reichsbahn wieder an sich genommen hatte und die Deutsche Reichsbahn durch das Gesetz vom 10. 2. 1937 in eine reine Reichsverwaltung umgewandelt worden war, sollten die Reichsautobahnen eine ähnliche Stellung erhalten wie die Deutsche Reichsbahn. Dies geschah im »Gesetz zur Neuregelung der Verhältnisse der Autobahn« vom 1. Juni 1938 und durch die »3. Verordnung zur Durchführung des Gesetzes über die Errichtung eines Unternehmens ›Reichsautobahnen‹« vom 1. Juni 1938. Auf der einen Seite waren die Dienststellen der Reichsautobahnen jetzt unmittelbare Reichsbehörden und nicht mehr Zweigunternehmen der Reichsbahn, auf der anderen Seite verlangte das Gesetz eine »enge Zusammenarbeit« zwischen den Behörden der Reichsautobahnen und der Deutschen Reichsbahn. Die geforderte Kooperation ließ sich in der Praxis jedoch nicht verwirklichen. Zwar mußte ein Mitglied des Vorstands der Reichsautobahnen jetzt der Deutschen Reichsbahn angehören, aber Vorsitzender des Vorstands wurde nun anstelle des Generaldirektors der Deutschen Reichsbahn-Gesellschaft der Generalinspektor für das deutsche Straßenwesen. Dadurch waren, ähnlich wie bei der Deutschen Reichsbahn, Aufsicht und Leitung in einer Hand vereinigt. Diese Neuregelung machte die Aufhebung des Verwaltungsrates in seiner bisherigen Form erforderlich. Der Verwaltungsrat wurde in einen Beirat umgewandelt. Vorsitzender dieses Beirats war der Reichsverkehrsminister. Diese neue Organisationsform behielt bis 1941 Gültigkeit.

Die Ausdehnung der Aufgaben der Reichsbahn auf die besetzten Gebiete führte dazu, daß in diesem Jahr die verwaltungsmäßige Bindung der Autobahnen an die Deutsche Reichsbahn vollkommen gelöst wurde. Von den 1200 damals bei den Reichsautobahnen tätigen Beamten blieben nur 400 bei den Reichsautobahnen, während 800 im Laufe des Jahres in den Dienst der Reichsbahn zurückkehrten. Alle Angestellten und Arbeiter dagegen wurden von den Reichsautobahnen übernommen. [169]

Als 1939 mit dem Inkrafttreten des neuen Reichsbahngesetzes der

Generalinspektor für das deutsche Straßenwesen von einem ordentlichen Mitglied des Beirats zum Vertreter einer Obersten Behörde »degradiert« wurde, legte Hitler auf Todts Drängen sein Veto ein. Hitler befahl, daß Hermann Esser, Staatssekretär im Propagandaministerium, und Dr. Todt im Beirat verbleiben sollten, auch wenn dadurch die Zahl der Mitglieder von 14 auf 16 erhöht werden müßte. Lieber wollte Hitler das Reichsbahngesetz noch einmal ändern. Dies geschah mit dem »Erlaß zur Änderung des Reichsbahngesetzes« vom 7. 1. 1939, der zwar im Reichsgesetzblatt verkündet wurde, über den es aber keine Presseveröffentlichungen gab. [170]

Als Generalinspektor für das deutsche Straßenwesen war Todt ein eindeutiger Interessenvertreter des Lastwagengüterfernverkehrs. Der Lastwagen sollte seiner Meinung nach nicht mehr nur Zubringerfunktion für die Eisenbahn haben, sondern eine konkurrierende Rolle spielen. [171] Beim Entwurf des »Gesetzes über den Güterfernverkehr mit Kraftfahrzeugen«, das am 16. 6. 1935 veröffentlicht wurde [172] und am 1. 4. 1936 in Kraft trat, konnte er die Macht der Eisenbahn jedoch noch nicht zurückdrängen. Er setzte zwar die Gründung eines »Reichskraftwagen-Betriebsverbands (RKB)« als Zusammenschluß aller Autounternehmer durch, aber bei der Tarifgestaltung war der Verband auf die Genehmigung des Reichsverkehrsministers angewiesen. Im Konfliktfall konnte dieser die Tarife eigenmächtig festlegen. Außerdem setzte die Reichsbahn durch, daß sie den Güterfernverkehr auch mit eigenen Fahrzeugen betreiben und dafür private Unternehmer unter Vertrag nehmen durfte. Die Spediteure mußten die Gütereinteilung der Reichsbahn übernehmen und waren in ihrer Tarifgestaltung an die Frachtsätze der Reichsbahn gebunden. Den 8000 Spediteuren mit etwa 12000 Lastwagen bei einem Jahresumsatz von etwa 130 Millionen RM waren also weiterhin erhebliche Beschränkungen auferlegt.[173]

Mit der Arbeit des RKB, der neuen Interessenvertretung der Spediteure, war Todt jedoch überhaupt nicht zufrieden. Zwar ermöglichte er dem Generalinspektor für das deutsche Straßenwesen jederzeit den Zugriff auf die organisierten Unternehmer, wenn Stoßaktionen wie der Westwallbau durchzuführen waren, aber in der Verteidigung der Interessen seiner Mitglieder war der RKB recht nachlässig. Ohne Todts Unterstützung hätte er sich nie gegenüber der Reichsbahn durchsetzen können. Zum Beispiel tadelte Todt, daß der Verband sich nicht dafür einsetzte, »daß freiwerdende, für acht Jahre geltende Genehmigungen nicht untergehen, sondern ihm zur Verfügung gestellt werden, damit er sie an geeignete Unternehmer oder auch an andere, neu ins Gewerbe kommende Personen weiterreichen könne«. Es ärgerte ihn auch, daß seine Empfehlung in den Wind geschlagen wurde, »Genehmigungen an alte Kämpfer zu vergeben«. [174] Den besten Partner bei der Durchsetzung der Interessen des Lastwagenverkehrs fand Todt bei den Militärs. Der Steuerbefreiung für Lastkraftwagen, die der Reichskanzler 1934 plante, stimmte der Reichswehrminister als einziger außer Todt mit folgender Begründung zu: Je mehr Lastkraftwagen, besonders zwischen drei und vier Tonnen, auf dem Markt seien, um so mehr Möglichkeiten habe die Reichswehr, sie im Kriegsfall zu requirieren. [175] Vier Jahre später, in einer Ressortbesprechung am 1. 3. 1938, stellte der Chef des neuen Oberkommandos der Wehrmacht fest, daß es im Mob-Jahr 1937 einen Fehlbestand von 35 300 LKW mit einer Nutzlast von über einer Tonne gab, und regte zur Deckung des militärischen Bedarfs eine fühlbare steuerliche Entlastung für alle derartigen LKW an. Auch die vom Reichsverkehrsminister durchgeführte Erleichterung der Verwendungsmöglichkeit von Nutzkraftfahrzeugen durch die Lockerung der tariflichen Bindung im Güterverkehr wurde von der Wehrmacht begrüßt. [176]

Der Reichsminister der Finanzen schrieb am 30. 4. 1938, daß eine weitere steuerliche Entlastung der Lastkraftwagentypen zwischen einer Tonne und 7,5 Tonnen nicht möglich sei. Bereits mit Erlaß vom 3. Juli 1936 habe er geregelt, daß für alle geländegängigen Lastkraftwagen nur eine Kraftfahrzeugsteuer von zwei Dritteln des Normalsatzes zu zahlen sei. Er schlug vor, daß die Wehrmacht den Fuhrunternehmern bei der Beschaffung neuer Fahrzeuge einen Zuschuß gewähren sollte, wenn der Kauf im militärischen Interesse sei. Da er gestattet habe, daß die Anschaffung von Lastkraftwagen mit einer Nutzlast von jeiner Tonne und mehr bereits im Jahr der Anschaffung voll vom Betriebsgewinn abgesetzt werden könne, seien seine Möglichkeiten zur Förderung des LKW-Verkehrs erschöpft. Dem Reichsverkehrsminister empfahl er, die bestehenden verkehrsrechtlichen Bindungen für den Lastkraftwagenverkehr, insbesondere im Werksverkehr, fallenzulassen. [177] Im Interesse der Reichsbahn wurden solche Überlegungen jedoch nicht weiter verfolgt.

Bei diesem Sachstand schaltete sich Todt ein. Er bat am 22. 8. 1938 den Finanzminister, wenigstens die Beförderungssteuer fur die bei Sonderbauvorhaben eingesetzten Kraftfahrzeuge zu erlassen«. Da bekam er die ironische Antwort, daß auf die Beförderungssteuer nicht verzichtet werden könne, weil das Geld dringend für den Bau der Reichsautobahnen benötigt werde. [178] Um sein Lebenswerk nicht zu gefährden,

mußte Todt seinen Vorschlag zurückziehen, obwohl er vom Reichsverkehrsminister darin unterstützt wurde, der sich am 21. 10. 1938
gegenüber dem Reichsminister der Finanzen zustimmend äußerte. Er
hatte gleich bemerkt, daß Todt mit seinem Vorschlag im Begriff war,
ein Eigentor zu schießen.

Bürokratische Hinterlist und Animosität zwischen der Leitung und
den Beamten des Reichsverkehrsministeriums bzw. der Reichsbahn
einerseits und den Mitarbeitern des Generalinspektors für das deutsche Straßenwesen andererseits waren gang und gäbe. 1938 scheiterte
ein Erlaß des RMV, der den Güterkraftverkehr der Straße behindern
sollte, durch die überraschende Teilnahme Todts bei den Beratungen
des Entwurfs. Da Todt davon ausging, daß die Bahn immer wieder
versuchen würde, »dem gewerblichen Güterkraftverkehr Abbruch zu
tun«, schlug er vor, die Leitung der Reichsverkehrsgruppe Bahn mit
der Leitung des Reichs-Kraftwagen-Betriebsverbands in Personalunion zu verbinden und einen ständigen politischen Beauftragten für
den Kraftverkehr einzusetzen.

Ein anderer Vorschlag bezweckte die Einsetzung eines Staatssekretärs
für das Kraftverkehrswesen im Reichsverkehrsministerium und eines
Beauftragten für den Güterfernverkehr im Stab des Stellvertreters des
Führers, der dem Hauptamtsleiter für Technik unterstehen sollte. Die
Reichsbahn argumentierte, daß der gewerbliche Güterverkehr mit
Lastkraftwagen übersättigt sei, und nutzte ihr Mitspracherecht bei der
Ausstellung von Fahrgenehmigungen zur Drosselung des Straßengü-
terverkehrs aus. Wenn Trampfahrer ihre Selbständigkeit aufgaben
und als Angestellte in anderen Betrieben arbeiten wollten, wurde ihre
Fahrgenehmigung nicht auf andere Unternehmen übertragen, son-
dern eingezogen, so daß ständig Genehmigungen verlorengingen.

Da Todt der Ansicht war, daß eine Gefährdung der Bahn durch den
LKW-Verkehr nicht zu erwarten war, wandte er sich entschieden
»gegen die Verwässerung des Motorisierungsgedankens« durch die
Reichsbahn. Er warf ihr »monopol-politische Tendenzen« vor. Dem
Beamtenprinzip der Bundesbahn stellte er das unternehmerische Lei-
stungsprinzip gegenüber:

»30 Lastzüge unter der Pflege der umsorgenden Hand des Unternehmers sind mir
lieber als in der Verwaltung eines Oberregierungsrates«. [179]

Im Frühjahr 1939 kamen die Beamten des Verkehrsministeriums auf
einen neuen Trick, den Güterverkehr zu monopolisieren. Nach einer
innerministeriellen Weisung Dorpmüllers sollte der Reichs-Kraftwa-
gen-Betriebsverband gedrängt werden, die zwischen der Reichsbahn

und den etwa 500 Kraftfahrzeugunternehmen bestehenden Beschäftigungsverträge auf unbestimmte Zeit zu verlängern und eine weitere Anzahl von Unternehmern zu Beschäftigungsverträgen mit der Reichsbahn zu bewegen.

Todt schaltete sich sofort ein, als er davon Wind bekam. Er warnte, daß der gewerbliche Kraftverkehr durch solche Machenschaften das Vertrauen, vom Verkehrsminister gerecht behandelt zu werden, verliere. Dieses Gewerbe müsse in seiner Leistungsfähigkeit erhalten werden. Er warnte vor den Schäden, die der deutschen Wirtschaft durch ein Beförderungsmonopol der Reichsbahn für Güter entstehen würden. Angesichts der angespannten Verkehrsverhältnisse beim Westwallbau könne sich das Reich keinen neuen Konflikt Schiene – Straße wie im Jahr 1936 leisten. [180]

Zu Beginn des Krieges suchte der Reichsverkehrsminister in Verbindung mit den Reichsbahnbehörden, den Güterverkehr für Kraftfahrzeuge mit Spargumenten einzuschränken. Er erbat am 13. 10. 1939 die Zustimmung des Ministerrates für die Reichsverteidigung zu Einschränkungen im Güterkraftverkehr. Die Treibstoff- und Kautschuklage lasse die Weiterführung des Kraftverkehrs im bisherigen Umfang nicht zu. Der Güterfernverkehr sollte auf Transporte beschränkt werden, die von den Mittelbehörden genehmigt würden, »wenn die Beförderung aus kriegswichtigen Gründen unerläßlich ist«. Der Reichsverkehrsminister argumentierte damit, daß der größte Teil der guterhaltenen Lastkraftfahrzeuge von der Wehrmacht eingezogen worden sei und daß der übriggebliebene Fuhrpark der Verkehrsbetriebe nur aus kleinen und alten Lastkraftwagen bestehe, die gerade für den Güternahverkehr bis zu 50 Kilometer Umkreis vom Standort ausreichten.

Todt widersprach am 13. 10. 1939 eindringlich. Er verwies darauf, daß der Güterfernverkehr »auch heute noch mit außerordentlicher Zuverlässigkeit arbeitet«. Während bei der Reichsbahn die Wagenumlaufzeiten von 3,8 auf fünf bis sechs Tage gestiegen seien, habe der Güterkraftverkehr den Wagenumlauf auf 1,4 Tage gesenkt, so daß ein Lastzug des Güterfernverkehrs trotz eines geringen Laderaums das Mehrfache eines Güterwagens der Deutschen Reichsbahn befördere. Außerdem seien zahlreiche Rüstungsbetriebe auf den Kraftwagenfernverkehr angewiesen. Todt hielt die »Abmagerung« des überflüssigen Güterfernverkehrs auf dem Wege der Treibstoffzuteilung durch die Bezirkswirtschaftsämter für den geeigneteren Weg. Zum Schluß seines Briefes verwies Todt darauf, daß die Bauleistungen am Westwall unmöglich gewesen wären, wenn die Bauherren nicht die Verfü-

gungsgewalt über den Kraftwagenpark gehabt und ihn nach ihren
Bedürfnissen eingesetzt hätten. [181]
Das Eintreten Todts für die KFZ-Verkehrsbetriebe blieb nicht ohne
Einfluß auf seine Reputation bei den betroffenen Firmen. Dem
Wunsch des Transportgewerbes, die Gesamtleistung des Kraftwagen-
transportwesens in die Hände von Dr. Todt oder von Generalfeldmar-
schall Göring zu legen, wurde jedoch nicht entsprochen. Die Zustän-
digkeit des Reichsverkehrsministers blieb uneingeschränkt erhalten.
Die »Verordnung zur Einschränkung des Güterverkehrs mit Kraft-
fahrzeugen« erfolgte am 6. 12. 1939. Sie entsprach im wesentlichen den
Forderungen des Reichsverkehrsministers und den Vorstellungen der
Reichsbahn. § 1 lautete:

»Der Güterfernverkehr mit Kraftfahrzeugen darf bis auf weiteres nur solche
Beförderungen ausführen, welche aus kriegswichtigen Gründen die Mittelbehörden anordnen oder genehmigen, bei denen der Reichsverkehrsminister Bevoll-
mächtigte für den Nahverkehr bestellt hat.« [182]

Die Schwächen des Eisenbahnverkehrs und die Stärken des LKW-
Verkehrs wurden erst im Rußlandfeldzug offenbar. Im Winter 1941/42
waren bis zu 70% der Dampflokomotiven nicht einsatzfähig. Wegen
der Kälte fielen die Wasserpumpen, Luftpumpen, Zylinderablaß-
hähne, Vorwärmer und Tenderwasserschläuche aus. Eine Anweisung
zur Frostschutzausstattung der Lokomotiven wurde erst im Februar
1942 vom Reichsbahnzentralamt herausgegeben. Über die Frage, ob
es besser sei, die russischen Bahngeleise auf die mitteleuropäischen
Normen umzuspuren oder die Transportgüter an den Bahnstationen,
an denen die europäische Spur in die russische überging, umzuladen,
konnten sich die Reichsbahnbehörden nicht grundsätzlich einigen.
Man tat das eine und ließ das andere nicht sein. Riesige Verzögerungen waren die Folge. Der Fuhrpark der Reichseisenbahnen konnte
dort, wo die Geleise nicht umgespurt waren, nicht einspringen, wenn
Bedarf an fahrendem Material auftrat. Hinzu kamen die Beeinträchti-
gungen der Transportleistungen durch die Partisanen.
Hitler schimpfte über die Mißerfolge der Reichsbahn während der
kritischen Zeit. Bei einer Lagebesprechung am 20. 2. 1942 ging er mit
dem Chef des Wehrmachttransportwesens, Generalleutnant Gercke,
und dem Staatssekretär Kleinmann vom Verkehrsministerium hart ins
Gericht und wies sie an, »das Eisenbahntransportwesen in kürzester
Zeit in Ordnung zu bringen ... Wehe der Eisenbahn, wenn sie es das
nächste Mal nicht anders macht!« [183]
Hitlers Unzufriedenheit mit den Leistungen der Reichsbahn in Rußland führte im Mai 1942 dazu, daß statt des zur Ablösung vorgesehe-

nen Reichsministers Dorpmüller sein für die Reichsbahn zuständiger Staatssekretär Dr. Wilhelm Kleinmann aus dem Amt entfernt wurde. Nachfolger wurde der Vizepräsident der Haupteisenbahndirektion Poltawa, Albert Ganzenmüller, der sich im vorangegangenen Winter einigermaßen bewährt hatte und die Schwierigkeiten des Eisenbahntransportwesens in Rußland aus eigener Anschauung kannte. Der 37jährige promovierte Ingenieur sollte bis zum nächsten Winter das Eisenbahnwesen für die Rüstungs- und Nachschubtransporte in Ordnung bringen.

Angesichts der chaotischen Verhältnisse im Eisenbahntransportwesen während des Winters 1941/42 in Rußland setzte Todt ganz auf den Autoverkehr. Er sorgte dafür, daß die Hauptverkehrsstraßen von West nach Ost soweit wie möglich von den winterlichen Schneemassen geräumt wurden, damit LKW-Kolonnen das erforderliche Material an die Front bringen konnten. In dieser Zeit war die seit acht Jahren schwelende Konkurrenz zwischen Schiene und Straße vorübergehend zugunsten des Autos entschieden. Trotzdem wußte Todt, daß zur Kriegführung Bahn und Auto auf Zusammenarbeit angewiesen waren. Auch für die Zeit nach dem Krieg dachte er nicht an die Vorherrschaft des Straßenverkehrs. Die Organisation des Transportwesens im eroberten Rußland stellte er sich folgendermaßen vor: Die Eisenbahn, »bei der jeder Wagen mit gleicher Spur auf einer Schiene läuft, so daß der ganze Apparat eine straffe technische Führung braucht«, sollte in einer zentralen Behörde zusammengefaßt werden. Der Kraftwagenverkehr sollte dagegen ohne »zentralistische Führung« bleiben, damit die Unternehmer genügend Anreiz »zu eigenem Schaffen« hätten und damit vermieden würde, daß der ganze Kraftwageneinsatz früher oder später von Beamten gesteuert wurde. Bis zu einer endgültigen Regelung sollte das NSKK bei den Reichskommissariaten die Aufgaben des Kraftwageneinsatzes in die Hand nehmen. [184]

Hitlers Vorschlag, für den Schnellverkehr mit Massengütern und für den Reiseverkehr quer durch Europa nach dem Krieg eine Breitspurbahn zu bauen, wurde im Herbst 1941 erstmals diskutiert. Es ist unwahrscheinlich, daß die Idee von Todt kam. [185] Aber beim Bau dieser Eisenbahnlinie sollte Todts Bauorganisation – die OT – helfen. Dies deutete Hitler an, als er am 17. 10. 1941 in Todts Anwesenheit über die verkehrsmäßige Erschließung des russischen Großraums fabulierte:

»Ich bin traurig, daß ich nicht mehr soundsoviele Jahre jünger bin. Todt, Sie müssen Ihr Programm erweitern! Arbeitskräfte kriegen Sie. Ausbau des Straßenwesens, des Eisenbahnwesens, ich werde mich jetzt hinter unsere breitspurige Eisenbahn machen.« [186]

Im Frühjahr 1942 bekam in Rußland die Eisenbahn wieder Auftrieb, und zwar in dem Maße, in dem der Straßenverkehr unter den Witterungsunbilden zu leiden hatte. Schneeschmelze und Schlamm brachten den Autoverkehr auf den zerwalzten Fahrbahnen zeitweise zum Stillstand. Damit war das Gleichgewicht zwischen Schiene und Straße, das im Winter verlorengegangen war, wiederhergestellt.

## Belegstellen

1 Vgl. Akten der Reichskanzlei. Regierung Hitler 1933–1938. Teil I: 1933/34, Band 1, bearbeitet von Karl-Heinz Minuth, Boppard 1983, S. 463 ff., 506 ff., 741
2 Vgl. RGBl 1933 II, S. 509 ff.
3 Vgl. RGBl 1933 I, S. 521 ff., 1081. Mit Führererlaß vom 4. 4. 1941 erhielt der Generalinspektor für das deutsche Straßenwesen die Befugnisse eines Reichsministers. Vgl. RGBl 1941 I, S. 192
4 Akten der Reichskanzlei: a. a. O., S. 552, Anmerkung 22
5 Aussage Hjalmar Schacht, ohne Datum, Spruchkammerverfahren Todt, Amtsgericht München, Nr. 728; vgl. auch: Hjalmar Schacht: 76 Jahre meines Lebens, Bad Wörishofen 1953, S. 384 f. Schacht nimmt an, daß Hitler mit der Befolgung seines Rates das Engagement des Reichsbankpräsidenten für das Arbeitsbeschaffungsprogramm ›Reichsautobahnen‹ in Höhe von 600 Millionen RM honorieren wollte.
6 Fritz Todt: Straßenbau und Straßenverwaltung, Bundesarchiv R 65 I/1 a, S. 36
7 Vgl. David Irving: Hitlers Weg zum Krieg, München und Berlin 1979, S. 70
8 Vgl. Walter Rohland: Bewegte Zeiten. Erinnerungen eines Eisenhüttenmannes, Stuttgart 1978, S. 74
9 David Irving: a. a. O., S. 85
10 Eduard Schönleben: Fritz Todt. Der Mensch. Der Ingenieur. Der Nationalsozialist, Oldenburg 1943, S. 56
11 Fritz Todt: Der Straßenbau im nationalsozialistischen Staat, in: Grundlagen, Aufbau und Wirtschaftsordnung des nationalsozialistischen Staates, hrsg. von Hans H. Lammers und Hans Pfundtner, Band 3: Die Wirtschaftsordnung des nationalsozialistischen Staates, Berlin 1937, S. 3
12 Vgl. Niederschrift über die Chefbesprechung am 24. 11. 1933, nachmittags 17.00 Uhr in der Reichskanzlei, Bundesarchiv R 2/4570; der Erlaß findet sich in RGBl 1933 I, S. 1057
13 Vgl. Erlaß über die Übertragung von Aufsichtsrechten über das Unternehmen ›Reichsautobahnen‹ vom 31. 1. 1935, RGBl 1935 II, S. 37
14 Schreiben Todt an den preußischen Ministerpräsidenten und die Reichsstatthalter vom 30. 11. 1933, BayHStA München, Reichsstatthalter 553
15 Vgl. Die Straße, 1. Augustheft 1935, S. 558
16 Vgl. Erlaß an die Gesellschaft Reichsautobahnen Nr. 2202-10-A 20/27 vom 2. 9. 1935, BayHStA München MWi 8682

17 Die Straße, 2. Aprilheft 1939, S. 243

18 Die Straße, 2. Aprilheft 1939, S. 244

19 Vgl. Die Autobahn 1/1934, S. 27f.; Todt bezog sich auf die hohe Zahl der Arbeitslosen in diesem Gebiet.

20 Vgl. Die Autobahn 2/1934, S. 54f.

21 Vgl. Die Autobahn 17/1934, S. 820

22 Vgl. Schreiben Todt vom 17. 8. 1933 und 21. 8. 1933, BayHStA München, Reichsstatthalter 550

23 Vgl. Vorläufige Autobahn-Betriebs- und Verkehrs-Ordnung vom 14. 5. 1935, RGBl 1935 II, S. 421

24 Vgl. Bundesarchiv R 50 I/336, Bl. 57

25 Vgl. RGBl 1938 I, S. 309f.

26 Vgl. Notiz Fischer an Bormann vom 23. 3. 1938, IfZ, Akten der Parteikanzlei 12404291

27 Vgl. Die Straße, 2. Aprilheft 1939, S. 254

28 Vgl. Niederschrift über die 6. Sitzung des Beirats der Reichsautobahnen am 28. 11. 1939, Bundesarchiv R 2/31645

29 Vgl. Reichsarbeitsministerium Nr. 5135 vom 30. 8. 1940, IfZ NG 1360

30 Vgl. Vermerk OKW, Hauptabteilg. V vom 20. 8. 1940, IfZ NG 1360

31 Vgl. Israelitische Kultusgemeinde Luxemburg vom 11. 9. 1941, Bundesarchiv R 65 I/52

32 Vgl. Erlaß vom 28. 6. 1940, Bundesarchiv R 65 I/38

33 Vgl. Reichsminister Speer vom 26. 2. 1942, Bundesarchiv R 3/1456

34 Vgl. Der Generalinspektor für das deutsche Straßenwesen vom 9. 1. 1942, Bundesarchiv R 3/128, Bl. 141

35 Vgl. Bundesarchiv R 3/1456

36 Vgl. Der Generalinspektor für das deutsche Straßenwesen vom 18. 4. 1943, Bundesarchiv R 3/1445, Bl. 42

37 Vgl. RGBl 1934 I, S. 243ff.

38 Fritz Todt: a. a. O., S. 4

39 Vgl. Schreiben Todt an das bayerische Staatsministerium des Innern vom 8. 1. 1934, BayHStA München MWi 8682

40 Die Reichsautobahnen. Grundsätzliches über Gestaltung und Baudurchführung, hrsg. i. A. des Generalinspektors für das deutsche Straßenwesen, Berlin 1936, S. 10; Der Kraftverkehr auf Reichsautobahnen, Reichs- und Landstraßen im Dritten Reich, hrsg. vom Generalinspektor für das deutsche Straßenwesen, Berlin 1939

41 Die Straße, 2. Aprilheft 1938, S. 258

42 Münchener Neueste Nachrichten vom 30. 4. 1938; vgl. BayHStA München, Reichsstatthalter 550

43 Vgl. Fritz Todt: Reichsautobahn Salzburg-Linz-Wien, in: Die Straße, 1. Juliheft 1938, S. 408ff.

44 Vgl. Behördliche Mitteilungen des Generalinspektors für das deutsche Straßenwesen, in: Die Autobahn vom 15. 11. 1934

45 Schreiben Siebert vom 7. 6. 1934, BayHStA München MA 106949

46 Die Autobahn vom 1. 7. 1934, S. 510

47 Vgl. Anordnung über Ausfallunterstützung bei Tiefbauarbeiten vom 30. 11. 1934, in: Die Straße, 2. Dezemberheft 1934, S. 290

48 Vgl. Die Straße, 2. Dezemberheft 1934, S. 289ff.; Fritz Todt, a. a. O., S. 10f.;

Aussage Fritz Leonhardt vom 19. 11. 1948, Spruchkammerverfahren Todt, Amtsgericht München, Nr. 272

49  RGBl 1934 I, S. 1234

50  Vgl. Allgemeiner Runderlaß Nr. 23/41 vom 2. 12. 1940, Bundesarchiv R 3/428, Bl. 34 ff.

51  Vortrag in der Lessing-Hochschule am 6. 2. 1934, in: Die Autobahn 4/1934, S. 125

52  Fritz Todt: Straßenbau – Bekenntnis und Forderung, in: Die Straße, Augustheft 1934, S. 2

53  Die Reichsautobahnen: a. a. O., S. 21

54  Joachim Petsch: Baukunst und Stadtplanung im Dritten Reich. Herleitung, Bestandsaufnahme, Entwicklung, Nachfolge, München und Wien 1976, S. 148

55  Der Frontarbeiter vom 14. 2. 1942

56  Rudolf Künast: Umweltzerstörung und Ideologie: Die Frankfurter Schule. Fakten – Fehler – Folgen, Tübingen 1983, S. 209

57  Todt an Siebert vom 11. 6. 1936, BayHStA München MA 106947

58  Paul Bonatz: Dr. Todt und seine Reichsautobahnen, in: Die Baukunst, März 1942, S. 51

59  Fritz Todt: Die Straßen Adolf Hitlers, in: Die Straße, 2. Aprilheft 1939, S. 241

60  Vgl. Fritz Leonhardt: Baumeister in einer umwälzenden Zeit. Erinnerungen, Stuttgart 1984, S. 68

61  Zu dem Buch von Prof. Ubbelohde-Doering vom Staatlichen Museum für Völkerkunde in München über die Straßen der Inkas in Südamerika schrieb Todt im April 1941 ein Vorwort.

62  Vgl. Die Reichsautobahn und ihr Wert für die deutsche Volkswirtschaft, Entwurf 1/37, hrsg. von Deutsche Arbeitsfront, Bundesarchiv R 65 I/80

63  Vgl. Vortrag Todts vor den Wasserbauern der Rhein-Main-Donau AG auf der Plassenburg am 5. 10. 1938, in: Deutsche Wasserwirtschaft 1938, S. 397. Daß die durch die Aufrüstung benötigten Stahlmengen im Autobahnbau fehlten und deshalb Natursteine verwandt werden mußten, ist eine bloße Behauptung. Auch die Pläne für Brückenbauten nach dem Krieg sahen Natursteine vor, obwohl man nach der Eroberung großer Rohstoffreserven zu Stahlbetonbrücken hätte übergehen können. Vgl. Die Kunst im Dritten Reich. Dokumente der Unterwerfung, hrsg. von Georg Bussmann (im Auftrag des Frankfurter Kunstvereins), Frankfurt 1974, S. 78

64  Die Straße, 1. Oktoberheft 1935, S. 669

65  Vgl. Paul Bonatz: Dr. Todt und seine Reichsautobahn, in: Deutsche Kunst, März 1942, S. 51

66  ebenda

67  Die Straße, 1. Januarheft 1938, S. 2

68  Vgl. Die Straße, 2. Juliheft 1937, S. 6

69  Paul Bonatz (1877–1956), seit 1908 o. Professor für Entwurfslehre an der Technischen Hochschule Stuttgart, Erbauer des Stuttgarter Hauptbahnhofs, des Baseler Museums u. a., Mitarbeiter Todts 1935–1941, Ausführung der Elbebrücke bei Dessau, der Lahnbrücke bei Limburg und der Hängebrücke bei Köln-Rodenkirchen über den Rhein; 1943 Emigration in die Türkei, 1946–1954 Professor an der Technischen Universität Istanbul. Vgl. Paul Bonatz 1877–1956, in: Stuttgarter Beiträge, Heft 13, 1977. Alwin Seifert (1890–1972), Architekt und ab 1923 Privatdozent für Gartengestaltung an der TH München, 1934–1942 Leiter des Reichsausschusses für Landschaftsgestaltung, 1938 Professor, 1945–1954 freier Architekt, 1954 a. o. Professor für Garten- und Landschaftsgestaltung an der TH München

70 Fritz Todt: 1000 km Reichsautobahn, in: Die Straße, 1. Oktoberheft 1936
71 Alwin Seifert: Ein Leben für die Landschaft, Düsseldorf und Köln 1962, S. 37 ff.
72 Alwin Seifert: Im Zeitalter des Lebendigen. Natur – Heimat – Technik, Planegg 1943, S. 14
73 Fritz Todt: a. a. O., S. 26; vgl. auch Merkblatt 7 (Bepflanzung der Kraftfahrbahnen) vom 25. 10. 1934 und Merkblatt 8 (Berasung der Grünstreifen) vom 10. 11. 1934, in: Die Straße, 2. Novemberheft 1934, S. 222
74 Vgl. Zweites Gesetz zur Änderung des Gesetzes über die Errichtung eines Unternehmens ›Reichsautobahnen‹ vom 14. 5. 1936, RGBl 1936 I, S. 440
75 Bundesarchiv NS 26/1188
76 Vgl. Erlaß über die Grundsätze für die weiteren Bepflanzungsarbeiten vom 2. 1. 1937, in: Die Straße, 2. Januarheft 1937, S. 57
77 Bundesarchiv NS 26/1188
78 Schreiben Todt an Seifert vom 25. 10. 1935, Bundesarchiv NS 26/1188
79 Vgl. Bundesarchiv NS 26/1188
80 Vgl. Kurt Kaftan: Der Kampf um die Autobahnen. Geschichte und Entwicklung des Autobahngedankens in Deutschland von 1907–1935 unter Berücksichtigung ähnlicher Pläne und Bestrebungen im übrigen Europa, Berlin 1955, S. 162 f.
81 Vgl. Geschäftsbericht der Reichsautobahnen 1939, Berlin 1940, S. 4; Geschäftsbericht der Reichsautobahnen 1942, Berlin 1943, S. 8
82 Vgl. Manfred von Brauchitsch: Ohne Kampf kein Sieg, Berlin 1967, S. 74
83 Vgl. Schreiben Todt an den Reichsminister der Finanzen vom 15. 3. 1939, Bundesarchiv NS 26/1187
84 Vgl. Vorwort zum Haushalt 1941, Einzelplan XXVI, Bundesarchiv R 2/4582, R 2/4580 und R 3/1443
85 Vgl. Times vom 7. 10. 1937: »Die deutschen Autobahnen sind ein Werk, das die Schönheit der Landschaft erhält und sie nicht zerstört...«; Daily Independent Sheffield vom 4. 10. 1937: »Wir waren beeindruckt von der Begeisterung aller, die an dem Straßenbau beteiligt sind. Die Arbeiter selbst waren die Begeistertsten...«
86 Deutsche Technik, Oktober 1933, S. 68
87 Vgl. Deutsche Technik, Oktober 1934, S. 715 ff.
88 Vgl. Die Straße, 1. Märzheft 1935, S. 130
89 Vgl. Die Straße, 1. Juliheft 1937, S. 386
90 Vgl. Die Straße, 1. Oktoberheft 1937, S. 570; 2. Oktoberheft 1937, S. 734 ff.; Deutsches Nachrichtenbüro vom 16. 12. 1937, Bundesarchiv R 2/23768
91 Vgl. BayHStA München, Reichsstatthalter 550
92 Die Straße, 2. Oktoberheft 1936, S. 666; BayHStA München, Reichsstatthalter 550
93 Vgl. Die Straße, 1. Juniheft 1937, S. 324
94 Vgl. Paul Schmidt: Statist auf diplomatischer Bühne 1923–1945. Erlebnisse des Chefdolmetschers im Auswärtigen Amt mit den Staatsmännern Europas, Bonn 1949, S. 371 ff.
95 Vgl. Die Straße, 1. Oktoberheft 1938, S. 600
96 Todt an Wikander vom 12. 3. 1934, in: Verteidigungsschrift Ebermayer vom 2. 9. 1946, Spruchkammerverfahren Todt, Amtsgericht München, Anlage 2
97 Vgl. Die Straße, 2. Juliheft 1938, S. 468
98 Vgl. Die Straße, 2. Oktoberheft 1938, S. 659
99 Vgl. Die Straße, 1. Dezemberheft 1938, S. 756
100 Vgl. Die Autobahn 8/1934, S. 315
101 Die Straße, 2. Aprilheft 1939, S. 242

102  Heribert Mentzel: Das Erlebnis der Reichsautobahn, in: Die Straße 23–24/1941, S. 372
103  Manfred von Brauchitsch: a. a. O., S. 66 ff.
104  Vgl. Geschäftsbericht der Gesellschaften Reichsautobahn über das 1. Geschäftsjahr 1933, Berlin 1934, S. 3
105  Deutsche Technik, Mai 1934, S. 438
106  Die Straße, 2. Septemberheft 1937, S. 521
107  Vgl. Die Autobahn vom 1. 10. 1934, S. 821
108  Fritz Todt: Die Straßen Adolf Hitlers, in: Die Straße, 2. Aprilheft 1939, S. 240
109  Rundschau Deutscher Technik 28/1939
110  Adolf Hitler: Mein Kampf, München 1933, S. 641
111  Vgl. David Irving: a. a. O., S. 70
112  Lutz Schwerin von Krosigk: Es geschah in Deutschland. Menschenbilder unseres Jahrhunderts, Tübingen und Stuttgart 1952, S. 201
113  Max Domarus: Hitler, Reden und Proklamationen 1932–1945, Band 1 Triumph, Halbband 1 (1932–1934), Wiesbaden 1973, S. 208
114  Max Domarus: a. a. O., S. 263
115  Max Domarus: a. a. O., S. 301 ff.
116  Vgl. u. a. BayHStA München, Reichsstatthalter Epp 61
117  Vgl. Die Straße, 2. Oktoberheft 1936, S. 666
118  Vgl. BayHStA München, Reichsstatthalter 553
119  Vgl. Die Straße, 2. Aprilheft 1939, S. 252
120  Deutsche Technik, Juli 1934, S. 564
121  Drei Jahre Arbeit an den Straßen Adolf Hitlers, hrsg. vom Generalinspektor für das deutsche Straßenwesen, Berlin 1936, S. 36
122  Die Straße, 1. Maiheft 1939, S. 272
123  Die Straße, 2. Maiheft 1939, S. 339 f.
124  Deutsche Technik, Oktober 1934, S. 716
125  Die Autobahn 1/1934, S. 28
126  Die Straße, 1. Septemberheft 1935, S. 5
127  Vgl. Die Straße, 1. Septemberheft 1934, S. 38
128  Vgl. Die Straße, 1. Dezemberheft 1936, S. 765
129  Vgl. Peter Norden: Unternehmen Autobahn. Von Hitlers Aufmarschstraßen zum modernsten Verkehrsnetz Europas, Bayreuth 1983, S. 1 ff.
130  Vgl. Liste der von Todt gehaltenen Vorträge, Bundesarchiv NS 26/1188
131  Die Straße, 2. Juliheft 1937, S. 400
132  Vgl. z. B. Die Autobahn vom 1. 12. 1934, S. 14
133  Fritz Todt: a. a. O., S. 12
134  Vortrag Todts auf der Plassenburg am 7. 10. 1938; vgl. Deutsche Wasserwirtschaft 1938, S. 397
135  Vgl. Kunst im Dritten Reich. Dokumente der Unterwerfung: a. a. O., S. 80
136  Vgl. Der Frontarbeiter vom 15. 4. 1941
137  Aussprüche Todts, Bundesarchiv NS 26/1188
138  Vgl. Erna Lendvai-Dircksen: Reichsautobahn – Mensch und Werk, Bayreuth 1942, Geleitwort
139  Über wenige Themen des nationalsozialistischen Staates wurde seit dem Zweiten Weltkrieg so viel geschrieben wie über Hitlers Autobahnen. Die gängigen Interpretationen sehen in ihnen entweder »militärische Aufmarschstraßen für den Eroberungskrieg« oder »Propagandastraßen des Führerkults«. Vgl. u. a. Kurt Kaftan:

a. a. O., Karl Lärmer: Autobahnen in Deutschland 1933–1945. Zu den Hintergründen, Berlin (Ost) 1975; Joachim Petsch: a. a. O., S. 142 ff.; Hansjoachim Henning: Kraftfahrzeugindustrie und Autobahnbau in der Wirtschaftspolitik des Nationalsozialismus 1933 bis 1936, in: Vierteljahresschrift für Sozial- und Wirtschaftsgeschichte 65 (1978), S. 217 ff.; Peter Norden: a. a. O.; James D. Shand: The Reichsautobahn: Symbol for the Third Reich, in: Journal of contemporary History, vol. 19 (1984), S. 189 ff.

140 Vgl. S. 30 ff. dieses Buches

141 Vgl. Manfred von Brauchitsch: a. a. O., S. 73

142 Magnus von Braun: Weg durch vier Zeitepochen, Limburg 1965, S. 272

143 Vgl. Akten der Reichskanzlei: a. a. O., S. 552, 561

144 Bericht der Vertretung Bayerns beim Reich über Besprechung mit dem Chef des Truppenamts, Generalleutnant Beck, am 2. 11. 1933, BayHStA München MWi 8682. Der Reichskommissar für die Rückgliederung des Saarlandes drängte Todt, im Interesse der Arbeitsbeschaffung für das Saargebiet den Autobahnbau auf der Strecke Saarbrücken-Mannheim zu beschleunigen. Todt sagte den Bau der nördlichen Umgehung Saarbrückens etwa von Sankt Ingbert bis Völklingen für das Frühjahr oder den Sommer 1936 zu. Vgl. Der Generalinspektor für das deutsche Straßenwesen vom 18. 11. 1936, Bundesarchiv R113/1617, Bl. 23

145 Fritz Leonhardt: a. a. O., S. 71

146 Vgl. Alfred Vagts: Hitler's Second Army, Washington D. C. 1943, S. 119

147 Vgl. Protokoll der Reichsstatthalterkonferenz vom 28. 9. 1933, IfZ, Akten der Parteikanzlei 101 25033

148 Günther Gereke: Ich war königlich-preußischer Landrat, Berlin (Ost) 1970, S. 158

149 Vgl. Schreiben des Unternehmens ›Reichsautobahnen‹ an die Obersten Bauleitungen vom 17. 9. 1935, zitiert nach: Peter Norden: a. a. O., S. 127; Bericht der Wirtschaftsinspektion VIII an die Landesstelle für Raumordnung in Salzburg vom 1. 8. 1939, Bundesarchiv R113/1620

150 Vgl. Ansprache Todts bei der Straßenbautagung 1939, in: Die Straße, Januarheft 1940, S. 28

151 Vgl. Bundesarchiv NS 26/1189

152 Rundschau Deutscher Technik 48/1939

153 Mitteilungen der Forschungsgesellschaft für das Straßenwesen e. V., in: Die Straße, 1. Januarheft 1940, S. 28

154 Heinz Guderian: Mit der Panzerwaffe auf der Straße des Sieges, in: Die Straße, 1. Dezemberheft 1940, S. 37

155 Vgl. Peter Norden: a. a. O., S. 121

156 Rede des Reichsministers Dr. Todt am 31. 8. 1940, Manuskript, Bundesarchiv NS 26/1188

157 Deutschland im Kampf, hrsg. von Alfred I. Berndt und Hasso v. Wedel, Berlin, September 1941, S. 149

158 Aussprüche Todts, Bundesarchiv NS 26/1188

159 Vgl. Schnellbrief des Reichsministers für die besetzten Ostgebiete vom 24. 10. 1941, IfZ, Akten der Parteikanzlei 101 11823 ff.

160 Reichsstatthalter in der Steiermark vom 19. 11. 1941, Bundesarchiv R 113/26; vgl. Auskunft C.-M. Schnell an den Autor vom 17. 4. 1986. Ein Dokument vom August 1944 belegt, daß die Verbindung Triests mit den österreichischen Provinzen zur Ergänzung der eingleisigen Eisenbahnlinie Villach-Triest für erforderlich

158       *Fritz Todt*

gehalten wurde, selbst unter dem Aspekt, daß Österreich nach einem verlorenen
Krieg selbständig werden würde. Vgl. Abschrift von C.-M. Schnell beim Autor.

161 Vgl. u. a. Klaus Günther Brackmann und Onnen Jakobus: Deutsche Kolonialprobleme, Berlin 1940; Herbert Haag: Kolonien und Industriewirtschaft. Ein Beitrag
zur deutschen Rohstofffrage, Würzburg 1940; Kampf um Afrika. Land und Menschen. Rohstoffe, Berlin 1940; Karl Krueger: Kolonialanspruch und kontinentale
Wirtschaftsplanung, Dresden 1940; Heinrich Schnee: Die koloniale Schuldlüge,
München 1940[12]; Joachim Heinrich Schultze: Der Wirtschaftswert unserer Kolonien, Berlin 1940; A. Schürmann u. a.: Unsere Kolonien. Die Aufgabe der deutschen Wissenschaft in den Kolonien, München 1940; Otto Seubert: Der Standtpunkt Deutschlands in der Kolonialfrage, Erlangen 1940; Afrika braucht Großdeutschland. Koloniales Jahrbuch 1940

162 Vgl. Aktennotiz vom 11. 11. 1940, Bundesarchiv NS 14/24

163 NSBDT, Kolonialausschuß vom 1. 2. 1940, Bundesarchiv NS 14/24–5

164 Vgl. Niederschrift, Bundesarchiv R 65 I/83; Aktennotiz für Saur vom 5. 12. 1940,
Bundesarchiv NS 14/24

165 Vgl. BayHStA München MWi 8679

166 Vgl. Beck: Reichsbahn und Spedition, in: Die Reichsbahn 7/1931, S. 160 ff.;
BayHStA München MWi 8679

167 Geschäftsbericht der Gesellschaft Reichsautobahnen über das 1. Geschäftsjahr
1933: a. a. O., S. 3

168 Vgl. Die Autobahn 2/1934, S. 48

169 Vgl. Der Reichsverkehrsminister vom 31. 12. 1941, Bundesarchiv R 65 I/48; Rudolf
Dittrich: Vom Werden, Wesen und Wirken der Organisation Todt, Bundesarchiv,
Kleine Erwerbungen Nr. 529–1, S. 7 ff.

170 Vgl. IfZ, Akten der Parteikanzlei 10101877 ff.

171 Vgl. Bayerischer Kurier vom 12. 7. 1933

172 RGBl 1935 I, S. 788 ff.

173 Vgl. Die Durchführungsverordnung zum Güterfernverkehrsgesetz vom 27. 3. 1936,
BayHStA München MWi 8677; Kraftwagenprovisorium und Reichsbahntarif, in:
Frankfurter Zeitung vom 22. 4. 1936; Die Regelung des Güterkraftverkehrs, in:
Frankfurter Zeitung vom 15. 4. 1936; Zur Neuordnung des Kraftwagen-Güterfernverkehrs, in: Deutscher Reichsanzeiger vom 20. 4. 1936. Als der Zweite Weltkrieg
ausbrach, zählte der RKB 11 000 Mitglieder mit 16 000 Fahrzeugen, wobei über 90%
der Unternehmer nur einen oder zwei Lastzüge besaßen, also Kleinunternehmer
waren. Vgl. Die Straße, Septemberheft 1939, S. 540

174 Bericht Recknagel an Todt vom 19. 11. 1937, IfZ, Akten der Parteikanzlei
12404093 ff.

175 Vgl. Der Reichswehrminister vom 3. 12. 1934, Bundesarchiv R 5/23

176 Vgl. Schreiben Chef OKW an den Reichsminister der Finanzen vom 10. 3. 1938,
Bundesarchiv R 5/23

177 Vgl. Der Reichsminister der Finanzen vom 30. 4. 1938, Bundesarchiv R 5/23

178 Vgl. Bundesarchiv R 5/23

179 Schreiben Recknagel an den Chefadjutanten des Führers vom 1. 2. 1938, IfZ,
Akten der Parteikanzlei 12404067 ff.

180 Vgl. Schreiben Todt an Dorpmüller vom 25. 5. 1939, Bundesarchiv NS 26/1187

181 Vgl. Schreiben Todt an Dorpmüller vom 13. 10. 1939, IfZ, Akten der Parteikanzlei
10108234 ff.

182 RGBl 1939 I, S. 2410

183 Anton Joachimsthaler: Die Breitspurbahn Hitlers. Dokumentation über die geplante transkontinentale 3-Meter-Breitspurbahn der Jahre 1942–1945, Freiburg 1981, S. 66

184 Vgl. Schreiben Todt an Rosenberg vom 18. 9. 1941, IfZ MA 251, Bl. 328f.

185 Vgl. die gegensätzliche Darstellung bei Anton Joachimsthaler: a. a. O., S. 58ff. und S. 69. Joachimsthaler stützt seine Behauptung, daß Todt der geistige Vater dieser Eisenbahnform sei, lediglich auf eine Vortragsnotiz des Oberreichsbahnrates Kreidler beim Chef des Wehrmachttransportwesens General Gercke am 21. 3. 1942 – also nach Todts Tod. Darin führte Kreidler aus, daß der Vorschlag für eine Breitspurbahn von Oberschlesien in die Ukraine nicht von der Reichsbahn stamme, sondern von Todt. Nach Ansicht der Reichsbahn komme die Verwirklichung nicht in Frage, weil es damit keine Erfahrungen gebe und weil ohne Versuchsbetrieb eine Serienfertigung unmöglich sei.

186 Adolf Hitler. Monologe im Führerhauptquartier 1941–1944. Die Aufzeichnungen Heinrich Heims, hrsg. von Werner Jochmann, Hamburg 1980, S. 92

23  Großbaustelle am Westwall

24  Ansprache Todts vor Westwallarbeitern im Juni 1939

25 Übergabe von »Schutzwall-Ehrenzeichen« an Westwallarbeiter durch Todt

26 Gespräch Todts (Mitte) mit einem Westwall-arbeiter

27 Todt und Ley (vorne) bei einer Besichtigungs-fahrt am Westwall

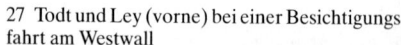

28 Wandtafel aus der Wanderschau »Leistungssteigerung« in Bayreuth 1939

29 Baubeginn der »Vogelfluglinie« auf der Insel
Fehmarn im September 1941

30 Hitler in Begleitung Todts bei der Besichtigung einer OT-Baustelle in Frankreich 1940

31 Besuch Todts bei OT-Arbeitern auf einer Brückenbaustelle am Peipussee im September 1941

# 4
# Erbauer des Westwalls

## Befestigungsplanungen

Nach der Besetzung des entmilitarisierten Rheinlands durch deutsche Truppen im März 1936 gehörte die Sicherung der Westgrenze zum Militärprogramm der folgenden Monate. Entsprechend den Planungen der »Inspektion der Festungen beim Generalstab des Heeres« sollten alle Verteidigungsanlagen bis 1948 fertiggestellt sein. Das Bauprogramm, so langfristig es angelegt war, litt von Anfang an unter der unzureichenden Zuweisung von Rohstahl. Im Frühjahr 1938 wurde zum Beispiel die von den Pionieren beantragte Stahlmenge von 759000 Tonnen auf 288000 Tonnen gekürzt. [1] Außerdem befriedigten die Baupläne der Festungspioniere Hitler weder hinsichtlich der technischen Gestaltung noch bezüglich der Terminierung. Er gab einige der Vorlagen zur Durchsicht an den Generalinspektor für das deutsche Straßenwesen. Dieser stellte Unstimmigkeiten in der Berechnung fest und machte aufgrund seiner Erfahrungen beim Reichsautobahnbau einige Vorschläge zur schnelleren Abwicklung der Bauarbeiten. Im Heeresamt empfand man das als Einmischung in militärische Angelegenheiten.

In diese Situation platzte am 20. 5. 1938 die Mobilmachung des tschechoslowakischen Heeres. Aufgrund von Geheimdienstberichten befürchtete man in Prag den unmittelbaren Angriff deutscher Truppen. Obwohl Hitler einen »blitzartig schnellen Überfall« seit langem plante, hatte er zu dieser Zeit nicht die Absicht, die CSR anzugreifen, es sein denn, daß eine Entwicklung innerhalb der CSR dazu zwinge oder daß die politischen Ereignisse in Europa eine besonders günstige Lage und nie wiederkehrende Gelegenheit dazu schafften. In der Verärgerung darüber, daß er einer Angriffsabsicht beschuldigt wurde, die er zwar hegte, aber derzeit nicht verwirklichen konnte, befahl Hitler mit dem »Plan Grün« die »Auslöschung der CSR«.

Im Zusammenhang damit ordnete er am 28. 5. den beschleunigten Aufbau einer Festungszone gegenüber dem mit der Tschechoslowakei verbündeten Frankreich an, die ihm bei der beabsichtigten Aggression den Rücken decken sollte. Der Fertigstellungstermin wurde auf den 1. 10. 1938 festgelegt, denn als Angriffstermin war der 2. 10. 1938 vorgesehen.

Mit diesem Befehl wurde nicht nur die Priorität der Befestigungsbauten im Osten aufgehoben, sondern es wurden alle Beschränkungen für Baumateriallieferungen in den Westen annulliert. Die Pionier-Inspektion der Westbefestigungen (In West) fühlte sich den auf sie zukommenden Anforderungen nicht mehr gewachsen. Deshalb übernahm das Heeresgruppenkommando 2 (Kassel) nach seiner Verlegung nach Frankfurt/Main die oberste militärische Bauleitung. Die Inspektion der Westbefestigungen und der Artillerieoffizier West wurden ihm unterstellt. »In West« war insbesondere zuständig für den Ankauf von Grund und Boden, für Entschädigungen, für Verwaltungsfragen und für den Entwurf der Konstruktionszeichnungen.

Auf Weisung Hitlers unternahm Göring in seiner Funktion als Beauftragter für den Vierjahresplan, vorgeblich zur Materialbedarfserhebung, Anfang Juni eine Besichtigungsreise in die für die Westbefestigungen in Frage kommenden Gebiete. In seiner Begleitung waren der Generalinspektor für das deutsche Straßenwesen Todt und die Herren Ministerialdirektor Schulze-Fielitz und Oberbaurat Henne aus Todts Dienststelle. Nach Abschluß der Rundreise entwarfen sie in einer Besprechung in Bergzabern am 9. 6. 1938 eine Organisationsform, die es ermöglichen sollte, in einem Großeinsatz so schnell wie möglich die erforderlichen Bauten zu erstellen. Zur großen Empörung der Heeresleitung gab Göring dem Führer einen niederschmetternden Bericht über die Vorarbeiten der Pioniere: Am 14. 6. 1938 berichtete Göring, der dem Offizierskorps des Heeres von vornherein nicht gewogen war, auf dem Berghof Hitler in Anwesenheit Todts, daß die 36 Infanterie- und 30 Pionierbataillone des Generalobersten Adam versagt hätten: »Es sei so gut wie nichts da, das Vorhandene völlig unzulänglich, kaum eine primitive Feldbefestigung und dergleichen.« [2]

Hitler erhob schwere Vorwürfe gegen den Generalstab des Heeres. Obwohl die Bauerkundungsstäbe ihre Arbeiten abgeschlossen hatten, viele Pläne fertig vorlagen und z. T. auch im Gelände vorgetragen waren, war der eigentliche Befestigungsbau tatsächlich noch in den Anfängen. Die Warnungen Becks vor einer militärischen Verwicklung Deutschlands angesichts der Planungen gegen die CSR brachten zusammen mit solchen Nachrichten Hitler zur Weißglut. In dieser Verärgerung gab Hitler dem Generalinspektor für das deutsche Straßenwesen den Auftrag, den Großbau zu übernehmen und die Befestigungsanlagen nach den militärtaktischen Plänen der Pionierstäbe unter Einsatz der Autobahnbauleitungen so zu erstellen, daß in 1½ Jahren 10000 Betonbauten vom Bunker bis zu schwersten Werken vollendet sein würden, die Hälfte von ihnen bis zum Herbst 1938. [3] Am gleichen Tag erhielt Todt die Generalvollmacht, um alle benötigten Materialien und Kräfte für das Bauprogramm nach eigenem Dafürhalten heranzuziehen.

Die Kosten für die Bunker ohne Panzerteile wurden auf 520 Millionen RM geschätzt. Der Nachrichtenausbau war mit 32 Millionen RM, der Hindernisbau mit 64 Millonen RM und der Bau von Barackenlagern mit 19,5 Millionen RM ausgeworfen. [4] Für alle Maßnahmen wurde ein Sonderfonds eingerichtet. Man hielt es für unmöglich, »die neuen außerordentlichen Ausgaben in vollem Umfang in durch bestimmte Verwendungszwecke festgelegte Titel unterzubringen«. Die vorhandenen Buchungstafeln paßten nicht. Außerdem befürchtete man Verzögerungen durch haushaltsrechtliche Einengungen. Der Sonderfonds dagegen war so strukturiert, daß »ohne nähere Einteilung und Begrenzung sämtliche notwendigen Ausgaben verrechnet werden« konnten. [5]

Die Bauplanung der Pioniere wurde von Todt über den Haufen geworfen. Die Regelbauten der Festungspioniere hatten bisher 53 Typen umfaßt. Sie reichten von Maschinengewehrständen, über Schartenstände, Pakbunker, Ständen mit 3- und 6-Schartenkuppeln und Gefechtsständen bis zu Ständen für Artilleriebeobachter. Das von Hitler befohlene Tempo ließ das Beharren auf diesen Regelbauten nicht mehr zu. Außerdem war die Industrie nicht in der Lage, die hierfür benötigten Panzerteile rechtzeitig zu liefern. Die Bunkermodelle der Festungsinspektion lehnte Hitler auch von der konstruktiven Seite her ab. Sie seien zwar Meisterstücke deutscher Architektur, hätten aber keine praktische Nutzanwendung, meinte er. Hitlers Ausfälle gegen die »Steinschneider« unter den Technikern des Heeres endeten mit dem Hinweis darauf, daß große Baufirmen eben mehr Erfahrung hätten und das besser machen könnten. [6] Hitler selbst zeichnete einige Entwürfe. Aber nicht alles, was er für gut hielt, ließ sich verwirklichen. Der General der Pioniere Förster erzählt von folgendem Vorfall:

»Wenn Besprechungen über Befestigungen bei Hitler waren, hatte er stets einen Zeichenblock vor sich. So auch bei einer Besprechung, in der es sich im Sommer 1938 um einen angeblich neuartigen Bunker handelte, der von einem Führer des Arbeitsdienstes ›erfunden‹ war. Hitler nahm seinen Zeichenblock und versuchte, mir auf alle mögliche Weise den Bunker zu empfehlen. Hierl und Todt pflichteten ihm bei. Der neue Bunker enthielt als einzige wesentliche Neuigkeit die, daß alle Maße anders waren als bisher. Ich mußte ihn aus folgendem Grunde ablehnen: Um den Massenbau von Bunkern zu ermöglichen, waren bestimmte Typen für die verschiedenen Aufgaben festgelegt worden. Wir waren dazu gezwungen durch die Notwendigkeit, Bauteile für die Inneneinrichtung zu normieren. Scharten, Gastüren, Entlüfter, Kocheinrichtungen, Lagerstätten usw. konnten in der Masse und bei den kurzen Fristen nur geliefert werden, wenn die Industrie sie nach festen Normen anfertigen konnte. Das wurde Hitler erklärt. Seine Antwort war typisch, er sagte: ›Die Industrie hat das zu machen, was befohlen wird. Ich befehle den Bau der neuen Bunker.‹« [7]

Zur Verwirrung der Planer und der Zulieferindustrie wurde das Typensystem des Heeres häufig beiseite geschoben. Zum Beispiel wurden Mauerschartenbunker ohne Panzerschutz entworfen. Neue Bunkertypen kamen hinzu wie die Gruppen- und Doppelgruppenunterstände mit angehängten Kampfräumen, von denen 6237 gebaut werden sollten. Die Wandstärke wurde auf einen Meter, die Deckenstärke auf 0,8 Meter reduziert. Panzerkuppeln wurden weggelassen.

Da die Pioniere nur für Bauplanung und Bauabnahme zuständig waren, Todt aber die Bauausführung leitete, richtete er, nachdem er die »Zentrale Dienststelle für Westbefestigungen« im Hotel Kaiserhof in Wiesbaden installiert hatte, an den Standorten der einzelnen Festungspionierstäbe Oberbauleitungen ein. So entstanden 22 Bauabschnitte mit je einer Oberbauleitung. Für die Bauausführung in jedem Bauabschnitt war ein Generalunternehmer voll verantwortlich, dem Nachunternehmer zugeteilt wurden. Am 14. 6. 1938 hatte Todt die erste Besprechung mit den Vertretern der größten deutschen Tiefbaufirmen, auf die die einzelnen Bauabschnitte des Westwalls verteilt wurden. [8]

Die taktische Festlegung der Stände im Gelände und der Entwurf der Konstruktionszeichnungen erfolgte durch die Festungspionierstäbe.

Das in Wiesbaden von Todt für den Westwallbau eingerichtete Büro unter Leitung des Oberbaurats Henne prüfte innerhalb von zwei Monaten über 60000 Pläne und Bauzeichnungen der Pioniere und gab die geeigneten an die Oberbauleitungen zur Ausführung weiter.

Nach den Plänen der Pioniere sollte der Westwall aus einer Vielzahl kleinerer und größerer Festungswerke bestehen. In einer Länge von rund 600 km von der Schweizer Grenze bis nach Holland sollten in einer Tiefe von über 50 km 22000 Anlagen errichtet werden. Die befestigte Zone zerfiel in zwei Abschnitte: in die Verteidigungszone des Heeres und in die Luftverteidigungszone West. Die Verteidigungszone des Heeres bestand aus einem System von Maschinengewehrbunkern, Beobachtungs- und Artilleriestanden der verschiedensten Größen und aus Betonbunkern und Panzerwerken. Dazu kamen Betonhöcker, Steilhänge und Kurvenhindernisse, Minenfelder und Stacheldrahtmauern. In der Luftverteidigungszone West waren gestaffelte Erdbefestigungen für leichte und schwere Flakgeschütze vorgesehen. Die größeren Bunker besaßen Wasch- und Duschräume, Küchen und

tiefgelegene warme und trockene Ruheräume, zu denen kein Kampf-
lärm dringen konnte. Auch Vorschläge Hitlers, der seine »Erfahrungen« als Frontsoldat des Weltkriegs einbrachte, wurden berücksichtigt.

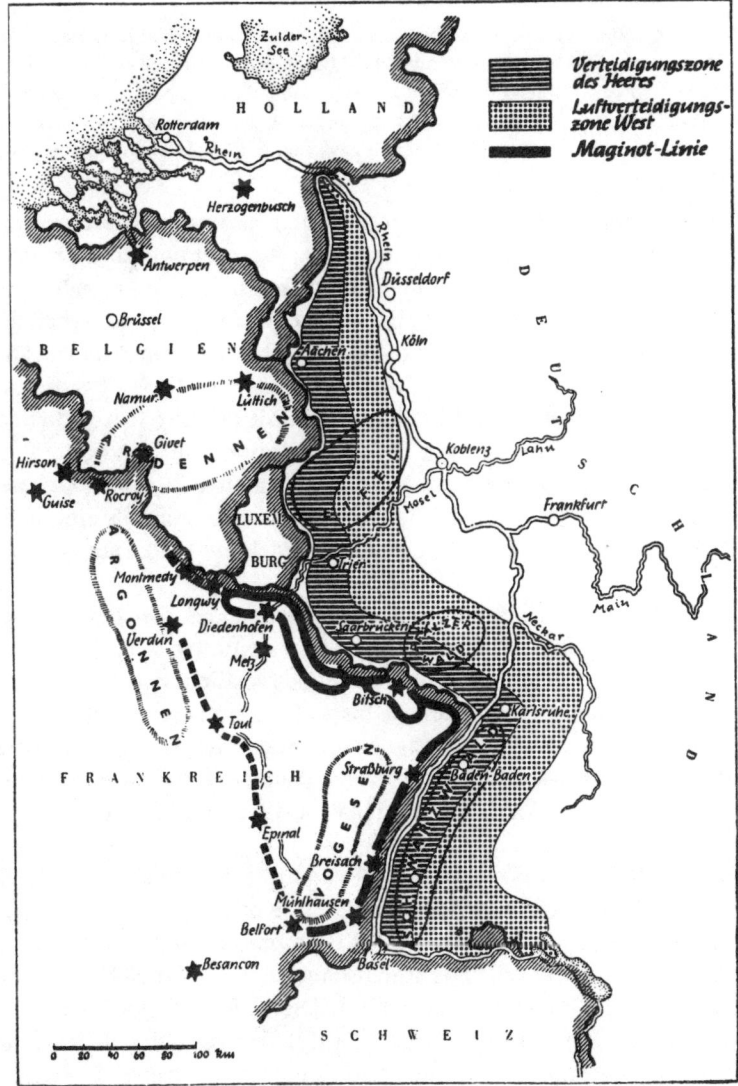

# Baudurchführung

Die Geschwindigkeit des Baufortschritts am Westwall schilderte Todt selbst:

»Der erste Stand war schon Anfang Juni, der zehnte Stand am 25. Juli, der 100. am 12. August, der 1000. am 1. September 1938 betoniert, und in den kritischen Tagen Ende September waren so viele Stände fertig, daß auf der Gegenseite die Zahl der zu ihrem Beschuß nötigen Kanonen nicht ausreichte, um mehr als etwa ein Drittel niederkämpfen zu können. Das Rennen zwischen der Zahl der Betonstände und derjenigen der Geschütze war Ende September gewonnen.« [9]

Zu dieser Zeit arbeiteten rund 1000 Firmen mit ihrem Gerätepark und ihrem Stammpersonal am Westwall. Die »Verordnung zur Sicherstellung des Kräftebedarfs für Aufgaben von besonderer staatspolitischer Bedeutung« vom 22. 6. 1938 sicherte dem Westwallbau die Arbeitskapazität. Am 20. 6. 1938 waren die ersten 9000 Mann in Arbeit, einen Monat später waren es schon 35000 Mann. Bis zum 21. 9. 1938 stieg die Zahl der Beschäftigten auf 241000 Mann. Sie erhöhte sich schließlich auf 342000 Mann im Bereich der Organisation Todts und auf 90000 Mann im Bereich der Pionierstäbe. Dazu kamen noch etwa 300 Abteilungen Reichsarbeitsdienst. Zusammen war also mehr als eine halbe Million Menschen vier Monate nach Beginn der Arbeiten am Westwall beschäftigt.

Da die Materiallieferungen aus dem Westen des Reiches bei weitem nicht ausreichten, mußte vieles von weither beschafft werden. Kies kam z. B. auch aus den Gegenden östlich von Berlin. Die deutsche Zementindustrie lieferte bis zu 51% ihrer Gesamtproduktion für den Westwallbau. Die täglich erforderliche Eisenbetonmenge betrug zeitweise 45000 cbm. Die insgesamt am Westwall verbaute Holzmenge belief sich auf den Holzbestand von 1600 qkm Waldfläche.

Auch der Gerätepark wurde aus dem ganzen Reich zusammengezogen. Neben Baggern, Greifern, Rammen, Kompressoren, Förderbändern und Wasserwagen kamen 3000 Betonmischmaschinen von überall her an den Westwall. Die Reichsbahn setzte bis zu 9000 Waggons täglich für den Baustofftransport ein. Die Zahl der benötigten Lastkraftwagen stieg auf 16000. Ein Drittel der gesamten Rheinflotte diente der Materialbeförderung. Die Deutsche Reichspost stellte 4200

Omnibusse zur Verfügung, um die Arbeiter von den Unterkünften zu den Baustellen und zurück zu bringen. [10]
Die Deutsche Arbeitsfront übernahm die Betreuung der Arbeiter, sorgte für Quartier, Verpflegung und für die Gestaltung der Feierabende. Pro Mann wurden ihr dafür aus öffentlichen Mitteln 5 Pfennige täglich bezahlt. Die SA stellte Feldküchen und Zeltbahnen zur Verfügung. Das NSKK bildete Motorstaffeln. Die SS übernahm die Sicherung der Baustellen. In den Händen des Reichsnährstandes lag der Verpflegungsnachschub. Die NS-Frauenschaft half bei der Betreuung der zu Hause gebliebenen Arbeiterfrauen. [11]
Während die Arbeiter, die in Privatquartieren wohnten, nach der Sondertarifordnung ein Übernachtungsgeld von 50 Pfennigen je Kalendertag erhielten, um die Abrechnung der Quartiere selbständig vorzunehmen, war die Unterbringung in Massenquartieren, Lagern und Zelten kostenlos. Die Einstellung von Lagerführern, Kantinenverkäufern usw. erfolgte durch die DAF, die die hierfür auflaufenden Kosten nachträglich von den Oberbauleitungen erstattet bekam. Das für die Lager weiterhin erforderliche Personal, z. B. Köche, Sanitäter, Kartoffelschälfrauen, wurde im Benehmen mit der DAF von den Hauptunternehmern eingestellt und von diesen besoldet. Die Durchführung der Gemeinschaftsverpflegung war ausschließlich Aufgabe der DAF. Dafür wurden dem Arbeiter täglich 1,20 RM berechnet, die vom Lohn einbehalten wurden. [12]
Die Arbeitszeit betrug täglich bis zu 13 Stunden. Wegen Übermüdung kam es zu zahlreichen Unfällen auf den Baustellen. In den Massenquartieren brachen Schlägereien aus. Bis zum 1. 10. 1938 gab es keine Heimfahrten für die Arbeiter. Danach durften alle Verheirateten, die zwischen 15 und 100 km entfernt wohnten, alle 2 Wochen, die, die ihre Familien zwischen 100 und 200 km entfernt hatten, alle 3 Wochen, diejenigen, die zwischen 200 und 300 km entfernt zu Hause waren, alle 4 Wochen, diejenigen, die zwischen 300 und 400 km entfernt zu Hause waren, alle 6 Wochen und die über 400 km von zu Hause Entfernten alle 8 Wochen eine Familienheimfahrt antreten. [13]
Die Entlohnung entsprach den Autobahntarifen. [14] Mit Überstunden oder bei Akkordarbeit konnte der Arbeiter bis 90 RM in der Woche verdienen. Die RAD-Männer erhielten einen Sold von 25 Pfennigen pro Tag. Die nach der »Verordnung zur Sicherstellung des Kräftebedarfs für Aufgaben von besonderer staatspolitischer Bedeutung« Verpflichteten erhielten die Differenz zwischen dem früheren Einkommen und dem jetzigen erstattet. Die Hälfte trug der neue Arbeitgeber des Dienstverpflichteten und die andere Hälfte das

Arbeitsamt. Die Auszahlung wurde von der früheren Arbeitsstelle des Dienstverpflichteten vorgenommen. Verheiratete Dienstverpflichtete erhielten bei einer Trennung von ihrer Familie eine angemessene Trennungsentschädigung. Die den Arbeitsämtern empfohlene Beschränkung auf unverheiratete Arbeitskräfte war nicht durchführbar, weil die Zahl der Bauten, die als Aufgaben von besonderer staatspolitischer Bedeutung eingestuft waren, rapide zunahm. Am 4. 7. 1938 befahl Hitler, »daß Bauvorhaben, die ohnedies in diesem Jahr nicht fertiggestellt werden könnten, zurücktreten müssen, wenn es sich darum handelt, für die Sicherheit der Nation eine Maßnahme durchzuführen, die die Voraussetzungen für alle weiteren Arbeiten im Frieden erst schafft.« [15]

## Unternehmerische Fehlschläge

Natürlich gab es bei einem solchen improvisierten Großprojekt eine Fülle von Pannen und Fehlschlägen. Sie betrafen alle Sparten des Unternehmens. Bereits im August 1938 kritisierte die Zentrale Wiesbaden erhebliche Mängel bei den Gehalts- und Lohnabrechnungen durch die Firmen. [16] Am 5. 9. 1938 tadelte Todt die schlechte Entladung der Eisenbahnlieferungen an den Wochenenden. Bei einer Inspektion fand er an einem Sonntag 5500 volle Waggons in den Ausladebahnhöfen stehen. Er machte Vorschläge, wie die Entladungsmannschaften umdisponiert werden könnten. [17] Aufgrund der vielen Eingriffe Todts besserte sich vieles, aber nicht alles. Immer wieder wurde das Verkehrsministerium wegen Transportfragen beim Generalinspektor vorstellig. Am 3. 8. 1938 wies Todt die Beschwerde des Staatssekretärs Kleinmann, daß die Eisenbahnwaggons nicht pünktlich entladen würden, mehr entschuldigend als anklagend zurück:

»Ich glaube nicht, daß wir eine so große Aufgabe meistern, wenn eine der beiden Parteien in der anderen den alleinigen Schuldigen sieht. Auch hier handelt es sich darum, eine Gemeinschaftsleistung zu organisieren, die nur dann glatt läuft, wenn jeder dem anderen hilft. Mein Personal hat jedenfalls Dampf bekommen und wird ggf. durch Zurückstellen von Erdbauarbeiten und sonstigen Arbeiten das jeweilige Tagespensum erledigen.« [18]

Auf der anderen Seite war Todt nicht zimperlich, wenn er einen Schuldigen gefunden hatte. Am 6. 10. 1938 griff er Oberst Gercke, den Wehrmachttransportchef, an, weil die Zustellung von Leerwaggons an die Zementfabriken nicht klappte. Bei sieben Oberbauleitungen sei der Zement aufgebraucht. »Beim Fliegen über die Bahnhöfe sieht man, daß überall leere Waggons stehen, sie sind reserviert für die noch nicht genau festgelegten Termine der Truppenrücktransporte.« Er drohte mit der Blamage vor Hitler, der am Montag den Abschnitt Saarbrücken besichtigen werde. Dann könnte es passieren, daß die Arbeiter keinen Zement hätten und feiern müßten, wenn Gercke nicht schleunigst für Abhilfe sorge. [19] Im Transportbereich kam es auch zu Zusammenstößen zwischen den Oberbauleitungen und den beiden Organisationen, die das ausschließliche Recht zur Anmietung von Privat-LKW hatten: dem »Reichskraftwagen-Betriebsverband«

(RKB) und der »Arbeitsgemeinschaft für das Kraftfahrgewerbe« (AKRA). Es war den Oberbauleitungen 1938 nicht gestattet, Lastkraftwagen von Dritten anzunehmen. Bereits angemietete Fahrzeuge mußten umgehend und rückwirkend in den RKB eingegliedert und nach den RKB-Bedingungen behandelt werden. [20] Dieses Verfahren änderte sich, als 1939 Unregelmäßigkeiten aufgedeckt wurden, z. B. daß die Gesellschaften mit den angemieteten Fahrzeugen Schwarzfahrten auf Kosten des Westwallbaus durchführten. Todt schrieb der Einsatzleitung des Kra-West (Kraftwagenleitung-West) am 4. 11. 1939, daß ihm diese Ungesetzlichkeiten bekannt seien, z. B. Fahrten für »Kaiser's Kaffeegeschäft« zwischen Heilbronn und Viersen. Er fuhr fort:»Die Herren von Kra-West ersuche ich dringend, die Verfolgung derartiger Nebeninteressen endlich abzustellen, da ich sonst mit den schärfsten Mitteln und militärgerichtlichen Anzeigen gegen sie vorgehen werde.« Er empfahl den Oberbauleitungen im Gegensatz zu früheren Weisungen, die Lastwagen direkt anzumieten und auf die Vermittlung des RKB zu verzichten. [21]

Eines der Probleme, die Todt beim Bau des Westwalls am meisten beschäftigten, war die Entlohnung der Unternehmer. Während die Pionierstäbe fast ausschließlich sogenannte Leistungsverträge abschlossen, arbeiteten die für den Generalinspektor eingesetzten Unternehmer mit Regieverträgen, die auch Kolonialverträge oder Selbstkostenverträge genannt wurden. Die Unternehmer mußten die von ihnen geleisteten Ausgaben nachweisen und erhielten dazu einen prozentualen Gewinnaufschlag. Je höher die Ausgaben waren, desto höher war auch der Gewinn. Clevere Unternehmer merkten bald, daß sich eine unwirtschaftliche Arbeitsweise bezahlt machte. Sie brauchten nicht mit Materialien zu sparen und jede Lohnerhöhung brachte ihnen zusätzlichen Gewinn. Die Unternehmer gingen keinerlei Risiko ein. Kontrollen waren schwierig durchzuführen.

Bereits im Juli 1938 wurden in der Parteikanzlei in München Stimmen gegen die Profitorientiertheit der Unternehmer am Westwall laut. Auch der zuständige Sachbearbeiter des Reichskommissars für die Preisbildung sprach sich gegen dieses Abrechnungssystem aus. Anlaß dazu war eine Anfrage des Pionierstabs in Freiburg vom 23. 7. 1938, der sich darüber beklagte, daß ihm der Generalinspektor die Lieferanten wegnähme. Sie arbeiteten lieber für Todts Leute als für die Pioniere, weil sie bei Todt mehr verdienten. Alle Gegner des Kolonialvertrages waren sich darüber einig, daß er kostensteigernd wirkte. Die Gestehungskosten wüchsen durchschnittlich um 300%. Nachprüfungen der Selbstkosten der Unternehmer waren kaum möglich. Da die

Firmen ihren 18%igen Aufschlag sicher hatten, konnten sie eine
Oberbauleitung gegen die andere ausspielen und enorme Abschlags-
zahlungen verlangen.

Trotz der Bemühungen der Politischen Leitung der NSDAP gelang es
nicht, den Generalinspektor und die militärischen Bauherren zu einheitlichen Verträgen zu bewegen. Der Preiskommissar, der eingeschaltet wurde, beabsichtigte, durch Sachverständige prüfen zu lassen,
was für die von den Pionieren und vom Generalinspektor erbauten
Bunker der angemessene Preis sei.

Am 11. 8. 1938 kam es bei Dr. Todt zu einer Besprechung, bei der alle
Betroffenen anwesend waren. Der Preiskommissar schlug einen
Selbstkostenvertrag vor, nach dem den Unternehmern zu den Baustel-
lenkosten, die überwiegend Lohnkosten waren, ein Zuschlag von
20,5% gewährt werden sollte, durch den Spesen, Bürokosten, Gewer-
besteuer, Körperschaftssteuer, Umsatzsteuer, Werkzeuge, Unterneh-
mergewinn abgegolten seien. Die Nachteile dieses Selbstkostenver-
trags, soweit er in den folgenden Wochen praktiziert wurde, waren
jedoch bald offensichtlich. Die Bindung des Unternehmerverdienstes
an die Lohnkosten barg die Gefahr, daß unwirtschaftlich arbeitende
Bauunternehmer mit höheren Lohnkosten einen höheren Gewinn
erzielten als Bauunternehmer, die wirtschaftlich arbeiteten. Die
Bedenken kamen vor allem von seiten des Reichstreuhänders-West
Dr. Schmelter unter dem Gesichtspunkt der Arbeitsleistung und
Arbeitsmoral. Er hatte beobachtet, daß die Unternehmer wenig Interesse zeigten, Maschinen einzusetzen, zu rationalisieren und die Arbei-
ter zu höherer Produktivität zu bewegen. Im Verhältnis zur geleisteten
Arbeit waren diese Unternehmen mit Arbeitskräften überbesetzt.

Der Preiskommissar machte deshalb den neuen Vorschlag, erstens die
tatsächlichen Kosten zu vergüten, zweitens den Unternehmern einen
festen Gewinnbetrag je cbm verbauten Betons oder je Bunker unter
Berücksichtigung besonderer Bauschwierigkeiten zu gewähren, und
drittens eine wirksame Lohnersparnisprämie in die Verträge einzubauen, durch die die Unternehmer veranlaßt werden sollten, wirtschaftlich zu arbeiten. [22]

Todt wurde zur Stellungnahme aufgefordert. In einem längeren
Schreiben vom 2. 12. 1938 an Ministerialdirektor Sommer im Stab des
Stellvertreters des Führers wies er die Vorwürfe über die mangelhafte
Preisgestaltung am Limes zurück. Wenn man mit 250 000 Arbeitern in
vier bis fünf Monaten das erreichen wolle, was man mit 80 000 in ein bis
vier Jahren machen könne, seien außergewöhnliche Maßnahmen
erforderlich. Er sei froh,

»daß trotz der ungeheuren, überhaupt noch nie dagewesenen Arbeitsintensität im großen und ganzen die Dinge ordentlich verlaufen sind und daß die paar Spitzbuben, die den Versuch gemacht haben, auf Kosten des Reiches besondere Gewinne zu erzielen, schon beim Versuch gepackt und von der Staatspolizei abgeführt wurden«. [23]

Todt hielt Leistungsverträge wie die von den Pionieren benutzten oder vom Preiskommissar vorgeschlagenen für unmöglich, weil man dazu genaue Zeichnungen und genaue Leistungsverzeichnisse benötigte. Bei der Übernahme der Aufträge sei keines von beiden vorhanden gewesen. Er habe mit dem Bau der einfachen Stände schon begonnen, bevor die Inspektion der Festungen die Pläne für die Typen ausgearbeitet hatte. Die Erreichung eines festen Gewinnbetrages je cbm Beton setze auch voraus, daß den Unternehmern Aufwand und Risiken einigermaßen bekannt seien. Der Einsatz einer Lohnersparnisprämie hätte mit Rücksicht auf das befohlene Bautempo ausscheiden müssen. Eine Besonderheit des Westwallbaus habe ja gerade darin bestanden, daß objektive Maßstäbe nicht vorhanden waren. Jede Baustelle hatte andere Schwierigkeiten. Todt tadelte, daß die Vertreter des Reichskommissars für die Preisüberwachung nicht einmal in der Lage waren, den Anteil der heimischen Betriebskosten (Spesen, Werkzeuge, Verwaltungskosten) unter den von den Unternehmern genannten Betrag zu drücken. Seiner Ansicht nach reichten dafür statt der angesetzten 6,5% durchaus 4% aus. Todt zeigte auch kein Verständnis dafür, daß die Preisüberwachungsstelle beim Oberpräsidium in Koblenz dem Rheinischen-Kies-Syndikat und der Kies- und Sandvereinigung, d. h. den hauptsächlichen Lieferanten am Niederrhein, zugestand, die Kiespreise um 30 Pfennig je Tonne, d. h. um fast 30% des Grundpreises, zu erhöhen, obwohl die tatsächlichen Gestehungskosten höchstens 65–80 Pfennige betrügen. Gegen die gebilligte Erhöhung auf bis zu 1,62 RM pro Tonne könne er nicht mehr vorgehen. Auch seine Bemühungen, die ständig steigenden Frachtkosten der Rheinschiffe zu drücken, würden vom Reichskommissar nicht unterstützt. Insgesamt seien alle von außen kommenden Vorschläge entweder unbrauchbar gewesen oder schon lange befolgt worden. [24]
Zur Überprüfung von Firmenabrechnungen setzte Todt Revisionsbeamte, Rechnungsprüfer und andere Kontrolleure ein. Insgesamt waren Ende 1938 über 400 Personen mit der Rechnungsprüfung beschäftigt. Bei Firmen, die im Verdacht standen, überhöhte Preise zu verlangen, wurden schwerpunktmäßig Betriebsprüfungen durchgeführt. Wegen der vielen aufgedeckten Unregelmäßigkeiten gab Todt am 1. 1. 1939 schließlich doch die Regieverträge auf, die er so sehr

verteidigt hatte, und führte ein Festpreissystem ein. Danach wurden die Firmen nach Kubikmeter-Betonleistung und nach Kilometer-Frachtkosten entschädigt. Dadurch wuchs bei den Firmen das Interesse an kostensparendem Bauen und an vorzeigbaren Ergebnissen. Aber nun begannen Versuche, mit Pfuscharbeiten unter Verwendung minderwertiger Materialien Profit zu machen. Offensichtlich gab es überhaupt keine Möglichkeit, die Unternehmer in ihren Verdienstbestrebungen zu bremsen.

Am wenigsten nützten moralische Appelle. Todts Bemühungen, mit Hinweisen auf die nationale Verantwortung dem Profitstreben der Baufirmen entgegenzuwirken, hatten mit dem Westwallbau begonnen. Immer wieder gebrauchte er die Formel: Gemeinnutz geht vor Eigennutz. Am 4. 8. 1938 befahl er, den Unternehmerverträgen ein Vorwort voranzustellen, das auf die nationale Bedeutung der Bauten hinwies. Es lautete:

»Mit dem vorliegenden Vertrag wird jeder Unternehmung eine Arbeit übertragen, die an beschleunigter Durchführung für das deutsche Volk von größter Bedeutung ist. Bei der Kürze der zur Verfügung stehenden Zeit verlangt diese Arbeit höchsten Einsatz in personeller und materieller Beziehung und erfolgreiche, zielbewußte Betriebsführung. Die Verantwortung hierfür kann bei der Bedeutung des Auftrags nicht dem örtlichen Vertreter der Unternehmen überlassen werden. Dem Reich, vertreten durch den Generalinspektor für das deutsche Straßenwesen, gegenüber ist der Betriebsführer der Unternehmung verantwortlich. Er hat die Disposition seiner örtlichen Vertreter zu überwachen, die Durchführung des von ihm geprüften Baubetriebsplans sicherzustellen und zu bestimmen, welche Kräfte und Geräte für die Arbeit einzusetzen sind. Er ist auch verantwortlich für die Maßnahmen, die seitens der Unternehmung erforderlich sind, um die Schwierigkeiten zu meistern, die durch die große Zahl der eingesetzten Arbeitskräfte entstehen.«

Todt war darüber verärgert, daß einzelne Firmen nicht mit Schwerpunkt beim Westwall arbeiteten. Die Firma Grün & Bilfinger, Mannheim, betreute zum Beispiel neben den Westwallbaustellen noch 67 andere Baustellen und war nicht bereit, von dort Maschinen und Personal abzuziehen. [25] Immer häufiger stieß Todt auf mangelhafte Bauleistungen. Am 20. 8. 1938 machte er die Oberbauleitungen darauf aufmerksam, daß nach § 25 der Verträge sowohl der Hauptunternehmer wie der Nachunternehmer für die vertragsmäßige Beschaffenheit der Bauleistung mit seinem Vermögen hafte. Wenn wieder festgestellt werde,

»daß ein Unternehmer durch unsachgemäße Arbeit oder gar durch grobe Vernachlässigung der Regeln des Betonbaus Minderwertiges leistet, so werde ich rücksichtslos die Sicherung für die Gewährleistung dadurch vornehmen, daß bei Antreffen minderwertiger Leistung zunächst der Material- und Lohnwert des

betreffenden Bauwerks zur Auszahlung gesperrt wird. Darüber hinaus behalte ich
mir vor, die verantwortlichen Organe des betreffenden Unternehmers, die durch
verantwortungslose Nachlässigkeit und grobe Fehler an der Herstellung des Betons
das Reich schädigen, bei der Staatspolizei zur Meldung zu bringen.«

Todt schloß folgenden Appell an:

»Ich appelliere an die Ehre und an die Berufsauffassung des deutschen Bauunter-
nehmers. Ich appelliere auch an alle Parteigenossen auf den Baustellen. Wir stehen
hier in der Erfüllung eines Befehls des Führers. Jeder und ganz besonders die
Parteigenossen haben sich mit höchster Pflichterfüllung dafür einzusetzen, daß das
hochwertige zur Verfügung gestellte Material nicht durch minderwertige Verarbeitung an Wert verliert.«

Todt ordnete an, daß an jedem Bauwerk an der Decke, oberhalb des
Eingangs, der Name des ausführenden Unternehmens angebracht
werde, zur Belohnung für gute Arbeit und zur Beschämung schlechter
Unternehmer. [26]
Einzelne Unternehmer konfrontierte Todt mit direkten Vorwürfen.
Der Firma Peter Bauwens schrieb er am 30. 9. 1938, daß er sie

»zugezogen habe, weil ich Besseres erwartet habe als das, was dann geleistet
wurde... Es ist schade, wenn ein Unternehmen, das jahrzehntelang einen guten
Ruf hatte, doch offenbar in seiner Führung nicht mehr so weit voran ist wie eine
Reihe anderer deutscher Großunternehmungen.« [27]

Ähnliche Rügen erhielten alle Bauunternehmungen, die negativ auf-
fielen. Oft fügte er eine Drohung hinzu:

»Ich habe den Auftrag, für die Mobilisierung der deutschen Bauwirtschaft für
spätere Aufgaben sehr darauf zu achten, welche Unternehmungen gesund geleitet
sind.«

Besonders böse war er darüber, wenn die Unternehmer nicht selbst an
Ort und Stelle nach dem Rechten sahen. Am 23. 9. 1938 ließ Todt von
den Oberbauleitungen sogar eine vertrauliche Beurteilungsliste vorbereiten, in der zu »Leistung und Haltung der einzelnen eingesetzten
Unternehmer kurz Stellung genommen wird«. [28] Am 7. 11. 1938
beklagte sich Todt über die ungenügenden Leistungen in der Luftverteidigungszone West beim Leiter der Generalinspektion für das deutsche Straßenwesen in Wiesbaden: Er äußerte sein Mißfallen darüber,
daß in den letzten Wochen nur 22 Stände betoniert worden seien und
daß trotzdem seit Wochen die Belegschaft 30 000 Mann betragen habe.
»Für 2 Stände braucht man im Höchstfall 6000 Arbeiter; alles andere
sind Tagediebe, und wir sind es auch, wenn wir hier keine Änderung
schaffen.« Er forderte, daß jeder Unternehmer mit 2000 Mann täglich
einen Stand fertigstellen müsse. »Garantiert er die Fertigstellung aus
irgendwelchen mich nicht interessierenden Gründen nicht, so hat er

seine Belegschaft zu reduzieren, bzw. er kann sie behalten, wenn er sie selbst bezahlt.« [29]

Nach der Einführung des Leistungsvertrages ab 1939 lehnte Todt energisch die Bitten einzelner Bauindustrieller ab, wegen der schlechteren Kalkulationsergebnisse vertragliche Aufbesserungen durchzuführen. Todt schrieb am 19. 1. 1939 mit Genugtuung:

»Jetzt merkt endlich jeder, daß sein Arbeiten ein unwirtschaftliches ist und daß er eine viel bessere Arbeitskrafteinteilung braucht. Wenn er merkt, wie sehr er hinter der Kalkulation zurückbleibt, sucht er Gründe zu Preisänderungen.« [30]

In dieser Zeit hielt Todt höchstens 80000 Arbeitskräfte am Westwall für erforderlich. Die Unternehmer jedoch hatten 100000 Arbeiter in den Westen gerufen. Todt verteidigte seine Unbeugsamkeit, »um die Unternehmer zur Besinnung zu bringen«.[31]

## Zusammenarbeit mit den
## Wehrmachtdienststellen

Hitlers Auftrag an Todt, den Westwall zu bauen, empfand das Heer als
einen unerhörten Einbruch in seine Kompetenzen. Da man gegen
einen Führerbefehl jedoch nicht angehen konnte und sich außerdem
außerstande sah, die von Hitler gesetzten Bautermine einzuhalten,
mußte man sich mit den Gegebenheiten abfinden. Aber die Zusammenarbeit zwischen den Leuten Todts und den Pionieren litt von
Anfang bis zum Ende unter Rivalitäten. Das fing mit Kleinigkeiten an,
z. B. unterschiedlichen Richtlinien für die Heranziehung des Fuhr-
parks [32], und endete bei unterschiedlichen Verträgen mit der Bauindustrie: Regieverträgen der Oberbauleitungen und Leistungsverträ-
gen der Pionierstellen.
Die Phasen der Zusammenarbeit waren demgegenüber gering und
meist auf die Abwehr Dritter beschränkt. Todt und der Chef der
Inspektion Westbefestigungen handelten z. B. gemeinsam, als es
darum ging, den Tourismus aus dem Baugebiet fernzuhalten. Kraft-
durch-Freude-Reisen westlich der Linie Waldniel-Erkelenz-Linnich-
Jülich-Düren-Mechernich-Blankenheim-Jünkerath wurden vom Heeresgruppenkommando 2 untersagt, weil sämtliche Quartiere zur
Unterbringung von Arbeitern, RAD-Männern oder Pionieren benötigt würden. Auch die Jugendherbergen seien belegt. K. d. F.-Omni-
busfahrten und HJ-Märsche westlich der genannten Linie waren verboten, weil sie sich »besonders in dem schwierigen Straßennetz der
Eifel als sehr lähmend ausgewirkt und schon mehrfach zu Straßenver-
stopfungen geführt« hätten. Der Regierungspräsident veranlaßte
zusätzlich Straßensperrungen für ausländische Fahrzeuge und für den
allgemeinen Durchgangsverkehr. [33]
Für den General der Pioniere Adam, den Oberbefehlshaber des
Heeresgruppenkommandos 2, war es eine dauernde Peinlichkeit, daß
er über Führerbefehle von Todt informiert wurde, lange bevor er die
entsprechenden Mitteilungen auf dem Dienstweg erhielt, und oft
bevor das OKH selbst informiert war. Am 12. 8. 1938 erfuhr Adam von
Todt, daß Hitler befohlen hatte, die Limesbauten mindestens bis zum
1. 10. 1938 fortzusetzen, voraussichtlich sogar bis zum 15. 10., »kurz
gesagt, bis zum ersten Schuß«. Diese Mitteilung löste derartige Bestürzung aus, daß der Oberbefehlshaber des Heeres gebeten wurde, beim
OKW zu intervenieren, damit Hitler »mit der erforderlichen Deutlich-

keit über die wahre Sachlage und die zwingenden Folgerungen hieraus« unterrichtet werde. [34]

Gegenüber den Generalen des Heeres nahm Hitler jede Gelegenheit wahr, ihnen klarzumachen, daß der Westwall ein Verdienst Todts sei. »Wenn ich dem Heer diese Aufgabe allein übertragen hätte, wäre der Westwall in 10 Jahren noch nicht fertig.« Besonders der General der Pioniere Otto-Wilhelm Förster, Inspekteur der Pioniere und Festungen beim Oberbefehlshaber des Heeres, bekam solche Äußerungen oft zu hören. [35] Diese die Leistungen des Militärs abwertenden Hinweise fanden ihre Parallele in Hitlers Stellungnahmen zur Denkschrift Becks vom 5. 5. 1938, die er »ein verlogenes Stück Papier« nannte.

Nach dem Münchner Abkommen, mit dem die Gefahr eines Krieges gebannt schien, kam etwas Ruhe in die hektische Bautätigkeit am Limes. Für die Übergabe der Befestigungswerke von den Baufirmen an die Pioniertruppe wurden jetzt genauere Festlegungen getroffen. Der Oberbefehlshaber des Heeres befahl, daß alle fertiggestellten Bauten durch das Heeresgruppenkommando 2 abzunehmen seien. Der bauliche Zustand sollte einer genauen Prüfung unterzogen werden. Dazu gehörten stichprobenweise Betonprüfungen, Überprüfungen, ob die Ausschalungen beseitigt seien und die Nachbehandlungen durchgeführt wurden. Die Beschüttungen mußten im großen abgeschlossen und die Erdaushübe vor den Scharten entfernt sein. Die Zugangsrampen zu den Eingängen der Bunker hatten fertig zu sein. Nur kleine Restarbeiten, die nicht von wesentlicher Bedeutung schienen, sollten unbeanstandet bleiben. [36]

Diese harschen Richtlinien wollte das Heeresgruppenkommando nicht akzeptieren. Man meldete dem OKH, daß es »in der Natur der ganzen Arbeitsbedingungen des Limesbaus« liege, daß an die Bauten von Privatfirmen nicht die gleichen Anforderungen gestellt werden könnten wie an die der Festungspioniere. Die Oberbauleitungen hätten sich erst in Bauausführungen dieser Art einarbeiten müssen, das Tempo der Bauarbeiten sei überstürzt gewesen, es habe zu wenig Aufsichtspersonal gegeben und die Qualität der Baustoffe habe zu wünschen übriggelassen. Außerdem wolle das Heeresgruppenkommando bei Todts Mitarbeitern den Eindruck vermeiden, »daß seitens des Heeres nach kleinlichen Gesichtspunkten Schwierigkeiten gemacht werden«. Die Abnahmeverhandlungen sollten nach den Vorstellungen des Gruppenkommandos in einfachster Form unter der Bezeichnung der Bauwerksnummer und etwaiger Beanstandungen niedergelegt werden und von einem Vertreter des

Festungspionierstabes und der Oberbauleitung unterschrieben werden. [37]

Die Eifersucht der Pioniere auf Todts Leistungen wird aus einem Brief des Heeresgruppenkommandos 2 in Frankfurt an die Inspektion der Westbefestigungen in Wiesbaden besonders deutlich. Adam schrieb: »Auf der einen Seite müßten dem Generalinspektor möglichst viele Aufgaben übertragen werden, schon um die Festungspionierdienststellen zu entlasten und die Herstellung der Verteidigungsfähigkeit möglichst vieler Bauten zu beschleunigen. Auf der anderen Seite ist zu berücksichtigen: a) gerade im Interesse der Anerkennung der Arbeit der Festungspionierstäbe ist es unerwünscht, daß die Organisation Todt des Generalinspektors alle Arbeiten für sich beansprucht. Insbesondere die Erdarbeiten für Eindecken und Tarnen fordern militärische Fachkenntnisse, über die die Baustellen und Firmen des GI. [Generalinspektor] nicht verfügen. b)... ferner ist es unerwünscht, auch die eingesetzten Gliederungen des RAD, die vor allem für die erforderlichen Erdarbeiten geeignet schienen, bei den Festungspionierstäben festzuhalten und zu verhindern, daß der GI. infolge Übertragung aller Arbeiten auf ihn den RAD für sich beansprucht.« [38]

Die Konkurrenz zwischen den Pionieren und der Organisation Todt findet in solchen Formulierungen beredten Ausdruck. Böswillig interpretiert heißt das, daß die Pioniere Todt um den Preis seiner Bemühungen bringen wollten, indem sie marginale Arbeiten beim Festungsbau selbst durchführten, um sagen zu können, das Ganze sei ihr Werk. Vor Ort wirkte sich die Antipathie der Pioniere gegen Todt jedoch kaum aus. Die Übergabe der Bauten an das Heer ging reibungslos vonstatten, weil es eilte. In vielen Fällen waren die Anlagen erst übergabereif, als das Festungspersonal zum Einzug vor der Tür stand. Die Inspektion der Westbefestigungen meldete am 12. 10. 1938 lakonisch: »Schwierigkeiten sind nicht entstanden.« [39]

Deutlicher wurde die Eifersucht an anderen Stellen. Einen Propagandafilm über den Westwall wollte die Inspektion der Pioniere und Festungen unbedingt verhindern, wenn darin die OT genannt würde. Todt beschwerte sich bei Generalleutnant Jacob, dem neuen Inspekteur der Pioniere, Eisenbahnpioniere und Festungen im OKH, der Pionierstab wolle verhindern, daß die Arbeit seiner Männer gewürdigt werde. [40] Jacob, der zu Todt im Laufe der Zeit ein fast freundschaftliches persönliches Verhältnis entwickelte, hatte Einsicht. Der Film wurde gedreht. Keiner wollte die Feindschaft mit Todt riskieren, weil sein Einfluß bei Hitler groß war.

Im Oktober 1938 wurde von Hitler der Weiterbau des Westwalls befohlen. Das neue Programm lief unter dem Namen »Ausbau West 1939«. Es umfaßte insbesondere die Verstärkung der vorhandenen 2000 Artilleriestellungen, den Ausbau des taktischen Straßen- und Wegenetzes, die Verstärkung der Saarstellung, der Befestigungen im Pfälzer Wald und im Bien-Wald und den Ausbau der Strecke Aachen-Steckenborn. Das Heeresgruppenkommando 2, das bisher entweder die »volle Unterstellung« Todts unter das Heeresgruppenkommando oder seine »baldige Ausschaltung« aus dem Bauprogramm verlangt hatte, sah nun ein, daß »unbeeinflußt durch Prestige und sonstige Gesichtspunkte« die Organisation Todt bleiben müsse. Es wurden von General Adam, Oberbefehlshaber der Heeresgruppe 2, folgende Argumente vorgebracht:

»a) Wenn der Generalinspektor für das deutsche Straßenwesen aus dem Stellungsbau ausscheidet, wird er mit seiner Organisation sofort umfangreiche andere Aufgaben übernehmen und dadurch Firmen, Arbeitskräfte, Gerät und Baustoffe beanspruchen, die dadurch praktisch dem Ausbau West entzogen werden. b) Dr. Todt hat auf Grund seiner ganzen Stellung und seiner Beziehungen zum Führer geradezu unbeschränkte Möglichkeiten, alle Kräfte und Mittel heranzuziehen, die er braucht. Wenn dem Heere sogar gleiche Befugnisse erteilt würden, so ist dennoch fraglich, ob es in gleicher Weise und mit gleichem Erfolg davon Gebrauch machen könnte.« [41]

Die Argumente Adams überzeugten. Alle Beteiligten waren sich jedoch darüber im klaren, daß das Tempo des bisherigen Baufortschritts nicht gehalten werden könne. Im September 1938 stellte die Reichsbahn täglich nur noch 4500 Wagen zur Verfügung, davon 3900 für »Todt-Bauten« einschließlich der Luftverteidigungszone West, 600 für die Festungspionierstäbe. [42] Alle anderen Güterwagen der Reichsbahn wurden für Ernte-, Rüben- und Kohlentransporte benötigt. [43] Todt schätzte, daß er bei einer Reduzierung des Waggonparks auf täglich 3000 Stück 30000–50000 Arbeiter entlassen müsse und daß der Baufortschritt auf 60–70% absinken würde.

Im Unterschied zu Todt bestand General Adam darauf, daß 364000 Arbeiter erforderlich seien, um den Ausbau West bis zum Sommer 1939 abzuschließen. [44] Ohne auf die Arbeitskräftefrage oder die Funktion der OT einzugehen, erließ Brauchitsch als Oberbefehlshaber des Heeres am 23. 10. 1938 – in 800 Ausfertigungen – die geheime Kommandosache »Richtlinien für den weiteren Ausbau der Landesbefestigung« und »Richtlinien für die Bauformen der ständigen Landesbefestigungen«. [45]

Im Sommer 1939 stellte sich heraus, daß der Westwall auch 1939 noch nicht fertig sein würde. Es war Todt, der das Heer informierte über

»Äußerungen des Führers, daß ab 1940 durchschnittlich mit rd. 60000 Arbeitern im Westen weitergearbeitet werden soll zur Verbesserung und Verstärkung der bisherigen Stellungen und Inangriffnahme neubefohlener Stellungsteile«.

In einer Besprechung mit Heeresoffizieren am 12. 6. 1939 in Frankfurt am Main bestätigte Todt den Anwesenden, daß Hitler »immer auf die Lücke in der LVZ [Luftverteidigungszone] im Pfälzer Wald zwischen Schmalenberg-Annweiler zu sprechen« komme. Sie beschlossen daher den Bau von 60 Betonanlagen in diesem Bereich. Dann übermittelte Todt den Offizieren den »Wunsch des Führers wegen der Verstärkung des Ausbaus bei Berk (Südflügel Abschnitt Aachen)«. Die Anwesenden beschlossen daraufhin weitere »10 Bauten mit B-Kuppeln in A-Beton und 10 Gruppenunterstände in B«. Auch die Beseitigung der schienengleichen Straßenübergänge bei Saarpfalz wurde als Führerbefehl geschluckt. Todt forderte schließlich den baldmöglichsten Ausbau des übrigen Straßennetzes im Stellungsbereich. Die Pioniere akzeptierten alle Wünsche, wenn ihnen ausreichend Baumaterial zur Verfügung gestellt werde. Sie machten allerdings darauf aufmerksam, daß die bisher zugewiesenen Geldmittel nicht einmal für die letzten Baumaßnahmen ausreichten. Todt, der in dieser Besprechung offenbar als Organ Hitlers fungierte, sagte zu, für alles Erforderliche zu sorgen. Seine Dominanz bei der Besprechung war augenfällig.[46]

Ende Juli 1939 beschäftigten sich zwei Sitzungen des Reichsverteidigungsrates mit dem Westwall. Bis zum 25. 8. 1939 sollte der Westwall in Verteidigungsbereitschaft versetzt werden. Die Oberbauleitungen wurden von Todt zu Höchstleistungen angetrieben. »Es ist eine Frage von Tagen«, schrieb er. Am 27. 7. 1939 machte sich Hitler zu einer zweiten Westwallinspektion auf den Weg. Er besichtigte die Anlagen bei Saarbrücken. Mit den Erdarbeiten war er nicht zufrieden, so daß Todt die Oberbauleitungen zu höchster Eile ermahnte. [47] Zu diesem Zeitpunkt waren 14400 Bunker fertig. Es gab etwa 70 verschiedene Typen. In der Luftverteidigungszone standen 2055 Flakstellungen. Insgesamt waren also in 15 Monaten 16455 Verteidigungsstellungen gebaut worden. Nicht berücksichtigt waren die Tausende von Panzerhöckern, Stacheldrahtverhauen und Erdaushuben.

Im August 1939, angesichts des drohenden Krieges, wünschte das OKH die sofortige Zurückziehung aller Arbeiter einschließlich des RAD aus der Befestigungszone, damit die Bauwerke von ihren Truppenteilen übernommen und Übungen durchgeführt werden könnten. Am 15. 8. fuhr Generaloberst von Brauchitsch selbst zum Heeresgruppenkommando 2 nach Frankfurt, um neben der Räumung der gefährdeten Grenzzonen von der Zivilbevölkerung auch die Rückführung der Organisation Todt zu besprechen. Der Oberbefehlshaber der Heeresgruppe 2, General von Leeb, sprach sich dafür aus, einen Teil der Arbeiter im rückwärtigen Bereich der Armeen zu belassen: bei der 1. Armee 92000 Mann Arbeitsdienst und 81000 Mann OT, bei der

7. Armee 11000 Mann Arbeitsdienst und 5000 Mann OT. Der Chef des Generalstabes beim Oberbefehlshaber des Heeres, General Halder, schlug vor, diese Arbeitskräfte in die zweite Stellung des Westwalls zu verlegen. Dafür waren 48 Stunden vorgesehen. Er war sich klar, daß die Bergung der Maschinen mehr Probleme bereiten würde. Hitler entschied am 17. 8., die OT »einige Tage« vor Kriegsbeginn zurückzuziehen. Mit dem Maschinenabbau sollte sofort, d. h. ab 18. 8. 1939, begonnen werden.

Am 28. 8. 1939 billigte Hitler in einer großen Besprechung mit den Oberbefehlshabern des Heeres den Vorschlag des OKH, daß die vordersten Linien am Limes bis Ende September geräumt sein müßten, unter der Voraussetzung, daß dann alle Lücken in den Verteidigungsanlagen geschlossen seien. Er sagte, ein vorzeitiger Abbruch der Arbeiten sei aus politischen Gründen unerwünscht. Die Belgier sollten aus den Bauten vor ihrer Grenze durchaus den Schluß ziehen, daß Belgien Kampffeld würde, wenn man den Franzosen das Durchmarschrecht durch ihr Land gewähre. Für den Bauabschluß sollten keine Termine genannt werden. Grundsätzlich gelte das Motto: »Es wird gebaut, bis der erste Schuß fällt« oder »Es wird gebaut, bis der Frost eintritt«.

Nur zwei der Anwesenden wagten Einwände: General Adam vom Heeresgruppenkommando 2 sagte, daß die Verteidigungszone erst nach der Räumung von Arbeitskräften durch die Pioniere stark gemacht werden könne. Der Chef des Wehrmachttransportwesens Oberst Gercke argumentierte, daß in den letzten zehn Tagen vor Beginn des Krieges das ganze Transportmaterial für die Mobilisierung benötigt werde und nicht mehr für den Transport von Baumaterial zur Verfügung stünde.

Um zu erfahren, welche Reserven Todt nach dem Ausfall des Transportwesens zur Weiterführung der Limesbauten benötigte, wurde er persönlich um 23.00 Uhr zur Sitzung hinzugezogen und um Stellungnahme gebeten. Er trug vor, daß derzeit 8800 Lastkraftwagen eingesetzt und 148000 Arbeiter für seine Organisation und 50000 für die Festungspionierstäbe tätig seien. Täglich würden 70 Stände betoniert. Eine Steigerung auf 100 Stände am Tag sei nur möglich, wenn der Nachschub entsprechend erhöht werde. 70% seien Kies und 30% sonstige Baustoffe. Hitler befahl daraufhin, daß durch eine sofort beginnende Steigerung der Zufuhr die Materialreserven für den Limesbau auf 14 Tage aufgestockt werden sollten. [48]

Dazu kam es jedoch nicht mehr, weil am 1. 9. 1939 der Krieg begann. Auch die Frage der Rückführung der Arbeiter wurde vereinfacht, da zu diesem Zeitpunkt ein Drittel von ihnen zur Wehrmacht einberufen worden und ein weiteres Drittel einfach »weggelaufen« war. Die übriggebliebenen Arbeiter wurden zum weiteren Ausbau von Artilleriestellungen herangezogen, z. B. zur Fertigstellung der Prümstellung. Auch im Bereich der 5. Armee wurde vorne weitergearbeitet. [49]

## Frontarbeiter

Der Ausbruch des Zweiten Weltkrieges kam für Todt nicht überraschend. Er hatte zwar gehofft, mit dem Bollwerk Limes den Krieg gegen Frankreich vermeiden zu können, und das Münchner Abkommen hatte ihm vordergründig recht gegeben. In der Maikrise war Todt noch bereit gewesen, alle Männer des Hauptamtes für Technik und des NSBDT für eine militärische Verwendung freizugeben, falls es zum Krieg komme, nach dem September 1938 jedoch nicht mehr. Als sein Vertreter im Hauptamt für Technik, Karl-Otto Saur, im Frühjahr 1939 zu einer achtwöchigen militärischen Übung eingezogen werden sollte, lehnte Todt dies mit der Begründung ab, »daß seines Erachtens nach Abschluß des Münchner Abkommens eine Kriegsgefahr für die nächsten Jahre für Deutschland nicht bestünde«. [50]
Sobald der Westwall fertiggestellt war, hoffte er, die Bauabteilungen wieder im Straßenbau einsetzen zu können. In den Autobahnen sah er die Krönung seines Lebenswerks, nicht im Befestigungsbau. Aber die Terminsetzung Hitlers für die Vollendung des Westwalls bis Ende August 1939 hatten ihm ebenso klargemacht wie die Ausführungen Görings und Himmlers auf der Sitzung des Reichsverteidigungsrates am 23. 6. 1939 über die dringenden Kriegsvorbereitungen und über den geplanten Einsatz von Kriegsgefangenen und Konzentrationslagerhäftlingen in der Rüstungsindustrie [51], daß der Krieg vor der Tür stand.
Einen Tag nach Kriegsausbruch, am 2. 9. 1939, gab der Leiter der Abteilung Wiesbaden, Oberbaurat Henne, aus eigenem Entschluß den Oberbauleitungen am Westwall den Befehl zum Rückzug aus dem Frontgebiet. Er mußte jedoch zwei Tage später den Befehl zurücknehmen, da Todt allen nachgeordneten Bereichen am 4. 9. 1939 mitteilte, der Führer habe angeordnet, »daß die Organisation Todt als Festungsbauorganisation bestehen bleibt und weiter arbeitet«.
Todt befahl den Oberbauleitern, für die betroffenen 80000 Mann die »Anwendung militärischer Formen« zu bedenken. Darunter stellte er sich folgendes vor:

»In den Quartierorten muß vor dem Abmarsch angetreten und abgezählt werden. Der Weg zur Abfahrt mit dem Omnibus oder zur Baustelle erfolgt geschlossen in Kolonne. Ein Lied erleichtert das Marschieren. Bei der Ankunft auf der Baustelle ist wieder geordnet abzuzählen, die Schichtstärke dem Schichtmeister zu melden und dann zur Arbeit wegzutreten. Auch nach Beendigung der Arbeit läuft nicht jeder irgendwie weg; es wird wieder angetreten, abgezählt und geschlossen in die Quartiere marschiert. Für diese Ordnung ist jeweils ein Schichtmeister oder Vorarbeiter zu bestimmen, der militärisch erzogen ist. Es handelt sich bei diesen Maßnahmen nicht um die Einführung irgendeines unnötigen militärischen Drills, sondern um die Erziehung der selbstverständlichen Einstellung, daß jetzt der einzelne nicht mehr tun und lassen kann, was er mag, sondern daß jeder einer höheren Ordnung gehorcht und das gleiche macht wie sein Kamerad in seiner Arbeitsgruppe. Das regelmäßige Abzählen beim Antreten im Quartier, bei der Ankunft auf dem Arbeitsplatz, vor dem Weggang zum Quartier, erleichtert den Überblick über die Gefolgsstärke und erzielt in der Gefolgschaft die Erkenntnis, daß jedes Verdrücken sofort bemerkt wird...

Auch im Quartier und nach Feierabend sind geeignete Anlässe zu benutzen, die Gemeinschaft zu betonen. So haben Lohnauszahlungen nicht mehr am Schalter und durch Herumtragen der Lohntüten zu erfolgen, sondern durch einen Lohnappell, bei dem die Gefolgschaft angetreten ist und der Lohnauszahler die einzelnen aufruft. Auch die Postausgabe und was sich sonst eignet ist in ähnlicher Weise vorzunehmen. Bei derartigen Appellen empfiehlt es sich auch, Heeresberichte, Verhaltungsvorschriften und allgemeine Anordnungen zu verlesen (z. B. Verhaltungsvorschriften bei Fliegeralarm usw.)«[52]

In dem gleichen Erlaß appellierte Todt an »die höchste Pflicht des Gefolgschaftsmitglieds Gehorsam und Disziplin«. Bei Disziplinlosigkeiten und Arbeitsverweigerungen sollten die Betreffenden den Kriegsgerichten zugeführt werden. Auch das damals so beliebte Wort »rücksichtslos« tauchte auf, als er davon sprach, daß »Verhaftungen rasch und rücksichtslos durchzuführen« und diziplinarische Verstöße »rücksichtslos zu melden« seien. [53]

Den Ministerialrat Xaver Dorsch, der aktiv am Ersten Weltkrieg teilgenommen hatte, berief er zum »Sonderbeauftragten für die kriegsmäßige Führung«. Er sollte die Erziehung der Arbeiter zu kriegsmäßigem Verhalten durchsetzen. Das war der Anfang der späteren Frontführung der Organisation Todt. Die Westwallarbeiter des Generalinspektors für das deutsche Straßenwesen wurden jetzt in der Regel »Frontarbeiter« genannt. Dorsch setzte in seiner neuen Funktion die einheitliche Bekleidung der Arbeiter durch, ohne jedoch für sie den Kombattantenstatus zu beantragen. Das OKW stellte tschechische und polnische Uniformteile aus Beutebeständen zur Verfügung. Diese waren rein zufällig braun, aber etwas dunkler als das Parteibraun. Weil diese Uniformen aus der Entfernung mit den khakifarbenen Uniformen der Franzosen verwechselt werden konnten, trugen die Arbeiter auf dem linken Oberarm eine Hakenkreuzbinde. An ihrem Rand befand sich ein grauer Streifen mit der Aufschrift »Org. Todt«. Parteileiter Bormann beschwerte sich zwar über den Mißbrauch der Hakenkreuzbinde, die nur den Parteiorganisationen zustünde, aber es blieb dabei.

Am 4. 11. 1939 einigten sich Todt und Ley über eine neue Form der Kooperation zwischen der Organisation Todt und der DAF am Westwall als »Grundlage für eine enge und erfolgreiche Zusammenarbeit«. Die Betreuungsarbeit der DAF wurde auf die Beschaffung von Unterkunft, Verpflegung und Ausrüstung, die sozialpolitische Beratung und Hilfe und die Freizeitgestaltung beschränkt. Die politische Schulung sollte auf die Notwendigkeit des Kriegszustandes »ausgerichtet« werden. Alle OT-Arbeiter wurden im Aufgabenbereich der DAF kriegsmäßig als »Werkscharen« geführt, einschließlich des Transports zur Arbeitsstätte. Die kriegsmäßige Führung auf der Baustelle war eine Angelegenheit der Organisation Todt unter der Leitung Dorschs. Dieser umriß den Sinn folgendermaßen:

»Der Zweck der kriegsmäßigen Führung ist es, durch geeignete Maßnahmen die feindliche Einwirkung auf den Ablauf der Bauarbeiten auf ein Minimum zu beschränken.«

Gegen feindlichen Beschuß oder gegen Fliegerangriffe mußten für die Männer geeignete Unterstände und Deckungsmöglichkeiten geschaffen werden. Alle Bau- und Transportvorgänge wurden getarnt. Zu den Truppenteilen und den Sanitätsstellen der Wehrmacht war Verbindung aufzunehmen.

Im Februar 1940 bestellte Todt bei allen Oberbauleitungen einen »Frontführer«, d. h. einen Sonderbeauftragten für die kriegsmäßige Führung. Als ständigem Vertreter des Oberbauleiters in allen Fragen der Menschenführung oblag ihm

»die Erziehung der Gefolgschaft zu kriegsmäßigem Verhalten, die Schaffung und laufende Ergänzung von Sicherheits-, Tarn- und Alarmvorrichtungen auf der Baustelle und im Lager, die ständige Überwachung der angeordneten Unterkunftskontrollen, ... die entscheidende Mitwirkung bei Festlegung von Unterkünften, die ordnungsgemäße Durchführung von Arbeiterversetzungen, die Kontrolle über die ausgegebenen Bekleidungs- und Ausrüstungsgegenstände und deren Instandhaltung, die ständige Überprüfung der sozialpolitischen und gesundheitlichen Verhältnisse der Gefolgschaft ...«.

Die Erziehung der Männer zur Frontarbeit sollte aber nicht im Exerzieren kriegsmäßigen Verhaltens bestehen, sondern – so formulierte Todt, »gemäß unserer nationalsozialistischen Einstellung den ganzen Menschen erfassen; sie umschließt die seelische, geistige und materielle Betreuung der uns anvertrauten Gefolgschaft.« Um die Bedeutung der neuen Funktionäre zu verdeutlichen, befahl Todt, daß der

Frontführer sein Dienstzimmer neben dem des Oberbauleiters haben müsse. [54]

Alle grundsätzlichen Fragen der Zusammenarbeit zwischen OT und DAF sollten zwischen dem Reichsbeauftragten für die Werkscharen in der DAF und dem Sonderbeauftragten für die kriegsmäßige Führung der OT in Wiesbaden geregelt werden. Da die Aufsicht über Lagerführung und Verwaltung, Verpflegung und kulturelle Betreuung beim Generalinspektor lag, der zu diesem Zweck geeignetes Personal einsetzte, hatte sich das Schwergewicht eindeutig zugunsten der OT und zu Lasten der DAF verschoben. [55]

Die Militärs, die bisher den beschleunigten Abzug der Arbeiter gefordert hatten, erklärten sich nach einer Besprechung Hitlers mit Generaloberst Keitel und Generalleutnant Jacob am 16. 9. 1939 bereit, mit der OT weiter zusammenzuarbeiten. Für den ergänzenden Limesausbau sollten 90000–100000 Mann eingesetzt werden. [56] Den Oberbauleitungen am Westwall befahl Todt, »die beschleunigte Inangriffnahme der vorderen Stände« und die Verlangsamung der Räumungsmaßnahmen an anderen Baustellen: »Es hat... keinen Sinn, alle Baustoffe nach rückwärts zu transportieren; sie werden vorn wieder gebraucht.« Für die Arbeit in den vorderen Stellungen gab er Sicherheitsregeln: »Man arbeitet nicht in Sicht, sondern in Deckung. Die roten Postfahrzeuge und auffallende Lastkraftwagen sind zu spritzen oder sonst zu tarnen...« [57]

Während die OT nach Beginn des Kriegs bei den Dienststellen in Berlin in hohem Ansehen stand, gab es mit den örtlichen Stellen auf Heeresgruppen- und Armee-Ebene erhebliche Reibereien. Der Chef des Generalstabes des Heereskommandos C klagte, daß die Leistungen der OT nicht mehr die gleichen seien wie früher. Todt rechtfertigte sich am 2. 12. 1939 damit, daß der Nachschub ungenügend sei. Er müsse praktisch um Waggons betteln gehen. Die Lebensbedingungen seiner Männer seien völlig unzureichend. Als die bei Kriegsbeginn zurückgeführten 60000 Mann nach vier Wochen wieder nach vorn geholt wurden, seien ihre Unterkünfte von der Truppe besetzt gewesen. Trotz dieser Schwierigkeiten wolle er »gerne im Konkurrenzkampf« mit den Baubataillonen und den Pionierstäben beweisen, daß die OT zu einer höheren Arbeitsleistung fähig sei als diese. Er erinnerte an das Programm der 6-Scharten-Türme, das im Frühjahr 1939 angeordnet worden war:

»Das Programm für den Westen war damals auf insg. 220 Türme bemessen. Von diesen hat die OT 170 Türme übernommen, die Pionierstäbe 50 Türme. Am 1. 8. 1939 waren von der OT 136 Türme und am 1. 9. 1939 171 Türme, von den

Pionierstäben 4–5 betoniert. Die Pionierstäbe beschäftigten in dieser Zeit im Mittel 60% mehr Techniker als meine Oberbauleitungen.«

Einen Tag vorher, am 1. 12. 1939 hatte sich Todt mit dem Oberbefehlshaber der 1. Armee, Generaloberst von Witzleben, auseinanderzusetzen, dessen Armeepionierführer sich über die säumige Arbeit der OT beklagt und Beschwerde darüber geführt hatte, daß die Arbeiter faul seien. Todt erklärte auch ihm gegenüber seine Bereitschaft, es auf die Konkurrenz mit den beiden anderen an der Front tätigen Bauorganisationen, nämlich den Pionierstäben und den Baubataillonen, ankommen zu lassen, weil er wisse, daß pro Tagesschicht und pro Mann in der OT »die Leistungen weit vor den Leistungen der beiden anderen Bauorganisationen liegen«. Seine Männer arbeiteten jeden Tag von morgens bis abends, während die in den Bunkern untergebrachten Soldaten sich nicht einmal an den Ergänzungsbauten in unmittelbarer Nähe ihrer Stände beteiligten. Todt meinte, daß Erneuerungsbauten und Schußfeldbereinigungen rascher erledigt werden könnten, wenn die in der Nähe liegenden Truppenteile wenigstens zwei bis drei Stunden am Tag helfen würden. Um den Vorwand mangelnder Kontakte zwischen der OT und der Truppe auszuräumen, befahl er den Oberbauleitungen am 28. 12. 1939, mindestens einmal im Monat die Divisions- und Regimentskommandeure ihrer Bezirke zu besuchen, um die Wünsche der Truppe in Erfahrung zu bringen. Über die Besprechungen seien kurze Berichte nach Wiesbaden zu senden. [58] Im Frühling 1940 gewann Todt bei seinen Besichtigungsfahrten den Eindruck, daß nach dem Winter, in dem nur sehr eingeschränkt weitergebaut werden konnte, »mancher unserer Mitarbeiter nicht mehr die Frische wie vor 16 Monaten hat«. Wenn das Militär, so meinte er, durch dauernde Kommandierungen jung und frisch bleibe, könne das auch die Lösung des Problems für die OT sein. [59] Also befahl Todt einen umfassenden Personalaustausch in den Reihen der Westwallarbeiter. Wegen des zahlenmäßig beschränkten Facharbeiterpersonals, das ihm dafür in der Heimat zur Verfügung stand, blieb sein Vorhaben jedoch eine halbe Sache.

Im Oberkommando des Heeres schätzte man die Arbeiten der OT zur Entlastung der Truppe außerordentlich. Die Ergebnisse wurden vom Chef des Stabes, General Halder, als »ausgezeichnet« dargestellt, während er vom RAD sagte: »Führung mangelhaft, Leute arbeiten wenig«. [60] Am 4. 1. 1940 machte Halder sogar den Vorschlag, die Bauabteilungen Todts zu »militarisieren, d. h. in militärische Einheiten umzuwandeln«. Todt wollte jedoch von einer Militarisierung seiner Bauleute nichts wissen. Am 29. 1. 1940 wurde Oberstleutnant

Mirow als Verbindungsoffizier zum Generalinspektor für das deutsche Straßenwesen entsandt, um zu gewährleisten, daß die Baueinheiten der OT im Bereich der Pioniere verblieben.

Bei den Planungen für den Angriff auf Frankreich wurden die Westwallarbeiter Todts dafür vorgesehen, in dem eroberten Gelände neue Stellungen zu bauen, die von den Soldaten als Auffangstellungen benutzt werden sollten, wenn der Angriff sich festlaufen sollte oder wenn es zu Rückzügen käme. [61] Zu diesem Zweck sollten der OT 9000 Kraftfahrzeuge belassen werden, mit denen der Materialtransport sicherzustellen war. [62]

Die Franzosen suchten den Weiterbau des Westwalls durch gelegentliche Feuerüberfälle zu stören. Besonders gefährdet waren die Arbeiter der Bauleitung im Fischbachtal und auf den Spicherer Höhen bei Saarbrücken. Auf den Spicherer Höhen, wo 33 Stände im Bau waren, gab es die ersten Verluste unter den OT-Männern: 5 Tote und 3 Schwerverwundete.

Todt führte Klage über den mangelhaften Schutz der Arbeiter durch die Truppe. [63] Auch bei Hitler wurde er deswegen vorstellig. Halder bezeichnete den Vortrag Todts bei Hitler als »Stänkern wegen Saarbrücken«. Trotz der Verluste wünschte Hitler, daß eine »Verlängerungslinie vorne« aufgebaut werden sollte. [64] Dem Oberbaurat Henne von der Zentrale in Wiesbaden befahl Todt am 25. 2. 1940 in einem Ferngespräch, daß die Westwallarbeiten bei Spichern und im Fischbachtal besser zu tarnen seien, damit gezielter Beschuß durch feindliche Artillerie vermieden werde.

»Das gedankenlose Arbeiten unter ständiger Beobachtung des Feindes muß durch eine sinnreiche Frontarbeit ersetzt werden, bei der der Gegner zu überlisten ist, wie bei jedem Patrouillenunternehmen.« [65]

Als es im Fischbachtal erneut Tote und Verletzte gab, ermahnte er am 8. 3. 1940 die Oberbauleitungen am Limes nochmals, der Tarnung mehr Aufmerksamkeit zu widmen. Er drohte an, denjenigen zur Verantwortung zu ziehen, der »das Leben eines Volksgenossen durch leichtsinnige, der Einsicht des Feindes nicht entsprechende Betriebsmaßnahmen und mangelnde Tarnung gefährdet«. [66] Als für den Beginn des Frankreichfeldzuges am 10. 5. 1940 die Baustellen am Limes von allen OT-Arbeitskräften geräumt wurden, kam es zu »fluchtartigen« Erscheinungen. Die Männer zogen sich zurück, ohne sich um Baustoffe, Werkzeuge und Geräte zu kümmern. Die Truppe mußte zur Gewinnung von Schußfeld erst die Baustellen aufräumen und die Geräte in den Wäldern verstecken. Viele Werkzeuge gingen dabei kaputt. Todt war über diese Vorgänge sehr empört. Er schrieb an die Oberbauleitungen:

»Wenn die Truppe anordnet, daß die Arbeitskräfte das Kampfgebiet verlassen, so bedeutet das nicht, daß sie alles ohne Bewachung stehen und liegen lassen. Es ist selbstverständlich, daß in solchen Fällen örtliche Kommandos dableiben, die zusammen mit der Truppe geordnet das wegräumen, was weggeräumt werden muß.«

Er gab den Oberbauleitern den Befehl, in solchen Fällen dafür zu sorgen, daß die Firmen Wachkommandos in den Lagern, bei den Lagerplätzen und bei den Geräten belassen. [67]

## Westwallpropaganda

Die propagandistische Auswertung des Westwallbaus erfolgte in mehreren Nuancen. [68] Der Deutschlandsender brachte 1938 eine Sendereihe mit dem Namen »Stirn und Faust«, die sich mit der Funktion und
der Bauweise des Westwalls und vor allem mit den Arbeitern befaßte.
[69] Darin wurde der Westwall als »Bauwerk des Friedens« dargestellt,
so wie es Hitler tat, als er auf dem Parteitag 1938 den Bau öffentlich
bekanntgab und gleichzeitig feierlich auf das Elsaß und auf Lothringen
verzichtete, um »den ewigen Streit mit Frankreich einmal für immer«
zu beenden.

Die zweite propagandistische Funktion des Westwallbaus bestand
darin, der deutschen Bevölkerung und dem Ausland die Einheit und
Stärke des deutschen Volkes zu demonstrieren. Insofern erfüllte der
Westwall die gleiche Funktion wie der Autobahnbau:

»Die Welt erkannte bald, daß es sich hier um die größte und modernste Befesti-
gungsanlage der Welt handelte. Ihr Bau war in so kurzer Zeit nur unter einem
Regime zu schaffen, daß die Nation in ihrer geschlossenen freiwilligen Einheit zur
Arbeit ansetzen konnte. So ist der Westwall uns Deutschen ein Sinnbild der Stärke,
Einheit und Geschlossenheit des Reiches. Nach 2000 Jahren steht das Großdeut-
sche Reich als Ergebnis einer langen, schmerzlichen Klärung. Der Westwall ist ein
Sinnbild. Am Wall der Fremden wurde einst Armin sich dessen bewußt, was sich
nach ihm in Jahrhunderten vollziehen mußte. Am deutschen Wall steht geeint und
selbstbewußt sein Volk. Ihm gehören die kommenden Jahrtausende.« [70]

In einer amtlichen Broschüre heißt es:

»Dieses große Gemeinschaftswerk hat dem deutschen Volk das Bewußtsein der
eigenen Kraft aufs neue gestärkt, das unerschütterliche Vertrauen zur Führung
noch tiefer verankert.« [71]

Die Eingliederung des Sudetenlandes, die Hitler im Münchner Abkommen vom 30. 9. 1938 erreichte, wurde als Triumph der deutschen
Stärke interpretiert: Ohne Westwall seien keine Zugeständnisse des
Auslands zu erwarten. Todt stieß ins gleiche Horn: Am 30. 9. 1938
würdigte er in einem Brief an die »bei der Sicherung der Grenzen«
eingesetzten Arbeitskameraden die Leistung der 300 000 deutschen
Arbeiter, die in behelfsmäßigen Quartieren, bei ungewohnter Verpflegung und manchen sonstigen Unbequemlichkeiten außergewöhnliche Arbeitsleistungen erbracht hätten:

»Ihr dürft mit Stolz für euch in Anspruch nehmen, mit eurer Arbeit dazu beigetragen zu haben, daß jetzt 3½ Millionen Sudetendeutsche zum Reich zurückkehren. Als der Beauftragte des Führers für diese Arbeit spreche ich euch den Dank und die Anerkennung des Führers und des deutschen Volkes aus . . . Wir sind stolz, durch unsere Arbeit zur Sicherung des Friedens und zur Mehrung des Reiches beigetragen zu haben. Wir danken dem Führer für die friedliche Lösung der sudetendeutschen Frage und versichern ihm, daß er sich auch weiterhin auf unsere Arbeit verlassen kann.« [72]

Auf der Straßenbautagung im Dezember 1939 interpretierte Todt den Westwallbau als eine Maßnahme »zur Wiederherstellung der Stärke des Reiches«. Er sah in ihm einen

»Schachzug des Führers, wodurch er unsere Gegner zu einer eindeutigen Erklärung gezwungen hat, ob man mit Deutschland in Frieden leben oder ob man diesen Frieden nicht mehr haben wolle. Der Bau des Westwalls war politisch gesehen ein befristetes Ultimatum und wurde von England klar als ein solches erkannt . . . Der Westwall war somit die Karte, auf die Farbe bekannt werden mußte.«

Das politische Spiel habe England verloren und die Bauwirtschaft könne stolz sein, »so unmittelbar zur erfolgreichen Politik des Führers beigetragen zu haben«. [73]

Die dritte Funktion des Westwalls in der Propaganda war die Abschreckung. Unter Titeln wie »Unbezwingbare Abwehrzone von Stahl und Beton an Deutschlands Westgrenze« oder »Westwall unbezwingbar« erschienen 1939 Propagandaschriften, in denen der Westwall als militärische Abwehrmaßnahme gerühmt wurde. Vom 15. bis 22. 5. 1939 führte Hitler eine Besichtigungsreise am Westwall in Begleitung hoher Militärs, u. a. des Oberbefehlshabers des Heeres Brauchitsch und einiger hoher Parteifunktionäre, durch. Die Film- und Berichterstattung sollte beim Zuschauer »eine die Abwehrkräfte betonende Wirkung« erzeugen. Während der Reise gab Hitler den Auftrag zu einem Westwallfilm, der am 10. 8. 1939 gleichzeitig in 850 Filmtheatern anlief. [74] Am Abend des zweiten Besichtigungstages lobte Hitler die Limesbauten: Er sei sehr beeindruckt von der geleisteten Arbeit. Aus solchen Stellungen könne eine deutsche Truppe nicht hinausgeworfen werden. [75] Der Tagesbefehl des Führers vom 20. 5. 1939 wurde als farbiges Plakat überall am Westwall angeschlagen:

»Soldaten und Arbeiter der Westfront. Die Besichtigung des Westwalles hat mich von seiner Unbezwingbarkeit überzeugt. Mit mir dankt das deutsche Volk allen, die durch bedingungslosen Einsatz in kürzester Zeit die Grundlage für Deutschlands Sicherheit in Beton und Stahl geschaffen haben. Ein Dank gebührt außer den Soldaten, Westwallarbeitern und Arbeitsdienstmännern der Grenzbevölkerung, die durch ihre Opferwilligkeit vorbildlichen nationalsozialistischen Gemeinschaftssinn bewiesen hat.« [76]

Auch die Chefredakteure der größten deutschen Zeitungen besuchten den Westwall im August 1939. Das Ergebnis war eine Fülle von Artikeln über die Unüberwindbarkeit des Limes, über die Sicherheit, die die Anlagen den Soldaten boten, über die zum Ersten Weltkrieg vergleichsweise große Gemütlichkeit in den Kasematten und über die Bauleistungen der Pioniere und der Männer Todts. [77]
Auch an der Abschreckungspropaganda beteiligte sich Todt aktiv. Er scheute sich nicht vor Prahlereien im Stile Goebbels'. Am 12. 6. 1939 sagte er:

»Wenn jetzt ein paar Hetzer das englische und französische Volk verführen wollen, den Westwall als ungefährlich anzusehen, so . . . wird es eine bittere Enttäuschung geben . . ., wenn die verantwortungslose Lügenagitation ihn [den Soldaten] über die tatsächliche Stärke unserer Grenzbefestigungen . . . falsch unterrichtet, wenn er dann die Wahrheit über die furchtbare Stärke dieser stärksten und modernsten Befestigungsanlage der Welt am eigenen Leib spüren muß . . .« [78]

Diese Propaganda erfüllte ihren Zweck. Vom französischen General- stab wurde der Westwall so überschätzt, daß General Gamelin 1939/40 seine Truppen hinter der Maginotlinie zurückhielt.
Der Maler Ernst Vollbehr, einer der Freunde Todts, der bereits an den Autobahnen tätig gewesen war, erstellte 1938–1940 mehr als 1000 Bilder, Zeichnungen und Skizzen vom Westwallbau, auch von Teilen, die Bildreportern nicht zugänglich waren. [79] Damit leistete er den künstlerischen Beitrag zur Westwallpropaganda.
Für die Westwallarbeiter stiftete Hitler im Herbst 1938 das »Schutz- wall-Ehrenzeichen«. Bei der ersten Verleihung an die 800 ältesten Westwallarbeiter im Rahmen einer Feierstunde in Pirmasens am 25. 11. 1938 interpretierte Todt den Westwall als einen großen Wettbe- werb zwischen den »Kriegshetzern« im Ausland und den Arbeitern im Inland:

»Unsere Gegner haben jedoch ihre falsche Rechnung ohne den deutschen Bauar- beiter und die deutsche Bauwirtschaft gemacht. Das Rennen zwischen den Kriegs- hetzern im Ausland und dem deutschen Westwallarbeiter hat der Westwallarbeiter mit großem Vorsprung gewonnen.« [80]

Auf dem Gautag der Westmark in Trier nannte Todt am 11. 6. 1939 vor mehr als zehntausend Westwallarbeitern den Limes die »gewaltigste Gemeinschaftsleistung, die jemals gemeinsam von einem ganzen Volk durchgeführt worden« sei. [81]
Als nach dem Kriegsbeginn unter den Westwallarbeitern die ersten

Verwundeten auftraten, befahl Hitler, das Verwundetenabzeichen und das Eiserne Kreuz auch an OT-Männer zu verleihen, die, da sie als Frontarbeiter militärische Funktionen wahrnähmen, auch militärische Orden tragen sollten. [82]

## Die Siegfriedlinie nach 1940

Nach der Beendigung des Frankreichfeldzuges gab der Chef der Heeresrüstung und Befehlshaber des Ersatzheeres am 18. 7. 1940 die Auflassung des Limes bekannt. Aus den Ständen mußten alle nicht festungseigentümlichen Geräte und Waffen, z. B. Maschinengewehre, Geschütze, optische Instrumente, ausgebaut und alle Lager geräumt werden. Die Eingänge wurden durch Gittertüren verschlossen, damit die Panzertüren zur ausreichenden Lüftung offengehalten werden konnten. Während die Höckersperren blieben, wurden die Drahthindernisse beseitigt. Die Feldanlagen sollten ebenso wie die behelfsmäßig betonierten Anlagen abgebaut werden, falls die landwirtschaftliche Nutzung des Bodens es erforderlich machte. Alle Minen wurden beseitigt. Ein besonderer Wunsch Hitlers war es, begonnene Bauwerke, die schon bis zum Betonieren gebracht worden waren, fertigzustellen. Dies sollte nun die letzte Tätigkeit der Oberbauleitungen der OT am Westwall sein. [83]

1944 hätte der Westwall bei der Reichsverteidigung seinen praktischen Wert unter Beweis stellen können. In der Zwischenzeit war das Befestigungssystem jedoch nicht nur völlig desarmiert, sondern insgesamt in einem verkommenen Zustand. Alle Inneneinrichtungen waren entfernt. Die Feuerleitsysteme der Artillerie, ein Teil der Kommunikationseinrichtungen, die Halterungen für Gewehre, die Maschinen zur Stromerzeugung und Belüftung waren für die Bunker des Atlanikwalls ausgebaut worden. Bei einigen Anlagen fehlten sogar die Außentüren. Alle ursprünglich eingelagerten Vorräte an Waffen, Betriebsstoff, Munition und Verpflegung waren nicht mehr verfügbar. Zur Panzerabwehr waren die Schartenstände in der Mehrzahl nicht mehr geeignet, weil die für sie 1939 vorgesehene Panzerabwehrkanone vom Kaliber 3,7 cm im Jahr 1944 feindliche Panzer nicht mehr wirkungsvoll bekämpfen konnte. Zum Einbau von 7,5 cm Panzerabwehr-Kanonen hätten große bautechnische Veränderungen vorgenommen werden müssen. Diese Geschütze waren größer und hatten einen längeren Rohrrücklauf. Die Militärs zogen die aktive Panzerabwehr aus offenen Stellungen vor, um den Lenkungsbereich der Geschütze voll ausnützen zu können. Gegen das Vorbereitungsfeuer der feindlichen Artillerie hatten sie dann aber keinen Schutz. Die unzulängliche Abwehr aus

den Bunkern ermöglichte es den Panzern der Alliierten, vor den
Anlagen aufzufahren und die Scharten und Ausgänge unter direktes
Feuer zu nehmen, so daß die Besatzungen nicht wie vorgesehen die
Unterstände verlassen und den Kampf aus den vorbereiteten Feldbe-
festigungen aufnehmen konnten. Außerdem widerstanden die Bunker
des Jahres 1939 nicht mehr den Granaten des Jahres 1944. Besorgnis-
erregend war auch das Fehlen der schweren Artillerie auf deutscher
Seite. Für die wenigen vorhandenen Geschütze standen nur fünf bis
acht Schuß zur Verfügung.

Aufgrund des Befehls über den »Ausbau der deutschen Weststellung«
vom 24. 8. 1944 begannen im Sommer 1944 insgesamt 390 000 Arbeitskräfte – OT, Kriegsgefangene, HJ, RAD und Frauen – mit dem
Ausbau der alten Westwallstellungen, um sie in den Verteidigungszu-
stand zu versetzen. Im September 1944, als die Alliierten an den
Westwall herangekommen waren, war die Befestigungslinie jedoch
noch lange nicht einsatzbereit. [84]

Trotz der offensichtlichen Schwächen der Siegfriedlinie stoppte der
Oberkommandierende der Alliierten, General Eisenhower, die Of-
fensive seiner Truppen vor dem Westwall. Die alliierten Offiziere
überschätzten, wie 1940 die Franzosen, die Stärke des Westwalls. Sie
glaubten, die Deutschen würden ihre letzte große Schlacht an der Siegfriedlinie schlagen. Vor dem Angriff wollte Eisenhower alle logistischen Einrichtungen ordnen. Diese Fehleinschätzung der Lage ermöglichte Hitler im Dezember 1944 die Ardennen-Offensive. Im Februar
1945 überwanden die Alliierten dann jedoch ohne große Mühe die
Befestigungssysteme der Siegfriedlinie, die von einer Truppe besetzt
war, die das Vertrauen in bodenständige Verteidigungsanlagen seit
der Überwindung des Atlantikwalls verloren hatte. Eine einzige amerikanische Infanteriedivision setzte innerhalb von zwei Tagen 120
Bunker außer Gefecht. [85]

## Belegstellen

1 Vgl. Manfred Gross: Der Westwall zwischen Niederrhein und Schnee-Eifel, Archäologische Funde und Denkmäler des Rheinlandes, Band 5, Köln 1982, S. 27

2 Generalfeldmarschall Keitel – Verbrecher oder Offizier? Erinnerungen, Briefe, Dokumente des Chefs OKW, hrsg. von Walter Görlitz, Göttingen, Berlin, Frankfurt 1961, S. 185

3 Vgl. Generalfeldmarschall Keitel, a. a. O., S. 186

4 Vgl. Manfred Gross: a. a. O., S. 186

5 Vgl. Fernschreiben OKH vom 15. 6. 1938, Militärarchiv RH 19 III/46, Bl. 281; Schreiben Todt an Reichsfinanzministerium vom 17. 6. 1938, Bundesarchiv R 2/4576

6 Vgl. Heeresadjutant bei Hitler 1938–1943. Aufzeichnungen des Majors Engel, hrsg. von Hildegard von Kotze, Stuttgart 1974, S. 28 f.

7 Otto-W. Förster: Das Befestigungswesen, Rückblick und Ausschau, Neckargmünd 1960, S. 118

8 Vgl. Bundesarchiv NS 26/1189

9 Josef Pöchlinger: Das Buch vom Westwall, Leipzig und Wien 1940, S. 68

10 Vgl. Josef Pöchlinger: a. a. O., S. 60 ff.; Bericht Jenner an Todt vom 5. 5. 1942, Bundesarchiv R 50 I/122

11 Vgl. Rundschau Deutscher Technik 2/1939

12 Vgl. Verfügung Abt. Wiesbaden vom 16. 7. 1938, Bundesarchiv R 65 I/57

13 Vgl. Manfred Gross: a. a. O., S. 245 ff.

14 Vgl. S. 110 dieses Buches

15 Bundesarchiv NS 26/1189

16 Vgl. Abt. Wiesbaden vom 27. 8. 1938, Bundesarchiv R 65 I/57

17 Vgl. Bundesarchiv NS 26/1189

18 ebenda

19 ebenda

20 Vgl. Abt. Wiesbaden vom 25. 10. 1930, Bundesarchiv R 65 I/57

21 Vgl. Bundesarchiv NS 26/1190

22 Vgl. Bericht Kehrwald mit Schreiben Klopfer vom 7. 10. 1938, IfZ, Akten der Parteikanzlei 10313505 ff.

23 Schreiben Todt an Sommer vom 2. 12. 1938, IfZ, Akten der Parteikanzlei 10313514 ff.

24 Schreiben Todt an Schulze-Fielitz vom 17. 11. 1938, IfZ, Akten der Parteikanzlei 10313517. Es beschäftigten Todt durchaus die Probleme, die die Eile am Westwall mit sich brachten. Dazu gehörte vor allem, daß das Ethos der Arbeit zugunsten der Schnelligkeit vernachlässigt wurde. »Ich bin ein wenig unglücklich darüber, denn was durch diese Rekordleistung an Gewissenhaftigkeit zerbricht, ich weiß noch nicht recht, wie ich es in die Gesinnung zurückbringe, aber man kann nicht zwei Herren dienen. Und hier hat nun einmal das Tempo Vorrecht.«, zitiert nach: Hanns Johst: Fritz Todt, Requiem, München 1943, S. 23

25 Vgl. Bundesarchiv NS 26/1189

26 ebenda

27 ebenda

28 ebenda

29 ebenda

30 Bundesarchiv NS 26/1190

31 ebenda

32 Vgl. Schreiben Todt an Generalmajor Speich vom 28. 6. 1938, Bundesarchiv NS 26/1189
33 Vgl. Heeresdienststelle 9 an Heeresgruppenkommando 2 vom 30. 7. 1938, Militärarchiv RH 19 III/46, Bl. 112
34 Heeresgruppenkommando 2 an ObdH vom 17. 8. 1938, IfZ MA 479, Bl. 1306
35 Vgl. Heeresadjutant bei Hitler 1938–1943, a. a. O., S. 27
36 Vgl. Richtlinien des Heeresgruppenkommandos 2 vom 20. 10. 1938, Militärarchiv RH 19 III/53
37 Vgl. Heeresgruppenkommando 2 vom 14. 10. 1938, Militärarchiv RH 19 III/53
38 ebenda
39 Militärarchiv RH 19 III/53
40 Vgl. Brief Todt an Jacob vom 14. 7. 1939; vgl. Walter F. Renn: Hitler's West Wall: Strategy in Concrete and Steel 1938–1945, Dissertation Florida State University 1970, S. 242
41 Heeresgruppenkommando 2 an OKH vom 25. 10. 1938, Militärarchiv RH 19 III/56, Bl. 133 f.
42 Vgl. Heeresgruppenkommando 2 an OKH vom 25. 10. 1938, Militärarchiv RH 19 III/56, Bl. 130
43 Vgl. Schreiben Todt an den Inspekteur der Westbefestigungen vom 27. 10. 1938, Militärarchiv RH 19 III/56
44 Vgl. Anlage zum Schreiben Heeresgruppenkommando 2 an OKH vom 25. 10. 1938, Militärarchiv RH 19 III/56, Bl. 132
45 ObdH GenStdH vom 23. 12. 1938, Militärarchiv RH 19 III/29, Bl. 3 ff.
46 Vgl. Protokoll vom 12. 6. 1939, Militärarchiv RH 19 III/22, Bl. 152 ff.
47 Vgl. Walter F. Renn: a. a. O., S. 255 ff.
48 Vgl. IfZ MA 479, Bl. 1464 f.
49 Vgl. Franz Halder: Kriegstagebuch. Tägliche Aufzeichnungen des Chefs des Generalstabs des Heeres 1939–1942, bearbeitet von Hans A. Jacobsen, in Verbindung mit Alfred Philippi, Band 1, Stuttgart 1962, S. 16 f., S. 20, S. 47, S. 71; Das Heer 1933–1935, hrsg. von Burkhard Müller-Hillebrand, Band 1, Frankfurt a. M. 1954, S. 22
50 Karl-Otto Saur: Abriß meines Werdegangs, Manuskript bei Grete Gringmuth, Bad Wörishofen
51 Vgl. Walter F. Renn: a. a. O., S. 254 ff.
52 Der Generalinspektor für das deutsche Straßenwesen vom 4. 9. 1939, Bundesarchiv NS 26/1188
53 ebenda
54 Vgl. Der Generalinspektor für das deutsche Straßenwesen vom 26. 2. 1940, Bundesarchiv NS 26/1188
55 Vgl. Bundesarchiv NS 26/1188
56 Vgl. Schreiben Todt an Reichsarbeitsministerium vom 19. 9. 1939, Bundesarchiv NS 26/1190
57 Der Generalinspektor für das deutsche Straßenwesen vom 19. 9. 1939, Bundesarchiv NS 26/1190
58 Vgl. Bundesarchiv NS 26/1190
59 Vgl. Schreiben Todt an Oberbauleitung Düren vom 16. 2. 1940, Bundesarchiv NS 26/1191
60 Franz Halder: a. a. O., S. 75
61 Vgl. Franz Halder: a. a. O., S. 179
62 Vgl. Franz Halder: a. a. O., S. 191

63  Vgl. Franz Halder: a. a. O., S. 205; Bericht Jenner an Todt vom 5. 5. 1942, Bundesarchiv R 50 I/122
64  Vgl. Franz Halder: a. a. O., S. 206
65  Aktenvermerk vom 25. 2. 1940, Bundesarchiv NS 26/1191
66  Entwurf vom 8. 3. 1940, Bundesarchiv NS 26/1191
67  Vgl. Verfügung Todts vom 29. 5. 1940, Bundesarchiv NS 26/1191
68  Vgl. Jutta Sywottek: Mobilmachung für den totalen Krieg. Die propagandistische Vorbereitung der deutschen Bevölkerung auf den Zweiten Weltkrieg, Opladen 1976, S. 173 ff.
69  Vgl. Walter F. Renn: a. a. O., S. 240
70  Curt Hotzel: Walle im Westen. Vor 2000 Jahren – und heute, Berlin 1940, S. 127
71  Westwall unbezwingbar, Berlin: Aufklärungsdienst zur Reichsverteidigung, 1939, Heft 2, S. 27
72  Bundesarchiv NS 26/1189; vgl. Rudolf Absolon: Die Wehrmacht im Dritten Reich, Band 4 (5. Februar 1938 bis 31. August 1939), Boppard 1979, S. 28
73  Vgl. Die Straße, Januarheft 1940, S. 28
74  Vgl. Jutta Sywottek: a. a. O., S. 174
75  Vgl. IfZ MA 479, Bl. 1464
76  Bundesarchiv NS 26/1190
77  Vgl. Jutta Sywottek: a. a. O., S. 175
78  Erste Morgenausgabe. Deutsches Nachrichtenbüro vom 12. 6. 1939, Nr. 905
79  Vgl. Ernst Vollbehr: Mit der OT beim Westwall und Vormarsch, Tagebuchaufzeichnungen und farbige Bilddokumente, Berlin 1941
80  Deutschland im Kampf, hrsg. von Alfred I. Berndt und Hasso v. Wedel, Berlin, November 1939
81  Rundschau Deutscher Technik 25/1939
82  Vgl. Walter F. Renn: a. a. O., S. 239
83  Vgl. Chef HRüst und BdE vom 18. 7. 1940, Militärarchiv RH 12/21-5, Bl. 229 ff.
84  Vgl. Reisebericht Speer vom 13. 9. 1944 in: Walter F. Renn: a. a. O., S. 327
85  Vgl. Siegfried Westphal: Heer in Fesseln. Aus den Papieren des Stabschefs von Rommel, Kesselring und Rundstedt, Bonn 1952, S. 290 ff.

# 5
## Generalbevollmächtigter für die Regelung der Bauwirtschaft und Generalinspektor für die Sonderaufgaben im Vierjahresplan

## *Aufgaben des GB-Bau*

Durch Erlaß vom 9. 12. 1938 ernannte Hermann Göring in seiner Funktion als Beauftragter für den Vierjahresplan Dr. Todt zum »Generalbevollmächtigten für die Regelung der Bauwirtschaft« (GB-Bau), damit er sowohl den Hoch- wie den Tiefbau nach den Erfordernissen der Rohstofflage und des Arbeitsmarktes ordnen könne. Göring zog damit die Konsequenz aus den Erfahrungen des Westwallbaus und übergab demjenigen Mann die Regie in der Bauwirtschaft, der das größte Bauunternehmen der Zeit durchführte. Dabei mußte er eingestehen, daß der Westwallbau die deutsche Bauwirtschaft in Unordnung gebracht habe.

»Die besondere Lage des Jahres 1938 hat dazu geführt, daß die Beanspruchung des Baumarktes noch stärker gestiegen ist als die anderer Wirtschaftszweige. Das hat zu unerwünschten Spannungen bei der Rohstoffbewirtschaftung, beim Arbeitseinsatz und schließlich bei der Lohngestaltung geführt. Durch die Fülle dringlicher Aufgaben ist insbesondere das Abwerben von Arbeitskräften und die Gewährung von Locklöhnen gerade bei der Bauwirtschaft besonders häufig geworden. Das Ergebnis ist, daß die Leistungssteigerung auf dem Baumarkt der dort eingesetzten Geldmenge im ganzen nicht mehr entspricht: Das Bauen ist verhältnismäßig teuer geworden.«

Die bisherigen Maßnahmen hätten nicht die beabsichtigte Wirkung gezeigt, weder die Eisenkontingentierung noch die Zurückstellung öffentlicher Bauten, auch nicht die Anwendung der Kräftebedarfsverordnung vom 22. 6. 1938. Deshalb sollte die Bauwirtschaft nunmehr »unter einheitlicher Führung« geordnet werden.

Dem neuen Generalbevollmächtigten gab Göring gleich die von ihm zu setzenden Prioritäten bekannt: An erster Stelle standen a) die Erstellung von Befestigungen, Docks, Schleusen und Häfen für die Reichsverteidigung, dann folgten b) der Bau von rüstungswichtigen Produktionsstätten, auch von Anlagen zur Herstellung von Vorprodukten zu a) und b), c) die Sicherung des dringlichen Wirtschaftsbedarfs zur Aufrechterhaltung von wichtigen Betrieben, d) die Errichtung der Führerbauten in Berlin, Nürnberg und München und e) der Bau von Kanälen, Autobahnen und Eisenbahnen. Den Schluß bildete f) die Durchführung des Wohnungsbaus für Arbeiter bei den Vierjahresplanbetrieben. Todt sollte den Umfang der Bauarbeiten der Lei-

stungsfähigkeit des Baugewerbes und der Baustoffindustrie anpassen und die Baukapazität »ohne Benachteiligung anderer gleichwichtiger nationalwirtschaftlicher Aufgaben« so weit wie möglich erhöhen. Die Verteilung der Baustoffe sollte allein seine Sache sein. Es oblag auch seiner Entscheidung, ob er neben Eisen weitere Baustoffe kontingentieren wollte, wie z. B. Zement und Holz. [1]
Mit diesem Erlaß wurde Todt die zentrale Figur der deutschen Bauindustrie. Seine Kompetenzen überschritten alles Bisherige. Jegliche Bautätigkeit hing von ihm ab. Nur in Fragen der Preisgestaltung mußte er mit dem »Reichskommissar für die Preisbildung« und in Fragen der allgemeinen Arbeitseinsatzregelung mit dem Reichsarbeitsminister zu einvernehmlichen Regelungen kommen.
Todt erhielt von Göring die Auflage, mit den Reichsministerien und den Geschäftsgruppen des Vierjahresplans »eng zusammenzuarbeiten«, ihm selbst einen Arbeitsplan vorzulegen und jeden Monat über die Fortschritte zu berichten. Ein »größerer Apparat« zur Erfüllung der Aufgaben wurde nicht für nötig erachtet. Todt sollte sich »weitgehend auf die eingearbeiteten Dienststellen stützen und für den Ausgleich örtlicher Schwierigkeiten die Mitarbeit der Reichsstatthalter und Oberpräsidenten erbitten«. Todt bekam auch die Weisung, als Görings Bevollmächtigter »nur persönlich zu handeln«, d. h. sich nicht vertreten zu lassen. Bei Schwierigkeiten war dem Reichsmarschall »ungesäumt zu berichten«. Schriftliche Weisungen an Oberste Reichsbehörden standen Todt nicht zu. [2]
Von Freunden wurde Todt bereits jetzt gewarnt, daß er sich zuviel aufbürde. Noch im Dezember schrieb ihm der bayerische Ministerpräsident Siebert:

»Es gibt ja das Bewußtsein, dem Führer bei seiner Mission beiseitestehen zu dürfen, ungeheuer viel Kraft, aber trotzdem muß auch hier bedacht werden, daß eine Maschine nicht immer die höchste Tourenzahl laufen kann.« [3]

Das neue Amt stellte Todt vor einen Berg von Aufgaben. Zum einen mußte er über die Arbeitsämter alle vorhandenen und möglichen Arbeitskräfte für den Baumarkt mobilisieren, zweitens hatte er die Pläne für Neubauten, vor allem für die konjunkturbedingten Industrievorhaben, nach den Erfordernissen des Vierjahresplanes in Dringlichkeitsstufen einzuordnen. [4] Drittens wartete die Baustoffproduktion auf neue Impulse zur Erhöhung des Ausstoßes. Viertens mußte das Transportwesen, das durch den Westwallbau aus den Fugen geraten war, neu geordnet werden. Fünftens bedurfte auch das Lohn- und Tarifwesen im Baugewerbe einiger Änderungen. Ohne Mitarbeiter ließ sich dieses Programm nicht verwirklichen. Innerhalb weniger Wochen entstand am Pariser Platz 3 in Berlin die Dienststelle des GB-Bau mit 18 Referenten, die unter anderem auf dem Gebiet der einzelnen Baustoffe, der Lohn- und Tarifpolitik, des Transportwesens usw. qualifiziert waren. [5]

Auf dem Bausektor hatte Todt mit dem neuen Amt ähnlich große Befugnisse wie Oberst von Schell für die Kraftwagenindustrie oder Ministerialdirektor Lange für die Maschinenbauindustrie. Aber die Wirkungsmöglichkeiten Todts waren noch umfangreicher, da er in sämtliche Bautätigkeiten im privaten, industriellen und militärischen Bereich eingreifen konnte.

Am 21. 12. 1938 führte Todt in seinem Amt am Pariser Platz 3 eine Dienstbesprechung mit den Bauträgern der Partei, der Wirtschaft, des Militärs und der öffentlichen Hand – insgesamt mit 23 Vertretern der Hauptauftraggeber – durch. Zu ihnen gehörten Dienststellen wie das OKW, die NSDAP, die DAF, das Amt Speer, der Beauftragte für den Vierjahresplan, die Reichsgruppe Energiewirtschaft und das VW-Werk. Todt wollte das Bauvolumen des Jahres 1938 erfahren und die Bauplanungen für 1939 kennenlernen. Da die Auskünfte unzureichend waren, erbat er sich schriftlich bis zum 15. 1. 1939 genaue Angaben über alle Bauvorhaben: Zweck und Dringlichkeit, Lage, Ausführungszeit, Baukosten, Bedarf an Arbeitskräften, Verbrauch an Zement, Holz, Mauersteinen, Naturwerksteinen, Eisen und Stahl etc. [6] Ohne detaillierte Unterlagen wollte er keine Eingriffe in den Baumarkt riskieren. Die erforderlichen Sparmaßnahmen ließen sich nur anhand solider Statistiken einleiten.

Zur Durchführung seiner Aufgaben vor Ort bediente sich der GB-Bau in erster Linie der vom Reichswirtschaftsminister geschaffenen Wirtschaftsverwaltungsstellen, d. h. der Landeswirtschaftsämter, bei denen von Todt ein Referat »Bauwirtschaft« eingerichtet wurde. Die Abstimmung ihrer Tätigkeit in den einzelnen Bezirken oblag den vom Generalbevollmächtigten benannten »Gebietsbeauftragten«. Diese wachten darüber, daß die von Todt erlassenen Bestimmungen gegenüber den örtlichen und bezirklichen Dienststellen von Partei und Staat durchgesetzt wurden. Auch sollten sie einen Ausgleich der einander widerstreitenden Interessen der Bauherren nach den vom Generalbevollmächtigten gegebenen Weisungen herbeiführen. Die Information des Gebietsbeauftragten erfolgte durch Vertrauensmänner, die in den einzelnen Kreisen aus den Reihen der Baubeamten ausgewählt wurden. Die Gebietsbeauftragten, die in der Regel selbst einer oberen Baubehörde angehörten, erhielten für ihre Tätigkeit eine Nebenver-

gütung von 100 RM im Monat. Ihre Bedeutung wuchs im Laufe des Krieges. Waren sie anfangs nur »Auge und Ohr des Generalbevollmächtigten«, so übernahmen sie ab 1940 immer mehr Entscheidungsfunktionen. Sie sorgten im Auftrag Todts für die Einheitlichkeit der Baugenehmigungsverfahren und erhielten das Recht, Ausnahmegenehmigungen zu erteilen. [7]
Die Bauzuständigkeit der Baupolizeibehörden auf der unteren Ebene wurde erheblich eingeschränkt. Die Hoch-, Tief- und Stadtbauämter der Oberbürgermeister und Landräte und in bestimmten Fällen die Gewerbe-, Wasser- und Bergpolizeibehörden nahmen zwar die Anträge der Bauträger entgegen, hatten jedoch keine Entscheidungsbefugnis.
Große Hoffnungen setzte Todt auf die Mitarbeit der Partei. Die Gaubeauftragten des NSBDT sollten die Weisungen des GB-Bau mit den Interessen der Partei koordinieren. Ihre Wirksamkeit litt jedoch darunter, daß sie sowohl dem Hauptamt für Technik wie den Gauleitern unterstanden und zwischen beiden Instanzen hin- und hergerissen waren. In vielen Fällen entsprachen sie eher den Wünschen der Gauleitung als denen des weit weg liegenden Amtes für Technik in München. Widerstand gegen den Gauleiter war von ihnen nicht zu erwarten.
Wirkungsvoller war die Einrichtung einer »Fachgruppe Bauwesen« im NSBDT, um deretwillen der »Reichsverband der deutschen Baumeister in der Deutschen Gesellschaft für Bauwesen« aufgelöst wurde. Die Traditionszeitschrift »Deutscher Baumeister« erschien ab 1939 unter dem Namen »Der Deutsche Baumeister« als Organ des NSBDT. Alle Verbesserungsvorschläge zu Einsparung, Rationalisierung, Menschenführung, Maschineneinsatz usw., die von Angehörigen der Bauindustrie eingereicht und für nachahmenswert gehalten würden, sollten in der Zeitschrift veröffentlicht werden. Damit eine möglichst große Zahl von »Bauschaffenden« davon profitieren könne, sollten, so appellierte Todt, möglichst viele bisher Außenstehende dem NSBDT beitreten.

## *Anregungen, Maßnahmen, Eingriffe*

In der ersten Nummer von »Der Deutsche Baumeister« gab Todt seine Vorstellungen von der Neuordnung des Bauwesens bekannt. 1939 werde es nicht möglich sein, alle Bauwünsche zu erfüllen, da der Umsatz der Bauwirtschaft 1938 mit 11,5 Milliarden RM bereits die obere Grenze erlangt habe. Um ein Leistungsmaximum zu erreichen, befürwortete er vor allem einen verstärkten Einsatz von Maschinen. Die vorhandenen Maschinen sollten dorthin gebracht werden, wo diesbezüglich Engpässe aufträten. Mit einem verhältnismäßig kleinen zusätzlichen Eisenanteil für die Baumaschinenindustrie zur Erzeugung neuer Geräte könnte die Leistungsfähigkeit der Bauindustrie durch flexiblen Einsatz von Maschinen gewaltig gesteigert werden. Sein zweiter Vorschlag betraf den rationellen Einsatz von Maschinen und Arbeitern auf den Baustellen anstelle der dort üblichen Improvisationen. Drittens, meinte Todt, müßten die Baugeräte vereinfacht und normiert werden. Es sei ein Unding, daß Betonmischmaschinen mit 300, 500 und 1000 Liter Fassungsvermögen in über 30 verschiedenen Typen auf dem Markt angeboten würden. Schließlich tadelte Todt auch die Disziplinlosigkeit der Bauherren: Sie verstießen laufend gegen den auch vom Nationalsozialismus propagierten Grundsatz, daß Gemeinnutz vor Eigennutz gehe, weil sie zuviel Material horteten und Arbeitskräfte aus der Landwirtschaft durch hohe Lohnangebote zu sich lockten. Da im Jahre 1939 nicht alles gebaut werden könne, was geplant sei, schlug er vor, Prioritäten zu setzen. Die Bedürfnisse des Volkes und der Wirtschaft hätten Vorrang, aber man müsse »auch an die Mahnmale denken, die das deutsche Volk zur Erhaltung und Erhöhung des Glaubens an seine Größe braucht«. [8]

Das Schlagwort der Bauindustrie im Jahre 1939 »Leistungssteigerung bei gleichzeitiger Materialeinsparung« dokumentierte den Willen Todts, niemandem satte Zufriedenheit zu gestatten. Unternehmer, Ingenieure und Arbeiter wurden mit Appellen an ihr nationales Gewissen überschüttet. Auf der Reichstagung der Fachgruppe Bauwesen im Juni 1939 auf der Plassenburg prägte Todt das Schlagwort »Mehr Bauen mit geringerem Aufwand«. Die bisherigen Leistungssteigerungen in der Bauindustrie müßten noch überboten werden, forderte er. Die Zementproduktion sei 1938 von 15 Millionen Tonnen auf 18 Millionen Tonnen angestiegen. An Eisen stünden 1939 sieben Millionen Tonnen zur Verfügung statt der sechs Millionen im Jahre 1938. 1939 wolle man die Produktion an Baggern von 500 auf 600 Stück erhöhen. Um in der Bauindustrie eine Leistungssteigerung von 20% zu erreichen, müßten »Betriebsführung und Belegschaft einheitlich auf das gemeinsame Ziel ausgerichtet werden«. In diesem Punkt wurde Todt deutlich:

»Hier muß ein ganz anderes Maß von Erziehung vor sich gehen. Begriffe wie Begeisterung, Arbeitsfreude, kameradschaftliche Betriebsgemeinschaft müssen in einem ganz anderen Ausmaß gefordert werden als bisher.«

Die Hauptschelte bekamen die Betriebsführer. Ihre Menschenführung wurde getadelt. Die Personalschulung sei ungenügend. Betriebsverbesserungen würden unterlassen. [9] Eine Wanderausstellung mit dem Titel »Wege zur Leistungssteigerung in der Bauwirtschaft«, die gleichzeitig mit der Reichstagung auf der Plassenburg in der Ludwig-Siebert-Festhalle in Kulmbach anlief, gab praktische Beispiele für Rationalisierungsmaßnahmen im Bauwesen. Sie unterstrich Todts Bemühungen, die Bauwirtschaft zu Höchstleistungen zu stimulieren. [10]
In der Verbesserung der Menschenführung auf dem Bau sah Todt ein unausgeschöpftes Reservoir der Leistungssteigerung. Er glaubte den Betriebsführern nicht, die sagten, es sei zu schwierig, die ganze Belegschaft nach nationalsozialistischen Prinzipien auszurichten. Todt belehrte sie:

»Es ist nicht der Arbeiter, der eigentlich hier erzogen werden muß, sondern der Betriebsführer, denn immer kommt es auf die Führung an. Dafür haben wir eine Anzahl von Beispielen auf allen Gebieten der Menschenführung. Wieso kommt es dann, daß z. B. eine Truppe stramm und mit erhobenem Kopf daher marschiert, während die andere schlecht ist? Das ist nicht die Schuld der Truppe, sondern ausschließlich eine Frage der Einstellung der Führung gegenüber der Truppe. Der Unterschied liegt nicht am Menschenmaterial. Sehen wir doch unsere Jugend an; es sind doch noch genau dieselben Menschen wie in den Jahren 1929 bis 1933, die damals arbeitslos herumgelungert sind und die nun heute stramm ihren Dienst in den Formationen tun und eine ganz andere Haltung angenommen haben. Der Arbeiter, der bei uns schon als faul verschrien ist, ist doch derselbe Mann, der zuerst zwei Jahre Soldat gewesen, der während dieser Zeit große Leistungen vollbracht hat und der nach Arbeitsschluß seine zwei Stunden SA-Dienst macht und seinen braunen Rock anzieht. Die Menschenführung in unseren Betrieben muß von Grund auf geändert werden, sie muß entmaterialisiert werden. Hierzu sind ein paar ganz bestimmte Voraussetzungen erforderlich. Das wichtigste ist, daß jeder Betrieb eine Schulung im eigenen Rahmen einrichten muß.« [11]

Auf den Kursen für Bauleute, die 1939 auf der Plassenburg durchgeführt wurden, wiederholte Todt seine Aufrufe noch befehlender im Ton und militärischer im Ausdruck:

»Das Bauprogramm des nationalsozialistischen Deutschland mag groß, manchen zu groß erscheinen. Es ist diktiert von politischen Notwendigkeiten, und es muß durchgeführt werden.
Die Aufgabe, die Leistung in der Bauwirtschaft ohne vermehrten Arbeitseinsatz zu steigern, ist in erster Linie eine Aufgabe richtiger Betriebsführung.
Es muß gelingen, eine Betriebsgemeinschaft herzustellen, bei der vom Betriebsführer bis zum Laufjungen jeder weiß, worauf es ankommt. Die Leistungsgemeinschaft der ganzen Gefolgschaft ist die Voraussetzung für den Erfolg.
Die Parole für die deutsche Bauwirtschaft auf dem Wege zur deutschen Rationalisierung lautet: die menschliche Arbeitskraft sparsam und wertvoll ansetzen. Es ist dies das Gebot der Stunde . . .
Unsere gemeinsame Aufgabe ist die Erzeugung einer wahrhaften Psychose für den Gedanken der Leistungssteigerung. Wir müssen mit der Intensität nationalsozialistischer Propaganda trommeln, um die geistigen Kräfte und den guten Willen aller zu mobilisieren.
Eine lebendige Kampfaufgabe ist der deutschen Bauwirtschaft gestellt. Mit soldatischer Einstellung, die ein vorübergehender Mangel nicht abschreckt, fassen wir zu: Das Zeichen zum Angriff ist gegeben.« [12]

Ohne zu zögern verbot Todt jedoch den Drei-Schichten-Bau als eine ihm vorgeschlagene Form der Leistungssteigerung im Baugewerbe. Aufgrund seiner Erfahrungen vom Autobahnbau wußte er, daß die Arbeit bei Dunkelheit nicht nur geringe Ergebnisse brachte, sondern vor allem die Unfallgefahr unverhältnismäßig erhöhte. Er billigte somit nur den Zwei-Schichten-Betrieb mit bis zu zehnstündiger Arbeitszeit je nach Jahreszeit. [13]
Die erste formale Anordnung des GB-Bau befaßte sich mit der Bauholzbewirtschaftung. Da zur Schonung des Waldbestandes 1939 nur im gleichen Ausmaß wie im Jahr 1937 Holz geschlagen werden durfte und das Fehlende nicht durch Einfuhren gedeckt wurde, stand 1939 eine prozentual geringere Menge an Schnittholz und Rundholz zur Verfügung als in den vergangenen Jahren. Die öffentlichen Bauverwaltungen wurden angewiesen, »verantwortlich darüber zu wachen, daß bei jedem einzelnen ihrer Bauvorhaben Bauholz aller Art in der sparsamsten Weise verwendet wird«. Die Vorhalthölzer auf den Baustellen sollten mehrmals verwendet werden. [14] In dem Wissen, daß solche Erlasse wenig fruchteten, wenn die Bewußtseinsänderung der Betroffenen fehlte, eröffnete er gleichzeitig eine Sparkampagne in der Fachpresse. Nationalsozialistische Appelle standen neben Appellen an die Vernunft. [15] (vgl. S. 209).
Gleichzeitig mußte sich Todt damit auseinandersetzen, daß man ver-

**Bauarbeiter!**

**Zimmerleute!**

**Seid sparsam in der Verwendung von Holz!**

**80-140 Jahre** benötigt ein Nadelbaum, bis er schnittreif wird und knapp einen Kubikmeter Holz liefert.

Wer unnötig Holz zersägt, zerstört den Bestand des deutschen Waldes. Seid sparsam und helft, unsere herrlichen Wälder zu erhalten!

**Dr. Todt**

Generalinspektor
für das deutsche Straßenwesen
und
Generalbevollmächtigter
für die Regelung der Bauwirtschaft

schiedentlich einen höheren Holzverbrauch damit rechtfertigte, daß Holz an die Stelle von Eisen trete, das noch viel knapper sei als Holz. Tatsächlich wurden 1939 an vielen Orten Türen, Hoftore und Zäune aus Eisen abgebrochen und als Schrott verkauft und an ihrer Stelle Vorrichtungen aus Schnittholz gesetzt. Einen besonderen Tadel sprach Todt den Verwaltungs- und Parteidienststellen aus, die den Mangel an Holz kannten, aber dennoch zu solchen Taktiken griffen. [16]

Eine weitere Anregung zur Leistungssteigerung im Bauwesen gab Todt, indem er zu dem ungewöhnlichen Mittel des Preisausschreibens griff. Er forderte jeden Arbeiter auf, Vorschläge in seinem Arbeitsbereich zu machen [17] (vgl. S. 211).

Jedoch konnten propagandistisch auch nur Teilprobleme angegangen werden. Todts Arbeit als GB-Bau litt an dem Grundübel des Vierjahresplans: Der Wirtschaftsaufschwung der Jahre 1936–1939 kam dadurch zustande, daß der Produktionswert der Güter geringer war als die Kosten der Herstellung. Die Bauaufträge überschritten die Baukapazität. Die vielen Staatsaufträge hatten eine Konjunktur angeheizt, die zu Mangel an Arbeitskräften und Rohstoffen führen mußte.

Drastische Auswirkungen auf den Bausektor hatte der Arbeitskräfte-

## Preisausschreiben: Leistungssteigerung im Bauwesen

Leistung steigern ist jetzt der Schlachtruf unserer gesamten Arbeit!

Aber es genügt nicht, das Wort Leistungssteigerung in Mund und Feder zu führen. Es gilt jetzt positive Arbeit, Mit-Arbeit im wahrsten Sinne, jeden Handgriff überlegen, verbessern, in seinem Wirkungsgrad zu steigern.

Diesem Gedanken dient auch das Preisausschreiben, das der Leiter der Fachgruppe Bauwesen im NSBDT., Parteigenosse Ministerialrat S c h ö n l e b e n , soeben erläßt.

\*

**Dein Beitrag zur Leistungssteigerung in der Bauwirtschaft!**

Dr. Todt hat die gesamte Bauwirtschaft zur Leistungssteigerung aufgerufen. Jeder Bauschaffende, ob Arbeiter, ob Ingenieur, ob bei Behörde oder Unternehmer,

muß, kann und wird

zur Leistungssteigerung beitragen.

Seht euch mit offenen Augen und gesundem Menschenverstand in eurem Betrieb um!

Prüft Arbeitsverfahren, Geräte und Vorschriften! Bringt Vorschläge zur Leistungssteigerung! Wo die Beschreibung nicht ausreicht, liefert Photos und Skizzen! Zeigt, was leistungssteigernd und leistungsmindernd ist! Stellt die Erfahrungen einer langen Baustellen- oder Behördenpraxis zur Verfügung! Weg mit der alten Geheimniskrämerei! Gemeinnutz geht vor Eigennutz! Die besten Einsendungen werden von einem Preisgericht ausgezeichnet, in dem der Generalbevollmächtigte für die Regelung der Bauwirtschaft, Generalinspektor Dr. Todt, selbst den Vorsitz führt.

Es kommen zur Verteilung:

  **zwei** 1. Preise zu je 1000,— RM
  **zehn** 2.  „  „ „  400,— „
  **fünfzig** 3.  „ . „ „  100,— „

Die uns gestellten großen Aufgaben verlangen rasches Handeln. Beiträge sind einzusenden bis 1. August 1989 unter dem Kennwort:

„Zu — Gleich!"

an den NSBDT., Fachgruppe Bauwesen, Berlin C 2, Leipziger Straße 65.

Schönleben

Leiter der Fachgruppe Bauwesen im NSBDT.

Dieses Preisausschreiben weist aber auch allen Betrieben einen neuen Weg. Solche Preisausschreiben könnten doch wahrhaftig überall veranstaltet werden und müßten sich in der Gesamtheit sehr stark auswirken.

Sie werden zu einem für den Betrieb und in manchen Fällen über diesen hinaus für Volk und Reich wichtigen Wettkampf führen, dessen Früchte allen zugute kommen.

Man muß der Fachgruppe Bauwesen im NSBDT. Dank sagen, für ihren beispielgebenden Schritt. — Jetzt gilt für alle anderen nur der eine Imperativ: Nachmachen!

mangel im Bergbau. Das Absinken der Kohlenproduktion im 1. Halbjahr 1939 von 440 000 Tonnen auf 380 000 Tonnen machte sich sofort in der Bauwirtschaft bemerkbar. Die Zementindustrie lieferte z. B. nur noch 80% ihrer früheren Menge. Auch der Ziegelindustrie fehlten die Kohlen. Todt war bereit, alle in der Bauindustrie arbeitenden Bergleute in die Gruben zurückzuschicken, wenn die dadurch entstehenden Lücken in der Bauindustrie durch Anwerbungen aus dem Protektorat Böhmen und Mähren geschlossen werden könnten. Der Versuch, von dort 30 000 Arbeitskräfte auf dem Wege der Freiwilligenmeldung zu bekommen, mißlang jedoch. Todt plädierte deshalb dafür, »tschechische Arbeitskräfte ohne Befragung an reichsdeutsche Baustellen zu vermitteln«. Die katastrophale Situation in der Bauindustrie lasse den Übergang zu Zwangsarbeitsverhältnissen erlaubt erscheinen. [18]

Todts Aufrufen zur Rationalisierung konnten aufgrund des Mangels an Rohstoffen und Arbeitskräften nur Teilerfolge beschieden sein. Die von ihm angeordnete »Bewirtschaftung« von Baustoffen bestand nur in einer mehr oder minder gerechten Verteilung einer Mangelware. Außerdem entzogen sich viele Betriebe den Auflagen, indem sie »krumme Wege« einschlugen. In die Arbeitskräfteverteilung ließen sich die Arbeitsverwaltungen auch von Todt nicht gerne hineinreden. Zwischen den Kontingentträgern – am 1. 4. 1939 waren es insgesamt 28 – kam es zu erbitterten Rivalitäten.

Den Hauptanteil an der Gesamtproduktion der Bauindustrie bekam das Militär. 1939 arbeitete die deutsche Bauwirtschaft zu 50% für die Wehrmacht, zu 20% für den Wohnungsbau, zu 20% für die Wirtschaft und zu 10% für den Staat. [19] Die Finanzen aller Auftraggeber litten unter den Preissteigerungen, die die Folge des Arbeitskräftemangels waren. Als im Frühjahr 1939 die Baulose für die Autobahnstrecke Breslau-Wien ausgeschrieben wurden, lagen die Angebote der Bauunternehmen aus dem gesamten Reichsgebiet um bis zu 50% über den üblichen Reichsdurchschnittspreisen. Todt schrieb den Firmen deutliche Briefe. Er forderte von ihnen eine »tüchtige Aufsicht« und eine »wirtschaftliche Betriebsgestaltung«, dann könnten die Preise gehalten werden. Er drohte damit, daß er in vergangener Zeit einmal ähnliche Fälle dadurch reguliert habe, »daß der betreffende Kreis von Unternehmern dem Winterhilfswerk nachträglich einen Betrag von 500 000 Mark zugewendet hat«. [20]

Wegen des Mangels an Arbeitskräften und an Baustoffen erließ Todt am 4. 8. 1939, also noch vor Kriegsbeginn, eine nicht zur Veröffentlichung bestimmte Anordnung, in der eine allgemeine Bausperre verfügt wurde. Ab 1. Oktober durften Bauvorhaben, die an Ort und Stelle noch nicht in Angriff genommen waren, nicht mehr begonnen werden. Ausgenommen waren Bauvorhaben von staatspolitischer Wichtigkeit, z. B. Bauten, die unmittelbar der Landesverteidigung dienten, sowie laufende Instandsetzungsarbeiten zur Sicherung eines Baubestandes. [21] Mit diesem Erlaß wollte Todt im letzten Vierteljahr 1939 die überhitzte Bautätigkeit abkühlen.

Die Handhabung der Baustoffverteilung regelte Todt ein halbes Jahr vor Kriegsbeginn in einem Merkblatt. Allen Kontingentträgern wurden fest umrissene Bausektoren zur Versorgung zugewiesen, denen sie nicht nur das Material für die Hochbauten, sondern auch für alle dazugehörigen Anlagen wie Energieanschlüsse, Abwasserbeseitigung, Straßenbauten usw. zu liefern hatten. [22] Damit verlagerte Todt die Konkurrenz jedoch nur von den einzelnen Bauherren auf die Kontingentträger. Die größte Differenz zwischen Produktion und Bedarf gab es bei Eisen. Am 9. 12. 1939 wandte sich Todt an alle Kontingentträger, insbesondere an die Wehrmachtteile, die industriellen Bauherren kriegswichtiger Bauten und an den Baustab Speer, mit der Bitte, ihm zu helfen, den Baueisenaufwand auf allen Gebieten des Bauschaffens mindestens um 20% zu senken. Der Führer habe ihn am 13. 12. 1939 persönlich für die Einsparungen verantwortlich gemacht. Todt ließ einige Empfehlungen folgen, z. B. die Überlegung, ob die vorgesehenen Bauvorhaben überhaupt erstellt werden müßten, daneben den Vorschlag, Holz statt Eisen zu verwenden, sowie die Überprüfung von Baueisenkonstruktionen auf ihre Notwendigkeit. Da er selber bezweifelte, daß dieser Erlaß Erfolg haben würde, appellierte er zusätzlich noch an die vaterländische Pflicht der Betroffenen:

»Für die Dauer des Krieges muß der Grundsatz gelten, daß die Ersparnis von Stahl wichtiger ist als die Einsparung von Geld, auch bei Bauten, die bereits in der Ausführung begriffen sind.« [23]

Um die Realisierung dieser Anweisung kontrollieren zu können, wies Todt am gleichen Tag die »Gebietsbeauftragten« an, den Stahlaufwand im Auftrag der Baustoffkontingentverwalter bei den Konsumenten zu überprüfen. Bei den bereits begonnenen Bauvorhaben mußte der Eisenverbrauch nachträglich berechnet und kontrolliert werden. Vor allem sollten sie darauf achten, ob Stahlkonstruktionen durch Holzkonstruktionen ersetzt werden könnten. [24]
Zur Sicherung des Bedarfs an Massengut-Baustoffen wie Steine, Schotter, Splitt, Kies, Sand und Zement für kriegswichtige Bauvorhaben, und zur Vermeidung unwirtschaftlicher Transportaufwendungen richtete Todt drei Baustoffleitstellen (Nord, Ost, West) außerhalb Berlins ein. Sie stellten in Zusammenarbeit mit der Reichsbahn aufgrund der Bedarfsmeldungen die Baustofflieferprogramme zusammen und teilten die entsprechenden Termine den Lieferwerken und den Abnehmern mit. Die Baustoffleitstellen waren keine selbständigen Dienststellen, sondern galten als Außenreferate des GB-Bau, die aus Zweckmäßigkeitsgründen in Ost-, Nord- und Westdeutschland eingerichtet worden waren. [25]
Für die öffentlichen Bauten des Reiches stellte Todt 13 Unterkontingentträger zusammen, bei denen die kontingentierten Baustoffe zusammengefaßt wurden. Auf diese Weise sollten Fehlleitungen vermieden und gleichzeitig gewährleistet werden, daß mit den vorhandenen Baustoffen ein möglichst großes Bauvolumen erreicht werden konnte. Der jeweilige Bedarf an kontingentierten Baustoffen spielte eine große Rolle, wenn über die Dringlichkeit der Bauvorhaben entschieden wurde. Um zum Vergleich geeignete Maßstäbe zu bekommen, wurden im Auftrag Todts alle Bauvorhaben der öffentlichen Hand in zwölf Gruppen eingeteilt. Die Hoch- und Tiefbauten der Reichspost waren ebenso erfaßt wie Bauten der Ernährungswirtschaft, Versorgungsanlagen, Reichsautobahnen oder Flußregulierungen. Während des Krieges hatten kriegswichtige Vorhaben absoluten Vor-

rang. Auch Parteibauten wurden zurückgestellt. Parteidienststellen, die über unzureichenden Büroraum verfügten, gingen zum Ärger Todts immer häufiger dazu über, freie Wohnungen zu belegen, weil ihnen Neubauten untersagt waren. Todt erreichte über Bormann, daß die Gauleiter angewiesen wurden, statt Häuser oder Wohnungen Baracken zu verwenden, wenn Büroraum benötigt wurde. [26] Daß Privatbauten unzulässig waren, hinderte manche »Volksgenossen« jedoch nicht, in und an ihren Gebäuden Umbauten vorzunehmen. Todt statuierte einige Exempel, um private Bauherren nationalsozialistische Mores zu lehren. Als der Bauunternehmer Hofmann in Merzig ohne Zustimmung des Arbeitsamtes und ohne baupolizeiliche Genehmigung an seinem Wohnhaus einen Wintergarten und ein Schwimmbad anlegen ließ, empfahl Todt, den Betroffenen nicht wegen Verstoßes gegen die 4. Anordnung zur Durchführung des Vierjahresplans und die 9. Anordnung des Generalbevollmächtigten für die Regelung der Bauwirtschaft bei Gericht anzuzeigen, sondern ihn »anstelle einer langen juristischen Behandlung... 3 Wochen in ein Ziegelwerk« zu schicken, »damit er den Wert der Arbeit kennenlernt und künftig daran denkt, mit Arbeitsaufwand keinen Mißbrauch zu treiben«. [27] Andere Unternehmer, die ohne Genehmigung bauten, kamen kurzerhand in ein Konzentrationslager.
Während des Krieges kam Todt vielen Schwarzbauten auf die Schliche. Gerade öffentliche Bauherrn, vor allem die Wehrmachtteile und die Parteidienststellen, ignorierten die Bestimmungen des GB-Bau, genehmigten sich nach eigenen Vorstellungen Bauten und beschafften sich die notwendigen Baustoffe und Arbeitskräfte selbst. Todt war machtlos. Parteidienststellen führten ihre Bauprogramme bis weit in den Krieg hinein rücksichtslos weiter. Meistens handelte es sich um Repräsentationsbauten – Gauhäuser, Versammlungshallen, Appellplätze –, oft nur um dienstlich kaschierte Privatbauten wie Wohn-Dienst-Gebäude für Funktionäre. Erst 1941 erreichten Göring und Todt bei dem neuen Leiter der Parteikanzlei Bormann, daß jener ein Rundschreiben in dieser Sache an alle Parteidienststellen schickte. Am 23. 8. 1941 rief er einzelne Stellen der Partei, ihrer Gliederungen und Verbände zur Ordnung, »die Aufträge für wirklich nicht lebensnotwendige, nicht kriegswichtige Dinge an Handwerk und Industrie« gegeben hatten, obwohl der Reichsmarschall dies als ein »Vergehen an der Front« verurteilt hatte. [28] Auch die SS errichtete Schwarzbauten. Als Todt im Oktober 1941 erfuhr, daß in Schlachtensee ein Dienstgebäude für einen SS-Brigadeführer mit Garagen, Terrassen, Grenzmauern und einem Schwimmbad gebaut wurde, wandte er sich

sofort an Himmler mit der Forderung, die polizeilich nicht genehmigten Bauten sofort einzustellen. »Ich glaube nicht«, schrieb er, »daß die SS dazu da ist, Bauarbeiten zu überwachen, die polizeilich nicht angemeldet sind, und ich glaube auch nicht, daß es in Ihrem Sinne ist, daß in dieser Weise die SS-Gewalt mißbraucht wird«. Für den Unternehmer, der diese Bauten ausführte, sperrte Todt alle Baustoffe und Arbeitskräfte. Er bemerkte auch, daß er in ähnlich gelagerten Fällen die Bauherrn ins Konzentrationslager gebracht habe. [29]

Am 1. 10. 1939 gab Todt in Zusammenarbeit mit dem OKW/Amtsgruppe Wehrwirtschaftsstab eine Anordnung über den Einsatz von Baufirmen und die Beschaffung von Baugerät für kriegs- und lebenswichtige Bauvorhaben und für unmittelbare Wehrmachtzwecke heraus, die nicht in der Presse veröffentlicht werden durfte. Darin befahl er, die Bezirkswirtschaftsämter bei der Auswahl der Firmen zu beteiligen. Dort kenne man die Unternehmen, die über das erforderliche Stammpersonal, die notwendigen Bauerfahrungen und das hauptsächlich benötigte Baugerät verfügten. Die Möglichkeit von Arbeitsgemeinschaften aus mehreren Firmen sollte in Betracht gezogen werden. Neues Baugerät dürfe ohne die Zustimmung des Generalbevollmächtigten für die Regelung der Bauwirtschaft nicht mehr ausgeliefert werden. Eine Beschlagnahme von Baugerät durch Wehrmachtdienststellen war nur mit Zustimmung des GB-Bau zulässig. [30]

Um einen Überblick über beschlagnahmefähiges Gerät zu bekommen, mußten ab März 1940 alle Baufirmen anhand eines Vordruckes des Bezirkswirtschaftsamtes ihrer gewerblichen Organisation den Bestand an freien Baumaschinen und Geräten melden, wenn diese nicht in den nächsten vier Wochen eingesetzt wurden. Baufirmen, die diese Meldung nicht abgaben, wurden mit Strafgeldern belegt. [31]

Im August 1940 führte Todt die Bewirtschaftung von Baracken ein. Alle Bauträger mußten ihren Bestand an zerlegbaren Geräte- und Wohnbaracken melden. [32] »Richtlinien für Behelfsbauten für die Rüstung« sollten verhindern, daß der Barackenbau aufwendig wurde. Todt schrieb:

»Die Bauten sind auf ein Mindestmaß zu beschränken. Die Bauausführungen selbst haben in einfachster Form zu erfolgen. Alle nicht unbedingt notwendigen Aufwendungen, wie Schönheit der Arbeiten, architektonische Gestaltung, Ausstattung udgl. haben zu unterbleiben. Dauerbauweisen sind weitgehend durch Behelfsbauweisen zu ersetzen. Bauten, die nur den Krieg überdauern, sind in der Regel völlig ausreichend.«

Der GB-Bau bekam für diese Kriegsbauten den Polizeibehörden gegenüber das Weisungsrecht. Zur Überprüfung aller Neubauten

wurden Kommissionen gebildet, deren Mitglieder vom GB-Bau berufen wurden. Industriebetrieben waren Neu- und Umbauten so lange
untersagt, bis der Nachweis erbracht worden war, daß alle Maschinen
in zwei Schichten vollständig mit Arbeitern besetzt waren. [33] In den
am 2. 7. 1941 herausgegebenen »Richtlinien für behelfsmäßige Kriegsbauweise« wurden einfachste Bauweisen, möglichst in Barackenform,
außerordentlich detailliert vorgeschrieben. Alle Konstruktionen mußten so einfach wie möglich sein. Mehrstöckige Bauten waren grundsätzlich verboten. Ästhetische Gesichtspunkte hatten zurückzutreten.
Nebenräume sollten als offene Schuppen geplant werden. Die Glasflä-
chen bei Werk- und Lagerhallen mußten so klein wie möglich sein. Auf
Außen- und Innenputz wurde verzichtet. Als Fußböden sollten
Zementestriche ausreichen. Unterkellerungen waren grundsätzlich
unzulässig. Doppelfenster wurden nicht mehr genehmigt. Elektrische
Leitungen mußten als Freileitungen ausgeführt werden. Für kleinere
Gebäude sollte Ofenheizung genügen. Warmwasserheizungen waren
hier verboten. Umzäunungen durften nur in behelfsmäßiger Art
erstellt werden. [34] Man ging allgemein davon aus, daß alle diese
Rüstungsbauten nach dem Krieg wieder abgebrochen würden. [35]
Auch der beginnende Bombenkrieg störte Todts Spar- und Kontingen-
tierungssystem im Baustoffbereich. Die 18. Anordnung vom 14. 9.
1940 beschäftigte sich mit Sofortmaßnahmen bei Bomben- und Brandschäden. Da die Leitung aller Sofortmaßnahmen zum Aufgabenbereich der Landräte und Bürgermeister gehörte, durften diese von den
in der Nähe gelegenen Baustellen kurzfristig Bauarbeiter, Baube-
triebe und Baugeräte abziehen, wenn an Gebäuden gewerblicher,
industrieller oder landwirtschaftlicher Betriebe ein Schaden unter
30 000 RM entstanden war. An öffentlichen Bauten durften nur gering-
fügige Schäden ausgebessert werden. Die Beseitigung von Bomben-
und Brandschäden an Verkehrsanlagen, lebenswichtigen Versor-
gungseinrichtungen und Anlagen der Reichspost fielen nicht unter die
von den Landräten anzuordnenden Sofortmaßnahmen. Hier hatten
die zuständigen Verwaltungen für das Notwendige zu sorgen. [36]
Außer der beschleunigten Behebung der bei Fliegerangriffen entstandenen Bomben- und Brandschäden durften Sofortmaßnahmen »zur
schnellstmöglichen Unterbringung der vorübergehend obdachlos
gewordenen Familien« ergriffen werden, z. B. indem Ausweichunter-
künfte errichtet, im Bau befindliche oder vorübergehend stillgelegte
Wohnungsbauten fertiggestellt oder Baracken aufgestellt wurden. Bei
größeren Baumaßnahmen mußten die Bürgermeister bzw. Landräte
die Genehmigung des GB-Bau einholen. [37]

Am 24. 3. 1941 führte Todt mit der 20. Anordnung Baudringlichkeits-stufen der Kategorien SS, 0, 1, 2, 3 und 4 ein, um besser differenzieren zu können. Es waren die gleichen Signaturen, die er als Reichsminister für Bewaffnung und Munition für die Prioritäten der industriellen Fertigung erlassen hatte, entsprechend den Dringlichkeitsstufen der Rüstungsgüter. In dieser Verfügung wurde geregelt, von welchen Dringlichkeitsstufen an Arbeiter von Baustellen abgezogen werden konnten, falls Bauten einer höheren Dringlichkeitsstufe vorlagen, wie die Baumaterialverteilung zu erfolgen hatte und wie Stillegungen gehandhabt werden sollten. [38] Die Behauptung der Bauleitungen auszubauender Werkanlagen, daß das gesamte Werk in einer be-stimmten Baudringlichkeitsstufe stünde, die jedoch nur für ein Teil-vorhaben ausgesprochen worden war, und daß sie berechtigt seien, entsprechend viele Arbeitskräfte bei den Landesarbeitsämtern anzu-fordern, mußte von Todt extra korrigiert werden: Der Beginn anderer Bauten als der genehmigten sei unstatthaft und die Überschreitung der genehmigten Bausumme strafbar, dekretierte der GB-Bau. [39]

Die höchste Dringlichkeitsstufe hatten zu dieser Zeit die Bauten für das Führerhauptquartier bei Rastenburg unter der Tarnbezeichnung »Askaniawerke«, von dem aus Hitler als Oberbefehlshaber der Wehr-macht den Überfall auf die Sowjetunion dirigieren wollte. Todt befahl rigoros, alle rechtlichen und verwaltungstechnischen Hindernisse zu ignorieren:

»Zur Sicherstellung der Teiltermine ist jeder zum Erfolg führende Weg zweckmä-ßig, auch wenn er in Ausnahmefällen bestehende Bestimmungen im Weg stehen hat.« [40]

Im Widerstand gegen Todts Reglementierung im Bauwesen waren sich Bauherren, Kontingentträger und Baufirmen einig. Man versuchte alle Tricks und alle Ausreden. Als Todts Baubeauftragter Schönleben bei einer Dienstbesprechung in der Abteilung Rüstungsbau in Berlin am 24. 6. 1941 drastische Einschränkungen im Umfang von mindestens 40% forderte, wurde von den Anwesenden über die luxuriöse Bau-weise Speers in Berlin Klage geführt, durch die die »mühsam von der Organisation Todt herbeigeführte einfache Bauweise wieder ver-drängt« werde. [41] Dieser Vorwurf war Anlaß dafür, daß Todt den Generalbauinspektor Speer fur den 2. 7. 1941 zu einer Dienstbespre-chung mit den Vorsitzenden der Prüfungskommissionen, den Gebiets-beauftragten des GB-Bau und den Leitern der Außenstellen (Erwei-terte Kommission) einlud, die er persönlich leitete. Speer sollte dabei sein, wenn beraten wurde, wie das Bauvolumen im Reich, das 1939

noch neun Milliarden RM betragen hatte, auf insgesamt nicht mehr als
vier Milliarden RM gedrosselt werden sollte. Todt begründete die
Einschränkungen mit dem Argument, daß 57% der Baufacharbeiter
bei der Wehrmacht seien. Für den Rußlandfeldzug müßten Tausende
von LKW von den Baustellen abgezogen werden. An allen Baustoffen
herrsche Mangel, der Schleichhandel mit Baumaterialien müsse unter-
bunden werden. Die Prüfungskommissionen sollten in ihren Bereichen noch besser kontrollieren. Nur noch Bauvorhaben mit den
Dringlichkeitsstufen SS und 0 dürften mit Arbeitskräften und Lastwagen beschickt werden. Die Vereinfachung der Bauweise müsse strikt
durchgeführt werden.

Im Anschluß an Todts Ausführungen zog Speer ein Papier aus der
Tasche, in dem er Richtlinien für die Kontrolle genehmigter Bauten
ausgearbeitet hatte. Möglicherweise war ihm die Kritik an der Bauweise seines Hauses zu Ohren gekommen, und er wollte ähnlichen
Vorwürfen in diesem Kreise vorbeugen. Die Anwesenden kamen
nicht umhin, Speers Richtlinienpapier ausdrücklich zu loben. [42]

In den Auswirkungen scheinen diese Richtlinien jedoch nicht durch-
schlagend gewesen zu sein. Todt ärgerte sich weiterhin über die
Fruchtlosigkeit seiner Bemühungen, auf dem Bausektor Einsparungen zu erzielen. In einem Runderlaß, den er am 8. 12. 1941 an alle
Kontingentträger schickte, schrieb er, daß er bei Besichtigungen festgestellt habe, daß niemand ernstlich ans Sparen denke. Zum Teil
werde im dritten Kriegsjahr noch verschwenderischer gebaut als früher. Er forderte die Sparingenieure der Prüfungskommissionen dringend auf, auf äußerste Baustoffersparnis zu drängen. Nach der Fertigstellung der Bauten sollten sie in Prüfungsberichten festhalten, »ob bei
der Baudurchführung alle von ihnen gemachten Vorschriften und jede
Möglichkeit des Baustoffsparens beachtet wurden«. Verstöße gegen
das Einsparen von Baumaterialien würden nicht mehr nur durch
gekürzte Kontingente geahndet werden, Todt wollte die Namen der
Bausünderfirmen unter Benennung der verantwortlichen Herren ver-
öffentlichen. [43]

Überflüssige oder nicht kriegsnotwendige Bauten liefen jedoch bis ins
Jahr 1943 weiter. Todt hinterließ seinem Nachfolger Speer eine Liste
von Projekten, die gestoppt werden sollten, z. B. der Ausbau des
Schlosses Schwarzenberg für den belgischen König mit einer Bausumme von 1,4 Millionen RM, Zeugämter der Wehrmachtteile, die in
dieser Größenordnung nicht benötigt würden, oder Tanklager, die bei
der angespannten Treibstofflage überflüssig seien. Insgesamt könnten
zwei Milliarden RM gespart werden, wenn rigoros gekürzt würde. [44]

Die NSDAP selbst entschloß sich erst 1943 mit der Anordnung 14/43 zur Einschränkung ihrer Bautätigkeit. Für alle Bauvorhaben der NSDAP, ihrer Gliederungen und angeschlossenen Verbänden wurde ab April 1943 der Reichsschatzmeister als Bauherr bestimmt. Ihm waren alle Bauanträge vorzulegen. Er führte die Verhandlungen mit dem Generalbevollmächtigten für die Regelung der Bauwirtschaft, die eine Genehmigung und Baustofffreigabe betrafen. [45]

## Sonderaufgaben im Vierjahresplan

Der Beauftragte für den Vierjahresplan, Reichsmarschall Hermann Göring, erkannte nach der Munitionskrise des Polenfeldzuges, daß er den Problemen der bevorstehenden Kriegsrüstung nicht gewachsen war. Am 23. 2. 1940 bat er Todt auf seinen Landsitz Karinhall. Unter Hinweis auf seine Funktionen im Vierjahresplan und als vorgesetzter Offizier befahl er ihm den Einsatz des NSBDT zur Lösung von technischen und wirtschaftlichen Problemen außerhalb der Bauindustrie. An Gehorsam gewöhnt, sagte Todt zu. So wurde er am gleichen Tag zum »Generalinspektor für die Sonderaufgaben im Vierjahresplan« ernannt:

»... Aufgabe des Generalinspektors ist es, die im Zuge des Vierjahresplanes von den beauftragten Obersten Reichsbehörden und den eingesetzten Sonderbevollmächtigten verfügten Maßnahmen laufend auf ihre erfolgreiche Durchsetzung in der Wirtschaft zu überprüfen. Der Generalinspektor für den Vierjahresplan wird dabei von mir jeweils auf die wichtigsten Aufgaben angesetzt. Er wird sich durch einen Stab von Reise- und Kontrollingenieuren einen ständigen Überblick über die Auswirkung und Durchsetzung der getroffenen Maßnahmen verschaffen und im engsten Benehmen mit den zuständigen Dienststellen arbeiten. Zu seiner Aufgabe bedient er sich in der Hauptsache der Dienststellen des Hauptamtes für Technik und der in den technisch-wirtschaftlichen Vereinen des Nationalsozialistischen Bundes Deutscher Technik verfügbaren Fachkräfte. Die Reise- und Kontrollingenieure weisen sich durch persönlichen Ausweis des Generalinspektors aus. Ihnen sind alle notwendigen Auskünfte zur Verfügung zu stellen. Die Dienststellen des Staates, der Partei und der Wehrmacht sowie die Betriebe der Wirtschaft sind gehalten, die Tätigkeit des Generalinspektors in jeder Weise zu unterstützen.« [46]

Mit diesen Vollmachten oblag Todt die Effizienzkontrolle großer Teile der Wirtschaft. Da sie von den Ingenieuren des NSBDT ausgeübt wurde, waren zum erstenmal technische Sachargumente bei der Produktion vorrangiger als ökonomische.

Wollte Todt jedoch mehr als die Kontrolle über die Durchführbarkeit und Durchführung der Weisungen der Reichsministerien und der Wehrmachtdienststellen anstreben, mußte er sich bereits in den Entscheidungsprozeß, der zu diesen Weisungen führte, einschalten. Todt gelang es in zahlreichen Vorträgen bei Hitler, die Planungen des Wehrwirtschafts- und Rüstungsamtes im OKW oder des Reichswirtschaftsministeriums mit ingenieurtechnischen Argumenten zu widerlegen. [47] So stellte Todt zum Beispiel mit Hilfe der Gebietsbeauftragten des GB-Bau und der ihm als Leiter des NSBDT untergeordneten »Gauwalter für Technik« sehr bald fest, daß wegen der kriegsbedingten Stillegung ziviler Produktionen viel mehr Fabrikraum frei geworden war, als von seiten des OKW gefordert wurde. Auf Todts Hinweis hin stoppte Göring einen Teil der Rüstungsbauten und befahl umfangreiche Betriebsumlegungen, d. h. die Inanspruchnahme zivilen Fabrikraums für Rüstungszwecke. [48] Erhebungen der Gebietsbeauftragten im Auftrag Todts über die in den Betrieben vorhandenen Werkzeugmaschinen, Facharbeiter und Werkräume ergaben, daß viele zivile Betriebe ohne weiteres für Rüstungszwecke umgerüstet und daß in vielen Rüstungsbetrieben durch einen Mehrschichtenbetrieb die vorhandenen Maschinen besser ausgenutzt werden konnten. Todt schrieb:

»Selbst Maschinen, die normalerweise nur Schrottwert besitzen, sind für diesen Sonderzweck entsprechend herzurichten. Der totale Krieg verlangt die Ausnützung aller vorhandenen Produktionsmittel bis zum Äußersten und die Anspannung aller verfügbaren Kräfte.«

Alle anderen Betriebe sollten überprüft werden, ob sie Maschinen arbeiten ließen, die nicht voll ausgelastet waren. Auch Eisenbahnausbesserungs- und Autoreparaturwerkstätten, Brauereien und andere industrielle Betriebe mit eigenen Reparaturwerkstätten sollten kontrolliert werden. [49] Todt befahl den Gauwaltern für Technik, verläßliche und qualifizierte Ingenieure oder Werkmeister zu benennen, die als »Sparingenieure« die rationelle Ausnutzung der Betriebe überwachen sollten. Wo kein ziviler Fabrikraum zur Verfügung stände, sollten an Stelle von kostspieligen Festbauten Baracken aufgestellt werden. Dies ginge schneller und sei materialsparender.

Nachdem Todt im März 1940 Reichsminister für Bewaffnung und Munition geworden war, sank die Bedeutung seiner Funktion als »Generalinspektor für Sonderaufgaben im Vierjahresplan«, die er einen Monat vorher übernommen hatte, da ihm der wichtigste Teil der Rüstungsfertigung nunmehr unmittelbar unterstand. Er mußte nun einen Interessenausgleich herstellen zwischen dem, was er in dieser Funktion als vorrangig ansah, und dem, was er als Generalbevollmächtigter für die Regelung der Bauwirtschaft für nötig hielt. Wären diese Ämter in der Hand verschiedener Männer gewesen, hätte es voraussichtlich erhebliche Konflikte gegeben. Todt schloß dagegen mit sich selbst Kompromisse:

Der Reichsminister für Bewaffnung und Munition benötigte Arbeiter für die Rüstungsindustrie und fand sie in der Bauwirtschaft. So befahl

er im Dezember 1941, alle in der Bauwirtschaft eingesetzten Kriegsgefangenen zu überprüfen, ob sie als Facharbeiter für die Rüstungsindustrie oder für den Bergbau geeignet wären. Um Störungen im Baubetrieb zu vermeiden, setzte der GB-Bau durch, daß jedoch höchstens
20% aller auf einer Baustelle eingesetzten Kriegsgefangenen abgezogen werden durften. [50]

Auf der anderen Seite war der Reichsminister für Bewaffnung und
Munition daran interessiert, daß die nötigen Rüstungsbauten keine
Verzögerungen erlitten. Er mußte den Chef der Organisation Todt –
auch das war er selbst – bremsen, als dieser für den Rußlandfeldzug
Bauarbeiter brauchte, die er in der Rüstungsindustrie zu finden
glaubte. Beide schlossen folgenden Kompromiß: Bei einer Verpflichtung von deutschen Bauarbeitern für den Osteinsatz der Organisation
Todt sollte sichergestellt sein, daß von den Rüstungs- und Energiebauten erst dann Kräfte abgezogen würden, wenn alle tauglichen Arbeitskräfte aus Bauvorhaben, die nicht direkt oder indirekt der Rüstung
dienten, in den Osten verlegt seien. Die Gestellung der Frontarbeiter
für die OT hatte zwar Vorrang vor allen übrigen Verpflichtungsaktionen für den Osten, z. B. auch der Verpflichtung zum Eisenbahneinsatz
für den Baustab Speer, zur Baugruppe Giesler oder zur Reichsautobahn, aber die Wirkungsbereiche des Reichsministers für Bewaffnung
und Munition sollten – nach Todts Meinung – nicht tangiert werden.
[51]

Sowohl als Reichsminister für Bewaffnung und Munition wie als GB-
Bau war Todt mit dauernden Preissteigerungen konfrontiert. Die
Rüstungsindustrie nützte wie die Bauindustrie die Arbeitskräfte- und
Rohstoffknappheit zu erheblichen Preisaufschlägen. Todt hätte diese
Frage als außerhalb seiner Zuständigkeiten stehend beiseite schieben
können, im Vertrauen darauf, daß nach dem gewonnenen Krieg alles
bezahlt werden würde. In seiner Verantwortung gegenüber dem Ganzen unternahm er jedoch im Dezember 1941 einen weiteren Versuch,
die Preiskontrollen effektiver zu gestalten. Er schlug vor, die Durchführung der Preiskontrolle vom Reichskommissar für die Preisbildung
in Berlin auf die Gauwirtschaftsberater der 42 Gaue der NSDAP zu
verlagern. In den Gauwirtschaftsämtern könne die Überwachung der
Preisbildung – »so wie sie vom Konsumenten empfunden wird« – viel
volksverbundener und erzieherischer durchgeführt werden als durch
die zentrale Dienststelle des Preiskommissars. In Berlin werde die
Preiskontrolle als rein bürokratische Angelegenheit gehandhabt.

Mit diesen Vorschlägen versuchte Todt das System der Wirtschaftskontrolle auf den Preissektor auszudehnen, in der Hoffnung, damit erfolgreicher gegen die Rüstungs- und Baufirmen vorgehen zu können als mit den Mitteln der technischen Rüstungskontrolle. [52] Da der Reichsminister des Innern ebenso wie der Reichswirtschaftsminister einen solchen Vorschlag als Einbruch in ihre Domäne ansehen mußten, hatte der Plan, so gut er gemeint war, keine reelle Chance.

## Belegstellen

1  Vgl. Erlaß Görings Az. St.M.Der. 8746 vom 9. 12. 1938, IfZ NG 1276

2  ebenda; vgl. auch Haushaltsforderung 1941, Bundesarchiv R 2/28093

3  Schreiben Siebert an Todt vom 20. 12. 1938, BayHStA München MA 107578/27

4  Vgl. BayHStA München MA 107578/27; Münchener Neueste Nachrichten vom 17. 12. 1938

5  Vgl. Geschäftsverteilungsplan vom 15. 12. 1940, Bundesarchiv R 3/1453

6  Vgl. Schnellbrief des Generalinspektors für das deutsche Straßenwesen vom 21. 12. 1938, IfZ, Akten der Parteikanzlei 13201280 ff.

7  Vgl. Die Organisation, die Aufgaben und die Personalbesetzung der Behörde des Generalbevollmächtigten für die Regelung der Bauwirtschaft, Haushaltsforderung 1941, Bundesarchiv R 2/28093

8  Rundschau Deutscher Technik 11/1939

9  Vgl. Rundschau Deutscher Technik 24/1939

10 Vgl. Fritz Todt: Die deutsche Rationalisierung, in: Der Deutsche Baumeister 6/1939, S. 9

11 ebenda

12 Rundschau Deutscher Technik 32/1939

13 Vgl. GB-Bau vom 15. 2. 1939, Bundesarchiv R 3/1447, Bl. 5

14 GB-Bau vom 10. 2. 1939, Bundesarchiv R 3/1447, Bl. 1

15 Die Straße, 2. Märzheft 1939

16 Vgl. 4. Anordnung des GB-Bau vom 28. 3. 1939, Bundesarchiv R 3/1447, Bl. 5

17 Rundschau Deutscher Technik 28/1939

18 Vgl. Schreiben Todt an Staatssekretär Körner beim Beauftragten für den Vierjahresplan vom 3. 5. 1939, Bundesarchiv NS 26/1187

19 Vgl. Schreiben Todt an Botschafter von Ritter vom 3. 3. 1939, Bundesarchiv NS 26/1187

20 Vgl. Rundschreiben des Generalinspektors für das deutsche Straßenwesen vom 26. 5. 1939, Bundesarchiv NS 26/1187

21 Vgl. 6. Anordnung des GB-Bau vom 4. 8. 1939, Bundesarchiv R 3/1452

22 Vgl. Merkblatt Nr. 2 vom 21. 4. 1939, Bundesarchiv R 3/1588

23 Erlaß Todts vom 19. 12. 1939, Bundesarchiv NS 26/1191

24 Vgl. Bundesarchiv R 3/1452

25 Vgl. Haushaltsforderung 1941, Bundesarchiv R 2/28093

26 Vgl. Rundschreiben Bormann an die Gauleiter vom 5. 4. 1941, IfZ, Akten der Parteikanzlei 10700259

27 Schreiben Todt an Himmler vom 1. 8. 1941, Bundesarchiv NS 26/1188

28 Rundschreiben 103/41 vom 23. 8. 1941, Bundesarchiv NS 10/14

29 Schreiben Todt an Himmler vom 22. 10. 1941, Bundesarchiv NS 26/1188
30 Vgl. Bundesarchiv R 3/1452
31 Vgl. 10. Anordnung des GB-Bau vom 20. 2. 1940, Bundesarchiv R 3/1452
32 Vgl. 17. Anordnung des GB-Bau vom 11. 9. 1940, Bundesarchiv R 3/1452
33 Richtlinien vom 20. 6. 1941, Bundesarchiv R 3/549
34 Vgl. Bundesarchiv R 3/549
35 Vgl. GB-Bau vom 22. 8. 1941, Bundesarchiv R 3/1445, Bl. 30
36 Vgl. 1. Ausführungsbestimmung zur 18. Anordnung vom 26. 11. 1940, Bundesarchiv R 3/1452
37 Vgl. GB-Bau vom 26. 7. 1941, Bundesarchiv R 3/1445, Bl. 19
38 Vgl. Bundesarchiv R 3/1452
39 Vgl. GB-Bau vom 17. 6. 1941, Bundesarchiv R 3/1445, Bl. 16
40 G. I. Nr. 3952/40 M vom 17. 9. 1940, geheime Reichssache, Bundesarchiv NS 26/1191
41 Niederschrift vom 27. 6. 1941, Bundesarchiv R 3/3278
42 Vgl. Niederschrift der Dienstbesprechung, Bundesarchiv R 3/3278
43 Anordnung Nr. 22 vom 8. 12. 1941, Bundesarchiv R 3/1445, Bl. 75 ff.
44 Vgl. Nachlaß Wolters, Bundesarchiv NL 318/2, S. 25 f.
45 Vgl. NSDAP Anordnung 14/43 vom 2. 4. 1943, Bundesarchiv R 3/1454
46 Deutsche Technik, März 1940, S. 99
47 Vgl. Georg Thomas: Geschichte der deutschen Wehr- und Rüstungswirtschaft (1918–1943/45), hrsg. von Wolfgang Birkenfeld, Boppard 1966, S. 199
48 Vgl. Aktennotiz Erich Tgahrt, Hoechst AG, vom 5. 4. 1940, in: Anatomie des Krieges. Neue Dokumente über die Rolle des deutschen Monopolkapitalismus bei der Vorbereitung und Durchführung des Zweiten Weltkrieges, hrsg. von Dietrich Eichholtz und Wolfgang Schumann, Berlin (Ost) 1969, S. 250
49 Bericht über die Besprechung auf dem Gauamt für Technik in Frankfurt am 20. 2. 1940, Bundesarchiv, Sammlung Schumacher 280
50 Vgl. Der Generalinspektor für das deutsche Straßenwesen vom 3. 12. 1941, Bundesarchiv R 3/428, Bl. 38 f.
51 Vgl. GB-Bau vom 16. 1. 1942, Bundesarchiv R 3/428, Bl. 139 f.
52 Vgl. Schreiben Todt an Bormann vom 10. 12. 1941, IfZ, Akten der Parteikanzlei 10323133 f.

# 6
# Chef der
# Organisation Todt

## Namensgebung

An der Namensgebung der »Organisation Todt« war Todt selbst nicht beteiligt. Es gibt auch keine Gründungsurkunde, keinen Erlaß und kein Gesetz, das am Beginn dieser Organisation stünde. Den Ausdruck »Organisation Todt« prägte Hitler persönlich. Am 18. 7. 1938 nannte er die Männer beim Westwallbau erstmals zusammenfassend »Organisation Todt«, als er gegenüber dem General der Pioniere Förster seine Freude darüber äußerte, »daß die ganze Sache überhaupt so in Gang gekommen sei«. Das Heer hätte dazu sicherlich zehn Jahre gebraucht. Der Westwall sei jedoch sofort »als Rückversicherung nach dem Westen« nötig gewesen. [1]

Auf dem Reichsparteitag in Nürnberg 1938 gebrauchte Hitler den Namen »Organisation Todt« erstmals in der Öffentlichkeit. Am 12. 9. 1938 führte er aus, daß die OT 278 000 Arbeiter umfasse, die zusammen mit 100 000 Mann Reichsarbeitsdienst und zahlreichen Pionierbataillonen und Infanteriedivisionen am Westwall eingesetzt seien. [2]

Über die Reaktion Todts auf die Bezeichnung seiner Mitarbeiter als »Organisation Todt« gibt es unterschiedliche Aussagen. Die einen meinen, Todt sei über die Formulierung nicht glücklich gewesen. Ihn hätte gestört, daß sie von den Militärs in abschätziger Weise gebraucht worden war, um den »Haufen Todt« zu charakterisieren. Er habe den Namen aber auch deshalb nicht gemocht, weil er neben der »Hitlerjugend« die einzige Bezeichnung für einen Verband war, der den Namen einer Person enthielt. Jeglicher Kult mit seiner Person war ihm so fremd wie nur etwas. [3]

Andere wiederum sagen, Todt sei mit der Benennung einverstanden gewesen, weil er in den Begriff »Organisation Todt« seine Deutung von »Organisation« einfließen lassen konnte:

»Eine Organisation hat die Aufgabe, den einzelnen auf ein gemeinsames Ziel auszurichten, die Gesamtheit zu ordnen, aus einem Haufen in Unordnung ein geordnetes Ganzes zu machen, so daß durch diese Ordnung sowohl das Ganze wie jeder einzelne leistungsfähiger und erfolgreicher wird.« [4]

Der Name »Organisation Todt« blieb bis zum Ende des Krieges. Auch Todts Nachfolger Albert Speer behielt ihn bei. Nach seiner Amtsübernahme richtete er einen Aufruf an die Angehörigen der OT, in dem er nicht nur die Weiterführung der Bezeichnung »OT« zusagte, sondern auch seine eigene Bauorganisation, den »Baustab Speer«, in die OT eingliederte. Er sagte:

»Frontarbeiter! Es ist mein Ziel, das hohe Erbe, das ich angetreten habe, im Geiste seines Schöpfers zu erhalten und zu mehren. Sein Andenken soll auch immer in dem Namen eurer Organisation erhalten bleiben. Um dem besonderen Ausdruck zu geben, habe ich angeordnet, daß meine eigene Organisation, der Baustab Speer, seine bisherige Bezeichnung aufgibt, um mit der Organisation Todt völlig verschmolzen zu werden.« [5]

## Kriegseinsätze

Während des Polenfeldzuges wurde die Organisation Todt erstmals im Ausland eingesetzt. Todt stellte sogenannte Brücken- und Straßenbautrupps auf und schickte Verwaltungskräfte aus den Bauverwaltungen der Reichsautobahnen, der Länder und Provinzen zusammen mit Baufirmen, die mit diesen zusammengearbeitet hatten, nach Polen. Das polnische Straßennetz entsprach nicht den Anforderungen eines schnellen Verkehrs und wies infolge der Kriegseinwirkungen, z. B. durch Brückensprengungen, große Schäden auf. Die von den Heerespionieren provisorisch instand gesetzten Flußübergänge reichten für die militärischen Nachschubtransporte ebensowenig aus wie die engen und kurvenreichen Straßen. Aus der Bautätigkeit dieser Truppe ab September 1939 entwickelte sich später die deutsche Bauverwaltung im polnischen Gebiet mit der Abteilung Bauwesen beim Reichsstatthalter des Warthegaus in Posen und mit der Abteilung Bauwesen beim Generalgouverneur in Krakau. [6]

Im Unterschied zum Polenfeldzug und aufgrund der dort gemachten Erfahrungen wurde die OT im Frankreichfeldzug ab Mai 1940 unmittelbar hinter der Front eingesetzt. Sie hatte die Aufgabe, die Pioniertruppen des Heeres für operative Einsätze freizumachen und unmittelbar hinter der kämpfenden Truppe Straßen und Brücken wiederherzustellen und Transporthindernisse zu beseitigen. So wie der Reichsarbeitsdienst und die Technische Nothilfe erhielt auch die OT ihre Einsatzanweisungen direkt von den Armeen, entweder vom Armeepionierführer oder vom Oberquartiermeister.

Zum erstenmal arbeitete ein technisches Ingenieur- und Arbeiterkorps, das nicht dem Verband der Wehrmacht angehörte, im Kampfgebiet, z. T. unter Feindbeschuß. Die OT baute in Frankreich während des Feldzugs rund 300 Brücken. In den Ortschaften wurden Straßensperren beseitigt, das von der gegnerischen Truppe zurückgelassene Material weggeräumt, Spreng-, Granaten- und Bombentrichter eingeebnet, Straßenzerstörungen beseitigt und gegebenenfalls Umgehungsstraßen angelegt. Gesprengte Eisenbahntunnels wurden wiederhergestellt und Flugplätze instand gesetzt oder gebaut. Für Hitler und sein Gefolge und für den Oberbefehlshaber des Heeres und seinen Stab mußten die Hauptquartiere verbunkert werden. Auch die Zurückführung des Waffenstillstandsschauplatzes von Compiègne auf das Aussehen des Jahres 1918 lag in den Händen der OT. In Belgien und im Elsaß wurden Kanalräumungsarbeiten in einigen hundert Kilometern Länge durchgeführt.

Bei allen 15 in Frankreich eingesetzten »Einsatzeinheiten« wurde der Firmenzusammenhang gewährleistet. Alle Frontarbeiterkolonnen waren voll motorisiert.

Beim Beginn des Rußlandfeldzuges stellte die OT der Wehrmacht 20000 Mann zur Verfügung. Sie waren in Einheiten zu je 2000 Mann aufgeteilt und mit dem notwendigen Fuhrpark versehen. Die Aufgabe entsprach der im Frankreichfeldzug. Die Zuordnung zur Truppe wechselte je nach der militärischen Situation.

Im Herbst 1941 unterschied man

▷ eine OT-1 (eine den Heeresgruppen zugeteilte und unmittelbar mit der vormarschierenden Truppe in Verbindung stehende Gliederung zur Entlastung der kämpfenden Pioniereinheiten und zur Durchführung von Baumaßnahmen im Operationsgebiet),

▷ eine OT-2 (eine hinter der OT-1 vorrückende Bautruppe zur Instandsetzung von Straßen und Brücken, zur Anlage von Flugplätzen und zur sofortigen Nutzung der Wirtschaftsbetriebe in Unterstellung unter die Heeresgruppen),

▷ eine OT-Gruppe U (den Heeresgruppen zugeordnete OT-Einheiten zum Bau von Wehrmachtunterständen und Quartieren) und

▷ die OT-Linienchefs (Einheiten zur Unterhaltung der Nachschubstraßen).

Beim Stab jeder Heeresgruppe existierte ein OT-Verbindungsstab und bei jedem Oberkommando der sieben Armeen ein OT-Einsatz. Neben den militärischen Aufgaben im Rahmen der Heeresgruppen übernahm die OT Funktionen für den Beauftragten für den Vierjahresplan, Gruppe Ernährung, bei der Sicherung der Herbst- und Frühjahrsbestellung, bei der Erfassung aller landwirtschaftlichen Erzeugnisse und bei der Schaffung einwandfreier Verkehrsverbindungen für Wirtschaftstransporte. Dieser Auftrag führte 1941 die Bezeichnung »Erntesicherung Ukraine«. [7]

Der Zusammenbruch des Eisenbahntransportwesens im Winter 1941/42 führte zur Aufstellung eines Einsatzes, der, gegliedert in Eisenbahnbauzüge und ausgerüstet mit allem notwendigen Gerät, zur Instandhaltung der Eisenbahnanlagen eingesetzt wurde und mit dem Umspuren der Geleise auf das europäische Profil begann. Das Unternehmen lief unter der Tarnbezeichnung »Eisenbahneinsatz« oder »Sofortprogramm Ost-Bau«.

Das Personal der Einsatzgruppe Ost war zu diesem Zeitpunkt auf etwa eine halbe Million Arbeiter angestiegen. Mehr als drei Viertel von ihnen waren Russen. Kurzfristig umfaßte die OT in Rußland sogar 800 000 Mann. Die Bezahlung der Arbeiter mit 25 Rubel täglich wurde der OT von Keitel untersagt. Todt mußte in einem Erlaß festlegen, daß die Hand- und Spanndienste der Bevölkerung im Frontbereich ohne Entlohnung verlangt werden können: »Der Arbeiter erhält dafür ein bescheidenes Essen. Eine Auszahlung von Löhnung im Operationsgebiet kommt bis auf weiteres nicht in Frage.« In den rückwärtigen Gebieten durften nur die von der Wirtschaftsorganisation Görings festgelegten Sätze bezahlt werden. [8]

Der Mangel an Baugerät wurde durch eine arbeitsintensive Organisation der Baustellen weitgehend ausgeglichen. Die Heranziehung einheimischer Kräfte erleichterte die Anpassung an die russischen Bautechniken. Das galt im besonderen Maße für die Instandsetzung und Instandhaltung des Straßennetzes. Die 14 OT-Linienchefs, die für jeweils eine der großen Durchgangsstraßen von der Grenze des Generalgouvernements bis in den Armeebereich verantwortlich waren, bedienten sich der oft primitiven Arbeitsmethoden der ehemaligen russischen Straßenmeistereien mit mehr Erfolg, als sie anfangs vermuteten.

## Aufgaben in den besetzten Gebieten

Nach dem Westfeldzug waren alle drei Wehrmachtteile bestrebt, die erprobte Baukapazität der OT für ihre Zwecke zu nutzen. Der Militärbefehlshaber West wollte das Straßennetz wiederherstellen, das Kanalsystem instand setzen und die Nachrichtenverbindungen verbessern. Die Dienststellen der Marine baten Todt um Unterstützung bei der Räumung der Häfen, zur Herstellung von Verladebrücken, zur Einrichtung von Depots usw. Die Luftwaffe benötigte für die geplante Invasion in Großbritannien neue Flugplätze.

Für diese Aufträge genügte die Baukapazität der OT, die während des Westfeldzuges vom Westwall mitgebracht worden war, nicht mehr. Anfangs behalf man sich mit der Anwerbung ausländischer Arbeitskräfte. Bald schloß man Bauverträge mit belgischen, holländischen und französischen Baufirmen. Als bei der wachsenden Zahl von Aufträgen die Baustoffe knapp wurden, übernahm die OT die Kontrolle der Baustoffindustrie und die Verteilung der Baustoffe an die Bedarfsträger in den besetzten Westgebieten. Die französische und belgische Baumaschinenindustrie erfuhr eine besondere Förderung. Die Leitstelle der OT in Paris hielt die Verbindungen mit der Zentrale in Deutschland aufrecht und war die Kontaktstelle u. a. zu folgenden Ämtern: zu dem Militärbefehlshaber in Frankreich, dem Kommandierenden Admiral in Frankreich, dem Generalluftzeugmeister in Frankreich, dem Transportkommando in Paris und der Rüstungsinspektion in Paris. Der Einsatzstab der Gruppe West der OT lag in Lorient. Der Leiter der Einsatzgruppe bekam später die Funktion des Generalingenieurs beim Oberbefehlshaber West. Zu seinen Aufgaben gehörte es, die Bauwünsche von Heer, Marine, Luftwaffe, Rüstung und zivilen Stellen in den besetzten Westgebieten der vorhandenen Baukapazität anzugleichen und ein Bauprogramm aufzustellen. Militärische Funktionen hatte er nicht. Sein Ansprechpartner war der Chef des Stabes beim OB West, jahrelang der spätere Generalstabschef des Heeres, General Zeitzler.

Zur Befriedigung der Wünsche der Bedarfsträger wurden in den besetzten Westgebieten drei Einsätze der OT gegründet:

▷ Einsatz Westküste (Atlantik) mit den unterstellten Oberbauleitungen in Brest, Lorient, La Rochelle, Bordeaux, Quimperlé;

▷ Einsatz Kanalküste mit der unterstellten Oberbauleitung Audinghem für Fernkampfbatterien;

▷ Einsatz Luftwaffe mit den unterstellten Oberbauleitungen Lille und St. Omer.

Im Auftrag der Wehrmachtteile führte die OT im Westen eine Reihe von Großbauten durch. Ab August 1940 stand der Bau der schweren Batteriestände auf Kap Gris Nez im Vordergrund. Im November 1940 wurde der Bau von U-Boot-Stützpunkten an der Kanalküste befohlen. 1941 waren die umfangreichen Erweiterungsmaßnahmen im Bauxitgebiet von Brignoles nördlich von Toulons zu bewerkstelligen.

Die Bautätigkeit der OT im Westen wurde mehrmals durch den Abzug von Arbeitskontingenten erheblich beeinträchtigt. Im Herbst 1940 wurden zum Bau der drei Führerhauptquartiere für den Rußlandfeldzug Baueinheiten mit ihrem gesamten Maschinenpark abgezogen. Zur Durchführung des Rußlandfeldzuges waren im Frühjahr 1941 20000 OT-Arbeiter in mobilen Firmeneinheiten mit 2000 Fahrzeugen abzugeben. Zu den Fahrzeugen dieser Firmen gehörten Spezialfahrzeuge wie Kipper, Langholz- und Tiefladetransporter, die nicht ersetzt werden konnten.

Im Dezember 1941 befahl Hitler, die gesamte Westküste zu befestigen. Todt und der General der Pioniere und Festungen Jacob beschlossen am 20. 1. 1942, die OT dafür einzusetzen. Der Bau des Atlantikwalls begann.

Unmittelbar nach der Besetzung Dänemarks und Norwegens wurde für diese Gebiete die OT-Einsatzgruppe »Wiking« aufgestellt. Sie wuchs bis 1944 auf etwa 100000 Mann. Zu den wichtigsten Bauaufträgen gehörten die U-Boot-Stützpunkte Drontheim und Bergen, der Eisenbahnbau von Drontheim nach Narvik, der Ausbau der Reichsstraße 50 von Oslo über Drontheim und Narvik nach Kirkenes und die Bauten für den Atlantikwall an der norwegisch-dänischen Küste. Wegen der schwierigen Bodenverhältnisse waren die Hafenbauten in Drontheim außerordentlich kompliziert; sie erforderten einen Baugrubenaushub von rund 270000 cbm, den Einbau von 420000 cbm Stahlbeton, 12000 Tonnen Spundbohlen, 20000 Tonnen Rundeisen und 7000 Tonnen Melankonstruktion.

Zu den kriegswichtigen Industriebauten, die die OT in Norwegen erstellte, gehörten Wasserkraftwerke, Produktionsbetriebe für schweres Wasser, Anlagen zur Schwefelkieserzeugung, Aufbereitungsanlagen für phosphatarmes Eisen usw. Zur Heranführung des schwedischen Eisenerzes sollte nach dem Willen Hitlers zur Ergänzung der gefährdeten Seeverbindung von Narvik auch eine Landverbindung

geschaffen werden. Dieses vom Reichskommissar für Norwegen pro-
tegierte Bauvorhaben war wegen der klimatischen Bedingungen und
der Bodenstruktur in der von Terboven genannten Zeit von zwei
Jahren undurchführbar: Für die 1000 km lange Eisenbahnstrecke
wären Tunnels in einer Länge von insgesamt 60 km erforderlich gewesen. Die mittlere Höhe der Bahn sollte an der Baumgrenze liegen. Erst
im Frühjahr 1943 konnte Speer Hitler von dem Vorhaben abbringen.
Zu diesem Zeitpunkt war bereits ein Drittel der Strecke im Bau.

Nach Finnland wurde die OT im Herbst 1941 geschickt, um dort für
den Nachschub der Lappland-Armee innerhalb von sechs Monaten
eine Bahnlinie von 1 m Spurbreite von Rovanjemi nach Linahamari
parallel zur Eismeerstraße zu bauen. Genaue Studien vor Ort erwiesen
jedoch, daß der Bau unverhältnismäßig kompliziert war. Das Projekt
wurde aufgegeben. Statt dessen baute die OT die Eismeerstraße aus.
Alle 50 bis 100 km wurden zur Unterbringung von Soldaten Stützpunkte mit Reparaturwerkstätten, Lazarettstuben, Proviantausgabe-
stellen und Nachrichtenbüros eingerichtet. Von der Eismeerstraße zu
den Armeebereichen der Murmanskfront entstanden Stichstraßen.

Die OT-Einsatzgruppe Süd-Ost hatte ihren Sitz in Belgrad und
umfaßte die Gebiete der Slowakei, Ungarns, Jugoslawiens, Alba-
niens, Griechenlands, Bulgariens und Rumäniens. Sie beschäftigte im
Schnitt 60 000 Arbeiter, von denen nur 3000 Deutsche waren. Unmittelbar nach der Eroberung des Balkans durch deutsche Truppen
mußten zahlreiche gesprengte Brücken in Jugoslawien und Griechen-
land neu erbaut bzw. wiederhergestellt werden. Im Straßenbau waren
durchgehend rund 10 000 Arbeitskräfte im Einsatz. Sie kamen überwiegend aus der Region.

Die Skala der Projekte umfaßte alle Arten von Wegebau in fast allen
Gegenden des Balkans, solange die Partisanentätigkeit es zuließ. In
vielen Fällen waren Sicherungskräfte erforderlich. Meistens waren es
einheimische Schutzmannschaften. Die Strecke von der Grenze über
Marburg (Maribor) nach Agram erhielt einen Asphaltbezug. Der
Abschnitt Belgrad-Nisch-Skopje-Saloniki wurde verbreitert, verbes-
sert, begradigt, mit Tunnels und Brücken versehen, gegen Steinlawi-
nen und Überschwemmungen gesichert und wetterfest gemacht. Der
rasche Ausbau der Strecke Skopje-Scutari (Shkoder) und der Küsten-
straße von Metkovic über Cetinje und Skutari nach Durazzo (Durrës)
diente der militärischen Sicherung der Adriaküste. Um zwölf Züge
täglich statt wie bisher vier in jede Richtung fahren lassen zu können,
wurde die Bahnstrecke Belgrad-Nish-Skopje-Saloniki ausgebaut, die
Linie Belgrad-Nish sogar zweigleisig zur Beschleunigung des Verkehrs

nach Bulgarien. Neben vielen Brücken, Stationsanlagen, Wasserstationen, Reparaturwerkstätten entstanden drei Güterzug-Bahnhöfe, nämlich Semlin, Belgrad-neu und Belgrad-Topcider. Auf der Strecke Belgrad-Sofia wurde die bisherige Spitzkehre bei Nisch beseitigt.

Größere Priorität als das Verkehrsnetz hatten die rüstungswirtschaftlichen Interessen des Reiches, insbesondere die Ausbeutung der Rohstoffe auf dem Balkan. Zur Sicherung der Kupfererzeugung wurde 1941 in Bor südlich von Belgrad ein neuer Tagebau mit 25 Großbaggern erschlosssen, der später zur zweitgrößten europäischen Kupfermine wurde. Zum Abtransport wurde eine 75 km lange Stichstrecke zur Bahnlinie nach Kostolac gebaut, wo ein neuer Donauhafen und eine Aufbereitungsanlage für Elektrolytkupfer mit einem eigenen Dampfkraftwerk entstand. Die Straßen zum Kupferabbaugebiet wurden in einer Länge von 150 km neu erstellt.

Der Einsatz der OT in Bulgarien, Rumänien und Kroatien wurde durch Staatsverträge ermöglicht. Die Bezahlung der OT-Arbeitsleistungen übernahmen die nationalen Regierungen. In einzelnen Fällen gab das Reich Kredite. Gelegentlich pachteten deutsche Industriefirmen Betriebe in den drei Ländern und finanzierten den Abbau der Rohstoffe. So wurde z. B. der Manganbergbau in Jakobeni in Rumänien und Pernik-Ropeda in Bulgarien von der Ferro-Mangan-Gemeinschaft in Essen im Auftrag des Reichsministers für Rüstung und Kriegssproduktion übernommen, nachdem das deutsche Firmenkonsortium die Erzgruben gepachtet hatte. [9]

Wegen der Überlastung durch andere Ämter überließ Todt die Führung der Bauorganisation, die seinen Namen trug, dem Ministerialrat Xaver Dorsch, der bisher im wesentlichen die Frontführung der OT gestaltet hatte. Es gehörte zu den Führungsprinzipien Todts, so viele Arbeiten wie möglich zu delegieren. Dorsch übernahm diese Auffassung und gab den Einsatzgruppenleitern aller besetzten Gebiete den Spielraum, der für eine effektive Arbeit vor Ort erforderlich war. Ihre Kompetenzen reichten von der Planung der Bauwerke über das Vertragswesen, die Arbeitskräftebeschaffung und den Arbeitseinsatz bis zur finanziellen Abwicklung der Projekte mit den Heeresintendanten oder den ausländischen Regierungen. Sie waren Könige in ihrem Bereich.

## Belegstellen

1 Heeresadjutant bei Hitler 1938–1943. Aufzeichnungen des Majors Engel, hrsg. von Hildegard von Kotze, Stuttgart 1974, S. 27

2 Vgl. Max Domarus: Hitler. Reden und Proklamationen 1932–1945, Band 1. Triumph, 2. Halbband (1935–1938), Wiesbaden 1973, S. 904

3 Aussage von Ministerialrat Carl-M. Schnell gegenüber dem Autor am 20. 9. 1984

4 Deutsche Technik, Oktober 1936, S. 478

5 Nachlaß Wolters, Bundesarchiv NL 318/2, S. 14 f.

6 Vgl. Rudolf Dittrich: Vom Werden, Wesen und Wirken der Organisation Todt, Maschinenmanuskript, Bundesarchiv, Kleine Erwerbungen Nr. 529-1, S. 22

7 Vgl. Rudolf Dittrich: a. a. O., S. 32 ff.

8 Vgl. Einsatzbefehl für OT Ost Nr. M 5185/41 vom 28. 7. 1941, IfZ MA 251, Bl. 352 f.

9 Vgl. Franz W. Seidler: L'Organisation Todt, in: Revue d'histoire de la deuxième guerre mondiale et des conflits contemporains 134 (1984), S. 33 ff. Eine eingehende Würdigung der OT wird in diesem Buch unterlassen, weil die Bedeutung dieser Einheiten erst unter Speer ihren Höhepunkt erreichte. Der Autor plant eine besondere Publikation, in der über die OT ausführlich berichtet wird.

# 7
# Reichsminister für Bewaffnung und Munition

## Die Ernennung

Bereits vor Weihnachten 1939 hatte Hitler in Erinnerung an die Munitionskrise des Polenfeldzugs die Idee, die Munitionserzeugung zu zentralisieren. Er dachte an einen Munitionsminister, der unmittelbares Vortragsrecht bei ihm hätte und der die Wünsche der Wehrmachtteile mit den Möglichkeiten der Industrie in Übereinstimmung bringen sollte. Keitel schlug vor, die gesamte Munitionsfertigung in seine Hand zu legen. Hitler lehnte ab. Anfang März 1940 hörte sich Hitler in Anwesenheit Todts die Klagen der Rüstungsindustrie an. Die Firmenvertreter verwiesen auf mangelnde Arbeitskräfte, fehlende Maschinen und ausbleibende Rohstoffe. Sie übten außerdem Kritik an den Waffenämtern der Wehrmacht wegen ihrer pedantischen Schwerfälligkeit. Die Wehrmachtteile hinwieder beklagten sich über das ungenügende Leistungsvermögen der Industrie.

In dieser Situation meinte Hitler offenbar, daß Todt der geeignete Mann sei, die Machenschaften der Militärs zu durchschauen und die Rüstungsindustrie zu Höchstleistungen zu bewegen. »Bei der Ernennung von Todt ging Hitler von dem Gedanken aus, daß ein Antreiber der Industrie nötig sei. Ein Kaufmann und Parteimann habe ganz andere Möglichkeiten als ein Offizier. Diesem könne er nicht Schliche zumuten, wie erstere sie gebrauchen.« [1] Die Rüstungskonzerne selber forderten einen starken Mann, »der die Dinge mit Sachverständnis diktatorisch regelt«. [2]

Am 7. 3. 1940 wurde Todt »Reichsminister für Bewaffnung und Munition«. Die Ernennung wurde im Reichsgesetzblatt bekanntgegeben. Sein Auftrag lautete »alle in der Waffenherstellung und Munitionserzeugung im Großdeutschen Reich sowie im Generalgouvernement für die besetzten polnischen Gebiete tätigen Stellen zu höchster Leistung zusammenzufassen«. [3]

Alle mit der Waffen- und Munitionserzeugung befaßten Stellen der Wehrmacht, der Verwaltung und der Wirtschaft waren diesbezüglich an seine Weisungen gebunden. Sie mußten ihm für seine Entscheidungen »alle notwendigen Angaben zur Verfügung stellen«. [4] Bei der Ausarbeitung der Durchführungsverordnung zum »Erlaß des Führers und Reichskanzlers über die Bestellung eines Reichsministers für Bewaffnung und Munition« kam es zu erheblichen Meinungsverschiedenheiten unter den betroffenen Reichsbehörden. Zwischen der Fassung, die von General Thomas, dem Chef des Wehrwirtschafts- und Rüstungsamtes im OKW, in Zusammenarbeit mit Ministerialrat Dicker von der Reichskanzlei ausgearbeitet worden war, und dem Entwurf von Dr. Todt gab es erhebliche Unterschiede. Sie betrafen insbesondere die Befugnisse am Rande des Kompetenzbereichs des OKW und des neuen Reichsministers. Das OKW wünschte den neuen Reichsminister mehr oder weniger zum Erfüllungsgehilfen zu machen. Seine Kompetenzen sollten sich auf die Durchführung der OKW-Forderungen beschränken.

Am 19. 3. 1940 fand im Kabinettssitzungssaal der Reichskanzlei eine Chefbesprechung über die Vorlagen statt. Hitler wurden zwei Entwürfe zur Unterzeichnung vorgelegt, zwischen denen er wählen sollte. Er entschied sich für den Todt begünstigenden und gestand ihm alle Rechte in der Waffen- und Munitionsfertigung zu, die die Kommandogewalt des Obersten Befehlshabers der Wehrmacht nicht beeinträchtigten. Alle diesbezüglichen Maßnahmen behielt er sich selbst vor. [5]

Mit der Ernennung zum Reichsminister für Bewaffnung und Munition hätte Todt nach dem Beamtengesetz (§ 160 DBG) rechtswirksam aus seinem Amt als Generalinspektor für das deutsche Straßenwesen ausscheiden müssen, weil er als Minister kein Nebenamt ausüben durfte. In die Urkunde über die Ernennung zum Reichsminister mußte deshalb eine besondere Klausel aufgenommen werden, die ihm die Weiterführung der Geschäfte des Generalinspektors für das Straßenwesen gestattete. [6] Ursprünglich hatte Hitler vor, Todt bei der Ernennung zum Reichsminister für Bewaffnung und Munition von diesen Aufgaben zu entbinden. Albert Speer sollte sie übernehmen, der damals nur »Generalbauinspektor für die Neugestaltung der Reichshauptstadt« war. Speer, der wußte, wie sehr Todt gerade an diesem Teil seiner Aufgabe hing, soll Hitler von diesem Gedanken abgebracht haben. [7]

Über die Gründe, die Hitler zur Ernennung Todts veranlaßt haben, kann man nur rätseln. Mit Sicherheit wußte er, daß Todt die Rüstungswirtschaft mit derselben Energie mobilisieren würde wie seinerzeit die Bauwirtschaft für die Erstellung des Westwalls. Hitler war bekannt, daß Todt als große Führerpersönlichkeit und in seiner Eigenschaft als Leiter des Hauptamtes für Technik die in den technischen Berufen Arbeitenden zu Höchstleistungen zu motivieren verstand. Todt hatte die deutschen Ingenieure und Techniker aus ihrer politischen Abseitsstellung herausgeführt und ihnen klargemacht, wie wichtig ihre Arbeit für das neue Deutschland sei. Als Generalinspektor für die Sonderaufgaben im Vierjahresplan hatte sich Todt bei der Wahrnehmung seiner Aufgaben bereits innerhalb eines Monats intensiv in die Produktionsschwierigkeiten auf dem Munitionssektor eingeschaltet, als er die Gebietsbeauftragten und die Gauämter für Technik anwies, die Überführung von Konsumgüterbetrieben in die Rüstungsindustrie vorzubereiten.

In der Presse wurde nach der Ernennung Todts zum Minister gewürdigt, daß Hitler einen Mann berufen habe,

»der bei dem von ihm bisher geschaffenen Werke gezeigt hat, daß sich in ihm nationalsozialistische Tatkraft und große Energie gepaart mit höchster Leistungsfähigkeit und einem ungewöhnlichen Organisationstalent vereinen. Konzentration der Kräfte und Leistungssteigerung, das sind die beiden wesentlichen Gesichtspunkte, unter denen die Berufung Dr. Todts zu werten ist.« [8]

Der »Völkische Beobachter« vom 21. 3. 1940 brachte eine längere Laudatio. Er würdigte Todt als den Erbauer der Reichsautobahnen und des Westwalls und fuhr fort:

»Die Organisation Todt und ihr Werk sind heute im Ausland zu einem gefürchteten Begriff geworden und im Inland zu einem Symbol kriegerischer Einsatzbereitschaft deutscher Stärke.«

Der Artikel endete:

»Dr. Todt gibt uns allen die lebendige Garantie, daß er auf seinem neuen Posten ebenso schöpferisch und entschlossen tätig sein wird wie bisher und daß durch seine Person jene Konzentration der Kraft herbeigeführt wird, die eine vollendete Leistungssteigerung im Kriege verlangt.«

Todt war auf der einen Seite über die neue Ehrung durch Hitler sehr erfreut, auf der anderen Seite war ihm jedoch unbehaglich zumute. Seinen Mitarbeitern und Freunden gestand er, daß der Auftrag, Waffen und Munition zu schmieden, seiner inneren Einstellung widerstrebe. Viel lieber hätte er den Auftrag übernommen, das deutsche Wasserwesen und die Energiewirtschaft nach den gleichen Grundsätzen wie das deutsche Straßenwesen auszubauen und zu lenken. [9] Seinen Angehörigen gegenüber sagte Todt, daß er diese Aufgabe nur ungern übernehme, weil sie zum einen nicht in sein Fach schlage und zum zweiten weil er von den militärischen Stellen als Ingenieur und »kleiner Weltkriegsoffizier nicht für voll genommen« würde. In der Tat erforderte der Posten des Waffen- und Munitionsministers schwerigste Verhandlungen mit den Stäben der Wehrmachtteile, denen sich Todt auf diesem Gebiet fachlich nicht gewachsen fühlte. [10] Die räumliche Unterbringung des neuen Ministeriums im Zentrum Berlins bereitete erhebliche Schwierigkeiten. Da bereits 1939 für den Generalinspektor für das deutsche Straßenwesen ein Neubau zwischen dem Pariser Platz, der Hermann-Göring-Straße und dem Spreeufer geplant war, der wegen des Kriegsbeginns verschoben wurde, griff Todt jetzt den Gedanken einer Zusammenfassung aller seiner Dienststellen in einem Gebäude neu auf. Bisher waren sie auf folgende Plätze verteilt: Pariser Platz 3, Pariser Platz 5 a, Pariser Platz 6 (Hintergebäude), Leipziger Str. 65, Hermann-Göring-Str. 25, Avushaus, Moltkestraße 5 und Berlin-Charlottenburg, Berliner Str. 4–9.

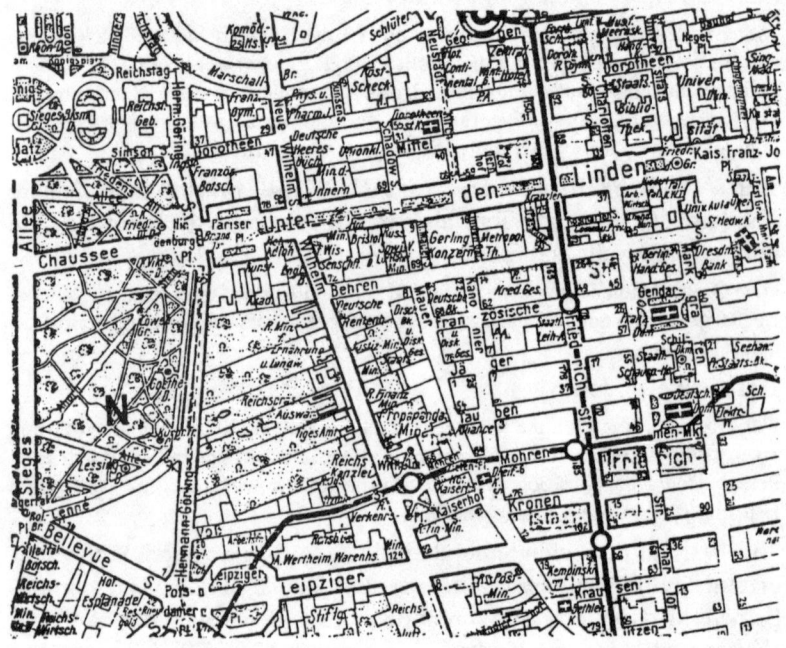

Deshalb forderte Todt vom Reichsminister der Finanzen Mittel für die sofortige Errichtung eines neuen Bürogebäudes. Die Zustimmung des Generalbauinspektors für die Neugestaltung der Reichshauptstadt lag vor. Dieser hatte das Gelände an der Ecke der Königin-Elisabeth-Straße und der Knobelsdorffstraße in Charlottenburg für ein Bürohaus mit 500 Zimmern vorgeschlagen. Ohne Grunderwerbskosten wurden die Kosten auf 12 Millionen RM veranschlagt. Todt hoffte, daß der Bau im Laufe des Jahres 1941 fertiggestellt werden könne. [11]
Auch der Personalbestand des neuen Ministeriums mußte neu geschaffen werden. Todt forderte vom Reichsfinanzminister Planstellen entsprechend der Eigenart der Aufgaben. Einerseits brauchte er nur einen kleinen Kreis von Beamten, andererseits aber im Verhältnis zu anderen Ressorts zahlreiche Angestellte – insbesondere viele außerta-

riflich zu bezahlende. Zur Durchsetzung seiner Forderungen gegenüber höheren Wehrmacht- und Verwaltungsstellen waren überwiegend Beamte des höheren Dienstes erforderlich. Die Stellen für
nichtbeamtete Kräfte benötigte er, weil er »zur Gewährleistung einer
möglichst engen Zusammenarbeit zwischen mir und den führenden
Männern der munition- und waffenerzeugenden Industrie« in erheb-
lichem Maße Männer der Industrie in seine Behörde aufnehmen
wollte. [12]

Trotz aller inneren Vorbehalte und äußeren Schwierigkeiten ging Todt
mit Ernst und Ehrlichkeit an seine neuen Aufgaben heran. In einem
seiner ersten Aufrufe gestand er die wachsende Rohstoffknappheit im
Reich ein. Er forderte in einem gemeinsamen Appell mit Göring die
Bevölkerung zu Sammelaktionen auf. Alle entbehrlichen Gegen-
stände aus Kupfer, Messing, Bronze, Blei und Nickel sollten gespen-
det werden. Todt wandte sich insbesondere an die Betriebe, die
Aktion »durch restlose Erfassung der in den Fabriken und Werkstät-
ten vorhandenen freien Metallmengen« zu unterstützen und dem
Führer damit ein Geburtstagsgeschenk zu bereiten. Todts Aufruf
endete mit den Sätzen:

»Ich erwarte von jedem deutschen Ingenieur, daß er in engster Zusammenarbeit
mit seinem Betriebsführer sich voll und ganz einsetzt ... Wir haben bisher dem
Führer mit Herz und Hand geholfen, ›neue‹ Stoffe zu schaffen, heute wollen wir
helfen, die entbehrlichen ›alten‹ ihm zu schenken.« [13]

Im Frühjahr 1940 war Aluminium der knappste Rohstoff. Der Produk-
tionsbeginn der neu errichteten Werke war nicht vor Juli zu erwarten.
Deshalb vereinbarten Göring und Todt unmittelbar nach der Besetzung Norwegens, in einem Handstreich 3000–4000 Tonnen Aluminium von der Westküste des Landes nach Deutschland zu transportieren, um die ärgsten Engpässe zu überbrücken. [14]

## Wehrmachtrüstung

Ließen sich die Fragen der Rohstoffbeschaffung noch überblicken, weil es letztlich nur auf die Maximierung der Reserven ankam, so geriet Todt bei der Rüstungsgüterbeschaffung in den Dschungel der Kompetenzen. Selbst auf Führerweisungen war kein Verlaß, weil sich Hitlers Meinung unter dem Einfluß seiner vielen Berater häufiger änderte, als der langfristigen Rüstungsplanung dienlich war.

Noch während des Frankreichfeldzugs befahl Hitler die Reduzierung des Heeres auf 120 Divisionen unter Verstärkung der schnellen Truppen und die Aufrüstung von Luftwaffe und Kriegsmarine für die weitere Kriegführung gegen Großbritannien. Der Führerentscheid vom 9. 7. 1940 setzte folgende Schwerpunkte: JU-88-Programm, U-Boot-Programm, Ausstattung der schnellen Truppen.

Die Marine nahm das bei Kriegsbeginn eingestellte Schiffsbauprogramm nach dem Z-Plan wieder auf und steigerte die Produktion von U-Booten. Das Luftwaffenbeschaffungsprogramm konzentrierte sich auf JU-88-Bomber, JU-87-Sturzkampfflugzeuge und ME-109-Jagdflugzeuge. Die Munitionserzeugung des Heeres sollte auf den Verbrauch eines Großkampfmonats nach den Erfahrungen des Frankreichfeldzugs gedrosselt werden. Die Ausstattung der schnellen Truppen des Heeres mit Panzerkampfwagen sollte bis Ende 1940 abgeschlossen sein. Für die Monatsfertigung von 380 Stück forderte das Heereswaffenamt den Bau neuer Fabrikationsanlagen. Mit der Kompetenz des GB-Bau lehnte Todt dies sofort ab, da er die verfügbaren Zivilanlagen für ausreichend hielt. Mit den vorhandenen Produktionsanlagen glaubte er, die Erzeugung von 1590 Panzerkampfwagen und 300 Sturmgeschützen von August 1940 bis Ende April 1941 in einer Monatsproduktion von 210 Stück durchführen zu können. Die Steigerungsraten werden deutlich, wenn man berücksichtigt, daß im Juli 1940 84 Panzerkampfwagen und 26 Sturmgeschütze gebaut wurden.

Diese Programme erforderten einen erhöhten Arbeitskräfteeinsatz, der mit 110 000 zusätzlichen Arbeitern in der Flugzeugindustrie, 50 000 Arbeitern beim Rüstungsbau und 380 000 Arbeitern bei der Herstellung schwerer Waffen für das Heer beziffert wurde. [15]

Die Ausstattung der Rüstungsbetriebe mit Produktionsmitteln reichte für dieses Riesenprogramm nicht aus. In der Werkzeugmaschinenin-

dustrie fehlten Facharbeiter. Zahlreiche Werkzeugmaschinenbetriebe, die für zivile Zwecke gearbeitet hatten, waren stillgelegt worden. Mit einem Maschinenaustausch zwischen den Firmen wurde versucht, die Lücken zu stopfen. Circa 4000 Werkzeugmaschinen wurden in Polen demontiert und ins Reich gebracht. [16]
Am 18. 7. 1940 wurden die Dringlichkeitsstufen der Rüstungsprogramme neu geordnet. Zur Kategorie I gehörten nun bei der Marine das U-Boot-Programm und der Fertigbau der großen Schiffe, bei der Luftwaffe das JU-88-Programm und beim Heer die Ausstattung der schnellen Truppen. Zur Dringlichkeitsstufe II gehörte das restliche Gerät.
In diese Situation platzte der neue Führerentscheid vom 28. 9. 1940: Hitler hatte den endgültigen Entschluß gefaßt, Rußland anzugreifen. Die Vergrößerung des Heeres auf 180 Divisionen wurde jetzt vordringlich, denn Hitler hatte als Termin den 1. 4. 1941 festgesetzt. Alle Einschränkungen der Heeresrüstung, besonders auf dem Munitionsgebiet, mußten aufgehoben werden. In der Luftwaffe hatte jetzt die Produktion von Flakgeschützen und Flakmunition Vorrang. Die Kriegsmarine forcierte den U-Boot-Bau. Während Marine und Luftwaffe wegen der Einsparungen auf anderen Sektoren mit den ihnen zugeteilten Materialkontingenten auskamen, forderte das Heer größere Anteile an Rohstoffen, Produktionsstätten und Arbeitskräften. Todt befürwortete eine neue Regelung der Dringlichkeitsstufen. Vor die Dringlichkeitsstufe I wurde die Sonderstufe S für Panzerkraftwagen und für die Panzerabwehrkanone 5 cm gestellt.
Die Erfüllung des neuen Programms forderte einen Mehrbedarf von 640 000 Arbeitern. Auf Todts Rat ordnete Hitler die Urlaubsaktion Rü 40 an, durch die für einige Monate 300 000 Arbeiter aus dem Heer der Rüstungswirtschaft zur Verfügung gestellt werden sollten. Die Rohstoff-Forderungen des Heeres in Höhe von 459 000 Tonnen Stahl pro Monat konnte Todt nur zu zwei Dritteln befriedigen. Eine neue Dringlichkeitsstufe SS sollte Abhilfe schaffen. Sie rangierte vor der Sonderstufe S und enthielt neben den Sonderprogrammen der Marine und der Luftwaffe das Panzerprogramm des Heeres mit den Panzerkraftwagen II, III, IV, 38 und Panzerbefehlswagen sowie einige Engpaßprodukte. Dadurch sollte erreicht werden, daß alle Divisionen mit wenigstens einem Panzerregiment ausgestattet werden konnten. Die Panzerproduktion ging jedoch zu Lasten der Munitionsfertigung.
Ohne Einbußen ließen sich die Forderungen nicht erfüllen. Von den 208 Divisionsverbänden des Heeres hatten schließlich 167 einen vollen Kampfwert. Neun waren Sicherungsdivisionen. Die 32 Infanteriedivi-

sionen mit eingeschränktem Kampfwert waren als Besatzungstruppe vorgesehen. 84 Infanteriedivisionen und 10 motorisierte Infanteriedivisionen und eine Panzerdivision waren überwiegend mit Beutekraftfahrzeugen ausgerüstet, was die Instandhaltung wegen der Vielfalt der Typen erschwerte. Die geforderte Vermehrung der Panzerdivisionen von 10 auf 21 konnte in dem kurzen Zeitraum nicht verwirklicht werden.

Da die Luftwaffe und Marine nicht bereit waren, ihr Rüstungsvolumen einzuschränken, gab sich das Heer mit Verschiebungen innerhalb seines Rüstungsanteils zufrieden. Die Entscheidungsfindung im Heer ließ jedoch auf sich warten, wodurch die Aufgabe des Reichministers für Bewaffnung und Munition erheblich erschwert wurde. Mehrmals rügte das Todt-Ministerium die unexakten Zahlenaufstellungen des Heeres. Ende September 1940 wies Todt in einem Gespräch mit Keitel z. B. darauf hin, daß die Munitionsproduktion erst umgestellt werden könne, wenn klar sei, welche Waffen am 1. April 1941 vorhanden sein müßten und welche Mengen vorhandener Munition einkalkuliert werden könnten. Auch in der Panzerproduktion gab es erhebliche Differenzen zwischen dem Ministerium und dem Heereswaffenamt bei der Typenfestlegung.

Von den 300 000 Metallarbeitern des Heeres, die einen befristeten Arbeitsurlaub in der Rüstungsindustrie verbringen sollten, kam nur etwa die Hälfte. Hitler befahl als Ausweg eine stärkere Verlagerung der zivilen Produktion in die besetzten Gebiete Belgiens und Frankreichs, damit die dadurch freigestellten Arbeitskräfte im Reich zur Produktion militärischer Güter herangezogen werden könnten. Aber so etwas ließ sich nicht in einem Monat bewerkstelligen. Selbst danach waren mehr als 6000 Facharbeiter allein in der Panzerproduktion zu wenig. Die Munitionsfertigung lief mehr oder weniger nebenbei. Die Marine- und Luftwaffenforderungen gingen weiterhin auf Kosten des Heeres, das jedoch die Hauptlast des Rußlandkrieges tragen sollte.

Insgesamt hätte, um die Wünsche aller Wehrmachtteile zu befriedigen, die Fertigungskapazität in der Rüstungsindustrie um das Fünffache gesteigert werden müssen. Die Vorstellungen der Wehrmachtteile standen in einem krassen Mißverhältnis zur wirtschaftlichen Leistungsfähigkeit des Reiches.

Hitler verlor die Übersicht immer mehr, und er überließ es den rivalisierenden Instanzen, die Rüstung zu beschleunigen. Er vertraute auf Todt.

Während die deutsche Rüstungsproduktion den Anforderungen der Militärs bei weitem nicht gewachsen war, verdoppelte sich der Waffenausstoß in den drei zukünftigen Feindländern USA, Großbritannien und UdSSR im gleichen Zeitraum und erreichte das dreifache Volumen der deutschen Rüstung. Die USA produzierten 1940 für 1,5 Milliarden Dollar Waffen und im Jahr 1941 für 4,5 Milliarden, Großbritannien 1940 für 3,5 Milliarden Dollar und 1941 für 6,4 Milliarden Dollar, die UdSSR 1940 für 5 Milliarden Dollar und 1941 für 8,5 Milliarden Dollar, während Deutschlands Produktion mit sechs Milliarden Dollar 1940 und 1941 gleichblieb. [17]

In einem persönlichen Brief teilte Todt dem Generalluftzeugmeister Udet am 7. 10. 1940 mit, daß es eines langen Vorlaufs bedürfte, um eine deutsche Luftflotte aufzustellen, die der amerikanischen gewachsen sei. Präsident Roosevelt habe von 50 000 US-Flugzeugen gesprochen. Im Unterschied zu den USA sei in Deutschland die Betriebsstoff-Frage ungeklärt. Außerdem müßten die deutschen Produktionsanlagen gegen Luftangriffe geschützt werden. Der Wettlauf mit den USA sei nicht einmal zu gewinnen, wenn alle anderen Rüstungsvorhaben zurückgestellt würden. [18]

Einige Zeit konnte der Schwerpunkt der Rüstungsproduktion hin und her geschoben werden, da ausreichende Zivilkapazitäten zur Verfügung standen. Angesichts knapper werdender Rohstoffe, fehlender Arbeitskräfte und erhöhter Anforderungen der einzelnen Wehrmachtteile mußte Todt den Waffenämtern klarmachen, daß die industriellen Möglichkeiten nicht ausreichten, alle zufriedenzustellen. Er mußte Kompromisse vorschlagen, schlichten und aufwendige Forderungen der Militärs zurückweisen. Vor allem mußte er die Vormachtstellung Görings, der sich stets zugunsten der Luftwaffe und zum Nachteil des Heeres einsetzte, zurückdrängen. Immer mehr entwickelte er sich zum Protagonisten der Heeresansprüche. Seine Beziehungen zum OKH wurden in dem Maße besser, wie sie sich zum OKW verschlechterten, das die Ansprüche von Luftwaffe und Marine durchzusetzen hatte.

Die Intrigen des OKW, das sich mit Göring verbündete, nahmen zu. In einem Brief an Keitel vom 24. 1. 1941 bat Todt um »das Einhalten des Taktes, der für eine kameradschaftliche Zusammenarbeit Voraussetzung ist«, da er sich von Keitel bei dessen täglichen Besprechungen mit Hitler überspielt fühlte. [19] Er bot Keitel an, alle Fragen, die sowohl das OKW wie das Ministerium für Bewaffnung und Munition betrafen, vor dem jeweiligen Lagevortrag bei Hitler miteinander abzusprechen, und erwartete, daß das OKW ebenso verfahren würde. Keitel legte sich jedoch nicht fest. [20]

## Kooperation mit der Industrie

Unmittelbar nach seiner Ernennung zum Reichsminister führte Todt zahlreiche Gespräche mit Vertretern der Rüstungsindustrie, um sich ein Bild von der aktuellen Situation zu verschaffen. Er tat dies um so lieber, weil die Wehrmachtteile zögerten, seine Kompetenzen anzuerkennen. Die Ernennung Todts zum Reichsminister für Bewaffnung und Munition empfanden sie als den Einbruch eines Zivilisten in ihre Zuständigkeit. Obwohl in dem Erlaß über die Ernennung Todts ausdrücklich sein Recht, sich alle erforderlichen Zahlenunterlagen zu beschaffen, fixiert war, weigerte sich das OKH, irgendwelches Material herauszugeben, bevor der Oberbefehlshaber des Heeres, General Brauchitsch nicht mit dem neuen Minister eine Grundsatzaussprache über den Rüstungskurs gehabt habe. [21]

In den Industriekreisen fand der neue Minister dagegen großen Anklang, weil er seine Tätigkeit nicht mit bürokratischen Reformen begann, sondern sich von den Unternehmensleitungen beraten ließ, wo der Hebel angesetzt werden müsse. Sie würdigten diese Verhaltensweise:

»Er kannte die geistigen und materiellen Kräfte, die in der Industrie die Voraussetzung für die Produktion bilden. Je freier diese Kräfte sich entfalten können – bei aller Ausrichtung auf ein bestimmtes Ziel – desto eher ist es möglich, eine schon vorhandene hohe Leistung noch weiter zu steigern.« [22]

Todts wichtigster Gesprächspartner war Wilhelm Zangen, der Leiter der Reichsgruppe Industrie. Er vermittelte Todt die Vorstellungen der Rüstungsunternehmer und gab Todts Weisungen an die Vertreter der Rüstungsindustrie weiter. Bereits zehn Tage nach Todts Ernennung zum Reichsminister für Bewaffnung und Munition berief Zangen am 27. 3. 1940 führende Wirtschaftsvertreter zu einer Besprechung zusammen. Seiner Einladung folgten Rudolf Stahl, Stellvertretender Leiter der Reichsgruppe Industrie, Albert Pietzsch, Leiter der Reichswirtschaftskammer, Philipp Keßler, Leiter der Fachgemeinschaft Eisen und Metall, Rudolf Bingel von den Siemens-Schuckert-Werken, Hellmuth Röhnert von Rheinmetall-Borsig, Walter Borbet vom Bochumer Verein für Gußstahlfabrikation und die Leiter bzw. Geschäftsführer von Reichskammer,

Reichsgruppe Industrie und Wirtschaftsgruppen. Zangen berichtete über die Gespräche mit dem neuen Minister. Er habe den Eindruck gewonnen, »Todt wolle seine Aufgabe ... in engster Zusammenarbeit mit der Industrie durchführen«. Zangen habe dem Reichsminister die erfolgreichen Beschaffungsmethoden des Ersten Weltkriegs in Erinnerung gebracht, als Großfirmen mit der Durchführung von Rüstungsaufgaben als Generalunternehmer betraut worden seien. Todt erwartete nun die Vorschläge der Industrie zur Rüstungssteigerung bei Waffen und Munition. Borbet berichtete, auch er habe bereits mit Todt gesprochen und insbesondere auf die übertriebenen bürokratischen Abnahmebedingungen der Waffenämter hingewiesen. Er habe kritisiert, »daß die Industrie nicht im genügenden Maße zur selbständigen Mitarbeit herangezogen« worden sei, und sich »gegen das System der Preisprüfungen des Heereswaffenamtes gewandt«. Als grundsätzliches Problem wurde von den Firmenvertretern »die Frage der Abschreibungen für Investitionen bei der geforderten Erhöhung der Programme« angesehen. Sie verlangten, daß alle Investitionen genauso wie die Geräte in Rechnung gestellt werden müßten. Bingel berichtete »über den sehr guten Eindruck, den er aus der Besprechung mit Todt gewonnen« habe. Frei von jeder vorgefaßten Meinung herrsche bei Todt der gesunde Menschenverstand.« Das Gespräch mit Todt habe er dazu benutzt, um die Einführung sogenannter »Patenschaften« vorzuschlagen, eine Synthese von Generalunternehmertum und Arbeitsgemeinschaft. Zangen hielt es für sehr wichtig, daß zwischen Todt und der gewerblichen Wirtschaft »engste Kontakte« geschaffen würden und daß die »Beratung Todts durch Sachverständige über die Reichsgruppe Industrie gesteuert« werde. Die fachlichen Ausschüsse seien alle aus Industriellen zu bilden. Alle zentralen Fragen müßten mit der Reichsgruppe Industrie besprochen werden. Um die von Todt favorisierten Gaubeauftragten für Technik auszuschalten, schlug Zangen vor, auf Bezirksebene neue Arbeitsgemeinschaften der Industrie (Fachgruppen) anstelle der bestehenden Bezirkswirtschaftsämter und der Industrie- und Handelskammern zu gründen. Todt sollte durch erfolgreiche Beispiele guter Kooperation von diesem Modell überzeugt werden.

Das Ergebnis der Beratungen faßte Zangen wie folgt zusammen:

»1. Er werde Todt den Vorschlag unterbreiten, einen ständigen Beirat zu bilden. Dieser Beirat soll aus Industriellen bestehen, die einerseits Rüstungspraktiker seien, andererseits aber auf das engste mit den fachlichen Gruppen verbunden seien.

 2. Er werde Todt die Bildung von Spezialausschüssen für die einzelnen Pro-

gramme vorschlagen, die je nachdem im Rahmen der einzelnen Wirtschaftsgruppen oder der Fachgemeinschaft Eisen und Metall aufzustellen seien.

3. Im Rahmen der Fachgemeinschaft Eisen und Metall wolle er die Bildung eines
   Zentralausschusses Metallwirtschaft vorschlagen.

4. Die grundsätzlichen Fragen sollen zwischen der Reichsgruppe Industrie und
   Todt unmittelbar behandelt werden. Im Augenblick handle es sich um folgende vier:
   a) Preisprüfungswesen
   b) Nachbaurecht
   c) Abschreibungen
   d) Arbeitseinsatz« [23]

Vom 2.–5. 4. 1940 tagten in Berlin die Mitglieder eines von Todt
eingesetzten Ausschusses zur »Überprüfung der Auftragsvergabe in
der Munitionsindustrie«. Sie sollten untersuchen, ob die Auftragsvergabe der Waffenämter zu dezentralisieren sei, d. h. eventuell an die
Rüstungsinspektionen oder an Arbeitsgemeinschaften der Industrie
delegiert werden könne. Generaldirektor Keßler schlug die Bildung
regionaler Ausschüsse für Geschosse, Kartuschen und Zünder vor, die
sicherstellen sollten, daß keine Aufträge hinausgingen, für die Rohstoffe, Arbeitskräfte oder Maschinen fehlten. [24] Damit erklärte sich
Todt einverstanden, der von seinem Mitarbeiter Schönleben, dem
Vorsitzenden der Besprechung, über den Verhandlungsverlauf informiert worden war. Die Einschaltung der Rüstungsinspektionen, d. h.
des militärischen Strangs, wurde von ihm dagegen abgelehnt. Die
Arbeitsgemeinschaften der Hersteller bekamen den Zuschlag. Sobald
sie sich bewährt hätten, sollten sie auch die Vergabe aller Aufträge bei
Eisen, Stahl und Nichteisen-Metallen durchführen. Der Versuch der
anwesenden Militärs, die Rüstungsinspektionen in die Arbeitsgemeinschaften einzubauen, hatte keinen Erfolg mehr. Die militärischen
Vertreter gewannen den Eindruck, daß die Entscheidung über die
Einrichtung von industriellen Arbeitsgemeinschaften bereits getroffen
war, als der Ausschuß seine Besprechungen begann. Deshalb sei über
die Vorschläge der Wehrmacht ohne weitere Erörterung hinweggegangen worden. [25] Der Verdacht einer Absprache lag auch deswegen nahe, da Todt am Tag zuvor mehrere Besprechungen mit Indu-
strievertretern geführt hatte, unter ihnen Zangen, Borbet, Vögler und
Tgahrt, letzterer Vorstandsvorsitzender der Hoechst AG, die ihn auf
den Kurs der Rüstungsindustriellen eingeschworen hatten.

Die Teilnehmer dieser Gespräche waren darüber befriedigt, daß der
Minister »sich ausschließlich mit den großen und entscheidenden
Fragen der Vereinfachung der Organisation und der Ausräumung der
Schwierigkeiten und Hindernisse« befaßte und eine »sehr klare Vor-

stellung von allen Dingen« hatte. Die Argumente der Gesprächspartner überzeugten ihn, zumal sie alle an einem Strick zogen und Verbesserungen der Rüstungssituation nur in Aussicht stellten, wenn Reformen in ihrem Sinne erfolgten. Dabei handelte es sich um die Entlastung der Zentralstelle in der Auftragserteilung, um die Vereinfachung der Preisprüfung und die Festsetzung der Preise, um »die Frage
der Abschreibungen in großzügiger Weise«, um die »grundlegende
Verbesserung und Vereinfachung der Kontingentierungsbestimmun-
gen«, um die Einschränkung von nicht-kriegswichtigen Neubauten
und um die Erzeugungsplanung über einen Zeitraum von sechs Monaten hinweg. [26]
Todt handelte umgehend. Ein Erlaß vom 6. 4. 1940 beauftragte
Wilhelm Zangen mit der Bildung von Arbeitsgemeinschaften in der
Munitionserzeugung. Alle Betriebe mit gleichartigen Munitionsauf-
trägen sollten in »Arbeitsgemeinschaften« zusammengefaßt werden,
um eine optimale Produktionssteigerung zu erreichen und die völlige
Ausnutzung aller Betriebe zu gewährleisten. Deshalb entstanden in
den Wehrkreisen industrielle »Arbeitsgemeinschaften« für die verschiedenen Munitionsarten einschließlich Pulver, Sprengstoff und
Munitionspackgefäßen. Die gleiche Organisationsform wurde für den
Waffensektor übernommen. Dort sprach man von »Arbeitsgruppen«.
Neben diesen regionalen Zusammenschlüssen schuf Zangen auch
einen das ganze Reich umfassenden Verbund von Firmen gleicher
Fertigung. So traten neben die Arbeitsgemeinschaften und Arbeitsgruppen sogenannte »Ausschüsse« für jeweils ein größeres Fertigungs-
gebiet, z. B. Waffen, Panzerwagen und Zünder/Geschosse. Die
Arbeitsgemeinschaften und Arbeitsgruppen waren als »Selbstverant-
wortungsstellen der Industrie« für den wirtschaftlichen Ablauf des
gesamten Fertigungsprogramms ihrer Sparte verantwortlich. Sie
arbeiteten mit den Rüstungsinspektionen und den in Frage kommenden Wehrmachtteilen unmittelbar zusammen. [27] Die Ausschüsse
koordinierten die Fertigungen durch die Sicherstellung von Rohstoffen, Arbeitern und Maschinen.
Der Leiter der Reichsgruppe Industrie, Wilhelm Zangen, erklärte
seinen Kollegen den oben genannten Erlaß des Reichsministers für
Bewaffnung und Munition am 8. 4. 1940 als eine Chance zur Verselb-
ständigung der Industrie von der staatlichen Lenkungsgewalt unter
Beibehaltung der Kooperation mit den zuständigen Behörden:

»Die Aufgabe der Arbeitsgemeinschaft liegt darin, in gemeinsamer Arbeit mit den
amtlichen Stellen für eine möglichst zweckmäßige Gestaltung der Produktion zu
sorgen und die Firmen der Arbeitsgemeinschaft zu höchster Leistung zu führen.«

Zu diesem Zweck müßten die Unternehmungen ihre Erfahrungen über Fertigungsmethoden, Arbeitsgänge, Akkordzeiten und dergleichen untereinander austauschen. Auf diese Weise sollte die bestmögliche Form der Auftragserledigung herausgefunden werden. Der Vorsitzende einer Arbeitsgemeinschaft bzw. Arbeitsgruppe bekam das Recht, den Betriebsleitern Anordnungen zu erteilen und deren Durchführung zu erzwingen. In der wirtschaftlichen Steuerung der Aufträge war die Arbeitsgemeinschaft bzw. Arbeitsgruppe unabhängig. [28]

Am 25. 5. 1940 richtete Philipp Keßler, Leiter des Munitionsbeirats der Reichsgruppe Industrie, »im Einvernehmen« mit Todt zum weiteren Ausbau der industriellen Selbstverantwortung in wichtigen Bereichen der Munitionsfertigung fünf Sonderausschüsse ein zur »beschleunigten Umstellung auf devisenfreie Rohstoffe«, zum »Austausch wirtschaftlicher Fertigungsverfahren« und zur »Beratung bei der Auftragslenkung«. Außerdem sollten »Erfahrungsgemeinschaften« von den Firmenleitern gegründet werden, die an der Entwicklung der betreffenden Munitionsartikel den größten Anteil hatten und bei der Fertigung über besondere Erfahrungen verfügten. [29]

Prompt landete ein Protestbrief der Firma Krupp auf Todts Schreibtisch. In der beiliegenden Denkschrift mit der Überschrift »Die geistige Enteignung des Eigentums« wurden Erfahrungsgemeinschaften abgelehnt, solange die Entschädigungsfrage nicht geklärt sei. Todt war fassungslos über so viel unternehmerische Profitgier. In einem Antwortschreiben an den Chef des Hauses Krupp lehnte er jegliche Entschädigung für die Weitergabe von unternehmerischem Wissen ab, weil »dieser Erfahrungsaustausch der unmittelbaren Landesverteidigung zugeführt wird«. Er verwies auf den »schweren Schicksalskampf des deutschen Volkes«, auf die vielen Kriegstoten und auf die Entbehrungen der SA- und SS-Männer in der Kampfzeit, für die es auch keine Entschädigung gegeben habe. Am Schluß schrieb er:

»Ich bin froh, daß keiner meiner Berufskollegen, daß kein Ingenieur dieses Schreiben unterzeichnet hat.«

Im Besitz dieses Schreibens bat die Firma Krupp um eine Unterredung, um ihre Position verdeutlichen zu können. Sie fand am 25. 7. 1940 mit Krupp von Bohlen und Halbach, Professor Goerens und Saur bei Todt statt. Die Firmenvertreter unterstellten ihm Enteignungstendenzen. Als ihm erklärt wurde, daß unter dem Wissen, das Krupp preisgeben sollte, neben zahlreichen patentrechtlich geschützten Erfindungen auch jahrhundertealte Erfahrungen der Firma waren und daß, würde dies alles kostenlos hergegeben, der Vorsprung Krupps auf vielen Produktionsgebieten verloren wäre, entschuldigte sich Todt, es sei ihm niemals »in den Sinn gekommen, etwa nach kommunistischem Vorbild jemandem ohne Entschädigung etwas wegzunehmen«. Zur Rechtfertigung der befohlenen Erfahrungsgemeinschaften erklärte er, daß sie in erster Linie verhindern sollten, »daß immer weitere Neubauten und Werksvergrößerungen unter ungeheurem Eisenaufwand in die Welt gesetzt werden, während zu ihrem Betrieb dann die Arbeiter aus bestehenden Betrieben weggezogen und diese dann geschlossen werden müßten«. Er halte es für zweckmäßiger, »die bestehenden Betriebe umzustellen und sich hierbei der vorhandenen Industrie gewissermaßen als Paten zu bedienen, um die umzustellende Industrie in die neue Arbeit einzuführen«. Todt schloß mit der Bemerkung, die Firma Krupp könne »überzeugt sein, daß der heutige Staat sie nie im Stich lassen wird«. Mit dieser Zusage Todts war die Angelegenheit erledigt. Krupp behielt seine Erfahrungen für sich.

Todts Versuch, alle Firmen der Rüstungsindustrie gleichzuschalten, war gescheitert. Krupp war mehr als eine Firma. Dr. Krupp von Bohlen und Halbach war eine Symbolfigur des deutschen Siegeszugs. Am 7. 8. 1940 überbrachte ihm Todt im Auftrag Hitlers als erstem Deutschen das vom Führer des Großdeutschen Reiches gestiftete Kriegsverdienstkreuz 1. Klasse. Ley ernannte ihn zum »Pionier der Arbeit« und übergab ihm das Ehrenzeichen in Gold. [30]

Im November 1940 veranlaßte Todt die Einrichtung des »Sonderausschusses X für Waffen« als neue Selbstverantwortungsstelle der Industrie unter dem Vorsitz von Direktor E. Müller von der Krupp AG. Er umfaßte die fünf Hauptgruppen:

▷ Handfeuer- und Maschinenwaffen,
▷ mittlere Waffen,
▷ schwere Waffen,
▷ Vormaterial aller Waffen und
▷ Zulieferung aller Waffen.

In jeder Hauptgruppe wurden Arbeitsgruppen gebildet, in denen die Firmen gleichartiger Fertigung zusammengefaßt waren. Vorsitzender jeder Arbeitsgruppe war ein Betriebsmann, der »auf dem Gebiet der rationellen Fertigung für die übrigen Firmen richtungweisend« war. Neben Vorschlägen für Produktionsverbesserungen und -vereinfachungen sollte er vor allem Vorschläge für die Zusammenlegung von Fertigungen, für die Vereinfachung des Typenprogramms und für Sammelbestellungen von Unterlieferanten ausarbeiten, die zu einer Einsparung von Material und Arbeitskräften führten. [31]

Die Vorsitzenden der Arbeitsgruppen bildeten jeweils die »Hauptgruppe«. In den geheimen Arbeitsrichtlinien vom 4. 12. 1940 wurde festgelegt, daß alle Maßnahmen »stets mit Energie frei von bürokratischen Hemmungen« durchzuführen seien. Die Beschaffungsstellen der Wehrmacht gaben ihre Aufträge ab jetzt aufgrund von Vorschlägen der zuständigen Arbeitsgruppe an die ausgewählten Firmen. Das waren diejenigen Werke, die unter Berücksichtigung ihres Maschinenparks den größtmöglichen Ausstoß gewährleisteten. Wenn Arbeitskräfte oder Werkzeugmaschinen fehlten, sollten die Arbeitsgruppen unter den Betrieben einen Austausch herbeiführen. [32] Dieses von der Industrie geborene und von Todt befürwortete System der Waffen- und Munitionsherstellung funktionierte aus der Sicht der staatlichen Exekutive reibungslos. Alle Meinungsverschiedenheiten, Streitigkeiten und sonstige Querelen wurden in die regionalen Arbeitsgemeinschaften verlagert. Von ihnen erfuhr Todt fast nichts. Seine Aufgabe bestand darin, die politischen Kursänderungen Hitlers rüstungsmäßig nachzuvollziehen und in Verhandlungen mit OKW und OKH realistische Planungsangaben auszuhandeln.

In den Wehrkreisen des Altreiches und in den besetzten Gebieten des Westens setzte er insgesamt 22 »Beauftragte des Reichsministers für Bewaffnung und Munition« ein. Diese Außenstellen des Ministeriums waren in ihrer Mehrzahl den Obersten Bauleitungen der Reichsautobahnen angegliedert. Einige wurden von den Gauämtern für Technik aufgezogen. Die Tätigkeit dieser Wehrkreisbeauftragten und ihrer Mitarbeiter bestand in erster Linie in der Kontrolle der Rüstungsbetriebe ihres Bezirks im Hinblick auf wirtschaftliche und rohstoffsparende Produktion. [33]

Bei der Vorbereitung des Überfalls auf die Sowjetunion machte sich in zunehmendem Maße negativ bemerkbar, daß Todt zwar für die Beschaffung von Waffen und Munition zuständig war, aber nicht für anderes Wehrmachtgerät. Trotz der Widerstände der Militärs erreichte er bei Hitler unmittelbar zu Beginn des Rußlandkriegs die erstrebte Erweiterung seiner Kompetenzen. Ein Führerbefehl vom 20. 6. 1941 übertrug ihm die Zuständigkeit für sämtliche Bereiche der Rüstungsfertigung. Mit dieser Ermächtigung hatte niemand im OKW gerechnet. Nur Göring war vorher informiert worden und konnte seine Reputation wahren, indem er die Ausführungsbestimmungen erließ. Gleichzeitig mit dem Führererlaß gab er als Vorsitzender des Reichsverteidigungsrates neun Erlasse heraus, die Todt mit ihm abgesprochen hatte. Sie betrafen das gesamte Rüstungsvorfeld, insbesondere Rohstoffe und Arbeitskräfte. Todt wurde ermächtigt, in eigener Zuständigkeit die Kontingentierung aller Roh-

stoffe zu regeln und die Arbeitskräftelenkung in eigener Regie durchzuführen.

Der Chef der Heeresrüstung und Befehlshaber des Ersatzheeres,
Generaloberst Friedrich Fromm, erkannte als erster die Gunst der
Stunde und erstrebte sofort eine Koalition mit Todt gegen die Luftwaffenrüstung. Das erste Ergebnis zugunsten des Heeres war die Bildung
einer Panzerkommission am 21. 6. 1941. Diese sollte Hitlers Befehl
realisieren, die Zahl der Panzerdivisionen innerhalb kürzester Zeit
von 20 auf 36 zu erhöhen. Dieses Rüstungsprogramm erhielt deshalb
die allerhöchste Priorität. Alle militärischen, technischen und fabrika-
torischen Kräfte dienstlicher und ziviler Quellen sollten dafür zusammengefaßt werden. Dem Reichsministerium für Bewaffnung und
Munition mußten ab sofort alle militärischen Pläne für Neu- und
Umkonstruktionen von Panzerwagen ebenso wie die Konstruktions-
unterlagen der bereits in Serie gegangenen Panzer zur Prüfung »auf
zweckmäßigste technisch-fabrikatorische Gestaltung« zugeleitet werden, damit sie dort »im Sinne einer vereinfachten, leistungssteigern-
den Fertigung« überprüft würden. Das Heereswaffenamt büßte seine
Kompetenz ein, in technischen Fragen selbständig zu entscheiden.

Alle Anregungen der Industrie und der Truppe für Konstruktionsän-
derungen liefen nun in Todts Ministerium zusammen. Die Entscheidung fiel in der Panzerkommission, die zuerst unter dem Vorsitz von
Dr. Porsche und ab August 1940 von Walter Rohland, dem technischen Leiter der Deutschen Edelstahlwerke AG tagte. Mitglieder
waren Vertreter des Reichsministeriums für Bewaffnung und Munition, Vertreter von Industrie und Wirtschaft und Vertreter des Chefs
der Heeresrüstung. Das Sagen hatten die Industrievertreter. Wegen
seiner Sachkenntnisse und seines Engagements hieß Rohland bald
überall »Panzer-Rohland«.

Mit dem Staatssekretär im Luftfahrtministerium, Generalfeldmarschall Milch, hatte Todt bereits am 21. 6. 1941 den ersten heftigen
Zusammenstoß wegen der Dringlichkeit des von Hitler befohlenen
Luftrüstungsprogramms (Göring-Programm), mit dem die Luftwaf-
fenkapazitäten zum Angriff gegen England aufgefüllt werden sollten.
Hitler rechnete mit einem dreimonatigen Feldzug bis zur Niederlage
der Sowjetunion. Todt hatte erhebliche Zweifel. Deshalb konzentrierte er sich auf die Heeresrüstung und befahl Rohstoffbeschränkungen
für die Luftwaffenrüstung. Göring war empört und beklagte sich über
die Eingriffe Todts bei Hitler. Dieser gab Todt mit einem Erlaß vom
14. 7. 1941 auch offiziell die Vollmacht, den Zeitpunkt der Umsteue-
rung von der Heeresrüstung auf die Luftwaffenrüstung festzulegen. Er

untersagte den Wehrmachtteilen, ohne Einschaltung des Reichsministers für Bewaffnung und Munition der Industrie unmittelbar Aufträge
zu erteilen. [34]

Während sich im Herbst 1941 bei Flugzeugen Fertigung und Verlust
noch in etwa die Waage hielten, wurden die Opfer des Heeres unverhältnismäßig groß. Monat für Monat verlor es mehr als 100000 Mann.
Die Einberufung des Jahrgangs 1922, der 270000 Wehrpflichtige
umfaßte, brachte für die Kriegswirtschaft eine erhebliche Einbuße an
Facharbeitern. Von den 4300 Panzern zu Beginn des Ostfeldzugs
waren Ende Oktober 1941 2090 außer Gefecht gesetzt. Von den
Kraftfahrzeugen waren Mitte November nur noch 15% der ursprüngli-
chen 500000 Fahrzeuge voll funktionstüchtig. Die Munitionsreserven
fast aller Geschoßarten waren verbraucht. [35] Angesichts dieser
bedrohlichen Perspektiven forderte Hitler seinen Waffen- und Munitionsminister auf, für entsprechende Nachrüstung zu sorgen. Das ging
jedoch nicht ohne radikale Eingriffe in die Gesamtwirtschaft.

Das Ergebnis der Überlegungen war Hitlers Erlaß vom 3. 12. 1941
über die »Vereinfachung und Leistungssteigerung unserer Rüstungsproduktion«, der von Todt mitentworfen worden war. Er verlangte die
Umstellung auf Massenfertigung, eine weitere Rationalisierung der
Fertigungsmethoden, zusätzliche Einsparungen von Rohstoffen, die
volle Ausnutzung der Arbeitskräfte und eine Verkürzung der Ferti-
gungszeiten. Todt interpretierte diese Weisung als »genialen Befehl
Hitlers, den er selbst entworfen und mehrmals umdiktiert hat«. [36]
Um die Verantwortlichkeiten deutlicher festzulegen und der Rü-
stungsdezentralisierung ein neues Korsett zu geben, faßte Todt sämtliche Ausschüsse und Sonderausschüsse des gleichen Fertigungsgebiets
zu »Hauptausschüssen« zusammen. Es entstanden:

▷ der Hauptausschuß Munition,
▷ der Hauptausschuß Waffen,
▷ der Hauptausschuß Panzerwagen,
▷ der Hauptausschuß allgemeines Wehrmachtsgerät und
▷ der Hauptausschuß Maschinen.

Sie sollten die eigentlichen »Träger der vom Führer angeordneten
Maßnahmen« sein.

Am 22. 12. 1941 gab Todt die Ausführungsbestimmungen zum oben
genannten Führerbefehl vom 3. 12. 1941 bekannt. Er forderte von den
fünf Hauptausschüssen die Erstellung von Bestarbeitsplänen, die
Zusammenlegung der Produktion einzelner Waffen und Geräte in
Bestbetrieben, die Beseitigung der Typenvielfalt, eine enge Kooperation von Fertigungsfachleuten und Konstrukteuren und eine bessere

Zusammenarbeit von Industrie und Wehrmacht. Für die Arbeitsbüros der Hauptausschüsse errichtete Todt auf dem Gelände des Heereswaffenamtes einen Barackenkomplex, in dem die Vorschläge der Industrie mit den Vertretern des Heereswaffenamtes abgesprochen werden sollten und vice versa. Dort sollten die besten Fachleute der betreffenden Produktionszweige über Verbesserungsvorschläge entscheiden und Einsparungen von Material und Arbeitskräften vorschlagen. Jeder Hauptausschuß stellte außerdem dem Reichsministerium für Bewaffnung und Munition einen erfahrenen Betriebsmann für die Arbeitsgebiete 1. Material, 2. Arbeitseinsatz, 3. rationelle Fertigung zur Verfügung, damit die Weisungen des Ministeriums so wirklichkeitsnah wie möglich würden. [37]

Als oberstes Gremium für Rüstungsfragen gründete Todt unter seinem Vorsitz einen neunköpfigen Beirat, dem außer ihm selbst die Vorsitzer der Hauptausschüsse und ein Vertreter der Luftwaffen- und Marinerüstung angehörten.

Während man sich in Berlin Gedanken machte, wie die bisherigen Rüstungsausfälle zu ersetzen seien, nahm das Verhängnis in Rußland seinen Lauf. Bis Ende 1941 hatte das Heer mehr als 750000 Mann verloren. Alle vorangegangenen Feldzüge seit Kriegsbeginn hatten zusammen weniger als 100000 Mann gekostet. Die Verluste von Dezember 1941 bis April 1942 beliefen sich auf weitere 560000 Soldaten. Damit waren rund 40% der beim Angriffsbeginn gegen die UdSSR eingesetzten Verbände verloren. Zu den bis November 1941 ausgefallenen 2436 Panzerkraftwagen und Sturmgeschützen kamen bis zum März 1942 weitere 1234 Panzer und 107 Sturmgeschütze. Die an der deutsch-sowjetischen Front eingesetzten Panzerdivisionen meldeten am 30.3. 1942 nur noch 140 einsatzfähige Panzer. Der Winter 1941/42 kostete das Heer außerdem zusätzliche 74200 Kraftfahrzeuge.

Am 10.1. 1942 entschied Hitler in seiner neuen Weisung »Rüstung 1942«, die Mittel der Rüstung »zunächst bevorzugt den gesteigerten Bedürfnissen des Heeres dienstbar zu machen«.

Am 13.1. 1942 referierte Todt vor dem Großen Beirat der Reichsgruppe Industrie über die Rüstungssituation. Er nahm kein Blatt vor den Mund:

»Vor den Toren Moskaus kam es zu einem Stillstand, im wesentlichen wohl deshalb, weil die Russen eine ungeheure Basis in der 4-Millionen-Stadt Moskau unmittelbar hinter sich hatten.«

Er verkündete den Anwesenden, daß kein Weg »am totalen Krieg«

vorbeiführe. Das deutsche Volk müsse wie die Truppe »zur Hergabe des Letzten veranlaßt« werden. Er forderte, das gesamte in- und ausländische Arbeitskräftepotential für die Rüstungsindustrie zu mobilisieren und die Produktion weiter zu rationalisieren. Gleichzeitig gab er das neue Festpreissystem bekannt. Die am rationellsten arbeitende Fabrik sollte den größten Profit machen. Unrentable Anlagen sollten stillgelegt werden. Todt führte aus:

»Es ist nun nicht die Aufgabe, etwa die Wirtschaftsstruktur umzuwandeln, die Fragestellung lautet vielmehr: Wie ist der deutschen Rüstung zum Zwecke der Erringung des Sieges am besten gedient? Wir wollen nicht köpfen, um zu köpfen, sondern Betriebe nur dann stillegen, wenn es nicht anders geht.« [38]

Todt drängte auf »äußerstes Tempo«. Er forderte Zangen auf, die gesamte Industrie in kürzester Zeit in eine Rüstungsindustrie umzuwandeln. Alle bürokratischen Methoden seien zu vermeiden. Für »rücksichtsloseste Zielerfüllung« gebe er jede Vollmacht. [39]

Daraufhin fanden in Berlin vom 4.–6. 2. 1942 Beratungen der Hauptausschüsse statt, an denen Todt teilnahm, soweit er Zeit dazu fand. Er plädierte für die Stillegung teurer Betriebe und den Abzug der Arbeitskräfte und Maschinen von dort, außerdem für die Erhöhung der Arbeitsintensität um 10% und für eine bessere Behandlung der Arbeiter. Er richtete einen Appell an die Industrieführer, mit der Lage selbst fertig zu werden. Die anwesenden Industrievertreter machten ihre Mithilfe jedoch von einigen Bedingungen abhängig, die sie erfüllt sehen wollten:

▷ eine weitere Vereinfachung der Abnahmebedingungen durch die Wehrmachtteile
▷ die Zusammenlegung der Werksprüfung mit der amtlichen Abnahme zur Einsparung von Fachkräften
▷ eine längere Laufzeit der Metallbezugsscheine für langfristigere Dispositionen der Betriebe
▷ die Einrichtung zentraler Stellen für alle Zulieferungen von gleichartigem Gerät
▷ die Zuteilung von Vorkontingenten an die zentralen Bestellbüros zur Vermeidung von Fertigungsverzögerungen.

Bei Erfüllung dieser Wünsche versprach die Industrie ihre volle Bereitschaft, »den Forderungen des Führers auf Leistungssteigerung« nachzukommen. [40] Erst als Todt seine Unterstützung versprach, griffen die Anwesenden seine Anregungen auf. Karl Lange, der Geschäftsführer der Wirtschaftsgruppe Maschinenbau, formulierte die Zielsetzung folgendermaßen:

»Erste Etappe: Typenbeschränkung.
Zweite Etappe: Bereinigung des Fertigungsprogramms der einzelnen Firmen und
Abstimmung auf die übrigen Firmen.
Dritte Etappe: Völlige Umstellung der Fertigung oder Stillegung.«[41]

Todt sagte den Hauptausschüssen auch die Hilfe der Partei bei der
Bewältigung der Aufgaben zu. Er beabsichtigte, die Gauleiter in den
Propagandafeldzug für die Rüstungsindustrie einzubeziehen. In einem
monatlichen Bulletin sollten sie über die Beschränkungen der zivilen
Produktion informiert werden. [42]

Weniger erfreulich für Todt verlief die Besprechung über Planung und
Leistungssteigerung in der Pulver- und Sprengstoffindustrie mit den
Ausschußmitgliedern. Das Heereswaffenamt beharrte auf dem in der
Denkschrift vom Oktober 1941 geforderten Bauvolumen für neue
Pulver- und Sprengstoffbetriebe in Höhe von 50 Millionen RM, weil
sonst die zusätzlich benötigten 26000 Tonnen Pulver nicht produziert
werden könnten. Zur Vorbereitung des Gaskriegs seien weitere Anlagen erforderlich. Durch Rationalisierung in der Fertigung lasse sich die
Kapazitätserhöhung nicht erreichen. Todt lehnte diesen Standpunkt
entschieden ab und sprach sich »gegen weitere Kapazitätserweiterun-
gen aus, solange nicht die erstellten Kapazitätsquoten zu mindestens
90% ausgenutzt« seien. Für die Zuteilung der fehlenden 90000 Arbeiter wolle er jedoch sorgen. Ein »Sonderbeauftragter für Pulver und
Sprengstoff« solle eine gleichmäßige Beschickung der Werke und eine
zweckmäßige Mischung von Deutschen und Ausländern erreichen.
Für tarifliche Fragen erwog er die Einsetzung eines besonderen Treu-
händers der Arbeit für Pulver- und Sprengstoffarbeiter. Auf Zureden
der Ausschußmitglieder erklärte sich Todt schließlich bereit, das
Bauvolumen für die Munitions- und Sprengstoffindustrie um 20 Millionen RM zu erhöhen. [43]

Parallel zu den Sitzungen der Hauptausschüsse beriet sich Todt mit
den Vertretern des neunköpfigen Beirats. Dort unterbreitete er neue
Vorschläge, die das Wesen der Rüstungsorganisation betrafen: Neben
der Fertigung sollte nunmehr auch die Produktionsplanung einer
zentralen Lenkung unterstellt werden. Diese Idee hatte das Wehrwirt-
schafts- und Rüstungsamt des OKW bereits zu Beginn des Zweiten
Weltkriegs vorgetragen, als es einen Planungsausschuß für die Reichsverteidigung zur Abstimmung zwischen den Rüstungsvorhaben der
Wehrmacht und den zivilen Produktionsvorhaben schaffen wollte. Die
Oberbefehlshaber der Wehrmachtteile und Todt in seiner Eigenschaft
als Generalbevollmächtigter für die Regelung der Bauwirtschaft hatten damals daran kein Interesse gehabt. [44]

Jetzt griff Todt diesen Gedanken auf. Die von ihm ins Auge gefaßte Planungsgruppe sollte feststellen, »welche Programme vorliegen, welche Rohstoffmengen, welche industriellen Kapazitäten und welche Arbeitskräfte die einzelnen Programme in Anspruch nehmen«. Nach seinen Überlegungen sollte ein Arbeitsstab der Planungsgruppe mit fünf Arbeitsgruppen eingerichtet werden für die Bereiche Panzer, Luftwaffe, Munition, Chemie und U-Boote. Die Planungsgruppe sollte alle Rohstoff-Fragen, alle Produktionsfragen und die Arbeitskräfteverteilung regulieren und die Rüstungssteuerung selbst wahrnehmen. Wenn Rüstungsengpässe festgestellt würden, sollte sie sogar das Recht haben, eigenständig »Dringlichkeitsstufen« festzulegen. Mehr Kompetenzen waren für eine Nicht-Behörde eigentlich kaum noch denkbar. Das Reichsministerium für Bewaffnung und Munition beabsichtigte, sich auf die Richtlinienvergabe und die Kontrolle zu beschränken. [45]
Die Ergebnisse aller Besprechungen wollte Todt Hitler persönlich vortragen. Dazu flog er am Morgen des 7. 2. 1942 ins Führerhauptquartier nach Rastenburg. Am Nachmittag unterrichtete er Hitler über seine Vorstellungen in einem Gespräch unter vier Augen. Möglicherweise hat er die Forderung weiterer Vollmachten mit seiner Rücktrittsdrohung unterstützt. Sein Nachfolger Speer erhielt sie und machte sofort von ihnen Gebrauch.

## *Arbeitskräftelenkung*

Neben den Problemen der Rohstoffverteilung, der Betriebsschließungen, der Rationalisierung, der Typennormung, der Preisgestaltung, der Auftragserteilung und der Geräteabnahme hatte für alle Rüstungsunternehmer die Arbeitskräftefrage einen besonders hohen Stellenwert. Der Mangel an Facharbeitern nahm mit jedem Jahrgang, der zur Wehrmacht einberufen wurde, zu.

Erstmals wurde die Frage akut, als das Heer im Herbst 1940 entgegen den Zusagen nicht die erforderliche Zahl von Facharbeitern in die Rüstungsindustrie entließ. Deshalb unterzeichnete Göring am 19. 2. 1941 zur Arbeitskräftelenkung einen Erlaß, nach dem in den Wehrkreisen »Prüfungskommissionen des Reichsministers für Bewaffnung und Munition«, auch Engpaß- oder Todt-Kommissionen genannt, mit der Aufgabe eingerichtet wurden, alle Industriebetriebe daraufhin zu überprüfen, welche Arbeitskräfte aus weniger wichtigen Fertigungsbereichen in die »Engpaß-Fertigungen von kriegsentscheidender Bedeutung« umgesetzt werden könnten. Als Vorsitzende dieser regionalen Kommissionen fungierten meistens die Gauwalter für Technik oder von ihnen beauftragte Betriebsingenieure. Entgegen den Versuchen des OKW und des Reichsarbeitsministeriums, die Lenkung des Arbeitseinsatzes bei den Arbeitsämtern und Rüstungsinspektionen zu konzentrieren, setzte der Reichsminister für Bewaffnung und Munition seinen Führungsanspruch in der Arbeitseinsatzfrage durch. Am 20. 6. 1941 erweiterte Göring die Vollmachten der Prüfungskommissionen. Sie erhielten die Befugnis, neben den privaten Wirtschaftsbetrieben auch alle Wirtschaftsbetriebe des Reiches, der Länder und der Gemeinden nach abziehbaren Arbeitskräften zu überprüfen. Die Kommissionen erreichten bis zum Oktober 1941 immerhin die Umsetzung von 358000 Arbeitskräften. [46]

Da die Zahl der weiblichen Beschäftigten in der ersten Phase des Krieges um 459000 zurückgegangen war, wurde – vor allem im Wehrwirtschafts- und Rüstungsamt – eine Zwangsverpflichtung von Frauen erwogen. Nach Rücksprache bei Hitler mußte Todt im August 1940 allen, die darauf ihre Hoffnungen setzten, mitteilen, »daß die Frauendienstpflicht aus politischen Gründen zur Zeit nicht in Erwägung gezogen werden« könne. [47] Er stimmte jedoch dem General

Thomas zu, »daß, wenn der Krieg in diesem Herbst nicht beendet wird, man alles daran setzen müsse, auch durch verstärkten Fraueneinsatz zu einer Steigerung in der Rüstung zu kommen«. [48] Um den größten Engpässen abzuhelfen, war er bereit, zusammen mit dem Chef des Allgemeinen Heeresamtes beim OKH, General Olbricht, den Reichsarbeitsführer Hierl zu drängen, den weiblichen Arbeitsdienst für die Rüstung zur Verfügung zu stellen. Mit Göring war sich Todt einig, »daß ein Zwang unterbleiben solle«. Hitler billigte jedoch nur die Verlängerung der Arbeitsdienstzeit um ein halbes Jahr in Form einer »Reserve des weiblichen Arbeitsdienstes«, mit der frontdiensttaugliche Soldaten abgelöst werden sollten. Daraus wurde der spätere Kriegshilfsdienst. [49] Da die Kriegshilfsdienstverordnung für die RAD-Maiden jedoch nur die Tätigkeit in Dienststellen der Wehrmacht, in Behörden, Krankenhäusern und Haushalten vorsah, ging die Rüstungsindustrie leer aus. Sie erlitt im Gegenteil Einbußen durch den zusätzlichen Entzug von jungen Arbeiterinnen für ein weiteres halbes Jahr. [50] Auf »persönlichen Befehl des Herrn Reichsmarschalls« ordnete der Reichsarbeitsminister Ende August 1940 an, 100000 französische Kriegsgefangene, die nicht in der Rüstungswirtschaft eingesetzt waren, der Luftwaffenindustrie zu überstellen. Die entstandenen Lücken sollten durch russische Kriegsgefangene geschlossen werden. Todt stimmte als Generalinspektor für das deutsche Straßenwesen dem Austausch an den Autobahnbaustellen zu, obwohl die Heeresrüstung, die ihm besonders am Herzen lag, dabei leer ausging. [51] Die Arbeitskräftesituation verschärfte sich im Dezember 1941 wegen der zahlreichen Einberufungen. Von Dezember 1941 bis April 1942 verlangte die Wehrmacht insgesamt 1000000 Mann. Im Dezember 1941 wurden 151000, im Januar 1942 325000, im Februar 1942 136000, im März 1942 265000 und im April 1942 33000 Mann einberufen. Bis zum Frühjahr 1942 wurden insgesamt 700000 Arbeiter und Angestellte aus der Industrie herausgerissen. Die Einziehungen der Jahrgänge 1919–1922 lichteten den Facharbeiterbestand der kriegswichtigen Betriebe erheblich. [52] In der Eisen- und Stahlindustrie war man z. B. gezwungen, vom 3-Schichten-Betrieb auf den 2-Schichten-Betrieb umzustellen.
Die einzige Abhilfe, die Todt anbieten konnte, war der massenhafte Einsatz von Kriegsgefangenen und zivilen Ostarbeitern. In der Weisung Nr. 39 vom Dezember 1941 befahl Hitler:

»Junge uk-gestellte Arbeiter sind im größten Umfang durch Gefangene und russische Zivilarbeiter, die in Gruppen eingesetzt werden, allmählich freizusetzen.« [53]

Diese Umsetzungsprogramme liefen jedoch nur sehr schleppend an. Ende 1941 waren nur 123 682 Kriegsgefangene in der Rüstungsindustrie tätig, obwohl Hitler davon sprach, daß eine halbe Million für den Einsatz bereitstünde. Todt forderte den Reichsarbeitsminister auf, schnellstmöglich dafür Sorge zu tragen, daß der Rüstungsindustrie die erforderliche Anzahl Kriegsgefangener zugeführt werde. [54]

In den Fabrikhallen der Rüstungsindustrie wurde das Personal immer knapper.

Wollte man die eingegangenen Verpflichtungen erfüllen, brauchte man vor allem eine steigende Zahl von Facharbeitern. Todt gab am 3. 12. 1941 mit Zustimmung Görings und des OKW der Industrie bekannt, daß sie in absehbarer Zeit mit russischen Kriegsgefangenen rechnen könne. Besondere Kommissionen sollten in den Kriegsgefangenenlagern Facharbeiter, besonders Bergleute, Transportarbeiter, Metallarbeiter, Maurer und Handwerker aller Art aussondern. Nachdem diese Leute in besonderen Lagern an den Reichsautobahnen wieder arbeitsfähig gemacht und neu eingekleidet sein würden, sollten sie bis zu einer Größenordnung von 200 000 Mann in der Rüstungsindustrie eingesetzt werden. An der Auswahl der Kriegsgefangenen in den Stalags sollte sich die Rüstungsindustrie in Zusammenarbeit mit den Armeekorps beteiligen. Das Programm wurde in die Hand des Kriegswirtschaftsführers Generaldirektor Budin gelegt. Im letzten Satz des Erlasses gab Todt bekannt, daß der Einsatz russischer Kriegsgefangener auf der breitesten Basis und für längere Zeit durchgeführt werde. [55]

Als Todt dies schrieb, wußte er bereits, daß sich der Kräftebedarf der Rüstungsindustrie im Frühsommer 1942 auf 800 000 Arbeiter belaufen würde. Wegen der Seuchen in den Lagern und wegen der Unterernährung der russischen Gefangenen konnten bis zum Sommer 1942 jedoch höchstens 300 000 Mann einsatzbereit sein. Ohne entsprechende gesundheitliche und hygienische Maßnahmen würde nicht einmal diese Zahl bereitstehen. Deshalb wurden zur Herstellung der Arbeitsfähigkeit der sowjetischen Kriegsgefangenen zwischen dem OKW und dem Reichsministerium für Ernährung und Landwirtschaft eingehende Gespräche geführt. Folgende Verpflegungssätze waren das Ergebnis: Pro Woche sollten die Kriegsgefangenen in der Rüstungsindustrie erhalten: 2600 g Brot, 250 g Fleisch, 130 g Fett, 150 g Nährmittel, 2330 g Magermilch, 79 g Zucker, 3000 g Kartoffeln, 16 500 g Kohlrüben, 1125 g Frischgemüse und 275 g Sauerkraut. Die Schwerarbeiterzulage wurde mit 155 g Zucker und 21 000 g Kohlrüben festgelegt. Kriegsgefangene, die diese Kost wegen der Unterernährung in den Kriegsgefangenenlagern nicht vertrugen, sollten Schonkost in Form von Mehlsuppen erhalten. [56]

Das OKW wies die Kommandanten aller Gefangenenlager im Osten an, »möglichst viele Kriegsgefangene wieder gesund und arbeitseinsatzfähig zu machen«. Vorgeschrieben wurde die Unterbringung in geheizten Räumen, ärztliche Überwachung, Entlausungen, ausreichende Bekleidung. Alle mit Kriegsgefangenen Befaßten sollten aufgeklärt werden, »daß Abweichungen von diesen Regeln nur zu Arbeitsausfällen und zur Schwächung der Gesundheitsverhältnisse des gesamten Volkes führen müssen«. [57] Ein Merkblatt, das insbesondere die Unternehmer ansprach, bei denen russische Kriegsgefangene beschäftigt waren, verlangte trotz der zu erwartenden Mehrarbeit »die notwendige Anpassung der Verpflegung an die körperlichen Bedürfnisse der Kriegsgefangenen«. Die Auflage, daß die Unterkünfte der Kriegsgefangenen heizbar sein müßten, wurde damit erklärt, daß kalte Unterkünfte und nasse Kleidungsstücke unnötige Körperwärme entziehen. Die Arbeitsforderungen seien dem Gesundheitszustand anzupassen, »um nicht den Prozeß einer Wiederherstellung der vollen Arbeitsfähigkeit überhaupt illusorisch zu machen«. [58]

Der erste Generalbevollmächtigte für den Arbeitseinsatz war Ministerialdirektor Werner Mansfeld. Göring beauftragte ihn am 10. 1. 1942, sich um den »Einsatz von Kriegsgefangenen, insbesondere aus Sowjetrußland« zu kümmern. Bei der Tagung der Rüstungsinspektoren am 21. 1. 1942 wurde Mansfeld als »Reichskommissar für den Arbeitseinsatz« vorgestellt. Die von der Industrie erwarteten Erfolge Mansfelds blieben jedoch aus, weil Erschießungen, Hunger und Seuchen in den Gefangenenlagern während des Winters 1941/42 zu einem Massensterben geführt hatten. Bei einem Vortrag vor der Reichswirtschaftskammer 1942 tadelte Mansfeld auch die Rekrutierung von Zivilzwangsarbeitern: »Es ist unsinnig, diese Arbeitskräfte in offenen und ungeheizten geschlossenen Güterwagen zu transportieren, um am Ankunftsort Leichen auszuladen.« [59]

Unmittelbar nachdem Speer den Posten des Reichsministers für Bewaffnung und Munition übernommen hatte, erreichte er am 1. 3. 1942 die Ablösung Mansfelds. Auf Speers Vorschlag hin ernannte Hitler am 21. 3. 1942 den Gauleiter von Thüringen, Fritz Sauckel, zum »Generalbevollmächtigten für den Arbeitseinsatz«. Trotz Hitlers Ausführungen während der Führerbesprechung am 22. 3., daß er mit der

32 Dienstgebäude Todts in Berlin, Pariser Platz 3

33 Todt im Cockpit

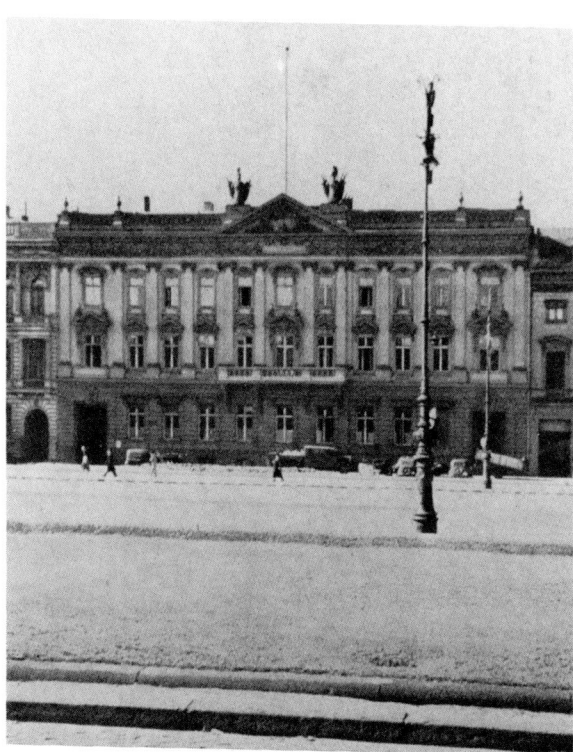

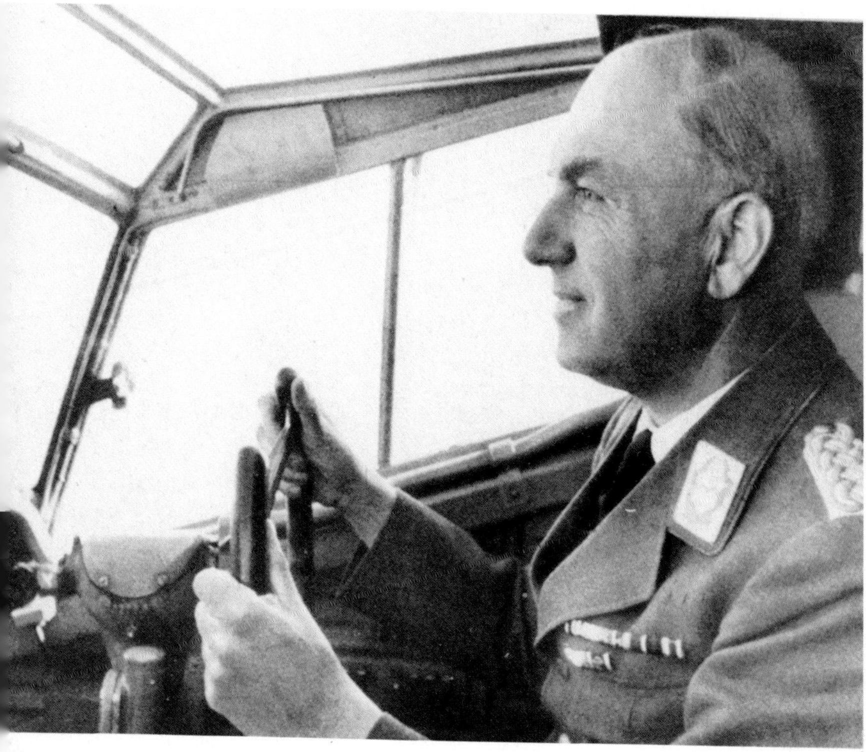

34 Besuch des Reichsministers für Bewaffnung und Munition in einem Industriebetrieb der Rüstungsfergigung

35 Besichtigung einer Werft durch den Reichsminister für Bewaffnung und Munition

46  Beispiel des landschaftsgebundenen Kraftwerkbaus

47  Übergabe von Bunkerbau-
ten an die Kriegsmarine mit der
Fahne der Deutschen Arbeitsfront

38 Todt bei den »alten Kämpfern« während der Ansprache Hitlers am Vorabend des 9. November 1938 im Münchner Bürgerbräukeller

39 Besichtigung der Arbeiten der Reichssieger der Technik im Reichsberufswettkampf bei der Nordlandreise 1939

schlechten Ernährung der Russen nicht einverstanden sei [60], leitete Sauckel das größte Arbeitssklavensystem der Neuzeit ein, indem er ein Millionenheer von Fremdarbeitern aus allen Winkeln Europas unter unmenschlichen Bedingungen nach Deutschland transportieren und dort arbeiten ließ.

Zu den letzten Erfolgen Todts gehörte, daß er dem OKW einen Befehl über die Freistellung von kriegswichtigen Arbeitern vom Wehrdienst abtrotzen konnte. Das OKW befahl am 28. 1. 1942, daß 50000 Reservisten der Jahrgänge 1908 und jüngere »als Schlüsselkräfte der Rüstung« bis auf weiteres uk-gestellt werden könnten. Darunter fielen vorzugsweise Arbeiter der Mineralölerzeugung, des Bergbaus, der Panzerproduktion und der Herstellung von Werkzeugmaschinen, Reifen, Pulver und Sprengstoff. Der Schutz dieser Schlüsselkräfte war auch nach Todts Ende ein Hauptanliegen seines Nachfolgers Speer. Er erhielt am 19. 2. 1942 Hitlers Unterschrift unter einen »Schlüsselkräfte-Erlaß«, mit dem er im Laufe des Krieges 708000 Fachkräfte vor Einberufungen bewahrte. [61] Auch in der Frage der Einberufungen erfuhr also das OKW eine Kompetenzeinschränkung durch den Reichsminister für Bewaffnung und Munition.

Karl-Otto Saur, von dem Todt sagte: »Er denkt und handelt wie ich«, erlebte unter Speer die riesige Steigerung der Rüstungsproduktion, zu der Todt die Weichen gestellt hatte. Warum zu Todts Zeiten die Ergebnisse weit niedriger waren, führt Saur auf »das für die damalige Zeit typische Weiterbestehen zahlreicher mehr und minder selbständiger und nebeneinander handelnder anderer Wirtschafts- und Rüstungsdienststellen« zurück, wie das Wehrwirtschafts- und Rüstungsamt mit seinen Rüstungsinspektionen, den Chef der Heeresrüstung, den Generalluftzeugmeister, die Waffenämter der Wehrmachtteile, die verschiedenen Generalbevollmächtigten und -beauftragten für den Vierjahresplan, das Reichsamt für Wirtschaftsausbau und die vielen produktionslenkenden Stellen des Reichswirtschaftsministers. [62] Speer entmachtete sie, schaltete sie aus oder überspielte sie. Das gelang Todt nicht. Speer bekam Vollmachten, die Todt nicht besaß. Am 1. 3. 1942 wurde er zum »Generalbevollmächtigten für Rüstungsaufgaben im Rahmen des Vierjahresplans« bestellt. Von da an war er in allen Rüstungsfragen gegenüber allen Dienststellen des Vierjahresplans weisungsberechtigt. [63]

Mißt man die Rüstungsleistungen des Jahres 1941 mit denen der folgenden Jahre, kommt man in der Tat zu einem erstaunlichen Ergebnis: Gibt man der Rüstungsendfertigung des Jahres 1940 die Indexziffer 100, so steigerte sich in der Amtszeit Todts als Reichsminister für Bewaffnung und Munition die Rüstungsproduktion im Jahr 1941 nur um 1%. In der Munitionsfertigung wurde der Bedarf völlig unterschätzt. Im Januar 1941 wurden 100 Millionen Schuß an Infanteriemunition erzeugt, im Dezember 1941 nur die Hälfte. Die Bestände an Artilleriemunition fielen von Juni 1941 bis März 1942 auf ein Drittel. Lediglich bei der Flak- und Bordwaffenmunition blieb der Ausstoß das ganze Jahr über konstant. [64]

Es war reiner Bluff, als Todt die Beweglichkeit der deutschen Rüstungswirtschaft dadurch beweisen wollte, daß er behauptete, sie habe ihn in die Lage versetzt,»derartige Vorräte hinzulegen, daß die Erzeugung von Munition in Deutschland heute nur dadurch begrenzt wird, daß die vorgesehenen Lagermöglichkeiten nicht ausreichen, um all das zu lagern, was gefertigt wurde«. [65]

## Belegstellen

1 Vortragsniederschrift von Oberst Jansen vom 29.3. 1940, in: Georg Thomas: Geschichte der deutschen Wehr- und Rüstungswirtschaft (1918–1943/45), hrsg. von Wolfgang Birkenfeld, Boppard 1966, S. 509

2 Vgl. Dietrich Eichholtz: Geschichte der deutschen Kriegswirtschaft (1939–1945), Band 1 (1939–1941), Berlin (Ost) 1984, S. 118. Den Nutzen, den die Rüstungsindustrie im Rahmen ihrer Selbstverwaltung aus der Kooperation mit Todt später zog, veranlaßte marxistische Geschichtsschreiber zu der These, die Ernennung Todts sei das Werk der Großindustrie und Todt eine Marionette des deutschen Finanzkapitals gewesen.

3 RGBl 1940 I, S. 130

4 Erste Durchführungsverordnung zum Erlaß des Führers und Reichskanzlers über die Bestellung eines Reichsministers für Bewaffnung und Munition vom 20.3. 1940, RGBl 1940 I, S. 514 f.

5 Vgl. Aktenvermerk Bundesarchiv R 43 II/1157, Bl. 20

6 Vgl. Aktenvermerk Reichskanzlei vom 4.2. 1942, Bundesarchiv R 43/1157, Bl. 72. Bei der Ernennung Speers zum Reichsminister war diese Klausel nicht erforderlich, da er im Unterschied zu Todt nicht unter Berufung in das Beamtenverhältnis zum Generalbauinspektor ernannt worden war und deshalb beide Funktionen in sich vereinigen konnte.

7 Vgl. Nachlaß Wolters, Bundesarchiv NL 318/3, Bl. 82 f.

8 Dr. Todt wurde Reichsminister für Bewaffnung und Munition, in: Rundschau Deutscher Technik 13/1940

9 Vgl. Aussage Günther Schulze-Fielitz vom 7.11. 1948, Spruchkammerverfahren Todt, Amtsgericht München, Nr. 71

10 Vgl. Verteidigungsschrift Ebermayer vom 2.9. 1946, Spruchkammerverfahren Todt, Amtsgericht München, Anlage 11

11 Vgl. Schreiben Todt an Reichsfinanzministerium vom 29.10. 1940, Bundesarchiv

R 2/4583. Im September 1941 entschloß sich Todt jedoch, auf den Neubau zu verzichten und als Ersatz Behelfsbauten in Barackenform errichten zu lassen. Die Kosten der Behelfsbauten wurden auf etwa 1,6 Millionen RM veranschlagt. Vgl. Schreiben Todt an RMF vom 6. 10. 1941, Bundesarchiv R 2/4583

12 Vgl. Besondere Begründung zum Haushaltsvoranschlag 1941, Bundesarchiv R 2/21717

13 Vgl. Die Straße, Aprilheft 1940, S. 163

14 Vgl. Aktennotiz Auswärtiges Amt St. S. Nr. 284 vom 16. 4. 1940, IfZ NG 2065

15 Vgl. Alan S. Milward: Die deutsche Kriegswirtschaft 1939–1945, Stuttgart 1966, S. 39

16 Vgl. Georg Thomas: a. a. O., S. 242

17 Vgl. Das Deutsche Reich und der Zweite Weltkrieg, hrsg. vom Militärgeschichtlichen Forschungsamt, Band 4: H. Boog, J. Förster, J. Hoffmann, E. Klink, R.-D. Müller, G. R. Ueberschär: Der Angriff auf die Sowjetunion, Stuttgart 1983, S. 168 ff.

18 Vgl. Schreiben Todt an Udet vom 7. 10. 1940, Verteidigungsschrift Ebermayer vom 2. 9. 1946, Spruchkammerverfahren Todt, Amtsgericht München, Anlage 15 a

19 Vgl. Alan S. Milward: Fritz Todt als Minister für Bewaffnung und Munition, in: Vierteljahrshefte für Zeitgeschichte 1/1966, S. 48

20 Zur Dauerfehde Todts mit dem OKW vgl. Otto Dietrich: 12 Jahre mit Hitler, München 1955, S. 129

21 Vgl. Franz Halder: Kriegstagebuch. Tägliche Aufzeichnungen des Chefs des Generalstabs des Heeres 1939–1942, bearbeitet von Hans-A. Jacobsen, in Verbindung mit Alfred Philippi, Band 1, Stuttgart 1962, S. 239

22 Deutsche Technik, Februar 1942, S. 115

23 Aktennotiz von Karl Albrecht über die Sitzung der Reichsgruppe Industrie am 27. 3. 1940, in: Anatomie des Krieges. Neue Dokumente über die Rolle des deutschen Monopolkapitalismus bei der Vorbereitung und Durchführung des zweiten Weltkrieges, hrsg. von Dietrich Eichholtz und Wolfgang Schumann, Berlin (Ost) 1969, S. 243

24 Zu den Auswirkungen der zahlreichen Planungspannen in der Praxis vgl. Erich Welter: Falsch und richtig planen. Eine kritische Studie über die deutsche Wirtschaftslenkung im Zweiten Weltkrieg, Heidelberg 1954

25 Vgl. Bericht des Wehrwirtschafts- und Rüstungsamtes beim OKW vom 9. 4. 1940, in: Anatomie des Krieges: a. a. O., S. 247 ff.

26 Aktennotiz von Erich Tgahrt, in: Anatomie des Krieges, a. a. O., S. 249 ff.

27 Vgl. Erlaß über die Bildung von Arbeitsgemeinschaften in der Munitionserzeugung vom 6. 4. 1940 in: Anatomie des Krieges: a. a. O., S. 251 ff.

28 Vgl. Anatomie des Krieges: a. a. O., S. 251 ff.

29 Vgl. Schreiben Keßler vom 25. 5. 1940, in: Anatomie des Krieges: a. a. O., S. 255 ff.

30 Vgl. Schreiben Todt an Krupp von Bohlen und Halbach vom 11. 7. 1940 und Aktennotiz der Besprechung vom 25. 7. 1940, IfZ NIK 6472; vgl. Deutschland im Kampf, hrsg. von Alfred I. Berndt und Hasso von Wedel, August 1940, S. 79

31 Vgl. Rundschreiben von Wilhelm Zangen an die Leiter der Wirtschaftsgruppen vom 9. 1. 1942, in: Anatomie des Krieges. a. a. O., S. 371

32 Vgl. Geheime Richtlinien des Rüstungsbeirats der Reichsgruppe Industrie vom 4. 12. 1940 über den Sonderausschuß X Waffen, in: Anatomie des Krieges: a. a. O., S. 308 ff.

33 Vgl. Begründung zum Haushaltsvoranschlag 1941, Bundesarchiv R 2/21717

34 Vgl. Dietrich Eichholtz: a. a. O., Band 2, Berlin (Ost) 1985, S. 24 ff.; Bundesarchiv/
Militärarchiv Wi I F 5/845

35 Vgl. Dietrich Eichholtz: a. a. O., Band 2, S. 30

36 Vgl. Dietrich Eichholtz: a. a. O., Band 2, S. 297

37 Vgl. Der Reichsminister für Bewaffnung und Munition vom 22. 12. 1941, Bundesarchiv R 65 I/36

38 Aufzeichungen über die Sitzung des Großen Beirats der Reichsgruppe Industrie, in:
Anatomie des Krieges: a. a. O., S. 373 ff.

39 Aktennotiz von Karl Albrecht über die Sitzung des Beirats der Reichsgruppe
Industrie am 5. 2. 1942, in: Anatomie des Krieges: a. a. O., S. 377 ff.

40 Bericht des Wehrwirtschafts- und Rüstungsamtes über die Tagung der Hauptausschüsse am 6. 2. 1942, in: Anatomie des Krieges: a. a. O., S. 378 ff.

41 Aktennotiz von Karl Albrecht über die Sitzung des Beirats der Reichsgruppe
Industrie, in: Anatomie des Krieges, a. a. O., S. 378

42 Vgl. Alan S. Milward: Fritz Todt als Minister für Bewaffnung und Munition: a. a. O.,
S. 55 ff.

43 Vgl. Aktennotiz OKH vom 9. 2. 1942, IfZ NI 7290

44 Vgl. Georg Thomas: a. a. O., S. 170

45 Marxistische Historiker sehen im Reichsministerium für Bewaffnung und Munition
unter Todt wegen seiner staatsmonopolistischen Struktur und wegen seiner Durchschlagskraft ein Instrument des Großkapitals und der Industrie. Unter dem Deck-
mantel dieses Ministeriums gewann die Rüstungsindustrie autonome Befugnisse.
Obwohl das Ministerium Todt weit mehr Rechte hatte als das Waffen- und Muni-
tionsbeschaffungsamt des preußischen Kriegsministeriums während des Ersten
Weltkriegs, wird es als eine Organisationsform des staatsmonopolistischen Kapitalis-
mus interpretiert. Vom Kriegsamt unterschied sich Todts Ministerialkompetenz
dadurch, daß er es fertigbrachte, die Wehrwirtschaftsführung aus dem Beschaffungs-
wesen zu eliminieren, die Leitung der Produktion von Waffen, Munitions- und
Kriegsgerät in Ausschüsse und Ringe zu verlegen, die Arbeitskräftelenkung zu
zentralisieren und das gesamte Aufkommen an kriegswichtigen Rohstoffen zu
verteilen. Unter den Fittichen des Ministeriums habe sich die Produktionsdiktatur
der Rüstungskonzerne über das deutsche Reich und alle besetzten Länder gelegt.
Vgl. Dietrich Eichholtz: a. a. O., Band 2, S. 107 f.

46 Vgl. Dietrich Eichholtz: a. a. O., Band 2, S. 181; Marie-Luise Recker: Nationalsozialistische Sozialpolitik im Zweiten Weltkrieg, München 1985, S. 157 ff.

47 Vgl. Dietrich Eichholtz: a. a. O., Band 2, S. 85

48 Vortragsnotiz Chef Rü über eine Besprechung mit Todt vom 22. 8. 1940, IfZ PS 1456,
Bl. 110

49 Vgl. Vermerk vom 24. 6. 1941 und Schreiben Hierl an Lammers vom 23. 7. 1941, IfZ,
Akten der Parteikanzlei 10106100 ff.

50 Vgl. Dörte Winkler: Frauenarbeit im Dritten Reich, Hamburg 1977, S. 130 f.

51 Vgl. Der Reichsarbeitsminister vom 26. 8. 1941, IfZ PS 1204

52 Vgl. Dietrich Eichholtz: a. a. O., Band 2, S. 194

53 Hitlers Weisungen für die Kriegführung 1939–1945. Dokumente des Oberkommandos der Wehrmacht, hrsg. von Walther Hubatsch, München 1965, S. 203

54 Vgl. Der Reichsminister für Bewaffnung und Munition vom 30. 1. 1942, IfZ NG 1371

55 Vgl. Der Reichsminister für Bewaffnung und Munition Az. 9010/14-71, IfZ NI-1044

56 Vgl. Schnellbrief des Reichsministers für Ernährung und Landwirtschaft vom 10. 12.
1941, Bundesarchiv R 3/1573. Mit diesen neuen Festlegungen waren die Rationen,

die das OKH am 30. 9. 1941 angeordnet hatte, außer Kraft gesetzt. Vor allem Fleisch- und Süßwaren wurden erheblich gekürzt. Vgl. Bundesarchiv R 3/1573

57 OKW vom 18. 12. 1941, Bundesarchiv R 3/1573

58 Merkblatt für den Arbeitseinsatz der sowjetischen Kriegsgefangenen, Bundesarchiv R 3/1573

59 Dietrich Eichholtz: a. a. O., Band 2, S. 201

60 Vgl. Vermerk Speers, Bundesarchiv R 3/1503, Bl. 58

61 Vgl. Dietrich Eichholtz: a. a. O., Band 2, S. 196 f.

62 Vgl. Karl-Otto Saur: Abriß meines Werdegangs, Manuskript bei Grete Gringmuth, Bad Wörishofen

63 Vgl. Bundesarchiv R 3/1450, Bl. 9

64 Rolf Wagenführ: Die deutsche Industrie im Kriege 1939–1945, Berlin 1963, S. 32 f.

65 Fritz Todt: Bewegliche Rüstungswirtschaft, in: Betrieb und Wehr, Beiblatt zur Zeitschrift Deutsche Technik, Februar 1941, S. 87

# 8
# Generalinspektor für Wasser und Energie

## Das neue Amt

Die Ernennung Todts zum »Generalinspektor für Wasser und Energie« am 29. 7. 1941 erfolgte entgegen dem Willen der Ministerien, zu deren Zuständigkeit diese Fragen bisher gehörten. Dem Wunsche Todts nach einer Zentralisierung der Energiewirtschaft und der Wasserwirtschaft hatte Hitler bereits im Februar 1941 grundsätzlich entsprochen. [1] Diese Entscheidung Hitlers war ohne die Beteiligung der betroffenen Ressortchefs zustande gekommen. Insbesondere der Reichsminister für Ernährung und Landwirtschaft, Walter Darré, äußerte sein Befremden darüber, daß Hitler solche tiefgreifenden Entscheidungen fällte, ohne vorher die Meinung der zuständigen Fachminister einzuholen. [2] Sein Haupteinwand war, daß der Aufgabenbereich Energie und Wasserwirtschaft für die Bildung einer Obersten Reichsbehörde, d. h. eines Ministeriums, nicht ausreichte. Dieses Sachargument konnte Bormann, der mit der Durchführung der Entscheidung Hitlers beauftragt war, nicht beeindrucken. Er entgegnete Darré:

»Ganz selbstverständlich benötigt der Pg. Dr. Todt zur Durchführung dieser Aufgabe eine Oberste Reichsbehörde. Dem Pg. Dr. Todt kommt es lediglich auf die Aufgabe an, es ist ihm also gleichgültig, ob diese Oberste Reichsbehörde Reichsministerium genannt wird oder nicht. Über den Umfang des Auftrages kann daher überhaupt nicht diskutiert werden, denn dieser Führerauftrag liegt fest; diskutiert werden kann lediglich über die Formulierung im einzelnen.« [3]

In den folgenden Wochen verhandelte Dr. Todt mit dem Wirtschaftsministerium, dem Ernährungsministerium, dem Verkehrsministerium und dem Ministerium des Inneren über die Herauslösung der einschlägigen Referate aus diesen Behörden. Reichswirtschaftsminister Funk erklärte sich mit der Abgabe der Energiewirtschaftsabteilung seines Hauses an Todt als erster einverstanden. Die Widerstände der anderen waren stärker. Bei einer Besprechung mit Hitler am 19. 6. 1941 berichtete Todt von den unbefriedigenden Ergebnissen der Verhandlungen. Daraufhin sagte Hitler ihm einen Führererlaß zu, in dem er »von vornherein die nötigen Vollmachten« erhalten würde, um die Aufgaben der Energie- und Wasserwirtschaft gemäß den Weisungen des Führers zu lösen. Er befahl auch, daß die zuständigen Sachbearbeiter in den Abteilungen des Verkehrsministeriums, des Ernährungsministeriums und des Wirtschaftsministeriums »beschleunigt und endgültig zur neuen Dienststelle übertreten«. Der von Todt vorgeschlagenen Bezeichnung der neuen Dienststelle »Generalinspektor für Wasser und Energie« stimmte Hitler in dieser Besprechung unter der Voraussetzung zu, daß Todt wie als »Generalinspektor für das deutsche Straßenwesen« auch in diesem Amt die Rechte und Vollmachten eines Ministers erhalte. [4]

Aufgrund der prinzipiellen Entscheidung Hitlers vom 19. 2. 1941 und der Besprechung vom 19. 6. 1941 übersandte Todt am 21. 6. 1941 dem Reichsminister und Chef der Reichskanzlei Dr. Lammers den Entwurf für einen Erlaß des Führers über die Einrichtung der neuen Behörde. Gleichzeitig berichtete er über den Sachstand seiner Verhandlungen mit dem Reichswirtschaftsminister, dem Reichsernährungsminister, dem Reichsverkehrsminister und dem Reichsminister des Inneren.

Am 12. 7. 1941 fand im Kabinettssitzungssaal der Reichskanzlei eine Chefbesprechung über den geplanten »Erlaß des Führers und Reichskanzlers zur Regelung der Wasser- und Energiewirtschaft« statt. [5] Darüber gibt es einen ausführlichen Vermerk. Entschuldigen ließ sich der Reichsmarschall des Großdeutschen Reiches und Beauftragte für den Vierjahresplan, Hermann Göring, weil er bereits im Februar 1941 um einen Aufschub der Entscheidung gebeten hatte, bis er mit Todt gesprochen habe. Dazu war es jedoch nicht gekommen. Alle anderen betroffenen Obersten Reichsbehörden waren vertreten: der Reichsminister für Ernährung und Landwirtschaft, der für das Wasser außerhalb der Reichswasserstraßen zuständig war, dem die Unterhaltung aller Wasserläufe von den kleinsten Gräben bis hin zu den großen Flüssen oblag und der in Grundwasserfragen des land- und forstwirtschaftlichen Bereichs weisungsberechtigt war. Er hatte die oberste Aufsicht über die 10 000 öffentlich-rechtlichen Wasser- und Bodenverbände. Als Mittelinstanz bediente er sich der Wasserwirtschaftsverwaltungen der Länder, unter deren Leitung die Unterhaltung großer Wasserläufe, der Bau von Talsperren, der Hochwasserschutz durch Deiche, der Ausbau von Wasserläufen, die Ent- und Bewässerung, die Erstellung von Schutzwerken, die Reinhaltung der Gewässer, die ländliche Wasserversorgung mit Kanalisation, der Küstenschutz und die Landgewinnung durchgeführt wurden. Der Reichsverkehrsminister war zuständig für die schiffbaren Flüsse und Kanäle. Der Reichsinnenminister sträubte sich grundsätzlich gegen die Einrichtung einer Sonderverwaltung, die den Rahmen traditioneller Ressorteinteilungen sprengte. Der Reichswirtschaftsminister bangte um seine Kompetenzen bei der Ausübung des Enteignungsrechts. Strittig waren auch die Übergabe des Eigentums an Brücken, Wehren usw. an das Reich und die Zuständigkeiten des Generalinspektors für Wasser und Energie im Generalgouvernement, im Protektorat Böhmen und Mähren, im Elsaß, in Lothringen, in Luxemburg, in der Untersteiermark, in Kärnten und in Krain sowie die Kooperationsverfahren mit den Militärbefehlshabern in Frankreich, Belgien, Holland, Dänemark und Norwegen. Besonders umstritten war die Frage, ob die Einrichtung des Amtes des Generalinspektors für Wasser und Energie die Einheitlichkeit der Verkehrsverwaltung, deren Kompetenz bisher beim Reichsverkehrsminister ruhte, beeinträchtigen würde.

Die Besprechung in der Reichskanzlei am 12. 7. 1941 wurde vom Reichsminister und Chef der Reichskanzlei Dr. Lammers geleitet. Dr. Todt berichtete als erster, daß ihm bereits im Jahre 1938 der Führer den Auftrag erteilt habe, die Leitung der Wasserwirtschaft zu übernehmen, daß dieser Auftrag jedoch aus Zweckmäßigkeitsgründen bis Anfang 1941 zurückgestellt worden sei. Die Energiewirtschaft habe Hitler im Februar 1941 wegen der Entwicklung des Energiebedarfs in den kommenden Jahren einbezogen. Der Vertreter des Reichswirtschaftsministers, Staatssekretär Dr. Langfried, erteilte sein Einverständnis zur Vorlage, wenn bei allen Enteignungssachen auf dem Gebiet der Energiewirtschaft der Reichswirtschaftsminister beteiligt würde. Ministerialdirektor Harmening teilte im Auftrag des Reichsministers für Ernährung und Landwirtschaft mit, daß der Reichsernährungsminister zuständig bleiben müsse für die landwirtschaftlichen Fragen der Wasserwirtschaft, besonders für die Durchführung von Meliorationen. Reichsinnenminister Dr. Frick forderte, daß die allgemeine Kommunalaufsicht uneingeschränkt beim Reichsminister des Innern verbleiben müsse. Auch seine Zuständigkeit »für die gesundheitliche Gütewirtschaft des Wassers« dürfe nicht angetastet werden, weil seine Medizinalabteilung die Wasserqualität begutachte. Auch die Befugnisse der Hafen- und Schiffahrtspolizei dürften nicht tangiert werden, weil dafür der Reichsführer-SS in seinem Hause zuständig sei. Wenn die Belange der Energiewirtschaft der Gemeindeverbände berührt würden, müßte eine Verständigung zwischen dem Generalinspektor für Wasser und Energie und dem Reichsminister des Innern herbeigeführt werden. Der Reichsfinanzminister Graf Schwerin von Krosigk stimmte dem Entwurf unter der Bedingung zu, daß seine Zuständigkeit für Fragen der Inanspruchnahme des Kapitalmarktes, der Neuregelung der Rechtsformen energiewirtschaftlicher Unternehmungen, der Reichsbodenschätzung und der Schaffung von Rechtträgern nicht beeinflußt würde. Was den Bau und Betrieb der Wasserstra-

ßen anging, forderte Todt vom Reichsverkehrsminister, daß die schiffbaren Wasserstraßen als Bestandteil der ganzen Wasserwirtschaft
wegen der Bedeutung als Energiequelle in seine Zuständigkeit übergehen müßten. Auch die Regelung von Hochwasserschäden solle in
Zukunft Todts Kompetenzbereich sein. Um den Verkehr auf den
Wasserstraßen solle sich der Reichsverkehrsminister wie bisher bemühen. Reichsverkehrsminister Dr. Dorpmüller wandte sich gegen die
Abtrennung des Verkehrs vom Baubetrieb der Wasserstraßen, weil in
den Ämtern aller Instanzen dieselben Beamten dafür zuständig seien.
Eine »Auseinanderreißung« wäre für die gesamte Verkehrswirtschaft,
vor allem nach dem Krieg, von Nachteil. Er stützte sich dabei auf
Bedenken des Oberkommandos der Wehrmacht. Auch eine Kompe-
tenzschmälerung des Schiffahrtsamtes, das auf Weisung des Führers
erst 1940 gebildet worden sei, könne nicht akzeptiert werden. [6]
Da keine Einigkeit erzielt werden konnte, wurde am 21. 7. eine
erneute Besprechung in der Reichskanzlei über die gleichen Fragen
durchgeführt. An dieser Sitzung nahmen keine Minister teil, sondern
nur höhere Beamte. Todt wurde durch den Ministerialdirektor
Schulze-Fielitz vertreten. In dieser Besprechung ging es im wesentlichen um strittige Formulierungen des Erlasses. In den Fällen, in denen
keine Einigung erzielt werden konnte, wurden in den Entwurf des
Erlasses Doppelformulierungen aufgenommen, damit sich Hitler für
die eine oder andere entscheiden konnte. [7]
Im Führererlaß über den Generalinspektor für Wasser und Energie
vom 29. 7. 1941 [8] billigte Hitler im wesentlichen Todts Vorstellungen. Die Bestimmungen über die technische Aufsicht erfolgten in
Form einer Kannvorschrift, wie sie Todt vorgeschlagen hatte. Soweit
die Belange der Energiewirtschaft der Gemeinden und Gemeindeverbände berührt wurden, nahm Hitler ausdrücklich von der Verständi-
gungsbereitschaft Todts und Fricks Kenntnis. [9]
Entgegen dem Votum des Reichsverkehrsministers und den Bedenken
des OKW billigte Hitler, daß der Generalinspektor für Wasser und
Energie seine Befugnisse auch auf den Bau und den Betrieb der
Wasserstraßen ausdehnte, weil nur daduch »eine einheitliche Führung
der gesamten Wasserwirtschaft sicherzustellen« war. [10]
Die Behörde des Generalinspektors für Wasser und Energie (GIWE)
war nach ihrem vollen Ausbau in folgende Abteilungen gegliedert:
▷ Abteilung Wasserstraßen
▷ Abteilung Wasserwirtschaft
▷ Landesanstalt für Gewässerkunde und Hauptnivellements
▷ Abteilung Energiewirtschaft.

Zu seinem Geschäftsbereich zählten

▷ Die Reichsstelle für die Elektrizitätswirtschaft (Reichslastverteiler Elektrizität), gegründet durch die Verordnung vom 3. 9. 1939 [11],

▷ der Reichslastverteiler Gas, errichtet durch die Verordnung vom 20. 9. 1939 [12]

Dem GIWE zugeordnet waren:

▷ Die Reichsgruppe Energiewirtschaft und ihre beiden Wirtschaftsgruppen a) Energieversorgung, b) Gas-und Wasserversorgung.

▷ Später der Sonderbeauftragte für die Energieeinsparung, berufen durch Verordnung vom 22. 6. 1943 [13].

Weiterhin gehörten zu seinem Geschäftsbereich folgende Reichsunternehmungen: Saaletalsperre AG Weimar, Energieversorgung Oberschlesien AG, Energiebau Ost GmbH, Süddeutsche Ferngas AG und Ferngas Schlesien AG.

Die genaue Kompetenzabgrenzung zwischen dem Generalinspektor für Wasser und Energie und dem Reichsverkehrsminister trat zum 1. 10. 1941 in Kraft. Todt war zuständig für die Planung, den Bau, die Unterhaltung, den Betrieb und die Verwaltung der Wasserstraßen, für alle Anlagen zur Erhaltung des Fahrwassers auf den Wasserstraßen, an den Seeküsten und auf den Inseln, für die Brücken und Fähren der Reichswasserstraßenverwaltung und der preußischen Verkehrsverwaltung, für die Strompolizei und die wasserrechtlichen und wasserpolizeilichen Entscheidungen. Auch alle Fragen der Betriebsicherheit an Schleusen, Werften und Schleppanlagen und der Wasserstraßen- und Luftschutz auf den Wasserstraßen und in den Häfen gehörten nunmehr zu den Kompetenzen Todts. Dem Reichsverkehrsminister verblieben die Verkehrspolitik, die See- und Binnenschiffahrt, das Lotsenwesen, die Gebührenfestsetzung, die Schiffahrt- und Hafenpolizei und die Stromkommissionen. [14]

Der Reichswirtschaftsminister blieb zuständig für

▷ die Ermittlung des Strombedarfs für die gewerbliche Wirtschaft und die Anforderung der erforderlichen Energiemengen,

▷ für die Bereitstellung der für die Energiewirtschaft erforderlichen Werkstoffe und Kohlen,

▷ für die Inanspruchnahme des Kapitalmarktes für Zwecke der Energiewirtschaft,

▷ für die Rechtsformen energiewirtschaftlicher Unternehmen.

Der Reichs- und Preußische Minister für Ernährung und Landwirtschaft behielt die Kompetenzen für die landwirtschaftlichen Fragen in der Wasserwirtschaft. Der Generalinspektor für Wasser und Energie brauchte seine Zustimmung zu Meliorationen und bei Belastungen der Grundeigentümer. [15]

Dem Generalinspektor für Wasser und Energie standen 1941 keine Haushaltsmittel zur Verfügung. Für die Neuorganisation der Energie- und Wasserwirtschaft im Reich und die dafür einzurichtenden Ingenieurbüros, die den Ausbau der Energieanlagen, insbesondere der Wasserkraftanlagen, mit allen Mitteln vorantreiben sollten, mußte der Reichsfinanzminister Sondermittel bereitstellen. Erst 1942 wurde ein besonderer Haushaltsansatz für den Generalinspektor aufgestellt. [16]

## *Der neue Wasserbau*

Im 19. Jahrhundert hatte sich die handwerkliche Wasserbaukunst zur wissenschaftlichen Wasserbautechnik entwickelt mit dem Ziel, das Wasser aus der Landschaft zu verdrängen, es zu kanalisieren und abzuleiten. Drainagen und Kanäle wurden errichtet. Erst blieben die Trockenschäden jahrzehntelang unbemerkt, dann wurden sie ignoriert. Alwin Seifert, Privatdozent für Landschaftsgestaltung an der Technischen Hochschule München, wandte sich am 18. 9. 1934 an Hitlers Stellvertreter Rudolf Heß mit der Bitte, das Sündigen an der Natur zu unterbinden und die Wasserwirtschaft im Reich einem Inspektor zu unterstellen, der die Folgen des Wasserbaus abzuschätzen wisse. Außerdem schlug er vor:

»Es darf kein Bau- und Kulturingenieur eine deutsche Hochschule verlassen ohne gründliche Schulung in der Erkenntnis der großen Naturzusammenhänge, in die hinein er künftig seine Werke stellen soll.« [17]

In Todt fand Seifert einen verständnisvollen Partner zur Durchsetzung seiner Ideen. Dieser gab eine umfangreiche Denkschrift Seiferts über die betreffenden Fragen im August 1935 an Heß weiter. Da der im März 1935 gegründete Reichsarbeitsdienst unter großem Propagandaaufwand aber besonders mit der Begradigung von Flüssen, der Trockenlegung von Mooren und der Aufforstung von Buschland beschäftigt war, wagte Todt nicht, sie auch an die zuständigen Reichsministerien weiterzureichen. Erst im Oktober 1936 war er bereit, in der parteieigenen Zeitschrift »Deutsche Technik« für einen Artikel Seiferts mit der Überschrift »Die Versteppung Deutschlands« ein Vorwort zu schreiben, das mit folgendem Satz schloß: »Die Verantwortungsfreudigkeit, der Mut, offen zu sprechen, und die Überzeugung für die Richtigkeit seiner Idee zwingen uns zur Achtung vor dem ehrlichen Bestreben des Verfassers.« Ganz wohl war ihm dabei nicht. Die Resonanz bestätigte seine Befürchtungen. Die Fachleute waren entrüstet. Aber Todt hielt zu Seifert. Er warnte davor, den Wasserbau »einseitig materiell für einen bestimmten Sonderzweck zu betreiben ... im Interesse eines Nutznießers ..., ob er nun Landwirt, Schifffahrttreibender, Energiewirtschaftler oder sonst ein Interessent sei«. Unter dem Motto »Gemeinnutz geht vor Eigennutz« sollte sich die

Technik im Wasser- und Kulturbau »von ihrer bisher eng materiellen, nur auf kurzen Erfolg in der Gegenwart ausgerichteten Einstellung« abwenden und gemeinnützig auf lange Sicht arbeiten. [18] Angesichts der Bausünden der Wasserbauingenieure, die Todt beim Bau der Autobahnen zur Kenntnis nehmen mußte, und aufgrund seiner eigenen Berufserfahrung bei der Firma Sager & Woerner entwickelte sich der Wunsch, im Wasserbau ähnliche Maßstäbe zu setzen wie im Straßenbau. Auf der Hauptversammlung der »Reichsgemeinschaft technisch-wissenschaftlicher Vereine« am 6. 6. 1935 in Breslau bewog er – entsprechend der Ratschläge Seiferts – die Delegierten erstmals zu einer Empfehlung, den Wasserbau in einer Reichsbehörde zu zentralisieren. [19] In den folgenden Jahren setzte sich Todt immer wieder für die »Überbrückung der ressortmäßigen Trennung der einzelnen Zweige« der Wasserwirtschaft ein. Der Leiter des Reichsverbandes der Deutschen Wasserwirtschaft, Reichsminister a. D. Dr. Krohne, stimmte seinen Ideen zu. Mit Hilfe des Hauptamtes für Technik hatte Todt die Möglichkeit,

»alle in den einzelnen Aufgaben des Wasserbaus und der Wasserwirtschaft tätigen Ingenieure auf die Wahrung der notwendigen Rücksicht und Abstimmung der Teilziele, auf die Erhaltung des Gleichgewichts im Wasserhaushalt auszurichten«. [20]

In Verhandlungen mit dem »Reichsverband der Deutschen Wasserwirtschaft« erreichte Todt im Juli 1938, daß die Zeitschrift »Deutsche Wasserwirtschaft« als die führende deutsche Zeitschrift auf dem Gebiet des Wasserbaus und der Wasserwirtschaft ab 1. 8. 1938 im parteiamtlichen Verlag der Deutschen Technik GmbH München herausgegeben wurde und damit Todts redaktionellem Zugriff offenstand. Als Leiter des Hauptamts für Technik behielt er es sich vor, die einzelnen Aufgaben des Wasserbaus und der Wasserwirtschaft »auf gegenseitige Rücksichtnahme und Abstimmung« zu prüfen und die Ergebnisse abzudrucken. Außerdem sollte die Zeitschrift

»alle in der Wasserwirtschaft Tätigen zur Verantwortung gegenüber Heimat und Boden und zur Ehrfurcht vor der Natur erziehen und ihnen besonders das Bewußtsein der natürlichen Verbindung der Gewässer mit der umgebenden Landschaft von der Quelle bis zur Mündung immer wach halten«. [21]

In der ersten Nummer der neugestalteten und stark erweiterten Fachzeitschrift »Deutsche Wasserwirtschaft« schrieb Todt selbst einen richtungweisenden Artikel zu dem Thema. Die Wasserwirtschaftler hätten neben dem materiellen Zweck kulturelle und übergeordnete Aufgaben zu erfüllen. Es ginge nicht nur darum, der Landwirtschaft genügend Bewässerungsmöglichkeiten zu verschaffen, Kraftwerke zu bauen oder die Binnenschiffahrt zu fördern, sondern bei Planung und Durchführung müßten zusätzliche Forderungen berücksichtigt werden:

»1. Des Menschen vielseitige Maßnahmen dürfen das Gleichgewicht des Wasserhaushaltes der Natur nicht verlegen, sonst entsteht nach dem vorübergehenden und nur lokalen Nutzen, auf längere Sicht gesehen, schwerer Schaden.
2. Das Wasser gehört allen. Übergeordnete ausgleichende Stellen der Wasserwirtschaft müssen regelnd eingreifen, wenn der Bedarf mehr verlangt, als die Natur zur Verfügung stellt.
3. Wasserbau ist eine Kunst. Es gehört mehr dazu als Regelprofile. Planung und Ausführung hat mit Rücksicht auf Natur und Landschaft zu geschehen.« [22]

Als Todt in seiner Funktion als Leiter des Hauptamtes für Technik im Juni 1939 zur »Ersten Reichstagung des Reichsverbandes der deutschen Wasserwirtschaft« nach Linz an der Donau und Bad Ischl eingeladen wurde, hatte er erstmals die Gelegenheit, seine Gedanken über den Wasserbau vor Fachleuten zu äußern. Etwa 600 Ingenieure hörten ihm zu. Todt legte ein Bekenntnis zu den übergeordneten Kulturaufgaben der Ingenieurwissenschaften ab. Über die Energieerzeugung der Weimarer Republik und der Republik Österreich wußte er nichts Gutes zu sagen. Jeder habe in seine Tasche gewirtschaftet und sich um den anderen nicht gekümmert. Er forderte die Wasserbauer auf, so zu bauen, daß die Natur in ihrem Wesen unverändert erhalten bleibe »als ewiges Zeugnis deutscher Art und in ihrer Schönheit sogar noch gesteigert werden müßte«. Den Grundsätzen »naturverbundenen Schaffens« müßte »mit revolutionärem Geist« zum Durchbruch verholfen werden. Die Zerstörung der Natur sei eine der größten Sünden. Die deutsche Landschaft müsse erhalten bleiben. So verlangte er z. B., daß bei der Gestaltung von Hochspannungsmasten befähigte Architekten beteiligt werden und daß die Trassierung rücksichtsvoll und landschaftsbezogen erfolgen müsse. Beschädigungen der Natur müßten vermieden werden. [23] Die anschließende zweitägige Besichtigungsfahrt zu den Wasserkraftanlagen des Salzkammergutes gab ihm die Möglichkeit, positive und negative Erscheinungen zu demonstrieren.

Im übrigen überließ Todt die Aufgabe, die Wasserbauer schriftstellerisch mit wissenschaftlicher Argumentation von den bisherigen Wegen des Wasserbaus, insbesondere den »seelenlosen« Flußregulierungen, abzubringen, seinem Gesinnungsfreund Alwin Seifert. Dieser zog alle Register der Beredsamkeit, um zu zeigen, daß das »Zeitalter der Technik« zu Ende sei und ein neues »Zeitalter des Lebendigen« begonnen habe, das die Zukunft bestimmen werde: »Und überall sind es Kräfte, denen es um das Lebendige geht, um das ganze, volle Wesen der Dinge, nicht um den meßbaren, zählbaren, abwägbaren Teil.« Die Mathematisierung natürlicher Wasserläufe nannte er »eine Ausgeburt jener verhängnisvollen Magie des Reißbretts«, die in der vergangenen Zeit stärker gewesen sei als die Natur und das Leben. Er forderte weniger Rentabilitätsdenken und weniger Mechanik und verwies mit zahlreichen Fotos auf abscheuliche Werke des Wasserbaus, die es überall in Deutschland gab:

»Mit Betonmauern und Spundwandeisen einem Gewässer zu Leibe zu rücken und es gewissermaßen totzumachen dadurch, daß man es in eine technische Zwangsjacke steckt und von aller lebendigen Beziehung zu der einst von ihm befruchteten Umwelt abschneidet, ist so wenig eine Kunst, wie wenn man eine überschäumende, schwer erziehbare Jugend einfach einsperrt.« [24]

Mit der Gründung des Amtes des Generalinspektors für Wasser und Energie im Juli 1941 war ein Herzenswunsch Todts in Erfüllung gegangen. Er wollte seine bautechnischen Befugnisse in der gleichen Art wahrnehmen, wie er dies für das Straßenwesen seit 1933 getan hatte. Wie den Straßenbau wollte er auch den Wasserbau als kulturelle Aufgabe pflegen. Ohne die Berücksichtigung der biologischen, architektonischen und anthropologischen Seite sollten keine wasser- und energiewirtschaftlichen Bauten entstehen. Nur-Techniker, für die es nichts als Regelprofile gab, sollten ebensowenig zu Bauten herangezogen werden wie im Kosten-Nutzen-Denken befangene Tiefbauingenieure beim Straßenbau. In der Wasser- und Energiewirtschaft wollte er das gleiche Umdenken herbeiführen wie beim Straßenbau. Wasser- und Energiebauten sollten als Kulturbauten entstehen und nicht als Zweckbauten. »Allzu roh bepflastert in der Regel der Wasser- und Flußbau seine neuen Gerinne«, kritisierte Todt. [25] An anderer Stelle mahnte er:

»... beim Wasserbau sind wir auf einem ganz gefährlichen Weg. Während der Straßenbau gelernt hat, naturverbunden zu arbeiten, herrscht im Wasserbau der Beton und die Gerade und das genaue Profil, und es herrscht die Sucht, jeden Tropfen Wasser im geschlossenen Gerinne abzuleiten. Die Entwicklung, in dieser Weise fortgesetzt, würde zu einer schweren Schädigung des gesamten Wasserhaushaltes der Natur führen.« [26]

Nach der Übernahme seines Amtes schrieb Todt:

»Wir stehen jetzt an einem Wendepunkt der Energiewirtschaft. An die Stelle der rein kapitalmäßigen Betrachtung muß eine auf das Interesse der Volksgemeinschaft ausgerichtete technische Lösung treten. Die wichtigste Aufgabe ist dabei im Augenblick weniger die Neuordnung des Bestehenden als die Neuschöpfung von Energie. Auch hier ist es vornehmste Aufgabe des Ingenieurs, alle Planungen und Bauten in Harmonie mit der Natur durchzuführen. Das technische Werk wird dann den größten Wert besitzen, wenn es alle Gegebenheiten der Natur berücksichtigt und nicht gegen die Gesetze der Natur verstößt.« [27]

Der Krieg verhinderte jedoch große Bauten auf dem Gebiet der Wasser- und Energiewirtschaft, in denen sich dieses Konzept beweisen konnte. Aber selbst unter dem Druck der Kriegslasten genehmigte Todt nur Planungen, die nicht gegen die Gesetze des Wasserhaushaltes verstießen und die Landschaft nicht beeinträchtigten. Zum Bau von Hochspannungsleitungen gewährte er den Elektrizitätsfirmen, die ihre Hochspannungsmasten ästhetisch ausgewogen konstruierten und gut in die Landschaft einpaßten, 6% mehr Stahl als den anderen. Das wirkte motivierender als alle Überzeugungsarbeit Alwin Seiferts bei den leitenden Herren des Elektrizitätswirtschaftsverbandes. [28]

Um die Wasserkräfte des Reiches besser zu nutzen, war bei der konfusen Rechtslage angesichts partikularistischer Tendenzen der Länder und privatwirtschaftlicher Profitinteressen eine gesetzliche Regelung vonnöten. Todt wies den zuständigen Referenten in seiner Dienststelle an, einen entsprechenden Gesetzesvorschlag auszuarbeiten. Er war sich der Unterstützung Hitlers sicher, da es sich um energiepolitische Entscheidungen kriegswichtiger Art handelte. Sobald in der Fachwelt bekannt wurde, daß ein »Gesetz zur Förderung des Baus von Wasserkraftanlagen« geplant war, ging eine Flut von Vorschlägen, Hinweisen und Warnungen aus Industriekreisen und von Fachleuten ein. Letztlich unterstrichen sie nur die Notwendigkeit länderübergreifender Kompetenzen des Generalinspektors für Wasser und Energie. Von seiten der Industrie wurde auf eine Beschleunigung der Planfeststellungsverfahren gedrängt.

Unter der Leitung von Ministerialrat Dr.Hergesell fand am 8. 3. 1941 die erste Besprechung zwischen Vertretern der Industrie und Todt statt. Die Anwesenden waren sich darüber einig, daß »eine Beschleunigung und planvolle Ausnutzung des deutschen Wasserschatzes erforderlich und wünschenswert« sei. Der stetig steigende Bedarf an Elektrizität könne sonst nicht gedeckt werden. [29]

Am 17. 11. 1941 kam es zu einer Ressortbesprechung beim Generalinspektor für Wasser und Energie, Pariser Platz 3, über den Entwurf einer »Verordnung zur Förderung von vordringlichen Wasserbauten«, wie die Gesetzesvorlage jetzt genannt wurde. Bis zur Schaffung der technischen Mittelbehörden sollten die Reichsstatthalter bzw. Regierungspräsidenten als Planfeststellungsbehörden fungieren. Der Reichsfinanzminister, der befürchtete, daß Wasserbauten größeren Ausmaßes begonnen werden könnten, ohne daß die Finanzierung vorher geklärt sei, so daß nachträglich finanzielle Ansprüche an das

Reich erhoben werden könnten, wurde von Todt dahingehend beruhigt, daß alle Finanzierungsplanungen im Rahmen der ordnungsgemäßen Haushalte stattfänden. [30] Die schriftlichen Stellungnahmen der beteiligten Ressorts zum Entwurf gingen im Februar 1942 beim Generalinspektor für Wasser und Energie ein. Der Schnellbrief des Reichsministers des Innern trägt das Datum vom 8. 2. 1942. [31] Das war der Tag, an dem Todt mit dem Flugzeug abstürzte.

Nach dem Ausscheiden Todts zogen sich die Verhandlungen über das Gesetz und die Durchführungsverordnung in die Länge. Es dauerte mehr als zwei Jahre, bis sich die zuständigen Ressorts auf einen gemeinsamen Text geeinigt hatten. Protagonisten Todts sahen darin einen Beweis dafür, daß mit seiner Person die Triebfeder für die energiepolitische Nutzung des Wasserbaus ausgefallen war. Die »Verordnung über vordringliche Aufgaben der Wasser- und Energiewirtschaft« – wie das Gesetz schließlich hieß – erschien erst am 30. 3.1944 mit der dazugehörigen Durchführungsverordnung. [32] Die detaillierten Ausführungen über die Erstellung wasserwirtschaftlicher Generalpläne, über vordringliche Wasserbauten und vor allem die minutiösen Darlegungen zur Planfeststellung hatten keinerlei politische Bedeutung mehr. Der Wasserbau war zu dieser Zeit zum Stillstand gekommen. Insofern ist das Gesetz ein Beispiel dafür, daß in den Behörden noch um Gesetze gestritten wurde, als die faktischen Grundlagen bereits entfallen waren.

Zu den ungeklärten Fragen, die auf den Generalinspektor für Wasser und Energie warteten, als er 1941 die Amtsgeschäfte aufnahm, gehörte auch die Kultivierung von Mooren, die von Hitler anders beurteilt wurde als vom Reichsminister für Ernährung und Landwirtschaft Walter Darré. Hitler wünschte Anfang 1941, »daß die jetzt noch vorhandenen Moore in Deutschland erhalten bleiben und nicht mehr, wie bisher, kultiviert werden«, weil ihre Beseitigung »unabsehbare klimatische Folgen haben würde« und weil dem Deutschen Reich nach dem Krieg »neues Wald- und Ackerland in reichlichem Maße« zur Verfügung stehen würde. Darré bezweifelte Hitlers Ansichten. Durch die Kultivierung von Mooren werde das Großklima nicht beeinflußt und die gesundheitlichen Folgen der Anwohner seien nur positiv. Außerdem sei die Trockenlegung der großen Moore in Nordwestdeutschland und Ostpreußen so weit fortgeschritten, daß durch die Einstellung der Arbeiten keine positiven Auswirkungen im Sinne des Führers zu erwarten seien. [33]

Dieser Sinneswandel bei Hitler, der vor dem Krieg der Bodengewinnung absolute Priorität zur Sicherung der Ernährungslage eingeräumt hatte, ist wohl auf die Beschwörungen Todts zurückzuführen. Alwin Seifert, Todts Landschaftsgestalter, störte sich daran, daß die Anordnung Hitlers bei den betroffenen Stellen sorgfältig geheimgehalten wurde. Nicht einmal der Reichsforstmeister als oberste Naturschutzbehörde wisse etwas davon. Er bat Todt, alle bisherigen Moorkultivierungsarbeiten von zuverlässigen und sachkundigen Leuten darauf überprüfen zu lassen, ob der beabsichtigte oder versprochene Erfolg überhaupt eingetreten sei. Ohne diesen Rechenschaftsbericht sollten keine neuen Aufträge mehr erteilt werden dürfen. Als übelste Beispiele schlechter Arbeit führte er die Kultivierung des Erdinger Mooses an, in dem die neuen Siedler in Elendsbuden hausten, weil die ehemalige »zauberhafte Mooslandschaft« in eine Erdwüste verwandelt worden war, von der die Frühjahrsstürme den Humus abgetragen hätten. [34] Da wegen der Kriegslage keine weiteren Moorkultivierungen mehr in Angriff genommen wurden, stieß Seifert mit seinen Ratschlägen nur noch auf wenig Widerstand.

## Energiepolitik

In der deutschen Energiewirtschaft gab es keine koordinierten Planungen der einzelnen Energieträger. Kohlewirtschaft, Wirtschaft für flüssige Brennstoffe, Gas- und Elektrizitätswirtschaft besaßen kein gemeinsames Konzept. Der Sinn einer Bedarfsdeckungsgemeinschaft war noch nicht erkannt worden. Auch fehlte es an Fachleuten für Energiefragen, die nicht nur in technischen, sondern auch in wirtschaftlichen Kategorien denken konnten. Todt bedauerte, daß es an den Universitäten keine Energiewirtschaftslehre gab, die diesem Zustand auf absehbare Zeit ein Ende bereiten würde.

Die Energieversorgungslage der Industrie war bereits während des ersten Vierjahresplans zeitweise kritisch geworden. Todt beobachtete diesen Tatbestand als Hauptamtsleiter für Technik und vom Standpunkt des sachkundigen Wasserbauers, der selbst an der mittleren Isar Wasserkraftwerke errichtet hatte. Der zu erwartende Energiebedarf sollte seiner Meinung nach vor allem durch den Bau neuer Wasserkraftwerke gesichert werden. Der Reichswirtschaftsminister Schacht war jedoch anderer Ansicht. Zur Ankurbelung der Kontrolle der vorhandenen Energieanlagen richtete er in zehn Landeswirtschaftsämtern besondere Abteilungen für Energiewirtschaft ein. Todt wies mit Zustimmung der Gauleiter die Gauamtsleiter für Technik an, sachkundige Ingenieure ihres Vertrauens in die energiewirtschaftlichen Abteilungen der Landeswirtschaftsämter zu entsenden. Damit glaubte er, sich eine gewisse regionale Mitsprache gesichert zu haben. Seine Hoffnung, daß nach der Angliederung Österreichs der Zuwachs an Wasserkraftwerken eine zentrale Lenkung der deutschen Energiewirtschaft erforderlich machen würde, erfüllte sich nicht. Dem Hauptamt für Technik mißlang die Berufung eines Generalinspektors für das deutsche Wasserwesen. Göring ernannte den Essener Oberbürgermeister Dillgardt zu seinem Bevollmächtigten für die deutsche Energiewirtschaft, der in Personalunion die Reichsgruppe Energiewirtschaft leitete und ein Interessenvertreter der Industrie war. [35]

Todts Versuche, in seiner kurzen Amtszeit als Generalinspektor für Wasser und Energie die gesamte Energiewirtschaft zu koordinieren, blieben bis zu seinem Tod ohne sichtlichen Erfolg. Jedoch gelang ihm die Durchsetzung von Maßnahmen in einzelnen Bereichen, z. B. in der Gaserzeugung. Zwischen 1934 und 1940 war der Gasverbrauch im Reich von 5,1 Milliarden cbm auf 12,7 Milliarden cbm angestiegen. Die Gaserzeugung in privater oder kommunaler Hand hatte Schritt gehalten. Mit 15 Milliarden cbm pro Jahr stellte die Gaswirtschaft 1940 die gleiche Energiemenge zur Verfügung wie die Elektrizitätswirtschaft. Die sprunghafte Expansion hatte jedoch dazu geführt, daß sich das Versorgungssystem unorganisch entwickelte. So tauchte der Gedanke einer zentralen Lenkung der Gaswirtschaft auf. Auch militärische Argumente spielten eine Rolle. Mehrere Bauvorhaben wurden in den dreißiger Jahren »aus rein wehrwirtschaftlichen Gründen durchgeführt«. Sie wurden ganz oder teilweise vom Reich finanziert, z. B. die Leitung Mannheim-Ludwigshafen, die Kuppelungen Saar-Ruhr und Nürnberg-Fürth, die Gasbehälter in Wilhelmshaven und Friedrichhafen. Als Todt sein Amt übernahm, war das Gasverteilungsnetz bereits eng vermascht und durch Ringleitungen gesichert. [36] Drei Viertel der verbrauchten Gasmenge dienten den kriegswichtigen Fertigungen in der eisen- und metallerzeugenden und metallverarbeitenden Industrie, der chemischen und der keramischen Industrie. Der Rest des Gases wurde in Haushalt und Gewerbe zur Versorgung von 50 Millionen Menschen verbraucht.

Bis 1941 konnte die Gaswirtschaft allen Ansprüchen gerecht werden, da große Reserven vorhanden waren und die Gaserzeugung in den Kokereien flexibel zu handhaben war. 1941 machte sich der Kohlenmangel bemerkbar, so daß Verbrauchsbeschränkungen für Gas vorgeschrieben werden mußten. Nur Krankenanstalten und Lazarette waren von den Sparmaßnahmen ausgeschlossen. Im Winter 1941/42 wurde der Verbrauch von Gas in Bürogebäuden, Gaststätten und Kaufhäusern auf 30% des Vorjahresverbrauchs gedrosselt. Die Bevölkerung rief man zur sparsamen Gasverwendung auf. Zeitweise wurde das Gas abgeschaltet. Das alles sollte der Industrie zugute kommen. Der Erfolg ließ zu wünschen übrig. Im Ruhrgebiet standen zeitweise nur 10–30% des Vorjahresvolumens an Gas zur Verfügung. Ausfälle in der Stahlerzeugung waren die Folge. Dagegen war Todt machtlos. Damit das angestrebte Produktionsvolumen bei einem Minimum an Gas erreicht werden konnte, ließ Todt durch seine Sparingenieure auch den Energieverbrauch in den Betrieben prüfen. Bessere Maschineneinstellungen sollten zur besseren Ausnützung der Gasenergie führen. Vorgeschlagen wurde weiter der Bau von unterirdischen, unsichtbaren Hochdruck-Rohr-Behältern zur Speicherung der Ener-

gie während der Nächte und an den Wochenenden, das Auffangen der elektrischen Belastungsspitzen über Gasmaschinen, die Freimachung von Unterfeuerungsgasmengen durch den Bau von Schwachgasgeneratoren, die Umstellung gasgefeuerter Dampfkessel auf Feuerung mit Abfallkohle oder Kohlenstaub und die Errichtung von Mahl- und Mischanlagen bei Kokereien und Gaswerken, um Kohle minderer Qualität verwenden zu können und den Engpaß bei der Fettsteinkohle zu umgehen. [37] Unternehmungen, die gegen § 10 der »Verordnung zur Sicherstellung der Gasversorgung« verstießen, konnten durch die Landeswirtschaftsämter unmittelbar Strafverfügungen erhalten. [38] Im November 1941 griff Todt die Anregung des Direktors der Stadtwerke Kiel, Heinz Behrens, auf, einen Gasausschuß zu konstituieren, der die Gasversorgung während des Krieges planen und sicherstellen sollte. Die erste Sitzung des »Fachausschusses Gasversorgung« fand am 22. 11. 1941 im Sitzungssaal, Pariser Platz 3, der Dienststelle des Generalinspektors für Wasser- und Energie, statt. Ihm gehörten an: sieben Vertreter der Gaswirtschaft und drei Vertreter des Generalinspektors für Wasser und Energie (Ministerialdirektor Schulze-Fielitz, Professor Dr. Buch und Ministerialdirektor Lohmann). Ziel der Ausschußarbeit sollte die Ausarbeitung und Aufstellung eines Generalplans für die Gasversorgung während des Krieges sein. Die Gaspolitik als solche blieb dem Generalinspektor vorbehalten. Vorrang hatte die Lösung rein technischer Aufgaben als Voraussetzung für politische Entscheidungen. [39] In einem ergänzenden Schreiben an den Vorsitzenden des Planungsausschusses forderte Todt, die Gauämter für Technik an der Arbeit in den Bezirken zu beteiligen. Auf eine »harmonische Zusammenarbeit« legte er »allergrößten Wert«. [40] Da sich die Grenzen der regionalen Planungsausschüsse nicht mit den Gauen der NSDAP deckten, gab es verschiedene Rückfragen der Gauleiter. Todt argumentierte, daß die Planungsbezirke nach Energienotwendigkeiten, z. B. nach Wassereinzugsgebieten oder Lastverteilerbezirken, eingerichtet seien und sachliche Notwendigkeiten vor politischen rangieren müßten. »Mit dieser nur vorübergehenden Maßnahme soll in keiner Weise zur Frage der Gaugrenzen irgendeine Stellung genommen werden.« Außerdem seien die Gauleiter durch die Gauwalter der Technik indirekt an allen Planungen beteiligt. [41]
Die Ergebnisse dieser Ausschüsse erlebte Todt nicht mehr. Ihre Effizienz sank in der Folgezeit wegen der verstärkten Bombenangriffe durch die Alliierten, da aufgrund der Zerstörungen von Kraftwerken die Energielage im Reich immer verworrener wurde.
Die Elektrizitätsindustrie litt wie die Gasindustrie an Kohlenmangel,

obwohl sie einen Teil ihrer Produktion aus Wasserkraftwerken bezog. Schon am 30. 4. 1940 wurde ein »Reichskohlenkommissar« eingesetzt, weil Kohlenproduktion, Kohlenverteilung und Kohlenversorgung zu wünschen übrigließen. Dagegen liefen der Kohlenbergbau und die Kohlenverbrauchsindustrie Sturm. Die Durchsetzung ihrer Forderungen führte im Februar 1941 zur Einrichtung einer »Reichsvereinigung Kohle« mit starken Selbstverwaltungskompetenzen. [42] Das Oberkommando der Wehrmacht versprach in einem Geheimbefehl vom 11. 6. 1941, daß weitere Einberufungen von Bergleuten des Kohlenbergbaus bis auf weiteres nicht mehr durchgeführt würden. Dem Ersatzheer und den im Westen eingesetzten Verbänden des Heeres wurde befohlen, Bergleute des Kohlenbergbaus »sofort nach Eintreffen dieser Verfügung ohne Ersatz« zu entlassen und bis auf weiteres uk zu stellen. Zu den Bergleuten im Sinne dieses Befehls zählten Ingenieure und technische Betriebsbeamte, Hauer, Maschinenführer und Maschinisten, gelernte und angelernte Arbeiter. [43]
In diesen Wochen überraschte Hitler mit dem sensationellen Eingeständnis, daß die bisherige Autarkiepolitik, u. a. wegen der Fehleinschätzung der zu erreichenden Kohlenproduktion gescheitert sei:

»Der Verlauf des Krieges zeigt, daß wir in unseren autarkischen Bestrebungen zu weit gegangen sind. Es ist unmöglich, alles, was uns fehlt, durch synthetische Verfahren oder sonstige Maßnahmen selbst herstellen zu wollen. Es ist z. B. unmöglich, daß wir unsere Treibstoffwirtschaft so ausbauen, daß wir uns ganz auf sie fundieren können. Diese ganzen autarkischen Bestrebungen nehmen einen riesigen Menschenbedarf in Anspruch, der einfach nicht gedeckt werden kann. Man muß einen anderen Weg gehen und muß das, was man benötigt und nicht hat, erobern. Der Menscheneinsatz, der dazu einmalig notwendig ist, wird nicht so groß sein wie der Menscheneinsatz, der für die Betreibung der betreffenden synthetischen Werke laufend benötigt wird. Das Ziel muß also sein, sich alle Gebiete, die für uns wehrwirtschaftlich von besonderem Interesse sind, durch Eroberung zu sichern.
Ich habe dazu ausgeführt, daß, als seinerzeit der Vierjahresplan eingerichtet wurde, ich immer den Standpunkt vertreten habe, daß eine völlige autarkische Wirtschaft für uns unmöglich ist, weil dazu der Menschenbedarf zu groß ist. Allerdings ist meine Lösung immer in der Richtung gegangen, daß man sich die erforderlichen Vorräte für die fehlenden Bestände anlegt bzw. durch Wirtschaftsbündnisse auch die Belieferung im Kriege sichert.« [44]

Nach diesem Tadel Hitlers wollten das Reichsministerium für Bewaffnung und Munition, das Reichswirtschaftsministerium und das OKW gemeinsam dafür sorgen, daß den Zechen alle erforderlichen Geräte und Arbeitskräfte zugeteilt würden. Nur mit einem erhöhten Kohlenabbau glaubte man der Ersatzstoffindustrie, der Rüstungsindustrie

und der Elektrizitätsindustrie die erforderlichen Mengen liefern zu
können.

Die NSDAP erhoffte nach der Ernennung Todts, daß der Verdrän-
gung der kleinen Energielieferanten durch die großen Elektrizitätswerke ein Ende gemacht würde:

»Diese kapitalistischen Tendenzen lehnt der Führer rundweg ab; in einem nationalsozialistischen Staat kann nur der Nutzen für die Allgemeinheit, nicht aber die
Profithöhe irgendwelcher Kapitalisten interessieren.« [45]

Todt teilte die Ansicht nur prinzipiell. Zwar hatte er auf dem Nürnberger Parteitag 1936 noch ausgeführt, daß in der Energieversorgung kein
Raum sei »für privatkapitalistische Bestrebungen nach übermäßigem
Gewinn« [46], aber als Reichsminister für Bewaffnung und Munition
ging es ihm vorrangig um die Energieversorgung der Rüstungsindustrie. Es waren riesige Energiemengen erforderlich. Die bisherigen
Maßnahmen befriedigten ihn nicht: Die Reichsstelle für Elektrizitätswirtschaft (»Reichslastverteiler«) im Reichswirtschaftsministerium
mit Bezirkslastverteilern bei den großen Gebietsunternehmen benach-
teiligte die kleineren Unternehmungen. Beim Ausbau eines Großver-
bundnetzes unter kriegswirtschaftlichen Gesichtspunkten gab es viele
Widerstände der Elektrizitätsunternehmungen, die um ihre regionalen Hoheitsrechte bangten. Der Generalbevollmächtigte für die Elektrizitätswirtschaft Dillgardt trat Anfang 1941 von seinen Ämtern
zurück. [47]

Aber Todt konnte nur wenige Teilprobleme lösen. Er begrüßte
Görings Bereitschaft, in den wichtigsten Kraft- und Umspannwerken
Schutzbauten gegen Luftangriffe zu errichten. [48] Er befürwortete
eine engere Zusammenarbeit zwischen der Wirtschaftsgruppe Elektri-
zitätsversorgung und dem Reichsverband deutscher Wasserwirtschaft.
[49] Da die Errichtung neuer Wasserkraftwerke wegen der Engpässe
auf dem Baumarkt illusionär war, schlug er im Einvernehmen mit
Hitler den Bau kleinster Unterwasserkraftwerke nach dem System
Arno Fischers vor, in denen Turbine und Generator in ein und
demselben Stauwerk zusammengefaßt waren, so daß auch geringere
Wasserkräfte ausgenützt werden konnten. Auch über die Möglichkeiten von Windkraftwerken ließ sich Hitler eingehend informieren. [50]
Langfristig setzte Todt auf Wasserkraftwerke. Im Geleitwort zur
Zeitschrift »Elektrizitätswirtschaft« vom 5. 7. 1941 legte er sein Pro-
gramm vor:

»Die Grundlage der künftigen Stromerzeugung wird das Wasser bilden. Die Kohle
bleibt vorwiegend chemischen Verwertungsverfahren vorbehalten. Ein großzügiger Ausbau der deutschen Wasserkräfte ist einzuleiten. Unsere Energiewirtschaft

darf, wie alles Schaffen im nationalsozialistischen Reich, nicht auf die Rendite der nächsten paar Jahre abgestellt sein, sondern auf die Bedürfnisse unseres großen deutschen Volkes im Laufe der nächsten Jahrzehnte und Jahrhunderte. Die übergeordnete technisch richtige Lösung, die eine Ausschöpfung der Wasserdarbietung bis zum letzten Tropfen vorsehen muß, kann nur durch eine übergeordnete Ausrichtung der Belange der verschiedenen Nutznießer des Wassers – Landwirtschaft, Schiffahrt, Wasserversorgung und Stromerzeugung – erreicht werden. Mit gewaltigen Bauwerken wird dabei in die Natur eingegriffen werden müssen. Auch hier ist es vornehmste Aufgabe des Ingenieurs, die ganzen Planungen und Bauten in Harmonie mit der Natur durchzuführen. Technik ist angewandte Naturwissenschaft. Das technische Werk wird dann den größten Wert besitzen, wenn es alle Gegebenheiten der Natur berücksichtigt und nicht gegen Gesetze der Natur verstößt. Soweit thermische Kraftwerke in Betracht kommen, ist für diese die höchste Wärmeausnutzung anzustreben. Eine Schonung der deutschen Kohlenvorräte muß oberstes Gebot sein. Damit ergibt sich die Notwendigkeit der Errichtung von Vorschaltanlagen und gekuppelten Heizkraftwerken in Verbindung mit Fernheizungen.«

Eine prompte Verbesserung der Energiesituation versprach sich Todt lediglich vom Zugriff auf die Energien der besetzten Länder. Er veranlaßte eine Bestandsaufnahme. Die gelieferten Zahlen waren vielversprechend: 11,5 Milliarden Kilowatt waren in Norwegen, 3,75 Milliarden Kilowatt in Holland zu exploitieren. [51] Die von Todt in Auftrag gegebene Untersuchung über die »Elektrizitätswirtschaft im Kaukasus« wurde erst nach seinem Tod im März 1942 fertig. Sie diente dann als Unterlage für den Wirtschaftsstab Ost. [52] In Norwegen arbeitete bereits eine Arbeitsgemeinschaft, um »die Voraussetzung für eine möglichst wirtschaftliche Verwendung norwegischer Energie für die Zwecke des Reiches« zu prüfen. [53] Im Juli 1941 fand eine energiewirtschaftliche Tagung unter Todts Leitung in Paris statt, auf der die Fragen eines deutsch-französischen Höchstspannungs-Energieverbunds besprochen wurden. Zur Fortsetzung wurden die französischen Teilnehmer vom 13.–18. 10. 1941 nach Freiburg im Breisgau eingeladen. Über die technischen Voraussetzungen wurde Einigung erzielt. [54]

In allen besetzten Gebieten beauftragte Todt jeweils einen Ingenieur als Bevollmächtigten für alle Fragen der Energiewirtschaft. Dieser war zugleich für die Maßnahmen im Wasser-, Straßen- und Kulturbau zuständig. Auch die Schaffung neuer Energiequellen, vor allem für die energieintensiven Erzeugungen von Aluminium, Benzin, Pulver, Brennstoff und Buna, war eine seiner Aufgaben. [55]

Angesichts des chronischen Mangels an Energie plante Todt, die besetzten Gebiete energiewirtschaftlich auszubeuten, sobald Fernleitungen hergestellt wären. Die Vorarbeiten wurden noch unter Todt durchgeführt, das Verbundsystem war jedoch erst unter seinem Nachfolger fertig. [56]

Der Reichsprotektor von Böhmen und Mähren, Freiherr von Neurath, sagte dem Generalinspektor für Wasser und Energie zu, die Energiewirtschaft im Protektorat so zu lenken, »wie es dem großdeutschen Gesichtspunkt entspricht«. [57] Da Todt wußte, daß die Protektoratsregierung in allen Maßnahmen der Energiewirtschaft in eigener Zuständigkeit handelte und eine Einordnung in die deutsche Energiewirtschaft nicht erzwungen werden konnte, schrieb er Neurath einen freundlichen Dankesbrief. Er begrüßte es insbesondere, daß sich der Reichsprotektor tatkräftig des Ausbaus der Wasserkräfte angenommen und den Ausbau von Wärmekraftwerken auf die Fälle beschränkt habe, in denen es sich darum handelte, anfallende Abfallprodukte an Ort und Stelle zu verfeuern. [58] Erst am 20. 5. 1942 entließ Hitler den Reichsprotektor in Böhmen und Mähren aus seiner unmittelbaren Unterstellung unter den Führer des Deutschen Reiches und ordnete an, »daß auch Reichsmarschall Göring im Rahmen der ihm als Beauftragten für den Vierjahresplan obliegenden Aufgaben Weisungen erteilen könne«. [59] Von diesem Augenblick an konnte Böhmen und Mähren in den Gesamtenergieplan des Deutschen Reiches einbezogen werden.

## Der Rhein-Main-Donau-Kanal

Mit besonderer Sorge verfolgte Todt die Planungen der Rhein-Main-Donau AG, die seit dem 3. 7. 1933 gleichgeschaltet war und deren Aufsichtsratsvorsitzender der bayerische Staatsminister des Inneren, Gauleiter Wagner, war. Der Bayerische Kanal- und Schiffahrtsverein e. V., der am 28. 10. 1934 eine öffentliche Kundgebung durchführte, setzte sich im bayerischen Landesinteresse vehement für den Ausbau des Kanals ein und argumentierte mit gesamtwirtschaftlichen und nationalsozialistischen Schlagwörtern – Konsolidierung des mitteleuropäischen Raums, Arbeitsbeschaffung für Tausende, Massenguttransporte von Rohstoffen, Erschließung industrieschwacher Gebiete usw. [60] Bis 1937 rechnete man mit der Schiffbarkeit des Mains bis Würzburg.

Den ersten Einfluß auf die Baumaßnahmen übte Todt aus, als er den Bauträger bat, ähnlich wie er es bei den Autobahnen handhabte, landschaftsschützende Vorsorge zu treffen. Am 21. 12. 1935 teilte er der Rhein-Main-Donau AG die Erfahrungen über die Eingliederung von Ingenieurbauten in die Landschaft mit. Er skizzierte die Grundgedanken wie folgt:

»Die deutsche Landschaft ist etwas Einmaliges, das wir zu stören oder zerstören kein Recht haben. Je enger unser Lebensraum mit zunehmender Siedlungsdichte wird, desto größer wird der Hunger nach unverbildeter Natur. Die unablässig zunehmenden seelischen Rückwirkungen machen diesen Hunger fast unstillbar. Wäre es nicht allein schon die Ehrfurcht vor den Schönheiten unserer Heimat, so müßte es mindestens das Wissen um den unentbehrlichen und unersetzlichen Erholungswert unserer Landschaft sein, wonach wir uns bei jedem baulichen Eingriff in die Natur zu richten haben ... Wenn wir in dieser unserer Heimatlandschaft bauen, so müssen wir uns klar sein, daß und wie wir ihre Schönheit erhalten wollen und wie wir sie dort, wo sie bereits gelitten hat, in einer neuen Form wieder schaffen.«

Er bat die Firma um besondere Sorgfalt bei Eingriffen, die das landschaftliche Raumgefüge verändern. Für den neuen Bewuchs nach den Erdarbeiten müsse der Mutterboden geborgen und sachgemäß gelagert werden. [61]

Nach der »Wiedervereinigung Österreichs mit dem Deutschen Reich« erließ Hitler am 11. 5. 1938 das Rhein-Main-Donau-Gesetz, mit dem die Rhein-Main-Donau AG in München die Mittel erhielt, den Kanal bis 1945 als Reichswasserstraße zu vollenden. [62] Als weitere Aufgabe erhielt die Gesellschaft den Auftrag, die Großstaustufe Ybbs-Persenbeug an der Donau zu bauen. In Wien war der Bau eines Großhafens vorgesehen.

Zu dieser Zeit nahm die Einflußnahme Todts auf die Bauten zu, obwohl er keine anderen Vollmachten hatte als die des Leiters des Hauptamtes für Technik. Ihn störten technische und personelle Fragen in der Aktiengesellschaft, z. B. die Art der Trassierung und die Besetzung des Vorstandes mit Nichtfachleuten. [63] Auf einer speziellen Veranstaltung für die Wasserbauer der Rhein-Main-Donau AG vom 7.–9. 10. 1938 auf der Plassenburg versuchte er ihnen seine Technikkonzeption anhand der Autobahnen zu verdeutlichen und bat sie, »die Gesetze, die früher galten, zu überprüfen, wie weit sie abgelöst werden müssen durch die neuen Auffassungen vom Wesen der Technik«. Er forderte sie auf, dem kulturellen Wert dieser Wasserstraße Rechnung zu tragen und den Rentabilitätsberechnungen keinen Vorrang einzuräumen. [64] Von den Ergebnissen dieser Tagung war Todt enttäuscht. Die Wasserbauer zeigten wenig Einsicht.

In einer persönlichen Unterredung mit dem Reichsverkehrsminister verlangte er im Oktober 1939, daß die Arbeiten am Rhein-Main-Donau-Kanal stillgelegt würden, weil der Kanal vollständig neu geplant werden müsse. [65] Die bayerische Staatsregierung lief Sturm dagegen. Der Staatssekretär Hoffmann protestierte bei Reichsstatthalter Leeb und dieser bei Todt. Im Verlauf der Kontroversen ließ sich Todt dazu hinreißen, zu behaupten, Hoffmann »sei in den Fragen des Rhein-Main-Donau-Kanals ein Ignorant«. Die sich verschlechternde Kriegslage ließ Gras über die Sache wachsen. [66] Der Bau wurde eingestellt. Rund eine Milliarde RM war seit 1933 verbaut worden. Unter anderem standen vier große Talsperren, vier Schiffshebewerke, 60 Schleusen, 30 Wehre und 20 Kraftwerke neben zahlreichen Kulturbauten zur Hebung der landwirtschaftlichen Produktion in der Landschaft. [67]

# Belegstellen

1 Vgl. Schreiben Bormann an Lammers vom 20. 2. 1941, IfZ, Akten der Parteikanzlei 10103542

2 Vgl.Schreiben Darré an Bormann vom 15. 5. 1941, IfZ, Akten der Parteikanzlei 10103650

3 Schreiben Bormann an Darré vom 9. 5. 1941, IfZ, Akten der Parteikanzlei 10103649

4 Vgl. Schreiben Bormann an Lammers am 19. 6.1941, IfZ, Akten der Parteikanzlei 10103651 ff.

5 Vgl. Der Reichsminister und Chef der Parteikanzlei vom 9. 7. 1941, IfZ, Akten der Parteikanzlei 10103657

6 Der Reichsminister der Finanzen, Vermerk vom 14. 7. 1941, IfZ, Akten der Parteikanzlei 10315155 ff.

7 Vgl. IfZ, Akten der Parteikanzlei 10103673/13 ff.

8 RGBl 1941 I, S. 467

9 Vgl. Der Reichsminister und Chef der Reichskanzlei vom 29. 7. 1941, IfZ, Akten der Parteikanzlei 10103673/21

10 Schreiben des Reichsministers und Chefs der Reichskanzlei an den Reichsverkehrsminister vom 29. 7. 1941, IfZ, Akten der Parteikanzlei 10103673/22

11 RGBl 1939 I, S. 1607

12 RGBl 1939 I, S. 1856

13 RGBl 1943 I, S. 366

14 Vgl. Bekanntmachung über die Zuständigkeiten des Generalinspektors für Wasser und Energie und des Reichsverkehrsministers vom 23. 9.1941, BayHStA München MA 106953

15 Vgl. RGBl 1941 I, S. 467 f.

16 Vgl. Niederschrift über die Besprechung im RMF am 1. 8.1941, Bundesarchiv R 2/21687

17 Alwin Seifert: Ein Leben für die Landschaft, Düsseldorf und Köln 1962, S. 100

18 Vgl. Fritz Todt: Abschließende Stellungnahme zu den verschiedenen Erörterungen über die Gefahren der Versteppung Deutschlands, in: Deutsche Technik, Februar 1938, S. 72 ff.

19 Vgl. BayHStA München, Reichsstatthalter 654

20 Hauptamt für Technik vom 20. 8. 1938, Bundesarchiv NS 14/3

21 Hauptamt für Technik vom 25. 7. 1938, Bundesarchiv NS 14/3

22 Fritz Todt: Das Wasser, in: Deutsche Wasserwirtschaft 1938, S. 170; vgl. auch Bundesarchiv NS 14/78

23 Vgl. Rundschau Deutscher Technik 27/1939; Die Straße, 1. Juliheft 1939, S. 439

24 Alwin Seifert: Naturnäherer Wasserbau, in: Deutsche Wasserwirtschaft 12/1938, S. 361 ff.

25 Fritz Todt: Schönheit der Technik, in: Kunst im Dritten Reich 1/1938, S. 14

26 Bundesarchiv NS 14/78

27 Eduard Schönleben: Fritz Todt. Der Mensch. Der Ingenieur. Der Nationalsozialist, Oldenburg 1943, S. 105

28 Vgl. Alwin Seifert, a. a. O., S. 132

29 Vgl. Protokoll, Bundesarchiv R 4/4, Bl. 776 f.

30 Vgl. Niederschrift der Sitzung vom 9. 11. 1941, Bundesarchiv R 4/4, Bl. 302 f.

31 Vgl. Bundesarchiv R 4/5, Bl. 130

32 Vgl. RGBl 1944 I, S. 75 ff.

33 Vgl. Schreiben Bormann an Lammers vom 4. 4. 1941, IfZ, Akten der Parteikanzlei 10102207 ff.
34 Vgl. Schreiben Seifert an Todt vom 6. 9. 1941, Bundesarchiv NS 26/1188
35 Vgl. Karl-Heinz Ludwig: Technik und Ingenieure im Dritten Reich, Düsseldorf 1974, S. 180
36 Vgl. Vortrag Lohmann am 18. 12. 1941, Bundesarchiv R 4/274, Bl. 40 ff.
37 Vgl. Ausarbeitung von Lohmann, Bundesarchiv R 4/274, Bl. 110 ff.
38 Vgl. Generalinspektor für Wasser und Energie an Bezirkslastverteiler vom 10. 1. 1942, Bundesarchiv R 4/277
39 Vgl. Niederschrift der Sitzung, Bundesarchiv R 4/274, Bl. 31 ff.
40 Generalinspektor für Wasser und Energie vom 9. 12. 1941, Bundesarchiv R 4/274, Bl. 34
41 Schreiben Todt an die Reichsstatthalter, Gauleiter, Oberpräsidenten vom 9. 12. 1941, Bundesarchiv R 4/274, Bl. 35 f.
42 Vgl. Willi A. Boelcke: Die deutsche Wehrwirtschaft 1930–1945. Interna des Reichswirtschaftsministeriums, Düsseldorf 1983, S. 234 ff.
43 Vgl. OKW vom 11. 6. 1941, Bundesarchiv NS 19/1871
44 Vgl. Aktenvermerk Chef Wi Rü Amt vom 20. 6. 1941, IfZ PS 1456, Bl. 17 f.
45 Rundschreiben Bormann an die Gauleiter vom 2. 4. 1941, IfZ, Akten der Parteikanzlei 10700267 f.
46 Deutsche Technik, Oktober 1936, S. 478
47 Vgl. Willi A. Boelcke: a. a. O., S. 234
48 Vgl. Reichsminister für Bewaffnung und Munition vom 10. 6. 1941, Bundesarchiv R 3/3278
49 Vgl. Vermerk vom 30. 5. 1941, Bundesarchiv R 4/4, Bl. 43
50 Vgl. Karl-Heinz Ludwig: a. a. O., S. 180 f.
51 Vgl. Vorlage Ministerialrat Drexl vom 21. 1. 1941, Bundesarchiv R 4/45
52 Vgl. Bundesarchiv R 4/57
53 Vgl. Richtlinien für die Arbeitsgemeinschaft Norwegen vom 6. 8. 1940, Bundesarchiv R 4/45
54 Vgl. Deutschland im Kampf, hrsg. von Alfred I. Berndt und Hasso v. Wedel, Oktober 1941, S. 96
55 Deutschland im Kampf: a. a. O., August 1941, S. 78 f.
56 Vgl. dazu »Über die Herstellung eines Verbundnetzes durch Ausbau und Zusammenschluß französischer und belgischer Kraftwerke sowie Abbau und Umsetzung von 150 Kilovolt-, 200 Kilovolt- und 220 Kilovolt-Leitungen in den Westgebieten zur Sicherung des Strombedarfs der französischen Industrie und Energielieferungen nach Westdeutschland«, Bundesarchiv R 4/247
57 Vgl. Schreiben Neurath an Todt vom 1. 9. 1941, Bundesarchiv R 4/59, Bl. 2 f.
58 Schreiben Todt an Neurath vom 11. 9. 1941, Bundesarchiv R 4/59, Bl. 10
59 Führerweisung vom 20. 5. 1942, Bundesarchiv R 4/59, Bl. 46
60 Vgl. Rhein, Main, Donau im Dritten Reich. Tagungen und Kundgebungen für den rascheren Ausbau der Großschiffahrtsstraße, Nürnberg 1934
61 Vgl. Bundesarchiv NS 26/1188
62 RGBl 1938 II, S. 149
63 Vgl. 25 Jahre Rhein-Main-Donau-A. G. 1922–1947. Denkschrift von Oberregierungsrat Hesselberger, München 1947
64 Vgl. Deutsche Wasserwirtschaft 12/1938, S. 398
65 Vgl. Schreiben Haasemann an Dr. Clarus vom 4. 10. 1939, Bundesarchiv NS 26/1188

66 Vgl. Briefwechsel Todt und Leeb vom März 1941, Berlin Document Center, Akte Diverses
67 Vgl. Bericht Todts auf dem Parteitag 1938, in: Die Straße, 1. Oktoberheft 1938, S. 601

# 9

# Im Dienst von
# Partei und Staat

## *Menschenführung*

Seine Mitarbeiter wählte Todt im Gegensatz zu den meisten anderen Dienststellen des Reiches nicht nach deren Parteizugehörigkeit aus, sondern nach Fähigkeit und Leistung. Er fragte selten oder gar nicht nach dem Parteibuch. In seinen Behörden arbeiteten zahlreiche Männer, die aus ihrer gegensätzlichen Haltung zum nationalsozialistischen Regime kein Hehl machten. Die bekanntesten waren der Brückenarchitekt Professor Paul Bonatz von der Technischen Hochschule Stuttgart, der 1943 in die Türkei emigrierte, und der Gartenbaumeister und Landschaftsgestalter Alwin Seifert von der Technischen Hochschule München, zu dessen Mitarbeitern Mitglieder der verbotenen Anthroposophischen Gesellschaft gehörten. Auch ein ehemaliger Kommunist war dabei. [1] Als Seifert dem Generalinspektor für das deutsche Straßenwesen schließlich noch einen früheren Logenbruder zur Einstellung vorschlug, schrieb ihm Todt am 28. 8. 1934 zurück, daß ihm das »nicht sehr sympathisch« sei, daß er jedoch zustimme, wenn überhaupt keine andere Lösung gefunden werden könne. [2]
Todt scheute sich auch nicht, Aufträge an die Mitarbeiter des 1933 geschlossenen »Bauhauses«, sogar an dessen letzten Direktor Mies van der Rohe zu geben. Vor seiner Emigration in die USA 1938 fertigte dieser für Todt Tankstellenentwürfe für die Reichsautobahnen an. [3]
Bei der Einweihung des Kasinos der Dienststelle des Generalinspektors für das deutsche Straßenwesen stellte Todt auf humorvolle Weise die Frage, wer von den anwesenden 65 Herren eigentlich der Partei angehöre. Überraschenderweise ergab sich, daß nur 14 der Besucher Parteigenossen waren, was Todt zu der Äußerung veranlaßte: »Und da behauptet nun der Führer, wir seien eine nationalsozialistische Behörde.« [4] Von den 202 Schulungsleitern des NSBDT waren 1937, also vier Jahre später, nur 102 Parteimitglieder. [5]
Walter Rohland, Vorstandsmitglied der DEW und der Vereinigten Stahlwerke, erläuterte Todt am 17. 7. 1940 lang und breit, welche Bedenken er gegen Regierung und Partei habe, und trotzdem bat ihn Todt, den Rüstungsausschuß für Panzer zu übernehmen. [6]
Selbst Halbjuden oder mit jüdischen Frauen Verheiratete wie der für die Zementversorgung beim Westwallbau zuständige Referent Dr.

Seeger fanden in seinem Geschäftsbereich Arbeit, oft sogar an leitender Stelle. Wenn in der technischen Wissenschaft jemand rassische Probleme hatte, wurde ihm geraten, sich mit Todt unmittelbar in Verbindung zu setzen. [7]

Todts Umgang mit seinen Mitarbeitern war nach heutigen Gesichtspunkten außerordentlich modern. Er befahl nicht, sondern er beriet mit ihnen so lange, bis die optimale Lösung gefunden war. [8] Er provozierte Widerspruch, um seine eigenen Positionen in Frage gestellt zu sehen. Meinungsverschiedenheiten unter den Mitarbeitern entschied er nicht nach dem Führerprinzip, sondern in einer offenen Aussprache zwischen den Beteiligten. Der Kompromiß war das Ergebnis solcher Beratungen.

»Er war nicht der Mann, der aus seiner Machtposition heraus einfach befahl, wie es in der Diktatur Hitlers möglich gewesen wäre.Er wollte vielmehr überzeugen, Vertrauen gewinnen und motivieren.« [9]

Seifert und Bonatz waren für Todt schon deshalb wichtige Mitarbeiter, weil ihre Ansichten von dem damals Üblichen abwichen. Sie wurden für ihn etwas »wie das Gewissen, sehr unbequem zum Teil, aber zur Ehre des Menschen Todt sei es gesagt, daß er diesen Auseinandersetzungen nicht auswich – jederzeit bereit, Fehler einzusehen, und jederzeit voll guten Willens, es das nächste Mal besser zu machen.« [10] Bei Bonatz würdigte Todt dessen Fähigkeit zu konstruktiver Kritik, die »Art, in der Sie es verstehen, eine Kritik fruchtbar zu machen, ohne bei dem Kritisierten das Empfinden des Verdrusses zu hinterlassen...«. [11] Zu Seifert sagte er einmal: »Sie sind das Gewissen des Technikers, und das Gewissen darf einen auch drücken« und von Seifert sagte er: »Der schwimmt solang gegen den Strom, bis die anderen umkehren und mitschwimmen.« [12]

Todt hatte nichts gegen unbequeme Mitarbeiter, wenn sie ihre Ansichten begründen konnten. Todt war lernfähig. Erst hörte er zu, dann ließ er die anderen gewähren, schließlich akzeptierte er ihre Meinungen und am Ende identifizierte er sich voll mit ihnen. Die architektonische und künstlerische Seite des Straßenbaus lernte Todt erst in seinem Amt als Generalinspektor für das deutsche Straßenwesen durch solche Männer kennen. Das Lernen aus negativen Erfahrungen war ein langwieriger und oft schmerzhafter Prozeß. Aber schon im Januar 1935 hatte Todt eine neue Sicht:

»Ich bin erschüttert über das schlechte Aussehen der zahlreichen Brücken, die dort über die Fahrbahn gehen. Es hat aber keinen Zweck, gemachten Fehlern lange nachzutrauern. Jeder Fehler wird dann positiv, wenn wenigstens aus der negativen Erfahrung gelernt wird.« [13]

Die Brückenbauer, Architekten und Landschaftsanwälte in seiner Umgebung stützten seine kritische Haltung gegenüber reiner Zweckarchitektur. Todt paßte sich ihnen an. Sie machten aus dem Tiefbauingenieur Todt den Künstler Todt. Speer bestätigte nach seinem Tod: »In der Wahl seiner künstlerischen Berater hatte er einen seltenen Instinkt.« [14]

Auch Todts Einstellung zum einfachen Arbeiter war ungewöhnlich für den Führerstaat des Dritten Reichs. Durch persönliche Bemühungen erreichte er, daß die Arbeiter bei den Reichsautobahnen in einer bisher in keinem anderen Land gekannten Weise betreut wurden. Auf den Baustellen hörte er mit Vorliebe die Meinung der alten Praktiker, der Schachtmeister, Poliere und Vorarbeiter. Seine Fürsorge für die Bauarbeiter begann mit der Einrichtung von für die damalige Zeit vorbildlichen Unterkünften an den Baustellen, führte zur Neuordnung der Tarife, zur Schlechtwetter-Regelung, zur Festlegung von Wochenend-Heimfahrten und zu vielen anderen sozialen Maßnahmen. [15] Im Oktober 1934 wies er in der von allen Unternehmern abonnierten Fachzeitschrift »Die Straße« mit großen Anzeigen die Firmenleitungen auf ihre Pflichten hin:

»Achtung! Achtung! Bauunternehmer an der Reichsautobahn! Der Winter naht. Sorgt für anständige Unterkunft eurer arbeitenden Volksgenossen. Wer hier seine Pflicht vergißt, verliert das Recht, am Straßenbau Adolf Hitlers teilzunehmen.« [16]

Auf seinen Besichtigungsreisen übernachtete Todt nicht in Stadthotels, sondern in den Barackenlagern an den Autobahnen, um die Zustände mit eigenen Augen zu prüfen. Dabei nahm er jede Gelegenheit wahr, mit den Männern über ihre Beschwerden zu reden. Er hörte soviel Negatives, daß er im Oktober 1934 einen Aufruf »An alle Arbeitskameraden« für die Schwarzen Bretter herausgab, in dem er vor »gewissenlosen Hetzern« warnte, die nur meckerten, und den Männern »eine würdige Unterkunft« für den Winter versprach. Die Verpflegung wollte er »geschäftlicher Ausbeutung« entziehen. [17] Als er feststellte, daß ein großer Teil der Leute mit ungenügender Arbeitsausrüstung versehen war, insbesondere viele Männer schlechtes Schuhwerk besaßen, »gab er allen Arbeitern bekannt, daß von den Arbeitsämtern Arbeitskleidung gegen Ratenzahlung ausgeliefert werde«. [18]

Immer wieder appellierte Todt an die soziale Verantwortung des Unternehmers. Einer seiner Grundsätze lautete, daß nur solche Männer tüchtig schaffen, die Freude an ihrer Arbeit haben. Den Baustellenleitern machte er klar, »daß der Baufortschritt niemals auf Kosten der Sicherheit oder der Gesundheit der Arbeiter erzielt werden dürfe«. [19]

Das »geistige Zusammenschweißen aller Mitarbeiter zu einer einheitlichen Auffassung über die große gemeinsame Aufgabe« zählte er zu den Voraussetzungen guter Arbeit. [20] Er forderte, daß »die Verbundenheit zwischen Gefolgschaft und Betriebsführer in wahrer Betriebsgemeinschaft« erfolgen solle. [21] Als Todt im September 1936 eine »Reichsveranstaltung« zur Übergabe des 1000. Autobahnkilometers plante, war es sein Anliegen, möglichst viele Abordnungen von anderen Autobahnbaustellen daran teilnehmen zu lassen. Zur Finanzierung der Reisen ließ er Erinnerungsplaketten (Kühlerplaketten) zum Preis von 10 RM verkaufen. Der Reichskraftwagen-Betriebsverband wurde angehalten, eine größere Zahl für seine Mitglieder abzunehmen. Für die an der Autobahn Beschäftigten ließ Todt aus diesem Anlaß Anstecknadeln herstellen.

Im Gegensatz zur Deutschen Arbeitsfront, von der viel propagandistische Schaumschlägerei betrieben wurde, leistete Todt bei Arbeitern und Unternehmern eine wesentliche soziale Erziehungsarbeit, die Wirkung zeigte. Die Arbeitgeber besannen sich auf ihre sozialen Pflichten. Die Arbeiter kamen in den vollen Genuß aller sozialen Maßnahmen und entwickelten Verantwortungsgefühl für ihre Firma. Todt erlaubte sogar, daß die Arbeiter auf den Baustellen seelsorgerisch betreut wurden, obwohl dadurch das Betreuungsmonopol der DAF unterlaufen wurde. [22]

Wie kein anderer würdigte Todt in immer neuen Formulierungen die Leistungen der Autobahnarbeiter. Er vermittelte ihnen erstmals so etwas wie Berufsstolz. Nach seinen Vorstellungen sollte der Schlußstein des Reichsautobahnnetzes folgende Inschrift tragen:

»Dieses gigantische Werk der deutschen Technik schenkt der deutsche Arbeiter seinem Volk.« [23]

An allen Stellen und in fast allen Ansprachen bemühte er sich,

»dem Ingenieur und dem deutschen Arbeiter das Bewußtsein zu geben, daß sie mit dem Werk der Reichsautobahn ein Denkmal zu bauen haben, das berufen ist, Jahrhunderte zu überdauern, weil das neue Deutsche Reich in der unbesiegbaren Kraft ewig ist und darum auch Werke braucht von ewigem Bestand«. [24]

Die Achtung des kleinen Mannes zeigte sich bei Todt an vielen Stellen. Bei Kameradschaftsabenden saß er mitten unter seinen Männern. Er wachte darüber, daß sie ihr Recht bekamen. Sie sollten haben, was ihnen zustand. Aufmerksam hörte er ihnen zu, wenn sie bei seinen zahlreichen Baustellenbesuchen mit ihren großen und kleinen Nöten zu ihm kamen. Er wußte aus eigener Erfahrung, wie einem Arbeiter auf einer entlegenen Baustelle zumute ist. Sein Wissen um die Wünsche der Männer befruchtete viele Erlasse, Richtlinien, Befehle und Anordnungen. Niemand aus seiner Begleitung hätte gewagt, Todt bei seinen Fahrten von den Arbeitern fernzuhalten und diese von ihm. Jeder wußte, daß es Todt nicht nur um die Besichtigung der Leistungen ging, sondern um das Wohlbefinden seiner Männer. [25] Noch im Juli 1940 – Todt war inzwischen Reichsminister geworden – ließ er es sich nicht nehmen, einer Tagung der Straßenmeister der Reichsautobahnen im Rasthaus am Chiemsee beizuwohnen und den Schlußappell durchzuführen. [26]

Über Bauunfälle ließ sich Todt unmittelbar und unverzüglich informieren. Er veranlaßte, daß den Familien in seinem Namen kondoliert wurde und daß die höchstmöglichen Versorgungsleistungen garantiert waren. Selbst im Kriege, als die Gefallenenzahlen in die Tausende gingen, ließ die Betroffenheit Todts nicht nach, wenn sich beim Autobahnbau Unfälle ereigneten. Als am 12. 12. 1940 bei der Montage der Reichsautobahnbrücke über den Rhein bei Frankenthal 34 Bauarbeiter ums Leben kamen, war er so betroffen, daß er Hitler die Gründe persönlich darlegte. [27]

Die gleiche Fürsorge, die Todt den Autobahnbauarbeitern zuteil werden ließ, gewährte er als Reichsminister für Bewaffnung und Munition den Rüstungsarbeitern. Zu Besichtigungen und persönlichen Begegnungen kam es wegen der Überbelastung Todts zwar kaum noch, aber er sorgte dafür, daß ihre Arbeit gewürdigt wurde. Als ihm Staatsminister Meißner im August 1940 200 Kriegsverdienstkreuze für seinen Geschäftsbereich als Reichsminister für Bewaffnung und Munition zubilligte, meinte er, daß das für 2,6 Millionen Arbeiter etwas wenig sei. Er bat um die zur Verfügungstellung von 13 000 Kriegsverdienstkreuzen, d. h. um Orden für 0,5% der Werksangehörigen. Er ärgerte sich um so mehr über die geringe Anzahl, als er hörte, daß die Wehrmacht für ihre Rüstungsarbeiter 2500 Kriegsverdienstkreuze zugebilligt erhalten hatte. Da die Wehrmacht darüber hinaus auch Kriegsverdienstkreuze mit Schwertern aus ihrem Kontingent von 30 000 vergeben konnte, forderte Todt, ihm wenigstens noch 1000 Kriegsverdienstkreuze zusätzlich zu bewilligen. Außerdem pochte er auf ein Ordenskontingent in seiner Eigenschaft als Generalbevollmächtigter für die Regelung der Bauwirtschaft. [28]

Die Verehrung und Achtung, die Todt bei seinen nahen und fernen Mitarbeitern genoß, war echt. Man zollte ihm Respekt und liebte ihn trotzdem. Dem Kraftwagenkennzeichen der Organisation Todt – WH OT – gaben seine Männer die Lesart »Wir helfen Onkel Todt«. [29] Für seine Mitarbeiter soll Todt der ideale Chef gewesen sein,

»bestimmt im Auftreten, klar in seinen Zielsetzungen und Weisungen... Dabei war er von ausgeprägtem sozialen Empfinden, tolerant zu allen ohne Rücksicht auf Rang oder Funktion, mit einem natürlichen Verhältnis zum kleinen Mann«.

Die Mitarbeiter und Untergebenen Todts – damals faßte man sie unter dem Begriff »Gefolgschaft« zusammen – schätzten die Persönlichkeit ihres Chefs, seine Fähigkeiten, seinen Charakter, sein Urteilsvermögen und seine Entschlußkraft. Er tolerierte Fehler, aber er war hart gegen Versager. Es schlug ihm viel Sympathie entgegen. Viele schwärmten für ihn. [30] Er war das, was man unter einer starken Persönlichkeit versteht.

»Die Ruhe, die von ihm ausging, übertrug sich auch auf seine Mitarbeiter. Seine Persönlichkeit zog alle, die in seine Nähe kamen, in seinen Bann.« [31]

Sachlichkeit bestimmte die Diskussion. Es gab keine Gefühlsausbrüche, Schimpfkanonaden oder Polemik. Seine Stimme strahlte selbst beim Befehlen noch Wärme aus. [32] Immer wieder hatte Todt zerstrittene Mitarbeiter zu versöhnen. Im Sommer 1939 führte er den Oberbaudirektor Hafen von der Oberbaudirektion München mit Alwin Seifert wieder zusammen. Sein Schreiben vom 30. 9. 1939 an die beiden Streithähne schloß er mit dem Appell:

»Mit einigem guten Willen geht alles; und dieser gute Wille sollte vor allem zu einer Zeit aufgebracht werden, in der im Inneren unseres Reiches alles zusammenhalten muß, weil unsere Gegner doch nur außerhalb unserer Grenzen sind. Ich bitte die Herren, sich diese Gedanken zu überlegen und zu eigen zu machen.«

Todt erklärte sich sogar zu einem Gespräch zu dritt bereit. [33] Vom 10.–16. 5. 1939 führte das Hauptamt für Technik der NSDAP eine Norwegen-Fahrt mit dem KDF-Schiff »Robert Ley« unter Leitung Todts durch. Damit erfüllte sich »ein langgehegter Wunsch« Todts, einmal seine

»treuesten Mitarbeiter aus dem großen Gebiet der Technik in kameradschaftlicher Verbundenheit um sich zu versammeln, um ihnen als Diener der Technik unermüdlich Schaffenden neben ernster richtungweisender Arbeit für die künftigen techno-politischen Führungsaufgaben auch vergnügte Stunden fernab vom Alltag zu bereiten«. [34]

## Einstellung zur Bürokratie

Bei seiner Art, Menschen zu führen und sie zu Leistungen zu motivieren, fand Todt den größten Hemmschuh in der Bürokratie. Als Mann der freien Wirtschaft hatte er eine Abneigung gegen Beamtentum, Behördenschwerfälligkeit, Instanzenwege und Erlaßgläubigkeit. In den Straßenbauverwaltungen fand er soviel »betäubenden und lähmenden Bürokratismus«, daß er hoffte, der Nationalsozialismus werde wie ein Wirbelwind durch die Amtsstuben fegen, damit auch »auf dem Gebiete des Straßenbaus das Leistungs- und Führungsprinzip sich durchsetzt«. Als er der Parteileitung 1932 die Zentralisierung des Straßenbaus vorschlug, wünschte er an der Spitze nicht eine neue Behörde, sondern Persönlichkeiten, »die in sich Wollen, Wissen und Können vereinigen und für die die Erfüllung großer Aufgaben höchste Lebensbefriedigung ist«. An anderer Stelle formulierte er:

»Nicht auf die Organisation kommt es an, sondern auf die Persönlichkeit und Leistung.« [35]

Nachdem Todt Generalinspektor für das deutsche Straßenwesen geworden war, machten ihm bürokratische Einwände und Forderungen die Arbeit vom ersten Tag an schwer. Bereits im Neujahrsaufruf 1934 an die Autobahnarbeiter erklärte er die »Überwindung und endgültige Beseitigung aller bürokratischen Hemmungen, wo sie auch entgegentreten mögen« zum Programm und beklagte, daß in der Vergangenheit Arbeitstage »durch einen noch nicht in allen Fällen ausgeschalteten Bürokratismus« verlorengegangen waren. [36] Die Antipathie gegen Bürokraten ging Hand in Hand mit der Abneigung gegen Verwaltungsbeamte, insbesondere Juristen, weil sie die Arbeitsmöglichkeiten des Ingenieurs an Verwaltungsbestimmungen orientierten, statt die Verwaltungsbestimmungen nach den Forderungen der Ingenieure auszurichten. Acht Jahre später formulierte er einmal folgendes Gleichnis:

»Der bürokratische Dienstweg ist wie ein Schotterwerk. Wenn Verfügungen durch ein Brechwerk durch sind, kommt bei der letzten Instanz nur noch Staub heraus. Nur ein Unterschied besteht gegenüber einem Schotterwerk, nämlich, daß der bürokratische Dienstweg wesentlich leiser verläuft.« [37]

Beim Neujahrsaufruf 1936 in der Zeitschrift »Die Straße« forderte er seine Mitarbeiter auf, bürokratische Fesseln zu sprengen, wo immer es gehe:

»Ein Ingenieur, der in der Lage sein will, mit seinen Straßen Täler und Berge zu überwinden, muß dann und wann auch einmal geschickt den Weg durch verwaltungsmäßige Vorschriften finden, jedenfalls darf er nicht vor einer äußerlich zunächst hindernden Vorschrift kapitulieren. In hundert Jahren wird man den Erfolg unserer Tätigkeit keinesfalls danach beurteilen, welche Verwaltungsarbeit wir geleistet haben, sondern danach, ob es gelungen ist, mit wirtschaftlichem Aufwand Straßen zu bauen, die technisch vollkommen sind und die auch für künftige Generationen ihren vollen Wert behalten.« [38]

Wann immer Todt den Verwaltungsbeamten am Zeug flicken konnte, tat er es mit Genuß und Vehemenz. Er freute sich über jeden Anlaß, der ihm dazu gegeben wurde. Dafür gibt es Hunderte von Beispielen. Als z. B. der Beauftragte des Reichsministers des Innern für Westbauten, Regierungspräsident von Pfeffer, ihm während des Westwallbaus Vorschriften über das Finanzgebaren seiner Oberbauleitungen machen wollte, antwortete er giftig:

»Ich stelle zunächst fest, daß ich vom Führer die präzise Anordnung habe, diese Maßnahmen durchzuführen. Ich bin auch ermächtigt, die finanziellen Lasten zu tragen.« [39]

Als es bei der Abrechnung der Transportunternehmer, die am Westwall eingesetzt waren, zu Rückständen bis zu sechs Wochen kam, verlegte er das gesamte Abrechnungswesen kurzerhand in seine Wiesbadener Dienststelle und befahl die sofortige Auszahlung der Rückstände, »wobei gewisse Überzahlungen oder sonstige Abrechnungsfehler in Kauf genommen werden müssen«. [40]

Todt war ungehalten darüber, daß die Entschädigungen für die Bauern, die Grundstücke für die Reichsautobahn abgegeben hatten, oft aus formalen Gründen verzögert wurden. Er bat den Reichsbauernführer Walter Darré, ihn einzuschalten, wenn ihm solche Fälle bekannt würden, damit er dagegen vorgehen könne. [41]

Als während des Kriegs beim Bau der U-Boot-Werften in Hamburg und Kiel den Arbeitern Überstundenlöhne verwehrt wurden, weil sich das Reichsarbeitsministerium und das Reichsinnenministerium nicht über die Höhe einigen konnten, schrieb Todt an den Staatssekretär im Reichsarbeitsministerium Dr. Syrup:

»Ich fühle mich als Vertreter der Reichsregierung mitschuldig, und ich schäme mich vor dem einfachen Arbeiter, der nachts im unsicheren Keller sitzt und trotzdem pünktlich morgens zur 10- bis 12-stündigen Arbeit antritt.«

Er verwies darauf, daß durch die Bombenangriffe Beschädigungen allerschwerster Art auftreten, wenn die Arbeiten nicht zügig durchgeführt würden. Die Überstunden seien nötig und müßten bezahlt werden. [42]

Die Bezeichnung »Generalinspektor« gefiel Todt so sehr, daß er sie später für zwei weitere Ämter übernahm. Die Funktion des Inspektors entsprach seinem Arbeitsstil. »Der Sinn der Inspektionsstelle ist, die vorhandenen Dienststellen so zu beeinflussen, daß sie nach einheitlichen Gesichtspunkten arbeiten.« [43] Allerdings führte er seine Dienststellen weniger als Verwaltungsbehörden und mehr als Firmen. Irgendwie fühlte er sich immer als Erster Bauleiter. Er suchte die geeignetsten Mitarbeiter für jeden Auftrag aus, ohne Rücksicht auf Lebensalter, Anciennität oder bisherige Verwendungen. Die Dynamik des Einsatzes brachte die besten Kräfte zum Durchbruch. Ihre Aktivität hielt den Leistungswillen der Mitarbeiter wach. Von Todt bekamen sie die Aufträge, die Initiativen, Ratschläge und Termine. Die Durchführung war Sache der Beauftragten. Er verstand nicht, daß man in ihm nur einen guten Organisator sah:

»Ich bin als Organisator verschrien. Ich bin es aber in Wirklichkeit nicht. Und nichts liegt mir schlechter, als einen Organisationsplan aufzustellen, Kästchen zu malen und dann Namen einzuschreiben. In dieser Weise organisiert man zwar, aber nicht am besten. Man muß eine Organisation beweglich machen. Man muß sich entschließen können, etwas Geschaffenes zu ändern, wenn sich solche Änderung als notwendig erweist. Man muß sich auch entschließen können, den einen Teil einer Organisation anders aufzuziehen, wenn es für diesen Teil zweckmäßiger erscheint, als den anderen Teil.« [44]

Obwohl der »Generalinspektor für das deutsche Straßenwesen« seit dem 30. 11. 1933 eine »Oberste Reichsbehörde« war [45], gab es einen richtigen Geschäftsverteilungsplan für die Dienststelle erst 1938. Bis dahin wehrte sich Todt gegen bürokratische Festlegungen von Kompetenzen. Er wollte die Freiheit haben, je nach der anfallenden Arbeit den bestgeeigneten Mitarbeiter damit zu beauftragen. Sobald die Referate und Kompetenzen festgelegt sind, sei das nicht mehr möglich. [46] Dem Chef der Reichskanzlei teilte er am 13. 2. 1935 lediglich mit, daß seine Dienststelle am Pariser Platz 3 zwei Abteilungen umfasse: die Abteilung L (Landstraßen) unter dem Oberbaurat Schulze (später: Schulze-Fielitz) und die Abteilung A (Autobahnen) unter dem Baurat Schönleben. [47] Todt: »Nicht die Form, sondern der Geist, mit dem eine Arbeit angefaßt und durchgeführt wird, ist maßgebend.« [48]

In der Bürokratie galten jedoch andere Regeln. Deshalb bekam Todt dauernd Probleme mit der Reichsgeschäftsordnung, mit den Formvorschriften im interministeriellen Verkehr, im Mitzeichnungsverfahren und bei der Erstellung von Rechtsverordnungen, die auch ihn betrafen.

Sein Desinteresse an beamtenrechtlichen Festlegungen führte z. B. zu folgender grotesken Situation: Bei der Vorbereitung des »Erlasses des Führers und Reichskanzlers über die Ernennung der Beamten und die Beendigung des Beamtenverhältnisses« vom 10. 7. 1937 [49] hatte Todt nicht bemerkt, daß er die Befugnis zu beamtenrechtlichen Regelungen in seinem Geschäftsbereich als Generalinspektor für das deutsche Straßenwesen damit verlor. Also ernannte er weiterhin Beamte und beförderte sie. Erst beim Vollzug des Ostmarkgesetzes 1938 fiel diese Ungesetzlichkeit im Reichsministerium des Innern auf.

Die Empörung war groß, Todt selbst war ratlos. Er ging zu Hitler und trug ihm am 23. 10. 1938 die Angelegenheit vor. Hitler entschied, daß »in solchen Fällen der Generalinspektor für seinen Arbeitsbereich als Reichsminister zu gelten« habe, und gab den Auftrag, einen entsprechenden Erlaß zu entwerfen. Als Lammers dem Führer Anfang November 1938 den Entwurf für einen »Erlaß des Führers und Reichskanzlers über den Generalinspektor für das deutsche Straßenwesen« vorlegte, wonach dieser »in seinem Geschäftsbereich die Stellung und Befugnisse eines Reichsministers« hätte, stellte Hitler die Angelegenheit aus nicht bekannten Gründen zurück. Im Auftrag Hitlers schrieb der Reichsminister und Chef der Reichskanzlei am 20. 12. 1938 an die Reichsminister, daß der Generalinspektor für das deutsche Straßenwesen »bei dem Erlaß von Gesetzen und Durchführungsvorschriften, die seinen Arbeitsbereich mittelbar oder unmittelbar berühren, bereits an den Vorarbeiten beteiligt wird«. [50] Damit war jedoch das Problem nicht ausgeräumt, daß Todt keine beamtenrechtlichen Regelungen vornehmen durfte. Die Frage blieb bis 1940 offen. Todt stellte weiterhin Beamte ein, beförderte sie und entließ sie. Alle Verwaltungsakte waren unrechtmäßig und nichtig, da das Ernennungsrecht allein den Reichsministern vorbehalten war. Das Ernennungsrecht des Generalinspektors war mit dem 30. 6. 1937 erloschen. Auch die Berufung Todts in das Amt des Reichsministers für Bewaffnung und Munition änderte an dieser Rechtslage nichts, weil seine ministerielle Kompetenz sich nicht auf das Amt des Generalinspektors für das deutsche Straßenwesen bezog.

Dieser rechtlose Zustand wurde erst durch den »Erlaß des Führers und Reichskanzlers über die Ernennung der Beamten und die Beendigung des Beamtenverhältnisses im Geschäftsbereich des Generalinspektors für das deutsche Straßenwesen« vom 21. 9. 1940 geklärt. [51] Um Schaden von den vielen betroffenen Beamten abzuhalten, übertrug

Hitler dem Generalinspektor für das deutsche Straßenwesen rückwirkend das Recht zur Ernennung, Versetzung in den Ruhestand und zur Entlassung. [52]

Todts letzter Appell an die »Männer der deutschen Technik«, der Neujahrsaufruf 1942, war eine letzte Aufforderung, sich aus den Fängen der Bürokratie zu lösen:

»Auf dem Wege zu diesem Ziel darf den deutschen Ingenieur auch kein Bürokratismus aufhalten. Wer die gewaltigsten Waffen konstruiert und fertigt, wer auf chemischem Gebiet die vieltausendjährige Arbeit der Natur in den Apparaten seiner Fabrik auf wenige Stunden konzentriert, wer auf dem Lande, in der Luft und über und unter Wasser nicht nur mit den Gewalten der Natur, sondern mit dem Gegner fertig wird, der muß auch den Weg finden, über bürokratische Hemmungen und Schwierigkeiten hinwegzukommen und seinen Gedanken und Ideen zum Erfolg zu verhelfen. In dieser Zielsetzung wollen wir Männer der Technik zusammenhalten bis zum Endsieg.« [53]

## Anerkennungen und Ehrungen

Als Hitler am 27. 9. 1936 bei Breslau den 1000. Autobahnkilometer
dem Verkehr übergab, lobte er Todt als einen der »gläubigsten Idealisten
und zugleich nüchternsten Realisten«, der sich »vom einstigen
Straßenbauarbeiter zum größten Straßenbaumeister aller Zeiten
emporgerungen hat«. Dieses Lob machte die Öffentlichkeit erstmals
auf Todt aufmerksam, der bisher eher im Hintergrund gearbeitet hatte
und nur in Fachkreisen einen Namen besaß. Auch im Ausland wurde
allmählich Todts Leistung als Straßenbauer bekannt. Es dauerte nicht
lange, bis eine Fülle von Ehrungen auf den Generalinspektor für das
deutsche Straßenwesen zukam.

Auf der internationalen Ausstellung in Paris 1937 erhielt er sowohl in
der Klasse »Öffentliche Arbeiten« wie in der Klasse »Öffentliche
Gebäude« einen Grand Prix.[54] Das Motto der Ausstellung »Kunst
und Technik – eine neue Verbindung« entsprach seinen Bestrebungen
im Straßenbau.

Unmittelbar nach der Eingliederung Österreichs ins Reich, am 8. 4.
1938, übergab die Technische Hochschule in Graz Dr. Todt als »dem
genialen Erbauer der Straßen Adolf Hitlers« die Würde eines Ehren-
mitglieds. [55]

Am 20. 4. 1938 verlieh ihm der Preußische Minister und Reichsminister für Wissenschaft, Erziehung und Volksbildung die Bezeichnung
»Honorarprofessor« an der Fakultät für Bauwesen der Technischen
Hochschule München und beauftragte ihn mit Vorlesungen im Fach
»Straßenbau«. [56] Todt teilte der Hochschule am 20. 5. 1938 mit, daß
ihm die zusätzlichen Arbeiten nach der Eingliederung Österreichs in
das Deutsche Reich »kaum viel freie Zeit« lassen würden und daß er
lediglich »den einen oder anderen Sondervortrag« in Aussicht stellen
könne. Ganz besonders wolle er sich aber darum bemühen, »für den
Gedanken des technischen Nachwuchses einzutreten«. [57] Die
Urkunde zum »nicht beamteten Lehrer« und »Honorarprofessor«
wurde Todt anläßlich der Akademischen Jahresfeier am 2. 12. 1938
durch den Rektor Professor Pistor überreicht. [58] Das Engagement
Todts für die Hochschule, deren Mitglied er geworden war,
beschränkte sich faktisch auf die finanzielle Förderung einzelner Projekte. Damit tat er das, was man mit der Ernennung wohl erwartet

hatte. Dem Lehrstuhl Otto Hubers gliederte Todt zwei neue Institute an, nämlich das Institut für Erdbau und das Institut für Straßenbau. Beide wurden am 8. 12. 1939 im Rahmen der Hochschulwoche eröffnet. [59] Todt selber führte weder eine Lehrveranstaltung durch, noch hielt er einen einzigen Vortrag. Allerdings schmückte er sich – im Unterschied zu Albert Speer – auch nicht mit dem Titel Professor. Er bat alle, die ihn so ansprachen oder anschrieben, ihn wegzulassen. Seine Begründung:»Er steht schlecht zu mir.« [60]

Weitere Ehrungen für Todt folgten. Ende Mai 1938 wählte ihn der »Verein Deutscher Ingenieure« auf der Hauptversammlungssitzung in Stuttgart zum Vorsitzenden. Todt nahm das Amt an, weil dadurch »die innere Geschlossenheit der deutschen Technik« deutlich werde. [61]

Die Internationale Handelskammer berief Todt zum Vizepräsidenten ihres Straßentransportausschusses. [62]

Auf dem Reichsparteitag 1938 erhielt Todt zusammen mit Ferdinand Porsche, Willy Messerschmitt und Ernst Heinkel den Deutschen Nationalpreis für Kunst und Wissenschaft. Hitler hatte diesen Preis in Höhe von 100000 RM am 30. 1. 1937 gestiftet, weil die Annahme des Nobelpreises allen Deutschen untersagt war. [63] Die Laudatio des Reichsministers für Volksaufklärung und Propaganda würdigte die bahnbrechenden technischen Leistungen der Preisträger.

»Sie haben unmittelbar vom Nationalsozialismus ihre Impulse empfangen und sind deshalb so stark nationalbedingt, daß sie besonders an ihrer Bedeutung für die Nation gemessen werden müssen.«

Goebbels hob Todts Leistungen für den allgemeinen Straßenbau hervor, besonders aber »seine geschichtliche Tat«, nämlich »die Durchführung des Ihnen vom Führer erteilten Auftrages, ein geschlossenes Netz von Autobahnen zu erstellen«. [64]

Die Schriftleitung von »Die Straße« kommentierte die Verleihung des Nationalpreises an den »Ersten Straßenbauer Deutschlands« mit folgenden Worten:

»Die Verleihung des Nationalpreises 1938 an Männer der deutschen Technik hat dem deutschen Volk die Tatsache zum Bewußtsein gebracht, daß in den vergangenen sechs Jahren deutschen Aufbaus im Dritten Reich die Technik nicht nur unvergleichliche Hochleistungen an sich vollbracht, sondern damit am Ausbau selbst entscheidend mitgewirkt hat. Nicht zuletzt ihre Mitwirkung bestimmt das Gesicht des neuen Deutschlands. Die Bedeutung des technischen Werkes der Reichsautobahn ist von dem Tag an, an dem der Führer den Bau mit dem ersten Spatenstich begann, im Bewußtsein der Gegenwart lebendig geworden.« [65]

Auf dem Reichsparteitag 1938 reklamierte auch die SA den Generalinspektor für das deutsche Straßenwesen für sich. Sie wollte demonstrie-

ren, daß er einer der ihren war, und ernannte ihn am 6. 9. 1938 zum
Obergruppenführer. [66]

In der Abschlußansprache auf dem Reichsparteitag 1938 erwähnte
auch Hitler den Namen Todts lobend, als er der Öffentlichkeit
bekanntgab, daß er den Ausbau eines Westwalls gegenüber Frankreich befohlen habe, um in Zukunft »einen solchen niederträchti-
gen Übergriff« der Tschechoslowakei wie im Mai nicht mehr hinneh-
men zu müssen. Er habe den Generalinspektor für das deutsche
Straßenwesen deshalb am 28. 5. 1938 beauftragt, die Bauleitung für
»das gigantischste Befestigungswerk aller Zeiten« zu übernehmen.
Hitler fuhr fort:

> »Er hat im Rahmen der von der Festungsbauinspektion vorgesehenen Arbeiten
> durch die Kraft seines organisatorischen Genies eine der gewaltigsten Leistungen
> aller Zeiten vollbracht.«

Dann nannte Hitler beeindruckende Zahlen über den Westwallbau:
Ein täglicher Verbrauch von 100 000 Tonnen Kies pro Tag, ein täglicher Einsatz von 8000 Eisenbahnwaggons zum Materialtransport, die
Beschäftigung von 362 000 Arbeitern und 100 000 RAD-Männern usw.
Bei dieser Gelegenheit erwähnte Hitler erstmals den Namen »Organisation Todt«, die Bezeichnung, die später alle unter Todts Leitung
stehenden Bauarbeiter umfaßte. [67]

Wie im Vorjahr gab Todt auch 1938 auf dem Reichsparteitag einen
Rechenschaftsbericht über seine Arbeiten. Im Unterschied zu Hitler,
der vom Westwall schwärmte, präsentierte Todt voll Stolz seine Leistungen beim Autobahnbau. 2300 km Reichsautobahnen seien dem
Verkehr übergeben worden. Über 1800 km seien im Bau. In wenigen
Wochen werde die längste zusammenhängende Strecke, nämlich die
von Stettin über Berlin, Leipzig, Nürnberg, München nach Salzburg in
einer Gesamtlänge von 900 km dem Verkehr übergeben. Auch Todt
gab Zahlen bekannt: 300 Millionen cbm Erde wurden seit 1933 bewegt
und 14,5 Millionen cbm Beton verbraucht. Er freute sich, daß »die
Straßen des Führers« von den Autofahrern sehr stark benutzt wurden,
und versprach, die neu ans Reich angegliederte Ostmark in das
Autobahnnetz einzubeziehen. Das Baugewerbe sei voll ausgelastet.
Während 1933 die Autobahnen das einzige Großprojekt für die Bauwirtschaft gewesen seien, seien in den folgenden Jahren weitere gigantische Unternehmungen dazugekommen: das Gelände der Reichspar-
teitage, die Eisenerzanlagen von Salzgitter, Bauten für die Wehrmacht, Aufgaben in der Ostmark oder für die Ostmark wie der Rhein-
Main-Donau-Kanal. Die Zahl der im Baugewerbe Beschäftigten sei
von 504 000 im Jahre 1933 auf 2,5 Millionen im Jahre 1938 angestiegen.

Entsprechend habe sich der Gerätepark der Bauunternehmer vervielfacht. [68]

Am 12. 12. 1938 erhielt Todt als »Erbauer der Reichsautobahn« von der »Stiftung Werner-von-Siemens-Ring« den Preis für das Jahr 1938 zuerkannt. Die 1916 gegründete Stiftung hatte sich zur Aufgabe gemacht, »lebende Personen ohne Ansehen des Amtes, der Stellung oder des Ranges auszuzeichnen, wenn sie durch ihre Leistung die technischen Wissenschaften gefördert oder als Vertreter der Wissenschaft durch ihre Forschung der Technik neue Wege erschlossen haben«. Todt bekam den Ring »für seine grundlegend neuen Ideen bei der Entwicklung einer Straßen-Großbautechnik und einer umweltbewußten Gestaltung der Autobahnen«.

Der Ehrenring stellte die Blätter und Früchte des Lorbeers dar, besetzt mit Rubinen und Smaragden. Der Name des Preisträgers und das Datum der Verleihung waren eingraviert. Der Ring für Todt ruhte auf einem Elfenbeinsockel, der auf der Vorderseite in Gold die Umrisse Deutschlands mit dem Autobahnnetz zeigte. Die auf der Kassette eingravierte Widmung lautete: »Dem Erbauer der Straßen des Führers.« Die Überreichung erfolgte am 13. 12. 1938 im alten Wohnhaus Werner von Siemens' in Charlottenburg. [69] Nach der Übergabe des Rings hielt der Preisträger traditionsgemäß einen Festvortrag über sein Lebenswerk. Dabei konnte er darauf verweisen, daß am nächsten Tag der 3000. Kilometer der Reichsautobahnen dem Verkehr übergeben werde. [70]

Für die Verleihung des Werner-von-Siemens-Rings war Todt 1937 von der »Deutschen Gesellschaft für Bauwesen e. V.« vorgeschlagen worden. Konkurrenten für ihn waren die Herren Professor Dr. med. Fritz Hofmann, Breslau, Professor Dr. Fischer, Mühlheim, Professor Dr. Bergius, Heidelberg und Generaldirektor Dr. Pott, Essen. Der Vorsitzende der Deutschen Gesellschaft für Bauwesen e. V., Hertwig, hatte seinen Vorschlag folgendermaßen begründet:

»Der Bau der Reichsautobahnen in Deutschland stellt eine Ingenieuraufgabe größten Ausmaßes dar, deren erfolgreiche Lösung als eine hervorragende technische Tat zu bezeichnen ist.

Die gesamte Linienführung mit ihren Anschlüssen, die Ausführung der einzelnen Bauwerke sowie die Anpassung der jeweiligen Strecke an das Landschaftsbild sind mustergültig. Bauwerke in Mauerwerk aller Art, Beton und Stahl, Erddämme und Einschnitte sind im Gegensatz zu den Beispielen aus früheren Bauperioden im ganzen und in den kleinsten Einzelheiten so gestaltet und durchgearbeitet, daß sie größte Zweckmäßigkeit besitzen und Schönheit ausstrahlen. Die Technik des Straßenbaus in allen Teilen ist durch das persönliche Eingreifen Dr. Todts bedeutend gefördert worden.

Wenn auch zahlreiche Baufachleute aller Sondergebiete bei diesem Werk beschäftigt und für die Ausführung mitverantwortlich sind, so ist die Geamtleistung nur dadurch möglich geworden, daß an der Spitze der Bauverwaltung ein Mann steht, der mit größter Energie und tiefstem Verständnis für die große Linie des ganzen Unternehmens und die Einordnung aller Einzelheiten in das Gesamtbild sorgt und die Linienführung und die Formgebung stark beeinflußt. Dr. Todt hat durch seine persönliche Anregung alle Wissenschaftszweige, die mit dem Straßenbau zusammenhängen, bedeutend gefördert. Hervorzuheben sind ferner Dr. Todts arbeitspolitische und soziale Maßnahmen auf den weitverzweigten Baustellen, welche etwas durchaus Neues darstellen und zur reibungslosen Vollendung der Autobahnen sehr wesentlich beigetragen haben.« [71]

Am 13. 12. 1937 trat der Stiftungsrat der Stiftung Werner-von-Siemens-Ring im Hotel Kaiserhof in Berlin zusammen, um gemäß § 8 der Satzung den nächsten Preisträger zu bestimmen. Bei der ersten Abstimmung erhielt der Vorschlag »Generalinspektor Dr. Todt« die niedrigste Stimmenzahl von allen Bewerbern. Nur 14 Mitglieder stimmten für ihn. In einer längeren Aussprache einigte man sich schließlich, Todt aus politischen Gründen zu nominieren, weil »er des Führers großen Gedanken der Schaffung von Reichsautobahnen mit wissenschaftlichen Methoden technisch verwirklicht habe«. [72]

Im Anschluß an die Sitzung des Stiftungsrates fand ein gemeinsames Abendessen in kleinem Kreis statt, zu dem neben den Mitgliedern der Familie Siemens auch die Vorsitzenden der im Stiftungsrat vertretenen Organisationen geladen waren. Auch Todt war anwesend. Bei dieser Gelegenheit wurde ihm die Verleihung des Siemens-Rings für 1938 angekündigt. Der Vorsitzende führte aus: In der Antike sei der Lorbeerkranz die höchste Auszeichnung gewesen; auch im Siemens-Ring sei ein Lorbeerkranz dargestellt. Die bisherigen Preisträger Carl von Linde, Karl Auer von Welsbach, Carl Bosch, Oskar von Miller, Hugo Junkers und Wolfgang Gaede hätten die Ehrung so aufgefaßt. Mit einem Geldpreis sei sie nicht verbunden. Ob Todt merkte, daß er in dieser Reihenfolge ein Außenseiter war? Er bedankte sich für die Überraschung und sagte, daß er sie nicht als eine persönliche Auszeichnung betrachte, sondern als eine Anerkennung der Ingenieur-Gemeinschaftsleistung, wie sie beim Autobahnbau verwirklicht worden sei. [73]

Im Dezember 1938 übernahm Todt den Vorsitz im Deutschen Nationalen Komitee der Weltkraftkonferenz. Zum Geschäftsführer berief Todt den Geschäftsführenden Direktor des Vereins Deutscher Ingenieure, Stadtbaurat a. D. Dr. Kölzow. [74]

Wegen seiner künstlerischen Erfolge beim Brückenbau und beim Bau von Raststätten, Straßenmeistereien und Tankstellen an den Reichsautobahnen wurde Todt 1938 Mitglied des »Ständigen künstlerischen Beirats« der Monatszeitschrift »Die Kunst im Dritten Reich«, dem außer ihm noch Albert Speer, Generalbauinspektor für die Neugestaltung Berlins, Professor Leonhard Gall aus dem Atelier Troost und Professor Richard Klein, Direktor der Akademie für angewandte Kunst in München, angehörten. In den folgenden Jahren ärgerte er sich häufig, wenn in der Zeitschrift Abbildungen von Bauten abgedruckt wurden, die, wie er schrieb, »ich in der internen Erziehungsarbeit der für mich arbeitenden Architekten wiederholt als abschreckendes Beispiel herausgestellt habe«, z. B. sogenanntes »unwahres Mauerwerk« mit Verblendungen und Plattenabdeckungen. [75]

Auf der Festsitzung der Preußischen Akademie der Wissenschaften wurde Todt im Januar 1939 zum Ehrenmitglied der Akademie gewählt. [76]

Am 20. 2. 1939 ernannte Göring seinen Untergebenen (als Generalinspektor für die Sonderaufgaben im Vierjahresplan), seinen Kollegen (als Reichsminister für Bewaffnung und Munition) und seinen Rivalen um die Gunst des Führers zum Außerordentlichen Mitglied der »Deutschen Akademie der Luftfahrtforschung«. Ehrenmitglied wurde er kurz vor seinem Tod am 1. 2. 1942. Diese am 24. 7. 1936 von Hitler gegründete Institution sollte namhafte auf dem Gebiet der Ingenieur- und Naturwissenschaften tätige Gelehrte und Ingenieure vereinigen, die befähigt waren, »die wissenschaftlichen Grundlagen der Luftfahrttechnik zu erweitern und die praktische Anwendung der gewonnenen Erkenntnisse zu fördern«. Sie umfaßte bis zu 60 ordentliche und bis zu 100 korrespondierende Mitglieder. [77]

In »Würdigung der besonderen Verdienste um die Befestigung der deutschen Westfront« erhielt Todt von Hitler 1939 seine erste Dotation über 100 000 RM, die er verwenden wollte, »um am Hintersee, unserem alten Lieblingsplatz, ein Anwesen zu erwerben«. Den Auftrag zur Auszahlung bekam Lammers von Martin Bormann am 26. 5. 1939 mit der Aufforderung: »Da Dr. Todt diesen Betrag baldigst braucht, wäre ich Ihnen für baldige Überweisung dankbar.« [78]

Auch Todts militärische Karriere war eine Folge des Westwallbaus. Das Eindringen in den Zuständigkeitsbereich der Festungspioniere wurde ihm vom Offizierskorps des Heeres verübelt. Mit kleinlichen Schikanen ließ man ihn spüren, daß er für sie nur ein Mann der Partei und ein Zivilist war. Selbst Unteroffiziere verwehrten dem leitenden Bauherrn des Westwalls unter Berufung auf Sicherheitsbestimmungen den Zugang zu einzelnen Baustellen, wenn er in Zivil erschien oder in der Uniform eines Reichsleiters der NSDAP. Noch weniger zählte die

Uniform des SA-Führers, die Todt bei offiziellen Anlässen trug. Todt
fehlte der militärische Rang, um sich an Ort und Stelle durchzusetzen.
Deshalb ließ er sich am 1. 10. 1938 zum Major der Reserve in der
Luftwaffe ernennen. Dadurch wurden die Probleme jedoch nicht
kleiner, sondern eher größer: Jeder ranghöhere Offizier – und diese
waren am Westwall in großer Zahl vorhanden – konnte sich zu seinem
Vorgesetzten erklären und ihm Weisungen erteilen. Die Mißachtung
der Generalität gegenüber Todt zeigte sich auch in Fragen der Eti-
kette.

Als Hitler nach der Besichtigung des Westwalls am 9. 10. 1938 in
Saarbrücken war, gehörte zum Programm auch eine Theatervorstel-
lung. Die Plätze waren von der Ortskommandantur verteilt worden,
und Todt erhielt einen Sitz in einer rückwärtigen Reihe des 1. Ranges.
Die beabsichtigte Diskriminierung Todts mißlang jedoch, weil Hitler
seinen Generalinspektor durch einen Adjutanten in seine Nähe
befahl.[79] Auch die Marine mißachtete die Form gegenüber Todt.
Obwohl er der Leiter einer Obersten Reichsbehörde war, vermied sie
es, ihn zu besonderen Anlässen, wie Einweihungen oder Stapelläufen,
einzuladen. [80]

Als Hitler von solchen Zurücksetzungen seines Mitarbeiters erfuhr,
sorgte er dafür, daß Göring ihm den Rang eines Generalmajors der
Luftwaffe verlieh. Die Urkunde wurde Todt am 19. 10. 1939 von Hitler
persönlich überreicht, wobei Hitler die »einzigartigen Leistungen des
Generalinspektors Dr. Todt bei der beispiellos schnellen Errichtung
des Westwalls« würdigte. [81] Von den Mitarbeitern Todts wurde in
der Ernennung Todts zum Generalmajor eher eine Zweckmäßigkeits-
entscheidung gesehen als eine Belohnung für Verdienste. [82]

Nach seiner Ernennung zum Generalmajor wünschte Todt die Beach-
tung militärischer Formen. Bei Reisen erwartete er z. B., daß alle
Begleiter im Flugzeug saßen, wenn er als letzter einstieg. Weibliches
Personal sollte sich schnell und unauffällig in das Flugzeug begeben
bzw. in den Dienst-PKW setzen, da das Mitnehmen von Damen
eigentlich verboten war. Er wünschte, daß die Abfahrtstermine unbedingt eingehalten wurden.

»Es macht einen denkbar schlechten Eindruck, wenn ich nach dem Übernachten
morgens abfahrbereit bin und die Herren fangen erst an, ihre Rechnungen zu
bezahlen, und ich stehe am Wagen und warte, bis einer nach dem anderen
herankommt.«

Von den Kraftfahrern erwartete er, daß sie in anständiger und sauberer Uniform zum Dienst erschienen:

»Es liegt mir jede persönliche Repräsentation fern, aber ebensowenig wünsche ich

Formlosigkeit, wie sie sich im Laufe der letzten Zeit verschiedentlich eingeschlichen hat.«[83]

Die Ehrungen für Todt hielten auch im Krieg an. Am 30. 11. 1939 überreichte ihm der königlich-italienische Botschafter Attolico in Berlin das »Großkreuz des italienischen Ordens der Krone«, das ihm auf Vorschlag des italienischen Außenministers verliehen wurde.[84] Zu seinem 50. Geburtstag am 4. 9. 1941 erhielt Todt als erster den neu geschaffenen »Fritz-Todt-Ring«, der von nun an jährlich durch den »Reichsrat der deutschen Technik« für überragende technische Leistungen verliehen werden sollte. Eine Abordnung der Gauamtsleiter für Technik hatte Todt gebeten, als erster Träger dieser hohen Ehrung, die mit seinem Namen verbunden war, aufzutreten.[85] Am 2. 6. 1943 wurde Todts Nachfolger Albert Speer als zweiter den Ring »für seine Verdienste um die außerordentliche Steigerung der Waffenerzeugung« verliehen.[86]

Bei der Gratulation zum 50. Geburtstag überreichte Hitler dem Reichsminister Dr. Todt am 4. 9. 1941 eine zweite Dotation über 100 000 RM. Der Scheck war handschriftlich als Überbringerscheck ausgestellt, damit auch der Reichsbank gegenüber die Vertraulichkeit gewahrt werden konnte. Zugleich bestimmte Hitler, daß diese Zuwendung steuerfrei bleiben sollte. Außerdem erhielt Todt das Gemälde »Westwallarbeiter« von Eduard Thöny aus der Großen Deutschen Kunstausstellung 1940. Das Bild war mit 4500 RM aus den Geldern des Kulturfonds bezahlt worden. Diese Mittel glaubte man »mit Rücksicht auf die alljährlich erfolgende Verstärkung des Kulturfonds« entnehmen zu können.[87]

Um die Geldgeschenke Hitlers an Todt 1939 und 1941 würdigen zu können, muß man sie in Relation zu den Dotationen an andere sehen. Sie waren vor dem Krieg ein seltener Gunstbeweis Hitlers. Im Krieg häuften sie sich. Prof. Brugmann erhielt 1937 eine Dotation über 10 000 RM, Todt 1939 eine in Höhe von 100 000 RM. Der Aus- und Umbau der Geburtsstätte General Ludendorffs als Dotation für seine Erben erforderte Gesamtkosten in Höhe von 1,6 Millionen RM. General von Rundstedt bekam am 11. 12. 1941 250 000 RM zu seinem 65. Geburtstag. Reichsminister Dr. Frick erhielt an seinem 65. Geburtstag am 12. 3. 1942 eine Dotation von 250 000 RM.[88] Die Dotation für Generalfeldmarschall Milch aus Anlaß seines 50. Geburtstags am 30. 3. 1942 betrug ebenfalls 250 000 RM. Die gleiche Summe erhielt Großadmiral Raeder am 24. 4. 1941 als Geburtstagsgeschenk des Führers. General der Waffen-SS Dietrich erhielt zu seinem 50. Geburtstag am 28. 5. 1942 100 000 RM. Karl Otto Saur bekam im Mai 1942 30 000 RM. Dem Reichspostminister Ohnesorge wurde am 8. 6. 1942 ein Scheck über 250 000 RM aus Anlaß seines 70. Geburtstages überreicht. Hitlers Flugkapitän Baur bekam im Juni 1942 20 000 RM.[89]

Mehr Ärger hatte Todt mit einem anderen Geldgeschenk zu seinem Geburtstag. Die Innungsverbände des Bauhandwerks überreichten ihm 200000 RM als Grundstock für eine »Stiftung für Nachwuchsförderung«, die sie im Laufe des Jahres 1941 gesammelt hatten. Damit hatten sie jedoch gegen die Sammelbestimmungen des Dritten Reiches verstoßen. Dieser Fall und einige weitere ähnlich gelagerte Fälle veranlaßten den Chef der Reichskanzlei zu einem Rundschreiben mit folgendem Inhalt:

»Nach dem ausdrücklichen Wunsch des Führers haben Sammlungen für Geschenke an leitende Staatsbedienstete und führende Parteigenossen auch dann zu unterbleiben, wenn mit ihnen eine ideelle Zweckbestimmung verbunden wird, z. B. die Beschaffung von Mitteln für die Errichtung einer Stiftung oder einer Vereinigung oder für den Erwerb oder die Errichtung eines Erholungsheimes udgl. Dabei sind Sammlungen bei Personenvereinigungen und juristischen Personen des privaten oder öffentlichen Rechts, beispielsweise Gebietskörperschaften, in gleicher Weise unzulässig wie solche bei Einzelpersonen.« [90]

## Der Nationalsozialist

Todt war ein Nationalsozialist der ersten Stunde und ein loyaler Gefolgsmann Hitlers. Das goldene Parteiabzeichen trug er bis zuletzt mit Stolz.

Schon zehn Jahre vor der Machtergreifung sah er in Hitler den Retter Deutschlands nach der Katastrophe des Ersten Weltkrieges und trat der NSDAP bei. Wie Millionen andere ersehnte er die Wiedererrichtung eines starken Deutschen Reiches, eines Großmachtstaates, in dem ohne Pressionen von außen die technischen Werke vollendet werden konnten, von denen er träumte: Autobahnen, Kanäle, Stauseen, Wohnsiedlungen, Industriezentren. Es waren vor allem die technischen Perspektiven des Nationalsozialismus, die ihn faszinierten. Als er für die Partei 1932 eine Denkschrift zum Straßenbau verfaßte, beschrieb er den Nationalsozialismus als die »große einheitliche Leitlinie« aller fachlichen Aufbauleistungen. An den Schluß seiner Abhandlung setzte er die SA-Parole: »Auch für uns gilt zu Beginn unserer Tätigkeit der Ruf: Deutschland erwache!« [91]

Nach 1933 schrieb er begeistert über »die geistige Revolution, die der Nationalsozialismus für die Technik gebracht hat«. Endlich sollte die materialistische Ausrichtung der technischen Aufgaben »verschwinden«. Die vom Nationalsozialismus bewirkte »geistige Umstellung« setzte andere, neue Ziele:

»Die Form der Technik wird über den materiellen Zweck hinaus bestimmt von Geist und Charakter, die dem technischen Werk innewohnen.« [92]

Der Nationalsozialismus als »die Weltanschauung der Synthese« habe das konstruktive Denken ergänzt durch das Verständnis für das Gestalterische, das Künstlerische. Im Straßenbau sei die Kunst des landschaftverbundenen Bauens gepflegt worden. Die rein rechnerische Arbeit am Reißbrett habe gegenüber der übergeordneten gestalterischen Aufgabe in der Landschaft an Bedeutung verloren. Nicht mehr die Straße sei der eigentliche Wert, sondern der Boden, auf dem die Menschen wohnten, und die Landschaft, in der sie sich bewegten. Diesen Werten des völkischen Lebens seien die Techniker verpflichtet und nicht dem reinen Zweckdenken. [93] Nur wo die »gesunden Traditionen des deutschen Volkes« mit diesen Prinzipien des National-

sozialismus vereinigt würden, könnte die schöpferische Gestaltungskraft einzelner Persönlichkeiten in der Gemeinschaftsleistung größerer Arbeitsgruppen zu technischen Erfolgen führen.

Todt stellte sich vorbehaltlos hinter die Forderung Hitlers vom »Primat der charakterlichen Haltung«, die dieser am 30.1. 1939 im
Reichstag angesprochen hatte. Das hieß die Bejahung der nationalsozialistischen Ausrichtung der Technik und der Zielsetzung, beim
Aufbau der Nation »die seelischen, geistigen und materiellen Kräfte
des Volkes neu zu fassen und auszurichten«. [94]

Im Unterschied zu seinem Nachfolger Albert Speer stellte Todt
seine Arbeit ganz in den Dienst des Nationalsozialismus. Er war aus
tiefster Überzeugung Nationalsozialist, so wie er die Ideologie verstand: als eine Synthese von Nationalismus und Sozialismus. [95] In
ähnlichen dialektischen Denkkategorien erklärte er auch das Wesen
des menschlichen Lebensgefühls und die nationalsozialistische
Kultur:

>»Wie unser Lebensgefühl getragen wird von der Untrennbarkeit der drei Zeiten:
>Vergangenheit, aus der unser Blutstrom kommt, der Gegenwart, in der wir
>kämpfend leben, der Zukunft, in die wir den ererbten Blutstrom weitergeben an
>die ewige Zukunft unseres Volkes, so ist auch die Kunst im Raume allumfassend
>dreidimensional. Sie ist nicht flächig auf nur eine Ansicht berechnet, sondern
>total für die Schau nach innen gestaltet, das heißt Kultur und Kunst unserer
>Weltanschauung sind ewig und allgemeingültig.« [96]

An Todts Loyalität gegenüber Hitler gibt es nichts zu deuten. Sie
war bis ins zweite Kriegsjahr hinein hundertprozentig. Sie zeigte sich
in seinem persönlichen Einsatz als Leiter der verschiedenen Ämter,
die ihm Hitler anvertraute. Es gibt wenige Palladine Hitlers, die so
viel arbeiteten wie Todt und die ihre Amtsgeschäfte unter so viel
Verzicht auf Vergnügungen, Repräsentationen und Selbstdarstellungen wahrnahmen:

>»Wer in der Zeit Adolf Hitlers lebt, für den scheiden alle Wünsche nach persön-
>licher Bequemlichkeit aus gegenüber der heiligen Verpflichtung, die Aufgaben
>zu erfüllen, die der Führer stellt.« [97]

Er mied die Versammlungen des Hofstaats um Hitler. Er wäre dort
willkommen gewesen bei den nächtlichen Plauderrunden. Todt widmete sich statt dessen seiner Arbeit. Er war sich des Vertrauens des
Führers so sicher, daß er dessen Nähe nicht brauchte. [98]

Todt war stolz im Dienste des Nationalsozialismus zu stehen. Es
freute ihn, daß die Autobahnen als ein Symbol des Dritten Reiches
interpretiert wurden. Er war Hitler dankbar für den Auftrag. Er
wußte, daß ihm kein anderer die Möglichkeit geben konnte, ohne

verwaltungsmäßige Hemmungen Deutschland mit einem Straßennetz diesen Ausmaßes zu überziehen:

»Die großen Denkmäler unserer Zeit können nur errichtet werden, solange wir Adolf Hitler, den Führer unseres Volkes und genialen Architekten, unter uns haben. Oft dauert es 1000 Jahre, bis wieder ein Großer kommt, und 1000 Jahre zehren von dem, was in der Zeit eines solchen Mannes geschaffen wurde.« [99]

Er fühlte sich geschmeichelt, »am stolzen Aufbauwerk des Führers teilzuhaben«. [100]. Als er zu Weihnachten 1936 aus dem Reichsautobahnlager Neudorf bei Pegnitz über alle deutschen Sender eine Ansprache an seine »Arbeitskameraden an den Straßen Adolf Hitlers« hielt, versuchte er den Männern, die an allen Baustellen seine Worte hörten, etwas von dem Stolz zu vermitteln, »für den Führer, für Deutschland, für unsere Zukunft diese Straße bauen zu können, um die uns heute schon die ganze Welt beneidet«. Er sagte ihnen: »Lehrt auch eure Frauen und Kinder daran glauben, daß wir Mitarbeiter des Führers sind am großen Wiederaufbau des Deutschen Reiches, und seid stolz, in einer Zeit zu leben, in der es aufwärts geht, nachdem ihr alle die schweren Zeiten miterlebt habt, in denen es mit Deutschland abwärts gegangen ist.« [101]

In seiner Funktion als Vorsitzender des Nationalsozialistischen Bundes Deutscher Technik forderte Todt die Techniker und Ingenieure immer wieder auf, »im rücksichtslosen Einsatz die Zeit zu nutzen, in der wir unseren Führer haben ... Den Wiederaufstieg des deutschen Volkes verdanken wir Adolf Hitler und seinen nationalsozialistischen Kämpfern.« [102]

»Stärke des Reiches« und »Wiederaufstieg des Volkes« waren Schlüsselbegriffe in Todts Gedankengängen. Solange er glaubte, daß Hitler dieses Ziel anstrebte, war auf ihn Verlaß. Auf einer Straßenbautagung im Dezember 1939 in München konnte er in diesem Sinne vor den Anwesenden ausführen:

»Wir können heute, Gott sei Dank, feststellen, daß der Führer uns gelehrt hat, die uns vom Schicksal zur Verfügung gestellte Zeit voll auszunutzen zur Wiederherstellung der Stärke des Reiches durch den Nationalsozialismus.« [103]

Todts Neujahrsaufruf 1940 an die Mitglieder des NSBDT würdigte im gleichen Sinne die Aufbauleistungen Hitlers:

»In den sechs Jahren inneren Aufbaus ist dem Führer das ungeheure Werk gelungen, ein zusammengebrochenes Volk auf allen Gebieten wieder zu stolzer Stärke aufzurichten.« [104]

Der Hausherr der Plassenburg, Emil Maier-Dorn, berichtete, daß Todt an Hitlers 51. Geburtstag das Bekenntnis abgelegt habe:

»Ich danke dem Führer, daß er in diesem Ringen meinen Alltag zur Mission erhob. So schaffe ich dann mit meiner Kraft am Untergang der Feinde und am ewigen Leben Deutschlands.« [105]

In einem Vorwort, das Todt für eine Publikation des Landschaftsarchitekten Alwin Seifert verfaßte, wiederholte er den Gedankengang:

»Wir leben, arbeiten und sterben für das ewige Deutschland.« [106]

Bei seinen Hymnen auf Hitler bediente sich Todt der Propagandaklischees des Dritten Reiches. Mit sprachlichen Formulierungen nichttechnischer Art tat sich Todt schwer. Er übernahm gerne die vorgefertigten Redewendungen aus der Propagandaküche Goebbels'. Vielfach war bei ihm die nationalsozialistische Phraseologie nur das propagandistische Rankenwerk, mit dem seine Leistungen dekoriert wurden – von ihm und anderen.

Die nationalsozialistische Propaganda stellte nach 1933 das Reich als einen friedlichen und verhandlungsbereiten Staat dar, der um gute Beziehungen zu den Nachbarn besorgt war. Wie Millionen andere erkannte Todt trotz seiner Nähe zu Hitler nicht, daß dessen Politik eine Gefahr für den Frieden war. Bei der Einführung der Wehrpflicht sah er nicht den Bruch des Versailler Vertrages, sondern er war begeistert, daß Hitler »dem deutschen Volk seine Wehrfreiheit und damit seine nationale Ehre wiedergegeben hat«. [107]

An der Erpressung der Tschechoslowakei 1938 beteiligte er sich aktiv durch die Erstellung des Westwalls, allerdings in dem Glauben, damit den Frieden erhalten zu helfen. Zum inneren Führungskreis Hitlers, der den Krieg plante, gehörte Todt nicht. Da er bis 1940 nicht einmal Reichsminister war, hatte er keinen verwaltungsmäßigen Einfluß auf Regierungsakte. An den politischen Entscheidungen des inneren Führungskreises um Hitler war er nicht beteiligt. Es ist unwahrscheinlich, daß Hitler ihn privat zu Rate zog. Todt war für Hitler der große Baumeister und nicht der große politische Kopf.

Als der Zweite Weltkrieg begann, stellte sich Todt jedoch vorbehaltlos hinter die Entscheidung seines Führers. An seine Mitarbeiter richtete er am 19. Oktober einen begeisternden Appell, ihre Pflicht »bis zum Letzten« zu erfüllen:

»Der Führer hat gerufen! Früher, als mancher von uns geglaubt hat, sind wir zum Entscheidungskampf angetreten. Ich bin stolz darauf, daß ein so großer Prozentsatz meiner Mitarbeiter der Stirn und der Faust unter den Waffen steht. Ein anderer Teil ist mit den aufgestellten Sonderformationen der Truppe gefolgt, um die in den Kampfhandlungen zerstörten Straßenverbindungen und Brücken wiederherzustellen oder um die Arbeitsverbände der Westwallarbeiter zu verstärken. Mancher der in den Ämtern und an den Baustellen zurückgebliebenen Kameraden

drängt zum Einsatz und glaubt sich am falschen Platz. Ich wiederhole den Befehl
der Partei:

> ›Bleibe jeder an dem Posten, auf den er gestellt ist;
> Truppe und Heimat sind eine geschlossene Front.‹

Auch die in der bisherigen Arbeit Verbliebenen werden eingereiht als unmittelbare Mitkämpfer im Ringen um die Entscheidung. Viele unserer Dienststellen
haben ihre Tätigkeit bereits umgestellt, und die Bauerfahrung, die sie sich an den
Straßen des Führers gesammelt haben, dient nunmehr anderen Zielen, bei denen
es gilt, durch rücksichtslosen Einsatz das Äußerste an bautechnischer Leistung
herauszuholen.

Wer noch im Straßenbau und in der Straßenunterhaltung tätig ist, denke daran, daß
der Verkehr das erste Instrument der Kriegs- und Wirtschaftsführung ist. Ihn zu
erleichtern und zu sichern, ist gerade für die kommenden Wintermonate eine
Aufgabe, die heute die doppelte Verantwortung bringt.

Es war uns vergönnt, am größten Friedenswerk des Führers für Deutschlands
Größe und Schönheit mitzuarbeiten. Wir wissen, was es zu verteidigen gilt. Unser
Leben gehört dem Führer. Ich erwarte von allen Straßenbauern, wo sie auch
stehen, Pflichterfüllung bis zum Letzten.« [108]

Ein unpolitischer naiver Nur-Fachmann war Todt bestimmt nicht. Er
setzte sein fachliches Können bewußt für die politischen Ziele des
Dritten Reiches ein. Sein politischer Einfluß war zwar nicht groß, aber
er stand im Fadenkreuz der politischen Machtausübung. Er bewirkte
zu viel im Sinne des Nationalsozialismus, als daß er ein »politischer
Naivling« hätte sein können. Er war kein Ideologe, nicht einmal ein
ideologischer Fanatiker, aber der Rassenkriegscharakter des Rußlandfeldzuges, den er vorbereiten und durchführen half, mußte ihm
spätestens bei seinen zahlreichen Besichtigungsreisen im Osten klarge-
worden sein. Das Schicksal der Juden in der Emigration und im
Arbeitseinsatz – Todt starb vor der Wannseekonferenz – blieb ihm
nicht verborgen.

Selbst wenn er jüdischen Mitbürgern im Einzelfall half [109], trompe-
tete er in der Öffentlichkeit gelegentlich wie alle Nationalsozialisten
gegen »das jüdische und kommunistische Pack«. Er plädierte vehement für die Ausschaltung aller Künstler, die eine Kunstrichtung
vertraten, »die mit unserer politischen Gesinnung nicht zu vereinbaren« war. In der Baukunst pries er im Vergleich zu früheren »Mach-
werken« das Münchner »Haus der Deutschen Kunst« als »ein Beispiel
dafür, wie nach dem Stil der Unruhe zunächst ein klarer, überzeugen-
der Grundriß sich durchsetzt«.

Die Kunstrichtung, in der sich »der Erfolg einer edlen Auffassung« am
deutlichsten zeigte, war für Todt erstaunlicherweise die Musik.
Konnte er, der musische Baumeister, wirklich allen Ernstes glauben,
was er schrieb:

»In der Musik hat die marschierende Gemeinschaft des deutschen Volkes längst im Liedgut der Hitlerjugend und des Arbeitsdienstes ihren zeit- und artgemäßen Ausdruck gefunden.«

Noch unverständlicher ist die darauffolgende Aussage, daß im Vergleich dazu die Baukunst erst am Anfang sei. [110] Gerade Todt war es doch, der seit vier Jahren bei der Gestaltung der Autobahnen Modelle des neuen Bauens schuf.

Die Frage, ob für Todt die nationalsozialistische Ideologie einen höheren Stellenwert hatte als die Befehle Hitlers, ist schwer zu beantworten. Er führte alle Befehle des Führers mit ideologischem Eifer aus. Widersprüche sah er nicht. Seine Erfolge erreichte er jedoch nicht mit ideologischen Appellen, sondern durch geschicktes Management. In allen Tätigkeitsbereichen wurde er damit konfrontiert, daß Aufrufe mit nationalsozialistischen Phrasen weniger bewirkten als organisatorische Maßnahmen. Trotzdem wiederholte er sie bis zuletzt. In ihrer Penetranz waren sie mehr als Pflichtübungen. [111]

Belegstellen

1 Vgl. Alwin Seifert: Ein Leben für die Landschaft, Düsseldorf und Köln 1962, S. 49
2 Bundesarchiv NS 26/1188
3 Vgl. Reinhard Merker: Die bildenden Künste im Nationalsozialismus, Kulturideologie-Kulturpolitik-Kulturproduktion, Köln 1983, S. 35
4 Aussage Haasemann vom 2. 8. 1948, Spruchkammerverfahren Todt, Amtsgericht München, Nr. 149
5 Vgl. John Charles Guse: The Spirit of the Plassenburg: Technology and ideology in the Third Reich, Dissertation Nebraska University 1981, S. 269
6 Vgl. Walter Rohland: Bewegte Zeiten. Erinnerungen eines Eisenhüttenmannes, Stuttgart 1978, S. 70
7 Vgl. Fall Lewald, Schreiben Matschoss an Zenneck vom 28. 11. 1938, Archiv des Deutschen Museums München K 4, VDI 1937–1945
8 Vgl. Hermann Giesler: Ein anderer Hitler. Bericht seines Architekten Hermann Giesler. Erlebnisse, Gespräche, Reflexionen, Leoni am Starnberger See 1978, S. 160
9 Fritz Leonhardt: Baumeister in einer umwälzenden Zeit, Erinnerungen, Stuttgart 1984, S. 67; vgl. Hermann Giesler: a. a. O., S. 160
10 Paul Bonatz: Leben und Bauen, Stuttgart 1950, S. 158; vgl. Alwin Seifert: a. a. O., S. 52
11 Vgl. Paul Bonatz: a. a. O., S. 161
12 Alwin Seifert: a. a. O., S. 52
13 Vgl. Paul Bonatz: Dr. Todt und seine Reichsautobahnen, in: Die Baukunst, März 1942, S., 51
14 Albert Speer: Der Baumeister Fritz Todt, in: Die Baukunst, März 1942, S. 41
15 Vgl. S. 109 ff. dieses Buches

16 Die Straße, 1. Oktoberheft 1934, S. 128

17 Vgl. Die Straße, 2. Oktoberheft 1934, S. 159

18 Runderlaß vom 28. 11. 1934, Die Straße, 2. Januarheft, S. 63

19 Aussage Heinz Bongers vom 18. 11. 1948, Spruchkammerverfahren Todt, Amtsgericht München, Nr. 110

20 Die Autobahn 1/1934, S. 3

21 Die Straße, 2. Oktoberheft 1934, S. 156

22 Aussage des Pfarrers Christian Seiler vom 20. 11. 1948, Spruchkammerverfahren Todt, Amtsgericht München, Nr. 181

23 Die Autobahn 8/1934, S. 315

24 Die Straße, 1. Augustheft 1938

25 Vgl. u. a. Reichsminister Dr. Todt, in: Unsere Wehrmacht im Protektorat vom 24. 2. 1942; Die Straße, Januar/Februarheft 1943, S. 5

26 Vgl. Deutschland im Kampf, hrsg. von Alfred I. Berndt und Hasso v. Wedel, Berlin, Juli 1940, S. 91

27 Vgl. Bundesarchiv NS 10/38, Bl. 49. Die Sozialvorschriften für Autobahnarbeiter, soweit sie Unfallangelegenheiten betreffen, sind zusammengefaßt im Erlaß des Generalinspektors für das deutsche Straßenwesen vom 31. 8. 1941, Bundesarchiv R 65 I/48

28 Vgl. Bundesarchiv NS 26/1188

29 Reichsminister Dr. Todt, in: Unsere Wehrmacht im Protektorat vom 24. 2. 1942

30 Vgl. Hans Kehrl: Krisenmanager im Dritten Reich. 6 Jahre Frieden – 6 Jahre Krieg. Erinnerungen, hrsg. und eingel. von Erwin Viefhaus, Düsseldorf 1973, S. 213

31 Reichsminister Dr. Todt, in: Unsere Wehrmacht im Protektorat vom 24. 2. 1942

32 Vgl. ».. . daran glauben und danach handeln«, in: Der Angriff vom 11. 2. 1942

33 Bundesarchiv NS 26/1188

34 Bundesarchiv NS 14/78

35 Fritz Todt: Straßenbau und Straßenverwaltung, Bundesarchiv R 65 I/1 a, S. 35

36 Die Autobahn 1/1934, S. 3

37 Der Frontarbeiter vom 14. 2. 1942, S. 14

38 Die Straße, 1. Januarheft 1936, S. 3

39 Schreiben Todt an Pfeffer vom 30. 9. 1938, Bundesarchiv NS 26/1189

40 Erlaß des Generalinspektors für das deutsche Straßenwesen vom 19. 4. 1940, Bundesarchiv NS 26/1188

41 Vgl. Schreiben Todt an Darré vom 27. 5. 1941, Bundesarchiv NS 26/1188

42 Vgl. Schreiben Todt an Syrup vom 25. 4. 1941, Bundesarchiv NS 26/1188

43 Eduard Schönleben: Fritz Todt. Der Mensch. Der Ingenieur. Der Nationalsozialist, Oldenburg 1943, S. 16

44 Eitel-Fritz Kühne: Dr. Todt und seine Dienststellen, in: Der Deutsche Baumeister 9/1941, S. 4

45 RGBl 1933 I, S. 1057

46 Vgl. BayHStA München, Reichstatthalter 550

47 Vgl. Bundesarchiv R 43 II/510

48 Wilhelm Anselm: Dr. Todt, in· Der Deutsche Baumeister 9/1941, S. 2

49 RGBl 1937 I, S. 769

50 Bundesarchiv R 43 II/507, Bl. 10 ff.

51 RGBl 1940 I, S. 1249

52 Vgl. Bundesarchiv R 43 II/507, Bl. 41 ff.

53 Deutsche Technik, Januar 1942

54 Vgl. Die Straße, 2. Dezemberheft 1937, S. 745
55 Die Straße, 2. Aprilheft 1938, S. 258
56 Vgl. Berlin Document Center, Akte Todt, Diverses
57 Personalakte Prof. Todt, Archiv der Technischen Universität München
58 Vgl. ebenda. Bereits am 28. 8. 1936 hatte der Rektor der Technischen Hochschule beim Staatsministerium für Unterricht und Kultus München den Antrag gestellt, Todt zum Honorarprofesor zu ernennen. Aber erst der zweite Antrag vom 23. 3. 1938 hatte Erfolg.
59 Vgl. Die Straße, Dezemberheft 1939, S. 666
60 Vgl. z. B. Schreiben Todt an Frau Hilde Schuster vom 24. 3. 1939, Bundesarchiv NS 26/1187
61 Völkischer Beobachter vom 30. 5. 1938
62 Vgl. Die Straße, 1. Maiheft 1938, S. 286
63 Vgl. RGBl 1937 I, S. 79 f. »Um für alle Zukunft beschämenden Vorgängen vorzubeugen«: – gemeint war u. a. die Verleihung des Friedensnobelpreises an Carl von Ossietzky –, gab es für Deutsche ab 1937 nur noch den Nationalpreis.
64 Der Parteitag Großdeutschland 5.–12. 9. 1938, München 1938, S. 65 ff.; Die Straße, 2. Septemberheft 1938, S. 565
65 Die Straße, 1. Dezemberheft 1938, S. 750
66 Vgl. Der Angriff vom 9. 9. 1938. Bereits am 20. 4. 1933, am ersten Geburtstag, den Hitler als Reichskanzler erlebte, war Todt zum Sturmführer befördert worden. Weitere Rangerhöhungen erfolgten nach seiner Ernennung zum Generalinspektor für das deutsche Straßenwesen im Juli 1933 (Standartenführer), im Juni 1934 (Oberführer), im Mai 1935 (Brigadeführer) und schließlich am 13. Jahrestag des Marsches zur Feldherrnhalle, am 9. 11. 1936 (Gruppenführer). Alle Ernennungen waren ehrenhalber, denn Todt versah nach 1933 keinen Dienst in der SA. Vgl. Berlin Document Center, SA-Akte Todt
67 Max Domarus: Hitler. Reden und Proklamationen 1932–1945, Band 1 Triumph, 2. Halbband (1935–1938), Wiesbaden 1973, S. 904
68 Vgl. Der Parteitag Großdeutschland 5.–12. 9. 1938, München 1938, S. 146 ff.
69 Vgl. Leistung und Schönheit der Technik im Dritten Reich, Folge 2, Bildbeilage zur Zeitschrift Deutsche Technik, Februar 1939; Ehrungen der Stiftung Werner-von-Siemens-Ring 1916–1976, Schriften der Stiftung Werner-von-Siemens-Ring 4/1977, Düsseldorf 1977, S. 4, 11, 19
70 Vgl. Archiv des Deutschen Museums München K 13
71 Vgl. Schreiben der Siemens-Ring-Stiftung an Zenneck vom 8. 10. 1937, Archiv des Deutschen Museums München, Akte Siemens-Ring-Stiftung 1936–1945
72 Niederschrift über die Sitzung des Stiftungsrates am 13. 12. 1937, Archiv des Deutschen Museums München K 13
73 Vgl. ebenda
74 Vgl. Schreiben des Deutschen Nationalkomitees an die Technische Hochschule München vom 2. 12. 1938, Personalakte Prof. Todt, Archiv der Technischen Universität München
75 Schreiben Todt an Hauptschriftleiter Scholz vom 16. 5. 1941, Bundesarchiv NS 26/1188
76 Vgl. Die Straße, 1. Februarheft 1939, S. 99
77 Vgl. Die Deutsche Luftfahrt. Jahrbuch 1938, hrsg. von Heinz Orlovius und Richard Schulz, Frankfurt a. M. 1938, S. 275; Jahrbuch der Deutschen Akademie der Luftfahrtforschung 1943/1944, Berlin 1944

40 Hitler in Begleitung Todts
bei Frontarbeitern der OT nach
dem Frankreichfeldzug, 1940

41 Todt bei einem verletzten
Arbeiter

42 Feier zur Übergabe des 2000. Autobahnkilometers am 17. 12. 1937 im Berliner Theater des Volkes

43 Todt mit dem Geschenk der Reichsregierung (Meißner Porzellan) an den Internationalen Ständigen Verband der Straßenkongresse

Ernennung Todts zum Gene-
lmajor der Luftwaffe durch
tler am 19. 10. 1939

Glückwunsch der Hitler-
gend zum 50. Geburtstag

46 Todt, Porsche, Messerschmitt und Heink[el]
(von rechts nach links) vor der Verleihung d[es]
Nationalpreises auf dem Reichsparteitag 19[...]

47 Hitlergruß Todts bei der Verleihung des
Nationalpreises

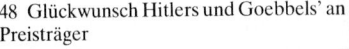

48 Glückwunsch Hitlers und Goebbels' an [den]
Preisträger

78 Schriftwechsel Bundesarchiv R 43 II/507
79 Vgl. David Irving: Hitlers Weg zum Krieg, München und Berlin 1979, S. 301
80 Vgl. Schreiben Todt an Raeder vom 28. 3. 1939, Bundesarchiv NS 26/1187
81 Vgl. Mitteilungen des Hauptamtes für Technik und des NSBDT, Beiblatt zur Zeitschrift Deutsche Technik, November 1939, S. 505
82 Vgl. Aussage Heinz Bongers vom 18. 11. 1948, Spruchkammerverfahren Todt, Amtsgericht München, Nr. 110. Im Prinzip sei ihm das Uniformtragen lästig gewesen. Vgl. Aussage Hans Poppel vom 24. 11. 1948, Spruchkammerverfahren Todt, Amtsgericht München, Nr. 201. Einem Mitarbeiter gegenüber äußerte sich Todt folgendermaßen:»Ich ziehe meine Uniform nur an, um leichter passieren und damit meiner Arbeit als Ingenieur besser nachgehen zu können.« Vgl. Aussage Heinz Bub vom 20. 11. 1948, Spruchkammerverfahren Todt, Amtsgericht München, Nr. 315
83 Anordnung vom 5. 6. 1940, Bundesarchiv NS 26/1191
84 Vgl. Die Straße, Januarheft 1940, S. 32
85 Vgl. Karl-Otto Saur: Bericht meines Werdegangs, Manuskript bei Grete Gringmuth, Bad Wörishofen, S. 116 ff.
86 Vgl. Deutschlands Rüstung im Zweiten Weltkrieg. Hitlers Konferenzen mit Albert Speer, 1942–1945, hrsg. von Willi A. Boelcke, Frankfurt a. M. 1969, S. 268
87 Bundesarchiv R 43 II/985, Bl. 103 ff.
88 Vgl. Bundesarchiv R 43 II/985, Bl. 38
89 Vgl. Unterlagen im Bundesarchiv R 43 II/985 a
90 Bundesarchiv R 43 II/462 a, Bl. 191 ff.
91 Fritz Todt: Straßenbau und Straßenverwaltung, Bundesarchiv R 65 I/1 a, S. 47
92 Die Autobahn vom 1. 6. 1934, S. 333
93 Vgl. Fritz Todt: Schönheit der Technik, in: Kunst im Dritten Reich, 1/1938, S. 10
94 Plassenburg-Sprüche, Bundesarchiv NS 26/1188
95 Vgl. Matthias Schmidt: Albert Speer: Das Ende eines Mythos. Speers wahre Rolle im Dritten Reich, München und Bern 1982, S. 73
96 Der Deutsche Baumeister 2/1942, S. 13
97 Plassenburg-Sprüche, Bundesarchiv NS 26/1188
98 Vgl. Adelbert Reif: Albert Speer, Kontroversen um ein deutsches Phänomen, München 1978, S. 264
99 Plassenburg-Sprüche, Bundesarchiv NS 26/1188
100 ebenda
101 Die Straße, 2. Dezemberheft 1936, S. 775
102 Rundschau Deutscher Technik 21/1939
103 Die Straße, Januarheft 1940, S. 28
104 Rundschau Deutscher Technik 1/1940
105 Rundschau Deutscher Technik 16/1940
106 Alwin Seifert: Im Zeitalter des Lebendigen. Natur – Heimat – Technik, Planegg 1943, Vorwort
107 Deutsche Technik, Januar 1936
108 Die Straße, Oktoberheft 1939, S. 578
109 Vgl. S. 301 f., 333 ff. dieses Buches
110 Vgl. Fritz Todt: Der Sinn des neuen Bauens, in: Die Straße, 1. Novemberheft 1937, S. 616
111 Vgl. S. 357 f. dieses Buches

# 10
# Rivalitäten
# und
# Auseinandersetzungen

## Der Außenseiter

Todts Konfliktfreudigkeit war nicht sehr ausgeprägt. Er war kein Kämpfer um des Kampfes willen. Er bevorzugte die Klärung offener Fragen im Gespräch. Todt erlebte bei der Wahrnehmung seiner Aufgaben in allen Ämtern eine Fülle von Widerständen. Er verkraftete jedoch »die bitteren Enttäuschungen mit all den Menschen, mit denen man eigentlich zusammenarbeiten müßte«, weil er sich zu einer Lebenshaltung durchrang, die folgenden Standpunkt verfocht:

»... Es sei einleuchtend, daß bei so großem Geschehen und bei der Auflockerung so vieler Energien jede Aktivität ihre Opposition hat, jeder Handelnde seine Rivalen und leider auch jeder seine Gegner, aber nicht, weil die Menschen Gegner sein wollen, sondern weil die Aufgaben und die Verhältnisse die Ursache sind, daß andere Menschen einen anderen Standpunkt einnehmen müssen.«

Mit Traurigkeit gestand er, daß er sich täglich damit herumplagen müsse, »diesen Oppositionen nun auch wieder Opposition zu bieten, um die Notwendigkeiten, von denen man überzeugt ist, durchzusetzen«.[1]

Vielen Funktionären der NSDAP war Todt unbequem, allerdings nicht wegen seiner Dienstauffassung, sondern wegen seiner »anständigen Gesinnung«. [2] Seine tolerante Haltung gegenüber den vielen Nicht-Pg. in seinen Reihen, sein Eintreten für Andersdenkende und die Fürsorge gegenüber ausländischen Arbeitern, auch Zwangsarbeitern, war den chauvinistischen Vertretern der Partei ein Dorn im Auge. In zahlreichen Schreiben an Reichsministerien und Eingaben an die Kanzlei des Führers nahm sich Todt der Anliegen von Freunden, Bekannten und Mitarbeitern an. [3] Sogar den Hauptwidersacher seines Lebenswerkes, Professor Halter von der Technischen Hochschule München, der die Autobahnen als »Straßen des heiteren Genusses in einem wirtschaftlich darniederliegenden Land« persiflierte, schützte er vor Verfolgung durch Goebbels, der in Halter einen »Exponenten einer Gruppe von Saboteuren im Aufbauwerk« Hitlers sah. [4]

Die Verbindung zu seiner Heimatstadt Pforzheim hielt Todt auch als Reichsminister für Bewaffnung und Munition aufrecht, selbst wenn er die Stadt nur ganz selten besuchte. Er half den Bürgern, auch unbekannten, wenn er konnte.

»Meine Pforzheimer Mitbürger wenden sich manchmal an mich, wenn sie befürchten, daß irgend etwas für sie schiefgeht, und ich fühle mich auch verpflichtet, als Sohn meiner Heimatstadt zu helfen, wenn ich dies kann.« [5]

Als z. B. das Dienstmädchen einer sechsköpfigen Familie aus Pforzheim zum Rüstungseinsatz abgezogen werden sollte, rügte Todt das »merkwürdige Verhalten« des Arbeitsamtes und gab den Beamten den Rat, »die Aufträge so zu erledigen, daß die Volksgenossen einigermaßen Verständnis für die Haltung einer nationalsozialistischen Behörde finden«. [6]
Ebenso machte sich Todt zum Befürworter der Bewohner von Eitting bei Erding, wo er 1921–1925 als Ingenieur gewirkt hatte. Sie kamen zu ihm, »wenn sie irgendeinen Schmerz« hatten, weil Todt ihnen behilflich war. [7]
Vor Hitler kritisierte Todt immer wieder die Auswüchse in der Partei. Dazu gehörten nicht nur Kompetenzüberschreitungen nachgeordneter Parteibonzen, sondern auch deren Lebensführung und Sucht nach Repräsentation. Als man ihn bei seinem ersten Aufenthalt in Paris nach der Niederlage Frankreichs im Hotel Ritz unterbrachte, verlangte er die sofortige Umquartierung. Er sagte:

»Ich mag diese übertriebene Aufmachung nicht. Ich bin ein einfacher Mensch und leide nicht an Größenwahn wie so viele meiner Zeitgenossen. Wie soll heute ein einfacher Arbeiter an uns glauben, wenn wir nicht einfach bleiben?« [8]

Todt war einer der wenigen aus der Führung des Dritten Reiches, der für alle Bürger erreichbar war. Ihn schirmte kein Begleitkommando von der Bevölkerung ab, und jedermann konnte sich an ihn wenden. Todt erhielt unzählige Bittbriefe und Hilferufe. Wenn er merkte, daß es sich um menschliche Nöte handelte, setzte er sich mit der Kraft seines Amtes und seiner Persönlichkeit ein. Das brachte ihn in einen eskalierenden Konflikt mit den Führungskräften der NSDAP. Als zum Beispiel der Gauleiter von München-Oberbayern 1939 das von katholischen Ordensschwestern geleitete Krankenhaus Schrobenhausen auflösen und in die Hände der Partei überführen wollte, erreichte Todt die Zurückstellung des Vorhabens. [9] Solche Eingriffe in ihre Entscheidungen verärgerten die Funktionäre.
Mit den Nürnberger Rassegesetzen identifizerte sich Todt nicht. Er kannte zahlreiche Juden, die als Ingenieure und Architekten genauso fähig waren wie ihre arischen Fachkollegen. Aber er war an die neuen Richtlinien gebunden. Bei der Jahrestagung der »Reichsgemeinschaft der technisch-wissenschaftlichen Arbeit« am 6. 6. 1935 in Breslau hatte er die Judenfrage noch dilatorisch behandelt. Als Vorsitzender ent-

schied er, daß die Juden nicht aus der RTA ausgeschlossen werden, sondern »allmählich in den Vereinen aussterben sollten. Während der Übergangszeit sind die Vereinsvorsitzenden dafür verantwortlich, daß die Juden die erforderliche Zurückhaltung üben. Auf keinen Fall darf ein Nichtarier neu aufgenommen werden.« [10]
Am Bau machte er keinen Unterschied zwischen Ariern und Nichtariern. In der OT fanden viele einen Unterschlupf. Persönliche Bittschriften von Juden behandelte er wie die anderer Bekannter und Freunde. In der Parteikanzlei des Führers – Amt für Gnadensachen – gingen zahlreiche Gesuche Todts ein, in denen er sich für Juden einsetzte. In zahlreichen Fällen hatte er Erfolg.[11] Zu seinem persönlichen Referenten Haasemann sagte Todt einmal:

»Ich glaube, ich muß mich jetzt etwas zurückhalten, ich bin schon das reinste Arisierungsinstitut.« [12]

Die »Bescheidenheit und Sauberkeit seines privaten und familären Lebens« hob sich wohltuend vom Protzertum der übrigen nationalsozialistischen Führungsmannschaft ab. Todts Familie bewohnte bis 1943 die gleiche Wohnung, die er bei seiner Eheschließung bezogen hatte. Lediglich sein Garten war durch Intervention des Münchener Oberbürgermeisters Fiehler um 200 qm erweitert worden. [13] Todt hatte kein Verständnis dafür, daß sich die Naziprominenten luxuriöse Dienstwohnungen bauen ließen, sobald sie in Amt und Würde waren. In einem Brief an Baldur von Schirach tadelte er 1941 den Regierungspräsidenten Dr. Dellbrügge, der sich ohne Baugenehmigung eine geräumigere Dienstwohnung erstellen ließ:

»Wenn Herrn Dellbrügge seine bisherige Wohnung nicht genügt, so lade ich ihn ein, gelegentlich in meiner Wohnung in München mit mir Kaffee zu trinken. Ich bin während des Krieges nicht nur Regierungspräsident, sondern Reichsminister geworden, und ich wohne in München in der gleichen Wohnung wie vor 20 Jahren.« [14]

Das tägliche Leben der Familie änderte sich trotz der herausragenden Ämter des Hausherrn nicht. Todts Frau fuhr nach wie vor mit dem Fahrrad einkaufen [15], stellte sich persönlich um Theaterkarten an [16] und verkehrte zwischen Berlin und München weiterhin in der 3. Klasse des Schnellzugs. [17] Im Unterschied zu vielen Größen des Dritten Reichs trat Todt nicht aus der Kirche aus. Er gab Spenden, z. B. für die Anschaffung neuer Kirchenglocken in seiner Gemeinde, der evangelisch-lutherischen Erlöserkirche, und verhinderte deren Verschrottung während des Krieges. Den Abbruch der Münchener Matthäuskirche konnte er zwar nicht verhindern, kritisierte das Unter-

nehmen jedoch heftig. Die Kinder Todts nahmen am Religionsunter-
richt teil und wurden konfirmiert, wobei Todt persönlich an der Feier
teilnahm. [18] Todt sei sich nie »wie ein Halbgott vorgekommen,
sondern immer innerlich der schlichte Mensch geblieben, der er
war... Der Zuschnitt seines ganzen Hauswesens war bescheiden und
bürgerlich.« [19]
Der Gruß »Heil Hitler« wurde in der Familie Todt »nicht so sehr
beachtet«. [20] Frau Todt hatte zwei Hausangestellte, ein Zimmer-
mädchen und eine Köchin. Der Haushalt umfaßte 10 Personen: die
Eheleute Todt, vier Kinder, die Mutter der Frau Todt, deren Schwester und die beiden Hausangestellten. Nach der Beschädigung der
Häuser Franz-Joseph-Straße 11 (in dem die Familie Todt wohnte) und
Franz-Joseph-Straße 9 (in dem die Mutter und die Schwester von Frau
Todt wohnten) durch Bomben, zog die Familie 1943 in ihr Landhaus
nach Hintersee, wo sie bis zum Kriegsende blieb. [21] In Hintersee
verbrachte die Familie bereits vor der Ernennung Todts zum Generalinspektor für das deutsche Straßenwesen jedes Jahr einen Großteil
der Ferien und viele Wochenenden. Im Sommer 1936, 1937 und 1938
fuhr sie zum Urlaub nach Westerland. [22] 1938 erwarb Todt für etwa
9000 RM das »alte Zollhäuschen« in Hintersee und ließ es für die
Bedürfnisse der Familie völlig umbauen. [23] Die Umbaukosten betrugen rund 65 000 RM. [24]
Zu den Männern der nationalsozialistischen Führung hatte Todt ein
recht distanziertes Verhältnis. Mit niemandem pflegte er persönliche
oder gar freundschaftliche Kontakte. Er wurde von allen als Fachmann
anerkannt, aber mehr nicht. Am gesellschaftlichen Leben der politischen Prominenz Berlins beteiligte er sich kaum. Den Empfängen der
Führer des Dritten Reiches blieb er meistens fern. Das lag auch daran,
daß seine Familie in München lebte. Todt selbst bewohnte die Woche
über auf der Gartenseite seiner Dienststelle eine einfach eingerichtete
3-Zimmer-Wohnung. Seine Frau holte er nur selten nach Berlin.
Todt persönlich gab keine Empfänge, ganz im Unterschied zu Göring
oder Goebbels. Als die Reichsregierung anläßlich des Brücken- und
Hochbaukongresses in Berlin im Oktober 1936 eine Einladung aussprach, zu dem die gesamte Naziprominenz drängte, erklärte Todt
dem verdutzten bayerischen Ministerpräsidenten Siebert, der extra
aus München angereist kam, »daß er an und für sich mit der Sache
nichts zu tun habe, soweit Empfänge in Frage kämen«. Für Siebert war
das offensichtlich derart ungewöhnlich, daß er, nach Hause zurückgekehrt, darüber – aus welchen Gründen auch immer – einen offiziellen
Aktenvermerk anlegte. [25] In seiner Funktion als Generalinspektor

für das deutsche Straßenwesen lud Todt die gleichen Kongreßteilnehmer am 11. 10. 1936 in München »zum Eintopfgericht des Deutschen Volkes« ein, Es ist nicht bekannt,wie groß der Andrang war; nur die Absage des bayerischen Ministerpräsidenten Siebert ist belegt. [26] Die einfache Lebensart Todts fiel damals allgemein auf. Obwohl sie für die Führenden in Partei und Staat unverständlich war, ließ sie sich als Propagandaargument verwerten, um den »Volksgenossen« klarzumachen, daß außer Hitler noch ein anderer nationalsozialistischer Funktionär bescheiden lebte, nämlich sein Waffen- und Munitionsminister. Deshalb spricht gleichzeitig Anerkennung und Propagandaabsicht daraus, wenn der »Völkische Beobachter« aus Anlaß von Todts 50. Geburtstag schrieb, daß dieser »bei allen seinen großen Aufgaben und Leistungen der... einfache Mensch geblieben ist, der er zu Beginn seines großartigen einmaligen Aufstiegs war«. [27] Todts Distanz zum nationalsozialistischen Hofstaat lag aber auch darin begründet, daß er dauernd unterwegs war. Zwischen 1933 und 1942 brachte er es auf 700 000 Kraftwagen- und 400 000 Flugkilometer. Erst war es der Autobahnbau und später die Ämterhäufung, die ihn kreuz und quer durch Deutschland jagte. Vom Schreibtisch aus zu regieren war nicht seine Art. Er war kein Büromensch. [28] Bei seinen zahlreichen Fahrten über die Straßen fuhr Todt mit offenen Augen. Er fand immer etwas zu kritisieren. Einmal war es ein unlogisches Hinweisschild »nach Reichsautobahn«, das ihn störte, ein anderes Mal Frostschäden, die im März noch nicht ausgebessert waren, und ein drittes Mal war es der falsch bepflanzte Mittelstreifen der Autobahnen. [29] Wann immer möglich richtete Todt seine Dienstreisen so ein, daß er am Wochenende in München bei seiner Familie sein konnte. Mit seinen Kindern fuhr er häufig Ski in den bayerischen Alpen. Das Haus am Hintersee war hierzu ein idealer Ausgangspunkt. Am Montag nahm er in München seine Funktionen als Leiter des Hauptamts für Technik wahr, das in der Erhardtstraße 36 untergebracht war. Im gleichen Gebäude befand sich auch die Zentrale des NSBDT, die Geschäftsstelle des Hauses der Deutschen Technik und der Verlag der Deutschen Technik.

Charakter und Lebensart trennten Todt von den führenden Nationalsozialisten ebenso wie Berufsethos und Führungsstil. Albert Speer schrieb nach dem Zweiten Weltkrieg folgende persönliche Würdigung:

»Dr. Todt war einer der ganz wenigen bescheidenen, unaufdringlichen Charaktere in dieser Regierung; ein Mensch, auf den man sich verlassen konnte, einer bei dem man vor Intrigen sicher war. Mit seiner Mischung aus Sensibilität und Nüchternheit, wie man sie gerade bei Technikern häufig antrifft, paßte er nur schwer in die Führungsschicht des nationalsozialistischen Staates. Er lebte einsam, zurückgezogen, ohne persönliche Kontakte mit den Parteikreisen – selbst zu Hitlers Tafelrunden erschien er höchst selten, obwohl er dort willkommen gewesen wäre. Gerade seine Zurückhaltung verlieh ihm besonderes Ansehen; wohin er kam, sah er sich im Mittelpunkt des Interesses. Auch Hitler bezeugte ihm und seiner Leistung eine bis an die Grenzen der Verehrung gehende Hochachtung; während Todt sich ihm gegenüber seine persönliche Unabhängigkeit bewahrt hatte, obwohl er ein loyaler Parteigenosse der frühen Jahre war.« [30]

Lutz Schwerin von Krosigk, Reichsfinanzminister des Dritten Reiches bis 1945, schrieb nach dem Krieg über Todt:

»Todt war unter den nationalsozialistischen Ministern ein weißer Rabe! . . . Er war ein durch und durch sauberer Mensch, sprach klar und bestimmt, und verzichtete auf jeden Versuch, den Hörer durch die Form seiner Ausführungen zu überreden. Ihm lag nichts an einer berechneten Wirkung.«

Seine Jahresberichte bei den Nürnberger Parteitagen seien »eine Oase im Sand der Phrasen« gewesen, meinte Schwerin von Krosigk. [31] Rudolf Diels, erster Gestapochef und Günstling Görings, bestätigte nach dem Krieg gleichfalls, daß Todt »infolge seiner Nüchternheit ein Fremdkörper in dieser Runde« war. [32]

## *Das Verhältnis zu Göring und Himmler*

Mit dem Reichsminister und Reichsmarschall Hermann Göring über-
warf sich Todt spätestens, als der Krieg begann. Die persönliche
Abneigung des sozial orientierten Nationalsozialisten Todt gegenüber
dem Schwadroneur und Lebemann Göring wurde durch amtliche
Kompetenzrivalitäten verstärkt. Als »Generalbevollmächtigter für die
Regelung der Bauwirtschaft« und »Generalinspektor für die Sonderaufgaben im Vierjahresplan« brauchte Todt in vielen Dingen die
Zustimmung Görings. Und dessen Entscheidungen entsprachen nicht
immer seiner Meinung.

Als Hitler Todt zum »Reichsminister für Bewaffnung und Munition«
ernannte, hoffte dieser, in Zukunft vor den Bevormundungen Görings
sicher zu sein, die er auf seinen eigenen untergeordneten militärischen
Luftwaffenrang und seine Ämter im Rahmen des Vierjahresplans
zurückführte. Aber der Reichsmarschall dachte nicht daran, ihm freie
Hand zu lassen. Er sah mit Neid Hitlers Zuneigung zu Todt und
versuchte immer wieder, das Unterordnungsverhältnis zu erhalten. Er
vertrat die Ansicht, daß Todt als Reichsminister für Bewaffnung und
Munition »allein für die Fertigung eingesetzt sei und daß Führung der
Rüstung einschließlich Rohstoffverteilung und Arbeitseinsatz allein
beim OKW liegen könne, das ihn [Göring] in seiner Eigenschaft als
Vorsitzenden des Ministerrats für die Reichsverteidigung zu unterrich-
ten habe«. [33]

Todt gelang es jedoch, die bisherigen Bevorzugungen der Luftwaffenrüstung zurückzudrängen und das Heer entsprechend seiner Aufgaben
im Rußlandfeldzug zu versorgen. Am 10. 1. 1942 erreichte er einen
diesbezüglichen Befehl Hitlers. Solche Maßnahmen Todts empfand
Göring als Einbruch in seine Kompetenzen als Oberbefehlshaber der
Luftwaffe und vor allem als Beauftragter für den Vierjahresplan. [34]
Todt erkannte bald, daß Göring zwar Ämter scheffelte, sie aber in-
kompetent wahrnahm und zur persönlichen Bereicherung ausnutzte.
Sparsamkeit war Göring auf allen Gebieten fremd. Da der Reichsluft-
fahrtminister sich nicht scheute, Sonderflugzeuge zu Privateinkäufen
in alle Gegenden Deutschlands zu schicken, ging die gesamte Luftflotte recht großzügig mit dem kostbaren Flugbenzin um. Flugstunden
wurden wie Marschstunden gehandelt. [35] Die Kritik Todts ließ nicht

auf sich warten. Der Lebensstil Görings, dem solche Eskapaden
entsprangen, war Todt in tiefstem Herzen zuwider. Zwar kam er nicht
umhin, gelegentlich bei Görings Geburtstagsfesten aufzutauchen,
aber er besuchte den Reichsmarschall weder in dessen Hauptquartier
Niedersee noch in dessen Jagdhaus in der Rominter Heide, wenn er ins
Führerhauptquartier nach Ostpreußen fuhr, obwohl die zahlreichen
von der OT durchgeführten Aus- und Umbauten ihm dazu Gelegenheit gegeben hätten. [36]

Das Zerwürfnis zwischen Todt und Göring war schließlich so tief, daß
Göring nicht an der Beerdigung seines Erzfeindes teilnehmen wollte.
Er bat Hitler um Dispens mit den Worten: »Sie wissen, welche
Auseinandersetzungen ich mit ihm hatte. Es ist mir unmöglich, dabei
zu sein.« Da Hitler nicht wollte, daß Streitigkeiten in der Führungsmannschaft an die Öffentlichkeit traten, befahl er Göring, an der
Trauerfeier teilzunehmen. Mit Sicherheit wäre es aufgefallen, wenn
der zweite Mann des Staates beim Begräbnis eines Reichsministers
gefehlt hätte. [37]

Mit Heinrich Himmler war Todt durch die gemeinsame Münchener
Kampfzeit verbunden. Todt hatte in Schwabing gewohnt, Himmler in
Waldtrudering. Todt erkannte die wachsende Macht der SS nach dem
»Röhmputsch«, und Himmler würdigte Todts enges fachliches Ver-
hältnis zu Hitler. Zu Machtkämpfen zwischen beiden kam es nie, aber
Todt wußte, daß in einigen Bereichen ohne das Wohlwollen Himmlers
nichts zu erreichen war. Selbst Beförderungen scheiterten, wenn die
Zustimmung der SS fehlte. Die polizeiliche und sicherheitsdienstliche
Überwachung aller Baustellen wurde von der SS durchgeführt. Wenn
es zu Reibereien mit dem Heer kam wie beim Westwallbau, hatte Todt
immer eine Stütze an Himmler.

Die SS war über alle Vorgänge in der Bauorganisation Todts informiert. In entscheidenden Positionen saßen Männer, die von der Allgemeinen SS zur OT gekommen waren, z. B. der Sondertreuhänder der
Arbeit, SS-Obersturmbannführer Fritz Schmelter, der Leiter des
Westwallbaus und der Einsatzgruppe Wiking, SS-Obersturmbannführer Willi Henne, der Leiter der Hauptabteilung Sanitätswesen, SS-
Sturmbannführer Dr. Alois Poschmann, der Chefinspektor der Frontführung, SS-Oberführer Fritz Ebenböck. Einige wechselten von der
OT zurück zur SS, wie der Nachfolger Karl Kochs als Kommandant
des Konzentrationslagers Buchenwald, SS-Oberführer Hermann
Pister, der im Dezember 1941 dem Reichsführer-SS von Todt als
»guter Menschenführer« empfohlen wurde, oder der ehemalige thü-
ringische Staatsrat und SS-Oberführer Dr. Schieber, der aus der

Organisation Todt ausschied und in den Persönlichen Stab des Reichsführers übernommen wurde. [38] Andere drückten sich in der OT vor dem Frontdienst, wie der Chef des SS-Hauptamts Berger meinte, als er 1943 insgesamt 77 SS-Führer im Dienst der OT ausfindig machte. [39] Auch der Leiter des Vorzimmers Todts, Hauptsturmbannführer Cliever, kam aus der SS. Er wurde beim SS-Hauptamt geführt.

Angesichts dieses Informationsnetzes entschloß sich Todt, auch seine Adjutantur mit einem SS-Mann zu besetzen: Am 14. 3. 1941 bat er Himmler, ihm aus dem Bereich der SS einen Mann zur Verfügung zu stellen, der in seinem Ministeramt Dienst tun sollte. Er wünschte ihn als Mitarbeiter im Vorzimmer und Begleiter auf seinen Reisen. Gleichzeitig sollte er Verbindungsmann Todts zur SS sein. [40]

Einem so mächtigen Mann wie Himmler konnte man hin und wieder einen Gefallen tun. Beim Ausbau der Straße Gmund-Tegernsee verbot Todt, die Verbreiterung auf der Bergseite durchzuführen, weil dadurch die Grundstücke Himmlers beeinträchtigt würden. [41]

## Der Zwist mit Dr. Ley

Mit Robert Ley, dem Reichsorganisationsleiter der NSDAP und
Reichsleiter der Deutschen Arbeitsfront, hatte Todt von Anfang an
Schwierigkeiten. Sie hielten bis zum letzten Tag an.
Zu den ersten Auseinandersetzungen kam es wegen der Organisation
der Techniker und Ingenieure unmittelbar nach der Machtergreifung.
Da er die hemmungslosen Gleichschaltungspläne Leys ablehnte, entwickelte sich Todt – vor allem nachdem er Generalinspektor für das
deutsche Straßenwesen geworden war – zum Schirmherrn der technischen Fachgruppen. Im Gegensatz zu Ley wurde er als promovierter
Ingenieur und in der Praxis bewährter Fachmann von den Technikern
und Ingenieuren grundsätzlich als Autorität akzeptiert. [42]
1934 beantragte Ley beim Stellvertreter des Führers die Einrichtung
eines »Oberen Amtes für Technik und Wirtschaft« in der Reichsleitung der NSDAP zur »Überwachung und Lenkung der deutschen
Technik und Wirtschaft« und zur »Leitung des NSBDT«. Ley verfolgte
das Ziel, die Technik in seine Zuständigkeit zu bekommen. Obwohl
der Vorschlag nicht realisiert wurde, war Todt darüber verärgert, wie
Ley gegen ihn arbeitete. [43]
1936 verlangte Ley gar die Auflösung des Amtes für Technik der
NSDAP, weil die Beschäftigung mit Fachfragen nicht zu den Aufgaben der Partei gehörten. Dafür sei die Deutsche Arbeitsfront der
richtige Platz. Nach Rücksprache mit Todt beschied Heß als Stellvertreter des Führers den Antrag abschlägig. [44] Als Reaktion darauf
strich Ley dem Amt für Technik den laufenden Zuschuß der Deutschen Arbeitsfront in Höhe von 30 000 RM. [45] Als Todt im gleichen
Jahr vorhatte, innerhalb des »Nationalsozialistischen Bundes Deutscher Technik« organisatorische Änderungen vorzunehmen, machte
ihn Ley in einem unfreundlichen Schreiben darauf aufmerksam, daß
»organisatorische Maßnahmen irgendwelcher Art nur dann durchgeführt werden dürfen, wenn vorher eine Genehmigung eingeholt
wurde«. [46]
Dem Druck Leys, der in seiner doppelten Funktion als Reichsleiter der
Deutschen Arbeitsfront und als Reichsorganisationsleiter der NSDAP
innerhalb der Parteikanzlei eine große Machtfülle besaß, konnte sich
Todt nur durch seine persönlichen Beziehungen zu Heß und Hitler

entziehen. Ley legte Todt Steine in den Weg, wo er nur konnte. So war es z. B. auf Ley zurückzuführen, daß das Amt für Technik im Unterschied zu anderen Ämtern der politischen Organisationen der NSDAP erst verhältnismäßig spät in ein Hauptamt umgewandelt wurde. [47] Der Öffentlichkeit blieben diese Konflikte verborgen. In der Presse erschienen von Todt und Ley nur Bilder mit freundlichen Gesichtern nebeneinander. Diese Harmonie, die vor allem auf den Bildern von Reichsautobahnbaustellen gezeigt wurde, hat nie existiert. Gerade dort kam es nämlich zu größeren Streitigkeiten, da Ley nicht nur die ausschließliche Betreuung der Arbeiter durch die ihm unterstehende DAF in Anspruch nahm, sondern sich in Arbeitsvertrags- und Führungsfragen einmischte. Er sprach sich das Recht zu, die Arbeitsbedingungen der Arbeiter mitzubestimmen und zu kontrollieren. Todt hatte alle Mühe, Leys Eingriffe in seine Kompetenzen abzuwehren.

Auch an Todts Leistungen beim Westwallbau glaubte Ley partizipieren zu können. Dort war die DAF zuständig für die Unterbringung der Arbeiter, deren Verpflegung und die Lohnauszahlung. In der Tageszeitung der DAF »Der Angriff« erschienen Artikel unter den Überschriften wie »Bei den Westwallarbeitern ist für alles gesorgt« [48] oder »Die DAF ist immer dabei« [49], um den Einfluß der DAF deutlich zu machen. Einer der Gründe für die Uniformierung der OT am Westwall und ihre Zuammenfassung unter einer zentralen Leitung bestand darin, daß durch die dadurch entstehenden Affinitäten zur Wehrmacht der Einfluß der Deutschen Arbeitsfront zurückgedrängt werden sollte. Ihr blieb nur noch die Betreuung der Arbeiter in festen Lagern.

Über die Abgrenzung der Zuständigkeiten zwischen der OT und der DAF kam es zwischen Todt und Ley am 31. 1. 1940 in Trier zu einer Aussprache. Gegen die Argumente Todts konnte sich Ley nicht durchsetzen. Am Ende des Gesprächs stimmte er nolens volens der bestehenden Kompetenzverteilung zu, drückte jedoch die Hoffnung aus, daß nach dem Krieg die DAF wieder die gesamte Betreuung aller Bauarbeiter an den Autobahnen, am Westwall und bei allen sonstigen Bauvorhaben übernehmen könne. [50]

In dem Augenblick, da die OT im Frankreichfeldzug als Wehrmachtgefolge auftrat, gingen die Funktionen der DAF praktisch zu Ende. Trotzdem versuchte Ley in einem Gespräch mit Todt am 23. 5. 1940 und in Unterhaltungen mit OT-Männern in Nordfrankreich und Belgien im Juni 1940 den Eindruck zu erwecken, als wäre er für die »Moral« der »Frontarbeiter« zuständig. Seine Aufgaben waren jedoch auf die Betreuung der ins Reich Zurückgekehrten beschränkt. Sein Angebot einer »umfassenden Fürsorge« wurde zurückgewiesen.

Ende August erhielt Ley zur Befriedigung seiner Eitelkeit »in Anerkennung seiner Verbundenheit mit den Westwallarbeitern« die Ehrenerkennungsmarke und das Dienstbuch Nr. 1 der Organisation Todt verliehen.[51] Das war möglicherweise ein taktischer Mißgriff Todts. Denn von nun an nahm sich Ley das Recht heraus, seine häufigen Lustreisen nach Frankreich durch Baustellenbesuche bei der OT zu tarnen. Er besichtigte die Unterkünfte und ließ sich über die Betreuungsmaßnahmen informieren, obwohl ihn dies gar nichts mehr anging. Als Führer aller deutschen Arbeiter und Chef der DAF hielt er großspurige Reden an die OT-Männer. Seit sie Frontarbeiter hießen, schmeichelte er ihnen, daß sie die Stoßtruppe der deutschen Arbeiterschaft seien, für die er sich verantwortlich fühle. Eine seiner Parolen hieß: »Faust gegen Faust!« Er sagte:

»Mit Gewalt öffnen wir den Weg, den man uns mit ebensolcher Gewalt versperrt hat. Und wir haben das Recht unserer Leistung für uns. In der Leistungsfront des Volkes steht der Frontarbeiter als besonderer Typ ganz vorne. Er hat Millionen Soldaten durch seinen Westwall das Leben gerettet. Und er schafft auch jetzt wieder Bauwerke, die den Endsieg unter Einsatz geringster Opfer an Blut mit erkämpfen sollen.« [52]

Gern veröffentlichte Ley Artikel in der Zeitschrift »Der Frontarbeiter«: Eine Betrachtung zum 1. Mai 1941 aus seiner Feder drehte sich um den Wert der Arbeit für die deutsche Nation:

»Wenn wir nun diesem Frontarbeiter die Versorgung im Alter, die Vorsorge für seine Gesundheit, die Ertüchtigung in seinem Beruf, eine gesunde, lichte und geräumige Wohnung und als Krönung des Ganzen den gerechten Lohn geben, so bin ich überzeugt, daß es uns gelingt, den deutschen Arbeiter wirklich zu einem Herrenmenschen zu machen, der in naher Zukunft in seinem wohlverdienten Urlaub im Volkswagen mit seiner Familie durch das größere und schönere Deutschland fährt und als vollwertiger Bürger dieses Landes und Volkes stolz bekennt: Das ist auch mein Vaterland, das gehört mir, dem deutschen Arbeiter, das ist meine Heimat! Das ist unser Sieg!«

In diesem Artikel offenbarte Ley auch das Mittel, mit dem dieser »Sieg« erreicht werden sollte:

»Wecke im Deutschen den Soldaten und Du wirst immer die größte Leistung und den größten Erfolg aus ihm herausholen können!« [53]

Ley schmeichelte der OT, wann immer er konnte. Auf seinen Vorschlag hin verlieh Hitler zum 1. 5. 1941 dem OT-Einsatz Westküste die »Goldene Fahne« als sichtbares Zeichen für höchste Anerkennung der »Leistung im Wettkampf der deutschen Betriebe«. Heß nahm die Verleihung in Augsburg vor. Den ersten Grund für den Preis sah Heß in den »einmaligen geschichtlichen Leistungen bei der Wehrhaftmachung unseres Volkes«, den zweiten im »Zusammenwirken der Führung mit der Gefolgschaft und der Gefolgschaft mit der Führung«. [54] Der taktische Hintergrund solcher Aktionen war, die OT als eine Arbeiterorganisation darzustellen, die eigentlich zur »Deutschen Arbeitsfront« gehörte, zumal ihre Angehörigen »Frontarbeiter« genannt wurden.

Ein weiterer Streitpunkt zwischen Todt und Ley war der Wohnungsbau. Im Deutschen Reich fehlten zu Kriegsbeginn etwa 1,5 Millionen Wohnungen. Wegen des Autobahnbaus und des Westwallbaus war die Förderung der Wohnraumbeschaffung unterblieben.[55] 1940 beanspruchte die Deutsche Arbeitsfront die Zuständigkeit für das Wohnungs- und Siedlungswesen im Reich. Ley begründete die Kompetenzerweiterung damit, daß auf dem Wohnungsmarkt »privatkapitalistische Überlegungen und liberalistische Einflüsse ausgeschaltet« werden müßten. Todt war von diesen Bestrebungen in seiner Funktion als Generalbevollmächtigter für die Regelung der Bauwirtschaft betroffen. Gegen den Einspruch Todts erreichte Ley zwar, daß er »Reichskommissar für den sozialen Wohnungsbau« wurde und ihm die Abteilung IV des Reichsarbeitsministeriums zur Durchführung seiner Aufgaben zur Verfügung gestellt wurde, aber die gewünschten Sondervollmachten für die ausschließliche Wohnungsvergabe und zur Gründung von DAF-Baugesellschaften erhielt er nicht. [56]

Bormann war Todt bei der »Eindämmung« Leys behilflich. Beide hielten es für untunlich, daß die DAF ihre Hand auf das Bauwesen lege und daß sie die »einzige Stelle ist, die die geschaffenen Wohnungen den Familien zuweist«, weil dies »die Gefahr der Entwicklung zu einem Kollektivismus« in sich berge. [57] Auch für die Zeit nach dem Krieg erhielt Ley keine weitergehenden Vollmachten. In einem Schreiben an Bormann vom 22. 10. 1940 sprach sich Todt dezidiert dagegen aus und äußerte »größte Besorgnis« gegen eine »allzu überragende Stellung der Deutschen Arbeitsfront« bei der Ausgestaltung deutscher Städte nach dem Krieg und bei den Problemen der Energiewirtschaft vor allem in den eingegliederten Gebieten und den zukünftigen deutschen Kolonien. [58] In dem »Erlaß zur Vorbereitung des deutschen Wohnungsbaus nach dem Kriege« vom 15. 11. 1940 wurde Todts Zuständigkeit an mehreren Stellen festgestellt. Er war dafür verantwortlich, daß »der für das Jahr vorzusehende Umfang von Wohnungsbauten mit den allgemeinen Bauaufgaben im Reichsgebiet, die auf die jeweilige Leistungsfähigkeit der Bauwirtschaft abzustellen sind, in Einklang steht«. Die Regelung der bauwirtschaftlichen Voraussetzungen, d. h. des Einsatzes von Baustoffen und Arbeitskräften,

gehörte zu seinen Kompetenzen. Auch beim Erlaß der Rechts- und Verwaltungsvorschriften war Ley in seiner Funktion als »Reichskommissar für den sozialen Wohnungsbau« auf Todts Einvernehmen angewiesen, wenn er das Programm zum Bau von 300000 Wohnungen nach festen Grundrissen in Angriff nehmen wollte. [59]
Von diesen Einschränkungen erfuhr die Öffentlichkeit wenig. In der Presse wurde das neue Wohnungsbauprogramm als alleinige Leistung der DAF dargestellt. In »Der Angriff« vom 20. 11. 1940 stand unter der Überschrift »Der große Wohnungsbau« zu lesen, daß ähnlich dem Erziehungs- und Verkehrswesen nunmehr der Wohnungsbau im nationalsozialistischen Sinne durchgeführt werde: In den Händen der DAF liege die Baudurchführung und die Einweisung der Mieter. In der gleichen Zeitung vom 8. 12. 1940 schwärmte Ley von dem Bauprogramm für 300000 Wohnungen, die unmittelbar nach dem Kriegsende von der DAF in Angriff genommen würden. Über solche Darstellungen waren die anderen zuständigen Behörden – das Reichsarbeitsministerium, der Generalbauinspektor und der Generalbevollmächtigte für die Regelung der Bauwirtschaft – sichtlich verärgert. Zu den entsprechenden Veranstaltungen und Presseempfängen der DAF wurden sie nicht einmal eingeladen. Todt schrieb an den »sehr verehrten Reichsorganisationsleiter« und den »lieben Parteigenossen Ley« einen unfreundlichen Brief. Er monierte, daß in der Bildberichterstattung keine Fotos von ihm auftauchten und daß »die wesentlichen Kameraden dieses Gemeinschaftswerkes« in der DAF-Propaganda ignoriert würden. Er forderte, daß sein »Bestreben nach Kameradschaft« von der DAF entsprechend beantwortet werde, und warnte vor einer »unnötigen Verstimmung«, die entstehen würde, wenn die DAF nicht anders verführe. [60]
Wenige Tage später mußte sich Todt erneut über Ley ärgern. Ley hatte Baumaßnahmen zur Errichtung von Wohnungen für das Traktorenwerk in Waldbröl anlaufen lassen, ohne sich mit dem Generalbevollmächtigten für die Regelung der Bauwirtschaft vorher abzusprechen. Todt konnte nicht einsehen, warum das Verfahren, das in gegenseitigem Einvernehmen für die Errichtung der Volkswagenstadt Fallersleben gefunden worden war, nicht auch für die städtebaulichen Maßnahmen in Waldbröl angewendet werden konnte. [61] 1941 verhandelten Ley und Todt mehrmals über die von der DAF eingerichtete »Bauhilfe«. Sie erreichten Einvernehmen, daß es in der Hauptsache Aufgabe der Bauhilfe sein sollte, »die bestehenden Wirtschaftsunternehmen auf den verschiedenen Gebieten in ihrer Leistungsfähigkeit zu unterstützen, indem sie die zentrale Beschaffung der für den Woh-

nungsbau erforderlichen Baustoffe und Einrichtungsgegenstände in die Hand nimmt und hierzu zum Beispiel den Lieferfirmen auf lange Sicht hinaus Aufträge übergibt«.
Auch die Typisierung und Normierung sollte sie fördern. Aber noch zu Lebzeiten Todts begann die Bauhilfe der DAF entgegen ihres Auftrags mit der Neugründung eigener wirtschaftlicher Unternehmungen, mit dem Ankauf von Fabriken und Waldgebieten und mit der Fertigung von Baustoffen, Bauteilen und Einrichtungsgegenständen. Am 3. 6. 1941 unterhielten sich Todt und Bormann auf dem Obersalzberg über Leys Tendenzen, die DAF zu einem gigantischen Wirtschaftsunternehmen zu machen. Dabei äußerte Todt die Befürchtung, daß die Pläne Leys »zu einer völligen Zerrissenheit in der Partei, evtl. auch zu einer Lahmlegung der staatlichen Arbeit führen« würden. Dann gäbe es kein Gebiet mehr, auf das Ley nicht Einfluß habe. Das wirtschaftliche Engagement der DAF sei bereits jetzt für die Organisation der Arbeiterschaft schädlich. Sie kaufe jährlich für Hunderte von Millionen Mark Anlagewerte. Am Westwall habe Todt feststellen müssen, daß die von der DAF betriebenen Kantinen schlechter gewesen seien als die der privaten Unternehmer. Bormann und Todt waren sich einig, daß jede weitere Machtausweitung Leys auf wirtschaftlichem Gebiet verhindert werden müsse. [62] Die von Ley und Frick erlassene »Verordnung über die Einrichtung und den Aufgabenbereich von Wohnungs- und Siedlungsämtern« vom 30. 8. 1941 mußte nach Einsprüchen Bormanns und Todts im Dezember aufgehoben werden, weil sie zu einem »fürchterlichen Wirrwarr im Wohnungs- und Siedlungswesen« geführt hatte. [63]
Als Reaktion auf die expansive Machtausweitung Leys gründete Todt bei der am 27. und 28. 11. 1940 in München abgehaltenen Arbeitstagung des »Großen Beirats der Wirtschaftsgruppe Bauindustrie« Arbeitsgemeinschaften für die Leistungssteigerung im Krieg und für den Wohnungsbau nach dem Krieg. Sie sollten die Erfahrungen auf den Gebieten der Rationalisierung des Hochbaus, der Arbeitsvorbereitung in der Bauwirtschaft, der Leistungsführung und Leistungsertüchtigung im Betrieb, der Nachwuchsfragen, der Lohngestaltung, des Baumaschinen- und Gerätewesens und der Rechts- und Fertigungsfragen sammeln. Die Vorsitzenden dieser Gruppen bildeten den »Bauwirtschaftsausschuß Dr. Todt«. Durch diese Organisation sollten die Zusammenarbeit zwischen der Bauwirtschaft und Dr. Todt gefestigt, die Selbstverantwortung der Bauwirtschaft gestärkt und die Planung für die Aufgaben nach dem Krieg intensiviert werden. [64]
Zu den Nadelstichen Leys gehörte auch, daß sich die DAF im Herbst

1941 in die Fortbildungstätigkeit des NSBDT für Ingenieure einschaltete. Nachgeordnete Dienststellen der DAF zogen diese Kompetenz kurzerhand an sich. Als der VDI beim Vorsitzenden des NSBDT rückfragte, gab Todt am 10. 10. 1941 die Weisung, die Fortbildungsarbeit der technisch-wissenschaftlichen Fachvereine weiterzuführen:

»Sofern sich daher Außenstellen nicht zu einer die gegenseitige Selbständigkeit achtenden Zusammenarbeit finden, besteht keine Veranlassung, daß sich der VDI durch die DAF in seiner Tätigkeit beeinträchtigen läßt.« [65]

Zur letzten Machtprobe zwischen Ley und Todt kam es kurz vor Todts Tod. Es ging um Fragen der Rüstungspolitik. Am 6. 2. 1942 appellierte Todt in einer Sitzung mit Vertretern der Rüstungsindustrie an die Anwesenden, angesichts der schwierigen Versorgungslage der deutschen Truppen in Rußland mehr Waffen und Munition zu produzieren als bisher. Er rief den Hauptausschuß »Allgemeines Wehrmachtgerät« ins Leben, der die einschlägigen Wehrmachtforderungen koordinieren sollte. Während der Sitzung wurde Todt darüber informiert, daß Robert Ley bei Hitler beantragen wolle, ihn mehr Einfluß auf die Rüstungsindustrie ausüben zu lassen, damit er die Produktion auf dem Weg der Motivation der Arbeiterschaft zum Wachsen bringen könne. In einer Massenversammlung im Zirkus Busch beabsichtigte er die ungenügende Leistung der Rüstungsindustrie öffentlich zu kritisieren und für die DAF mehr Einfluß auf die Produktionslenkung zu fordern. Todt nahm sich vor, diese Frage in der für den 7. 2. 1942 bei Hitler angesetzten Besprechung vorzubringen und Ley in die Schranken zu weisen.[66] In der Tat erließ Hitler am gleichen Tag ein Redeverbot für Ley bei öffentlichen Versammlungen. [67]

## Die Beziehungen zu den Militärs

Todts Querelen mit der Wehrmacht hatten ihren Ursprung im Westwallbau, als Todt den Pionierdienststellen fehlerhafte Planung nachweisen konnte. [68] Todt ärgerte sich auch in der Folgezeit, daß die
Leistungen seiner Organisation als Taten der Pioniere propagiert
wurden. Am 29. 8. 1941 schrieb er an Oberst von Wedel über die
Arbeit der OT im Rahmen der Planungen für das Unternehmen
»Seelöwe«:

>»Monatelange mühselige Arbeit hat die OT und ihre Männer gerade die Bau-
>werke an der Kanalküste gekostet. Mehr wie ein dutzendmal sind unsere Fotogra-
>fien hierüber abgelehnt worden... Jetzt, nachdem die OT verschwunden ist,
>scheint niemand Bedenken zu haben, dieses Betonwerk zu fotografieren und
>diese Bilder auch freizugeben. Die Pioniere, die meiner Erinnerung nach mit
>diesen Bauten überhaupt nicht beschäftigt waren, sind erwähnt, der mühselig im
>Dreck arbeitende Frontarbeiter ist wieder planmäßig vergessen.« [69]

Die Berufung eines »Zivilisten« zum Reichsminister für Bewaffnung
und Munition wurde von den Militärs als Affront empfunden und war
von Hitler wohl auch so gemeint. Die Effektivität des Heereswaffenamtes mit etwa 6000 Soldaten, darunter Generäle in Kompanie-
stärke, ließ in der Tat zu wünschen übrig. Es wuchs die Angst des
OKW, die Funktionen des Wehrwirtschafts- und Rüstungsamtes
könnten auf das RMBuM übertragen werden. Keitel äußerte gegenüber dem Amtschef General Thomas nach der Ernennung Todts:
»Ich habe immer gewußt, daß geheime Abmachungen zwischen Todt
und dem Führer bestehen.« Um einer Auflösung des Amtes entge-
genzuarbeiten, empfahl er die verstärkte Kooperation mit Göring,
von dem jeder wußte, daß er ein Feind Todts war. [70]
In seiner Funktion als Reichsminister für Bewaffnung und Munition
erlebte Todt die konfusen Rüstungsvorbereitungen für den Rußlandfeldzug. Sein Glaube an die Kompetenz der Militärs in diesen Fragen
sank. In mehreren Gesprächen mit den Offizieren des OKW mußte
Todt Fehler und irreführende Aussagen zurechtrücken. Keitels
Reserviertheit gegenüber Todt wuchs auch in dem Maße, in dem
Todt die Position des OKH gegenüber der Marine und Luftwaffe
vertrat.
Für den Rußlandfeldzug stellte Todt seine Bauorganisation wie bei

den bisherigen Feldzügen zur Verfügung. [71] Daraus entstanden zahlreiche Friktionen.
Einmal beschwerte sich Keitel darüber, daß die OT die Zivilbevölkerung zu gut behandelte [72], ein anderes Mal monierte er den Aufbau einer technischen Verwaltung hinter dem Rücken der Wehrmacht, was Todt zu folgenden Äußerungen reizte:

»In unseren technischen Aufbau hat niemand, der nicht zu uns gehört, hineinzureden. Meine Herren bitte ich in solchen Fällen, den Außenstehenden zu sagen: Sie bekommen gute Straßen, wer sie zu unterhalten hat, wird Dr. Todt schon so einteilen, daß sie damit zufrieden sind. Grundfalsch wäre es, wenn etwa die eine oder andere Stelle ihre Gedanken an den General nahelegt und mir dann berichtet, daß der General dies wünsche. Den General geht das gar nichts an, wer ihm seine Straßen herrichtet, wenn seine Straßen in Ordnung sind.« [73]

Mit der Kriegsmarine gab es Konflikte, als sie z. B. in Rivalität zum Heer die Verarbeitung des estnischen Öls durch die Eurotank in Hamburg wünschte statt in den örtlichen Anlagen, damit ihr Anteil auch sicher gewährleistet würde, während Todt auf die Auslastung der einheimischen Raffinerien Wert legte. [74]
Durch die Erfolge der ersten Wochen des Rußlandkriegs ließ sich Todt nicht täuschen. Er teilte nicht den Optimismus der Wehrmachtführung und zweifelte an der Durchführbarkeit eines Blitzkriegs. Die Situation der Heeresgruppe Mitte im Winter 1941/42 gab ihm recht. Mit Entsetzen beobachtete er das Versagen der Heereslogistik vor Moskau. Für die Versorgung der Truppe gab es keinen Transportraum. Die erforderlichen Ausrüstungsgegenstände für den Winterkrieg fehlten. Die verwundeten Soldaten erfroren während der Rücktransporte in den Zügen. Ende Dezember machte Todt eine längere Besichtigungsreise durch Rußland und fand alles bestätigt, was ihm an fürchterlichen Nachrichten zugekommen war. Das Elend der Truppe bedrückte ihn. Er verstand die Verzweiflung der deutschen Soldaten, die auf sich selbst gestellt, einen Krieg gegen Schnee, Kälte, Hunger und Feind führten. Gegenüber Albert Speer, mit dem ihn ein zwiespältiges kollegiales Verhältnis verband, äußerte er:

»Es ist ein Kampf, in dem die primitiven Menschen überlegen sein werden, die alles, auch die Ungunst der Witterung, aushalten. Wir sind zu empfindlich und müssen unterliegen.« [75]

Todt organisierte auf der Autostraße Minsk - Wjasma für die Heeresgruppe Mitte einen Kolonnenverkehr mit Schnellomnibussen, um Verwundete nach hinten und Versorgungsgüter an die Front zu bringen. Tausende deutscher Soldaten verdanken dieser Idee ihr Leben.
Eine Zeitlang trug sich Todt sogar mit dem Gedanken, von Hitler die

Zuständigkeit für das gesamte Transportwesen auf Straße und Schiene zu erbitten, um dem Elend an der Ostfront begegnen zu können. Er ließ den Gedanken fallen, weil er durch die Fülle seiner Ämter ohnedies überlastet war und weil seine Bedenken gegen Hitlers Kriegführung von Tag zu Tag wuchsen. Die Kriegserklärung des Deutschen Reiches an die USA am 11. 12. 1941 hatte ihm gezeigt, daß der Größenwahnsinn des Führers keine Grenzen kannte.

Von diesem Zeitpunkt an trieb ihn sein Gewissen gegenüber dem deutschen Volk zum Handeln. Er entschloß sich, Hitler offen seine Meinung zu sagen.

## Zweifel am Endsieg

Zu Beginn des Jahres 1940 war Todt noch ein siegesbewußter Anhänger Hitlers. Er schrieb damals:

»Die Überlegenheit der nationalsozialistischen Führung, die Geschlossenheit des deutschen Volkes, der Kampfgeist unserer Truppe und die Mitarbeiter der Heimat sind die Sicherungen des Erfolges und des schließlichen Sieges. Wir glauben an Deutschland! Wir glauben an den Sieg! Wir glauben an unseren Führer Adolf Hitler!« [76]

Spätestens als Reichsminister für Bewaffnung und Munition lernte er die Schwäche der deutschen Rüstungswirtschaft kennen. [77] Bereits nach dem Frankreichfeldzug, ein paar Wochen nach der Übernahme seines Amtes, kamen ihm erste Zweifel, ob Deutschland den Krieg gegen Großbritannien, das so massiv von den USA unterstützt wurde, gewinnen könnte. Die Rüstungsanstrengungen der Amerikaner wurden von Roosevelt offen propagiert. Die Parteinahme zugunsten Großbritanniens war augenfällig. Im Oktober 1939 hatte die Panamerikanische Konferenz eine Neutralitätszone bis zu 1000 Meilen um den amerikanischen Doppelkontinent proklamiert und damit das Eindringen deutscher U-Boote zur Störung des amerikanisch-britischen Handels unmöglich gemacht. Am 24. 3. 1940 erlaubte Roosevelt die Reparatur britischer Schiffe in amerikanischen Werften. Am 30. 3. wurden alle in amerikanischen Häfen liegenden Schiffe der Achsenmächte enteignet.

Engen Mitarbeitern gegenüber äußerte Todt Bedenken ob der massiven Unterstützung der Briten durch die Amerikaner. Friedrich Classen, der nach dem Frankreichfeldzug bis zum Herbst 1940 für das Unternehmen »Seelöwe« Bauten an der Kanalküste durchführte, z. B. Panzerverladerampen und Schiffanlegestege, erhielt von Todt den Auftrag, für den geplanten Rußlandfeldzug ein neues Führerhauptquartier in Ostpreußen zu erstellen. Das Bauprogramm der »Wolfsschanze« sollte gegenüber den 50 000 Arbeitern und dem Ausland als Außenbetrieb der »Chemischen Werke Askania« getarnt werden. Als Todt den Auftrag in seinem Berliner Büro erläuterte und Classen Befürchtungen wegen des auf Deutschland zukommenden Zwei-Fronten-Krieges äußerte, wurde er von Todt in unerwarteter Weise so schroff zurechtgewiesen, daß er daraus schließen mußte, daß die gleichen Zweifel seinen Vorgesetzten selbst quälten. [78] Die Nachrichten über die verstärkten Hilfeleistungen der USA für Großbritannien nach dem Frankreichfeldzug verunsicherten Todt. Am 2. 9. 1940 schloß Roosevelt das Zerstörerabkommen mit Großbritannien ab. Nach den Präsidentschaftswahlen im November 1940 wurde Roosevelt noch kühner. Als Reaktion auf ein am 9. 12. 1940 von Churchill erhaltenes 4000 Worte langes telegraphisches Hilfeersuchen verkündete Roosevelt am 6. 1. 1941 die sogenannten Vier Freiheiten zur Abgrenzung vom Faschismus und erreichte, daß am 8. 2. 1941 das Repräsentantenhaus mit 265 gegen 165 Stimmen das Leih- und Pachtgesetz annahm, das dem Präsidenten erlaubte, jedem Land, »dessen Verteidigung er als lebenswichtig für Amerika« ansah, Rüstungsgüter gegen spätere Bezahlung zu liefern. Am 29. 3. 1941 einigten sich der britische und amerikanische Generalstab über den ABC-I-Plan, der bei einem japanischen Kriegseintritt vorsah, daß sich die Kräfte Englands und der USA zuerst auf Deutschland konzentrieren würden (Germany-first strategy).

Angesichts der massiven Rüstungsüberlegenheit der USA und in Kenntnis der Möglichkeiten des Leih- und Pachtgesetzes wußte Todt, daß der Krieg für Deutschland nicht zu gewinnen war, ganz gleich ob der Feldzug gegen die UdSSR mit einem schnellen Sieg enden würde oder nicht. In dieser pessimistischen Auffassung wurde Todt von zahlreichen Experten unterstützt. Hans Kehrl, der damals Leiter der Textilabteilung und Sonderberater im Reichswirtschaftsministerium war, sprach mit Todt im Dezember 1940 in der Weinstube »Schwarzes Ferkel« in der Dorotheenstraße über die Aussichtslosigkeit eines Krieges gegen die angelsächsische Allianz. Er hatte zwei Jahre in den USA gelebt und bewies Todt, daß der Rohstoffmangel das Reich zur Kapitulation zwingen werde. [79]

Den Rußlandkrieg betrachtete Todt als ein »nationales Unglück«. Zwar hatte er von Rosenberg die Idee der Zerschlagung Rußlands und der Umwandlung der westlichen Randgebiete zu deutschen Satelliten als politisches Ziel übernommen, zwar hatte er direkt und indirekt an der Vorbereitung des Krieges teilgenommen, zumindest aber den Zeitpunkt hielt er für völlig verfehlt. [80] Den optimistischen Aussagen der militärischen Führung über einen Blitzkrieg in Rußland traute Todt nicht. Vor dem Beginn des Rußlandkriegs wollte er keine defätistischen Stellungnahmen abgeben. Aber schon nach den ersten Wochen hielt er mit seiner Kritik nicht mehr hinter dem Berg. Ihm mißfiel z. B. das Versagen der Heeresleitung bei der Versorgung der russischen Kriegsgefangenen. Als er im Juli 1941 erstmals größere

Kriegsgefangenenlager in Minsk sah, war er über die unmenschliche Behandlung der Russen zutiefst erschüttert. Er fand 100 000 Kriegsgefangene und 40 000 Zivilgefangene zusammengepfercht auf einem Raum von der Größe des Berliner Wilhelmsplatzes und ohne Nahrung.

»Die einzig mögliche Sprache des schwachen Wachkommandos, das ohne Ablösung Tag und Nacht seinen Dienst versieht, ist die Schußwaffe, von der rücksichtslos Gebrauch gemacht wird.« [81]

Todt gab die Anweisung, für die OT, die im rückwärtigen Operationsgebiet durch die anfallenden Aufgaben überfordert war, »versuchsweise rassisch wertvolle Facharbeiter« aus den Zivilgefangenen auszusondern. Er dachte an eine Zahl von etwa 10 000, die für vordringliche Straßenarbeiten benötigt wurden. Aber bereits am zweiten Tag wurde der OT die Auslese untersagt, weil sich Generalfeldmarschall Kluge, der Oberbefehlshaber der 4. Armee, die Entscheidung über die Entlassung von Zivilgefangenen vorbehalten hatte.

Daraufhin suchte Todt die Unterstützung Rosenbergs, des designierten Reichsministers für die besetzten Ostgebiete. In einer Besprechung am 10. 7. 1941 machte er ihn darauf aufmerksam, daß die Durchführung des vordringlichen Sofortprogramms ohne Arbeitskräfteeinsatz ausgeschlossen und daß der Ausbruch einer Seuche ohne die Verteilung der Gefangenen auf verschiedene Lager kaum mehr zu vermeiden sei. Er appellierte an Rosenberg, die Freigabe einer Zahl »rassisch wertvoller Facharbeiter« wenigstens für die behelfsmäßige Instandsetzung der Minsker Versorgungsbetriebe zu erwirken. [82]

Angesichts des Elends der Gefangenen und der Widerstände von seiten des Militärs äußerte Todt seinem Begleiter, Dipl.-Ing. Haasemann, gegenüber die Hoffnung, daß man den Gefangenen helfen könne:

»Wenn es einen Gott der Gerechtigkeit gibt, dann möchte ich nicht die Stunde der Vergeltung miterleben, die das deutsche Volk sonst treffen wird.« [83]

Zu Weihnachten 1941 erzählte Todt seinen Bekannten in Hintersee, wo er sich zwei Tage bei seiner Familie aufhielt,

»wie sehr es ihn erschüttert habe, als er die vielen russischen Gefangenen auf freiem Felde sah und keine Möglichkeit bestand, die große Masse der Menschen genügend zu verpflegen und unterzubringen«. [84]

Er wünschte, daß möglichst viele Kriegsgefangene, um ihr Überleben zu garantieren, möglichst schnell ins Reich gesandt oder der Organisation Todt überstellt würden. Bereits am 3. 12. 1941 ordnete er an, daß 200 000 Facharbeiter aus den Kriegsgefangenenlagern ausgesondert werden sollten, die für die Rüstungsindustrie in Deutschland geeignet waren, besonders Bergleute, Metallarbeiter, Maurer und andere Handwerker. In dem Erlaß heißt es:

»Die Kriegsgefangenen, die für den Einsatz im Reich verfügbar sind, sind gegenwärtig so erschöpft, daß ihre unmittelbare Verwendung in der Rüstungsindustrie normalerweise nicht möglich ist. Soweit dies der Fall ist, sind die Kriegsgefangenen, die Rüstungsfirmen im Bereich des Reichsministers für Bewaffnung und Munition zugewiesen werden sollen, bis auf weiteres in besondere Lager der Reichsautobahnen zu verbringen. Dort sollen die Kriegsgefangenen zuerst einmal aufgepäppelt werden durch gute Ernährung, allgemeine Hygiene und allmählich zunehmenden Einsatz an den Baustellen der Reichsautobahnen, damit sie in die Lage versetzt werden zu arbeiten.« [85]

Mit sofortiger Wirkung wurden 30000 Plätze zur Verfügung gestellt, die ab 15. 2. 1942 auf 50000 erhöht werden sollten.

Von der Besichtigungsreise Todts in Minsk im Oktober 1941 wird berichtet, daß er dort bei einem Abendessen die offene Kritik eines Rosenheimer Militärarztes gegen die verhängnisvolle Politik Hitlers wortlos schluckte. Nach der Mahlzeit nahm er den ihm seit 1938 bekannten OT-Ingenieur Bub zur Seite: »...sagen Sie ihm, er soll vorsichtig sein; es könnte gegen ihn ausgenutzt werden«. Als ihn der Betreffende bei dieser Gelegenheit aufforderte, um des Schicksals von 80 Millionen Deutschen willen bei Hitler vorstellig zu werden und »in aller Offenheit auf die bestehenden Mängel aufmerksam zu machen«, bemerkte Todt unmißverständlich, daß er sich dies noch nicht leisten könne, weil das »seine unbedingte Vernichtung zur Folge hätte«. Auf den Hinweis, daß es nicht um das Schicksal eines einzelnen, sondern um Millionen Menschen ginge, antwortete Todt erbost:

»Das hat mir noch keiner gesagt. Ich muß wissen, wann der richtige Moment des Handelns gekommen ist; zu voreilig, das würde nur Schaden und keinen Nutzen bringen.« [86]

Die Uneinsichtigkeit Hitlers und seine Flucht vor negativen Nachrichten hatten zur Folge, daß Todt in den folgenden Wochen tief bewegt war von Sorgen über die politische Zukunft des Reiches. [87] Von Tag zu Tag verstärkte sich die Gewißheit, daß der Krieg für Deutschland verloren war.

Todts persönliche Depressionen standen in eklatantem Widerspruch zu den optimistischen Visionen der anderen Reichsminister und der Beamten seines eigenen Ministeriums. Während Todts Hoffnungen auf ein erfolgreiches Kriegsende von Woche zu Woche sanken, reiften dort die Ideen, Überlegungen und Planungen für ein erobertes

Rußland. Allen voran ging das Ostministerium. In Rosenbergs Haus tat man so, als sei der Bär schon tot, den man zerlegen wollte. Da gab es extensive Verkehrsplanungen, Besiedlungspläne wurden erstellt, Kommissionen eingerichtet etc. Todt wurde von Amts wegen einbezogen, wenn es um Fragen der Technik, der Militärrüstung, des Straßenbaus, der Wasserstraßenbewirtschaftung und der Energieerzeugung ging. So mußte Todt z. B. nolens volens den Vorsitz in einem technischen Ausschuß übernehmen, der sich mit der Erschließung russischer Gebiete für Großsiedlungen befaßte. [88] Auch die utopischen Gedankenflüge für eine Autobahn von Schlesien zu den russischen Industrierevieren mußte er aufgreifen.

Ende November 1941 schien Todt die Gelegenheit gekommen, erstmals gegenüber Hitler deutlich zu werden. Für den 29. 11. 1941 lud er Dr. Porsche und Walter Rohland, den Vorsitzenden des Panzerausschusses, der gerade von einer vierzehntägigen Besichtigungsreise an der Ostfront aus Orel, Guderians Hauptquartier, zurückgekommen war, zu einer Besprechung bei Hitler ein, damit sie den Führer als Sachverständige über die Situation der Panzerwaffe im Winterkrieg unterrichteten. In Anwesenheit von Generalfeldmarschall von Brauchitsch, Generalfeldmarschall Keitel, des Chefs des Waffenamtes General der Artillerie von Leeb, des Generals Jodl und einiger Obristen – Guderian war nicht erschienen – berichtete Rohland von der Überlegenheit der russischen Panzerrüstung. Er sprach auch von seiner Amerikareise im Jahre 1930 und warnte angesichts des riesigen Rüstungspotentials vor dem Kriegseintritt Amerikas. Dann sei der Krieg für Deutschland verloren. [89] Todt ergänzte die Ausführungen mit Erläuterungen über die deutsche Rüstung und folgerte: »Dieser Krieg ist militärisch nicht mehr zu gewinnen.« Rohland berichtete in seinen Memoiren weiter:

»Hitler hatte sich in aller Ruhe unsere Ausführungen angehört und stellte nun die Frage: ›Wie soll ich dann diesen Krieg beenden?‹ Darauf Todt: ›Er ist nur noch auf politischem Wege zu beenden.‹ Hitlers Antwort war: ›Ich sehe aber kaum noch einen Weg, politisch zu einem Ende zu kommen. Wir werden uns hierüber noch einmal unterhalten müssen.‹« [90]

Das offizielle Protokoll der Besprechung, das Oberst Schmundt eine Woche später unterzeichnete, enthält kein Wort davon. Nach der Niederschrift gab Hitler zwar zu, daß die deutschen Panzerabwehrwaffen den russischen Panzern nicht mehr gewachsen seien und die Panzerstärke der deutschen Panzer den russischen Abwehrwaffen nicht mehr genüge, aber er befahl als Ausweg Panzerneukonstruktionen unter strikter Typenbegrenzung mit stärkerer Panzerung oder mit

Vorpanzer. Die Infanterie sollte neue Sturmgeschütze erhalten. Hitler dozierte: »Der Schicksalskampf des deutschen Volkes darf nicht dadurch in Frage gestellt werden, daß die Phantasie Kriegsmaschinen erdenkt, die nicht in Massen produziert werden können.« Eine »Kapitulation vor dem Fehlen technischer Möglichkeiten« gebe es nicht.

Aus der Diskussion erwähnt Schmundt lediglich, daß Todt versicherte, daß er bei entsprechenden Konstruktionsvereinfachungen 30% der Arbeiter in der Rüstungsindustrie einsparen könne.[91] Das war ganz und gar kein pessimistischer Diskussionsbeitrag.

Es ist völlig ausgeschlossen, daß Rohland und Todt ihre Aufforderungen zur Beendigung des Krieges während der Sitzung vortragen konnten. Dazu war der Kreis der Zuhörer zu groß. Ob sie die Möglichkeit hatten, mit Hitler im Anschluß an die Besprechung im kleinen Kreis zu reden, ist nicht zu klären.

Todts Mitarbeiter wollen beobachtet haben, daß ihr Chef ab Dezember 1941 verschlossener, ernster und deprimierter wirkte. Seinem Jugendfreund Alfred Haug teilte er mit, daß er sich von Feinden umgeben fühle und an seine Aufgabe nicht mehr glaube. Ende Dezember 1941 erklärte er dem von ihm sehr verehrten Flugzeugkonstrukteur Willy Messerschmitt, daß er eine persönliche Aussprache mit Hitler suche, daß aber die führenden Männer in der Umgebung Hitlers, insbesondere Bormann, jedes Gespräch unter vier Augen verhinderten. [92]

Zu Weihnachten 1941 ließ Todt die alljährlich übliche Feierstunde mit seinen Mitarbeitern in Berlin ausfallen. Seinen Weihnachtswünschen an Bekannte, Freunde und Kollegen fügte er ein Büchlein »Bauen und Kämpfen« bei, für das er das Vorwort geschrieben hatte und das später als eine Art Vermächtnis interpretiert wurde. Da stehen Sätze aus seiner Feder wie:

»Uns vereint die Arbeit, wir sind des Führers technische Mannschaft. Wir sind stolz; denn was wir als Werke der Technik schaffen, dient dem Kampf und dem Sieg. Was wir erlebten, möchte keiner von uns missen.« [93]

Der bayerische Ministerpräsident Ludwig Siebert bedankte sich mit einem Tragerl Bier aus dem Restbestand des Hofbräuhauses und fügte hinzu, daß »das Wort Bier für einige Zeit aus dem Lexikon verschwindet«. [94]

Was Todt in »Bauen und Kämpfen« schrieb, klingt ebensowenig resignativ wie seine Neujahrsaufrufe für das Jahr 1942:

»... noch stärker muß gerade die Technik auf den großen Endkampf ausgerichtet werden. Jede Stunde Arbeitskraft, jedes Kilo Material muß auf das Endziel des Sieges angesetzt werden ... Was kann es Schöneres für den deutschen Ingenieur geben als die Aufgabe, die Schlagkraft unserer Wehrmacht und die Kraft unserer Waffen zu verstärken?« [95]

Ein Mann, dem Zweifel gekommen waren an der Richtigkeit des Unternehmens, hätte moderatere Wendungen finden können. Warum blies er um die Jahreswende 1941/42 die Propagandatrompete so laut, wenn er von der Aussichtslosigkeit des Sieges überzeugt war? An den zwei Weihnachtstagen, die er im Kreise seiner Familie verbrachte, war er angeblich »völlig verändert. Er blickte ernst und finster in die Zukunft und schwieg auf alle Fragen, durch die seine Angehörigen im einzelnen erfahren wollten, was los sei.« [96] Am zweiten Weihnachtsfeiertag reiste Todt wieder ab, weil er auf einer großen Inspektionsfahrt nach Rußland in Erfahrung bringen wollte, inwieweit die OT vom Winterchaos der Heeresgruppe Mitte betroffen war. Als er seiner Frau am 1. 1. 1942 telefonisch seine Neujahrsgrüße aus Rußland übermittelte, sagte er ihr auch, »er habe die Silvesternacht ganz allein bei Wjasma verbracht, losgelöst von der Erde, die Nähe Gottes fühlend...« [97] Ähnliche Formulierungen gebrauchte Todt, als er nach seiner Rückkehr wenige Tage später den Redakteur des »Völkischen Beobachter« Reich von Rohrwig in Begleitung des Künstlers F. H. Schröner empfing und ihnen von drei unvergeßlichen Naturerlebnissen erzählte. Er sagte:

»Das dritte und vielleicht größte Erlebnis der Natur empfand ich in der Silvesternacht des Jahres 1941. Ich war damals in der Gegend von Wjasma. Es war eine eiskalte Ostnacht. Das Thermometer zeigte minus 35 Grad. Ich übernachtete in einem Blockhaus. Plötzlich zog es mich hinaus in die Nacht. Ich stand im Freien, über mir ein unwahrscheinlich klarer Sternenhimmel und vor mir die Unendlichkeit der russischen Landschaft. Die Luft schien zu zittern, und eine Ruhe umfing mich, wie ich sie noch nie erlebt hatte. Mein ganzes Ich schien sich loszulösen von der Erde, und ein Glücksgefühl durchströmte mich, das ich vordem noch nie gekannt habe. Ich kann Ihnen gar nicht sagen, wie sehr ich damals von der Größe der Natur gefangen wurde, wie sehr ich die Nähe Gottes empfand und wie frei ich mich fühlte.« [98]

Auf der Rückfahrt von Wjasma über Minsk machte Todt halt in Rastenburg, um Hitler Bericht zu erstatten. Am 6. 1. 1942 kehrte er nach Berlin zurück. [99]
Ein erneuter Versuch Todts, bei einer Rüstungsbesprechung im Führerhauptquartier Wolfsschanze am 21. 1. 1942 Hitler die Unterlegenheit der deutschen Panzerproduktion durch den Industriellen und Panzerausschußvorsitzenden Rohland aufzeigen zu lassen, wurde von Todts Mitarbeiter Karl-Otto Saur zunichte gemacht, der die Probleme herunterspielte. Der Kreis der Anwesenden war viel

zu groß, als daß Todt oder Rohland wagten, deutlicher zu werden. [100]

Ende Januar 1942 war Todt zum letztenmal kurz in München. Seine Frau registrierte, daß seine Depressionen zugenommen hatten. Für Samstag, den 7.2. 1942, bekam er einen neuen Termin zur Rücksprache bei Hitler.

## Belegstellen

1 Brief Todt an Speer vom 24. 1. 1941, Bundesarchiv NS 26/1188
2 Aussage Christian Seiler vom 20. 11. 1948, Spruchkammerverfahren Todt, Amtsgericht München, Nr. 181; Aussage Schulze-Fielitz vom 7. 11. 1948, Spruchkammerverfahren Todt, Amtsgericht München, Nr. 71
3 In den Akten der Parteikanzlei befinden sich genügend Beispiele dafür, daß sich Todt für als berechtigt akzeptierte Wünsche einsetzte und Gesuche befürwortend an die zuständigen Stellen weiterleitete. Vgl. IfZ, Akten der Parteikanzlei 10100261, 11704684, 12403525ff., 12403168ff., 12402276, 12402384, 12402900, 12401368, u. a. Weitere Bittbriefe an Todt auch in Bundesarchiv NS 26/1187
4 Vgl. Peter Norden: Unternehmen Autobahn. Von Hitlers Aufmarschstraßen zum modernsten Verkehrsnetz Europas, Bayreuth 1983, S. 20; BayHStA München MWi 2799
5 Schreiben Todt an Admiral von Nordeck vom 9.7. 1940, Bundesarchiv NS 26/1188
6 Vermerk 9010/1133 vom 28. 3. 1941, Bundesarchiv NS 26/1188
7 Vgl. Todt an Bezirksamt Erding vom 6. 5. 1939, Bundesarchiv NS 26/1187
8 Aussage Heinz Bub vom 20. 11. 1948, Spruchkammerverfahren Todt, Amtsgericht München, Nr. 315
9 Aussage Alfons Koppe vom 6.7. 1948, Spruchkammerverfahren Todt, Amtsgericht München, Nr. 200
10 Vgl. BayHStA München, Reichsstatthalter 655/4
11 Vgl. u. a. Schreiben der Kanzlei des Führers der NSDAP – Amt für Gnadensachen – vom 15.7. 1937, in: Verteidigungsschrift Ebermayer vom 2.9. 1946, Spruchkammerverfahren Todt, Amtsgericht München; Schreiben Dr. Fritz Gernot vom 26. 4. 1939, ebenda; Schreiben Rudolf Heidegger vom 27. 11. 1945, ebenda; Schreiben Ida Meister vom 20. 5. 1946, ebenda; Aussage Hans Poppel vom 24. 11. 1948, Spruchkammerverfahren Todt, Amtsgericht München, Nr. 201
12 Aussage Konrad Haasemann vom 7. 8. 1948, Spruchkammerverfahren Todt, Amtsgericht München, Nr. 395
13 Am 10. 8. 1934 bat er Fiehler in einem Schreiben, ihm die Grundstücksnutzung und die Versetzung des Zauns vor dem Kaufvertrag zu ermöglichen. Vgl. Bundesarchiv NS 26/1188
14 Brief an Baldur von Schirach vom 30. 5. 1941, Verteidigungsschrift Ebermayer vom 2. 9. 1946, Spruchkammerverfahren Todt, Amtsgericht München, Anlage 6
15 Vgl. Aussage Richard Reinhardt vom 10. 5. 1949, Spruchkammerverfahren Todt, Amtsgericht München, Nr. 542

16 Vgl. Aussage W. Nonnenbruch vom 16. 8. 1947, Spruchkammerverfahren Todt, Amtsgericht München, Nr. 115

17 Vgl. ebenda

18 Vgl. Aussage des Pfarrers der Erlöserkirche, ohne Datum, Spruchkammerverfahren Todt, Amtsgericht München, Nr. 116 und 135

19 Aussage Christian Seiler vom 20. 11. 1948, Spruchkammerverfahren Todt, Amtsgericht München, Nr. 181

20 Aussage Alfons Koppe vom 6. 7. 1948, Spruchkammerverfahren Todt, Amtsgericht München, Nr. 200

21 Vgl. Aussage Maria Lobinger, Spruchkammerverfahren Todt, Amtsgericht München, Nr. 65

22 Vgl. Bundesarchiv NS 26/1189

23 Vgl. Polizeipräsident der Landeshauptstadt München vom 28. 4. 1946, Spruchkammerverfahren Todt, Amtsgericht München, Nr. 18

24 Vgl. Schreiben Selbertinger an Finanzamt Berchtesgaden vom 16. 3. 1946, Spruchkammerverfahren Todt, Amtsgericht München, Nr. 70

25 Vgl. BayHStA München MA 106948

26 Vgl. ebenda

27 Völkischer Beobachter vom 4. 9. 1941

28 Vgl. Eduard Schönleben: Fritz Todt. Der Mensch. Der Ingenieur. Der Nationalsozialist, Oldenburg 1943, S. 15

29 Vgl. weitere Beispiele Bundesarchiv NS 26/1187

30 Albert Speer: Erinnerungen, Frankfurt, Berlin und Wien 1969[3], S. 209

31 Lutz Schwerin von Krosigk: Es geschah in Deutschland. Menschenbilder unseres Jahrhunderts, Tübingen und Stuttgart 1952, S. 196 f.

32 Rudolf Diels: Lucifer ante portas. Zwischen Severing und Heydrich, Zürich 1949, S. 91

33 Aktennotiz Chef Wi Rü Amt über einen Vortrag beim Reichsmarschall am 6. 11. 1940 in Beauvais, IfZ PS 1456, Bl. 99

34 Vgl. Gregor Janssen: Todt et Speer, in: Revue d'histoire de la deuxième guerre mondiale (84) 1971, S. 37

35 Vgl. Hans Kehrl: Krisenmanager im Dritten Reich. 6 Jahre Frieden – 6 Jahre Krieg. Erinnerungen, hrsg. und eingel. von Ewin Viefhaus, Düsseldorf 1973, S. 214

36 Vgl. Aussage Friedrich Classen gegenüber dem Autor am 1. 4. 1985

37 Vgl. Albert Speer: a .a. O., S. 211

38 Vgl. Aussage Pister vom 2. 7. 1945, IfZ No 254, Bl. 1044; Aktennotiz Berger an Himmler vom 22. 2. 1942, IfZ No 2248

39 Vgl. Schreiben Berger an Brandt vom 6. 8. 1943, Berlin Document Center

40 Vgl. Bundesarchiv NS 26/1188

41 Vgl. Schreiben Todt an Ministerialrat Unterberger vom 1. 3. 1939, Bundesarchiv NS 26/1187

42 Vgl. Karl-Heinz Ludwig: Technik und Ingenieure im Dritten Reich, Düsseldorf 1974, S. 122 ff.

43 Vgl. IfZ, Akten der Parteikanzlei 01701553

44 Vgl. Schreiben Bormann an Ley vom 24. 6. 1936, IfZ, Akten der Parteikanzlei 11705555

45 Vgl. Schreiben Ley an Todt vom 10. 6. 1936, Bundesarchiv NS 22/757

46 Schreiben Ley an Todt vom 17. 6. 1936, Bundesarchiv NS 22/757

47 Vgl. Anordnung 144/36 des Stellvertreters des Führers vom 20. 11. 1936, BayHStA München, Reichsstatthalter 654
48 Der Angriff vom 26. 1. 1940
49 Der Angriff vom 7. 6. 1940
50 Vgl. Aktennotiz Todt vom 31. 1. 1940, Bundesarchiv NS 26/1188
51 Vgl. Deutschland im Kampf, hrsg. von Alfred I. Berndt und Hasso v. Wedel, Berlin, Mai 1940, S. 110; Juni 1940, S. 103, August 1940, S. 87
52 Vgl. Der Frontarbeiter vom 8. 3. 1941
53 Der Frontarbeiter vom 1. 5. 1941
54 Vgl. Der Frontarbeiter vom 10. 5. 1941
55 Vgl. dazu Karl-Heinz Ludwig: a. a. O., S. 184
56 Vgl. Schreiben des Reichsarbeitsministers an Heß vom 30. 4. 1940, IfZ, Akten der Parteikanzlei 10116637 ff. und Schreiben des Chefs der Reichskanzlei an Bormann und Speer vom 13. 12. 1940, IfZ, Akten der Parteikanzlei 10119230
57 Brief Todt an Bormann vom 22. 10. 1940, IfZ, Akten der Parteikanzlei 30705077
58 Document Center Berlin, NSDAP-Akte Todt
59 Vgl. RGBl. 1940 I, S. 1495; Deutschland im Kampf: a. a. O., November 1940, S. 64 ff.; Marie-Luise Recker: Nationalsozialistische Sozialpolitik im Zweiten Weltkrieg, München 1985, S. 142 ff.
60 Vgl. Schreiben Todt an Ley vom 21. 11. 1940, Bundesarchiv R 3/1588, Bl. 170
61 Vgl. Schreiben Todt an Ley vom 3. 12. 1940, Bundesarchiv R 3/1588, Bl. 172
62 Vgl. Aktenvermerk Bormann für Pg. Friedrichs und Pg. Klopfer vom 6. 6. 1941, Bundesarchiv NS 6/785 und Schreiben Speer an Ley vom 19. 10. 1942, IfZ, Akten der Parteikanzlei 80119610 ff.
63 Vgl. Schreiben Bormann an Lammers vom 7. 12. 1941, IfZ, Akten der Parteikanzlei 10117457 ff.
64 Vgl. Deutschland im Kampf: a. a. O., November 1940, S. 144 f.
65 Reichsminister Dr. Todt vom 10. 10. 1941, Bundesarchiv NS 14/10
66 Vgl. Richard Reinhardt: Fritz Todt, Sonderdruck für die Familie Todt und ihre Freunde, IfZ ED 85, S. 24
67 Vgl. Bundesarchiv R 3/1989
68 Vgl. S. 162 ff. dieses Buches
69 Verteidigungsschrift Ebermayer vom 2. 9. 1946, Spruchkammerverfahren Todt, Amtsgericht München, Anlage 8
70 Vgl. Besprechungsnotiz vom 26. 4. 1940, IfZ PS 1456, Bl. 153
71 Vgl. S. 230 f. dieses Buches
72 Vgl. Einsatzbefehl für OT-Ost vom 28. 7. 1941, IfZ MA 251, Bl. 354 f.
73 Stellungnahme Todts vom 23. 9. 1941 zu einem Vermerk von Oberbaurat Henne über die Überleitung von Straßenbauarbeiten von der OT auf die zivilen Verwaltungen, Bundesarchiv NS 26/1188
74 Vgl. Schreiben Todt an Raeder vom 29. 8. 1941, IfZ MA 251, Bl. 333 f.
75 Albert Speer: a. a. O., S. 200
76 Der Deutsche Baumeister, Januar 1940, S. 1
77 Vgl. Matthias Schmidt: Albert Speer. Das Ende eines Mythos. Speers wahre Rolle im Dritten Reich, Bern und München 1982, S. 74 f.
78 Aussage Friedrich Classen gegenüber dem Autor am 10. 12. 1984; vgl. Hans Kehrl: a. a. O., S. 213
79 Hans Kehrl: a. a. O., S. 213 f.
80 Interrogation Walter Rohland am 3. 11. 1945, IfZ ED 99/9 Speer Inter.; Aussage Carl.-M. Schnell gegenüber dem Autor am 18. 2. 1985

362     *Fritz Todt*

81 Ausführungen am 10. 7. 1941, IfZ MA 795, Bl. 678; vgl. auch Aussage Simon Hillebrand vom 4. 11. 1948, Spruchkammerverfahren Todt, Amtsgericht München, Nr. 210

82 Vermerk über die Besprechung vom 10. 7. 1941, IfZ MA 795, Bl. 678 f.

83 Aussage Konrad Haasemann vom 7. 8. 1948, Spruchkammerverfahren Todt, Amtsgericht München, Nr. 395

84 Aussage Simon Hillebrandt vom 4. 11. 1948, Spruchkammerverfahren Todt, Amtsgericht München, Nr. 210

85 Erlaß Todt 9010/14–71 vom 3. 12. 1941, IfZ Document NI-1044

86 Aussage Heinz Bub vom 20. 11. 1948, Spruchkammerverfahren Todt, Amtsgericht München, Nr. 315; vgl. Betrieb und Wehr, Beiblatt der Zeitschrift Deutsche Technik, März 1941, S. 147 ff.

87 Vgl. Aussage Willy Messerschmitt vom 26. 4. 1949, Spruchkammerverfahren Todt, Amtsgericht München, Nr. 523; Aussage Alfred Haug vom 29. 11. 1948, Spruchkammerverfahren Todt, Amtsgericht München, Nr. 355

88 Vgl. Schreiben Rosenberg an Speer vom 10. 2. 1942, IfZ MA 251, Bl. 380

89 Vgl. Interrogation Walter Rohland am 3. 11. 1945, IfZ ED 99/9 Speer Inter.

90 Walter Rohland: Bewegte Zeiten. Erinnerungen eines Eisenhüttenmannes, Stuttgart 1978, S. 78

91 Vgl. Protokoll der Besprechung, Bundesarchiv/Militärarchiv RW 19/822

92 Vgl. Aussage Alfred Haug vom 29. 11. 1948 und Willy Messerschmitt vom 26. 4. 1949, Spruchkammerverfahren Todt, Amtsgericht München, Nr. 355 und 532

93 Bauen und Kämpfen. Gedichte und Bilder vom Einsatz der Frontarbeiter, hrsg. von der Pressestelle des Reichsministers Todt, München 1941, S. 5

94 Schreiben Siebert an Todt vom 23. 12. 1941, BayHStA München MA 107578/27

95 Deutsche Technik, Januar 1942

96 Verteidigungsschrift Ebermayer vom 2. 9. 1946, Spruchkammerverfahren Todt, Amtsgericht München

97 Vgl. ebenda. Einer der Begleiter Todts gibt unter Berufung auf die Eintragungen im Bordbuch des Reiseflugzeugs Todts einen anderen Reiseverlauf an: Mit zwei Begleitern sei Todt am 30. 12. 1941 von Berlin nach Rastenburg geflogen, um mit Hitler zu konferieren. Am 31. 12. 1941 habe ein Sonderzug sie über Brest nach Orscha gebracht, wo Todt gemeinsam mit dem Reichsverkehrsminister Dorpmüller und dem Chef des OT-Sanitätswesens den Zusammenbruch des Versorgungs- und Verwundetentransportwesens bestätigt sah. Erst die Nacht vom 2. 1. 1942 zum 3. 1. 1942 habe er in der Straßenmeisterei Wjasma verbracht. Auf der Fahrt im Kübelwagen nach Smolensk habe er den Rückzug der deutschen Truppen in diesem Frontabschnitt mit eigenen Augen verfolgt. Am 4. 1. 1942 habe Todt mit dem neuen Oberbefehlshaber der Heeresgruppe Mitte, Generalfeldmarschall von Kluge, gefrühstückt und sei am gleichen Tag nach Minsk zurückgekehrt. Aussage von Herbert Heinrichs gegenüber dem Autor am 14. 1. 1986.

98 Völkischer Beobachter vom 13. 2. 1942. Die anderen Naturbegegnungen spielten sich auf der Kurischen Nehrung ab. »... Ich sah dort eine Möwenspur und die wurde so gewaltig, so unendlich wie die Spur eines Gottes...« – und auf der Eismeerstraße; »... Ich kann Ihnen gar nicht schildern, welchen tiefen Eindruck diese Farben der finnischen Landschaft auf mich gemacht haben ...«

99 Vgl. Aussage von Herbert Heinrichs gegenüber dem Autor am 14. 1. 1986

100 Vgl. Walter Rohland: a. a. O., S. 80

# 11
# Das Ende

## *Der Absturz*

Am Nachmittag des 7. 2. 1942 empfing Hitler seinen Minister für Bewaffnung und Munition in der Wolfsschanze. Offiziell ging es um einen Bericht Todts über seine Besprechungen mit den Vertretern der Rüstungsindustrie im Laufe der vergangenen Woche. Todt wollte Hitlers Zustimmung zu den weitgehenden Forderungen der Unternehmer erreichen. [1] Außerdem beabsichtigte er, gegen die bürokratisierte militärische Wirtschaftsverwaltung vorzugehen und für ein unternehmerisches Rüstungsmanagement zu plädieren. [2] Todt erwartete von dem Gespräch auch eine Reaktion Hitlers auf einen vom Generaldirektor der Deutschen Stahlwerke Todt vorgelegten Bericht, der einen Vergleich der industriellen Leistungsfähigkeit Deutschlands mit der der Alliierten enthielt und den Todt auch Hitler hatte zukommen lassen. Ob diese Unterlagen wirklich auf Hitlers Tisch kamen, ist jedoch unklar. [3]

Todt trat im Gegensatz zu früheren Reisen den Flug nach Rastenburg ohne Mitarbeiter an. Den Rüstungsexperten für die Panzerwaffe, seinen Freund Walter Rohland, der ihm bei früheren Gesprächen mit Hitler fachlich sekundiert hatte und der ihn eigentlich begleiten sollte, lud er telefonisch aus, »da er unter vier Augen mit Hitler offener und unverblümter reden könne«. [4]

Bei der Fahrt vom Pariser Platz zum Flughafen Tempelhof sagte Todt zu seinem Fahrer: »Tänzer, einmal noch fliege ich nach Rastenburg, und wir haben es geschafft.« [5] Hinter dieser Aussage kann sich die Befriedigung darüber verbergen, daß seine Rüstungskonzeption bei dieser Besprechung unter Dach und Fach kommen würde. Die Aussage kann aber auch so gedeutet werden, daß Todt an diesem Tag seine Ämter zur Verfügung stellen wollte und mit keinem weiteren Flug ins Führerhauptquartier mehr rechnete.

Nach den vorhandenen Aussagen scheint die Besprechung mit Hitler wirklich unter vier Augen erfolgt zu sein. Deshalb gibt es keinen protokollarischen Bericht darüber. Gerhard Engel, damals Adjutant und Verbindungsoffizier des Heeres beim Führer, berichtete nach dem Krieg jedoch von einer sehr lautstarken Unterredung. Er will erfahren haben, daß Todt Hitler seine Ämter zur Verfügung stellte und das goldene Parteiabzeichen zurückgab, als jener nicht bereit war, die

Aussichtslosigkeit des Krieges zuzugeben und Maßnahmen zu einem schnellen Kriegsende einzuleiten. [6]

Entgegen den Usancen des Führerhauptquartiers wurde Todt weder zum Abendessen bei Hitler eingeladen noch zur anschließenden Lagebesprechung hinzugezogen. Todt übernachtete auch nicht wie sonst üblich in dem von der OT für ihn am Mondsee im bayerischen Stil erbauten Sommerhaus, das in seiner Abwesenheit von seinem Fahrer Wallis bewirtschaftet wurde, sondern im Unterkunftsgebäude der Wolfsschanze. Er saß mehrere Stunden mit Hitlers Begleitarzt Dr. Karl Brandt zusammen. In allgemeinen Worten ließ er durchblicken, daß er mit Hitler eine schärfere Debatte hatte und ein gegenseitiges Einvernehmen nicht erreicht werden konnte. Für Brandt, der den Comment im Führerhauptquartier kannte, war damit auch klar, warum Todt nicht wie üblich mit Hitler in dessen Bunker zu Abend aß und nicht zur abendlichen Lagebesprechung und zu der daran anschließenden nächtlichen Unterhaltung eingeladen war. Todt war persona non grata. Brandt berichtete weiter:

»Dr. Todt zog sich dann gegen 23.30 Uhr in seine Schlafkammer zurück. Ich habe ihn dort infolge eines Versehens noch einmal um 2.00 Uhr nachts aufgesucht, dabei konnte ich feststellen, daß Dr. Todt noch nicht geschlafen hatte, und in einer kurzen Unterhaltung sagte er zu mir, daß er auch jetzt noch nicht zur Ruhe kommen könne.« [7]

Die Frage, warum Todt sich nicht von seinem Fahrer Wallis ins OT-Haus am Mondsee abholen ließ, um dort zu übernachten, wie er es üblicherweise tat, konnte von keinem seiner Mitarbeiter beantwortet werden. Man erging sich in allgemeinen Vermutungen: »Die psychische und physische Verfassung« Todts nach dem Auftritt mit Hitler sei zu schlecht gewesen; Todt habe nicht allein sein wollen; Todt habe damit gerechnet, daß Hitler ihn noch einmal rufen lasse usw.

Albert Speer gibt in seinen Erinnerungen eine andere Version über den Verlauf des 7. 2. 1942. Er behauptet, daß die Besprechungen zwischen Hitler und Todt fast den ganzen Tag gedauert hätten – die beiden aßen allein in Hitlers privatem Wohn- und Eßraum zu Mittag –, und will, aus welchen Gründen auch immer, weismachen, daß der Abend normal verlaufen sei und er ein freundschaftliches Gespräch mit Todt geführt habe, der ihm anbot, ihn am nächsten Tag im Flugzeug mitzunehmen:

»Nach einem Abendessen im großen Kreis, an dem diesmal auch Hitler teilnahm, setzten Todt und er ihre Beratungen fort. Erst spät abends kam Todt, angestrengt und übermüdet, aus einer langen und – wie es schien – schwierigen Besprechung zurück. Er machte einen niedergeschlagenen Eindruck. Ich saß mit ihm noch einige

Minuten zusammen, während er schweigsam ein Glas Wein trank, ohne auf den Grund seiner Mißstimmung einzugehen. Zufällig stellte sich bei dem schleppend geführten Gespräch heraus, daß Todt beabsichtigte, am nächsten Morgen nach Berlin zurückzufliegen, und daß noch ein Platz in seiner Maschine frei sei. Er war gerne bereit, mich mitzunehmen, und ich war froh, auf diese Weise die lange Bahnfahrt zu vermeiden. Wir vereinbarten eine frühe Stunde für den Abflug, und Dr. Todt verabschiedete sich, da er versuchen wollte, noch etwas zu schlafen.

Ein Adjutant kam und bat mich zu Hitler. Es war gegen ein Uhr morgens und also die Zeit, in der wir auch in Berlin oft über unseren Plänen gesessen hatten. Hitler wirkte ebenso erschöpft und mißmutig wie Todt . . .

Als ich mich um drei Uhr früh von Hitler nach Berlin abmeldete, sagte ich den Flug mit dem Flugzeug Dr. Todts ab, das fünf Stunden später starten sollte. Ich war zu müde und wollte zunächst einmal ausschlafen.« [8]

Am nächsten Morgen ließ sich Todt zum Flugplatz des Führerhauptquartiers fahren, um mit dem gleichen Flugzeug, mit dem er nach Rastenburg gekommen war, zu seiner Familie nach München zu fliegen. Das von Speer genannte Reiseziel stand nicht zur Diskussion. Kurz vor 9.00 Uhr rief er seine Frau an und sagte ihr, daß er starten wolle. Eine halbe Stunde später erhielt Frau Todt jedoch einen erneuten Anruf ihres Mannes, der ihr mitteilte, daß der Start sich um eine halbe Stunde verzögern würde und er erst gegen 13.00 Uhr in München sein werde, allerdings nicht auf dem Oberwiesenfeld, sondern in Riem. Auf die sorgenvolle Frage seiner Frau, was los sei, beruhigte er sie, das Wetter sei gut, die Maschine sei in Ordnung. [9] Der Grund für die Verzögerung bestand darin, daß Todt gebeten wurde, einen von der Ostfront kommenden Oberfeldwebel der Führerkommandostaffel namens Karl Bäuerle mit sich nach München fliegen zu lassen. Andere Nazigrößen in der Position Todts hätten so ein Ansinnen streng von sich gewiesen. Todt stimmte ohne weiteres zu und nahm die Verspätung in Kauf.

Das Flugzeug vom Typ Heinkel 111 gehörte Todt erst seit einigen Wochen. Es war dem Reichsminister Ende Januar 1942 »in . . . höchst auffälliger Weise angeboten worden«, sagen die einen. [10] Nach anderen Aussagen hatte er es sich Ende 1941 als Reisemaschine beschafft. [11] Albert Speer gibt an, das Flugzeug sei vom General der Flieger Hugo Sperrle, dem Befehlshaber der Luftflotte 3, der mit Todt befreundet war, zur Verfügung gestellt worden, weil seine Reisemaschine in »große Kontrolle« gegangen war. [12] Mit dieser Maschine war Todt nach Rastenburg geflogen, obwohl Hitler allen hohen Würdenträgern das Fliegen in zweimotorigen Flugzeugen verboten hatte, weil die Sicherheit mit den dreimotorigen JU 52 eher gewährleistet war. [13] Oberst von Below, der den Start Todts in dieser Maschine gemäß den Vorschriften verbieten wollte, wurde von Hitler aufgefordert, den Flug zu genehmigen. [14]

Leutnant Albert Hotz, der langjährige Pilot des Reichsministers, prüfte die Motoren der Maschine, ohne etwas zu beanstanden. Bordfunker war der technische Sekretär Gerhard Hellford und als Bordmechaniker fungierte der Unteroffizier Rolf Hauptmann. Das Wetter war für den Flug nicht ungeeignet, obwohl der Meteorologe den Piloten darauf hingewiesen hatte, daß ab 200 Meter Höhe Vereisungsgefahr bestand. Die Piloten der im Laufe des Tages hereingekommenen und abgeflogenen Kuriermaschinen berichteten von schlagartiger Vereisung ab 150 Metern und von Schwierigkeiten bei der Betätigung des Höhensteuers. Aber alle starteten und landeten ohne Beschädigungen. [15] Nach dem Absturz der Maschine Todts wurde auf der Rückseite der Zweitschrift des dem Piloten ausgehändigten Wetterlageberichts die ihm mündlich gegebene Bemerkung »vom Starten abzuraten« nachgetragen. Dieser Hinweis bedeutete für versierte Flugzeugführer jedoch kein Startverbot, sondern einen Rat zur Vorsicht. [16]

Kurz nachdem der angekündigte Mitreisende, der Oberfeldwebel Karl Bäuerle, mit einem Holzkoffer in das Flugzeug eingestiegen war, startete die He 111 um 9.37 Uhr in nordwestlicher Richtung zum Flug nach München. Die Wolkendecke lag zwischen 200 und 500 Meter über dem Flugplatz. Noch bevor die Maschine die Wolkengrenze erreicht hatte, machte das Flugzeug in etwa 100–150 Meter Höhe und in 2–3 km Entfernung vom Platz eine scharfe Linkskurve, um zum Flugplatz zurückzufliegen. Als die Maschine noch etwa 700 Meter von der Rollbahn entfernt war, schoß aus dem vorderen Teil des Flugzeugs eine Stichflamme. Die Maschine stürzte aus einer Höhe von etwa 20 Metern über die rechte Tragfläche ab und fiel senkrecht auf den Boden. Dem Aufschlagbrand folgten mehrere Detonationen. [17]

Hitlers Chefpilot Hans Baur, der zufällig in diesen Minuten zum Flugplatz kam, sah die brennende Maschine etwa 50 m abseits des Platzes. Da er wußte, daß die 3400 Liter Benzin im Tank einen langen Brand bewirken würden, ließ er das Wrack mit Feuerlöschern besprühen und mit langen Stangen die Leichen herausheben, ehe sie völlig verschmort waren. [18]

Eine Kommission des Reichsluftfahrtministeriums untersuchte am nächsten Tag die Wrackteile. Auch die Laufakten der Maschine wurden überprüft, in denen alle Reparaturen und Kontrollen festgehalten waren. [19] Die offizielle Untersuchung führte der Kommandierende General und Befehlshaber im Luftgau I. Sein Abschlußbericht konnte »keine Aufschlüsse über die Unfallursache geben. Es hat sich insbesondere kein Sabotageverdacht ergeben«. [20]

Was den Piloten veranlaßte, zum Flugplatz zurückzukehren und in Windrichtung eine Landung zu versuchen, wurde nie geklärt. Generalfeldmarschall Milch gab nach dem Krieg aus der Erinnerung einen Bericht, in dem er folgendes ausführte:

»Vor dem Kehrtmachen hatte der Funker sich ordnungsgemäß abgemeldet, d. h. ›an Bord alles in Ordnung‹. Das Flugzeug war die ganze Zeit vom Platz aus beobachtet worden. Feuer oder Rauch waren nicht zu sehen. Die scharfe Kehrtkurve zeigt, daß irgend etwas aufgetreten war, was zur Rückkehr zwang, oder auch, daß die Gefahr nicht im Augenblick drohte, sonst wäre der Pilot auf dem Bauch gelandet, da wo er war. Ferner zeigte sich, daß die Steuerorgane in Ordnung waren, sonst war eine scharfe Kehrtkurve nicht möglich. Beim Rückflug muß aber die Gefahr drohender geworden sein, sonst hätte der Pliot nicht gedrückt und auch nicht mit Rückenwind landen wollen. Auch, daß der Funker keine Meldung mehr absetzte, zeigt die Plötzlichkeit der Gefahr. Die Motoren liefen bis zum Schluß einwandfrei. Das Muster He 111 war tausendfach erprobt und zuverlässig. Daher Schlußfolgerung: 1. Technik ohne Einfluß, 2. Wetter ohne Einfluß, 3. Besatzung ohne Einfluß, 4. Sabotage möglich, aber ohne Beweis, 5. Andere Gründe nicht denkbar.« [21]

Eine einleuchtende Erklärung für den Absturz hatte Hans Baur. Er suggerierte Hitler folgende Version: Todts Flugzeug kam von einem Luftwaffenverband im Fronteinsatz. Jede Maschine dieser Geschwader enthielt einen sogenannten »Flugzeugzerstörer«. Das war ein kleines Kästchen mit etwa 1 kg Dynamit, an dem eine Schnur mit einem kleinen Ring hing. Unter dem Führersitz befestigt, konnte es durch einen Zug an der Schnur einen Zeitzünder in Gang setzen, der das Flugzeug nach etwa 3 Minuten zur Explosion brachte. Es sollte dadurch verhindert werden, daß Flugzeuge mit neuen Geräten oder wichtigen Dokumenten an Bord, z. B. Kurierflugzeuge, bei einer Notlandung hinter den feindlichen Linien unzerstört in die Hände des Gegners fielen.

»Dr. Todt pflegte fast immer vorn beim Flugzeugführer, an seiner rechten Seite, also auf dem Platz des Funker-Maschinisten, zu sitzen. Kurz vor dem Start an diesem Tage ging er durch die kleine Kabine zum Führersitz. Dieser Durchgang war sehr schmal. Dr. Todt trug eine Pelzkombination und mußte sich durchzwängen. Er hockte sich hin und wartete, bis der Funker-Maschinist nach dem Start den Platz freimachen würde. Er befand sich also noch im Durchgang, war aber bei dem Durchzwängen möglicherweise mit einer der Schnallen seiner Pelzstiefel an dem Ring hängen geblieben – und hatte damit den zerstörenden Mechanismus in Gang gebracht. Das Abbrennen des Verzögerungsaktes verursachte Brandgeruch – das ist Alarm in jedem Flugzeug. Es wurde dann versucht, in möglichst kurzer Zeit den Kabelbrand oder die Brandursache zu entdecken. So wird auch die Besatzung der

Heinkel, mit der Dr. Todt flog, gesucht und gefunden haben. Zu ihrem Schrecken mußte sie feststellen, daß der Flugzeugzerstörer ausgelöst war. Das Flugzeug mußte ungefähr zwei Minuten in der Luft gewesen sein, als der Flugzeugführer Klarheit hatte. Es begann ein Spiel mit dem Tode, es ging um Sekunden. Das Fahrgestell wurde ausgefahren. Es war keine Zeit zu verlieren, die Landung mußte trotz des starken Rückenwindes versucht werden. Die Maschine kam noch zur Platzgrenze – der Kampf um die Sekunden war verloren – der Zerstörer explodierte, das Flugzeug überschlug sich in ungefähr dreißig Meter Höhe, schlug dann auf und brannte aus.« [22]

Als Hitler der Absturz Todts von seinem Adjutanten gemeldet wurde, – es ist nicht erwiesen, ob er sofort geweckt wurde oder es erst gegen Mittag erfuhr –, war er »sehr betroffen und blieb lange still«. [23] Baur berichtet, Hitler »empfand den Verlust sehr stark«. [24] Spontan befahl er für Todt ein Staatsbegräbnis in Berlin.

Nach der Identifizierung der verkohlten Leichen anhand von Uniformteilen, Ordensschnallen, Schulterstücken, Koppelresten usw. erfolgte die Obduktion durch den Oberstabsarzt Dr. Schley, den Truppenarzt des Führerhauptquartiers. Sie ergab folgenden Befund:

»Bei Reichsminister Generalmajor Dr. Todt: Völlige Zertrümmerung des Gesichts und des Schädels, Eröffnung der Bauchhöhle mit Austritt der Eingeweide, Fraktur der beiden Oberschenkel mit Fehlen beider Beine, starke Verkohlung der Leiche, Tod durch Schädelbruch,

bei Ltn. Hotz: Völlige Zertrümmerung des Schädels, Eröffnung der Leibhöhle, völlige Zertrümmerung der unteren Gliedmaßen und starke Verkohlung der Leiche, Tod durch Schädelzerstrümmerung,

bei Sekretär Hellford: Abtrennung des Kopfes in der Gegend der Schädelbasis, Fraktur beider Unterschenkel und Unterarme und starke Verkohlung der Leiche, Tod durch Kopfabtrennung,

bei Uffz. Hauptmann: Völlige Zertrümmerung des Schädels, Zerreißung des Beckens, starke Verkohlung, Tod durch Schädelzertrümmerung,

bei Ofw. Bäuerle: Zertrümmerung des Kopfes bis zur Gegend der Schädelbasis, Leiche in völlig zertrümmertem und verkohltem Zustande, Tod durch Schädelzertrümmerung.« [25]

Am 9. 2. 1942 wurden die Särge in der Kapelle des Lazaretts Carlshof mit einer Ehrenwache von sechs Feldwebeln der Führerkommandostaffel aufgebahrt. Am nächsten Tag, dem 10. 2. 1942, um neun Uhr legte Bormann im Beisein des Kommandanten des Führerhauptquartiers am Sarg von Reichsminister Dr. Todt einen Kranz nieder. Zur gleichen Zeit kam der Sonderzug zur Überführung Todts am Bahnhof Rastenburg an. Die Zeremonie fand um 16.30 Uhr statt. Der Sarg wurde in Gegenwart von Generalmajor Schmundt, Generalmajor von Gründell, Kommandant des Führerhauptquartiers, SS-Gruppenführer Schaub und Reichsleiter Bormann aus der Kapelle zum Bahnhof

Schwarzstein gebracht. Den Ehrenzug stellte die Flakbatterie des Führerhauptquartiers. Die Abfahrt vom Bahnhof Schwarzstein um 17.15 Uhr wurde von 120 Gästen des Sonderzuges und 50 Angehörigen der Rastenburger OT verfolgt. Es wurde Ehrensalut geschossen und das Lied »Ich hatt' einen Kameraden« gespielt. Dann setzte sich der Zug in Bewegung. Am folgenden Morgen, Mittwoch, den 11. 2. 1942, traf er in Berlin ein. »Der Angriff«, die Tageszeitung der Deutschen Arbeitsfront, gab über die Einholung des »Gefallenen« folgenden Bericht:

»Am Mittwoch vormittag traf der Sarg des Reichsministers Dr. Todt auf dem Anhalter Bahnhof in Berlin ein. Zur feierlichen Einholung waren erschienen Reichsminister Speer, die engsten Mitarbeiter Dr. Todts, die Partei- und Gliederungsführer von Berlin, die Staatssekretäre der Berliner Reichsministerien und Generäle aller Wehrmachtteile.

Um 10.50 Uhr läuft der Sonderzug in die Halle ein. Im Scheinwerferlicht gleiten die fünf Wagen an umflorten Fahnen vorüber, während der Ehrensturm der SA-Standarte Feldherrnhalle die Ehrenbezeigungen erweist und der Musikzug den Trauerwirbel schlägt. Die Türen des mittleren Wagens werden geöffnet. Bedeckt von der Reichskriegsflagge, flankiert von drei Tannenkränzen, ruht der Sarg. Vier Generäle halten die Totenwache.

Vorüber an dem Spalier von SA, Hitlerjugend, Reichsarbeitsdienst und OT wird der Sarg des Reichsministers, SA-Obergruppenführer Dr. Todt aus der Halle getragen. Draußen sind Ehrenstürme der Waffen-SS und des NSKK angetreten, die schweren Rhythmen der Trauermusik ziehen über den weiten, menschenumsäumten Platz. Die Degen haben sich gesenkt, die Stürme präsentieren das Gewehr. Nun greifen die schweren Schneeketten des Lafettenwagens aus. Unter dem stummen Gruß des Volkes kehrt, was sterblich ist an Reichsminister Dr. Todt, heim in die Reichshauptstadt.« [26]

Für den Tag des Staatsbegräbnisses, den 13. 2. 1942, ordnete Goebbels im Einvernehmen mit Bormann und Frick Trauerbeflaggung für alle Parteidienststellen, öffentlichen Gebäude und Rüstungsbetriebe von Sonnenaufgang bis Sonnenuntergang an. Es war das erste Mal in der Geschichte des Dritten Reiches, daß für einen Toten öffentlich halbmast geflaggt wurde. [27] Hitler fuhr am 12. 2. 1942 mit seinem Sonderzug zum Anhalter Bahnhof nach Berlin, wo er um 13.00 Uhr eintraf. Himmler reiste in der Nacht vom 12. zum 13. 2. von Rastenburg nach Berlin. In dieser Nacht stand Hitler längere Zeit mit bewegtem Gesicht am Sarg Todts. Keiner der Männer der Totenwache, die ihn beobachteten, wußte, was in ihm vorging, aber alle sahen, daß er Schmerz empfand. [28]

Der Staatsakt für den verstorbenen Reichsminister Dr. Todt fand am 13. 2. 1942 im Mosaiksaal der Neuen Reichskanzlei statt. Der Sarg war mit der Reichskriegsflagge bedeckt. Männer der OT und der Organisationen, denen Todt angehört hatte, der SA und der Luftwaffe, hielten die Trauerwache. Nach der Trauermusik aus Wagners »Götterdämmerung« trat Hitler ans Rednerpult, um selbst die Traueransprache zu halten. Er gab einen Abriß über das Leben Todts und schilderte seine Leistungen für die nationalsozialistische Bewegung und für das Dritte Reich.

»Ich selbst muß ihm besonders dafür danken, daß er das nationalsozialistische Gedankengut, die Ziele der Bewegung im Übermaß seiner Arbeitsbelastung nicht nur nie verloren oder verlassen hat, sondern im Gegenteil zum Mitschöpfer unserer Ideenwelt geworden war. Und dies gilt besonders für seine Einstellung zu den sozialen Problemen des Lebens. Der Mann, der selbst Millionen von Arbeitern dirigierte, war nicht nur verstandesmäßig, sondern vor allem seinem Herzen nach ein wirklicher Sozialist.« [29]

An dieser Stelle wiederholte Hitler die Legende, die er gerne erzählte, nämlich daß Todt wie er selber in der Jugend vom Schicksal gezwungen wurde, »sich als einfacher Arbeiter das tägliche Brot selbst zu verdienen«. Diese Parallele sollte die Schicksalsverbundenheit Hitlers und Todts unterstreichen. [30] In seiner Rede bezeichnete Hitler Todt als »den größten Straßenbaumeister aller Zeiten«, »den gewaltigsten Bauleiter, den die Welt bisher hatte«, und als einen »der führendsten Köpfe ... des deutschen Selbstbehauptungswillens im Kriege«. Um ihn für »die höchsten Verdienste zu ehren, die ein Deutscher sich für sein Volk erwerben kann«, verlieh ihm Hitler posthum als erstem den neugegründeten Vaterlandsorden, das Großkreuz des Nationalordens:

»Dem Generalinspektor unserer Straßen, dem Erbauer unseres Westwalls, dem Organisator der Waffen und Munition im größten Kriege unseres Volkes um seine Freiheit und seine Zukunft.« [31]

Hitler schloß seine Rede mit den Worten:

»Ich habe in diesem Mann einen meiner treuesten Mitarbeiter und Freunde verloren. Ich fasse seinen Tod auf als einen Beitrag der nationalsozialistischen Bewegung zum Freiheitskampf unseres Volkes.« [32]

Nach dem Staatsakt wurde die Leiche Todts in einer Trauerparade durch die Berliner Straßen zum Invalidenfriedhof überführt. Am Grab sprach Xaver Dorsch Abschiedsworte im Namen der Mitarbeiter des Ministers. Nur wenige Meter entfernt lag Scharnhorsts Ruhestätte.

Die Nachricht über den Absturz Dr. Todts, der im Schweizer Rundfunk mehrere Stunden vor den deutschen Nachrichten bekanntgegeben wurde, löste in der deutschen Bevölkerung Bestürzung, Verwunderung und Verdacht aus. Die Reaktionen wurden in den »Meldungen aus dem Reich« deutlich, die den Chefs der Sicherheitspolizei und des SD-Amtes III laufend vorgelegt wurden. Da hieß es z. B.:

»Daß dieser unumstrittene, geachtete und in seinen Leistungen uneingeschränkt anerkannte Mitarbeiter des Führers, der in den bisher vorliegenden Meldungen mehrfach als einer der nicht ersetzbaren Männer bezeichnet wird, auf die gleiche Weise wie Udet und Mölders einem Flugzeugunglück zum Opfer fallen mußte, wurde nach den bisher bekanntgewordenen Stimmen als besondere Tragik des Schicksals empfunden.« [33]

Die Bevölkerung übte Kritik an der knappen Meldung über den Unglücksfall. Man wollte Näheres über den Hergang erfahren.

»Vielfach (wurde) mit Unmut darauf hingewiesen, daß hierüber noch keine Meldung herausgegeben worden sei.« [34]

Es machten sich Gerüchte breit. Sabotageverdacht wurde laut. Wie sollte man sich sonst die verschiedenen Unglücksfälle der letzten Monate erklären? Konnte man »eine planmäßige Arbeit des feindlichen Geheimdienstes« annehmen, oder war alles nur eine »Pechsträhne dieses Winters«? [35] Handelte es sich »um eine Verkettung unglücklicher Umstände« oder um »ein angebliches Gesetz der Serie«? [36]

Viele Deutsche wurden sich des außerordentlichen Umfangs der von Todt bewältigten Aufgaben erst anläßlich der Nachrufe bewußt. In den »Meldungen aus dem Reich« wurde auch festgehalten, »daß Dr. Todt im Unterschied zu anderen Größen des Dritten Reiches einer der wenigen führenden Männer war, über den nie irgendwelche Gerüchte oder Erzählungen im Umlauf waren«. [37]

Bei der Übertragung des Traueraktes im Rundfunk sollen viele Hörer, besonders Frauen, Tränen in den Augen gehabt haben. Die Zuhörer schätzten, »daß sich der Führer noch nie in diesem Maße von seiner menschlichen Seite gezeigt habe« und bestätigten: »Noch nie habe sich das deutsche Volk mit dem Führer so verbunden gefühlt« wie gerade in diesem Augenblick.

Es wurde bedauert, daß die Trauerfeier im Rundfunk nicht zu einer anderen Tageszeit wiederholt wurde, in der auch die Fabrikarbeiter den Ablauf hätten verfolgen können. Um so dankbarer war man über die wörtliche Wiedergabe der Führerrede in der Presse. [38]

In den »Meldungen aus dem Reich« wird nicht erwähnt, ob die Bevölkerung im Zusammenhang mit dem Absturz Dr. Todts auch an Sabotage aus den eigenen Reihen dachte. Von den Rivalitäten unter den nationalsozialistischen Führern war ihr nichts bekannt. Es war für die meisten schlechthin unvorstellbar, daß es so etwas unter der Elite des Dritten Reiches geben könne. [39] Erst anläßlich des Attentats auf

Hitler am 20. 7. 1944 erinnerte man sich in der Bevölkerung wieder an die vielen ungeklärten Unfälle früherer Jahre: »Sehr zahlreich war die Anschauung vertreten, daß in den vielen plötzlichen Todesfällen im deutschen Führerkorps System liegt.« [40] Ein Bericht des SD vom 22. 7. 1944 über die stimmungsmäßigen Auswirkungen des Anschlags auf den Führer enthält folgende Vermutung: »Immer wieder bringe man die rückläufigen Bewegungen unserer Truppen im Osten sowie die Kette von Unglücksfällen von Todt bis Dietl in Verbindung mit der Verschwörerclique.« Als solche war das Offizierskorps des Heeres ausgemacht worden. [41]

## *Attentatsverdacht*

Nach dem Krieg wurde die Behauptung, Todt sei einem Mord zum
Opfer gefallen, als eine Schutzbehauptung der Familie bei den Entna-
zifizierungsverfahren dargestellt. Wo waren die Beweise? Die im
Gnadengesuch an den bayerischen Ministerpräsidenten gebrauchte
Formulierung des 76jährigen Rechtsanwalts Jahn, eines anerkannten
Verfolgten des Naziregimes: »Am 8. 2. 1942 ist Herr Reichsminister
Dr. Todt nach seiner tags zuvor erfolgten Amtsenthebung als Reichs-
minister auf Hitlers Anstiftung gemeuchelt worden« [42], blieb unbe-
legt.

Die Erklärung des Industriellen Richard Reinhardt zum Berufungs-
verfahren über den Spruchkammerentscheid gegen Todt vom 10. 5.
1949, daß er unmittelbar nach dem Absturz Todts Blitzgespräche mit
Dienststellen in Berlin und München führte, die seinen Verdacht
bestärkten, brachte ebensowenig Licht in die Angelegenheit wie sein
Hinweis auf den »eiskalten Verlauf des sogenannten ›Staatsbegräbnis-
ses‹ und das Verhalten von Hitler und Goebbels dabei«. [43] Der
Adjutant des am 20. Juli 1944 hingerichteten Kommandanten von
Berlin, General von Hase, hatte 1942 das Staatsbegräbnis für Todt in
Szene zu setzen und war fest davon überzeugt, »daß Todt niemals ein
pompöses Staatsbegräbnis erhalten hätte, wäre er angeblich von der
Gestapo umgebracht worden«. [44]

Das Gerücht, Todt sei einem Attentat zum Opfer gefallen, entstand
unmittelbar nach dem Absturz. Es verbreitete sich insbesondere bei
seinen Mitarbeitern und bei allen, die wußten, daß Todt in wachsender
Opposition zu Hitler gestanden hatte. Einen direkten Nachweis
konnte niemand erbringen. Um so mehr fielen einige Ungereimtheiten
auf, die dem Gerücht Auftrieb gaben.

Obwohl auf dem vom Hauptquartier drei bis vier Kilometer entfernten
Flugplatz Rastenburg täglich mehrere Führermaschinen, Kurierflugzeuge, Flugzeuge des OKW und Maschinen von Berichterstattern
landeten, gab es von der Inbetriebnahme des Flugplatzes bis zu seiner
Räumung seltsamerweise nur einen einzigen tödlichen Unfall, nämlich
den Absturz Dr. Todts. [45]

Es ist nie geklärt worden, was es mit dem Gastpassagier der Maschine,
dem Oberfeldwebel Bäuerle, für eine Bewandtnis hatte. Wer hatte

Todt mit welchen Argumenten gebeten, ihn mitzunehmen? Woher kam der Holzkoffer, den er mitbrachte? War darin vielleicht ein Explosivkörper? Die Gestapo verbot nachzuforschen, ob es Bäuerles eigener Koffer war oder ob er ihn von jemandem im Sperrkreis 1 zum Transport nach München mitbekommen hatte, wie Todts Mitarbeiter Haasemann erfahren haben wollte. Sollte Todt unmittelbar nach dem Start im ersten Gespräch mit Bäuerle erfahren haben, daß es sich nicht um Bäuerles eigenen Koffer handelte, so mußte der Verdacht in ihm aufgestiegen sein. Das würde die plötzliche Umkehr des Flugzeugs erklären. [46]

Neben dem Feldgericht des Kommandierenden Generals und Befehlshabers im Luftgau I führte auch die SS Untersuchungen über die Absturzursache durch. Während das Luftwaffenfeldgericht »keinen Aufschluß der Unfallursache« geben konnte und »insbesondere kein Sabotageverdacht« festzustellen war [47], wurden die Ergebnisse der SS nicht bekanntgegeben. [48] Himmler ließ lediglich im Juli 1944 durchblicken, daß die Untersuchungen der SS über den Absturz Todts ebenso wie über die Abstürze der Generäle von Hube und Dietl keine Sabotageverdachte ergeben hätten: »Nach dem bisherigen Bild scheint es mir allerdings, daß es wirklich Unglücksfälle waren«, die durch das fliegerische Unvermögen der Piloten verursacht worden seien. [49] Konnte er etwas anderes schreiben, wenn die SS selbst hinter dem Attentat stand?

Ob auch beim Feldgericht im Luftgau III, Berlin, eine Untersuchung über den Flugzeugabsturz durchgeführt wurde, bleibt unklar. Der ehemalige Kriegsgerichtsrat der Luftwaffe beim Feldgericht im Luftgau III Dr. Hellmut Trute gab am 2. 4. 1947 an, daß es ein solches Verfahren gegeben habe und daß der Abschlußbericht vom Luftfahrtministerium eingezogen worden sei, weil er Hinweise auf ein Attentat durch die SS enthielt. [50]

Hitler war offensichtlich mit keinem der erstellten Gutachten einverstanden und entschied sich aufgrund des mündlichen Berichtes seines Piloten Hans Baur dafür, »daß der Unglücksfall durch versehentliche Auslösung der Zerstöreranlage des Flugzeugs hervorgerufen sei«. [51]

Am 13. Juni 1943, also eineinviertel Jahre später, wurde Hitler bei seinem einzigen Besuch in der Wohnung der Witwe Todt von dieser nach den Ergebnissen der Untersuchungen über die Ursache des Flugzeugabsturzes persönlich befragt. Hitler entgegnete darauf:

»Die Ergebnisse dieser Untersuchungen habe ich nicht gebilligt. Ich habe entschieden, daß der Pilot aus Versehen die Zerstöreranlage der Maschine ausgelöst hat.«

Als Todts Sohn Fritz, der selbst Flieger war [52] und dem Gespräch beiwohnte, darauf mit Grund oder als bloße Behauptung erklärte, daß sich in der He 111 seines Vaters keine Zerstöreranlage befunden habe, entgegnete Hitler: »Ich wünsche über diese Angelegenheit keine Diskussion mehr.« [53]

Dem Adjutanten Todts, Dipl. Ing. Haasemann, wurden eigene Nachforschungen in Rastenburg über die Unfallursache von der Gestapo untersagt, als er den Spuren des Passagiers Ofw Bäuerle nachgehen wollte. [54]

Bei den Mitarbeitern Todts verfestigte sich daraufhin die Meinung, daß ihr Vorgesetzter keinem Unfall zum Opfer gefallen sei. Wer stand dahinter? Die Gestapo oder gar Hitler selbst? Die meisten sahen in Bormann den Urheber und in Speer den informierten Nutznießer des Attentats.

Bormann kam in den Verdacht, weil er skrupellos und bereit war, den kleinsten Wink Hitlers zu befolgen. Hitler sagte einmal: »Ich weiß, daß Bormann brutal ist, aber was er anfaßt, hat Hand und Fuß.« Die Möglichkeit zu einem kaschierten Mord hatte er. Er konnte, ohne sich zu decouvrieren, durch dritte Dynamit in das Flugzeug schaffen lassen. Er brauchte aber nicht einmal dieses zu tun, weil der Sicherheitsbeauftragte in der Wolfsschanze, SS-Brigadeführer Rattenhuber, seinem Befehl unterstand. Rattenhubers Männer waren für die Bewachung der Maschine Todts verantwortlich und hatten die Möglichkeit, Veränderungen am Flugzeug vorzunehmen oder zuzulassen. Vielleicht handelte Bormann in dem Glauben, Todt könnte das Flugzeug zu einem Flug ins neutrale Ausland, z. B. Schweden, oder in Feindesland benutzen und dem Deutschen Reich ähnlich großen Schaden zufügen, wie es Rudolf Heß ein halbes Jahr zuvor scheinbar getan hatte. [55] In der Tat war Todt eine der wenigen Persönlichkeiten des Dritten Reiches, die »eine große Resonanz im In- und Ausland« besaßen und die auf zahlreiche persönliche Bekanntschaften mit führenden Männern aus den Feindstaaten zurückgreifen konnten. [56]

Was den Verdacht der Mitwisserschaft auf Speer lenkte, war einmal die Tatsache, daß dieser noch nie vorher das Führerhauptquartier Wolfsschanze besucht hatte, aber ausgerechnet zur Absturzzeit dort war, daß er zweitens den gemeinsamen Abflug mit Todt kurzfristig stornierte – außer ihm berichtet niemand von seinem geplanten Mitflug – und daß er drittens nach dem Krieg krampfhaft weismachen wollte, er habe Bormann nie gemocht, was nachweislich falsch war. Der Verdacht lag nahe, daß er von dieser Seite einen Hinweis bekam,

nach Rastenburg zu kommen und auf keinen Fall mit dem gleichen
Flugzeug zu fliegen wie Todt. [57]

Von einer schwelenden Feindschaft zwischen Speer und Todt kann
jedoch keine Rede sein. Das Verhältnis zwischen den beiden war trotz
des Altersunterschieds eher freundschaftlich. Über dienstliche Kontroversen zwischen ihnen ist so gut wie nichts bekannt. Der Eindruck
kollegialer Kooperation überwiegt.

Nach dem Krieg schrieb Speer, daß seine Beziehungen zu Todt in den
letzten Jahren zusehends enger geworden seien. Er sah die Gründe
hierfür darin, daß sie beide aus bürgerlichen Verhältnissen kamen,
beide badische Landsleute waren, beide ein technisches Studium
absolviert hatten, beide die Natur liebten, beide gute Skifahrer waren
und beide angeblich die Abneigung gegen Bormann teilten. Beide
sonnten sich im Wohlwollen Hitlers. Speer war öfter mit seiner Frau
Gast bei der Familie Todt. [58]

Als zwischen Speer und dem für die Parteibauten in Linz, Augsburg,
München und Weimar zuständigen Professor Giesler, über dessen
Entwürfe sich Hitler zum Ärger des eifersüchtigen Speer genauso
freute wie über die seinen, ein Kompetenzstreit ausbrach, schlug Todt
sich eher auf die Seite Speers, schon deshalb, weil Giesler sich mit
Bormann verbündet hatte. [59] Speer hatte im November 1940 Giesler
die Baumaterialien für dessen Bauvorhaben gesperrt und versucht,
sich vom Führer mit dem Titel eines »Beauftragten für Baukunst und
Städtebau der NSDAP« ausschließliche Vollmachten für alle Baumaßnahmen der Partei geben zu lassen. [60] Nachdem ein Weihnachtsbrief
Bormanns, der Speer zum Ausgleich mit Giesler drängte, offenbar
keine positive Wirkung gezeigt hatte, versuchte Todt, vermutlich im
Auftrag Hitlers, die beiden Kontrahenten zu versöhnen. Am 24. 1.
1941 schrieb er u. a. an Speer:

> »Ich hatte nach meiner Rücksprache mit Giesler die Ansicht, daß die Unterschiede
> in der Auffassung überbrückbar wären, und hatte gehofft, dazu beitragen zu
> können. Es wäre im Interesse der Führung der Architekten schon das Richtige,
> wenn irgendeine Abstimmung möglich wäre. Vielleicht wäre eine mannhafte, ggf.
> auch deutliche Aussprache doch noch ganz wertvoll.« [61]

Da in dem Streitfall Todt bisher nur die Argumente Gieslers kannte,
der ihn in Berlin aufgesucht hatte, bat Speer Todt um die Gelegenheit
zu einem Gespräch unter vier Augen. Er wurde für das darauffolgende
Wochenende an den Hintersee eingeladen, wo sich beide Männer in
aller Ruhe über den Fall unterhielten. Speer begründete, warum er
Gieslers Wunsch ablehnte, aus dem Baukontingent XVII, das Speer
verwaltete, auszuscheiden, um mehr Spielraum für seine Bauten zu

bekommen. Aber er war auf Todts Rat hin bereit, an Giesler einen Brief zu schreiben, in dem er seine Haltung erläuterte. Bereits am 2. 2. 1941 schickte er ihn ab. Bei Giesler fand der Inhalt des Briefes wenig Anklang. Er war verärgert. Am 15. 2. 1941 teilte Giesler seinem ehemaligen Freund mit der Anrede »Parteigenosse Albert Speer!« mit, daß er wegen der Vorwürfe Speers den Parteigenossen Dr. Todt und Reichsleiter Bormann um Klärung bitten werde. Er fügte hinzu:

»Solltest Du allerdings Deine unberechtigten Angriffe gegen mich weiter tragen, so müßte ich auch an den Führer appellieren, damit die mir vom Führer übertragenen Aufgaben nicht durch Deine Einstellung gegen mich Schaden leiden.« [62]

Am 20. 4. 1941 wandte sich Giesler wiederum an Todt und bat ihn, ihn aus der Kontingentbevormundung Speers zu entlassen. [63] Als von beiden Kontrahenten geschätzter Mann sah sich Todt in den Streit hineingezogen. In seiner Funktion als Generalbevollmächtigter für die Regelung der Bauwirtschaft konnte sich Todt jedoch nicht zu einer Änderung der Zuteilungsordnung für Baumaterialien bereitfinden. Der Streit schwelte weiter, bis Speer und Giesler am 14. 2. 1942 zu der von Todt angeregten Aussprache zusammenfanden. [64]

Die Kollegialität zwischen Todt und Speer läßt sich in vielen Punkten belegen. Einige Beispiele dienstlicher Kooperation seien erwähnt:

Im Januar 1940 wandten sich Speer und Todt gemeinsam bei Hitler gegen die Pläne des Chefs der Reichskanzlei, unter Staatsminister Popitz ein neues Ministerium zu bilden, in dem die Hochbauabteilung des preußischen Finanzministeriums, die Reichsbauverwaltung des Reichsfinanzministers und die Abteilung Siedlungswesen, Wohnungswesen und Städtebau des Arbeitsministeriums zusammengefaßt werden sollten. [65]

Beide belächelten das »persönliche Geltungsbedürfnis« des Reichsorganisationsleiters Dr. Ley und stemmten sich gegen dessen Machtausweitung als »Reichskommisar für den sozialen Wohnungsbau«. Nach den ersten stümperhaften Anfängen Leys in dieser Funktion schrieb Speer an Todt:

»Sie wissen, daß ich immer der Meinung war, daß nur Sie den Wohnungsbau nach dem Krieg werden bewältigen können ich bin heute, nach den ersten Anfängen des Reichskommissars noch viel mehr davon überzeugt.« [66]

Er bat Todt, seine Dienststelle bei den Entwicklungsarbeiten am Wohnungsbau zu beteiligen und sie als Teil der Todt-Dienststelle anzusehen, damit beide nicht gegeneinander ausgespielt werden

könnten. In dem gleichen Brief teilte er Todt mit, daß er im Stab des
Stellvertreters des Führers, d. h. in der Parteikanzlei, den bisherigen
Titel »Beauftragter für Bauwesen« aufgeben wolle zugunsten des
Namens »Beauftragter für Baukunst und Städtebau«, um Überschnei-
dungen mit den Kompetenzen Todts zu vermeiden. [67]
Der Mode der Zeit entsprechend verwandte Ley für die Bauten der
DAF ebenso wie für sein Wohnungsprogramm mit Vorliebe Natursteine. Speer wehrte sich dagegen, weil dadurch seine Natursteinkon-
tingente für die Großbauten in Berlin und Nürnberg geschmälert
wurden, und erhielt sofort die Rückendeckung Todts. Im Sommer
1941 konnten nicht einmal die für die nationalsozialistischen Reprä-
sentativbauten notwendigen Mengen an Natursteinen – selbst nicht
unter Zuhilfenahme ausländischer Steinbrüche – gebrochen werden.
Angesichts dieses Mangels war Todt bereit, beim Straßenbau auf
Naturstein ganz zu verzichten und mehr zum Ziegelrohbau bzw. bei
den Brücken zu Beton übergehen. In der Dienststelle des GB-Bau
wurde unter Professor Brugmann eine Abteilung »zur Schaffung von
Werksteinen« eingerichtet, der alle Aufträge über Natursteine zur
Genehmigung vorgelegt werden mußten. Mit dieser Maßnahme sollte
Ley dazu gebracht werden, bei seinen Bauten Natursteine völlig zu
vermeiden. [68]
Am 2. 7. 1941 stellte Todt in Anwesenheit Speers bei einer Versamm-
lung aller Gebietsbeauftragten des Bauwesens im Berliner VDI-Haus
dessen »Richtlinien für eine behelfsmäßige Kriegsbauweise« als vor-
bildlich hin und befahl ihre Anwendung für alle Rüstungsbauten.
Speer hatte die Anweisungen für die ihm von Göring übertragenen
Luftwaffenbauten geschrieben. [69]
Am 30. 7. 1941 gab Speer dem Reichsminister für Bewaffnung und
Munition schließlich sogar den Rat, alle Bauten stillzulegen, die nicht
unbedingt kriegswichtig und kriegsentscheidend seien, um Kapazitäten für die Rüstung freizumachen. Speer mußte einkalkulieren, daß
solche Maßnahmen nicht nur die Autobahn und die Bauten am
Obersalzberg betrafen, sondern auch seine eigenen in Berlin und
Nürnberg. Todt wollte jedoch den weiteren Verlauf der Kriegshand-
lungen in Rußland abwarten, ehe er dem Führer solche Entscheidungen abverlangte, von denen er wußte, daß sie Hitlers Träume von
einem neuen Deutschland nach einem gewonnenen Krieg beeinträch-
tigte. [70]
So weit war es dann erst im Dezember 1941 angesichts der sich
anbahnenden Winterkatastrophe für die deutschen Truppen in der
Sowjetunion. Unter dem Eindruck des Versagens der Reichsbahn

beim Nachschub- und Verwundetentransport billigte Hitler Todts
Vorschlag, den Hofarchitekten Speer zum Verantwortlichen für den
Ausbau und die Reparatur der Eisenbahnanlagen in der Ukraine zu
ernennen.

In den folgenden Wochen schickte Speer 30000 Bauarbeiter und
Techniker von seinen Baustellen in Berlin und Nürnberg und aus der
Luftwaffenrüstung zur Instandhaltung, Umnagelung und Sicherung
der Eisenbahnlinien in die ihm zugewiesenen Gebiete. Die »Organisation Todt« übernahm die Eisenbahnlinien der Heeresgruppen Mitte
und Nord.

Damit die Speersche Organisation nicht nach anderen Maßstäben mit
den militärischen Dienststellen zusammenarbeitete als die OT, lud
Todt seinen späteren Nachfolger am 27. 12. 1941 in sein Haus am
Hintersee ein. Er schwor ihn auf eine gemeinsame Linie ein: Nur die
Aufgabenstellung für die Instandsetzung der Transportwege liege
beim Wehrmachttransportchef, jedoch nicht die Bauausführung.
Diese sei »selbständig und eigenverantwortlich« von den Bauorganisa-
tionen Todts und Speers durchzuführen. [71]

Als Speer Anfang Dezember 1941 Todt mitteilte, daß der Gauleiter
Meyer bei Hitler anregen werde, daß er selbst mit der Städteplanung
im Osten beauftragt werde, hatte Todt keine Einwände. Sein Staatssekretär Schulze-Fielitz hatte schon vorher unter der Voraussetzung
zugestimmt, daß beim Ministerium Todt die Bauausführung liege,
während Speer die Bauplanung vornehme. Unter Bauplanung war
nicht nur die generelle Planung, sondern auch die Einzelplanung der
Gebäude zu verstehen, damit die »künstlerische Einheit« der neuen
Städte gewahrt würde. »Dr. Todt war mit dieser... vorgesehenen
Arbeitsteilung einverstanden.« [72]

Meinungsverschiedenheiten zwischen den beiden Männern wurden in
Aussprachen bereinigt. Als Speer im Dezember 1940 seinen Arbeitsbereich über seine bisherigen Aufgabengebiete hinaus ausweiten
wollte und zu diesem Zweck zwei Erlasse zur Unterschrift durch Hitler
vorbereitete, nahm Todt unmittelbar Fühlung mit Speer auf, um ihm
seine Einwände zu sagen. Speer sah darin – im Gegensatz zur Haltung
Gieslers, der sich schriftlich bei Bormann beklagte – ein »kamerad-
schaftliches« Verhalten. [73]

Das vertrauensvolle Verhältnis zwischen Todt und Speer legt die
Annahme nahe, daß Speer über Todts Sorgen und seine wachsenden
Differenzen mit Hitler informiert war. Der Tenor des Gespräches am
Hintersee am 27. 12. 1941 war so, daß sich beide wohl auch darüber
unterhalten haben. Möglicherweise hat Todt auch geäußert, daß er

sobald wie möglich einen letzten Versuch machen wolle, Hitler zu
einer Beendigung des Krieges zu bewegen.

An diesem Punkt setzen die Spekulationen wieder ein. Wollte sich
Speer nach dem Abgang Todts neue Ämter sichern? Als Realist war
ihm klar, daß Hitler nie auf Todts Vorschlag eingehen würde, ihn zu
entlassen. Todts Erbmasse war groß. Zumindest der »Generalbevollmächtigte für die Regelung der Bauwirtschaft« und der »Chef der OT«
waren ihm auf den Leib geschnitten. Mit der Bautätigkeit in Berlin und
Nürnberg war es nach dem Abzug des Personals ohnedies zu Ende.
Der »Baustab-Speer-Ostbau«, wie die neue Dienststelle für die
Ukraine hieß, genügte seinen Ambitionen sicher nicht. Dieses Amt
bedeutete eher eine Degradierung des amtsgewaltigen »Beauftragten
des Führers für den Ausbau der Reichshauptstadt«.

Wenn Speers Gedankengänge in diese Richtung gingen, dann mußte
er beim letzten Auftritt Todts vor Hitler in der Nähe sein. Das gelang
ihm. Sechs Stunden nach Todts Tod war er im Besitz aller Ämter des
Verstorbenen. Über den Vorgang der Ernennung und über das, was
zwischen Hitler und Speer gesprochen wurde, gibt es nur die Selbstdar-
stellung Speers in seinen »Erinnerungen.« Sie ist wie vieles in seiner
Autobiographie mit Zurückhaltung zu würdigen. [74] Niemand weiß,
was in der vorhergehenden Besprechung zwischen ein Uhr und drei
Uhr morgens zwischen Hitler und Speer geredet wurde. Ging es
wirklich nur um Speers Reiseerfahrungen in Rußland? Oder hat Hitler
mit Speer bereits über die Nachfolge von Todt gesprochen? Wenn
Speer einer der Zuträger Hitlers über Todts defätistische Haltung in
den letzten Wochen war, dann kann Hitler über das vorhergegangene
Gespräch mit Todt nicht wortlos hinweggegangen sein. Es ist ebenso
gut möglich, daß Speer schon darauf vorbereitet wurde, daß er die
Aufgaben Todts übernehmen müsse, weil dieser nicht mehr zur Ausübung seiner Ämter bereit war. Dann ist die Wiedergabe Speers eine
Legende. [75]

Ob Hitler persönlich etwas mit dem angeblichen Mord an Todt zu tun
gehabt haben könnte, wird unterschiedlich beurteilt. Xaver Dorsch,
mit dem Todt ein paar Wochen vorher ein vertrauliches Gespräch über
die Kriegslage geführt hatte, geht davon aus, daß Hitlers Psyche nicht
mit normalen Maßstäben gemessen werden konnte. Hitler sei in der
Lage gewesen, ein Attentat zu befehlen und trotzdem echte Trauer zu
zeigen. Ein Mord aus Staatsräson ließ sich mit persönlicher Anteil-
nahme vereinbaren.

Wenn Henry Pickers Aufzeichnungen über Hitlers Tischgespräche
stimmen, so zeigte der Diktator wenige Stunden nach dem Absturz

Todts noch keinen Anflug von Trauer. Beim Mittagessen zusammen mit Speer und Himmler – eine auffallende Konstellation – am 8. 2. 1942 redete er sich über die Strafverfolgung von Verbrechern im Krieg in Rage. »Solchen Kerl steckt man entweder in ein Konzentrationslager oder tötet ihn. In dieser Zeit ist das letztere wichtiger, um der Abschreckung willen.« Mit den Pfarrern beider Konfessionen werde er nach dem Krieg »ohne langes Federlesen« und ohne »juristische Zwirnsfäden« abrechnen. »Da entscheiden nur Zweckmäßigkeitsvorstellungen.« Waren solche Redewendungen Selbstrechtfertigungen für die Tat des Morgens? [76]

Andererseits sind die Zeugnisse von Hitlers Betroffenheit zu zahlreich, als daß man sie ignorieren könnte.

Als Goebbels den Führer vor dem Staatsakt für Todt am 11. 2. 1942 in der Reichskanzlei besuchte, stellte er fest, »daß der Verlust Dr. Todts ihn auf das schwerste erschüttert hat«. Unter vier Augen habe ihm Hitler gesagt,

»wie schwer ihn dieser Verlust getroffen habe und wie wehmütig ihm ums Herz sei bei dem Gedanken, daß nun allmählich ein Freund nach dem anderen aus unserem Kreise scheidet«.

Von der Trauerrede Hitlers für Todt am 11. 2. im Mosaiksaal der Reichskanzlei berichtet Goebbels in seinen Tagebüchern:

»Der Führer ist bei seiner Ansprache so erschüttert, daß er zeitweise kaum zu reden in der Lage ist. Das aber macht auf alle Anwesenden und zweifellos auch im Volk einen um so tieferen Eindruck. Wir alle haben das schmerzliche Gefühl, von einem Mann Abschied zu nehmen, der zu uns gehörte wie ein Stück von uns.« [77]

Goebbels erzählt weiter, daß Hitler sich in den nächsten Tagen »gänzlich zurückgezogen« habe. In einem seiner Tischgespräche zählte er Todt drei Wochen später zu den »besten Köpfen« des Reiches. Aus der tiefen Erschütterung des Volkes über dessen Tod folgerte er: »Die große Masse des Volkes will regiert sein, daher die kolossale Sorge des Volkes, wenn etwas passiert.« [78]

Nach dem Tod des Münchner Verlegers Hugo Bruckmann besuchte Hitler im Frühjahr 1942 die Witwe Elsa Bruckmann, zu der er in der Kampfzeit vor 1933 enge persönliche Beziehungen gepflegt hatte, und vertraute ihr an, daß neben seinem Stellvertreter Heß vor allem Dr. Todt ihm abgehe:

»Wir alle haben unsere Gräber und werden immer einsamer, aber wir müssen überwinden und weiterleben ... Auch mir fehlen die beiden einzigen Menschen meiner Umgebung, an denen ich wirklich innerlich gehangen habe: Dr. Todt ist tot, und Heß ist mir davon geflogen.« [79]

Auch Joachim von Ribbentrop, Reichsaußenminister seit 1938, vermutete, daß außer Göring nur noch die beiden Männer Rudolf Heß und Fritz Todt dem Führer »etwas näher« standen. [80]

## Nachrufe und Würdigungen

Nach dem Tode ihres Mannes erhielt die Witwe Todt Hunderte von Beileidschreiben. Sie bedankte sich am 15. 2. 1942 »tief bewegt von der großen Teilnahme am Fliegertod« ihres Mannes bei allen Kondolenten:

»Wir schöpfen daraus die Hoffnung, daß sein Wollen und Werk weitergetragen werde in die Zukunft unseres Volkes, damit sich der Sinn seines Lebens und Sterbens erfülle.« [81]

Sogar Professor Zenneck vom Deutschen Museum schickte ein Kondolenzschreiben, in dem er von dem »von uns hoch verehrten Gatten« und von einem Vorstandsmitglied sprach, dem das Museum »für viele Freundlichkeit und Förderung zu besonderem Dank verpflichtet ist«. [82]

Der Verein Deutscher Ingenieure im NSBDT, dessen Vorsitzender Todt war, veröffentlichte, daß er in Todt den Mann verloren habe, »zu dem alle deutschen Ingenieure in gläubigem Vertrauen und mit höchstem Stolz aufblickten«. [83]

Der Reichsminister für Propaganda und Volksaufklärung Dr. Goebbels stellte mit Genugtuung fest, »daß der tödliche Unfall Dr. Todts in der ganzen Welt große Teilnahme« fand und daß selbst die Briten »Dr. Todts geniales Organisationstalent rühmend« hervorhoben. Er ärgerte sich allerdings über »einige englische Stimmen, die sich nicht entblöden, die amtlich angegebene Todesursache Todts anzuzweifeln«. [84]

Die »Times« berichtete am 9. 2. 1942 unter der Überschrift »Toll of German Accidents« über die Häufung von Flugzeugunfällen im Reich, denen in den letzten Wochen Udet, Mölders, Wilberg und Todt zum Opfer gefallen waren und bei denen Bock und Guderian verletzt wurden. Sie fährt fort: »Even many of the German people find it hard to believe that pure accident should suddenly have begun to claim so many.« Unter dem Bild des Toten wurden seine Leistungen für Hitler-Deutschland aufgezählt: als Chef der OT habe Todt eigentlich erst die deutschen Siege des Jahres 1941 ermöglicht; »The world was astonished that it should be possible for so large an army to be so well supplied throughout those months. The work was mainly that of Todt.«

Er habe die Siegfriedlinie erbaut und rund 250000 Arbeiter beim Autobahnbau dirigiert. Zuletzt noch habe er 60 Millionen Kleidungsstücke für die frierenden deutschen Soldaten nach Rußland geschafft. »Dr. Todt was one of Hitler's most valued, energetic and loyal lieutenants.«

Die »New York Times« vom 9. 2. 1942 kam ebenfalls auf die Leistungen Todts für das Dritte Reich zu sprechen: Schon in der Überschrift wird er »wizard of communications« (Zauberer der Nachschubverbindungen) genannt in Anerkennung seiner Versorgungsleistungen für die Ostfront. Im Text heißt er einmal »key man of the Nazi war machine« und ein anderes Mal »one of its (army) most valuable men«. Der Londoner Korrespondent der Zeitung rühmte ebenfalls Todts Begabung für Nachschubimprovisationen und meinte, daß die Deutschen, wenn sie wieder einmal ein Großprojekt auf dem Bausektor in Angriff nehmen, wünschen würden, Todt hätte nie ein Flugzeug gesehen. Während das Blatt am 9. 2. 1942 noch munkelte, »some speculations may exist as to the exact circumstances of his death«, war man sich einen Tag später klar, daß der Flugzeugunfall echt war. Als Begründung schrieb die »New York Times«: »General Todt, it is believed, was not sufficiently identified with the party to have attracted the attention of the underground opposition.« Offensichtlich wußte man über eine militante Opposition gegen Hitler mehr als über die Rivalitäten innerhalb des nationalsozialistischen Führungskreises.

Die deutsche Presse würdigte in den Todts Tod folgenden Tagen den Reichsminister, den Generalinspektor für das deutsche Straßenwesen, den Generalbevollmächtigten für die Regelung der Bauwirtschaft, den Generalinspektor für die Sonderaufgaben im Vierjahresplan, den Chef der OT, den Reichsminister für Bewaffnung und Munition, den Generalinspektor für Wasser und Energie, den Leiter des Hauptamts für Technik, den SA-Führer und Parteigenossen in lobenden Nachrufen. Den Tenor bestimmte der »Völkische Beobachter«. Dort wurde am 9. 2. 1942 bekanntgegeben, daß Reichsminister Dr. Todt »in soldatischer Pflichterfüllung verunglückt« sei und daß Deutschland »einen seiner Besten« verloren habe. Ein »dunkles Geschick« habe Todt von der Seite des Führers gerissen, »zu dessen vertrautesten und am meisten verbundenen Mitarbeitern er zählte«.

»Alles in Todt wies stets vom gestern und heute her auf die Zukunft hin. Er gehörte zu jenen tiefbewegten Naturen, die im ständigen Fluß des Seins das Wesen der Dinge erkennen und für das Kommende zu planen wissen, weil ihnen der Geist des Werdens erschlossen ist. Wo ihnen ein Genie den Weg weist, müssen sie sich nicht erst um das Verstehen bemühen; sie sind sofort auf dem zugewiesenen Arbeitsfeld zu Hause und führen sofort ohne Versäumen aus, was ihnen schon selbst vorschwebte.«

Ein weiterer Leitartikel im »Völkischen Beobachter« erschien am 12. 2. 1942. Er war von Alfred Rosenberg geschrieben und trug den Titel »Abschied von Dr. Todt«. Im Vergleich zu anderen Nachrufen war die Darstellung eher nichtssagend, auf keinen Fall richtungweisend. Todt und Rosenberg mochten einander nicht. Zwischen dem Praktiker und dem ideologischen Theoretiker Rosenberg lagen Welten. [85] Der Verfasser würdigte Todt als alten Kameraden und als Techniker. Er verwies auf Todts »alte kämpferische Haltung einer weltanschaulich tief verbundenen Kameradschaft«. Weil er aus der Sache heraus handelte, konnte er für andere Verständnis aufbringen und »Lösungen in menschlich warmer und kameradschaftlicher Form« finden. Ein schöpferischer Techniker sei Todt gewesen, weil er »voller Verständnis für die tiefen Gesetze der Natur, erfüllt von einer großen Liebe zur Kunst« war.

Der »Westdeutsche Beobachter« vom 9. 2. 1942 schilderte Todt als den gläubigen Idealisten, der ein »Riesenmaß an Leistung« vollbrachte, das nur möglich war, weil er »sein Leben und seine Taten auf dem Fundament nationalsozialistischer Weltanschauung und damit grenzenlosem Idealismus aufbaute«.

»Der Angriff«, die Tageszeitung der Deutschen Arbeitsfront, vom 10. 2. 1942 fragte nach dem Erfolgsgeheimnis Dr. Todts, »eine der zentralen Figuren des nationalsozialistischen Reiches«. Seine Leistungen wurden nicht allein auf sein Genie zurückgeführt, sondern auch auf die großen praktischen Erfahrungen, die sich der Tote während vieler Jahre auf den Baustellen erworben hatte, und auf seine Menschenkenntnis. Alles, was mit Bürokratismus zusammenhing, sei ihm fremd gewesen. »Den Aktenstaub haßte er und er sorgte dafür, daß er sich in der Maschinerie seines Werkes nicht festsetzte und es zerstörte.« So sei es auch zu verstehen, daß in der Zentrale der OT einschließlich der Schreibkräfte nie mehr als 150 Mitarbeiter vorhanden waren.

»Dr. Todt verlangte von jedem einzelnen ein ungeheures Maß von Arbeit, aber er selbst ging mit einem gleichen, reichen Tagewerk voran. Er machte nie viele Worte, und wenn er seinen Mitarbeitern die Befehle erteilt hatte, ließ er ihnen bei der Durchführung die größte Freiheit. Er sah nur auf die Leistung, die sie vollbrachten, und danach beurteilte er jeden einzelnen.«

Am folgenden Tag, dem 11. 2. 1942, brachte »Der Angriff« unter der Überschrift »... daran glauben und danach handeln« nach Gesprächen mit den Mitarbeitern Todts einen weiteren Artikel. Er baute auf der Nachricht auf, daß Hitler zu ihm am Abend des 5. 7. 1933, als er Todt den Auftrag zum Bau der Autobahnen erteilte, die Worte gesprochen habe, die zum Lebensmotto des Verunglückten geworden seien:

»Ich glaube an die Notwendigkeit dieser Maßnahme und an die Richtigkeit dieses Beginnens. Und Sie müssen genauso fest wie ich daran glauben und unbeirrt danach handeln!«

Dieses Motto sei »die Triebkraft, der Inhalt, die Tat seines Lebens« bis zum letzten Tag gewesen.

Die Wochenzeitung »Das Reich« beschäftigte sich am 15. 2. 1942 wieder mit dem Phänomen, mit wie wenigen Mitarbeitern Todt sein Lebenswerk, nämlich den Autobahnbau, durchführte. Er habe die Gefahr gekannt, »sich von einem Apparat verschlingen zu lassen«, und habe deshalb die Zentrale so klein wie möglich gehalten. Todts Verdienste seien organisatorische Leistungen und nicht Verwaltungsleistungen gewesen. Am Pariser Platz 3, seinem Amtssitz, merkte man von dem wachsenden Umfang seiner Aufgaben nichts. »Dort lief der Betrieb weiter – still, ruhig, wie selbstverständlich.« Die Abendausgabe der »Deutschen Allgemeinen Zeitung« vom 9. 2. 1942 verglich die Reichsautobahnen mit den alten Römerstraßen und folgerte daraus, daß Todt mit diesem Denkmal die Zeiten überdauern werde. Die Zeitung interpretierte die Autobahnen als Wegweiser einer neuen europäischen Einheit. Die organisatorischen Erfolge Todts sah sie darin, »daß dieser Ingenieur seine persönliche Wirkung bis in die letzten Adern des Mechanischen und Menschlichen verzweigte«.

Die »Deutsche Bergwerkzeitung« vom 10. 2. 1942 hob neben Todts »seltener organisatorischen Begabung« hervor, wie beispielgebend er in der Frage der Menschenführung war.

»Sein Wesen war immer von einer Herzlichkeit beherrscht, die eine Gefolgschaft zwischen ihm und den Zehntausenden seiner Arbeiter begründete.«

Unter der Überschrift »Prometheus-Schicksal« nahm die »National-Zeitung« am 10. 2. 1942 zum Absturz Todts Stellung. Der Mythos seines Todes wurde darin gesehen, daß die Technik, die er gebändigt, und »in ein Volksschicksal eingeordnet hat«, den Bändiger in einem Aufstand ihrer Eigenkräfte tötete. Sein eigentliches Vermächtnis sei, daß er »große Gemeinschaftsplanungen betrieb, weit über Großdeutschland hinaus, Arbeiten europäischen und überkontinentalen Umfangs, damit einmal auf dem leidensreichen, alten abendländischen Kontinent Fausts Traum verwirklicht werden und freie Völker auf freiem Grunde stehen« könnten.

Die »Kölnische Zeitung« vom 9. 2. 1942 projizierte Todt vor die Organisation seines Namens:

»Das wahrhaft nationale und soziale, Zusammengehörigkeitsgefühl ist in kaum einer Organisation so verwirklicht worden wie in der OT, die in der Frage der Menschenführung beispielgebend für unsere Zeit wurde.«

Die »Rheinisch-Westfälische Zeitung« in Essen vom 9. 2. 1942 bezeichnete Todt als genialen Gefolgsmann Hitlers und als »einmaligen genialen Mann der Technik und der Wehrhaftigkeit«.

»Die leuchtenden Bänder der Autobahnen, der gigantische Schutzwall an Deutschlands Westgrenzen und auch die trutzigen ragenden Befestigungen an der Atlantikküste unseres Kontinents sind jene Denkmäler, die sich Dr. Todt selbst gesetzt hat, indem er dies alles für sein Volk, ja für den Schutz ganz Europas schuf.«

Unter der Überschrift »Deutschlands erster Ingenieur« skizzierten die »Münchener Neuesten Nachrichten« am 9. 2. 1942 die Bestürzung und Trauer der Stadt über Todts Absturz. Seine große Leistung wurde darin gesehen, daß er in Deutschland die Technik zu Ansehen brachte und dem Ingenieur ein großes Ziel setzte, nämlich, »daß er sich durch Studium der Natur und schöpferische Kraft von der Versklavung des Nur-Rechnerischen befreie und sich zu ihrem Geiste erhebe, um, ähnlich wie die Großen der bildenden Künste den goldenen Schnitt gebrauchen, das Errechnete als Skelett des Schönen zu benutzen«.

Auch die »Schlesische Tageszeitung« in Breslau bestätigte am 9. 2. 1942, daß Todt »eine neue Epoche der Technik im öffentlichen und Staatsleben heraufgeführt« habe.

Die »Dresdner Neuesten Nachrichten« vom 9. 2. 1942 sahen in Todt in erster Linie den »Nationalsozialisten in jeder Faser seines Herzens«, der einen kompromißlosen Sozialismus verfolgte.

Die Zeitschrift des Reichsstudentenbundes »Die Bewegung« charakterisierte Todt am 21. 2. 1942 als »Idealtyp des nationalsozialistischen Akademikers«.

Der Redakteur, der am 13. 2. 1942 im »Pforzheimer Anzeiger« über Todt schrieb, besuchte die elterliche Wohnung, die seit dem Tod der Mutter Todts fast immer verlassen war. Das Haus in der Durlacher Straße enthalte noch sein früheres Schlafzimmer mit dem Schreibpult am Fenster. 1940 sei Todt zum letztenmal in Pforzheim gewesen.

Die »Nationalsozialistische Landpost« in Berlin beschwor am 13. 2. 1942 die dauernde Präsenz Todts auch nach seinem Tode, »weil unsere Soldaten ständig und an allen Punkten der gewaltigen Front von Werken umgeben sind, die seinen Namen tragen«.

»Wenn dieser Krieg einmal längst Vergangenheit geworden ist, dann werden wieder die Werke des Friedens für ihn zeugen, wenn ein glückliches Volk sich an dem endlosen Band der Autobahnen erfreut.«

Auch die »Tagespost« in Graz hob am 10. 2. 1942 die Autobahnbauten als Lebenswerk Todts hervor. »Die Autostraßen Dr. Todts gehören wie die ägyptischen Pyramiden, die griechischen Tempel oder der gotische Dom der Kunstgeschichte an.« Nur ein künstlerischer Ingenieur habe die Techniker so inspirieren können, daß aus diesen Autostraßen Kulturzeugnisse wurden.

Ähnlich betonte die »Rundschau Deutscher Technik« am 12. 2. 1942, daß nur ein Fachmann, der »in einzigartiger Weise den Blick für das Ganze und Höhere behalten hat . . ., in reinster Form die Synthese von bestem Fachwissen und politischer Verantwortung« erreichen konnte. Seine Erfolge werden aus den Grundzügen seiner Arbeitsweise erklärt:

»Vertrauen und Glauben setzte er an die Stelle von Argwohn, Zweifel und Intrige. Schöpferische Tat überwand bei ihm blutleere Theorien, lebensnahe Denkweise ließ er über rechnerische Hirne und instinktlosen Verstand siegen.«

Auch die Fachzeitschrift »Der Deutsche Baumeister« vom Februar 1942 würdigte Todts Ingenieurbaukunst:

»Alle Bauleute horchten auf, als er die Linienführung einer Autobahn mit einer Symphonie verglich und den Gedanken aussprach, auch das Erleben der Landschaft, das die neue Straße vermitteln soll, müsse eine Introduktion, ein Intermezzo oder Maestoso und Finale kennen.«

Selbst bei der Gestaltung der Brücken habe Todt Rhythmus und Melodie verlangt. Insofern seien die Autobahnen mit Fug und Recht »Träger einer neuen Baugesinnung«.

Die »Zeitschrift des Vereins Deutscher Ingenieure« vom 21. 2. 1942 konzentrierte sich ebenfalls auf Todts Bauleistungen bei den Reichsautobahnen. Er habe in ihnen nicht Schnellverkehrswege gesehen, »sondern Adern des völkischen Lebens und Teile der Landschaft zugleich«. Diese neue künstlerisch betonte Baugesinnung habe er organisatorisch durchgesetzt. Darüber hinaus betonte die Zeitschrift, wie bescheiden und einfach Todt blieb, »der Kamerad unter Kameraden«.

In der vom OKW herausgegebenen Zeitschrift »Die Wehrmacht« würdigte der Kriegsberichterstatter Werner Höfer am 25. 2. 1942 den Verstorbenen, dessen Namen allen Soldaten unvergeßlich ist, weil sie »ständig und an allen Punkten der gewaltigen Front von Werken umgeben sind, die seinen Namen tragen«.

»Denn bei jeder OT-Brücke, die unsere Truppen passierten, und bei jeder Granate, die sie zum Feind hinüberschickten, durften sie einen dankbaren Gedanken zu dem Mann hinlenken, den sie schon immer in kameradschaftlichem Stolz ›unseren Todt‹ genannt hatten... Wenn einst die Stunde des endgültigen Sieges gekommen ist, werden Volk und Wehrmacht sich mit heißem Dank und erhabenem Stolz auch seiner Leistung erinnern...«

Die Zeitschrift »Unsere Wehrmacht im Protektorat« widmete am 24. 2. 1942 dem Tode Todts einen ungewöhnlich langen Artikel, nach dem drei Werke den Namen Todt »in das Buch der Geschichte« geschrieben hätten: die Autobahn, der Westwall und der Atlantikwall. Für die Technik sei er ein »Bahnbrecher von geschichtlichem Format« gewesen.

In der Märzausgabe der Zeitschrift »Die Baukunst« würdigte Speer das Künstlertum seines Vorgängers anhand der Veränderungen, die dieser beim Straßenbau bewirkt habe. Von der Linienführung bis in das letzte Detail der Bauten, ja der Bepflanzung, wurde das Gesamtbauwerk der Straßen künstlerisch studiert und durchgearbeitet.«

Es sei Todts Verdienst, daß Architekten und Ingenieure durch die gemeinsamen Aufgaben zum Miteinander geführt worden seien. In der gleichen Nummer der Zeitschrift kamen auch einige Mitarbeiter Todts zu Wort: Schulze-Fielitz hob hervor, daß Todt »der anregende, souveräne Beherrscher aller Zweige der Technik« gewesen sei und daß er die Menschen nie als Mittel zum Zweck gebraucht habe, »ein Improvisator von genialer Größe«. Paul Bonatz pries Todts künstlerische Erfolge beim Brückenbau, wo es ihm gelungen sei, das Kräftespiel der Teile im Werk sichtbar zu machen. Am Beispiel der Irschenberg-Autobahn zeigte Eduard Schönleben, der spätere Verfasser seiner ersten biographischen Würdigung, Todts landschaftsbezogene Trassierung auf. Er schloß seine Darlegungen mit dem Satz: »Der Irschenberg aber bleibt ein Denkmal ewiger Mahnung.«

Es gab auch dichterische Nachrufe zu Todts Tod, zeitgebunden, überschwenglich, kitschig: Da wurde er z. B. als der »Martin Luther der Straße« verherrlicht: »Er schlägt die Thesen der Straßen an das Portal des Reiches«. Sein Arbeitszimmer war das »Laboratorium eines Genies«, in dem »die geistig-gigantischen Kräfte eines Michelangelo planen«. Dem Straßenbauer im Auftrag Hitlers galten folgende Worte im Tenor des damals üblichen Führerkults und babylonischen Größenwahns:

> »Wir bauen wohin auch der Führer befiehlt
> durch Deutschland Straße um Straße,
> Wir bau'n für Europa und um die Welt,

Und wenn es dem Führer, dem Führer gefällt,
Dann bauen wir bis zum Himmelszelt!
Wir bauen! Wir bauen!« [86]

Ähnlich verträumt und dazu noch unscharf waren die Erinnerungszeilen einer Künstlerin:

»Es lag ein zwingender Vollzug des Selbstverständlichen, ein organisches Verfügen über Kräfte in Haltung und Rede, die lebensstrahlende Intensität eines erinnernden und vordenkenden Geistes, die tief beeindrucken mußten. Das scharf gesehene Kleine und Einzelne wurde hier Teil des Großen. Eine schöpferische Kraft, die mit den Mitteln der Technik aus der Herzenskraft der Menschen ein gewaltiges Werk zu schaffen mitten in der Arbeit war, die Mensch und Ding wesenhaft zu fassen und an ihren Platz zu stellen vermochte, trat hier aus dem Geheimnis des Lebendigen hervor ... Ein Durchdringendes lag in dieser Menschennatur, weil sie aus dem Ursprung kam und deshalb wahr und wirksam wurde.« [87]

Aber nicht nur Poeten und Propagandisten trauerten um Todt. Auch die Bestürzung in Wirtschaftskreisen war groß, als die Nachricht vom Tode Todts eintraf. Niemand konnte damals ahnen, daß der Nachfolger Speer der Industrie noch mehr Vollmachten verschaffen würde als Todt. Man befürchtete Machtbeschränkungen. 1941 hatte Todt unter den Industriebossen einen so guten Ruf, daß er als möglicher Nachfolger Hitlers galt, wenn diesem etwas passieren sollte. »Er war für uns das, was Totila für die Goten gewesen war«, schrieb Hans Kehrl. [88]

Die öffentlichen Ehrungen für Todt gingen über seinen Tod hinaus. Hitler gedachte seines treuen Paladins in den folgenden Jahren immer wieder. Als er nach dem Tode Reinhard Heydrichs am 4. 6. 1942 beabsichtigte, in Berlin und München Ehrenhallen für nationalsozialistische Helden und Märtyrer zu bauen [89], ordnete er ausdrücklich an, daß Todt nicht in einer dieser Hallen beigesetzt werden solle, sondern daß ihm »der Führer ein gewaltiges Grabmal auf dem Irschenberg (Reichsautobahn München-Chiemsee) errichten« wolle. [90] Dort solle er nach dem Krieg beigesetzt werden. Der Irschenberg wurde ausgesucht, weil der Umweg der Autobahn über diesen das Alpenvorland beherrschenden Berg von Todt durchgesetzt worden war, um den Autobahnbenutzern eine Reihe verschiedener Landschaftsräume und Landschaftsbilder zu erschließen. Diese Teilstrecke galt als Meisterwerk der Autobahnkunst. Sie war von Todts früherer Mutterfirma Sager & Woerner gebaut worden. Als sie am 19. 5. 1936 eingeweiht wurde, schrieb Woerner an den Reichsstatthalter Ritter von Epp, daß die Streckenführung ihm »viel Kopfzerbrechen und viel Geld gekostet« habe. [91]

Die posthumen Ehrungen Todts waren von so großer Zahl, daß Todt

) Familie Todt

) Todts Landhaus in Hintersee bei Berchtesgaden

51 Die Trauergäste beim Staatsakt für Todt im Mosaiksaal der Neuen Reichskanzlei am 12. 2. 1942; in der ersten Reihe: Hitler, Frau Todt, Göring, Speer und die Kinder Todts

53 Hitler bei der Traueransprache für Todt

Der Trauerzug in der Wilhelmstraße

52 »Deutscher Orden«, den Todt als erster bekam und der abgesehen von wenigen Ausnahmen (Arthur Axmann, Konstantin Hierl und zwei Gauleiter) nur posthum verliehen wurde.

Kranzniederlegung am Grabe Todts am 4. 9. 1942 durch Reichsminister Speer (neben der Witwe) ...d Ministerialdirektor Dorsch (rechts)

56 Albert Speer, General-
bauinspektor für die Reichshauptstadt, mit Todt vor einem
Baumodell

57 Ansprache Speers an seine
Mitarbeiter nach der Amtsübernahme am 14. 2. 1942

auf keinen Fall als ein Verstoßener der NSDAP gelten konnte wie z. B.
Gottfried Feder und Gregor Strasser. Sein Gedächtnis wurde in der
Öffentlichkeit gepflegt. Zahlreiche Straßen und Plätze erhielten seinen Namen. Bormann ließ die Gauleiter in einem Rundschreiben
wissen, daß mit Todt »die Partei und insbesondere die Parteikanzlei
einen ihrer ersten und besten Mitarbeiter verloren« habe. Bormann
fuhr fort: »Ihm ging es stets nur um die Sache, nie um seine Person und
deshalb hatte dieser lautere Charakter auch keinen Feind.« Er schloß
mit einem Lob auf die Hilfsbereitschaft Todts »trotz seiner Arbeits-
überlastung«. [92]
Als die Staatsbauschule in Berlin im März 1942 sich in »Fritz-Todt-
Staatsbauschule« umbenennen wollte, stellte Hitler die Namensgebung bis zur Einweihung des Neubaus der Anstalt an der Nord-Süd-
Achse zurück. Er ignorierte Speers Hinweis, daß Todt diese Schule
eigentlich nicht als führend angesehen habe, bemerkte aber, daß er
persönlich nicht wollte, daß seine frühere Schule nach ihm benannt
werde. [93]
Am 7. 10. 1942 verlieh Hitler dem Polizei-Regiment 28, das der OT
vom Beginn der Bauarbeiten am Atlantikwall an zugeteilt war und sich
bei der Abwehr des englischen Landungsversuchs bei Dieppe ausgezeichnet hatte, zu Ehren des verstorbenen Reichsministers den Namen
»Polizei-Regiment Todt«. Der neue Name war auf dem Ärmelband zu
tragen. [94]
Selbst bei der Sportpalastveranstaltung vom 5. 6. 1943 anläßlich der
Verleihung von Ritterkreuzen widmete Goebbels ohne zwingenden
Grund dem Andenken des »unvergeßlichen Parteigenossen Dr. Todt
ein Wort warmherziger und wehmütiger Erinnerung«, als er Speer zu
seinen Leistungen als Rüstungsminister gratulierte. [95]
Am 12. 11. 1943 unterschrieb Hitler die Verfügung über die Stiftung
eines »Dr. Fritz Todt-Preises«, der jährlich zweimal – am Geburtstag
und am Todestag Todts, d. h. am 4. 9. und 8. 2. – für erfinderische
Leistungen verliehen werden sollte, »die für die Volksgemeinschaft
von hervorragender Bedeutung sind wegen der durch sie erzielten
Verbesserungen an Waffen, Munition und Wehrmachtgerät sowie der
erreichten Einsparung an Arbeitskräften, Rohstoffen und Energie«.
Den Dr. Fritz Todt-Preis gab es als Ehrennadel in Gold, Silber oder
Stahl in Verbindung mit einer Urkunde und einem Geldpreis. [96] Ein
Reichsausschuß aus Vertretern der DAF, des Hauptamts für Technik,
des Reichsministers für Rüstung und Kriegsproduktion, des Reichspa-
tentamts, des OKW und des Reichsführers-SS und Chefs der deutschen Polizei bestimmte am 11. 1. 1944 die ersten 79 Preisträger im

Verhältnis von 1:3:6 für Gold, Silber und Stahl. Die Ehrennadel in Gold war mit 50000 RM verbunden, die silberne Ehrennadel mit 10000 RM und die stählerne Ehrennadel mit 2000 RM.

In Berlin fand die Kundgebung aus Anlaß der ersten Verleihung des Dr. Fritz Todt-Preises am 8.2. 1944 in den Daimler-Benz-Werken Berlin-Marienfelde statt. Anschließend gab es einen Empfang im Hotel Esplanade. Acht Preisträgern der Stufe I wurden die goldenen Nadeln überreicht. Die 25 Preisträger der Stufe II und die 46 Preisträger der Stufe III erhielten die Auszeichnungen aus der Hand ihrer Gauleiter am Sitz der Gauleitung. Um zu verhindern, daß der Dr. Fritz Todt-Preis von einzelnen Industriewerken als Qualitätsnachweis ihrer Produkte verwendet würde, wurden bei folgenden Verleihungen die zuständigen Fachgruppen des NSBDT zur Überprüfung der Vorschläge eingeschaltet. Der zweite Reichsappell aus Anlaß der Verleihung des Dr. Fritz Todt-Preises am 4. 9. 1944 war verbunden mit einer wissenschaftlichen Tagung, die vom Präsidenten der Kaiser-Wilhelm-Gesellschaft zur Förderung der Wissenschaften veranstaltet wurde. Bei der 3. Verleihung am 8. 2. 1945 war bereits ein Mangel an Kandidaten festzustellen. Man mußte weitgehend auf Vorschläge des 1. und 2. Termins zurückgreifen, die damals abgelehnt worden waren. Es wurde beanstandet, daß sich die Entwicklungsabteilungen der Wehrmachtteile mit Vorschlägen zurückhielten, weil der Dr. Fritz Todt-Preis eine parteiamtliche Stiftung sei. In der Tat wurde er gemeinsam vom Leiter des Hauptamtes für Technik der NSDAP, Reichsminister Speer, und vom Leiter der Deutschen Arbeitsfront, Reichsleiter Dr. Ley, verwaltet. Ihr gemeinsamer ständiger Vertreter war der Stabsleiter des Hauptamtes für Technik der NSDAP, Hauptdienstleiter Saur, der zugleich Chef des Technischen Amtes im Reichsministerium für Rüstung und Kriegsproduktion war.

Das Wohlwollen der nationalsozialistischen Führung erstreckte sich auch auf die Hinterbliebenen Todts. Nach ihrem Umzug an den Hintersee erhielt die Familie Lebensmittel vom Rasthaus am Chiemsee oder vom Obersalzberg. Das in einem Nachbargebäude ausgelagerte Weindepot war Anfang 1945 immerhin noch so groß, daß sich eine ganze RAD-Abteilung daran gütlich tun konnte. [97]

In einer Besprechung mit Hitler in der Nacht vom 22. zum 23. 5. 1944 machte Speer den Führer darauf aufmerksam, daß Frau Todt im Unterschied zu Frau Heydrich seit dem Tod ihres Mannes »keinerlei größere Schenkungen« erhalten habe. Hitler entschied auf Vorschlag Speers, ihr das Gebäude der ehemaligen Straßenmeisterei in Hintersee, das neben ihrem Sommerwohnsitz lag, zu schenken. [98] Da es sich jedoch nicht um reichseigenen Besitz handelte, mußte die Straßenbauverwaltung in München eingeschaltet werden. [99] Außerdem sagte Hitler zu, daß er den Töchtern Todts bei ihrer Heirat größere Dotationen zukommen lassen wolle. [100]

## Belegstellen

1 Vgl. S. 258 dieses Buches
2 Vgl. Alan S. Milward: Fritz Todt als Minister für Bewaffnung und Munition, in: Vierteljahreshefte für Zeitgeschichte 1/1966, S. 40 ff.
3 Vgl. Alwin Seifert: Ein Leben für die Landschaft, Düsseldorf und Köln 1962, S. 138
4 Walter Rohland: Bewegte Zeiten. Erinnerungen eines Eisenhüttenmannes, Stuttgart 1978, S. 80
5 Aussage Kurt Tänzer vom 9. 7. 1950, Spruchkammerverfahren Todt, Amtsgericht München, Nr. 420
6 Aussage Friedrich Claasen gegenüber dem Autor am 7. 12. 1984
7 Aussage Karl Brandt am 6. 8. 1947, Spruchkammerverfahren Todt, Amtsgericht München, Nr. 412. Im Gegensatz zu Brandt behauptet Henry Picker, daß Hitler mit Todt und Speer zu Abend gegessen habe (vgl. Henry Picker: Hitlers Tischgespräche im Führerhauptquartier, Stuttgart 1976, S. 103), während Speer gar von einem »Abendessen im großen Kreis« spricht (vgl. S. 366 dieses Buches). Wenn Speers Aussage stimmte, hätte auch Brandt an dem Abendessen teilgenommen. Es gibt keine Gründe, an Brandts eidesstattlicher Aussage, daß Todt nicht mit Hitler zu Abend aß, zu zweifeln.
8 Albert Speer: Erinnerungen, Frankfurt a. M., Berlin und Wien 1969[3], S. 207 f.
9 Vgl. Verteidigungsschrift Ebermayer vom 2. 9. 1946, Spruchkammerverfahren Todt, Amtsgericht München
10 Aussage Alfred Haug vom 29. 11. 1948, Spruchkammerverfahren Todt, Amtsgericht München, Nr. 355
11 Vgl. Nicolaus von Below: Als Hitlers Adjutant 1937–1945, Mainz 1980, S. 305
12 Vgl. Albert Speer: a. a. O., S. 541; ebenso bei Hans Baur: Ich flog Mächtige der Erde, Kempten 1956, S. 215, Todt war ein Flugzeug von der Flugzeugindustrie zur Verfügung gestellt worden. Die Besatzung kam vom Reichsministerium für Luftfahrt. Die Kosten für Überholungen und Instandsetzungen wurden von der Organisation Todt getragen. Da alle Regierungsflugzeuge während des Krieges eingezogen und für Zwecke der Luftwaffe verwandt wurden, war die Tatsache, daß Todt persönlich eine Sondermaschine besaß, eine große Ausnahme. Der Reichsfinanzminister erkannte den großen Arbeitsumfang Todts und die Berechtigung eines Flugzeuges an, konnte aber den Neid anderer Ministerkollegen nicht verhindern. Vgl. Vermerk RFM Generalreferent Abt. I v. 5. 8. 1941, Bundesarchiv R 2/4581
13 Wegen der zahlreichen Kraftwagen- und Flugzeugunfälle höherer Persönlichkeiten der Wehrmacht, der Partei und des Staates – vor allem in der Zeit nach Todts Tod – appellierte Hitler am 20. 11. 1944 letztmalig »an das Verantwortungsbewußtsein und an die Vernunft. Es ist besser, das Ziel später zu erreichen, als überhaupt nicht anzukommen.« In dem Befehl stehen folgende Sätze: »1. Das Leben und die

Gesundheit des einzelnen gehören nicht allein ihm, sondern allein dem Vaterlande. 2. Es ist daher ein Zeichen von Verantwortungslosigkeit gegenüber Volk und Vaterland, wenn die Erhaltung der Dienstfähigkeit leichtfertig aufs Spiel gesetzt wird.« Führerbefehl vom 26. 10. 1944, Bundesarchiv NS 19/1673

14 Vgl. Albert Speer: a. a. O., S. 602

15 Vgl. Max Müller: Der Tod des Reichsministers Dr. Fritz Todt, in: Geschichte in Wissenschaft und Unterricht 10/1967, S. 602. Hitlers Pilot Hans Baur, der kurz nach dem Unfall an den Ort des Geschehens kam, berichtet von sehr schlechtem Wetter, von sehr starkem Sturm, von 200–300 m Wolkenhöhe und von zeitweiligem Schneefall. Vgl. Hans Baur: a. a. O., S. 215

16 Vgl. Max Müller: a. a. O., S. 602

17 Vgl. Urteil des Feldgerichts des Kommandierenden Generals und Befehlshabers im Luftgau I am 8. 3. 1943 (sic) IfZ Fd 44

18 Vgl. Hans Baur: a. a. O., S. 214

19 Vgl. Hans Baur: a. a. O., S. 215

20 Urteil des Feldgerichts des Kommandierenden Generals und Befehlshabers im Luftgau I am 8. 3. 1943 (sic) IfZ Fd 44

21 Erhard Milch, Bericht über den Absturz Minister Todts, Spruchkammerverfahren Todt, Amtsgericht München, Nr. 419

22 Hans Baur: a. a. O., S. 216

23 Nicolaus von Below: a. a. O., S. 304 f.

24 Hans Baur: a. a. O., S. 216

25 Feldgericht des Kommandierenden Generals und Befehlshabers im Luftgau I, Abschlußbericht vom 8. 3. 1943 (sic) IfZ Fd 44

26 Der Angriff vom 12. 2. 1942

27 Vgl. Der Angriff vom 12. 2. 1942; Deutsche Technik, März 1942, S. 115

28 Aussage Carl-M. Schnell gegenüber dem Autor am 18. 12. 1985

29 Die Straße, Februarheft 1942, S. 25

30 Todt arbeitete nie als einfacher Arbeiter, es sei denn, man will seine Praktikantenzeit am Bau so bezeichnen. Bereits bei der Rede anläßlich der Eröffnung des 1000. Autobahnkilometers am 27. 9. 1936 hatte Hitler seinen Baumeister als einen Mann bezeichnet, der sich vom einstigen Straßenbauarbeiter zum größten Straßenbauer aller Zeiten emporgerungen habe. An Todts 50. Geburtstag wurde diese Legende wieder aufgelegt. Vgl. Völkischer Beobachter vom 4. 9. 1942

31 Deutschland im Kampf, hrsg. von Alfred I. Berndt und Hasso v. Wedel, Berlin, Februar 1942, S. 85. In der Nacht vom 10. zum 11. 11. 1941 hatte Hitler erstmals seinen Plan erwähnt, einen Parteiorden mit der Maßgabe zu schaffen, »daß er nur sparsam verteilt wird und alles andere damit in den Schatten stellt«. Ein Ordenskapitel sollte die Verteilung vornehmen. Hitler fuhr fort: »Es gibt Leistungen, für welche unter Umständen überhaupt keine Beförderung ausgesprochen werden kann. Die Taten von 200 Ritterkreuzträgern wiegen eine einmalige Leistung, wie die zum Beispiel von Todt, nicht auf.« Vgl. Adolf Hitler, Monologe im Führerhauptquartier 1941–1944. Die Aufzeichnungen Heinrich Heims, hrsg. von Werner Jochmann, Hamburg 1980, S. 132. Als Hitler beim Mittagessen am 15. 5. 1942 über Ordensverleihungen monologisierte, kam er auf Todt zu sprechen. Dieser habe »sich doch nicht nur einmalige militärische Verdienste erworben – man denke nur an die unzähligen Menschenleben, die sein Westwall dem deutschen Volk erhalten habe –, sondern sich auch auf dem zivilen Sektor durch seine Autobahnen und so fort unvergleichlich ausgezeichnet«. Vgl. Henry Picker: a. a. O., S. 304. Der »Deutsche Orden« wurde von Hitler nur zehnmal verlie-

hen. Unter anderen erhielten ihn der Reichsjugendführer Arthur Axmann, der Reichsarbeiterdienst-Führer Konstantin Hierl und der NSKK-Führer Adolf Hühnlein.

32 Der Frontarbeiter vom 14. 2. 1942, S. 3; Die Straße, Februarheft 1942, S. 26; Deutsche Technik, Juni 1942. Auch für die Flugzeugbesatzung Todts wurden Ehrenbegräbnisse angeordnet. Hotz wurde in Ettlingen bei Karlsruhe in Anwesenheit des Todt-Sohnes Fritz beigesetzt, der Funker Hellford in Berlin-Schönweide und der Bordmechaniker, Unteroffizier Hauptmann, in Schloß Weigsdorf über Köblitz, Oberlausitz. Vgl. Deutsche Technik, März 1942, S. 126

33 IfZ MA 441/5, Bl. 5816

34 IfZ MA 441/5, Bl. 5892 vom 16. 2. 1942

35 IfZ MA 441/5, Bl. 5857 vom 12. 2. 1942

36 ebenda

37 ebenda

38 Vgl. IfZ MA 441/5, Bl. 5892 vom 16. 2. 1942

39 Vgl. Matthias Schmidt: Albert Speer: das Ende eines Myhos, Speers wahre Rolle im Dritten Reich, Bern und München 1982, S. 77 ff.

40 Der Chef der Sicherheitspolizei und des SD vom 21. 7. 1944, Bundesarchiv NS 6/2

41 ebenda

42 Vgl. Spruchkammerverfahren Todt, Amtsgericht München

43 Aussage Richard Reinhardt vom 10. 5. 1949, Spruchkammerverfahren Todt, Amtsgericht München, Nr. 544

44 Aussage Holm Erttel vom 10. 5. 1947, Spruchkammerverfahren Todt, Amtsgericht München, Nr. 63

45 Vgl. Generalfeldmarschall Keitel – Verbrecher oder Offizier? Erinnerungen, Briefe, Dokumente des Chefs OKW, hrsg. von Walter Görlitz, Göttingen, Berlin und Frankfurt 1961, S. 185

46 Vgl. Aussage Hellmut Trute vom 2. 4. 1947, Spruchkammerverfahren Todt, Amtsgericht München, Nr. 61

47 IfZ Fd 44

48 Die Unterlagen sind nicht mehr auffindbar. Himmler bestätigte jedoch in einem Schreiben an den Reichsarbeitsführer Hierl vom 10. 7. 1944, daß die SS bei den Abstürzen Todt, Hube und Dietl Untersuchungen durchführte. »Ich . . . habe alle meine Männer eingesetzt.« Vgl. Bundesarchiv NS 19/1673

49 Vgl. Brief Himmler an Hierl vom 10. 7. 1944, Bundesarchiv NS 19/1673

50 Vgl. Aussage Trute vom 2. 4. 1947, Spruchkammerverfahren Todt, Amtsgericht München, Nr. 61

51 Aussage Konrad Haasemann, in: Verteidigungsschrift Ebermayer vom 2. 9. 1946, Spruchkammerverfahren Todt, Amtsgericht München

52 Hitler gab nur zögernd am 13. 2. 1942 seine Zustimmung dazu, daß Todts Sohn in die Luftwaffe aufgenommen wurde. Vgl. Deutschlands Rüstung im Zweiten Weltkrieg. Hitlers Konferenzen mit Albert Speer 1942–1945, hrsg. von Willi A. Boelcke, Frankfurt a. M. 1969, S. 108

53 Eidesstattliche Erklärung von Frau Elsbeth Todt, ohne Datum, Spruchkammerverfahren Todt, Amtsgericht München, Nr. 407. Es ist offen, woher Todt jun. wissen wollte, daß das von seinem Vater benutzte Flugzeug keine Zerstöreranlage besaß.

54 Vgl. Verteidigungsschrift Ebermayer vom 2. 9. 1946, Spruchkammerverfahren Todt, Amtsgericht München

55 Aussage Friedrich Classen gegenüber dem Autor am 7. 12. 1984; Christa Schroeder: Er war mein Chef, München 1985, S. 32

56 Vgl. Aussage Richard Reinhardt vom 10. 5. 1949, Spruchkammerverfahren Todt, Amtsgericht München, Nr. 545

57 Vgl. Hermann Giesler: Ein anderer Hitler. Bericht seines Architekten Hermann Giesler. Erlebnisse, Gespräche, Reflexionen, Leoni am Starnberger See 1978, S. 354f.; Matthias Schmidt: a. a. O., S. 68; Adelbert Reif: Albert Speer. Kontroversen um ein deutsches Phänomen, München 1978, S. 326ff.

58 Vgl. Albert Speer: a. a. O., S. 209

59 »Während Dr. Todt grundsätzlich zustimmte, lehnte Giesler den Erlaß in grundsätzlichen Punkten ab . . .« Chronik des Generalbauinspektors für die Reichshauptstadt 1941, S. 3, IfZ, Akten der Parteikanzlei 10800536

60 Vgl. Hermann Giesler: a. a. O., S. 432ff.

61 Hermann Giesler: a. a. O., S. 342ff.; Albert Speer: a. a. O., S. 209

62 Schreiben Giesler an Speer vom 12. 2. 1941, Bundesarchiv R 3/1733, Bl. 50

63 Vgl. Schreiben Giesler an Todt vom 20. 4. 1941, Bundesarchiv R 3/1733

64 Vgl. Schreiben Speer an Bormann vom 2. 1. 1942, Bundesarchiv R 3/1573, Bl. 40ff.

65 Vgl. Schreiben Todt an Lammers vom 20. 1. 1940, Bundesarchiv NS 26/1188

66 Schreiben Speer an Todt vom 28. 11. 1940, IfZ, Akten der Parteikanzlei 10800319

67 Vgl. ebenda. Zwei Monate später änderte Speer allerdings seine Ansicht in dieser Beziehung. Nach Rücksprache mit Hitler schrieb er am 20. 1. 1941 an Bormann, daß er weder »Beauftragter für Städtebau und Baukunst in der NSDAP« sein wolle noch »Beauftragter für Bauwesen in der NSDAP«, damit er sich ganz auf seine Bauten in Berlin und Nürnberg konzentrieren könne. Vgl. IfZ, Akten der Parteikanzlei 10800532/8

68 Vgl. Schreiben Speer an Ley vom 6. 8. 1941, Bundesarchiv R 3/1588, Bl. 174f.

69 Vgl. Nachlaß Wolters, Bundesarchiv NL 318/1, S. 56

70 Vgl. Nachlaß Wolters, Bundesarchiv NL 318/1, S. 57

71 Vgl. Nachlaß Wolters, Bundesarchiv NL 318/1, S. 100

72 Vgl. Hermann Giesler: a. a. O., S. 351

73 Vgl. Brief Speers an Giesler vom 2. 2. 1941, IfZ, Akten der Parteikanzlei 10800532/30

74 Vgl. Matthias Schmidt: a. a. O., S. 71ff.

75 Vgl. Albert Speer: a. a. O., S. 210ff.

76 Aussage Xaver Dorsch gegenüber dem Autor; vgl. Henry Picker: a. a. O., S. 104

77 Goebbels Tagebücher aus den Jahren 1942–43, mit anderen Dokumenten, hrsg. von Louis P. Lochner, Zürich 1948, S. 81

78 Henry Picker: a. a. O., S. 105

79 Ilse Heß: England – Nürnberg – Spandau. Ein Schicksal in Briefen, Leoni am Starnberger See 1952, S. 26

80 Joachim von Ribbentrop: Zwischen London und Moskau. Erinnerungen und letzte Aufzeichnungen, aus dem Nachlaß hrsg. von Annelies von Ribbentrop, Leoni am Starnberger See 1953, S. 49

81 Vgl. Berlin Document Center, Akte Todt

82 Brief Zenneck an Elsbeth Todt vom 10. 2. 1942, Archiv des Deutschen Museums München, Akte Beileidschreiben 1938–1945

83 Vgl. Archiv des Deutschen Museums München, Akte Beileidschreiben 1938–1945

84 Goebbels' Tagebücher: a. a. O., S. 78

85 Einen persönlichen Briefwechsel zwischen Todt und Rosenberg scheint es nicht gegeben zu haben. Es sind nur zwei nichtssagende Schreiben erhalten. Vgl. Bundesarchiv NS 8/154

86 Hanns Johst: Fritz Todt. Requiem, München 1943, S. 13ff.

87 Erna Lendai-Dircksen: Reichsautobahn – Mensch und Werk, Bayreuth 1942, Vorwort

88 Hans Kehrl: Krisenmanager im Dritten Reich. 6 Jahre Frieden – 6 Jahre Krieg. Erinnerungen, hrsg. und eingel. von Erwin Viefhaus, Düsseldorf 1973, S. 218

89 Am 19. 6. 1942 erließ Hitler den Erlaß über die Beisetzung hervorragender Deutscher, in dem er seinen Willen äußerte, daß alle Deutschen, »die sich um das deutsche Reich im besonderen Maße verdient gemacht haben«, künftig in Ehrenhallen beigesetzt werden sollten und daß ihre Frauen »die ihnen im Leben treu zur Seite gestanden haben, auch im Tode von ihnen nicht getrennt werden«. Es sollte Vorsorge getroffen werden, daß neben dem Toten ein Platz für die Beisetzung seiner Gattin freigehalten wird. Vgl. Bundesarchiv R 43 II/1157 b, Bl. 5

90 IfZ Fa 199, Bl. 99 f.

91 BayHStA München, Reichsstatthalter 553

92 Rundschreiben 18/42 vom 9. 2. 1942, Berlin Document Center

93 Vgl. Deutschlands Rüstung im zweiten Weltkrieg: a. a. O., S. 80

94 Vgl. Mitteilungen des Hauptamtes für Technik und des NSBDT, Beilage zur Zeitschrift Deutsche Technik, März 1943, S. 109 ff.; Der Frontarbeiter vom 27. 2. 1943

95 Vgl. Joseph Goebbels: Goebbels Reden, hrsg. von Helmut Heiber, Bd. 2: 1939–1945, Düsseldorf 1972, S. 219

96 Vgl. Bundesarchiv R 3/1441

97 Vgl. Aussage Selberdinger o. D., Spruchkammerverfahren Todt, Amtsgericht München, Nr. 67

98 Vgl. Deutschlands Rüstung im Zweiten Weltkrieg: a. a. O., S. 368

99 Vgl. Schreiben Speer an Lammers vom 14. 11. 1944, Bundesarchiv R 3/1588

100 Vgl. Deutschlands Rüstung im Zweiten Weltkrieg: a. a. O., S. 368

# 12
# Der Nachfolger

## Ernennung Speers

Die Ernennungsurkunden als Nachfolger Todts in allen Ämtern erhielt Speer am 9. 2. 1942. Die Urkunde über die Ernennung zum »Generalinspektor für das deutsche Straßenwesen« mußte ein zweites Mal ausgefertigt werden, da sich in der ersten Urkunde der Schreibfehler »Generalbauinspektor« eingeschlichen hatte. Lammers entschuldigte sich am 20. 2. 1942 bei der Übersendung der zweiten Urkunde für das »bedauerliche Versehen«. [1] Die Vereidigung Speers sollte bei Hitlers nächster Anwesenheit in Berlin gleichzeitig mit der Vereidigung des Reichministers Rosenberg vollzogen werden. Den obersten Reichsbehörden wurde am 9. 2. 1942 mitgeteilt, daß Speer das Amt des Reichsministers für Bewaffnung und Munition, das Amt des Generalinspektors für das deutsche Straßenwesen und das Amt des Generalinspektors für Wasser und Energie übernommen habe und gleichzeitig Generalbauinspektor für die Reichshauptstadt bleibe. [2] Die Bekanntgabe im Reichsgesetzblatt erfolgte am 15. 2. 1942. [3] Der »Völkische Beobachter« gab die Ernennung Speers zum Nachfolger Todts am 10. 2. 1942 bekannt:

»Die Namen Todt und Speer sind gemeinsam für alles Bauwirken im neuen Deutschland bekannt und groß geworden. Alle neuen Werke der Architektur, der Städtebilder, des Straßenwesens, des Festungsbaues und nicht zuletzt ungezählte bauliche Maßnahmen der Kriegszeit sind an sie durch gemeinsame Bande geknüpft. Es war kein Zufall, daß die Diensträume der beiden großen Bauherren im gleichen Hause am Pariser Platz in Berlin ein Heim gefunden hatten. Ihre Tätigkeit, im einzelnen Auftrag zumeist weit voneinander verschieden, war in der Wirkung eng zusammengewoben, und was erst im Krieg offensichtlich wurde, ... hatte im gleichen Sinne schöpferischer Zusammenarbeit schon in Friedenszeiten viele wertbeständige Frucht getragen ...
So bauten beide, Todt und Speer, gemeinsam noch zuletzt am Werk der deutschen Sicherheit und des deutschen Sieges. Nachdem den einen der Tod bei soldatischer Pflichterfüllung abberufen hat, wird der andere nun auf Befehl des Führers seinen Pflichtenkreis mit übernehmen.«

Die Überraschung im Inland und im Ausland war gleichermaßen groß. Man hatte angenommen, daß die Ämter Todts unter mehrere Nachfolger aufgeteilt würden oder daß Göring Todts Nachfolger in allen Ämtern werden würde. Die zweite Ansicht begründete der Korrespondent der New York Times in Stockholm damit, daß dann alle

Reibungsverluste zwischen dem Beauftragten für den Vierjahresplan und dem Waffen- und Munitionsministerium vorbei wären. [4] Er hatte wie die meisten außer acht gelassen, daß Hitlers Herrschaftssystem u. a. auf der Erhaltung von Rivalitäten unter den Führungsmannschaften beruhte.

Todts Mitarbeiter im Reichsministerium für Bewaffnung und Munition hatten mit der Ernennung Görings als Nachfolger oder eines höheren Beamten aus dem eigenen Haus, z. B. des Staatssekretärs Schulze-Fielitz [5] oder des Blutordensträgers Ministerialdirektor Xaver Dorsch [6] gerechnet, nicht aber mit Speer. Der Empfang war entsprechend kühl und die Vertrauenswerbung Speers recht deutlich. Im Hof des Reichsministeriums für Bewaffnung und Munition versammelte er am 14. 2. 1942 alle Mitarbeiter Todts. Es schneite. Speer stellte sich als Testamentsvollstrecker Todts vor, der sein Werk fortsetzen wolle und nichts weiter. Er erzählte von der großen Trauer Hitlers um den Toten und bat um die Mitarbeit und um das Vertrauen der Anwesenden.

In Abwesenheit des erkrankten Staatssekretärs Schulze-Fielitz antwortete Ministerialdirektor Dorsch. Er führte aus, daß die bisherigen Mitarbeiter Todts die Entscheidung Hitlers, Speer zum Nachfolger einzusetzen, akzeptierten – »Der Führer hat immer recht!« –, und machte Speer deutlich, daß er ein schweres Amt übernehme. Er gehe davon aus, daß alles gut werde, denn die Gefolgschaft Todts sei erzogen, »eine Arbeit anzupacken und durchzustehen«. Er setzte seine Hoffnung auf die Vornehmheit, den Takt und die Würde des neuen Chefs und freute sich, daß Speer alle Versuche, »unseren Arbeitsbereich zu schmälern«, abgewehrt habe. Ob er auch die Formulierung hinzufügte, »Dr. Todt hatte unser unbegrenztes Vertrauen. Vertrauen entsteht nicht von selbst, es muß erworben werden«, läßt sich nicht mehr rekonstruieren. In den offiziellen Wiedergaben des Gefolgschaftsappells fehlte sie, während sie von Augenzeugen bestätigt wird. [7]

## Das Vorbild Todts

Speers Umgangs- und Arbeitsstil unterschied sich wesentlich von dem seines Vorgängers. Speer nahm weniger Rücksicht auf persönliche Empfindlichkeiten sowohl in seinen Ämtern wie bei seinen Ministerkollegen. Das verärgerte schnell eine Reihe von denjenigen, die Todts Führungsverhalten geschätzt hatten. Andere paßten sich Speer an. Es entstand eine Frontenbildung zwischen den von Speer mitgebrachten neuen Mitarbeitern und denen, die zu ihm »überliefen«, einerseits und der alten Gefolgschaft Todts, die seinen Arbeitsstil weiterführen wollte. Als Speer am 10. 4. 1942 alle seine führenden Mitarbeiter in das Ingenieurheim am Wannsee einlud, wäre es nach Reden von Professor Brugmann und von Cliever, dem früheren Adjutanten Todts und späteren Leiter des Ministerbüros bei Speer, um ein Haar zu einer Saalschlacht zwischen beiden Gruppen gekommen. [8]

Die zentrale Rolle bei der Polarisierung zwischen Alten und Neuen in den Dienststellen Speers spielte der Ministerialdirektor Xaver Dorsch. Er war seit 1939 Todts »politischer Beauftragter«. Während Todt sich den Sachfragen widmete, bearbeitete Dorsch alle politischen Fragen. Als Blutordensträger hatte er zumindest in der Partei die erforderliche Durchsetzungskraft. Im Ministerium Speer übte diese Funktion der Chef des Zentralamtes aus. Speer setzte den Nürnberger Oberbürgermeister Liebel, den er von seinen Parteibauten kannte, in diese Funktion ein.

Zu den zahlreichen kritischen Situationen, in denen sich die schwelende Feindschaft recht deutlich zeigte, gehörten u. a. die Vorgänge um die Beförderung des Oberregierungsrates Birkenholz zum Ministerialrat und die Ausschaltung Haasemanns, eines der engsten Mitarbeiter Todts. [9] Einen Pyrrhussieg trug die Anti-Speer-Gruppe unter der Führung Dorschs davon, als dieser von Hitler im Frühling 1944 unter Ausschaltung Speers den unmittelbaren Auftrag bekam, sechs Großbunker-Fabriken von je 100000 qm im Reich zu bauen und von Göring mit dem Bau von Jägerschutzbunkern beauftragt wurde. Der Hauptausschuß Bau, den Speer eingerichtet hatte, mußte aufgelöst und Speers Favorit, Staatssekretär Stobbe-Dethleffsen, als Chef des Amtes Bau entlassen werden. Da jedoch bis zum Kriegsende keines der von Dorsch übernommenen Projekte fertiggestellt war, wuchs das

Mißfallen Hitlers über die »Organistion Todt« und seinen Chef von
Monat zu Monat. [10]

Trotz der Opposition der alten Mitarbeiter Todts in seinem Hause war
Speer offensichtlich nicht darauf aus, seinen Vorgänger vergessen zu
machen. Er fühlte sich stets als dessen Nachfolger. Es gibt zahlreiche
Vorgänge, die beweisen, daß Speer Todts Leistungen zu würdigen
wußte. Er unternahm vieles zur Ehre Todts, was er nicht hätte tun
müssen, wenn er die Erinnerung an Todt hätte auslöschen wollen.
Am 13. 2. 1942 vereinigte er den Baustab Speer mit der Organisation
Todt. Die fusionierte Organisation behielt den Namen Todts. Speer
selbst übernahm die Uniform der OT. Er trug sie bis zum Ende des
Krieges. Der Gründer der OT hatte es vorgezogen, die Uniform eines
Luftwaffengenerals zu tragen. Die Vereinigung der OT mit dem
Baustab Speer stellte Speer im »Völkischen Beobachter« unter das
Motto: »Traditionsträger bleibt die OT im Geist ihres Schöpfers.«

Vor den Gauleitern stellte er sich am 24. 2. 1942 in einer langen Rede
als Testamentsvollstrecker Todts dar. »In seinem Namen werde ich
sein Werk fortsetzen und die Erfüllung seiner Lebensaufgabe als
seinen Auftrag ansehen.« Er gab vor den Zuhörern zu, daß er es dabei
schwerer habe als Todt: »Parteigenosse Todt hatte durch seine Leistung und das ständige Mitwachsen mit seinen Aufgaben auf allen
seinen Arbeitsgebieten eine natürlich entstandene Autorität, die es
ihm ermöglichte, frei von allen Abgrenzungen zu benachbarten
Arbeitsgebieten seine Aufgabe durchzuführen.« Er dagegen müsse
diese Kompetenzabgrenzungen schriftlich präzisieren lassen. Deshalb
sei ihm die Mitarbeit der Gauleiter so wichtig. [11]

Am 8. 2. 1943, ein Jahr nach Todts Tod, lud Reichsminister Speer zu
einer Gedenkfeier in den Berliner Ufa-Palast am Zoo ein. In der
gemeinsam von der Reichspropagandaleitung der NSDAP und dem
Reichsminister für Bewaffnung und Munition durchgeführten Veranstaltung hielt Speer selbst die Gedächtnisrede. Er sprach von Todts
»geschichtlicher Persönlichkeit« und seinen »historischen Taten und
Werken«, er nannte ihn den »genialen Schöpfer der deutschen Reichsautobahnen und größten Straßenbauer aller Zeiten«, er würdigte ihn
als Schöpfer der OT, der »Organisation, die für alle Zeiten mit Stolz
seinen Namen führen wird und deren Uniform wir mit Stolz tragen«.
Er endete seine Laudatio mit folgenden Sätzen:

»Wir haben eine schwere Verantwortung zu tragen, die uns alle jedoch nicht
niederdrücken, sondern zu noch größeren Leistungen befähigen wird. Der Geist
Dr. Todts wirkt weiter in uns und in den Leistungen der deutschen Rüstungsschaf-
fenden. Wir erfüllen mit unserer Arbeit das Vermächtnis unseres unvergessenen

Vorbildes. Wir erfüllen es als Arbeitskamerad unter den Arbeitern der Rüstung.« [12]

Nach der Rede Speers wurde der Film »Fritz Todt – Berufung und Werk« aufgeführt. Der Film war im Auftrag des Hauptamtes für Technik von Richard Scheinpflug gedreht und zusammengestellt worden »als ein stolzes Dokument der gigantischen Leistung Dr. Todts, aber auch der menschlichen Größe, des Könnens, der rastlosen Energie, der hohen Qualitäten, der Menschenführung sowie Bescheidenheit – jener Faktoren, die in ihrem so glücklichen Zusammenklang das breite Fundament des überragenden Schaffens und Gelingens waren«. [13] Speer hatte auch angeordnet, daß sich alle Gauämter der Technik am gleichen Tag in einer Gedenkstunde Rechenschaft geben sollten, wie weit sie das Vermächtnis Todts erfüllt hätten. [14]

Es war Speer, der gemeinsam mit Ley im September 1943 dem Reichsleiter Bormann den Vorschlag machte, einen »Dr. Fritz Todt-Preis« zur Erinnerung an den Verstorbenen zu gründen, mit dem

erfinderische Leistungen auf dem technischen Gebiet gewürdigt werden sollten. Bormann griff die Idee auf und unterbreitete sie dem Staatsminister Lammers zur Vorlage bei Hitler. [15] Bei der ersten Preisverleihung am 8. 2. 1944 wollte Speer die Festansprache halten. Den Text setzte er während seiner Krankheit in Hohenlychen auf. Er wurde von Oberbürgermeister Liebel verlesen. [16] Die Rede war eine einzige Hymne auf Todt:

»Daß der Führer für den von ihm gestifteten Preis den Namen von Reichsminister Dr. Todt wählte, hat seinen tieferen Sinn. Mit Dr. Todt hat der Führer schon während der Kampfzeit und später in der Regierung einen Mann herausgestellt, der auf Grund seiner ehemaligen Größe, Veranlagung und Fähigkeiten das ganze Gebiet der Technik in einer Hand vereinigte. Neben seinen vielfältigen und umfangreichen Aufgaben hat es Dr. Todt kraft seiner Persönlichkeit verstanden, alle schöpferischen und aktiven Kräfte der Technik nach und nach an sich zu binden und sie zu immer neuen Leistungen anzuspornen. Die Pflege der technischen Wissenschaften war ihm besonders am Herzen gelegen, wobei er auf eine engste Verbindung zwischen Theorie und Praxis achtete. Seine große Natürlichkeit in allen seinen Lebensäußerungen hat auch darin ein deutliches Abbild gefunden. Selbst zu technischen Neuschöpfungen nicht besonders veranlagt und Umstände halber dazu auch nicht in der Lage, hat er stets selbst in den Zeiten größter Anstrengungen sich immer noch so viel Zeit genommen, um Entwicklungsarbeiten auf den verschiedensten Gebieten bis in die letzten Kleinigkeiten zu verfolgen, Änderungen anregend und neue Ideen gebend. In dem ihm unterstellten Hauptamt für Technik stand eine Einrichtung zur Verfügung, die ihm dabei mit allen angeschlossenen Gaudienststellen unter Führung der Gauamtsleiter für Technik wertvolle Dienste leistete. Dem diesem Hauptamt für Technik angegliederten Amt für technische Wissenschaften mit den zugehörigen Gaudienststellen obliegt insbesondere auch die Betreuung der Erfinder.
So war Dr. Todt der Schirmherr auch aller technisch-schöpferischen Menschen in Deutschland geworden. Wie andere Menschen ein Kunstwerk zu empfinden und zu betrachten verstehen, so vermochte Dr. Todt schöpferische Leistung auf dem Gebiet der Technik rückhaltlos anzuerkennen. Ein Lob aus seinem Munde galt dem Betreffenden mehr als eine Anerkennung irgendwelcher Art. Darum hat der Führer dem nun von ihm gestifteten Preis für besondere erfinderische Leistungen den Namen dieses Mannes gegeben.« [17]

Wann immer Speer die Leistungen seines Ministeriums herausstellte, berief er sich auf Todt. Er verheimlichte nicht, daß der Schlüssel zum Erfolg der deutschen Rüstungsproduktion von Todt gefunden worden war: das System der Selbstverantwortung der Industrie. Schon bei seinem ersten großen Auftritt vor den Gauleitern am 24. 2. 1942 in München gab er zu, daß die neue Rüstungsorganisation »in ihren Grundsätzen noch vom Parteigenossen Dr. Todt aufgebaut wurde« und daß »die Leistungssteigerung durch die Verbesserung des Betriebs

**DER FÜHRER**

ICH VERLEIHE AUF VOR-
SCHLAG DES LEITERS DER
DEUTSCHEN ARBEITSFRONT UND
DES LEITERS DES HAUPTAMTES
FÜR TECHNIK DER NSDAP.

ALS ANERKENNUNG DIE

**EHRENNADEL IN GOLD**

FÜR HERVORRAGENDE LEISTUN-
GEN AUF DEM GEBIETE DER
ERFINDUNGEN UND VERBESSE-
RUNGSVORSCHLÄGE / MIT DER
ÜBERREICHUNG dieser URKUNDE
IST DER DR.-FRITZ-TODT-PREIS
DER 1. GRUPPE VERBUNDEN

oder durch die Umlagerung oder Zentralisierung der Aufträge...
bereits während der Amtszeit Dr. Todts zu außerordentlichen Erfolgen geführt« habe. [18] Das sei eine Leistung seines Amtsvorgängers, die nun auf alle Rüstungsgebiete ausgedehnt werden müsse.
Als Speer vom Krankenbett im Lazarett Hohenlychen am 25. 1. 1944 dem Führer über seine bisherigen Leistungen berichtete, bezog er sich ebenfalls auf die Vorarbeiten Todts. Angefangen habe er 1942 auf der Grundlage des Vermächtnisses Todts mit dem Rat Hitlers, bei der Steigerung der Kriegsproduktion den Techniker als wichtigstes Glied zu berücksichtigen, d. h. die Selbstverantwortung der Industrie zu nutzen. Inzwischen seien 400–500 der besten Techniker und Betriebsleiter für die Steigerung der Rüstungsproduktion auf allen Gebieten eingesetzt. [19]
Als Speer im Juni 1944 eine großangelegte Rede über die Erfolge der Rüstungsindustrie vor Betriebsleitern hielt, nannte er die guten Erfahrungen, die Todt und er mit dem privaten Unternehmertum gemacht

hätten, als Grund dafür, daß der Wirtschaft soviel Verantwortung in den 21 Hauptausschüssen und 12 Ringen, die es zu dieser Zeit gab, übertragen wurde:

»Dr. Todt und ich... kannten die Kräfte, die in der Initiative des privaten Unternehmertums liegen, aus eigener Anschauung und bejahten sie aus eigener Überzeugung. Wir kannten auch den Fanatismus, der den Techniker beseelt, wenn er mit einer großen technischen Aufgabe betraut wird.« [20].

Mit Todt teilte Speer das Bestreben, den Ingenieuren und Technikern ihren Platz in der vordersten Reihe der Wirtschaft zu geben. Er war stolz darauf, daß ihm im Sinne Todts Mitte 1944 bereits über 6000 Techniker und Ingenieure von den Betrieben zur Verfügung gestellt worden waren. »Die fachliche Lenkung bis in die kleinsten Gliederungen« war ihm Garant für ein weiteres Wachstum der Rüstung. [21]
Ein Reichsminister, der selbst in hohem Ansehen bei Hitler stand, hatte es eigentlich nicht nötig, sich mit fremden Federn zu schmücken. Wenn er es dennoch tat, dann müssen Verehrung und Dankbarkeit der Grund dafür gewesen sein. All dies als Ausdruck eines schlechten Gewissens zu interpretieren überstrapaziert die Vernunft.

---

Belegstellen

1 Schreiben Lammers an Speer vom 20. 2. 1942, Bundesarchiv R 43 II/1157, Bl. 76
2 Die Berufung Speers in die drei Ämter war an und für sich durch die Aushändigung der Ernennungsurkunden rechtswirksam geworden. Die Benachrichtigung an die Obersten Reichsbehörden und die dem Führer unmittelbar unterstellten Dienststellen wäre nicht notwendig gewesen. Da aber seinerzeit die Ernennungen Dr. Todts zum Reichsminister für Bewaffnung und Munition und zum Generalinspektor für Wasser und Energie im Reichsgesetzblatt veröffentlicht worden waren, empfahl es sich, auch die Ernennung Speers im Reichsgesetzblatt bekanntzugeben, um die überholten Führererlasse richtigzustellen. Um Hitler mit der Ausführung neuer Erlasse nicht zu behelligen, wurde die Form einer Bekanntmachung gewählt. Obwohl es einer solchen Bekanntmachung nur für die Ernennungen zum Reichsminister für Bewaffnung und Munition und zum Generalinspektor für Wasser und Energie bedurfte, nicht dagegen für die Ernennung zum Generalinspektor für das deutsche Straßenwesen, weil der Erlaß vom 30. 11.1933 keine bestimmte Person nannte, schlug Lammers vor, um der Einheitlichkeit willen in der Bekanntmachung auch die Ernennung Speers zum Generalinspektor für das deutsche Straßenwesen mit aufzuführen. Vgl. Verfügung Lammers vom 9. 2. 1942, Bundesarchiv R 43 II/ 1187 a, Bl. 135
3 Vgl. RGBl 1942 I, S. 80
4 Vgl. New York Times vom 9. 2. 1942

5 Schulze-Fielitz, Jg. 1899, Weltkriegsoffizier, Studium an der Technischen Hochschule Hannover 1919–1922, Regierungsbauführer in Hannover, Schleswig, Berlin und Stettin, 1925 Regierungsbaumeister und 1928 Baurat bei der Landesverwaltung der Provinz Pommern. Als Mitarbeiter Todts seit dem 1. 8. 1933 traf er die organisatorischen Vorbereitungen für die Übernahme der Landstraßen durch das Reich. Ab 1938 war er verantwortlich für die Bauorganisation am Westwall. Zu Beginn des Zweiten Weltkriegs überführte er die Bauwirtschaft in den Kriegszustand. Am 30. 1. 1942 wurde Schulze-Fielitz Staatssekretär und Vertreter Todts. Vgl. Deutsche Technik, Februar 1942, S. 70. Speer bezog diese Ernennung lediglich auf den Geschäftsbereich des GB-Bau und verbannte Schulze-Fielitz in sein Münchner Büro, wo er u. a. auch die Vertretung des Generalinspektors für Wasser und Energie wahrnahm. Vgl. Gregor Janssen: Das Ministerium Speer. Deutschlands Rüstung im Krieg, Berlin, Frankfurt und Wien 1968, S. 41

6 Xaver Dorsch wurde 1899 in Illertissen (Schwaben) geboren, war im Ersten Weltkrieg Offizier, nach dem Krieg Freikorpsmann und legte 1919 die Reifeprüfung ab. Bis 1925 studierte er an den Technischen Hochschulen Stuttgart und München Tiefbau. Nach der Diplomhauptprüfung leistete er seine Referendarzeit bei der Reichsbahndirektion München ab. Dann arbeitete er überwiegend in München bei Baubehörden. Todt berief den Regierungsbaumeister 1938 in seine Dienste, damit er die Frontorganisation der OT aufbaue. Als einer der engsten Mitarbeiter Todts wurde er zum Ministerialrat und Ministerialdirektor ernannt und leitete die OT in fast eigener Zuständigkeit, weil Todt sich seinen anderen Ämtern widmen mußte. Unter Speer wurde er 1944 auch offiziell »Chef der OT«. Vgl. u. a. Der Frontarbeiter vom 15. 5. 1943

7 Vgl. Der Deutsche Baumeister 2/1942, S. 9; Deutsche Technik, März 1942, S. 87 f. im Gegensatz zu Hans Kehrl: Krisenmanager im Dritten Reich. 6 Jahre Frieden – 6 Jahre Krieg. Erinnerungen, hrsg. und eingel. von Erwin Viefhaus, Düsseldorf 1973, S. 245

8 Vgl. Nachlaß Wolters, Bundesarchiv NL 318/2, S. 3

9 Vgl. Unterlagen im Bundesarchiv R 3/1629

10 Vgl. Stellungnahme Speers zu seiner Denkschrift vom 19. 4. 1944, IfZ ED 99/9 Inter. Speer

11 Vgl. IfZ PS-1435

12 Mitteilungen des Hauptamtes für Technik und des NSBDT, Beiblatt zur Zeitschrift Deutsche Technik, März 1943, S. 109 ff.

13 Mitteilungen des Hauptamtes für Technik: a. a. O., März 1943, S. 110

14 März 1943, S. 109 ff. vgl. Mitteilungen des Hauptamtes für Technik: a. a. O.

15 Vgl. Schreiben Bormann an Lammers vom 1. 10. 1943, Bundesarchiv R 43 II/341, Bl. 258

16 Vgl. Nachlaß Wolters, Bundesarchiv NL 318/5, S. 24

17 Bundesarchiv R 3/1441

18 Vgl. IfZ PS 1435

19 Vgl. Bundesarchiv R 3/1614, Bl. 16 ff.

20 Reichs- und Staatsanzeiger vom 19. 6. 1944

21 Vgl. ebenda

# Literatur

## Bücher, Broschüren und Fachzeitschriften

Absolon, Rudolf: Die Wehrmacht im Dritten Reich, Band 4, Boppard 1979

Adolf Hitler. Monologe im Führerhauptquartier 1941–1944. Die Aufzeichnungen Heinrich Heims, hrsg. von Werner Jochmann, Hamburg 1980

Akten der Reichskanzlei. Regierung Hitler 1933–1938. Teil I: 1933/34, Band 1, bearbeitet von Karl-Heinz Minuth, Boppard 1983

Anatomie des Krieges. Neue Dokumente über die Rolle des deutschen Monopolkapitalismus bei der Vorbereitung und Durchführung des Zweiten Weltkrieges, hrsg. von Dietrich Eichholtz und Wolfgang Schumann, Berlin (Ost) 1969

Badische Biographien, hrsg. von Bernd Ottnad, Neue Folge Band 1, Stuttgart 1982

Bauen und Kämpfen. Gedichte und Bilder vom Einsatz der Frontarbeiter, hrsg. von der Pressestelle des Reichsministers Todt, München 1941

Baur, Hans: Ich flog Mächtige der Erde, Kempten 1956

Below, Nicolaus von: Als Hitlers Adjutant 1937–1945, Mainz 1980

Boelcke, Willi A.: Die deutsche Wehrwirtschaft 1930–1945. Interna des Reichswirtschaftsministeriums, Düsseldorf 1983

Bonatz, Paul: Leben und Bauen, Stuttgart 1950

Brauchitsch, Manfred von: Ohne Kampf kein Sieg, Berlin 1967

Braun, Magnus von: Weg durch vier Zeitepochen, Limburg 1965

Die Deutsche Luftfahrt. Jahrbuch 1938, hrsg. von Heinz Orlovius und Richard Schulz, Frankfurt a. M. 1938

Das Deutsche Reich und der Zweite Weltkrieg, hrsg. vom Militärgeschichtlichen Forschungsamt, Band 4: H. Boog, J. Förster, J. Hoffmann, E. Klink, R.-D. Müller, G. R. Ueberschär, Der Angriff auf die Sowjetunion, Stuttgart 1983

Deutschland im Kampf, hrsg. von Alfred Ingemar Berndt und Hasso von Wedel, Berlin 1939 ff.

Deutschlands Rüstung im Zweiten Weltkrieg. Hitlers Konferenzen mit Albert Speer 1942–1945, hrsg. von Willi A. Boelcke, Frankfurt a. M. 1969

Diels, Rudolf: Lucifer ante portas. Zwischen Severing und Heydrich, Zürich 1949

Dietrich, Otto: 12 Jahre mit Hitler, München 1955

Domarus, Max: Hitler. Reden und Proklamationen 1932–1945, Band 1 Triumph, Halbbd. 1 (1932–1934), Band 1 Triumph, Halbbd. 2 (1935–1938), Band 2 Untergang, Halbbd. 1 (1939–1940), Band 2 Untergang, Halbbd. 2 (1941–1945), Wiesbaden 1973

Drei Jahre Arbeit an den Straßen Adolf Hitlers, hrsg. vom Generalinspektor für das deutsche Straßenwesen, Berlin 1936

Ehrungen der Stiftung Werner-von-Siemens-Ring 1916–1976, Schriften der Stiftung Werner-von-Siemens-Ring 4/1977, Düsseldorf 1977

Eichholtz, Dietrich: Geschichte der deutschen Kriegswirtschaft 1939–1945, Band 1 (1939–1941) und Band 2 (1941–1943), Berlin (Ost) 1984/85

Förster, Otto-W.: Das Befestigungswesen. Rückblick und Ausschau. Neckargemünd 1960

Generalfeldmarschall Keitel – Verbrecher oder Offizier? Erinnerungen, Briefe, Dokumente des Chefs OKW, hrsg. von Walter Görlitz, Göttingen, Berlin und Frankfurt 1961

Gereke, Günther: Ich war königlich-preußischer Landrat, Berlin (Ost) 1970

Geschäftsbericht der Gesellschaft »Reichsautobahnen« über das Geschäftsjahr 1933 ff., Berlin 1934 ff.

Giesler, Hermann: Ein anderer Hitler. Bericht seines Architekten Hermann Giesler. Erlebnisse, Gespräche, Reflexionen, Leoni am Starnberger See 1978

Goebbels, Joseph: Goebbels Reden, hrsg. von Helmut Heiber, Band 2: 1939–1945, Düsseldorf 1972

Goebbels Tagebücher aus den Jahren 1942–1943, mit anderen Dokumenten hrsg. von Louis P. Lochner, Zürich 1948

Gross, Manfred: Der Westwall zwischen Niederrhein und Schnee-Eifel, Archäologische Funde und Denkmäler des Rheinlandes, Band 5, Köln 1982

Guse, John Charles: The Spirit of the Plassenburg: Technology and Ideology in the Third Reich, Dissertation Nebraska University 1981

Haag, Herbert: Kolonien und Industriewirtschaft. Ein Beitrag zur deutschen Rohstofffrage, Würzburg 1940

Halder, Franz: Hitler als Feldherr, München 1949

Halder, Franz: Kriegstagebuch. Tägliche Aufzeichnungen des Chefs des Generalstabs des Heeres 1939–1942, bearbeitet von Hans-A. Jacobsen, in Verbindung mit Alfred Philippi, 3 Bände, Stuttgart 1962–1964

Das Heer 1933–1945, hrsg. von Burkhard Müller-Hillebrand, Band 1, Frankfurt a. M. 1954

Heeresadjutant bei Hitler 1938–1943. Aufzeichnungen des Majors Engel, hrsg. von Hildegard von Kotze, Stuttgart 1974

Hellmich, Waldemar: Neuland für Ingenieure, in: Die Sendung des Ingenieurs im neuen Staat, hrsg. von Rudolf Heiss, Berlin 1934

Henning, Hansjoachim: Kraftfahrzeugindustrie und Autobahnbau in der Wirtschaftspolitik des Nationalsozialismus 1933 bis 1936, in: Vierteljahresschrift für Sozial- und Wirtschaftsgeschichte 65 (1978), S. 217–242

Hess, Ilse: England – Nürnberg – Spandau. Ein Schicksal in Briefen, Leoni am Starnberger See 1952

Hinrichs, Peter: Um die Seele des Arbeiters. Arbeitspsychologie, Industrie- und Betriebssoziologie in Deutschland 1871–1945, Köln 1981

Hitler, Adolf: Mein Kampf, München 1933

Hitlers Weisungen für die Kriegführung 1939–1945. Dokumente des Oberkommandos der Wehrmacht, hrsg. von Walther Hubatsch, München 1965

Hlava, Zdenka: 1925–1945. Kleine Zeitgeschichte, gesehen von der Museuminsel in der Isar, in: Kultur & Technik 1–2/1984, S. 47–97

Hortleder, Gert: Das Gesellschaftsbild des Ingenieurs. Zum politischen Verhalten der technischen Intelligenz in Deutschland, Frankfurt 1974[3]

Hotzel, Curt: Wälle im Westen. Vor 2000 Jahren und heute, Berlin 1940

Irving, David: Hitlers Weg zum Krieg, München und Berlin 1979

Hitler. Sämtliche Aufzeichnungen 1905–1924, hrsg. von Eberhard Jäckel, Stuttgart 1980

Jahrbuch der Deutschen Akademie der Luftfahrtforschung 1943/1944, Berlin 1944

Janssen, Gregor: Das Ministerium Speer. Deutschlands Rüstung im Krieg, Berlin, Frankfurt und Wien 1968

Janssen, Gregor: Todt et Speer, in: Revue d'histoire de la deuxieme guerre mondiale (84) 1971, S. 37–54

Jarausch, Konrad H.: Deutsche Studenten 1800–1970, Neue Historische Bibliothek NF 258, Frankfurt a. M. 1984

Joachimsthaler, Anton: Die Breitspurbahn Hitlers. Dokumentation über die geplante transkontinentale 3-Meter-Breitspureisenbahn der Jahre 1942–1945, Freiburg 1981

Johst, Hanns: Fritz Todt. Requiem, München 1943

Kaftan, Kurt: Der Kampf um die Autobahnen. Geschichte und Entwicklung des Autobahngedankens in Deutschland von 1907–1935 unter Berücksichtigung ähnlicher Pläne und Bestrebungen im übrigen Europa, Berlin 1955

Kehrl, Hans: Krisenmanager im Dritten Reich. 6 Jahre Frieden – 6 Jahre Krieg. Erinnerungen, hrsg. und eingel. von Erwin Viefhaus, Düsseldorf 1973

Der Kraftverkehr auf Reichsautobahnen, Reichs- und Landstraßen im Dritten Reich hrsg. vom Generalinspektor für das deutsche Straßenwesen, Berlin 1939

Krosigk, Lutz Schwerin von: Es geschah in Deutschland. Menschenbilder unseres Jahrhunderts, Tübingen und Stuttgart 1952

Krueger, Karl: Kolonialanspruch und kontinentale Wirtschaftsplanung, Dresden 1940

Künast, Rudolf: Umweltzerstörung und Ideologie: die Frankfurter Schule. Fakten – Fehler – Folgen, Tübingen 1983

Die Kunst im Dritten Reich. Dokumente der Unterwerfung, hrsg. von Georg Bussmann (im Auftrag des Frankfurter Kunstvereins), Frankfurt 1974

Lärmer, Karl: Autobahnbau in Deutschland 1933–1945. Zu den Hintergründen, Berlin (Ost) 1975

Lendvai-Dircksen, Erna: Reichsautobahn – Mensch und Werk, Bayreuth 1942

Leonhardt, Fritz: Baumeister in einer umwälzenden Zeit, Erinnerungen, Stuttgart 1984

Ludwig, Karl-Heinz: Technik und Ingenieure im Dritten Reich, Düsseldorf 1974

Maier, Charles S.: Between Taylorism and Technocracy. European ideologies and the vision of industrial productivity in the 1920s, in: Journal of contemporary history 2/1970, S. 27 ff.

Merker, Reinhard: Die bildenden Künste im Nationalsozialismus, Kulturideologie – Kulturpolitik – Kulturproduktion, Köln 1983

Milward, Alan S.: Fritz Todt als Minister für Bewaffnung und Munition, in: Vierteljahrshefte für Zeitgeschichte 1/1966, S. 40–58

Milward, Alan S.: Die deutsche Kriegswirtschaft 1939–1945, Stuttgart 1966

Müller, Max: Der Tod des Reichsministers Dr. Fritz Todt, in: Geschichte in Wissenschaft und Unterricht 10/1967, S. 602–604

Norden, Peter: Unternehmen Autobahn. Von Hitlers Aufmarschstraßen zum modernsten Verkehrsnetz Europas, Bayreuth 1983

Petsch, Joachim: Baukunst und Stadtplanung im Dritten Reich. Herleitung, Bestandsaufnahme, Entwicklung, Nachfolge, München und Wien 1976

Picker, Henry: Hitlers Tischgespräche im Führerhauptquartier, Stuttgart 1976

Pöchlinger, Josef: Das Buch vom Westwall, Leipzig und Wien 1940

Recker, Marie Luise: Nationalsozialistische Sozialpolitik im Zweiten Weltkrieg, München 1985

Die Reichsautobahnen. Grundsätzliches über Gestaltung, Baudurchführung und Betrieb, hrsg. i. A. des Generalinspektors für das deutsche Straßenwesen, Berlin 1938

Reif, Adelbert: Albert Speer. Kontroversen um ein deutsches Phänomen, München 1978

Renn, Walter F.: Hitler's West Wall: Strategy in Concrete and Steel 1938–1945, Dissertation Florida State Univerity 1970

Rhein, Main, Donau im Dritten Reich. Tagungen und Kundgebungen für den rascheren Ausbau der Großschiffahrtsstraße, Nürnberg 1934

25 Jahre Rhein-Main-Donau-AG. 1922–1947. Denkschrift von Oberregierungsrat Hesselberger, München 1947

Ribbentrop, Joachim von: Zwischen London und Moskau. Erinnerungen und letzte Aufzeichnungen, aus dem Nachlaß hrsg. von Annelies von Ribbentrop, Leoni am Starnberger See 1952

Rohland, Walter: Bewegte Zeiten. Erinnerungen eines Eisenhüttenmannes, Stuttgart 1978

Schacht, Hjalmar: 76 Jahre meines Lebens, Bad Wörishofen 1953

Scheerbarth, Walter: Staatsrecht, Berlin und Wien 1943

Schmidt, Matthias: Albert Speer: das Ende eines Mythos. Speers wahre Rolle im Dritten Reich, Bern und München 1982

Schmidt, Paul: Statist auf diplomatischer Bühne 1923–1945. Erlebnisse des Chefdolmetschers im Auswärtigen Amt mit den Staatsmännern Europas, Bonn 1949

Schnee, Heinrich: Die koloniale Schuldlüge, München 1940[12]

Schönleben, Eduard: Fritz Todt. Der Mensch. Der Ingenieur. Der Nationalsozialist, Oldenburg 1943

Seidler, Franz W.: L'Organisation Todt, in: Revue d'histoire de la deuxième guerre mondiale et des conflits contemporains 134 (1984), S. 33–58

Seifert, Alwin: Ein Leben für die Landschaft, Düsseldorf und Köln 1962

Seifert, Alwin: Im Zeitalter des Lebendigen. Natur – Heimat – Technik, Planegg 1943

Seubert, Otto: Der Standpunkt Deutschlands in der Kolonialfrage, Erlangen 1940

Shand, James D.: The Reichsautobahn. Symbol for the Third Reich, in: Journal of contemporary History vol. 19 (1984), S. 189–200

Siemens – Rüstung – Krieg – Profite, hrsg. von einem Autorenkollektiv unter Hans Radandt, Berlin (Ost) 1960

Speer, Albert: Erinnerungen, Frankfurt a. M., Berlin und Wien 1969[3]

Sywottek, Jutta: Mobilmachung für den totalen Krieg. Die propagandistische Vorbereitung der deutschen Bevölkerung auf den Zweiten Weltkrieg, Opladen 1976

Thomas, Georg: Geschichte der deutschen Wehr- und Rüstungswirtschaft (1918–1943/ 1945), hrsg. von Wolfgang Birkenfeld, Boppard 1966

Todt, Fritz: Der Straßenbau im nationalsozialistischen Staat, in: Grundlagen, Aufbau und Wirtschaftsordnung des nationalsozialistischen Staates, hrsg. von Hans H. Lammers und Hans Pfundtner, Band 3: Die Wirtschaftsordnung des nationalsozialistischen Staates, Berlin 1937

Vagts, Alfred: Hitler's Second Army, Washington D. C. 1943

Vollbehr, Ernst: Mit der OT beim Westwall und Vormarsch. Tagebuchaufzeichnungen und farbige Bilddokumente, Berlin 1941

Wagenführ, Rolf: Die deutsche Industrie im Kriege 1939–1945, Berlin 1963[2]

Welter, Erich: Falsch und richtig planen. Eine kritische Studie über die deutsche Wirtschaftslenkung im Zweiten Weltkrieg, Heidelberg 1954

Westphal, Siegfried: Heer in Fesseln. Aus den Papieren des Stabschefs von Rommel, Kesselring und Rundstedt, Bonn 1952

Westwall unbezwingbar, Berlin: Aufklärungsdienst zur Reichsverteidigung 1939

Winkler, Dörte: Frauenarbeit im Dritten Reich, Hamburg 1977

## Zeitgenössische Zeitschriften

Der Angriff: Tageszeitung der Deutschen Arbeitsfront, Jg. 1 (1927) – 19 (1945)

Der Deutsche Baumeister. Zeitschrift der Fachbaugruppe Bauwesen e. V. im NS-Bund Deutscher Technik und Mitteilungen des Generalbevollmächtigten für die Regelung der Bauwirtschaft, hrsg. von dem Leiter der Fachgruppe Bauwesen e. V. MinR. Schönleben, Jg. 1 (1939) – 5 (1943)

Der Frontarbeiter. Illustrierte Zeitung für die Frontarbeiter der Organisation Todt in den besetzten Gebieten, hrsg. von der Propagandastaffel der Organisation Todt, Jg. 1 (1940) – 5 (1944)

Deutsche Kunst. Meisterwerke der Baukunst, Malerei, Bildhauerkunst, Graphik und des Kunsthandwerks, hrsg. von Ludwig Roselius, Jg. 1 (1935) – 10 (1944)

Deutsche Technik. Technopolitische Zeitschrift der Architekten, Chemiker, Ingenieure, Techniker. Amtliches Organ des Hauptamtes für Technik der Reichsleitung der NSDAP und der Reichswaltung des NS-Bundes Deutscher Technik. Mit den Beilagen: Mitteilungen des ›Hauptamtes für Technik‹, Monatsberichte des NSBDT, Betrieb und Wehr (Monatsblätter für wehrwirtschaftliche und wehrpsychologische Betriebsführung und Arbeitsgestaltung), Mitteilungen aus dem Haus der Deutschen Technik; Leistung und Schönheit der Technik im Dritten Reich, Jg. 1 (1933) – Jg. 11 (1943)

Deutsche Wasserwirtschaft. Zeitschrift für Wasserbau und Erdbau (ab 1940: samt ›Landw. Wasserbau‹), hrsg. vom Reichsverband der deutschen Wasserwirtschaft im NSBDT, Jg. 31 (1936) – 35 (1940), bzw. hrsg. von Fritz Todt, Jg. 36 (1941) – 38 (1943)

Die Autobahn, Organ der Hafraba, Jg. 5 (1932) – 6 (1933), bzw. Fachblatt für das Autobahnwesen, hrsg. von der Gesellschaft zur Vorbereitung der Reichsautobahnen, 1934–1935

Die Baukunst, hrsg. vom Beauftragten des Führers für die Überwachung der gesamten geistigen und weltanschaulichen Schulung und Erziehung der NSDAP und vom Generalbauinspektor für die Reichshauptstadt, Jg. 1 (1938) – 7 (1944)

Die Kunst im Dritten Reich, hrsg. vom Beauftragten des Führers für die Überwachung der gesamten geistigen und weltanschaulichen Schulung und Erziehung der NSDAP, Jg. 1 (1937 – 2 (1938)

Die Straße, hrsg. vom Generalinspektor für das deutsche Straßenwesen, Jg. 1 (1934) – 10 (1943)

Die Wehrmacht, hrsg. vom Reichskriegsministerium/Oberkommando der Wehrmacht, Jg. 1 (1936/1937) – 8 (1944)

Rundschau Deutscher Technik. Wochenzeitung des Nationalsozialistischen Bundes Deutscher Technik, hrsg. vom NSBDT, Jg. 18 (1938) – 25 (1945)

Unsere Wehrmacht im Protektorat, hrsg. unter Mitwirkung des Wehrmachtbevollmächtigten beim Reichsprotektor in Böhmen und Mähren, Jg. 1 (1939) – 4 (1942)

## *Archive*

Archiv des Deutschen Museums, Museumsinsel 1, 8000 München 22
Bundesarchiv, Am Wöllershof 12, 5400 Koblenz
Bayerisches Hauptstaatsarchiv (BayHStA), Schönfeldstr. 5, 8000 München 22
Institut für Zeitgeschichte (IfZ), Leonrodstr. 46b, 8000 München 19
Militärarchiv, Wiesentalstr. 10, 7800 Freiburg

# Bildquellen

1 Eduard Schönleben: *Fritz Todt. Der Mensch. Der Ingenieur. Der Nationalsozialist,* Oldenburg 1943, S. 29
2 *Der Frontarbeiter* vom 14. 2. 1942
3 *Deutsche Technik,* Februar 1942
4 *Die Straße,* 2. Maiheft 1937
5 *Deutsche Technik* August/September 1941
6 *Die Straße,* 1. Oktoberheft 1938
7 *Deutsche Technik,* August/September 1941
8 *Die Straße,* 1. Juniheft 1939
9 Haus der deutschen Technik, *Deutsche Technik*
10 Haus der deutschen Technik, Mitteilungen, *Deutsche Technik* Oktober/November 1941
11 *Die Straße,* Juniheft 1940
12 Paul Bonatz: *Leben und Bauen,* Leinfelden bei Stuttgart 1950
13 *Die Straße,* Septemberheft 1939
14 *Die Straße,* 1. Dezemberheft 1938
15 *Die Straße,* 2. Oktoberheft 1936
16 *Die Straße,* 2. Novemberheft 1934
17 *Die Straße,* 1. Novemberheft 1937
18 *Die Straße,* 1. Aprilheft 1935
19 *Die Straße,* 2. Dezemberheft 1936
20 *Die Straße,* 2. Aprilheft 1938
21 *Die Straße,* 2. Dezemberheft 1938
22 Eduard Schönleben: a. a. O., S. 37
23 *Deutsche Technik,* August/September 1941
24 *Die Straße,* 2. Juniheft 1939
25 *Die Straße,* Dezemberheft 1939
26 *Deutsche Technik,* März 1942
27 *Der Frontarbeiter* vom 14. 2. 1942
28 *Deutsche Technik* August/September 1941
29 *Deutsche Technik,* März 1942
30 *Die Straße,* Januarheft 1941
31 *Die Straße,* Oktoberheft 1941
32 Eduard Schönleben: a. a. O., S. 14
33 *Deutsche Technik,* März 1942
34 *Die Straße,* Januarheft 1941
35 *Deutsche Technik* August/September 1941
36 *Deutsche Technik* August/September 1941
37 Eduard Schönleben: a. a. O., S. 97
38 *Deutsche Technik* März 1942
39 *Deutsche Technik* August/September 1941
40 *Die Straße,* Septemberheft 1941
41 *Deutsche Technik,* März 1942
42 *Die Straße,* 1. Januarheft 1938
43 *Die Straße,* 2. Septemberheft 1934
44 *Die Straße,* Oktoberheft 1939

45 *Deutsche Technik,* September 1942
46 *Deutsche Technik,* August/September 1941
47 *Die Straße,* 2. Aprilheft 1939
48 *Die Straße,* 2. Aprilheft 1939
49 Eduard Schönleben: a. a. O., S. 26
50 Eduard Schönleben: a. a. O., S. 24
51 *Deutsche Technik,* März 1942
53 *Die Straße,* Februarheft 1942
54 *Der Deutsche Baumeister* 9/1942
55 *Der Deutsche Baumeister* 9/1942
56 *Deutsche Technik,* März 1942
57 *Deutsche Technik,* März 1942

*Die angegebenen Ziffern beziehen sich auf die Numerierung im Bildteil.*

# Register

## Personenregister

## Ortsregister

## Sachregister